# 李公朴文集

COLLECTED WORKS OF LI GONGPU

上

李公朴研究会 编

群言出版社
Qunyan Press

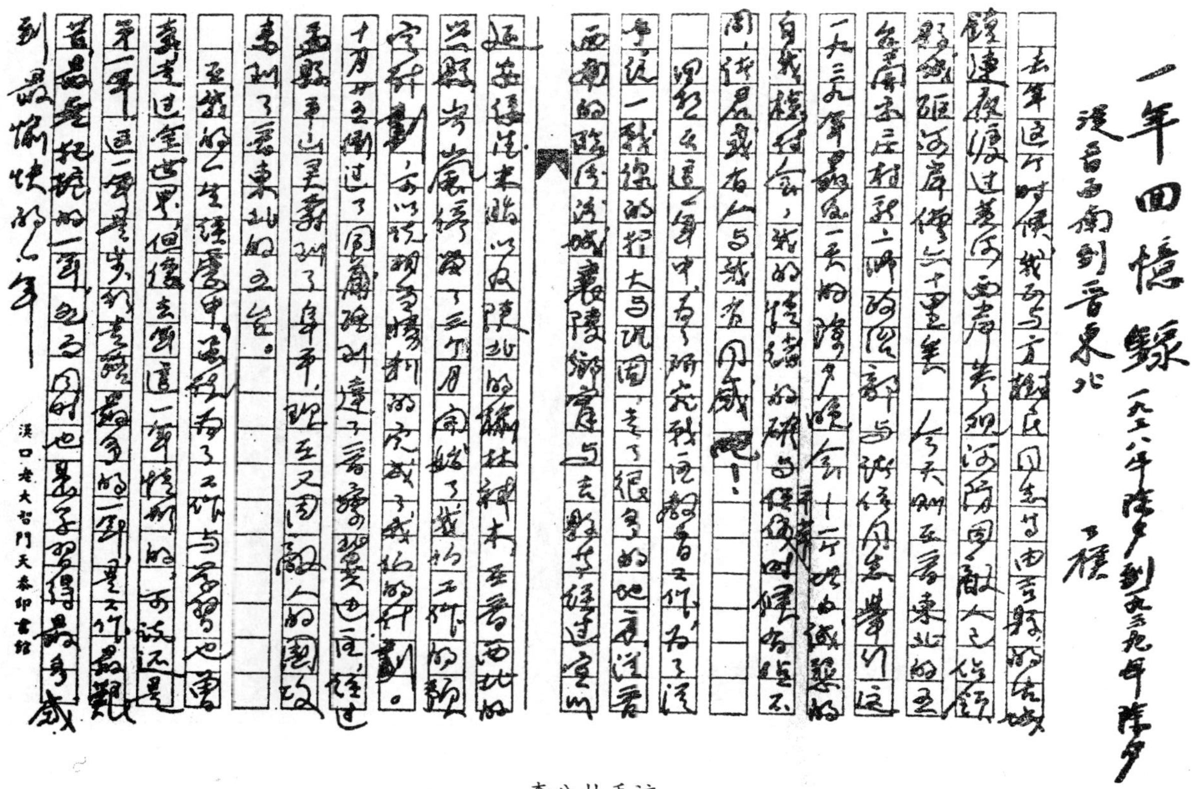


李公朴手迹

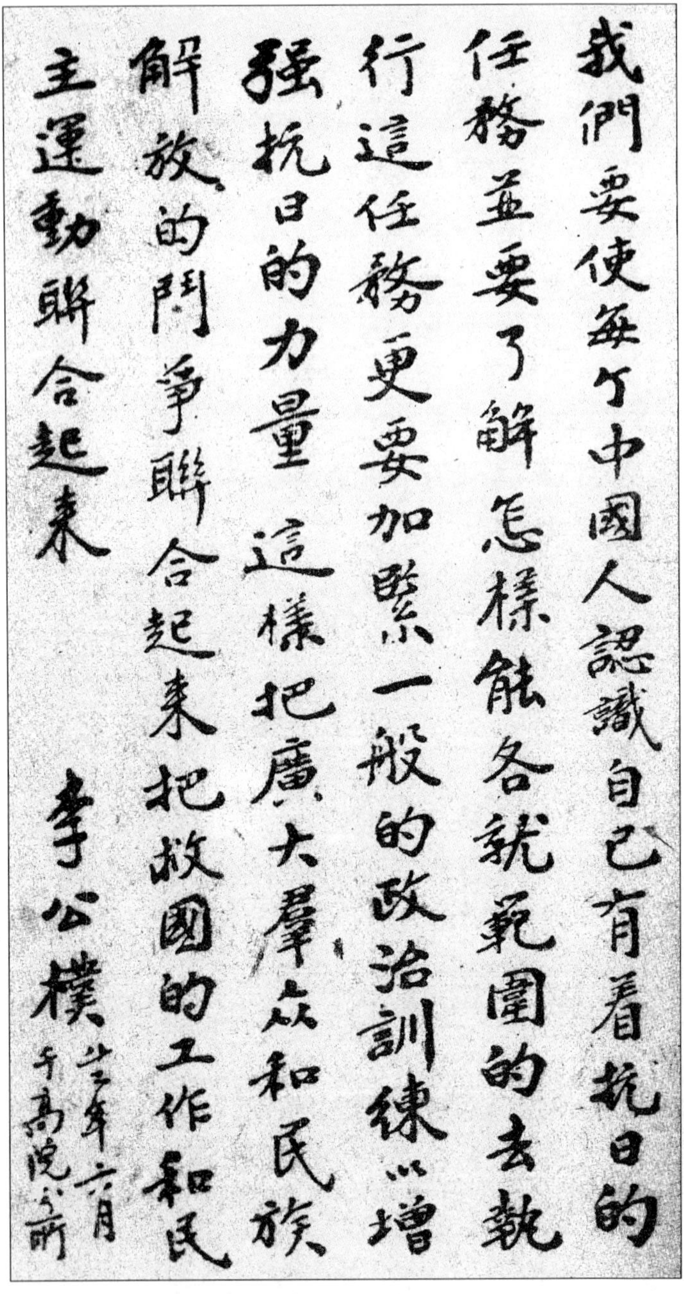
我們要使每个中國人認識自己有着抗日的任務並要了解怎樣能各就範圍的去執行這任務更要加緊一般的政治訓練以增强抗日的力量 這樣把廣大羣众和民族解放的鬥爭聯合起来把救國的工作和民主運動聯合起来

李公樸 廿七年六月 于高院寓所

李公朴手迹

# 《李公朴文集》编委会

# 出版说明

这部《李公朴文集》收录了李公朴先生早年留学海外至其昆明遇害前这一时期的著作。读者可以通过本书收录的作品来感受公朴先生的思想发展脉络、理论观点与人生轨迹。

我们在编辑过程中，出于统一体例和便于读者阅读的考虑，对内文、体例、格式进行了如下调整和规范：

1. 本书所收录公朴先生的作品内容涵盖了：海外见闻、时政评论、战地通讯、文化教育、纪念悼文等。根据其内容，编者将其作品分为五编，即：海外通讯、时政言论、战地通讯、社会教育、民主教育。

2. 部分作品由于年代久远、相关资料匮乏，致使编者无法考证这些作品发表的具体日期，只能通过内文的信息来判断该作品发表的大致时间，将作品进行排序。

3. 编者将作品中的繁体字一律按现行简化字规范转换

为简体字，方便读者的阅读。

4. 由于个别作品中存在着各级标题使用混乱的现象，故编者在保持原文体例、风格不变的基础上，在编校过程中对标题的使用进行了规范。

5. 原作者的注释一律采用括号内随文标注；发表在报刊、期刊上的作品由当时刊物编者所做注释，一律随文楷体标注；本书编者的注释均做页下注。

6. 因部分文献与原始材料年代久远，内文纸张破损、模糊无法识别，本书编辑均以“□”替代。

由于时间仓促、校录工作繁重，在编校过程中难免出现脱误之处，谨请读者批评与指正。

群言出版社

二〇一二年九月

# 前　言

中国民主同盟成立于1941年3月，正值抗日民族统一战线遭到国民党独裁统治破坏的危难之际。民盟以贯彻抗日主张、实践民主精神、尊重思想自由、提倡依法治国为政治纲领。民盟凝聚了当时绝大多数进步知识分子和社会精英，可谓群贤毕集。在不同的历史时期，黄炎培、张澜、沈钧儒、杨明轩、闻一多、李公朴、梁漱溟、史良、胡愈之、楚图南、吴晗、费孝通……这些民盟前辈精英们纵横捭阖、开阔放达，本着知识分子的人文良知和社会责任“奔走国是”，在政治、经济、军事、外交、教育、社会等领域都提出了明确的纲领和主张，将平等、民主、自由的思想播撒在中国的土地上。

在那苍黄翻覆、陵谷变迁的大时代，在那风云变幻、波澜壮阔的动荡岁月里，历史的浪潮将中国民主同盟，将有志于民族振兴的贤良才俊推上了风口浪尖，他们在改变中国命运的同时，也改变了自己的人生轨迹。他们为历史的进程，为国家富强、民族振兴和民主政治的进步做出了卓越的贡献；他们将自己的荣辱与民族存亡紧紧地联系在一起，为中国的民主、繁荣奋斗了一生，为后人留下了许多宝贵的精神财富；他们关于新民主主义社会的探索，至今仍具有巨大的影响和现实意义。

在和平盛世的今天，为了保存这珍贵的历史财富，为了让后人记住先辈们的独立之精神、自由之思想以及他们为国为民、励精图治的奋斗事迹，我们通过多年的精心准备和积累，出版了《民盟历史文献》丛书，这不仅仅是追忆往昔、缅怀先贤，也不仅仅是为了从学术研究的角度去厘清历史、臧否人物，更重要的是：通过回顾那段曲折的历史，传承民盟与中国共产党肝胆相照、荣辱与共的真挚感情；纪念民盟先贤为新中国做出的巨大贡献；呈现近现代中国社会的嬗变和进步知识分子的爱国情怀；同时也是为了民盟薪火相传、与时俱进的需要；为了让那些隽永传奇的人物和可歌可泣的历史再现后人的眼前。

路漫漫其修远兮，吾将上下而求索。《民盟历史文献》丛书的出版，是对先贤们多党合作历史的尊崇和传承。

《民盟历史文献》编委会

# 公朴精神的时代内涵(代序)

张梅颖

公朴先生为中华民族的解放和建立一个民主、自由、富强的新中国奋斗了一生,直至献出了自己的宝贵生命。他是武进人民的优秀儿子,是中国民主同盟的骄傲,也是中国知识分子的骄傲。在2009年开展的“双百”人物评选活动中,李公朴与常州中共“三杰”瞿秋白、张太雷、恽代英一起入选“100位为新中国成立作出突出贡献的英雄模范人物”。

一个伟人在走完他生命历程的六十多年后,还能够让人们时时记起他,仰视他,学习他,是什么能够超越时空,至今依然在启迪和感召着我们?我想,是他留给后人的丰富思想和精神财富。

我常常思索这样一个问题,就是在新时期,民主党派如何发展并体现自身存在的价值,我认为,主要靠的是知识分子的人文精神和传统,这在公朴先生身上有三点表现尤为突出。一是这位先生有强烈的社会责任感,他办社会民众教育，是为了启发民智，让社会底层大众特别是失业、失学的青年掌握生活技能，避免“受到饥饿和愚昧的威胁”，这种忧国忧民的社会责任感使他的目光和思想远远超越了那个时代的普通知识分子，而更多地关注于国计民生。二是他有炽烈的爱国主义情怀和联系群众、调查研究的作风。抗战爆发后，公朴先生刚走出国民党的监狱，就奔赴烽火连天的华北战场，他组织抗战建国教学团，历时17个月，写出了大量风靡一时的抗战著作。作为具有广泛社会影响的知识分子，公仆先生始终相信民众，依靠民众，做动员民众的工作，并试图以自身的社会实践，求解中国抗战和建国两大前途问题，这在当时的大知识分子中是极为少见的。三是向往光明、追求真理、为民主献身的精神。与同时代的进步知识分子一样，为了探索救国救民的真理，公朴先生历经坎坷，直到他两次访问延安，会见毛泽东和中共中央其他领导同志，他通过自己的观察、思考和判断，得出了延安是中国革命的摇篮，只有中国共产党才能救中国的结论。一旦认定了自己的目标，他就义无反顾地走上为建立和平、民主的新中国而奋斗的道路，而宁愿“两只脚跨出门，就不准备再进门”。我想，“为民主而死”是对公朴先生的真实写照。

一个英雄的倒下，唤起中国民众的觉醒，和争民主、反独裁、推翻蒋家王朝的信念。抗战胜利后，国民党破坏和谈，发动内战，一方面对解放区大举进攻，另一方面在国统区大开杀戒，实行白色恐怖。46年7月15日公朴先生牺牲四天后，继续抗争的闻一多先生也被枪杀，从此以后，民盟丢掉了任何幻想，再也不寄希望于和谈。李、闻牺牲后，梁漱溟先生表示“随时准备接受敌人这颗子弹”。在李、闻追悼会上，表老写下挽联：昆池为热泪流积，所悲国家栋才连遭毒手；历史是鲜血铸成，要争政治民主岂惮杀身。在追掉会的讲话中，他说，这是曙前一霎黑暗，唯有把万险撑耐过去，始可见光明之来临，本人决定步两位先生后尘，为中国的民主和平鞠躬尽瘁、死而后已。民盟在新民主主义革命中有百余位烈士倒在了黎明前的黑暗中，李公朴精神、民盟的精神和传统，是我们永恒的财富，正如一座富矿，需要我们不断地挖掘和研究，在这方面，我们要向武进学习。

费老曾经讲过，一个政党在一个时期要做什么，不是自己定位，而是时代定位。今天公朴先生毕生为之奋斗的建立富强、民主新中国的理想，在共产党的坚强领导下已经成为现实。我们学习、缅怀、宣传、实践公朴精神，一定要赋予其新的时代内涵，通过学习公朴精神，要让在改革开放新的历史环境下成长起来的广大盟员和盟的干部，补上多党合作传统这一课，坚定走中国特色政治发展道路，提高民盟作为参政党的能力与水平，奔走国是，关注民生，深入调查研究，为促进经济社会发展和构建和谐社会贡献我们应有力量；要不断推进多党合作事业，每一个民主党派成员对多党合作事业当心存敬畏，有所作为。中国共产党在对民主党派寄予希望的同时，充分照顾到了同盟者的利益，每一位加入盟组织的同志，都不能把盟的事业作为谋取一官半职的手段，要勇于承担更多的政治责任而不是获取同盟者的利益。

这次“公朴家乡行”活动，中共武进区委、统战部和常州、武进两级民盟组织，以及李公朴研究会的同志们，进行了精心周密的组织，给我们提供了丰富的传统精神和先进文化深刻教育，包括参观李公朴故居、纪念馆，为李公朴小学揭牌，参加“学公朴精神，做时代新人”和李公朴光彩基金启动仪式等活动，让我切实地感受到武进统战工作生动活跃的局面，感受到强烈的爱国主义氛围，感受到武进人民蓬勃向上的精神风貌，武进革命传统教育已经成为全国学习的典型和模范。我作为民盟中央的副主席，李公朴研究会的名誉会长，在此要向大家真诚地道一声谢谢！这次与我一起来的，还有民盟中央负责文史和出版工作的同志，她们是专程来学习取经的，我们要以学习公朴精神为契机，不断深化民盟与武进的多层次合作关系，把武进打造成学习、宣传、弘扬公朴精神的爱国主义教育基地和全盟开展多党合作传统的学习教育基地。

（此文是张梅颖主席在“李公朴家乡行”会议上的讲话）

张梅颖：全国政协副主席、民盟中央第一副主席、李公朴研究会名誉会长

# 序

在李公朴先生诞辰110周年纪念之际，中共武进区委统战部、武进李公朴研究会向社会隆重推出《李公朴文集》。这是家乡人民对李公朴先生的最诚挚的纪念。

李公朴是忠诚的爱国主义者、坚定的民主战士、杰出的社会活动家和著名的教育家。在2009年开展的全国“双百”人物评选活动中，李公朴入选“100位为新中国成立作出突出贡献的英雄模范人物”。公朴先生的一生，是不断追求真理的一生，是坚持革命、顽强斗争的一生，是忠诚于中华民族进步事业与和平民主事业的一生，是献身中国文化事业和社会教育的一生。公朴先生是我们党最忠诚的朋友，他用鲜血和生命筑起与共产党风雨同舟的历史丰碑。

李公朴用自己的生命和行动，向世人展现了千百万革命知识分子敢于担当、“奔走国是”的人文品格和社会良知，也给我们留下了一笔极为珍贵的精神财富。《李公朴文集》汇集了公朴先生毕生主要著述，蕴涵了公朴先生爱国、救国、强国的壮丽梦想；贯穿了公朴先生从探索救国救民的真理到与党同心、与党同行的心路历程；诉说着公朴先生担民忧、启民智、惠民生的真挚情怀；高扬着公朴先生“爱国、民主、进步”的崇高品质和伟大精神。

李公朴的精神不仅具有特定的历史意义，而且具有强烈的现实意义。我们将传承并弘扬公朴精神，激发全区人民爱国、爱党、爱家乡的热情，让公朴精神在武进率先基本实现现代化的的伟大实践中绽放闪亮光芒！

中共常州市武进区委书记

# 目 录

## 下册



**社会教育篇**(一九三三年——一九四五年)

# 海外通讯篇

(一九二八年—九三〇年)

# 直渡太平洋

编者先生:在沪获聆雅教,不胜感幸。朴于八月廿五晨一时登舟,三时开航,廿七夜抵日本神户,廿九日下午三时离户,三十号晚抵横滨,三十一号下午三时即离滨而作长途之航行,直渡太平洋矣。过日本时,曾登陆游览神户、大阪、西京、横滨、东京等诸大城名胜。惜时间匆促,不克详加考察,然彼邦一种升平气象及建设工作之成绩,已令我回想祖国,感触万端。至最近日本政治方面情形,据朴与该处华人论及,后在船上又与二日人谈话,其结果相同,大致均谓田中内阁三月后改组下台,似已不成问题。虽日本政府法律森严,人民对于政治运动之势力甚微,但日本商业中心大阪之朝日新闻报纸,即朴在日三日中所见,均有极严重显明反对田中之评论。朴曾参观该报馆,规模极大,每日发行早晚报两种。该报并将吾华学生前往参观者之照片登于当日之晚报上。朴曾问及该报对日政府出兵济南之态度,并痛陈日本之失策,彼唯唯无语,仅示以该报不满田中之评论而已,最后并说"田中现在亦决定撤兵矣"一句而别。

舟过日本后十一日之渡洋期中,均风平浪静,加之船中设备精适，饮食丰盛，在物质方面论，确过了十余日舒服生活，吾辈苦学生当之，诚有一点局促不安之酸气象也！船中客人甚少，至多不过五十人。华男女学生及商人十八人，日本人四，余均美国人矣。在船中有一夜因解闷，有华学生三人及朴共四人在客厅内作竹战之戏，（并不赌钱）而其他三桌则均西人作“补立居”纸牌之戏。该种游戏向须静默，沉思运筹应敌之法，而麻雀牌则适与相反，故结果座位与吾人最近之某西人竟不能耐，突然拍案叱止吾人，说“不得如此喧哗”。话虽说了一句，然声色俱厉，同时并有两个平时在船上很不自重之女子随声附和了一句。当时室中除西人外，并有二日人在。吾人因一时未及思及应付之策，除肃然无声，愤怒于心外，竟不能发一语，待一圈牌打完后，遂由朴愤然作声而起，呼侍者迁于别一客室内，去时彼桌之四西人均相视以目，吾人则于迁移后始大开讨论，结果觉得虽人不应喧哗，（其实声音并不算大）但彼此同属客人，盛气叱止，殊属令人难堪，遂决定由朴前往向其理论。于是将两圈牌打完后，适彼西人与另一西人出，朴遂愤然而往，讵事有大出人意料者，当我尚未行至彼两西人前时，彼等已笑脸相迎，问长道短，寒暄不已，但我此时因盛气之下，竟报之以冰冷之面孔，似理不理以应之。乃彼等竟作歉声曰：“吾知适才之举动粗莽，徒以火气未克制止，致深抱憾，不知君等可否予以原谅，彼此忘记此事，我固极愿向诸君道歉谢罪也”。我闻言之下，仍因一肚子之愤气不能立平，乃申说彼等之不当，彼等则仍如前致歉。时在后面所谓助威之三人，亦走近前来，先尚以为吾与该西人争执起来，由吾解说后，遂互相握手，一场游戏风波，遂于一转瞬间言归于好。但后来想想，亦不觉哑然失笑，按之事实，本亦无所谓不可忍，徒以种族国籍之不同，遂以为奇耻大辱，其实中国八十年来所受他国之耻辱，千万倍大于此，又何可胜数，若人人能身受目睹，则八十年来之国耻可计日而雪矣。质之先生，以为何如？尤有进者，此类西人亦不过普通商人耳，吾知其后来之能如此，固不仅个人方面悔改，要亦未尝不因中美两国邦交现正日益亲浓，吾辈小学生虽无关大局，但于吾人未到彼美之前，即受此一深刻影响，亦殊非佳事。加之现在国民政府统一全国，在外人眼中无不以土耳其为前例，不敢轻视，于此可知彼华侨之欲祖国富强，希望祖国有伟大统一之政府，其恳切真诚，固非多数国内人所梦及者也。

九月十日下午三时舟抵美国西雅图城，上岸时有该处青年会总干事富勒夫妇来接。一切上岸事情均极顺利。是晚即在富君家晚膳，一宿后第二晨即由富君夫妇送上车站，赴炮特伦城，六小时即达该城。下车时已有黎德大学学生会会长卡尔君，奉该校校长命来接。是盖由富勒君于送吾至西雅图城上岸之后即拍电来告故耳。此城风景至佳，为阿立康省最大之一城，居民不多，故街道与民房地位均极宽畅。此学校范围虽不大，但学誉极佳，其学规之严，功课之认真，与学校地位之适宜，及设备之完全，乃为美国小的大学中最佳之一，为东方诸有名大学所承认者。朴来此已四天，觉学生教授待我均甚好。校长夫妇则尤照应周到，令人感激。而卡尔君并为我之同房间者。房间为两小一大，小者为卧室，大者读书室。卡君为此校品学兼优之学生领袖，吾必受其益，可想而知矣。吾所读之功课为政治系市政学，计有法文、美国之政府、社会史、社会学、市政研究等功课。现定两年在此地将政治系功课读完，然后再赴欧洲实地研究。此间有一政治教授，极有名声与研究，此后将时与亲近研究也。朴在此拟将余暇旁及乡村教育之研究。尚祈国内教育家不吝赐教为幸。

李公朴谨上

九月廿日灯下

（发表于《生活周刊》3 卷 50 期，民国十七年十月廿八日）

# 中国人所恨者

柏敦博士曾任大战时威尔逊总统的土耳其问题顾问，他担任土耳其某大学校长数年，对于土耳其情形至有研究。他现任美国救济土耳其灾区赈济会委员长，日昨在美国炮特伦城的黎德大学演讲中国与土耳其之情形与观察，所论颇公平。兹择记关于中国的要点，以饷读者。

博士首言今日美国之大学生不要以美国现在的情形为满足而忽略自己的责任与兴味，要知今后世界之光明灿烂，正方兴而未艾也。次述中国最近情形，谓吾人每谓中国有排外举动，实大谬不然，盖中国人所恨者乃谋侵略中国主权及有不利中国主张之国家与其政府，此为国家自卫当然之理，其实对于传教士商人方面并无仇视举动（至战争区域间有暴徒之越轨行为，则又应作例外），吾人固不应以此目之为排外也。中国现在之情形颇佳，南北政府已统一，今后可着手于建设事业，教育之普及，与交通之发展。吾人行看此东亚大国将由紊乱时期而入稳固之地位。吾人每传说中国言语不统一，据最近调查，中国人民对现在之所谓国语，风行甚速，大多数省分已能通行国语，而文字方面则固本来一致者。以中国土地之广,生产之富,若能次第发展,则不久即将为世界最强之国家。吾人殊有帮助此古大国家发展之必要,是诚最有兴味之工作,应时时注意者也。

记者按:博士亦曾旅华数次,对于中国事情非常注意,观其演词中对中国希望之热烈,殊为可感。外人之注意关心中国事者尚如此,吾不知国人应如何自勉也!

九月二十八日寄自美国炮特伦城

(发表于《生活周刊》4卷4期,民国十七年十二月九日)

# 美国普通人民对选举总统之态度

十一月六号,自早晨八时起至下午八时止,为美国全国人民投票选举大总统之时间。是日下午八点五十分,此间无线电话已报告说,民主党候选总统史密斯氏已在纽约打电报给共和党候选总统胡佛氏,恭贺其选举之胜利(美国西部时间较东部时间相差约两小时,此间九点钟,纽约即十一点钟矣)。而同时全国人民亦即知此次民主党又失败矣。惟按实际情形,民主党此次宣布之政策,及其候选人史密斯氏,均颇受全国一般人民所称许与赞助,故在选举之前,均无人敢决定胜利仍属久握政权之共和党也。然则民主党实因何故而失败?想应为读者所乐闻,兹简述大概情形于左。虽说共和党党员及其势力本较民主党为雄厚,但下列数点实为重要原因:

(一)宗教问题。美国历来之大总统均为基督教徒,而此次史氏则为天主教徒。虽然美国宪法无天主教徒不得为总统之规定,然一般人心理总觉得此已成为历史上所传下此不成文宪法;虽因格于信仰自由之宪法不愿公开反对,但吾人知道美国基督教势力甚大,尤其是一般上了岁数的人,彼等成见甚深。曾忆月前于友人宴会席上，遇着两位头发已白之老者，我问彼等选举何人，彼等不约而同的说：“一个都不选。”后来细谈，方知彼等因为共和党员，但因不满意过去政府（共和党）之成绩及新宣布之政策，故不愿投胡佛之票。至对民主党，则简言之，如史密斯非天主教徒，则彼等故极愿投史氏之票也。此种情形，据调查所得，其影响于选举票数固至大也。雷德大学政治系教授马格理氏并谓此点或可说是史氏失败之主要原因云。

（二）酒禁问题。自一九一九年一月廿九日美国宣布禁酒律后，至今九年矣。惟其成绩，殆较吾国禁鸦片之情形所胜无几。无论何如，只要有金洋则均可得到上好佳酿，所以美国禁酒律之为具文，不待言矣。民主党史密斯氏为主张废弛酒禁之人，因彼既不愿美国有具文之法律，而同时在今日美国情况之下，欲使酒能绝迹，似已成为公认不可能之事实，故在赞成废弛酒禁者。盖觉其法有名无实，何如另想较善之法而维持长久之计。闻此次因赞成废弛酒禁者捐助民主党竞选费为数甚巨，然究因反对者仍较赞成者为众，如美国南部诸省，大多数人民本为民主党员，此次因反对废弛酒禁问题而投共和党之票者甚多。故论者每谓酒禁问题，要亦为史氏失败之又一原因也。

（三）在上述两个原因之外，尚有一比较重要之问题，即史氏比为发源于纽约政治俱乐部。查该俱乐部因以前在历史上为大多数政客谋把持政权会议之机关，美国人对该俱乐部颇类似国人以前之对安福俱乐部。按实际上论，现在该部早与其他政党组织机关一样情形，但多数美国人仍因原有成见，故对史氏为人有不甚相信者。吾人应知美国一般人民对于大总统之人选，极注意其个人道德声望，研究两党之政策与理论者，吾敢谓实居少数。吾尝问同学中之有选举权者曰："君为何选胡佛氏？"吾所得之答复，十人中有六七人是说："因为胡氏人好。"此种回答虽甚简单，但美国人民对选大总统之态度，亦于此可推测一般矣！

两党所得票数及用费之概数。两党此次所得全国选举票之总数至今尚未公布。兹调查大概数目为二十与十六之比。（胡佛氏得二千一百万票，史密斯氏得一千六百万票）民主党此次若以票数之总额论，则成绩可谓前所未有。盖即以前民主党总统威尔逊氏当选总统之票数尚无如是之多也。至共和党所得票数总额，则反较现任总统柯立芝氏减少多矣。若以州为单位，则胡佛氏得四十州之多数，史氏则仅八州而已。

两党此次竞选之用费，民主党则近五百万美金，共和党则逾六百万美金。两党此次选举所费若合华币竟达二千二百余万元之巨，其费用之大亦良足骇人也。至其款之来源，则大多数为希望某党当选之商人所捐助，此则殊足耐人寻味之点矣。

选举日之情况。在选举日前一星期，吾即预备至选举日，一定要到投票处看看热闹，及察彼邦人民在选举时之态度。谁知到了六日下午与同学康君去时，方知所谓选举处者不过一座小洋房，门前有两块小牌，说明"此是本城第一百卅七区选举投票处"。楼下半边坐有发票人、对号人、收票人及监票四人，其余半边则可容十人写填票子的位置。吾在康君填票时详询填票之手续，均蒙一位发票子之女士按票讲解，最后复得该区之主席许可，至楼上参观数票之情形。数票者亦为四人，一个唱票，三人写下。每一张选票，不仅仅为各党之候选总统，并有本州政府任期已满之重要职员及本城市长，与许多须取决于人民公意之本省重要问题，如增加救火人员抚恤金、养老费、增加汽车油捐等问题，附加说明理由，取决多数人民之意见。选举处之职员，则为本州行政机关所委派，每一区注册之选民亦不过三四百人，毫无拥挤喧哗情形。且照选举日规则，各党在选举日停止一切宣传工作。故在选举日，无论何处，均非常安静。我看见两个工人，一位老太太，都异常慎重填写选举票。此种气氛确值得吾人之钦佩。返观我国以前举行省议员及国会议员选举时，杂乱无章，毫无秩序之情形，甚至真刀真枪，打得头破血流，两相比较，不胜惘然！但吾人若再进一步研究美国现在选举制度及其内容之真象，则结果乃又觉得现在美国之民治政权，固可进门而未升堂入室也。其人民在政治方面仍为两党操纵一切，在选举之前，则允许将来如当选后，定做这样或实行那样，待选举期一过，得政权者之一党，仍照己意而行使职权，其对于彼所允许之政策事件，大多数都敷衍过去，人民亦无如之何。故在此一点上，美国之所谓“民治”精神之表现及实力，则反不如英国人民之为愈矣。再查各州政府职员及市长之选举，仍多为政党所把持，多数人民对大张选票之人氏，十分之九不知其经过历史与为人，选举时圈圈罢了。此为许多同学及政治教授所承认之事实。至于各州政府等机关内所用之职员，庸碌之辈则仍过半数，仅谋生活而已。此则为民主党某议员在城内公开演讲所说。以美国人民之程度，其政治内容尚如此之不完全，于此可知“民治”之实现，良非容易之事也。同时，我人应觉得倘今后国民政府积极从事建设工作，健全五院之组织，教育与经济同时猛力发展普及，则廿年后，我国政治工商之进步，要亦不难与英美并驾齐驱，此全视我国人之猛省与努力耳。

李公朴，十八年十一月十六日灯下，寄自美国炮特伦城

（发表于《生活周刊》4卷16期，民国十七年十二月二十三日）

# 做工的校长和男女师生

此邦男女做工的精神，实有可以令人佩服的地方！（编者按：李君现在美国黎德大学肄业）此间人工昂贵，所以大多数的家庭一切粗细工作都自己做，虽说科学发达，各事便利，然仍非容易。所以我们学校的校长谷爱敏博士，他于下午办公后回家，有时还穿起做工的衣服来，劈木头哪，推草哪，忙得满头是汗。第一张小照就是他做工时摄的①，看他这个样子，与工人有什么分别？此间学校中一切事，大多数是学生做的，四毛钱一个钟头。擦地板，筑路，以及厨房中，饭堂内，洗碗拿菜，均是男女学生做的，没有一点觉得难为情，并且还受人尊重。我们在路上，时遇有满脸油亮的，浑身穿着很破的衣服的女子，细看看她，原来就是早二三小时一个衣履整齐，坐在汽车内的一位女同学！我们学校中，有一个游泳池，就是去年一个月时间，由男女师生在课余之暇筑成功的。第二张图就是那游泳池的全景。

十一月十六日寄自美国炮特伦城

（发表于《生活周刊》4卷9期，民国十八年十一月三十日）

---

① 编为文集时未收录。

# 她急得似乎要飞上天去

我们知道美国是没有人力车的，街上除电车公共汽车外，就是汽车。但汽车夫却很少，出租汽车行也不很多，满街常见者惟卖汽车油及修理汽车的店，因为美国无论男女，家中有汽车的固不必论，即无汽车的，亦大多数会开驰汽车。除少数富翁雇用汽车夫外，均为自己驾驶，因为此间雇一个汽车夫普通都要中国大洋二百元一月。我来此尚未坐过汽车夫的车子呢！所以此间人对于开汽车，恐怕比我们中国会骑脚踏车的人还要多。现在因为扩大商运飞机之声浪日高，而天空中飞机的数目也可说将与我们扬子江中大轮船相差不远，徒因票价太贵，故乘客不多，但现在美政府却竭力提倡，而美国人中，尤其是女子，她们很希望早点有机会学开飞机。我遇见几个每天开汽车来学校上课的女同学，我同她们谈起开汽车来，她们都不约而同的说："开汽车不希奇！我希望有机会学开飞机呢！"

公朴感恩节寄于美国

（发表于《生活周刊》4卷10期，民国十八年十一月二十日）

# 一个男女同学的讨论会

目前美国西北沿海岸九个大学中之中国、日本、朝鲜、菲律宾以及美国男女学生，在炮特伦城立德大学举行第一次学生对于太平洋国交问题的讨论会。各校代表共有六十人，中、日、朝鲜、菲律宾之男女代表约占半数，此外尚有各处男女青年会代表及各大学教授多人。会期虽只三日，然所讨论者倒都是目前最要紧的问题。此会之宗旨就是要从学生的眼光中来研究太平洋各国之状况及相互间不同之意见，讨论时尤在消除成见作第三者态度之研究。记者蒙特约列席发表关于中国最近政治状况，并参加讨论大会中之重要问题，如日本人口增加与粮食之供给，我东三省与日本粮食之关系，美国禁止东方人民入境律之批评，菲律宾之独立问题与将来日美设有战争时之关系，以及太平洋各民族成见的问题等等。这许多问题讨论时，均有激烈的争辩，与有趣的批评，各代表本国说话尚不失第三者之态度。在这许多问题中，尤以各民族误会成见的问题为最有趣。主领讨论此问题者为立德大学校长谷爱敏博士。当开始讨论时，先有中日两国学生起立申述他们在美国数年来之经验，与被美国人欺侮之情形；菲岛与朝鲜学生亦继续加以援助，在许多美国人面前痛述美国人过失。尤有趣的是有一个菲律宾学生与一日本学生，他们因美国女同学有时不愿同他们跳舞，所以他们对于这种族成见问题讨论时最起劲，大有主张立刻打倒之概！（按最近情形，美人对华人已较前好多矣，凡受高等教育者，虽不能说他们没有轻视的成见，然外貌上则多相待以礼，惟因礼节与习惯不同，致起误会，则又在所不能免耳。）而美国男女学生则又群起纠正误会，并提出许多补救此种成见与误会之办法，一种开诚布公融洽之空气充满会场，观此亦可见学生头脑究竟是比较的热诚纯洁！但结果仍无充分解决此问题可能性之提议。最后仍是由谷博士起立谓："我以为欲消除种族间之成见，惟仍有主张国际婚姻是根本解决方法。昨日我曾提起国际婚姻问题请诸君研究，即此意。吾不知更有何方法较此更为妥善者？"盖谷博士在开会词中曾提起种族成见与国际婚姻之关系一语，请大家注意。他的意思就是要使男女代表对此问题去考虑一番，因为谷博士的思想极新，在此城中敬重其品学而怀疑其思想的人很多，即以主张国际婚姻而论，当然又是那班有种族成见的人所不敢赞同的了。再说会场中自谷博士发表意见后，男女学生均不约而同的表示同意。在散会后，有几个美国男女学生来问我对此问题的意见，我除表示认可外，乃转请彼等的观念如何。谁知内中有位女同学的回答却颇爽快简明，她说："我只知道有爱情，不知道有什么种族！"她说完后，旁边有位日本学生代表竟笑谓吾人曰："可惜这位李先生已结婚，（他在房中看见内子相片，故知。）否则你们大可以结为朋友，倘若竟能因此而发生爱情，那么本会说到就做到，理论与事实并进，不也是一件极痛快的事么？”这几句话说得围听之人哄然大笑，这段种族成见与国际婚姻问题的讨论也就在这大笑声中结束。

公朴感恩节寄于美国

（发表于《生活周刊》4卷11期，民国十八年一月二十七日）

# 筑路工人与八年教育

论起美国人之生活状况，就一般的情形看来，可说已日趋简单化，娱乐化，个人化，社会化。各人努力在各人职业上求成功，谋将来舒适之生活，最少限度亦能以维持现状之生活需要。这种情形可以说是大多数美国人民的生活概况。谈起职业问题，美国现在社会中虽说失业者仍不乏人，然欲谋一饱之职业，可说尚不如何为难。我虽没有详细调查，但就大概的情形看，谋职业之机会与无职业之人已成正比例，不若中国需要职业之人多而谋职业之机会却很少。所谓供过于求之中国职业问题，实今后吾国建设工作所要解决之最大目标。

就此间平常一个小啡咖与水果店，理发所，以及筑路的工人中调查所得，就知有半数是受过中学教育的，小半数是小学毕业与中学未读完，因生活而废学的，此外则仍有十分之二是大学毕业的。一个最紧要之点，就是虽一个筑路工人，他都受过八年的小学教育，有看报写信等普通常识。此外在他们做工时间中，政府及其他社会团体，尚多方设法供给彼等可得较高深知识之机会。如工人演讲会，工人短期讲学所等等组织，请大学教授及专门人才用极浅显之言语，解释一切普通政治、经济、社会及人生问题，使这班失学的工人都能明了这种种专门学识之大概情形。至于普通商店中以及大公司内，则大学毕业生较多。唯美国现在之大学教育情形似已渐变，不过视为社会服务之基础而已。虽说大学分文理及政治诸科，但学生之选读某科，其多数虽是就性之所喜而习，但也并不是说读了政治文理学等科者，将来即得做关于此种学问之工作。我提出这一点来，是要表明仍是经济生活问题之支配力大。美国谋职业之机会虽较中国好得多，然欲使人人能致学于用，仍谈不到。其实美国因一般社会中之学识标准逐渐提高，所谓大学教育，亦不过视为入社会服务之基础，与吾国之大学毕业者便以专家自视，似乎有些不同。

（发表于《生活周刊》4 卷 14 期，民国十八年三月三日）

# 五分钟的狂热与一夜的高兴

美国人过新年的热闹，那是不能与中国比的，他们过年的时间，实际上只有五分钟，说长一点，一夜而已！至于守岁的习惯，倒是中西不谋而合的。记者因要看看外人过年的情形，所以不惜费了半夜的工夫，同一位同学跑到一月一号早晨四点钟才回校睡觉。我觉得此行很不虚。

我们知道美国人都是小家庭，所以他们逢年过节，是不会像我们中国多数家庭能老小在一起热闹欢叙的，他们多数是出来到公共的娱乐场去寻乐。我记得在年三十一号晚上十一点钟的时候，街上的人与汽车电车热闹非常声音嘈杂，因为全城的多数人均在这个时候"出来过年"了！最有趣的是到了最后十二点前的五分钟时间，街上就忽然同"造反"一般的轰动起来，汽车喇叭、爆竹、小孩子的号筒、口琴、大铃小铃，同在路上走路者的"新年快乐"的呼叫声一齐叫起来了。当时记者的心理是去看他们如何过年的，所以我的态度就如看戏一般。不过有一点我感觉到的就是那种"爆竹一声，岁序更新的升平气象"的情景。在中国自我出世以来，就没有遇着过！只可看看古人的诗文中描写的“升平气象”而已！所谓年年刀兵，岁岁饥馑，那是中国最近十数年来的情形，现在到外国来看见人家这样快乐的庆祝新年，回想到我的中国尚有数千万饥民待赈的状况，怎能不叫我触景伤情呢！

第二件事我看见的就是到十二点半钟后街上的人就渐少了，因为人都到娱乐场去跳舞哪，看牌哪，吃酒哪（美国禁酒的法律在这一夜更失效了！）看影戏哪，看文明戏哪，听音乐会哪，及其他等等的游戏方法。记者走进一影戏馆时，不觉使我吓了一跳，原来今夜的影戏馆内，与平时大不同了，里头五花八门的怪声音都有，小孩子更不必说了，就是二十几岁的青年男女，有许多也是喊个不停，好像非如此不足以表示过年一样。据说那一夜各处都是如此。在第二天所谓新年元旦，亦照例是普遍的假期一日，所以美国的元旦日早晨的情形，可说也同中国差不多，到了次二日则又一切如常，新年即完全过去，所余者仅“新年快乐”一句话则仍不时的流入耳鼓。美国人对于新年不十分注意的原因，就是他们祖宗所传流下的习惯，是重视庆祝耶稣圣诞节，一切历史造下的礼节习惯也很多，同时他们在过圣诞节时已可说将新年包括在内，如送圣诞节的片子或礼物上面都带“新年快乐”的一句，所以到了与圣诞节日期相隔不远的新年，也只好及时点缀一下就完事了。

在新年与圣诞节这两个大节期中深觉有两件事很值得提出来与诸位谈谈的，就是“吃”与“乐”。在圣诞节的前一夜有祝圣诞，非常热闹。记者那天赴一个很正式的宾客众多的家宴，这也是很可代表美国上流社会宴会与娱乐的情形。第一，他们菜的花样虽也很多，但是重质不重量的，加之油腻不厚，所以吃过之后，主人预备的菜虽多而不繁，而客人亦觉口腹舒畅，无多食之苦。论起中国的“吃”那本来是天下闻名，所可惜者，就是分派的尚不得法，所以我们觉得在过年时候，从普遍的情形上看，大毛病就是吃得太多，于卫生上很不相宜。第二，他们大家吃过之后还有半小时以上之随意谈天，然后由主人将预定的娱乐秩序一样一样的实行起来，如钢琴，凡亚林，独唱，说笑话等等游戏，宾主都能尽欢而散。中国对于这种娱乐，就普通社会上说，本来很缺乏的，在过年过节的时候，除了看戏赌钱式消遣的种种方法外，所谓比较好一点的娱乐实在不多，我觉得我国对此二事很有提倡改良的必要。

一九二九·一·三·寄自美国炮特伦城

（发表于《生活周刊》4卷9期，民国十八年一月十三日）

# 十二分津津有味的神情

现在凡稍具世界眼光者，皆能知道今后世界上的政治经济问题将由大西洋而转入太平洋矣。现在世界上的土地凡可资帝国主义各国经济之挹注者，可说都瓜分尽矣。所余者就是中国此一块地大物博的肥肉耳。太平洋所以特别引起世界的注意，尤其因为各国的眼光都集中在中国。美国，日本对于中国之政治经济问题亦格外注意。美国近二三年来对于中国新闻尤十二分富有兴味的注意。美国与日本，与中国地理有远近之不同，及其本国经济、外交政策之互异，所以对中国之态度随之大异。中国有全国统一的中央政府，则与美国有利益，如若中国各省为军阀所割据，全国陷于混乱中之情形，是则为日人所希冀者也。最近余日章氏因会务来美，同时并负有上海总商会及各省商会联合会代表来美宣传之使命。当他去年十二月十四日抵美岸之西雅图城时就接到各大城许多商学团体欢迎他和请他演讲的电报，(我国驻美施肇基公使亦有电迎请他速往华盛顿晤叙)。在此一点上吾人应注意者，不是余先生个人之如何受美人欢迎，乃是要看美人是如何急切的要听中国最近的政治、军事、外交、财政发展之情形，与今后之计划耳。余先生之旅行路乃沿太平洋西岸之大城转入南美，再由芝加哥转赴纽约、华盛顿，参加美国新任大总统胡佛氏就职典礼，然后即将回国。然是否仍取原道或由欧洲返华，现尚未定。此次他因身体关系，故预定每一大城作公开演讲一次也。吾曾请余先生在此城(炮特伦)给青年会演讲时，无座位站立躬听者甚众，虽历一小时半之久，然而听者无不显出十二分津津有味的神情。讲完时，一阵大鼓掌，有许多人竞同他握手。此种情形存在，表示彼等对中国事情特加注意之态度。念及这一点，记者深觉有一件事现在最少是可值得吾人注意者，就是多介绍有英文译本的国学书籍与一切研究中国问题之著作到美国各大学校与各城市图书馆去，使彼邦人士可随时得有研究明白中国历史文化现状之机会。吾实在认此为今日政府与国民对于国际宣传方面一件甚应提倡之事件。吾人看现在全国虽一穷乡辟隅之学校，大概至少总有几本译本的欧美各国历史地理书籍，至若沪宁一带之各大学中学，则更不必言矣。但吾人再看看美国，除少数有名之大学收集有一点中国书籍外，余则大多数完全缺如。当此中美关系日形密切之秋，尽力介绍有价值之英译国学与问题之书籍，同时并鼓励国内外学者多尽力于翻译工作，以应需要，实为不可缓之事。查目前此邦学者与注意华事者大都靠许多到过中国之英美人所著之书籍为唯一参考材料，其不能明了中国之真象，与社会背景之误会，则自然是所在多有矣。记者目前拟就个人力之所及者，作小规模的介籍几部现有英译国学书籍，与其他有价值研究中国问题之作品赠与本校图书馆。今后想于课余函请国内先进友人量力赠送，如有重复者则举以赠本城之公共图书馆。现有之国学译本书籍虽不多，然即此不多之译本，而于此间欲明白研究中国文化及政治问题者已较一本没有好百倍矣。记者前特函王云五、胡适之、刘湛恩诸先生请其赞助并指教一切，惟所虑者，即记者余假期外，虽草率不恭之信札亦若无暇写，今欲借此“生活”一席地，向国内识与不识者作一普遍之请求，想凡愿赠助者，当可见谅也。如愿将“台衔”书于所赠之书内以志纪念，尤所欢迎。

（发表于《生活周刊》4卷16期，民国十八年三月十七日）

# 全中国只有一种国旗了

去年十二月廿九日，是东三省全境悬青天白日满地红国旗的日期。那日美国全国有晚报的各大城市，都由无线电接到这个消息，用大字登载出来。本城是日的晚报用特别放大的字横刊在专电的上面，题目“全中国只有一种国旗了！”同时，华盛顿中国公使馆亦正式公布此项消息，告美国朝野人士。这几日美国之关心中国事者，莫不以此事为谈助。他们现在都很注意日本的态度。新年假期中遇见许多美国朋友，他们都很高兴的向我说道：“青天白日满地红旗现已飞扬满洲全境！恭贺你新年快乐！”

我们看看外国人对吾国事尚如此关心，那末我们中国人在这个紧要时刻中，更应如何的注意。我们看山东的日兵未退，东三省的旗帜虽易，但日人侵略满洲的野心决不会因此稍减，它的原有势力则依然如故。这正是我们全国国民要下决心，救国难，深思远虑，群策群力，做政府外交后盾的时候。老实说，只要全国人民能切实做到不买日本货这件事，那末就是以给彼一个重大的打击。此次的抵货运动，若我们大家仍不能坚持到底，那我们就真太对不起在济南被日本打死的同胞、武装同志、与殉难的外交人员了！

写于美国炮特伦城一月三日

（发表于《生活周刊》4卷10期，民国十八年一月二十日）

# 有了面包以后

美国一般人的生活，在要求舒适，但要舒适，须先有职业以解决面包问题，所以职业问题不得不列为大前提。其次则为组织家庭问题。故大多数在大学求学的学生，及半工半读，与方得职业之中学毕业生，其收入尚不足以成家者，则莫不有两个最好或较有交情的女友，时相往来，过恋爱的生活。说到这里，不妨将此邦女子在未嫁之前，她们职业的情形说一说，据调查所得，美国在这十数年中，女子不独在受大学教育方面之数目激增，而女子在职之数目亦大增。其实此固理之当然。比如记者所在之学校女生竟半数以上，我在社会学的班中仅有男学生二人，有时那位男同学不来时，则仅我一人，若是我们中国老学究们当此，必要连呼什么“群雌粥粥”不已了，惟女子在求学时代做工者虽在此间是比较的少数，然较中国大学中做工带读书的男学生则又多多了。此间女子有职业而经济独立者，则到处皆可看得出来。各戏馆之招待员、卖票，几乎变成女子之专利品，至各商店各吃食店中则无不有近半数之女职员。大学毕业之女子则多半做较负责任的事务，如管银钱或其他较用思想的工作。惟多数出嫁后则在家料理家政，即有继续职业者亦多减少其工作之时间与收入。大学未毕业而结婚者很少，然间亦有之。此校中上月就有两位男女同学结婚。但他们每日来上课则仍与前无异，闻两人均为明年毕业。此间结婚之形式，吾以为既简单，亦尊重。在本刊上卷五十期中曾有“简单之大喜”一文，吾以为我国昔人制定种种婚姻之礼节，在初意无非为表示尊重，后人纵事奢华，遂失原意。所以现在吾人虽反对麻烦之婚姻仪式，但是以今日中国之社会现状论，仍宜维持简单而尊重之礼节。比如此间两位同学，他们结婚的仪式是于早两日在报纸上结婚宣布栏内登一个很简单的通告，广告费是很有限的，然后于星期日，男女到礼拜堂行结婚礼，牧师证婚，两方家长参礼。二十分钟礼成，礼拜一新夫妇二人则同来上课了。他们的态度与神情与结婚以前无异，校中师生对之除示以微笑之贺意外，亦不若我们中国一般人对于新郎新娘那样奇特的大惊小怪！至结婚之男女亦不若中国结婚者之过分的快乐与失常态的神情，好像终身大事是以那几天为特别重要一般。不过若论到我国旧式婚姻，男女从未见过面，一朝相逢，就变成终身伴侣来讲，则男女二人要失常态，我不为无因。至由恋爱而成之婚姻，则重要点乃在订婚前之慎重，与实行同居恋爱生活后，如何使此爱可勿衰或日增浓厚。

（发表于《生活周刊》4卷18期，民国十八年三月三十一日）

# 望尘莫及的浓厚兴味

美人对于娱乐兴味之浓厚,诚为一般国人所望尘莫及。实际讲起来,美国人的生活也可以拿“娱乐的生活”来概括它。他们娱乐的种类大概可分作音乐、影戏、舞台戏(如中国文明戏及京戏一类)以及运动,如骑马,打猎与各种球戏等类。而美人大多数酷爱音乐的情形,据说尤其是这几年来如同发狂一样,可说无论男女老幼,虽程度有高下之分,但不喜欢的人恐怕就没有,因此他们音乐的进步也大有一日千里之势。日前此城一位最有名的音乐师在学校演讲后,曾问及我中国音乐进步的情形,却真令我惭愧回答。吾仅告以中国有一种古七弦琴,为音乐中最高尚者,徒以学弹不易,致曲高和寡,惟现在中国提倡研究此种音乐以谋进步者已不乏人,至其他如笙箫管笛及琵琶等则均甚普遍云云。不过提倡高尚娱乐虽是一问题,然使人民生计日趋巩固,可以增进人民求高尚娱乐之机会,则又一问题。所以在今日中国多数人民衣食不济之秋,而来谈娱乐问题,当然是更困难的事情。

若论起娱乐的真实性来,却也不是终日嬉戏,不务正业。比方此间各种游戏场所，除星期六及星期日外，在平时午后五六时前之影戏场中，则多数为女子，而尤以老太太占多数，普通商人及工人则大多数是星期六及星期日到游戏场中去。我们觉得适当的娱乐也是增加吾人精神思想体力的一种要素，所以在今日之中国虽问题有缓急之分，然提倡高尚的娱乐固亦未可忽视。

寄自炮特伦城

（发表于《生活周刊》4 卷 20 期，民国十八年四月十四日）

# 女　儿

中国家庭中做母亲的，非不爱女儿，但却更爱儿子，最大区别，就是嗣续关系；她们以女儿是人家人，所以比较起来终觉得传宗接代的儿子是宝贵得多了。若反过来看，儿子女儿谁与母亲亲热一点？谁待母亲好一点？我们用一句似武断而非武断的话来讲，平均起来，似乎还是女儿待母亲较好、较接近一点。但做母亲的人，在丈夫死后，大多数仍是随着儿子，是很少由女儿奉养的；而同情慈爱的婆婆，与贤孝的媳妇，又总很不容易遇在一起。中国家庭中因为婆媳不和，直接间接也不知生出多少不幸的惨剧，苦恼的风波！本刊向来主张小家庭的原因固多，此亦未始非其中之一。美国社会是完全由小家庭组织起来，父母与儿子媳妇同居在一个大门内的，固然没有，就是父亲死后（此间男子先女子而死者占多数），母亲与儿子媳妇同住者，也是很少很少。然而在这很少数当中，据说母亲随女儿同居者，则又比较的多一些。记者来此所遇着家庭中住有一位老太太的，已有四家，而查问的结果，又均是女主人的母亲，但经济的负担，仅就吾所见者论，则有三位老太太是自己有相当存款，足以应个人所需用，其所以住在女儿处者，也不过是免得独居寂寞之苦耳；有一位是完全依赖女儿过活的，则是本校一位教授的岳母，这位教授夫人则每日出外教一点钟书，以所得的束脩，来奉养老母，他们外国人对经济问题，你看分得又是如何清楚。不过岳母住在婿家，据说仍是少数。我在一个礼拜堂内，曾遇见十几位年逾花甲，或古稀的老太太们，同她们谈起来，方知多数都有很好的儿子女儿在纽约或华盛顿有很好的职务，快乐的家庭，但她们这许多老太太自丈夫死后，就过孤独的生活，其一种凄凉情形，与饮食起居无一切实人照应的苦况，却也可怜！政府所设之养老院中，亦时有人满之患，此则又为过分注重个人主义之结果，是则为吾国今后提倡改良家庭制度者，所应注意的一点。日前记者还听到一个似乎很有趣味的新闻，在我国社会上或者要觉是笑话，但在这里的人们看来，就也不过这么一回事罢了。这新闻是在我们学校附近有一位老太太（五十多岁了），她有一位很宝贵的掌珠，今年就要出嫁了。这位老太太等她女儿出嫁后，她老人家就也要打起精神预备做新娘子去了。原来她有一位老爱人，本早要结婚，俾好互相照应，但因她女儿反对这位未来的晚老子，她不愿违爱女的意思，所以等到女儿出嫁后自己才做新娘。我猛听这段事实时，就忍不住的哈哈大笑，连说有趣有趣！但他们美国人虽觉此非常有之事，然却也无所谓奇怪。老年人于儿女嫁娶后，没有钱的其孤苦固不必说，就是稍有积蓄，差堪温饱者，那种单独无伴的味道，尤其是上了岁数的人，确也实在是很不容易尝受！

公朴草于灯下一，二六，一九二九

（发表于《生活周刊》4卷28期，民国十八年六月九日）

# 值得我们注意的顾虑

现在人都知道美国是世界上最有钱的国家，它的中央政府的国库内，盈余着四十万万的美金，欧洲各国欠它的债，约有十三万万以上之多，此外各州政府及其人民中之大富翁，更是很多。象这样的有钱的国家，它的人民的生活问题似乎应当可以敷衍过去！但在事实上却有大谬不然者。原来美国之富，并不是普遍人民之富庶。到美国来的人，若仅在城市中看看，那就只见汽车比中国的黄包车还要多，街上虽然时常看得见有工人样子的人，但不容易看出一两个一望而知象上海随处可见的黄包车夫，那样生活维艰的人。但是我们若到他们各大工厂内去调查调查，他们多数工人的生活以及乡下多数种田农人的生活情形，我们就可以看出仍有多数人民在经济压迫之下，过不足以养家活口的生活。[美国平均社会生活程度，每一小家庭每月约需一百五十元金洋之收入，方可过普通的生活，现在美国工人的平均收入则在九十元左右。(农人在外)但若与一九一〇年较，则工厂工人之平均收入则已增加近半数了。农田雇工之平均收入适等工厂工人之半数，食住由农场供给。]据最近的调查，仍有一百廿万靠做工吃饭的失业工人。何以会如此呢？回答这个问题，从最简单的一方面来说，就是因为美国的人民程度，与政府组织，虽然比我们中国好得多，然其政府之大权与政策，则实际上仍在资本地主阶级的掌握之中。（美国现在之共和和民主两主要政党，历史传下就是如此：一是代表资本家，一是代表大地主。虽界限或不能分得这样清楚，但都是代表有钱的少数人的利益，总是人所公认的了。）老实说，大多数美国人民，对于政治问题，从好听的一方面讲他们似乎很相信他们祖宗遗留下来的一部宪法，与两个直接主持国家政治的大政党，所以他们就很懒得去时时注意那许多很麻烦的政治问题。有一次我同几个研究政治的美国同学，谈到这个问题时，内中有一位冷冷的表示讥讽他们国人，说道："我想我国人多数只注意个人生活方面，并不注意政治的事情；况且改变宪法，以及与金钱万能的资本家去争斗，又是至不容易见效的事。至于外交方面，倘若象中国人嘴上常说的有那样多的国耻，那么方可激动他们对政治的注意……"我觉得这几句话诚，大可寻味，不过说对中国国耻这样多的话，我虽知道说者非有意讥笑中国，所以并不怪他，但是令我不能已于言者，就是西顾所谓"有这样多国耻"的中国，尤其是济南血迹未干、日兵久占，有这样簇新国耻的中国，吾不知国人中有几分之几是"念兹在兹"而直接间接作雪耻之图谋的人！自国府改组，五院成立，东省易帜，全国无二色之旗，国际地位似已渐有增进，这种气象，又多么令人兴奋！但是同时吾人读中西文的报纸，往往又于字里行间，看出本党内部之意见仍不免纠纷，而一班希望中国多事的帝国主义者之报纸，则更多方揣测，造出许多非夷所思的消息，极破坏我们在国际间地位信用之能事，又多么令人气愤！

我们知道美国的政府是受资产阶级所操纵的。我们若稍一审查彼邦历来政治上之领袖人物，虽有许多关于个人的学问道德均足令人钦佩，但大都于不知不觉中，受其本党历来政策与所代表之资本家利益所束缚，虽要想做一两件与多数农工有大利益的事，亦很不容易。象林肯总统做成那样惊天动地的解放黑奴的伟大功绩，世人多注意于人道主义一方面，殊不知他的最难能可贵者，就是不顾一切进行之困难，竟提出与在政治上有绝大潜势力的大地主根本利益冲突的主张，后来竟因此发生南北战争。困苦艰辛而得到最后的胜利。他那种超越一切伟大勇敢的精神，自无怪乎要令举世倾倒。然若当时北方各州之大地主亦蓄有大批黑奴，换言之，倘林肯要主张一件与全国资本家根本利益冲突的主张，则吾恐虽至今日，能否实现，亦无人敢说，所以在这一点上看来，我们就可推想得要改进在资本主义势力下之政治问题，又是如何困难的一件大事。而阅者诸君也就可以领会到所谓世界上最富之美国，而他的人民仍是多数在经济压迫下过困难生活，与改进其政治不易的大概原因了。

所以现在凡是关心中国政治情形的美国政治经济与社会学者，他们因深深感到他们本国政府为资本家操纵的经验，虽有几条很合“德谟克拉西”主义精神的宪法，不过做政客口中骗骗人民的具文而已，何况那部宪法，现在差不多已为美国研究政治的学者，所一致公认是阻碍美国民治主义一件根本的障碍物！（对于美国宪法及其政府组织批评之书有好几本，有一本名《美国政府之精神》。我觉得他批评得最痛快，将美国政府内容分析得非常透彻，不知国内有否此项华文译本。）于是他们现在很注意到中国最近政治之发展，尤其是工商业逐渐发达的情形。我在这两三月中曾遇有四五位曾在华盛顿大学及哥伦比亚等大学担任过教授、讲师的政治社会学者，他们除问问最近党政组织外，末后总要提起一个问题，就是中国国民政府当此尽力开发国内富源振兴工商业的开始时期，曾否顾虑及或预防到将来资本家阻碍政府举办有关大多数中国人口的农工利益的事业。他们似有很替我们中国将来的政治前途担忧的神情，他们很不愿中国的政治将来重蹈美国为资本家所把持的覆辙。

我与他们讨论这问题时，除将国内情形略为解释外，并告彼等国民政府此后是要实行孙逸仙先生所主张的节制资本与平均地权的办法，就是将来中国工商业发达到现在美国这样情形时，我们有三民主义与建国方略为根据，不会蹈欧美各工业国家的覆辙。他们听了我如此解释后，大概尚能表示满意。但我以为彼外人所顾虑者，亦未尝不是很值得我们注意的问题。

公朴寄于美国，一九二九，一，四

（发表于《生活周刊》4 卷 25 期，民国十八年五月十九）

# 受打击后的振作

世界大战（自一九一四至一九一八年）告终的时候，随着德国倒霉的奥匈联邦帝国，因国内民族复杂，全国瓦解，分成许多小共和国。奥国（即奥地利亚）遂削成一个小共和国，全国的疆土较我们的江苏省也许还要小。它的京城维也纳差不多就要占全国五分之二的面积，比起帝国时代的“威风”，似有“不堪回首”之概，但经此打击之后，民族不如从前复杂，人民在政治上的地位亦比前增高，益以全国上下的振作，经济危机的拯救，十年来市政之进步，人民自治力之发展，全国教育之积极进行，故在目前的国际地位虽大不及往昔，而循此社会和政治的安定状态向前勿懈，也就很有希望。最近来美演讲的奥国著名教育家邓格勒博士谈及该国情形颇详，我愈觉国家不怕打击，只怕打击后，不知振作，不肯振作。

邓格勒博士最近应美国世界教育学会之聘，来美演讲，日前此间立德大学特约他来该校演讲两次（该校有人捐助巨款，指明作为延请世界学者演讲之用。我国的胡适之、刘廷芳两先生从前也曾经被请讲学过数日）。他第一次的讲题是《由教育而获得国际的了解》。他以为“世界主义”或“超国家主义”与广义的国家主义,实际上并不冲突,尤其是因为这世界的范围日渐缩小,国与国的关系日益密切,科学进步使水陆交通日形便利,更加上近年来飞行术与飞机构造之猛烈进步,大西洋飞渡成功,商运飞机已普遍欧美,以前须一月之路程者,今则数日可达,今后世界距离既逐渐收缩,自然界因交通上的阻碍亦日益减少,今后国家遇有战争冲突时,名目上尽管是两国的战争,但实际上必与世界各国要发生直接影响的关系。这种利害所及的影响,在今日国际间已成相互连环的形势。此后这种关系,只会日加密切,决无疏远之理,所以“超国家主义”已成事实上的趋势。他以为要促进这种主义的实现,要注意两点:(一)使国人明白了解关于国际间各邻邦的知识,(二)彼此对他国有一种诚实友好的善意。要达到这个结果,教育实居极重要的地位。

上面所说是邓氏的意思。他关于世界距离缩小而彼此影响日切的观察,诚然不错,不过我觉得正因为有这样的形势,一个国家更须力自振作,否则受他国的侵略亦较前更易,亦较前更快。老实说,在国际上要维持公理,非本国有充分的实力不可,倘使本国先弄得乱七八糟,你尽管对他国有一种诚实友好的善意,其如他人不睬何!

邓氏第二次的讲题是《奥国教育的新精神》。他对于教育十分注意养成儿童自治自动的精神,也很值得我们的注意。他说奥国以前的教育是专制刻文章的制度,学校内是没有自由活泼空气的,教员的面似“铁”,严厉得可怕,课堂内的空气“冷”得吓人;是一种机械的例行公事的顽固教育。现在奥国新教育便以使得每个儿童可以得到下列三种精神为原则:(一)自由;(二)自治精神,“实行自己管自己”;(三)自动的表现,“予以自由发展本能的机会”。邓氏自己在维也纳创办有实验学校,就是极力提倡这种新教育的中心。他采用所谓“社会化的课堂制”,把许多学生分成若干小组,比如说,每小组十人,那末此十人就须共同照料大家读书游戏等等事务,每人均有机会做领袖,有机会管理和执行规则,每人均要时刻顾到并保护本组的信用和名誉,都须有适当的服从领袖的态度。关于这种教学法,邓氏曾谈及一件有趣的事情,他说有一天有一个六岁的小学生跑到他的办公室里,以很正经很不快乐的样子,对他说道:“我们组里的某同学在课堂里未用心听先生讲,等到我去和他讲,帮助他,他居然也不听我的话。我们的小组内有这样的一个人,怎么办好呢?”这个小把戏居然大用其思考力!邓氏实验的这种新教育,已可使初级小学生自动的功课而不觉无味。

讲到奥国新教育里小学生所做的手工,也是很有趣味的。他们的手工是用分工办法。邓氏带了好几种他学校中六七岁到十三四岁的小学生所做的手工作品,其中有几本硬面子的书,那些书做成功的方法,是一个学生说一个故事,一个学生将这故事写出来,另一学生用简单的图画,将那故事分段的描画出来,末了一个学生负责装订成一本书的样式,还要做一个有趣味的封面。四个小学生,一阵忙,谈谈,笑笑,想想,问问(问教员),一本一本很有意味的童话书籍,竟做了出来。这种社会化的教育很能养成国民的合作习惯。

据邓氏对记者说,他欣闻中国努力于新建设,拟于明年来华一游。我希望我们不要“坍台”！

寄自美国炮特伦城

（发表于《生活周刊》4卷29期，民国十八年六月十六日）

# 在美的中国人地位

在美国之中国学生每年暑假期内照例有一次中国留美学生联合会,分东、中、西三区举行,今年已为第二十七届之年会。此次美国西部十余州之年会时间,为六月十四日至十八日,地点适在记者本校炮特伦城黎德大学。

此次大会虽只有一次两小时的讨论会,但所讨论的问题却颇有一记之价值。兹简述如下:

**洗衣店** 中国洗衣店以前在美国甚发达。记者初来美国时,同学每以"中国洗衣人"相取笑,原先莫明其妙,后来方知究竟。此种营业现在已有日趋淘汰之势。自洗衣机器发明以来,美国人所办之洗衣公司大为发达,处处以科学方法改良营业之手续,使用户感到便利与满意。中国人之洗衣店既不能互相团结以求与人争存,更不谋改良仿效,应环境之需要,所以相形见绌。我们讨论结果是:中国洗衣店营业在美失败之主要原因,即无团结精神,科学知识及创造能力。

**堂斗** "中国人尚于自相残杀而不知互相团结以谋改善腐败现状。报载各大城市中国人之'堂斗',数十年来年年都要发生几次，家破人亡，惨不忍闻。此种毫无意义之举动，殊为人类羞也!”此为去年芝加哥城中国人又发生“堂斗”时，美国某报评论此事之段。吾人觉得国人之被外人轻视，此亦重要原因之一。对于此问题讨论结果，以此种风俗乃由中国以前之地方主义及广东之大姓械斗类情形相传而来。侨胞中知识浅陋者太多，殊难理喻，补救之办法惟有希望生长是邦之青年同胞，(大多数均受有相当教育)将来对于此类无意识的行为力加革除而已。与“堂斗”有密切关系者仍有许多不正当之营业，如各种赌场及贩卖私货机关，亦为发生“堂斗”之重要媒介，所以仍由美国政府之警务人员不能严厉执行法律所致。

**工人地位**　近数年中国工人之在美国地位已是江河日下，固已尽人皆知，惟吾人所尤加注意者，即加拿大与美国西北之阿拉斯加州两处。该两处前数年尚有多数之中国工人，分散各地工作。近来因菲律宾人不受美国移民律限制，故来者日众，而其吃苦耐劳工价不大亦与中国工人相似，同时又受美国政府直接保护，中国工人既横受本地工人之排挤虐待，又不能得中国政府之保护，其地位反不如亡国奴矣，言之良足使人痛心。此外还有日本工人，他们因有强硬政府的原故，虽美国移民法律对日人也与中国人一样的要限制，然他们因本国政府曾派有专员为之计划一切，而工人本身又较中国结力，故日本工人有加拿大与阿拉斯加州之情形而日有进步。所以今后中国工人在加拿大及阿拉斯加州之原有地位不久即将为菲律宾与日本工人所夺，乃为显明之事实。华侨中感觉寄人篱下之痛苦，国内北伐后，极想回国经商者颇不少人，徒以一年来既因国外时有奸人造谣，说许多国内不安宁的揣测言词，而事实方面又仅有军人叛变反抗中央之举动，遂使有意欲回国的商人及到处受人虐待之工人也只好叹一口气，将回国做一个自由国民的念头暂时搁起，“回国既不能平安过日子，亦只有忍气吞声，继续在外人势力下再过几年了！”这几句话是记者到阿拉斯加州做工的船工遇见一位华侨老先生亲口所说的。

**同化问题**　此处所论之同化问题，乃指生长是邦华侨青年子女而言。我们很相信在美成家立业的侨胞大多数均不容易被人同化，但一班自小虽生中国家庭而却长在美国社会，受教育于美国学校的男女青年，照目前趋势，则诚有日趋美国化之概。他们对于国学可说大多数与外国人一样，惟都能说一点广东话，以及其他自小从家庭得到的中国习惯而已。有几位生长是邦的男女同学很诚恳的向我们来自中国的同胞，询问他们回国后几年就可以学会国文，极少限度到底要有怎样的程度，其恋恋于祖国的态度，亦殊可嘉。所望我国政府对华侨教育特加注意。

此外有数同学对美国人种族成见问题有所讨论。有一位美国女士（姓名已忘，是大会特请来做英文演讲比赛评判员之一）于请得主席允许后，也起来发表她对于此问题之意见，倒也颇足耐人寻味。女士先引一位大学有名生物学教授的话，说“两个不同的种族中的优秀分子结婚后所生出来的子女是可以青出于蓝而胜于蓝的”。她接着并引证了几位美国女子嫁给日本与中国学者后家庭美好之情形。最后她并力言多数美国人种族成见之不当。因为美国本身就是一个许多种族合起来的国家。现在已入美国籍的犹太人、意大利人，以及德国人、法国人，他们有美国社会里无形中种族间成见仍很多,尤其是犹太人,彼此隔膜更厉害。但是美国少数领袖却不以为然,他们的态度才真是美国人对于中国人友爱之代表,但根本上要解决这个问题,仍不能不盼望中国人要自强,俾自挤于优秀民族之列云云。

关于中国来美学生的本身问题,因时间短促,仅略涉及“什么是今后中国最需要的事业?”讨论结果,很多人都表示教育与交通为最急切的事业。有几位同学说:“交通固然是重要,但在目前这样武人横行的时候,仅仅现在原有的一点铁路尚被军人任意因私人之利害而破坏,那里还谈得到其它路政建设问题?外国的水陆交通是为人民用的,中国的水陆交通是要等军事机关用了剩下来时才可以派到人民。在这种现象下之交通事业还有什么谈头!”这虽是他们的牢骚话,但也未尝不是用于怀念祖国的好意。

公朴自美国阿拉斯加州寄,一九二七年,七,一

(发表于《生活周刊》4卷41期,民国十八年九月八日)

# 惘 然

韬奋兄：

前书提及弟暑假中将赴阿拉斯加州一家捕鱼公司做苦工，现在已到此十日了。初来数日工作尚轻，但近两日来每日竟做八九小时足数的工作。弟的工作为掌管一部做装鱼罐头的机器，要站在那机器前将已做好的洋铁皮子放进去，由机器做成圆形，然后再转到别的机器做成很美观的罐头。工作时间是十小时，惟实际上只有鱼捕得多的二三星期是如此，此外五六星期平均亦只有七八小时。总之鱼多工多，鱼不多我们工人就拿钱吃饭，公司赔钱罢了。（中略）今天做了九小时工，尚不觉十二分吃力，亦颇足以告慰与自豪者也。（中略）我很希望公司今年鱼不要捕得太多，俾我得多有一点工夫将我带来的几本政治书籍读完！在这十天中可说有一点功夫就到房中或海边山脚下去读书，比在学校中所得兴趣更浓厚。回思以前有时间读书时，每不自觉时间之珍贵，此时竟不禁令人惘然也，弟大约九月初一二日方可返西雅图。（下略）

弟公朴谨上　七月二日

（发表于《生活周刊》4卷39期，民国十八年八月二十五日）

# 百看不厌

美国阿拉斯加州在新大陆的极西北角上,州之北部沿着北冰洋岸与俄领西伯利亚之突出一角相近得很,近欲辟中美空中航线之飞行家,将来即拟由是处飞渡太平洋,惟两岸的天气寒冷,居民稀少,亦一阻碍耳。此州前本届俄人,后由美联邦政府以七百八十万美金向俄政府购买。数十年来已为世界最大鱼场之一了。仅以历年来之渔业收入算,也不知超出多少倍七百八十万了,这是俄人出卖时所料及的么?记者在暑假中工作之鱼厂,为资本规模最大鱼厂之一,厂中装置最新式机器,四五千条二尺余长的大鲑鱼,(此一类鱼为此处出产最多者,味甚佳)两个钟头内就能用蒸气蒸熟了,冲洗得干干净净,装入罐内。再两小时则在罐子上面贴有商标装璜的招牌纸,装钉成箱,一切完事了(每条鱼平均斩头去尾,可做五六罐)。鱼厂之地点在州之中部,建筑于海湾内。这地点不独是便于捕鱼,且可说是一绝妙的避暑佳地,前临海湾,遥见太平洋面,后倚高山,有一条山涧从山后流出。鱼厂特搭一长广的栈道,沿涧通山深处,自来水管附设道上,厂中的饮料与多量的洗鱼水均赖此水。山中仍保存着新大陆初发现时之森林状态，古木参天，并时有熊鹿出没其间，（熊不甚畏人）山顶上积雪终年，故来此一月余，虽闻纽约及旧金山等处炎热达百数十度，与国内亲友来函谓沪宁间又是如何盛夏无雨之种种之“热”论，然此间早晚天气则固仍如初冬一样寒冷，故每觉这番来做工固属生平第一次际遇，而避了一季夏天，也是我做这廿世纪时代的人以来空前的第一年也。这鱼厂孤独的设在此山海之间，除每星期二三有一次邮船来收送邮件外，就可说与世界隔绝交通，幸风景怡人，夕阳西下时之海面是百看不厌的。沿栈道走进峻拔峭绝之山中，到涧水深处临流垂钓，或倚石读书，是则工余后得借鱼书而乐之时也。一日钓得大山鳟两尾，烹之味佳绝！

鱼厂之工作大都是洗鱼、切鱼、装鱼、做鱼罐头、做装鱼的一切杂务，大半是由机器做，并非要用苦力气的工作。记者是管一部做鱼罐的机器，只立在机器旁，将洋铁皮子装进机内去，掌开止之职务，比较在做鱼的机器间工作已是干净而省力，然头两天我仍觉立得腿酸腰痛！此间工作忙与不忙，全视鱼船上的渔人送进来的鱼多少为标准。公司的运气好，鱼捉得多，钱赚得多，我们工人每日就要忙八九小时，以及十个小时；公司倒霉，鱼不多，赔本，就是工人的运气，每日吃饭睡觉拿钱，做二三小时工作而已。在我则一月以来做工的资格却已算是练出来了，立在机器旁，手不停的忙一天九个小时，也不觉得什么苦而难做了。

十八，七，二三，寄自阿拉斯加

（发表于《生活周刊》4卷45期，民国十八年十月六日）

# 工余见闻与感想

在上次通信中记者已将所在工作的鱼厂的地位与制鱼方法,及记者所担任的工作,简略的说过,现在拟与读者谈谈此两月来的见闻与感想。

谈到记者此次要在暑假期中做工的动机,是要尝尝劳工神圣的滋味,实验一下素来只会“双手万能”的思想。如今做过汗流浃背的工作后能不能立即埋下头来读书,这是在学校常看见许多同学这种做,而我每感觉自己不能的怀疑。至于愿意跑到这没有夏天的冷地方来,乃是想借此既可有一个不化钱的旅行,(旅费均由鱼厂付),并可看一看这世界大鱼场之一的“阿拉斯加州”与捕鱼制造等状况,同时又因闻此鱼厂的工人是以日本与菲律宾工人为最多,顺便能实地调查中日菲三国工人的情形,至于一探此州中国工人的地位渐为日菲工人取代之真相,亦为促成吾来此原因之一。此番来做工之目的虽照上面看起来,似乎是大题目很多,然仍不外想于离开学校期中竭力求一点受“教育”之机会耳。两月以来,此种做工教育之结果不独可说达到我上面所要得到的各种希望,并似乎得到较学校里更好的成绩,除读完了几本应读的书外，又知道我这双手也不在别的工人之下，挑煤、搬运货物，以及钉箱子、劈木材等事，在我原有的管机器的职务外，都时常做过。初做的两天，确有吃不消之势，不是腰酸，就是臂痛，可是现在已不在乎了。又因工余时间之宝贵，故读书之兴味尤浓。心志专一，是做工生活中最感到快乐与舒畅的事情。此均为吾一生中所得的一部分大教训，为我所永不能忘的。

鱼厂中虽只有工人一百余，然经详细调查后，始知工人中竟是各色人种都有，殊属有趣。比方除中日美工人是代表黄白两种外，二三十印第安人，我们可算他代表红种，菲律宾人代表棕色，马来人种及从奴隶解放为美国国民的非洲人，代表黑种。国籍则有中、美、日本、朝鲜、菲律宾、瑞士、墨西哥、意大利，以及红黑两种无国籍的民族。想不到一个小小鱼厂，竟包含有全世界的各色种族与若干国籍的人民，是亦未始非洋洋乎大观也。在此各色人种都有的环境之下，最足使人发生感触者，即于这许多工人接触中，到处可以冷眼看出彼此对待之心理完全以各人之种族在世界上所站地位之高下为缩影。卅余国籍不同之白种工人内，至少有一半是未受教育，说浅俗之英语者，但他们却无人不自视为世界上最文明的人物；许多日本工人对白人是很客气的，然对其他任何国人则又傲慢异常；菲律宾人在红黑两种人前又时会做出“自命不凡”的神情来；至于几个中国人虽面皮同日本人一样“黄”，然因国际地位是远在日本之下，所以其他人种之工人对待中国人也就不知不觉的显出不若对日本的客气了！

国家地位之高下，国势之强弱，与个人之关系，到了这种地方就格外看出他的密切程度。我想国人中除驻节各国之外交官与旅外之华侨等应有相当之感觉外，至居在东三省、山东，尤其是上海的民众，当然更应有此感觉！近来国内军阀乱国不成后，多半都是出洋考察，我们应希望他们最少亦要考察明白中国国际地位低下，主要原因就是由于内争不息，政治不上轨道所致。他们驾临一国时，其政府与人民有时甚至连理都不理，那种目无中国之情形若与别的国家什么陆军大将到中国来时之景象一比较，我想身受者之感想自比旁观者为更甚。倘这样的激刺可以使一班仍有封建思想者觉悟，则国际地位之增高亦计日而待矣！

（发表于《生活周刊》4卷17期，民国十八年十月二十日）

# 上了轨道

此间工人生活在大体上总可说是过得去。属团体生活方面,如饮食起居以及做工,大概都是随种色而分。白种工人在一处,日本中国及朝鲜人在一处,菲律宾人又另在一处,至黑人与印第安人则多半是属捕鱼工作,所以他们大概都宿膳工作于一处。此鱼厂前年尚由华人承包一切工作,工人亦华人为多,闻后因工头管理不善,宿舍内既不清洁,工作亦不认真,遂改由日本人承包。此州沿海岸及海岛中大小鱼厂不下数百家,工人则百分之八十以上为中日菲三种人,盖因生活起居可以不考究,有木板床大米饭即足,而工资又较白人为廉,各鱼厂自然乐于雇用。我有一次跑到白人的宿舍内去看看,那就实在比我们工人宿舍内整洁多了!一半虽由待遇之不同,然亦由工人自身有清洁的习惯所致。

论到各种工人工余之生活倒也形形色色,花头很多。白种工人则下棋、钓鱼、闲谈、睡觉、游泳以及作扑克牌戏等。日本多数工人则一有余暇即以赌钱为生活,闻有人已将所有工资输完了!菲律宾人则弄音乐者很多,差不多每天晚上有许多菲人及黑人与终年住在鱼厂的十余印第安女子在海边的码头上奏乐跳舞起来。美国工人亦有加入跳舞者，有时两个女子唱一段她们印第歌，虽闻之莫明其妙，也觉宛转动听。此外印第安人等，他们在渔船上的时候多，与之接触机会甚少，闻彼等作工余暇则以入黑酣乡为乐。

美国政府对于捕鱼法律甚严，每年捕鱼期间为七月十号起八月廿号止，每礼拜自礼拜一晨六时起至礼拜六下午六时止为捕鱼时间。星期日前后三十六小时中又不许捕。鱼自起水后必须在四十八小时内开始制造装罐，工人制鱼时必须戴白手套，每一二星期政府派有稽查察看一切。鱼厂方面对所有规则亦严守不怠。所谓政府稽查人员，对此种守法者除称许满意而去外，厂方对之既谈不到什么应酬招待，虚耗双方办公时间与精神，而徇私舞弊之机会亦无从发生。这种守法精神，实为政治上了轨道之国家所不可缺少的要素。

八·十五·自阿拉斯加鱼厂发

（发表于《生活周刊》4卷48期，民国十八年十月二十七日）

# 海外的官瘾

我国在前清时代，政府对驻外领事向不注意，民国以来，因内争频仍与政费竭绌的关系，亦无暇顾问。政府连公使馆经费尚一欠若干月，小领事馆则更不必说，所以就是有官热的人，见此味同嚼蜡，应没有什么人想钻头觅缝去竞图谋了。但是仍有人情愿贴钱来做什么名誉领事，过他们海外的官瘾。美国方面除华盛顿京城设有我国的公使馆外，余则仅纽约与旧金山各设有总领事一人，其余华人众多之地，如芝加哥、西雅图、罗安琪等许多大城中，仅设有名誉领事一人。我国自己国内连年闹得一团糟，要想替海外侨胞谋什么幸福，本属梦想，政府既一时无力委派领事以护卫侨胞的利益，得些自告奋勇不必政府出钱的什么名誉领事，似乎聊胜于无，让政府揩揩油，原也未尝不是一件不幸中的幸事。但是便宜货有几件是好的？据生长此邦的华友说，这班名誉领事大多数还是用钱运动得来的，因为他们都是留居各该城中的大富商，袋袋里有了不少“麦卡麦卡”（编者，此为上海洋径浜语，言人金钱富裕之谓），“既富”矣，又想“且贵”，借此过过他们的官瘾。说者如是云云，真相究竟如何，记者未亲加调查，未敢乱说，不过就闻见所及者言，这班号称“名誉领事”，在外边似乎对我国的“名誉”没有什么好处，而且恐怕无益而有害，因为他们均为中西学识毫无者流。去年记者到某城，不久即晤此处所谓名誉领事者，不独英文说不清楚，即很普通的交际态度也一点没有，简直是一个“名誉阿木林”！同时该处的那位日本领事却是谈笑温文，礼貌周到，连他的夫人也能陪着她的丈夫在交际场中周旋合度，受人欢迎，这真是令人看了气闷！我和诸君谈起这件事，绝不是有心恭维日本人，也不是说日本人一定都比我国人好，我所要注重的是要告诉诸位他们对于驻外领事知道慎于人选，给以政费，所以他们的侨民处处得到好处，我国则国内乱得不知所云，无暇顾及海外的国际体面，真令人痛心！彼时墨西哥中国公使李锦纶先生尚代表国府驻美京，记者曾致书李先生，询及国府革命外交对于此类领事有无处置办法，据李先生复信说，此间某城的名誉领事某君尚为伍廷芳老公使驻美京时所任命，此后驻美各城领事须待伍朝枢公使到任后酌量办理。近据新由国内来美的友人徐挹和君来信说，他今夏与清华学生同船来美，途经西雅图时，有该处我国名誉领事当着许多中美人士开会时演说，竟说美国是中国的娘，做儿子的对娘非服从不可云云，简直使我国人听了无以自容，而乃出自堂哉皇哉的本国外交官！（编者按，此事本刊第二期读者信箱里曾有较详的报告）吾人慨叹国内自顾不暇，恐怕只好纵任这类名誉领事安如泰山的过他们的官瘾，替祖国在海外增加些“名誉”！

十一月十五日自美发

（发表于《生活周刊》5卷5期，民国十八年十二月二十九日）

# 启人深思

今年七月四号是北美合众国的一百五十三年离英人独立之纪念日。记者做工之鱼厂在那天亦照例停工一日，厂中虽只有十余美国人，然却热闹得异常，爆竹整放了一天未息，山顶上厂屋和十几条捕鱼的汽船上都悬挂着那面十三条（表示离英独立时之十三州）四十八颗星（今日美国已有四十八州）的青红白三色灿烂之合众国国旗。在鱼厂附近的北边有一块很高大雄伟的山石突出海面，下午潮退时，可从几块小岩石上穿跳上去，就是失足滑下，该处的海也非深处。每当天气清朗之日，晚膳后约九时前，夕阳西下时，记者总要跑到那块大石顶上去危立着，欣赏那自然风味，舒畅我工后身心，我的心神时随霞光万道的落日，沉到太平洋的那一边，我似乎每觉从沉落的日光里，想见到我可爱的祖国与怀想的亲友，从黑暗之夜间渐转到目光下之情形。在美国独立纪念日那天下午，我立在那石头上面，闻鱼厂内美人庆祝的炮竹声，眼送将要离别此岸而光临亚洲的落日，偶一转首仰视那面飘扬山顶上的青红白国旗，联想到我们的青天白日满地红与此邦同色之国旗，不觉陡然的触景生情，百感交集。国旗之颜色相同，国际之地位却迥异，概念到目前国内政治之紊乱，人民生活之困苦，与此邦比较，可谓适成反比例。然回忆一百五十三年前，则此新大陆中固无所谓合众国，且大半的地方尚为红人出没，野兽奔驰之区。在那时的中国则正当清朝鼎盛之秋，（约在乾隆四十一二年）人民生活也可勉强算有安居乐业之景象，比较美国人民那时尚在英国政府压迫之下，受重征暴敛之苦况，则又不可同日语矣。在那时有谁能相信一百五十年后之中国会变成世界上最贫弱之国家，几千万灾民坐而待毙，穷兵黩武；全中国种种建设经济人材，都在仰望这一百五十余年由一个殖民地而变成的国家——美国。一个竟在这百余年间突飞猛进，不独已做了数十年新大陆各国的盟主，并于欧战后一跃而为世界列强之领袖，这真令人不胜其沧桑之感。其故何在？良足启人深思。

在今日欧美国家不独其政府组织已有稳固之基础，人民对地方政府以至中央政府则又有选举之议员直接代表人民，主持国政。在这种情形之下，人民方面似可不必再另外组织什么研究政治社会建设等种种团体了；政府方面似可用国会或地方议会代表人民公意法定机关的大帽子来做护符，不理那些人民团体所发表的意见了。然而事实上却不然。即以美国论，联邦政府对内对外制度与政策之改良和变动，地方政府对市政制度与建设之计划，有很多是完全根据于人民团体之研究与建议的结果。盖民治国家之政治问题，是很需要人民中领袖分子时时用在野的旁观的见解，去研究讨论，不仅注意监督政府方面，并尤在能援助少数执政者之施行其贤明政策，不致为一班败类的政客所蒙混阻挠。因为民治国家的政治，倘无人民在后而不断的加以督促与建议，则仍然会逐渐腐化，为政客所利用，为资本家所操纵。

记者因此深觉国内知识界先觉，与夫各界关怀国运前途隆替之领袖，应振作精神，本纯洁为国之至诚，发起组织研究政治或社会问题之团体，以毫无政治作用的态度，来讨论目前政治社会之严重问题，提出具体之办法，提醒政府及国民，为人民造成研究之机会，渐渐造成一种健全的民意。例如：（一）若何减少以至消灭今后因政治问题而引起内战之危险；（二）如何增进政府工作之效率与廉节之风气；（三）如何造成一种全国哄动一致起来消灭内争的民众力量，俾其他一切教育交通建设计划得循序进行。这些都可说是目前政治社会上一部分之重要问题。记者仅就一时想及者写出作例耳。此种研究提倡之责任，若人民中之领袖与夫知识界先觉尚没有勇敢和毅力起来担负，试问又希望谁去领导呢？试看欧美已入宪政时代之国家，对于此类人民团体尚力求推广，认为与民治精神之发展，有绝大之贡献，吾国际此训政时代，其需要更何待言？

公朴草于美国鱼场灯下，十八，七，十四

（发表于《生活周刊》4 卷 46 期，民国十八年十月十三日）

# 双料皮毛

近每觉数十年来吾国留学政策失败之主因，多半由于来学者对于本国文化历史未有相当之认识，而同时西方学术之背景亦非短时间之学校生活所能精通澈悉，结果虽挂上煊赫的衔头，往往在国内所得者不外一些皮毛，跑到国外所得者亦不外一些皮毛，仅成双料皮毛而已！我在此邦所就学的学校里有师生组织的一个哲学问题研究会，最近硬要拉我去讲什么孔子主义，我愈深刻的觉得在国内时对于本国文化历史应有相当的认识。我对于此问题既无深切的研究，本不想瞎讲什么，就对一位哲学老教授说："我知道你老先生对孔子主义是很有研究的，就请由你老先生讲几句罢！"他却谦让未遑的回答我说："我们外人所知道的是皮毛与大概而已，不过是看别人所著的书，间接又间接的得来的一点。你是身受过孔子主义的教化，从那充满孔子主义的社会里长成的。你所感觉的和懂得的当然比我们好得多了。"我听了很惭愧，只得硬着头皮把带来的一些中国书温习一些，再跑到图书馆里拿外人研究孔子的几种书参考一下，居然硬着头皮胡乱的发了一阵议论。人家听了到底能得着我的什么贡献，我只好说是莫名其妙!

出国留学者不见得人人对于本国的文化历史有相当的认识,而外国教育家却认为凡是中国的留学生对于中国的学问总有相当的基础,他们对实际情况异常隔膜。有一次此邦某大学有一位文学教授无意中和一位中国留学生谈起孔老的学说,那位同学却瞠目结舌,莫名其妙,于是那位教授竟少见多怪的跳了起来,说"这真奇怪!你们自己家中有这许多学问的宝藏却弃而不顾!"我以为这位同学也不能全任其咎,他们不过代国内办教育者受"过"而已。我深感出国留学者,尤其是研究社会科学的人,倘对于本国的文化历史及社会实际情形没有过相当的研究,那末对于国外所受的一些教育,甚至所研究的种种问题都是隔靴搔痒,食而不化,无一用处!

一九三〇・一・十寄自美国炮特伦城

# 学府造成的环境

史丹佛大学有美国西部哈佛之誉，建筑尤壮丽可观，创始于一八九〇年，校址甚广，乃加州并入合众国后之第一任州长史丹佛氏为纪念其子小史丹佛之死而设者。离旧金山城只三十余英里，乘公共汽车一小时可达，火车则仅三十分钟耳。其所在之城名普罗阿陀（属加州），今美总统胡佛氏故居在焉。城中景象与旧金山沿途之各小城不同，虽无海山环绕，然全城静穆异常，花草均布置整理有序，余缓步道左，深感此一方净土中之人物与似均陶熔于大学教育风化之内。向路工询问途径，就童子探问电话处，彼等均和颜悦色，详细指示，礼貌有加，诚恳动人。闻美国各大学所在之小城均多少有此种气象，盖因此种小城之各项职业中人民几全部由直接或间接与大学教授、职员、学生等发生接触之关系，又因地属高等学府区域，非商业中心，环境既优，遂少招致恶风气之媒介；而大学既为培植青年学养之所，因势善导，耳濡目染，潜移默化，故间接自成为改善社会环境之策源地矣。即以礼貌一层而论，则学校中人可说大多数是较社会上一般人为优（间有因种族成见而犯不敬者，则似应另作别论）。曾举此事与一位研究社会学的美国朋友闲谈，彼笑谓有许多居此种有大学所在之小城中人，其态度往往因环境不同，变更极快。例如在小城有礼貌者，到商业中心种色复杂之处，或竟变为无礼貌之人。其实此乃由于良莠不齐环境中之心理作用与礼貌之习惯养成不深所致耳。

中国素有数千年礼教之邦之美名。当今英国哲学家罗素氏于十年前来中国讲学，曾著有《中国之问题》一书，对于中国旧有文化之价值，批评利害，持论公允而透彻，甚为欧美学者所称重。书中曾极赞许中国人民一种普遍的爱好和平与讲礼貌等美德。此种美德，吾人久处若忘，每不自觉，试回想昔之一私塾秀才先生尚多少能得一部分社会之尊敬，视为问礼之处，大小学生在礼貌方面亦较市井未学者有别。文质彬彬固违近代健身教育之旨，然粗暴蛮横，又岂是强壮体魄之原则？余因参观史丹佛大学区域观感所及，遂发生以上之一点联带感想，深觉吾国今之所谓最高学府者，其大多数对社会群众之影响，较之吾人所早视为时代落伍之私塾如何，虽范围与制度彼此悬殊，然就此可比者比之，或亦值得教育界之注意，学校之风气应为来日社会习尚之先导，若并区区外表之一点礼貌亦不足为社会之准则，则遑论其他乎？

八月廿日灯下·纽约

（发表于《生活周刊》5卷44期，民国十九年十月十二日）

# 工　旅

韬奋兄：

前书曾奉告弟此次由美赴欧，幸有一友人代谋得一船上工作，经巴拿马运河赴纽约，约可省去三四十金元的火车费，始勉得成行（编者按，此信已登本刊本卷第三十六期）。转瞬间弟已航海两旬，明晨即将抵中美巴拿马运河，从美国旧金山城海程至此约三千海里。回忆去年暑期中得机会赴地近寒带之鱼场做工，彼时方幸今生少过一个夏天，讵料今年暑期竟辗转跑到热带来航海两旬。近日来炎日当空，海水如沸，虽在大洋中，而热度犹近百度，我工作时无不汗流浃背，故每自笑去年在鱼厂中所幸免者，今则补足之而有余也。此船为航行美国东西两海岸之转运货船，船中除船长、上级船员及机师等十人外，有水手及下级船工二十余人，大半为菲律宾人，工资较美人为少，惟此船大体对于职工待遇颇佳，每日工作八小时，饮食起居亦好。弟于七月十八日上船时，因水手船工的住所已无余位，遂得例外以船上所特设之病房为宿处，地位宽大，又在甲板上层，与上级船员的卧室相连，空气既佳，出入尤便，此可谓幸得之者。若水手等的宿处，则在船尾甲板之下层，有风浪时，其摇动比船之中部来得厉害。我在船中应做的工作是属于膳务部，每日除三餐前后在上级船员的饭厅内做清理洗刷的工作外（洗碗擦干刀叉等尤为主要的事情），则为上午早餐后，约自九时起至十二时止的杂务工作。这是完全听那位膳务长（chief steward）的指挥而行，有时做漆匠，有时做下灶的大司务，削山芋皮，洗生菜，或帮助他在冷气房内搬取各种鲜肉等食品。至于下午则多半是休息，晚餐的工作完毕后即可洗澡纳凉矣。如我这种工人，他们称之为“word for traveling or transportation”，简译起来，在文中似可称为“工旅”。

此船在旧金山原仅似停留数小时，因待装货，竟停留三日，我乃借此意外的机会，畅游一番。现就弟在旧金山所见之中国街（编者按，或译唐人街），择其较有趣味者略述一二。除纽约外，旧金山实为美国最大的世界人民杂居最多之商场，其中中国街尤有可观，国人到此者，几疑置身广州市也。杂货店，京广货店，其中布置可说与国内者一样。我看见木头柜台内账桌上写账的朋友，虽穿着很入时的西装，然所用的流水账簿子却仍是长方形的国货。柜台外面一位穿西服的态度深沉的老先生还衔着一枝短旱烟袋。我也看见吃食馆的送菜大司务用头顶了一托盘的菜在街上很自然的行走。又见两位十六七岁的小姑娘穿着在上海乃至内地已不多见的镶宽边的淡绿湖色洋绉的褂裤，在路上很正经的闲步。至于许多老太太们，则衣服样式更是很多中国数十年前老古董式的装束。国内近来似易趋洋化，至少可以说是易于务新，而此间海外华侨颇守旧。此中得失，亦颇难言，盲目的务新与盲目的守旧均无可取，我觉得解决方法还是二千年前的圣人说过的两句话不错:“择其善者而从之,其不善者而改之。”

在中国街上见有两家古董店中陈列有祖先牌位,玉皇大帝的神位,城隍老爷的宝座,甚而至于人家祖先的引像,以及其他种种我国无人顾问的旧家伙,真令人看了笑不可抑。我曾戏问同行的几位美国朋友道:“你们看这许多中国美术如何?”谁知有位女同学竟忙着指向那个祖先牌位回答道:“我想这上面雕刻的花纹非常的美观……”我至此才恍然这古董店的主人不惜运费将那些废物运来的缘故。

中国街的建筑亦颇足代表东方建筑的大概。亭台楼阁,一眼望去,甚为壮丽。街道亦整齐清洁,较许多意大利及俄国人丛集的街道上不知要好多少,这也是我们旧金山华侨所可以自豪者。

此船可于月之十七日抵纽约,已定于廿二日晚搭英轮(Olympic)赴英,廿九日或可在伦敦与沧波兄晤叙矣。此请撰安。

弟公朴

八月九日自巴拿马寄

(发表于《生活周刊》,民国十九年九月二十八日)

# 中日在美侨民之前途

日人虽与中国人同受美国移民律的限制,然日人在美各处的商业与居民的数目则有进无退。此虽由于日政府有力的辅助,然亦由于日人有团结进取的精神所致。忆一月前在炮特伦城寓青年会宿舍中时,曾有史丹佛大学社会学教授雷诺博士就我询问关于在美华侨各种问题的意见,因为他正在研究有色人种在美西部前途发展等问题,闻该书明年即将出版。他在谈话中告诉我说华侨在美前途的趋势将减少至极小数目,日本人则不然云。以我前日在洛斯安极立斯城上岸所见情形而论,益证雷诺教授所言之不虚。是日船舶该城对岸码头上,地为一小海岛,名 Terminal Island,我上岸送信时,见全岛几全为日本人,后与一日本人攀谈起来,方知岛上竟有日人二千余,多以捕鱼为业,而沿途小孩子甚多,足见其生殖之繁。岛上荒地甚多,将来发展亦易。此岛在十数年前尚属荒芜不堪,今则交通便利,建筑已初具规模,凡铁道、轮船码头堆货栈房等等,无不齐全。此虽为洛斯安极立司城政府所经营,然劳工则多为日人。近来该城市议会中已时有关于限制日本工人的立法建议。此本为美国西部对待华日工人的老政策;需要劳工苦力时则欢迎,迨市面已好,其本国工人来者渐多,乃逐渐发生仇视的现象。投机的政客议员遂乘机提议限制的法律,以投市民自私心理之所好,以巩固他们在议会中的位置。惟此处日人以捕鱼为重要业务,而鱼业又为洛斯安极立斯城第二大出产(第一为石油),故议会中因有渔业界有力者之反对,同时日领事及日侨团体亦同时作强烈的抗议,故市议会中至今未通过此项法律。

十月四日晚纽约

(发表于《生活周刊》5卷48期,民国十九年十一月九日)

# 突闻惊喜

游史丹佛大学返船后，第二日因开船之时间未定，未敢远离，偶至码头上散步，忽见有两只大货船，不知何时进口，泊于同一码头空处，走近看看，突闻有许多宁波口音的朋友在船尾的甲板上闲谈，初甚惊喜，以为中国招商局或宁绍三北公司有新添设的海外运输航线，既而细视船名，方知仍为美商之经营远东各国商船者经过该地。在此船的后面，则见另一船上全是日本人，一面太阳国旗高悬飘荡于旗杆上，船吃水甚深，一望而知为重载，船中人正开始忙着下货。我询问一位日本船员，方知适从横滨直接开来者。

这个当儿，吾船的膳务长忽跑来对我说道："你要和那个正从上海开来的船上几位中国朋友谈谈吗？我认识他们里面的一人，他现在该船做厨头。那只船和我们的船是同属于一个公司的。"（即美国国家轮船公司）我欣然随他到那只船上去，见他上甲板时，先向一个穿海关制服者言明领我上船的目的（事后调查，方悉美国海关因防运私货入境者，故每遇有船只从他国入口时，即派一人立于船之出入口处检查），然后同到船上的厨房里，把我介绍给他所认识的那华友后,先行辞去。我留在那里闲谈了一小时之久,吸中国牌香烟,饮龙井茶,可谓尽欢而散。当日晚餐后,他们穿整衣冠,于上岸消遣之前,还到我船上来回看我,礼貌颇周,异地国人,另有一种感情。原来彼等共有七人,薪水自四十五元至十五元美金,工作已近一年。以前该船所用者均为广东人,后因时有带私货及到美上岸私逃等事发生,故公司遂改用宁波籍人。惟每人须有一千金洋保证金,因依美国移民局对公司雇用华人之条例,如有人私逃不回船,则该公司须受罚一千美金。又因宁波人与在美的华侨语言不通,故而减少带私货的引诱。至于船公司愿雇华人的主要原因,当然因为贪华人工资的低贱;若用美国人,则两个正副厨子即须二百金洋,其余工人每名至少亦须四五十元金洋。

论到私运货物事,我曾与船中某职员谈及。他说中国从前曾有自办商船三只,往来太平洋两岸,听说后来竟因偷运私货不已,积欠美国海关罚款,以致船被扣留而终于停办。就大概言之,外人均信华人较日人为诚实,但对于偷运私货一层则否。年来日政府鼓励本国航商经营海外航运事业不遗余力,同时并严禁此种偷运私货的行为,以维国家信用。我在沿途中时见日本货船,闻美国航业中人言,年来美国对远东运输的营业已受到日本竞争的极大影响。

八月三日灯下纽约

(发表于《生活周刊》5 卷 46 期,民国十九年十月二十六日)

# 中山先生给谁气死的

记者在日内瓦时偶遇蒋作宾先生,闲谈到中山先生在广东做大元帅的时候,因久攻惠州不下,与杨刘种种阳奉阴违不肯用命的情形。蒋先生当时是总参谋长,是亲眼看见那种情形的人。旧事重提,他很愤然的向记者说道:"总理的病以那时期所种下的根为最重!"以中山先生的毅力与涵养功夫,满清时代的贪官污吏,不革命的士大夫,与愚昧不堪的民众,不会使他气出病来,而且格外增加他的责任心与自强不息的神精,而先生的病乃生在武昌起义之后的号称革命的同志手里!在以党为幌子的假同志,党可以不要,个人的气愤不可不泄;国可以不要,个人的权利不能放弃。这当然是使得中山先生最为痛心的焦点。

我国俗语有一句很平常却很足玩味的话,就是"物必自腐也而后虫生之"。故外敌不足畏,内敌最可畏,无论何种团体,不在盘根错节之足以为虑,其可虑全在本身之一盘散沙,无从努力。任何团体,其事业之成败往往在其自身而不在其身外之环境何若。团体小的时候,分子比较的整齐纯粹,团结力比较的巩固,故工作效率亦比较的优良。及至团体渐渐扩大,分子渐渐复杂,团结力亦渐渐随之松懈，甚至意见横生，自相摧残，徒使爱者痛心，敌人快意，这是任何团体失败之由来。

记者由此观察而默念我国的前途，以为什么帝国主义的压迫不足畏，最可畏者是我们自己先若一盘散沙，没有团结力来振兴内政，抵御外侮，予敌人以可乘之机，有如摧枯拉朽，无不随手而倒。简言之，中国人的命运全在中国人自己的手中，我们要继续中山先生的遗志，全在勿念先生反覆叮咛的“发扬民族的团结精神”，“唤起民众共同奋斗”，能“发扬民族的团结精神”能卧薪尝胆的“共同奋斗”，以中国之宝藏，以中国人之智力，以中国之广土众民，绝对无永此衰弱的道理，但若仍旧好象一盘散沙，仍旧各私其所私，倾轧排挤，惟私利是图，则种瓜得瓜，种豆得豆，亦决难遽能脱离衰弱的道理。何去何从，何取何舍，此权不在压迫我们的所谓帝国主义者，实在我们全国国民自己掌握之中。

记者最近由美取道欧洲回国，环观各国现状，看见他们各有各的困难待决的问题。我国自己若能从此整顿政治，努力建设，内部充实，民生日裕，在彼各国自救之不暇，实无余力来和我们捣乱。但若自暴自弃，自己先把自己弄得奄奄一息，残喘仅属，则他人不必用力来压迫我们，随便一举手一投足，已足制我们的死命而有余。这无异于我们自己摧残自己，夫复何言！

十一·一·草于南海狂风大浪中

（发表于《生活周刊》5卷52期，民国十九年十二月七日）

# 中国参加比国博览会之教训

此次比国在里安济城所举行之百周独立纪念万国博览会，亦可为一九三〇年世界大事之一矣。惟其参加之国数二十余，除中国、日本亦参加外，以在欧洲者为大多数，英美未加入。记者到欧洲时因屡闻英法友人中曾往参观者，每对中国部之陈列品表示非常不满。记者于九月底离日内瓦，返国时特绕道往观，一察真象。博览会场乃就一沿河之空地上建筑，马路，草地，及游览之小电车道均临时添设，各国均择场内之空地上，就陈列品之需要，自绘图样，建筑合乎本国美术精神之临时陈列馆。而中国方面因经济支绌，于是代负责接洽此事之驻比使馆当局竟因陋就简，在比国之长方形机器陈列馆内租下一斗方之室，而租价极昂，闻超万元，如自建一较朴实无华之陈列馆，所费比租金并贵不了许多，自较租者为优也。然使馆中人计不出此者，亦正有故，盖自建房屋既需人负责指挥，尤要现钱交易，故仅租一现成之地方以塞责。此次中国陈列品因地方太窄故，许多物品均拥挤一处，不能依美术之方法布置，此其最大缺点。日本之自建陈列馆则内部地位宽敞，有许多绣花品及丝绸瓷器等物布置得非常醒目，有令观者止步之魔力。在日本方面当然是从最上选出来。反观中国所陈列者则所谓中国最著名之丝绸、瓷器、茶叶及绣花品等，质料既非上选，因限于地位而布置又难美观，有两件苏州金绣之龙袍，手工与衣料均极粗劣，较台上跑龙套之货色或高明不了多少，绸货亦然，花色既少，品质亦不佳，远不如上海几家大绸缎铺窗子内所有者之悦目。记者询及陈列馆筹备出品之刘锡昌先生，方知即此许多非上选之货色，已是费了九牛二虎之力征求而来，盖国内各地商人因历年国内外展览会送去之出品多半不能原璧归赵，对于政府办事方面之信用，可谓丧失殆尽，故此次都不肯拿东西出来。刘先生谓即所有几件比较上选之北京瓷器及玉货，尚系用几千元买来，否则现在即此亦无矣！

此次博览会之最高宗旨殆为各国借此交换各种工业上与科学上之学识，故参加博览会之国家，其陈列品应特别注重者有二点：一为其本国素负盛名之出产，二为各种新发明及改良之成绩。例如日本之陈列馆中占地位最大者为蚕丝部，将日本从养蚕的手续起，一步一步用模型方法陈列出来给大家看，标本说明，应有尽有，模型不足者则辅助以图画，其主要目的即在表示日本对于蚕丝之如何精益求精的继续研究。又如瑞士之表为该国最著名之产品，故其陈列所中表之出品竟占馆中地位之大半，此非瑞士无其他较可示人之货品，亦在使明了瑞士表之如何日新月异，精益求精。此种集中作最有精彩之表现，实为最有力量之广告宣传。此外如比利时之玻璃陈列所，可谓竟是一间制造玻璃厂之模型，表示比国对玻璃之如何精益求精，改良不已。再论意大利国，该国近年来工业之发展，比较英美德法日等国为落后，然其陈列馆中对于大规模之机器工业生产，亦可使人觉得意图确是十二分努力的求进步。有一辆最新式的火车亦陈列在内，记者是门外汉，不知其好处所在，只见内面设备异常精致，使人至少要感到意大利人并非饭桶，而陈列馆进门处那座高大雪白之石膏雕刻像，使参观者不禁肃然起敬，想起古今闻名之意大利雕刻之本领。以上所举乃仅就参观后所能忆及者提出为例证而已。因想到吾国近年来新工业既未开始，而原有之丝茶等出产亦不能保原有之地位，批评中国陈列馆者谓不足以代表中国，其实吾人若一想目前国内紊乱之情形，如整个全盘托出去给人看，则结果恐更将不堪设想矣。

照中国目前之局面，直率言之，除努力聚精会神谋内部之整顿外，对于国际间此种性质之博览会，倘非事前有适当之筹备，最好不必随便参加，而所谓适当筹备之最大前提不外两途：(一)工业发达之国家，除政府出面及拨款补助外，余均商人自动加入管理一切，(二)生产落后之国家，则政府方面宜多出一点财与力以资提倡。闻日本此次参加之总费用竟达百万元之巨，其中以各大公司捐助者为多。吾国此次既非政府积极提倡，更非商人所愿请教，不过乃因数年前北京政府已允许比国之一件外交上官样文章，一种不得已还债式之敷衍场面而已，故结果在事实上吾人竟寻不出人来负此成绩不好之责任。若问负责筹备者，则表示哑子吃黄莲，有苦说不出，只恨事情套上头，摆脱不了，(据刘锡昌先生言，除各地商人不愿拿货出来外，即政府所应助之五万元，后来亦拨不出，末了还是筹备会正副会长林康侯、王晓籁设法筹借，否则尚完全参加不成呢！)故在彼等办事人方面观之，现在能有如此成绩,尚是彼等十二分努力之结果也。闻在未来五年中,将又有二次大规模之国际博览会:一定于一九三三年在美国芝加哥举行,一定于一九三五年在比国京城举行。中国若不加入则已,如再拟参加,或政府已允许参加,则今年之成绩经验应给下次负责筹备者以不少有价值之教训,应早请政府指定专款,设法宣传商人加入合力筹备,或效加入远东运动会之办法,于出国前先在上海或南京首都开一全国展览会,然后选最上者送往国外陈列,则成绩自能较此次为进步,可预卜也。

草于印度洋归国途中

十·二三

(发表于民国二十年一月二十四日,《生活周刊》第5卷第六期)

# 时政言论篇

(一九三二年—一九三六年)

# 潼西道上

前年我国西北诸省之大旱灾,赤地数千里,饿死人数达二百万,其中以陕甘两省为尤甚,仅就陕西而论,灾民即逾二百万,饿死者近百万,达全省人口三分之一强,惨酷情形,不堪想像!至去年汉口等处水灾爆发,于是举世目光复急由西北而转移中部,当我国民众正在如此水深火热惨祸之下,急喘未息,日人则乘危入犯,侵我东北,更进而称兵淞沪,于是劫后余生之千万灾黎,旧创未复,又遭国难。国府宣言长期奋斗,迁都洛阳,旋复以西安为陪都,积极完成潼关西安间之铁道,及陕甘间之汽车交通,而党国要人亦相继奔临,高唱陪都建设与开发西北之大计,于是此哀鸿遍野之灾区,始因外患而见重于国人!顾政府虽至国难时期为逃避计而始重视西北,陕西现状则不能随此种临时抱佛脚之心理而即能有所改善也。

记者于上月中旬,便道往游。陇海路仅达潼关,由潼关乘汽车赴西安,需时近半日,沿途名胜古迹,到处皆是。未达潼关时,则有涵谷天险,上有老子骑牛之像,进潼关城后,首入眼帘者,则为三国时马超刺曹操时彼借以脱身之大树,树高不及二丈,惟粗逾四人合抱，枝叶尚盛，但是否为曹操之脱身物，则无人敢证矣。华山离关五十余里，位于华阴县之南，五峰矗立，秀丽绝伦，山中风景之佳，说者谓为五岳之冠，洵非虚语。吾人游山之日，本拟参观直属军政部之华阴兵工厂，因时间匆促，仅略看该厂机关枪分厂，据云该厂规模完备，出货成绩亦佳，惜经费不充足，难于更求精进耳。最可叹者则为子弹不良问题，当试验时，每发现子弹内无火药，或有其他毛病所生之阻碍，盖由于造子弹厂方面失职所致也。按我国现有上海、汉口、徐州、巩县、华阴等兵工厂，大多数为袁项城时代所设立，当时袁氏为免除危险计，特定一厂造枪则不造弹之例，如造机关枪厂，其机枪子弹则由汉阳或其他不造机枪之厂制造之，余如步枪手枪等亦然，使彼此互相牵掣。袁氏防范部下用心之周密，于此可见一斑，但其为人纯为私己动机所笼罩，终致身败名裂以死，虽用心周密，于事何补？

在车达西安城之前，先抵临潼县，离西安四十里，相传为秦琼救唐高祖李渊之处，杨贵妃沐浴之温泉华清池即在临潼山下，泉水温度适宜，为全国冠，现在结构亦甚精美，依山而筑，曲折有致。闻专供女客用之浴池，即当年杨贵妃香浴之原处云。室内陈设精雅，并有杨贵妃出浴之小影一帧，有人谓系真迹，亦姑妄听之而已。途经灞桥，桥下沿河两岸，杨柳分垂，苍翠欲滴，过灞桥五里许，即抵长安古城廓，乃与来迎之友人进城，城墙之高大整齐，城楼之美观壮丽，则又为此秦汉古都所与吾人之深刻印象也。

以上所述，为记者自潼关至西安道上关于名胜古迹之闻见，其他若政治，教育，以及农村经济现状，容另篇续述，惟在本文结束之前，记者在潼西道上所最触目惊心者一事，不得不提前一述者，即鸦片生产之丰与陕人吸烟之多是已。

记者在潼关城内随地遇见吸烟之人，乃以询诸友人，始知鸦片在陕西为公卖品，且以鸦片为本省所产，价格较廉，老幼男女，无论贫富，吸者甚众，虽贫如乞丐，亦有吸烟资格。赴华山时见两旁田中罂粟满地，此种现象，在陕西已十余年如一日，吾人大惊小怪，陕西同胞或将笑我辈少见多怪耳。益以执政者历年以来因陕省人祸天灾之频仍，老百姓中不饿死者亦泰半赤贫如洗矣，故政费之来源，竟借此毒物为主要之收入，饮鸩止渴，何以异此！不知衮衮诸公亦尝于深夜扪心，一念及此否？

廿一·五·十五夜记于回宁船上

# 求知识的三条路

“活读书”和“读活书”这两点是我常常和业余补习学校学生谈话的中心意见，也是我自己教与学的一点经验。这篇东西是我给全体学生的谈话，由童常袁冰二君笔录下来的，或也可以供给一班想读书而不能过着书斋生活的朋友们的参考罢。全文仍经我整理和补充，欢迎读者参加意见。

知识对于我们的重要，想必大家都已知道的了。我们有了丰富的知识，才可以深切地去认识一切真理，然后才可以依据了所认识的真理，去解决我们的一切问题。所以，无论什么人都需要知识，都应该求知识。现在，虽然有无数人正在感到知识之急迫的需要，因而都在热烈的追求，不过他们有许多都只由于本能的激动而无目的的追求，同时他们误把求知识和读书当作一件事，以为求知识的惟一法门就是读书。这原因是由于他们不了解什么是知识的缘故。读书对于求知识，固然是一件很重要的事情，但并不是说就可以包括所有知识。所以，求知识除了读书之外，却还有更重要的事情。

知识二字虽然很抽象，无声无息，但并不是什么从天上掉下来的神秘的东西，而是产生在我们的日常生活之中的。简单一句，知识是我们对于外界及自身有系统的认识和应付环境而得的实际经验之总和。所以我们的求知识，是要在各人自己的日常生活中去求（读书其实应该是当作日常生活的一部份）。现在，不但有好多人误把读书当作求知识的惟一法门，而在埋头死读书，读死书；并且还有许多人所读的也并不是真正的“书”！这样的求知识的结果，好点，也只是事倍功半，不好，将为一无所得，或甚至于愈求反而愈糊涂——这样的情形，现在可实在不少！因此，我很愿意将我所知道的一点求知识的途径和大家谈谈。

**（一）读书**　求知识虽然不只有读书，但读书，在求知识的过程中总不失为一个重要的部份。古今来无论那一位大思想家或大科学家，没有不读许许多多书的，而这些书中又包含着各种各类的科目。因为一个人总要受到生命上、环境上的种种限制，对于宇宙间的无数量的事物，任你怎样的努力，也是不能尽知的，而实际上也无须尽知的。因为当你要研究某项事情时，你不仅对于这项事情的本身要有多方面的了解，同时，对于和它相关连的密切事情，也须要有或浅或深的了解，然后你的研究才能深入，才能把握它的真正意义。一个人总要受到生命上，环境上的种种限制，对于这许多方面的事情，有的曾经有过研究的，有的虽曾经验过，却还不大清楚的，或甚至完全不知道的。这时，你将怎样办呢？如果你要去请教朋友，不独是不胜麻烦的，并且有许多问题是你的朋友所不知道的。那么，惟一的办法就是去请教书籍帮助你。

现在且举一个简单的例来说，比方现在的日本和苏联，在目前的中国现状说，无论谁都应该知道它们的，因为它俩是和我们最近的强邻。但你都没有到过，并且事实上你也不能去，那你就只有去找各种记载日本和苏联情形的书来读，由书上去知道它。书能告诉你许多你不所知道的各种事情。假设，你有一个机会到日本或苏联了，你也只能知道你所到过的某一部份的情形，你如要知道它的全貌，那你又非再去请教书来帮助不可。书又能告诉你许多你已知道而还嫌不足的各种事情。

此外，凡是自然界或人类社会的一切演变发展的规律，都可从书中找得，书乃是无数前人和我同时代人的实践经验之积聚，包含着人类全部的历史以及一切学术上的发现与发明。我们读书，便是利用前人的一切可宝贵的经验。它能鼓励你奋斗的精神，增进你修养的功夫，更能帮助你认识宇宙，认识社会，而进一步去征服自然，改造社会。

**(二)读书的工具**　我们无论做什么事情，总需要工具，没有工具，就无法制造。譬如木匠，如果没有斧锯锥凿等，无论他怎样的技巧，决不能做出好东西；赛跑的人，如果没有一个健全的身体和一双有力而有训练的腿，无论怎样，他也不能夺得锦标的。斧锯锥凿等是木匠制造器具的工具，健全的身体和有力而有训练的腿是赛跑者夺标的工具。同样，在求知识的过程中的读书这件事情，也须要有许多工具。那么读书的工具是什么？读书的工具，最也要而最基本的，就是普通中小学里的教科书，如国文、英文、数学等等。

现在的青年以至一般人，往往有一种误解，就是对一个在到学校去的普通中学或小学的学生，如果有人问他到学校去是做什么？他的回答一定是“去读书”，就是那问的人也认为确是去读书。其实这是错误的。我们到学校里去还不是真正的读书，而是习学读书的工具和读书的方法，同时，也是受一点初步社会实际生活的训练。在普通中小学里所读的科目，有国文、英文、数学、物理……这些东西虽然都是一本本书，但不能算作真正的书，而只能算作各种的工具。读英文是预备日后和外人接交时能够说话，在中国书不够读时再读英文的书；读国文是预备日后能读多种的中文的书，懂得中国文章的方法，而自己能够使用它；其余如读数学、物理等，也不过为了日后读高深的数学、物理等书，并且能算能实验。

因此，我们应该先把工具读好，并且要训练怎样的运用它。假使你是没有正式进过学校的，或是曾经进过中小学而仍感到不足的，你就得赶快求你所需的工具知识。如有机会进补习学校最好，不能，就努力自习，随时向人请教，也是一样。不过你要分别它的轻重，先从最迫切需要的学起。

**（三）实际生活的经验**　人是社会的产物，无论什么人都不能离开社会独自生存。换言之，只要你是“人”，你一定要和社会发生关系，与社会的关系越密切，则你的实际生活的经验就越丰富，也就是你的知识的丰富。并且和从书本上所获得的知识不同，书是死的知识，而经验乃是活的学问。一个乡下人，他虽没有读过书，也能耕种，能生存在社会上，就是因为他有实际生活的经验。所以，“实际生活的经验”是求知识的过程中最最重要的一项。

就说书吧，它是“人”写的，书里所写的都是著书人的知识。我们读书就是读人家的知识。一个人幼时读书，总是绝对的信任书，以为只要是书上说的话总是对的。待到年龄渐长，有了丰富的实际生活的经验，同时读的书也越多，于是对许多书上所说的渐渐起了怀疑，甚至觉到有许多地方简直是错误的。这就因为他是凭他的经验得到了新的启发，能够判别是非了。如果他没有这些长期的实际生活的经验，他就不能有许多活的学识，用一切现实的“事理人情”来判别书上所说的话。

我们知道，宇宙间的一切事物都是动的，不断的演变发展的，书本上的知识，是死的呆板的知识。书是人类实际生活经验的产物。书上的知识帮助你去认识社会，而社会的实际生活的经验更能改正书上的错误，也就是能使你的知识更加丰富。

再举例来说，譬如一个陌生的人跑到上海来，纵然是事先读过甚至能背诵“上海地图”，最多也不过只知道一个东西南北和到什么地方应乘几路电车等等，一旦遇到一条地图上没有的小路，他就没有了办法。就是他所记熟的几条大路，也决不会没有弄错，总不及曾经在上海住过一年半载的人来得熟悉。然而反过来说，他总要比那事先未读过上海地图而单靠瞎闯的陌生人要便利得多了。所以我们应当知道，读书是帮助经验的不足，但是读死书而无实际生活的经验，是不能有进步的、活的理解。比如大发明家爱迪生氏，他一方面从书本中获得前人的经验，一方面更要靠自己去实验，如果他没有一次一次的实验，怎会有这许多发明呢？所以，历来有许多人，虽是“胸罗万卷”，但因为他不去多与社会接触，不把从书上所得的知识和社会实际生活的经验的知识配合起来，结果只成了一位“书呆子”，一部活而又不能取用的“万有文库”而已。

总括起来说，我们求知识的主要条件，除了基础的工具知识以外，其次就是读书和实际生活的经验。关于读书方面我们的第一主张是“活读书”：古人虽然说过“尽信书不如无书”的话，在原则上虽然承认“书”应当“活读”，然实际上我们的古人以及许多自命为读书者的今人，仍多是过着书斋的生活，很少与社会接触的实际经验，所以虽有活读书的理想，而结果仍不能跳出“书”的范围以外。我们看看历史上，凡是在学问上事业上有点成就的人，比如老子、孔子、孟子、墨子、司马迁、杜甫、王安石、朱熹、王阳明、文天祥、金圣叹、孙中山、康有为、梁启超、宋教仁、朱执信、廖仲恺等，他们之所以能有独创的见解，说出前人所未曾说过的话，发动了革命的思想和事业，就是因为他们都有极丰富的实际生活的经验，决不是死读书拘泥于“书”上，而是以自己的经验与书本子融合起来，成功一种新见地，这新见地就是他们的伟大。因此我们的第二主张就是“读活书”：单读他人已有的经验所写成的书是静的书，仍还不够，尤其需要实际生活的经验，这在前面已经说过了。如何可使你实际的经验丰富呢？那就要注意社会上一切活动的事物，这些活的东西就是活的书。比方“你”，我如果要研究“你”，那你就是我一本活的书。我研究后所得的知识，就是活的知识。我们对于社会上所发生的问题，均应作如是观，就我们的需要与理解把它活读起来，这就叫做“读活书”。

我们看到目前社会上一切现象的颓废，不振作，如将要死去的样子，归根的研究起来，实也未尝不可说是由于上上下下读书者死读书，读死书的人太多的结果。要挽救它，就唯有反过来请大家根本上改变过去对于读书的观念和认识，那就是要“活读书”、“读活书”，然后这整个社会民族才可以慢慢苏转的“活”过来。

（《读书生活》创刊号）

# 读书实验

这是我十一月五日在尚文路江苏省立实验小学的讲演词，由童常君笔记下来，经我增删过的。

诸位天天到学校里来，一定知道是来读书，是来求知识的。但是怎样求得的呢？有了知识应怎样运用呢？求知识的目的是什么呢？这些问题在诸位脑子里是很少想到的罢？

知识是怎样求得的呢？单靠书本吗？决不是的，贵校名为实验小学，我们从这个名字可以看出求知识单靠书本是不行的，应当把实验与读书结合起来，才能求得知识，我今天就是拿“实验的读书”作为题目和大家讨论。

有了知识怎样运用呢？学校的生活是社会生活的一部份，是诸位将来在社会上做人做事和改造社会的准备时期。所以在学校里读书的时候，就应当从这三方面去实验，在这实验中，可以知道所求的知识是否正确又可以从实验中获得更新的知识。要把自己锻炼成一个有道德有能力而且能担起改造社会的责任的人，这样的读书才能算是实验的读书。这才是读书的真目的。现在分三面来说说吧。

**一、做人与读书**　人和其他动物不同的地方，就是因为人能够自己知道求做人的方法。其他动物是完全没有这种智能的。譬如马经过人的训练能拉车，牛经过训练能耕田，但马和牛没有人去驾驶是不会自己自动去拉车去耕田的。人就不同了，当先生在讲台上教你们的功课，你们不仅可以听，可以讲，也可以和先生讨论。图画教员教你们画画，你学会了，只要自己努力，甚至可以比教员画得好些。所以做人不是和牛马一样只是顺应环境屈服环境，人是能够自动的、积极的去认识环境改造环境。诸位在读书的时候，就应当从认识环境和改造环境两方面实验起来。在社会上可以做一个明了时代和改造社会的人。从来有许多人总认为物理化学的知识才可以实验，做人的学问不能实验。这是完全错误的。

**二、做事与读书**　有许多人以为读书很多就是有学问，就能做事，其实这是不尽然的。所谓学问必须是能知能行，而且是正确的知，正确的行，才能算是真学问。能知不能行的人，固然是与蛀书虫没有什么区别，所以所行都是不正确的，那于人于事于社会都是没有裨益的。要想达到正确的知，正确的行，就应当把求得的知识在日常生活中，实验起来。譬如化学上讲氢二氧一 $H_2O_1$ 化合可以变成水，这个知识在实验室中是可以证明的。我们知道水是可以用人工构造出来的，那么做事的时候决不会做出什么“张天师设坛求雨”和“喇嘛念经求雨”的迷信的行为，而明白人类可以用科学底方法来抵抗天灾了。所以一个人读书如果不能在做事上实验起来，纵然能称“学富五车”或“十载寒窗”也只能博得一个“书生”的名气，做起事来，还是一个糊涂虫。

**三、求进步与读书**　我们生存在社会中,做人做事是要常常遇着种种障碍和困难来阻止我们,摧残我们。当我们遇着这些困难的时候,我们怎样才能扫除各种困难达到做人做事成功的目的呢?我觉得一方面要有知识,多一分知识就多一分解决困难的能力。同时要有求进步的决心。只有人类这种决心才能把历史和社会推向前进。怎样才是求进步的决心呢?第一,要有不怕失败的精神。譬如初学骑脚踏车的时候,要想学会它一定有跌破皮跌破衣的痛苦,才能把脚踏车学会。假若在未学之先,就害怕这些痛苦和失败,那一定是学不会的。孙中山先生革命事业的成功,是经过了十一次失败和牺牲,才达到推翻君主专制的满清,建设民主共和国家的目的。总之,无论做人做事,若有了怕失败怕困难的观念,一定是不会成功,也一定是没有进步的。第二要有创造的精神,中国人是很缺乏这种精神的,不但缺乏这种知识,而且常要压制这种精神。诸位小朋友在家里的时候,你的父母是不是常常不问你高兴不高兴或你的行动对不对,他总是不准你做这样,不准你做那样的。在社会上也可以看见禁止这样,禁止那样,所以十几年来把中国弄得死气沉沉,没有一点进步的现象,这都是由于一般青年没有了创造的精神。要知道社会间的事理,是要我们随时随地去发现,才能改造社会,社会才有进步。拿政治的主张说,中国人总是人云亦云,人家说法西斯好,我们也跟着说好。这种抄袭的方法是没有用的。但我们对于这些东西也用不着惊讶、奇怪,一个主义和学说的发生是有它的社会背景的。苏联的共产主义无论好坏,但是他们有计划的集团的生产使其国内建设的成功,外交上的成功,这是谁也不能否认的。总之,我们应当取人的长处,不要学人的短处,要创造一个适合中国社会的方法,把中国民族的危亡挽救过来。我们要使中国进步,不能永久停滞在次殖民地的状态中。诸位在读书的时候,就要不怕吃苦和有创造的精神,养成求进步和改造社会的能力。

现在我的话已经说完了,总括的说一句,实验的读书就是把读书与做人、做事和求进步三件事结合起来,才是真正的读书,才能求得真正的知识。

〔《读书生活》□□期〕

# 谈谈壁报

壁报这个东西，据说最早是在德国就有过的，说到中国来，在各学校里是常时看见过，尤其是在小学校里，我们看见过很多。在工厂里，我们也看见过，不过在技术上却比不得学生们所出的，不那么美观。

当我们平日旅行的时候，常时看到名胜古迹的墙壁上，轮船火车的板壁上，旅馆房间的墙壁上，以至街头巷尾的墙壁上，甚至茅坑便所的墙壁上，常时有许多人题上一些诗句、标语和报告一类的东西。据我想，那就是中国人固有的壁报。

说到现在一般学生们，或是工人们所出的壁报，他在范围上，自然是比不上那种每日出版的大报；但是，它那种活生生的内容，却是任何一种大报也不能够照样地办到。说到它范围的小，似乎又和那些仅供消遣的小报相像；但是，它那种直率的态度和向上的情绪，却又不是在任何的一种小报上找得到。

壁报所谈的内容，都是那个报所在地大众生活的描写。它表示他们的愿望，发表他们的意见，表现他们的情感。不过，有的壁报上，有时候也节录一些大报上的新闻，使大家概要地知道一点国家的大事。但这却是壁报上次要的东西，主要的却还是在那一块生活着的人们，生活的共同表现。

这种壁报的形式，也来得十分简单，既不要印刷，所以也就消费不多，因此也就容易出版。编辑的人只要把大家的来稿排列一下，依次地粘贴上去就算出版了。因此，连抄写的时间也不要。在学校里忙于功课的学生，甚至在工厂里每天要做十二三小时工作的工人，他们也来得及出壁报。

这种报，据我想，实在是值得提倡的。比方，与其在公共场所的墙壁上去乱画，何不便用一张纸写出来，使大家来欣赏欣赏呢！与其在一个不大注目的地方去提出意见，何不在一个特别使大家注目的壁报上提出来呢。

并且，在每一个多数人共同生活的场所，在那一个所在地事业的改进上，这一种壁报也值得提倡。因为，借这种报，大家可以提出改进当前事业的意见，交换各个人特殊的见识，联络彼此间的感情，解除可以发生的误会。

现在申报流通图书馆的阅览室里已经试办这种壁报了。我很希望在最近的将来，在各种各样的公共场所，也将有许多活生生的壁报出现。

〔《读书生活》第五期〕

# 纪念“一·二八”三周年

一周年一周年地过去,“一·二八”又到了第三个周年了。我们将如何来纪念这一个血的,同时又是有着民族斗争的光辉的纪念日呢?

我们纪念“一·二八”,是因为它是一幅伟大的中国民族斗争的艺术的杰作,它是中国大众对于日帝国主义侵略的力的回答,是表现了中国民族的解放的力量和自信。

我们纪念“一·二八”,是因为它扫除了中国过去对于自己的虚怯、自卑、庸懦和愚昧,它表现了民众的自卫的力量,打击了敌人狂妄的轻视,使一切帝国主义者都不能不在伟大的民众前表示最大的敬畏。

我们纪念“一·二八”,是因为它振作了全国沉潜的民气,刺激了全国民众捍卫国家的雄心,壮大了东北义勇军,同时揭破了东北无抵抗退让是一件不可原恕的错误。指示了正当的回答侵略者是“以眼报眼”,不在“公理”与“外交”辞令中。

我们纪念“一·二八”,是因为它在军民的合作中,能巧妙的运用了殖民地民族战争的新的艺术。它有效的击破了敌人的新式武器的军力，使敌人受着重大的压迫与损失。同时揭破了在新军器下殖民地反抗不可能的那种悲观论的谬误。

我们纪念“一·二八”，是因为它告诉了我们中国民族当前应走的道路是要由自己去打开，也只有由自己去开的路才会是生路，否则就是沦入完全殖民地的深渊里去。

我们纪念“一·二八”，是因为它的实践性建立了中国民族健全的意识，使民族斗争，民族解放得到了新的实际的内容，不是仅仅在口头上美丽的辞句。

我们纪念“一·二八”，是因为它使中国大众深切的认识过去的缺项，进一步的去用那血的沉痛的经验，作为今后中国民族解放斗争的前锋，武装今后一切民族斗争的战士，成为钢铁的战斗者。

我们今年纪念“一·二八”，是继承以上的意义，以国难现阶段为实践而提出恢复“一·二八”的战斗的精神，继承先烈的遗志而继续奋斗，不专是空口说白话。

本刊的广大读者，应在各种不同的生活环境里，去激励民族反抗的情绪，扫荡一切悲观绝望、歪曲、谬误的妖氛，恢复“一·二八”当日的战斗精神，分别的去进行民族解放抗争。

同时，为了加强自己的认识，本刊谨以极诚实的态度告诉大家，我们认识之一是读书，但读书不要忘了我们最大的目的在为的民族解放。民族解放的第一步，是首先自卫抵抗人家的侵略，不容许人家践踏我们的寸土。

我们愿意与大家共勉，时时以当前的实践为我们相互讨论的内容。我们纪念今年的“一·二八”不是一篇这样的短文，而是本刊今后的实践，亦愿读者诸君以实践去纪念这个可怖可敬的日子。

最后，我们高呼着恢复“一·二八”当日的战斗精神！

〔《读书生活》□□期〕

# 读《敌乎友乎?》书后

本刊对于“时论”一向很少提出意见，最近因为《敌乎友乎》在各报登出后，很引起了许多读者写信来问，问我们为什么不发表一点意见。我们也觉得，这话很对，如果某一种“时论”竟能影响广大的人群，我们实在也不能当做什么也无闻问的。不过，关乎民族国家的大事，本刊非政治性质的刊物，恐怕不能发表出什么特见来，所以不想经常的固定一栏来讨论这些。但目前既有人注意到“敌乎友乎”这一时论了，却不妨暂时来“评”它一下。临时增添这一席地。至于本栏内发表的意见，我们很想保持自由活泼的原则。意见不必尽同，文责概由撰稿人自负，以示本刊同人的客观态度，借以增加读者自己批判的能力，谅来这不是无益读者的事罢！

编者

徐道邻氏“敌乎友乎?”一文在烦沉的外交局面，远东形势表面缓和之下，在国内诚然惹起多数人的注意，即日本方面的“支那通”也很留心这篇论文，在事实上将如何发展。这篇文章发表以后,《新生》的杜重远氏,《国讯》的任矜频氏,立委林柏生氏都发挥其所见,杜任二位对现实认识很明白,对自身也很清楚,他们的文章虽短,却很说明问题。林柏生氏的《对日两条路线》文章很长,于徐氏论文好像另有一种见解,对日本更只看见广田弘毅外长穿大礼服在议会中的讲演,不曾理解军部大陆政策所含的内容是什么,所以想“促进日本的觉悟”!

不过徐林二氏文中都曾提及,假如世界大战起来,我国不但不能参战,不能左右战局的胜负;使破坏和平的人有所顾及,并且没有中立的资格与可能;不但不能严守中立,并且难免听人家宰割。这就是所谓不能为敌,不配为友!特别是十九世纪以后的国际关系,武装和平盛极一时的时代,无论任何国家,不管外交也不问内政,不论君主国、民主国,不拘是资本主义制度或社会主义制度,其施政方针,大都以国防为中心,至少也准备着确足以自卫的陆海军力。我们中国陆军虽然不在少数,军费虽然很多,但不足以言国防,而整个国民经济力,距离负担近代军备的程度还相当的远。可是我们却不能因为国民力量不足,武装准备不充分,就自己灰颓,不求上进。更不能,也不应该在不能对敌的时候,转而曲求为友。因为国际间,力量既不相等,对方一定用优胜劣败的原理来征服你,逼你走上灭亡之路;所以求和必需势均力敌才能真正言和,否则也要是剧战之后,纵然是打了败仗,对方还不敢轻视你,总可以勉强讲和。

徐氏不是国民党员,对三民主义的了解不深,所以他在第二节引证孙中山先生遗教时,就曲解了民族主义。民族主义的精髓是求“中国之独立自由平等”。对世界任何国家的交涉都以此为基准，对日本的外交也决不能脱离这一最高原则。中日如果为友，中国方面在互有利益底下，必须坚决的保持己国的独立与自由，在平等基础上以求两国的亲交。中日如果不幸而为敌，也是因为日本蔑视中国的独立自由，激起中国方面的反感。殊不知徐氏光看见日本的优点，却不曾注意到日本自“九·一八”以后在中国北部所作所为如何，及今后它的企图怎样？现在日本对华关系是否与孙中山先生在生时相似？况且徐氏自己也承认以往的过错，日本有十分之六，中国只有十分之四，然则日本今后对华外交的动向是很值得注意的。中国单方面决不能打开当前的僵局。设使中国单独求僵局的打开，与孙中山先生的遗教也很相背驰。

我们固然应该坦白的自认有许多弱点，这些弱点影响到外交，同时也影响到内政。不过要补强这一类的弱点，纠正由这些弱点所生出来的错误，决不是外交暂时相安之局所能改正过来的。何况日本军部之于中国少壮派主张立即用强硬手段，军部元老（如宇垣一成、南次郎）一派则略缓和，有与政党接近的可能，即金融资本的代表——两大政党，却也要设法使中国在经济上丧失其独立性，而听日本的支配。这是摆在我们面前的事实，征诸民国以来的史迹，及最近三年来的血史，以推测将来是不会有大错的。

徐氏凭“纯客观的事实”去“直认事实”，很平心静气的，也认为以往中日间僵局之所以造成，日本方面须负十分之六的责任，而今后这一僵局的打开，恐怕至少日本方面也得负同样的义务，否则就会徒劳无益。现在我们试考究一下徐氏对日本的希望，看看日本会不会自作“解铃人”,以图打开目前的困难。徐氏以为只要日本肯“放弃土地侵略”,“归还东北四省”,其他方式如何,就不必拘泥了。

不错,日本有一部分人很希望中日间能扫除过去的障碍,消蚀当前的恶因,则将来远东或者不致于发生战祸,国际和平可以因而得到一层保障,至少远东方面可以相安,别的地方也同受影响,况且现时世界各国竞争的中心,已由大西洋转到太平洋来了,则中日关系自然特别重要。不过这种理想是否会实现,其实现的可能性何如,也和日本讲民主政治差不多一样,是空中楼阁,可望而不可及。

第一,日本自身,即军部诸人,从少壮派以至于军人当中的元老,直到如今,并不会公然承认日本对华曾经实行过土地侵略。“共存共荣”、“同文同种”的口号依旧唱得很响,对中国是这样唱,对所谓“满洲国”还是这样唱,对于朝鲜从前也这样唱过,不晓得几多次。然而朝鲜早已挂了日本旗,变作殖民地的一部份。所谓“满洲国”也在“军事议定书”底下,由日军替它建立国防。同时,日本人更作了最高级的主人:在政治上不但所谓国务院总理要受总务厅长的指挥,溥仪号称皇帝,也是在关东军指挥刀之下讨生活。谁说这不是土地侵略?但是日本——无论是军部,是政府,是舆论,都还不肯承认这是侵略,是对中国的土地侵略。不过,我们中国人是不是也肯同情于日本的主张,说日本之于东北四省不算是土地侵略,而是“自卫权的发动”?所以我们要它放弃土地侵略,它却根本不承认有这样的一回事,我们该怎样判断?

第二,归还东北四省,在法律上,在道理上都是天经地义的事。即是很忠于日本的人,如币原喜重郎(九·一八时代的外长,三菱家的女婿)也公然的说:"日本吞下满洲犹如吞下一颗炸弹。"那末归还东北四省也许是可能的。但是我们知道很敷衍日本的国际联盟,李顿报告以及其解决方法,其设想的审慎,计划的周密,措置的妥洽,都可算是臻于上乘;日本如果是有理性,能懂得客观环境的话,就该顺风转舵,乘势解决了这一僵局,以免日本国际孤立的困难。殊不知日本军部实际支配着政局,非特不肯迁就国联调查团的提案,并且因此退出国联,更进一步确定它所谓的既成事实。现在日本对付苏联虽不似半年前那样积极,可是大陆方面最大的假想敌人依旧一样。军事费的支出,一九三五年度竟超过日俄战争当时的数字,而所谓"满洲国"也者还帮助日本军费。今年计九百余万日金,这数目固然小,其所含意义则很大。这时候提议要日本归还东北四省,岂不是不认识日本。

第三,日本从前提倡"满洲"是它的生命线:在经济它要"满洲"永久是农产物品的供给场所,是销售工业制品的市场;在军事上与日本成立军事同盟,由日本参谋部完全支配其防务;在政治上因经济和军事的优越而居于特殊地位。这样情形,自"九·一八"事变后,已渐次形成。对东北四省的日本贸易,去年增加了百分之二十五以上,而且输出的尽是轻工业制品,输入的以农产品、木材及矿产为主。军事方面更不用说是以日本国防为中心,"满洲"居于被支配地位。政治上别的不讲,只在"满政府"底下的日本官就有三四千。所以日本舆论界再不说什么生命线,要更一步扩张其大陆政策了。要想望“日本悬崖勒马”,至少是对牛弹琴!

第四,我们自己创深痛巨,当然应该首先检查自身过去的错误,夸大、虚骄都是历年来的大毛病。我们该自承过失,该努力矫正,以求将来的出路。可是挑动“九·一八”事变,演成中日僵局负最大责任的日本,是不是会自行反省过来,为“东亚局势与世界和平打算”,而放开胸襟,排除障碍呢?在徐氏是殷殷希望的。可是我们却明白这种希望未免离事实太远了。日本当局,无论是政府方面,是军部,以至普通的人民,都一齐受了军国主义——开疆拓土的催眠。绝对不肯丝毫承认“九·一八”以来的错误,而且高唱“满洲”既成的事实,还进一步的要实行西进的大陆政策,想把中国也卷进它的势力范围。则我们片面的自责,不但不能促起日本的觉悟,而且它更会藐视你,进攻得更厉害。最近日本舆论界何常承认它自己的错误?它只尽量的扩张军备,要用武力解决一切。在这种情形之下,我们那能“感动”它!

根据以上四点,我们觉得徐氏虽很平心静气,作过一番客观的分析,对中国方面却是很大胆的直视事实,从上到下都加以严正的批判。值得我们注意,更值得国人的反省。但是对于日本,特别是挑动“九·一八”事变以后的日本,简直缺乏认识,更少理解。徐氏竟不晓得日本军部这些年来,整军经武所为何事?更不曾注意日本的政治动向,对外经济策略,到底它有什么企图,这一类的企图对我们中国有什么关系?它的企图是否可容中国以中庸和平之道去应付,又是否可以互助的方法,得到交换的利益？虽然徐氏有仁者的道德，不愿投井下石；其如日本无论如何总自以为有绝对的优越权，非站在主宰地位不可！所以我们无论怎样委曲求全而“全”终不可得，最大的原因是主动不在我们中国，而日本到底有多少诚意，即令某一部分人有若干诚意，同情于徐氏主张恐怕也没有力量付诸实行。

至于道义外交是广田弘毅外长最得意的手笔，当世诸国都相对的表示好感，以为日本似乎有诚意，可是太平洋上日美的政治关系：“东亚门罗主义”与“门户开放”、“利益均等”是终于不能调和的；英日的经济对立，特别是棉织品市场的争夺，从远东的一角几乎环绕全地球。英美两国各为实力所限，只想保持它们各人既得利益，在政治不愿作不切实际的主张，也不敢轻于发言，使日本渗透了它们的底实。日本就利用这一点，运用它地理上的便利，乘军事上着着胜利的趋势，想不战而取得战争的胜利。借此以卷返其国内社会上、财政上及政治上的种种不能调和的矛盾，所以被它吞下去了的“满洲”不管消化与否，非有铁拳的教训是不会吐出来的，想要和平交涉而得到圆满的结果，在现时代中是作不到的。

中国的土地虽“尺寸不能灭亡于任何国家”，要“保持国家独立与完整”，这该是我们的铁则。现在须拿定主意充实国力：一面整顿国防，准备必不得已时的自卫，一面要“唤起民众”以为政府外交国防的后盾。不然，永久是被动的，总是受人挟制！所以我们必定要有作敌人的资格，才可以作朋友，国际关系，本无绝对的恩仇，只有以国家为本位的利益，要维持其利益，尤须以实力为主干，而这种实力在近代国家组织中，不但需要军事整备，而且需要整个国民力——尤其是经济力作重心,才能自己站起来主张公道,发挥正义。

〔《读书生活》第九期·一九三五年二月廿四日〕

# 中日经济提携的前提

中日经济提携的调子近来又时髦起来,引起全世界的注意;实际上这确是中国当前的大问题,也是远东方面国际的重大变化。但推究所谓中日经济提携这件事的来源,其发动不是出于中国一般的要求,也不是世界共同需要的自然演化,而是日本方面首先提出的。它为什么要提出这一问题,又为什么要力求解答,我们且不必去推敲,只将日本舆论界和军部方面的意见合起来,表现出来,略加分析,就可窥见其真意所在了。

(一)不显示优越的优越感。

(二)取缔排日,增进贸易。

(三)整理旧债,重新投资。

(四)指摘中国以往外交路线——远交近攻的错误,必须亲日才是出路。

日本对中日经济提携这一问题,在理论上的探讨,对实际问题的研究,归纳起来不外以上四种范畴。第(一)项是日军部所常唱的口号。也是大陆政策的核心,在对华一切政策中处处都表现出来的,而且在国际外交场合中它也曾正式提出过(如过去的石井蓝辛协约)。自“九·一八”事变后这种倾向更加明显,要推行到中国各地了。不过它自己也晓得这样做下去不但会惹起中国人民普遍的,更广大的反感,并且还会引起英美双方的震动,甚至起而妨碍它也未可知。所以日军部提倡不要再口唱优越,只须取得实际利益,牢牢把握着以日本为本位的中日经济提携,或者“日满支”经济提携,就是无形的优越感了。必须如此才能发挥日本的东亚门罗主义,才能达到它所预定经济提携的目的。

第(二)项“取缔排日”是日本外交界唱得最响,实业界主张最力的口号。其实中国的排日到底有多大成绩,使日本受过多少损失,是不容易明白的。特别是最近三年半以来,中日间的情感虽有一部分是为环境所迫而麻木不仁,而一大部分中国人民的确更清楚地认识日本,认识日本帝国主义的真面目,并且渐次要凝结成一种民族解放的意识作用。纵然表面的排日行动是沉寂下去,但这种民族意识的发展是很可惊的。日本顾忌到这一点,明知道这不是法律所能取缔,不是威力所能压服,还是强求中国要加以取缔,甚至干涉到我国的小学教科书。它现实的要求却又注重贸易的发展,想把中国市场摆在日本的控制之下,至少须增加日本对华贸易,以补足日本对世界其他各地受排斥的损失,预备日货未来的销路。

第(三)项日本对外投资主要地域是在中国,但是除开东北三省中沿南满铁道有产业投资外,在我国内地,日本投资多半在政治投资上,北政府时代的政治借款本利合计有五万三千八百余万日金(未减低币值的日金),这样的资金冻结于日本是很不利的，尤其是在太平洋争霸激剧期中，日本更感困难。再则日本财政资本家中明白中国现势的人也晓得我国国民经济濒于破产，一般人民购买力衰落，一刻是难于恢复的，所以贸易发展的前途绝对不敢乐观。何况中国轻工业又要向上发展，则日本的对华只有输出资本为最有利。那末整理旧债是充分必要了。还有的是日本近年来的好市面并不是一种经济健实现象，而是受人工刺激——军需工业膨胀——的结果。它的国库支出几乎有二分之一，用在军费上，军费中又有二分之一，或多过二分之一用于军需工业，这是不生产事业，是用募集公债的方法来支出的。日本人民已经有不胜负担之概了。要它实际对华投资，现时还没有那许多的余蓄；所以想借整理旧债，来转变成新投资，更进一步操纵中国金融，把中国拉进日圆支配的经济联盟中去。

第（四）项指摘中国以往的远交近攻策，并提出中日亲善口号。日本把历年来，远东一切事变恶结果的责任，都推到中国身上，说是中国所采外交政策——远交近攻——惹出来的。好像东三省的被占据，上海的被轰炸，都与日本无干，要我们把这些一切等等，切肤之痛，生死存亡的关系，都一齐忘掉，而且再贡献出现在所有的，以讲求中日亲善！它所讲的亲善是以日本为中心，例如国际银行团的组织，须以日本为领导者，凭日本的需要来牵制中国，或者另叫一个名词是“日”“满”“支”经济联盟。如“满洲国”故事，所有一切听随日本去支配，才是日本之所谓亲善。

就原则上讲，我们并不是盲目反对中日经济提携，况且中日间经济有不可脱离的事实摆在那里。然而日本所拟的如上述原则，我们能够说那是立于平等地位吗？那是互利吗？那与中国政治上的独立自由，经济上的向上发展无损吗？无疑的日本所提出的只顾到日本的利益，单指摘我们中国的错失，绝不会丝毫想到造成远东恶劣形势的原因，更甚的是蔑视中国人的生存权利，竟以为我们该永远受人家的支配和剥削。

然而我们很明白的看出中国正在那里向前发展，广大的民众在普遍的自觉起来，认识他们自己的任务，即产业方面轻工业的发达也并未停止，而且增长得相当迅速。纺织工业以至应用化学工业都正在向前推进。我们要想在短时期内造成重工业国家，或者不是容易；但要进到像日本那样的高度轻工业国家，集中小手工业而为有组织的制造，倒并不甚难。那末我们至少该把握着我们自己国内的市场，即令我们一时不能向海外拓展，国内的销售市场总应该掌握着，轻易不要再被人夺去。

何况世界一般的经济政策趋势，对输出入贸易总尽力加以统制，国际贸易关系，也以等量交换为原则。我们纵不能即刻作到限制非必要品的输入，但至少要不妨害自己产业的生存发展，和足以妨碍自国产业制品的输入，越少越好。中日经济提携是否能这种原则呢？照日本方面的提示，恰与此相反！就上面所述的抽象原则，已很明显的不同，而且是互相对立的。据日本一部分财阀的意见，以为中国如购日货，日即购买棉花作交换条件。殊不知中国每年输入棉花，其值在九千万元以上则日本大量收买华棉，结果会使中国纺织厂全部关门，然后所谓中日经济提携才算彻底成功，所谓“日”“满”“支”经济联盟才会具体实现。

照日本资本家和军部的愿望,以日本的制造品和中国的原料品,如棉花,其他农产物,矿石等相交换,经济提携就可以顺利推行。除非我们中国完全回到农业时代去,才能光供给棉花与其他农产物;除非中国更回到牧畜时代去,才能不自己建设织毛工厂而光供给羊毛;除非中国永远陷于殖民地经济,才不图重工业的发达,而单供给别人以各种矿石。

我们明明晓得,中国虽然还滞留在农业经济时代,在生产关系上还带有很浓厚的封建遗迹,各大城市的畸形发展也是殖民地甚或是次殖民地的经济形态。然而我们就客观情势看,中国已在困苦中向上发达,并且发达得并不慢,在主观方面必须争取和求得民族国家的自由平等,扫除封建的残余,冲破帝国主义的经济上、政治上束缚,而取得我国的经济自由,政治独立。这是中国历史的任务,是全国上下共同一致的要求。如果硬逼我们回到纯粹的农业经济时代,要我们的人民再去"茹毛饮血";无论中国民族性怎样爱好和平,怎样疲惫不堪,也是不可能的事。

何况中国的工业已在向上发展,例如纺纱锭属于中国人经营的有二百八十余万锭,纵令它们很难得继续博得利润,前途潜伏着无限危机,但这种危机,并不完全是中国产业所独具,而是资本主义各国所共同含有的矛盾。中国一般市面的颓废,内在的政治与社会原因固然不小,国际帝国主义的侵略影响也非常巨大。总而言之,决不是日本片面所言的,由排日关系而生出来的恶果!照日本的说法,由中日经济提携就会使中国经济复苏。这恐怕比海底捞月还更渺茫,更滑稽!

诚然,今日中国是遭逢着经济上的最大困难,由各主要城市以至于边僻的农村，除极少数人外，莫不叫苦连天，感到当前生活的困难。我们自命为农业国，真是无限惭愧。去年米的输入占输入物品中的第三位，计值六千五百六十八万元；前年占第一位，计值一万五千万元。小麦去年输入也值三千一百八十六万元，前年计八千八百万元。棉花那就更多了，去年输入值九千零二十四万元，前年（一九三三年）值九千八百二十万元。只这一点数字就充分证明中国农村经济的濒于破产。像这样情形，中国现时要农产品的自给，要本国出产的原料足供自己工业制造之用，还嫌不够，又那有余力去多交换外国的工业制造品？所以我们目前先要谋自救，在城市上要建立起国产工业的基础。在乡村至少要求农产品的自给自足，并进而求工业原料的自给。然后才可以讲到与人经济提携，才不致完全被动。否则像日本所倡的中日经济提携，是叫我们永远屈处于半殖民地经济情形之下。这是它片面的利益，于我们中国是具百害而无一利。

〔《读书生活》第十二期〕

# 怎样纪念四个伟大的日子

## ——“五一”“五三”“五四”“五九”！

在五月的上半个月，我们就有四个值得纪念的日子。“五一”劳动节，“五三”惨案，“五四”运动，“五九”国耻。这四个纪念日，虽然各自的意义不尽相同，但站在今年中国的实践上去纪念它们，却不由得生出共同的内容来了。

“五一”劳动节是在国际劳动史上划一新时代的纪念日。在中国社会的发展史上却也有着重大的意义。自一九二〇年起，中国劳动者开始认识了这一个日子，到现在十五年中中国也有过“二七”运动，香港大罢工，五卅运动，一九二六年的北伐，“一·二八”反侵略战……等有世界意义的运动。这一些可光耀的事迹，虽然不能专写在中国劳动史上，而是各社会阶层共同的光荣的伟业，但同时说它是由中国劳动内部生长出来的惊人的杰作，也不能否认。

“五四”在中国的文化史上也是一个划时代的纪念日，它在反封建文化这一意义上，是应该建立纪念碑的。虽然这一运动并未能切实的将过去加以批判和清算，但要清算的口号却是喊出了。这一运动也是中国社会发展中生长出来的,虽然它没有完成它所负的历史的使命,但它也仍然有它的伟迹。今日中国文化新的光辉的一面,你能否认不是由它所发展出来的么?

以上两个纪念日,所以应该用“红字”标识的。

“五九”“五三”两个纪念日,我们却只能用“黑字”来表示我们的悲哀与愤怒。这是民族耻辱的两个符号。

是的,四个日子有三个意义。但纪念这四个日子,不是要背诵他们的历史,而是在今日的中国实践中,如何去雪我们民族的奇耻,如何去展开我们的文化,如何改善与创造新的劳动条件呢!

这一切,在今日无疑的都集中在求取中国民族的生存这一点上。

中国民族当前的危机,是农村经济破产,帝国主义进一步的武装侵略,尤其是日帝国主义的连续的侵略战,日加严重,一天逼紧似一天。此外就是第二次世界大战的胁迫,对于中国民族的存亡有着巨大决定作用。

所以,当前一切运动,劳动运动,文化运动,以及一切雪耻求存运动,从根本方面着想,都不得不集中在反对帝国主义的侵略上;尤其不能不具体的把这口号加强在抗日阵线上。

这是一切运动的总的目标,也是出发点。我们对于今日社会上公私团体的一切工作,不管它是消极的或积极的,外形如何,实质如何,若是有违此总的目标,都不能不认为是错误的。

至于在劳动运动方面,我们自然也不能忽视它的特殊意义,我们除反殖民地的劳动榨取外,我们也要反对不景气中民族资本的过度的榨取,我们依然要保持争到八小时制的老调,以及失业救济,劳动组织,罢工等合法的权利。

在文化运动方面,我们应配合中国民族解放,而走到现代化去。我们要反对一切拉回历史前进的车轮的愚行,我们不反对文化的建设,但应注意在此旗帜下所引起的一切复古的蠢动。我们要急切的争取民族新鲜的各种物质与精神的养料,在当前我们是不需要抽象而又美丽的辞句,要的是突破民族非常时期,造成铁一般的民族的意志。

在雪耻的方面,不应该是那一套开会纪念,说激烈话,割手指,跳海,而应是有理论的,有计划的造成全国大众一种普遍的意识,那就是坚固反对帝国主义者的侵略阵线,尤其要首先巩固已有的反日阵线,不仅在国防上,民众组织上,同时也应在经济上,文化上。

最后,我们要求本刊全体读者不仅从以上的认识上去纪念这四个"日子",去自新自己,同时在职业允许的范围以内还要负起一个"民族蚂蚁"的实践的职责。

〔《读书生活》第□□期〕

# 纪念“五卅”

五卅运动第十周年纪念又到了。

我们纪念五卅，首先要明了五卅的意义。

五卅运动是中国劳动大众从“自在”到“自为”的一个纪念碑，是中国劳动大众为主体而联合各社会层，资本家、商人、学生而形成的一个光辉的民族解放运动，是中国民族反帝最醒觉，最坚决，最近代的斗争的艺术。它是五四运动的发展，继承者；是以后国民革命的勃兴及一切解放运动的先导。

五卅是在一种什么样的条件下发生的呢？第一是帝国主义；尤其日本帝国主义新的进攻。第二是帝国主义勾结当时的军阀，支持安福政府卖国，造成内乱，压迫人民的一切自由。第三是资本的进攻，尤其帝国主义在华工厂残酷的克扣工资，开除工人，侮辱打骂工人等。这样的条件下，由经济斗争而即刻转变为轰轰烈烈的民族斗争；由劳动一隅，即刻形成罢市罢课的联合的阵势，是必然的。这个广大的联合战线，发挥了中国民族光辉的力量，它已使帝国主义者颤栗了。

尤其值得纪念的是当日工商学向工部局提出的有历史价值

的十七条件，其中最重要的是：

取消不平等条约；

撤退外国驻华海陆军；

取消领事裁判权；

收回租界租借地；

人民集会结社言论出版之绝对自由。

不用说，这些条件到现在不独没有达到取消，还一天一天变为相反的严重了。在今朝纪念"五卅"，我们将作何感想呢？

是的，时代的严重是超过"五卅"的阶段了！中国领土的完整，已遭受破坏，帝国主义新的侵略，与日增强；国民经济的现势，日濒瓦解；世界大战的危机，越来越近。这一切构成了今年的客观情势。而今年的城市市民的情绪呢？是否能比得过民国十四年？是否比十四年更成正比例的增长呢？

我们虽不否认目下潜存的民族反抗的火花，但我们却不应对此时代给我们的当前的重负默然不与以回答罢！如何突破当前的国难，如何改变当前不利于民族共存的条件呢？如何促成这十七条的兑现？这一切需要的是团结，是力量的集中。

中国当前更需要一幅超过五卅的力的杰作啊！

〔《读书生活》第二期〕

# 严肃的沉默

六月二日天津大公报有一条短评，题为《不着一字》。全文照录如下：

古人说，不着一字，尽得风流，幼时读此，不能理会，现在才理会一点。

不着一字，有两解。不能着，也不必着。

凭文字理会的事，是些粗义，是些枝节。至于真的要点，不着一字，也自然可以理会得。

不见泰山顶上的秦皇没字碑有多么庄严！

中国报纸，快要做没字碑了，但我相信全国人一样可以了解。

练习纳闷，也是一种工夫，全国人都能常常纳闷，就等于个个了解。

世界上有这样过日子的人吗？请大家自问自己一下。

是的！这一个短评，现在也可以把它印在本刊的卷首，表示我们对于当前的实践并不是瞎了眼看不见，并不是聋了耳听不到，手也并未变僵不能写字，心也并未结冰，可以一点跳动都没有。不！不！一千个不！

这是一种非常时刻的严肃的沉默。

这沉默是由全国人高度的愤怒与悲哀所凝成的。

“世界上有这样过日子的人吗?”

不！不！一千个不能！沉默只能当作调整自己的主力，在预备后复仇前一时的镇静，是带着冷的寒光注视着敌人的眼。沉默不能变为凄悒的低诉。虽然在外表上好像是可以比作“没字碑”，在这没字碑上明明是有字的，是雪耻！不然沉默下去只是颓唐、苟安、偷生，结果也就是变成与“无耻”没有差别了。

沉默以后要是怒吼，才是合逻辑的。沉默与怒吼之间，要有咬着牙关准备的精神才不是一时的感情的浮夸。准备是个人、团体、民族三方面的集中的行动，是同一目标的共同的努力。

我也请大家自问自思一下，我们这沉默的意义？沉默以后又怎样？

我们期待着怒吼！怒吼！中华民族的怒吼！

〔《读书生活》第四期〕

# 偶尔想到

偶翻天津《大公报》七月五日的史地周刊，看见了一篇论张季直先生的文章，做得颇不错，这位先生是早被人遗忘了，现在有人来论他确也是应该的。他总还是一个值得介绍的人物，尽管他的往事有些事情做得令人颇不满意，但他的一生总是经过坚苦奋斗的。读了这篇文章之后，使我深为感动！同时也使我觉得目前的环境比起张先生的当日来，真有点世纪末之感了。

张季直先生，他出身寒微，一生碰过许多钉子。幼年，要积其全家的劳力所得，才能供他一人读书，第一次受挫于州考，第二次受挫于所谓“冷籍”，第三次更在官绅户冷嘲热讽的境遇之中，费尽千辛万苦去创办实业。他虽然到处都在受挫折，却毫不灰心，毫不屈服于困难。终竟克服了一切的困难，奠定了他的事业的根基。

当然，我们并不是说，一个人只要能努力，就一定会有成就的。这也是要看人们对环境的认识和他所努力的方向如何来判断的。像唐·吉诃德式的英雄，就算他有一颗善良的救世之心，也不得不给时代的风车，将他扫荡了去。张季直先生中了状元之后，若果认识不清客观事实的需要，不改弦更张投身到实业界去发挥他那种积极的精神，结果一定不会有像他在实业界所得到的这种收获。因为个人的努力，虽是推进社会发展的有力因素，但决不是像天马行空那样的完全依靠个人的“天才”，而不受社会发展的法则所限制的。他的成功，正是说明中国当时社会还有一线向资本主义进军的希望，现在是连这样的希望也没有了。

张季直先生一生的事迹，说明了他个人的奋斗，认识和才能，同时也说明时代。不过张季直先生一生的伟大，到底也不得不受中国社会发展所限制。他的努力不得不是一种个人的孤独的。虽然做了一个实业家，创造了一点民族实业，可是他并没有将他的事业弄出一个健全的组织。什么都寄托在个人的努力上面，很容易发生所谓“人存政举，人亡政息”的危险。我们只要看张季直先生死了之后，他的事业就跟着消沉下去，就是一个很有力的明证。虽然这种消沉，还有其他的客观原因，例如近数年来帝国主义日愈残酷的对中国民族的摧毁，使中国的大小工业都逼上了破灭的道路。在这种情形之下，张先生的事业也不得不受到相当的打击。但主要的不能不说是由于自从张季直先生死后，他的事业就失掉了重心，承继的人，又缺少了像张季直先生那种奋斗精神，不知有所建树，得过且过，一任环境的支配。这种情形，实在给了我们一非常大的教训，个人的努力，若没有组织来支持，个人一发生了变化，他的过去一切的努力，不但不能继续发展，并且还要走上破灭的道路。

前事不忘，后事之师。张先生的那种奋斗精神，现在提起来，虽然还能给我们一个很大的兴奋，但处在这样道高一尺魔高一丈的今日中国情势之下，要打破一切的难关，要挽救民族的危机，更不是这种个人的孤军奋斗所能生效，这种个人的努力，应该以有组织的集团的努力来代替。因为只有将个人的努力溶合于有组织的集团努力之中，才能使每一个人的努力成为克服当前困难的一种力量，也只有在有组织的集团的努力之中才能使个人的努力更有力量。

〔《读书生活》第□期〕

# 一天的日记

一九三五年九月十八日星期三。晴。早起，气氛有些不好。因为恐怕别人碰见，要说自己“忍的哲学”还不到家，于是决定一天足不出门，但是整天老坐在家里干什么呢？这却不能不是一个难题了。

于是又想到中国并不真的如十教授所言，中国除了“孤家”或咱们十个人以外就没有中国人了。在咱以外既然还有无数的同胞，他们今日又是怎样过的呢？要把全中国人今日的生活去查考一遍是不可能的！要知道一部份，那最出风头的一部份，却并不见得不可能。那就是读报。于是就决定整天读报，并且预备一面读一面做点拔萃，拔出来有什么用？倒也说不出。倘若一定要我说，那就说譬如看第四个“九一八”国人的照相罢。

申报第一版整幅华章毛羢纺织公司标准国产呢羢的广告，大廉价三十天。用红色套板印出，美丽鲜艳。“时评”是劝国际联盟自觉，“自由谈”在谈“多和少”，“谈言”则言“天气的转变”，均与“九·一八”无关，不算拔萃。

新闻报“第一个周年给我们的是愤，第二个周年是恨，第三个周年是忍，第四个……他没有说出。”——见“本埠附刊：忍的四周年”。

中华日报×××(无萃)

时报×××

时事新报“以集团意识武装全民族之思想”——见“评坛《国人如何自救》”。

民报×××

晨报“欲弭外患，惟有永息内争”。——见评论《悲惨之教训》。

大晚报：“前进的民族，需要前进的意识”——见《民族心理的报技》。

“不为奴隶，要作主人！”——见“火炬”《今天的感想》。

“塞外严冬战未停，松花江畔血风腥，枕戈壮士犹饥馁，绝塞孤军事死生，满地白霜堆白骨，弥天流弹似流星，请君侧目长城外，细听敌机轰轰声”塞外漂泊生作，——见“火炬”《四个年头》

大美晚报“准于九月廿三日出‘九一八’的纪念言论与仪节的汇集专页”——“见夜夜谈”启事

世界晨报“我们不能永远在沉默中度我的生活”——见瞭望台《伟大的沉默》

“要认识现在的中国到了什么地位，不是屈辱，不是顺从，要寻我们中国应走的道路。”——见致读者第三十九封信，《永远不要忘记的日子》

时代日报《河山破碎四周年了》“破碎”不成篇：“评论”是一张白纸。

中央日报×××

我家内有的中国报纸就只这九份，但是这也代表第四周年中国报纸的大部份了。

再来看这几天印出的杂志罢。

新创刊的《宇宙风》第一篇是“孤崖的梅花”《论语》在“论报手”，申报月刊虽感觉九月苦闷，想发一点“感慨”，但据说“纪念九月的话我们于过去三年中的九月号本刊（申报月刊）里已经说得很多，而现实却和希望日趋日远”，“目前却无从再作进一步的说法。”《新中华》提出“九一八的第四周年，又比九一八时候更不知严重若干倍”。他说，“假使从前的敌人的铁骑是蹂躏边地，现在却老老实实的控制中原了。”他反对“某种博士放弃东北，某名学者放弃华北、长江。大家准备到堪察加（指云贵）去”，他们还指出真理只有一个：“在民族生死关头，除了有血性的中国人一致反对侵略中国的帝国主义外，决无第二条路可走。”《读书生活》告诉了什么是“九一八”的历史的教训。

这一点就是“九一八”第四周年中国的舆论的点缀罢！

但是“友邦”的报纸呢，他们自然热闹的多，他们在那里庆祝满洲事变纪念日，夸耀“王道乐土”下的日满官民的努力建树，满洲国的独立，事实的获得世界各国的承认等。同时他们在宣传满洲国新京纪念的盛典。这刚刚与中国方面全年的纪念连仪式都是简单的成了一个对照。北平连官的集会都被禁止了，上海南京方面据说也只有要人行了一个礼，以外除各电台停止播送娱乐一天外，各机关、团体、学校、工厂，据说都在表示“埋头苦干”，并未停止工作。

《读书生活》第十期

# 办杂志人对于修改新出版法的意见

自从新出版法在立法院三读通过后，全国新闻界、出版界都惹起了严重的注意，沪、平、津各埠政界业向中政会提出请求，要求从事修改，缓日公布。至于出版界如书店及杂志发行人方面，对于新出版法亦同样表示惊惧，其痛苦甚或超过日报。只因近年来一般书店生意萧条，事实上现在有计划出书的书店几乎没有了；杂志方面在外表上看来虽然现出是特有的在繁荣，在骨子内实在完全是另一回事。杂志的寿命是由作家咬着牙关，空着肚子才能苟延的，基础既然不稳，更谈不上计划。所以在这两方面的人，对于该出版法，虽然觉得是自己的催命符，但因奄奄气息，连一点反抗之声也发不出了。

据报载，关于新出版法中政会已接受新闻界的请求，允予从事修正，并议定六项原则，交内政部重行制定，再送立法院复议。这消息，无论如何是可慰的。

不过，我们细察所谓六项原则至少对于我们从事杂志出版的人是还有些遗恨的。

第一，我们觉得修改的原则最大的缺项就是没有将核准全义取消。这一点对于杂志发行上关系非常重要,我们已经说过,目前杂志,大多是几个作家,为了热心文化,才竭力在那里撑持,所以才有今日的繁荣,如果要采用核准主义,许多热心文化的人,因为经济基础不固,也就懒于从事了。我们希望内政部在从事"重行制定",立法院重行"复议"时,将这一遗漏纠正,使人民对于出版方面获得最低限度的发言的机会。

第二,"六原则"的第三项,"地方官厅扣押报纸之处分须先呈请中央核示",如果这里指的报纸是不包括杂志说的话,那么,也还望连杂志一并列入。我们希望内政部,"重行制定"时,有具体的明确的规定,各地方官厅在没有获得中央核示前不得擅自扣押或禁卖一切出版物。

总之,重修改后之出版法,我们希望不要专着重取缔,致陷于摧残言论之嫌,应积极谋新闻杂志事业的提倡,对新闻杂志事业及人于以法律的保护,这才合于人民的公意。

我们亟盼内政部,尤其是立法院制法诸君不要违反人民的公意,驱逐公开的言论的存在,在重议时对报纸,杂志,书籍的出版应予以同一的注意。

(《读书生活》第二卷)

# 如何纪念国庆

本刊这一期出版的日子,正逢“双十节”,我们本不想说什么例行纪念的话,但觉得近来全国上下对于国庆纪念的忽略,有些错误的观念,不能不加以纠正。

国庆纪念日自从民元以后,无论朝野,因为内忧外患的压迫,庆祝情绪早就是一年不如一年了。而自民国二十年起又突然加上一个空前的“九一八”“一·二八”。热河及塘沽协定与最近的华北事件,接连不断的发生,于是光芒万丈的“双十节”,在这四年中是更黯然无光的过去了。现在到了这创国纪念的日子,人们非独无心庆祝,反徒增了多少伤感的意味;而政府方面亦在“国难期中”四字下,停止了一切唤起民众认识国庆日的意义,以及其他应有的鼓舞民众的纪念工作。在常情上说,这种悲伤的态度,是今日我们中国人所不能免的一种感触,但我们如冷静的想一想,假使因为国难的压迫,而即忽视了国庆的意义,却又不能说不是一个很大的错误了。

我们为什么要庆祝国庆?因为这是中国划时代转变的日子,是一切革新事业的开端。这种革新的开端是千百年来酝酿而成的种子的萌芽,是世界纷乱与革新的一个前奏。在这一次革命的前后,由于许多伟大勇敢的先烈的苦斗和许多光荣灿烂的史迹,才能使中华民族从君主制度束缚下解放出来。像这种划时代的转变和革新的开端,是没有纪念的价值吗?我们能为了外来压迫的加重而忽视国庆的意义吗?严格的说,在这种困苦的时候,不但不能减少庆祝的价值,并且国难愈深,国庆愈可贵,国庆愈有可纪念的意义。

论到中国现在的局势,就大的方面来说,是与全世界的现状,有着连带的关系;就小的方面看,乃由于这个中华民国的产生,很像一个先天不足,后天失调的孩子,所以在这全世界纷乱骚扰中,所受的痛苦便较别人来得格外大了。有人说中国现在所遇到的艰难,是命中注定的"苦命",或如"定命论者"的口气,说是自然的结果。但我们所要否认的就是我们很清楚的看出:辛亥革命成功以后,由于种种人为方面的错误所引起的许多丧权辱国的事实,这难道也可以说是命中注定的吗?我们看到一九一七年以后的苏联,和大战后的德意志,其命苦的程度,比起中国来,是有过之而无不及。但他们现在的情形是怎样呢?他们已经从苦命中奋斗出来了!所以我们应自觉过去种种缺点的暴露与危机的发生,以至弄到今日这样的局面,决不是什么命中注定,而是因为在辛亥革命以后,没有更大的力量,没有像别人那样苦干的精神,来继续这种革命后所奠定的开端的工作。

我们不怕国难的严重,我们只问有无牺牲赴难的决心。我们要纪念那些创造国庆的先觉者,我们更要时时刻刻想到他们那种牺牲的勇气,杀身成仁的精神。创造国庆的烈士们,如果感觉当时满清政府势力遍天下，自身革命势力是如何的薄弱，以为那时的腐败政治所给予民族的苦痛是命中注定的“苦命”的话，那么今天的“国庆”，至少要改变一个日子了。所以处于目前这样危急万分的局面下，我们应格外要追念一班创造国家的先烈们的精神，我们纪念双十节，我们更要想如何来创造一个新的国庆，打破这快要亡国的难关，这是我们在今天国庆纪念日人人应有的自觉与决心。

〔《读书生活》第□期〕

# 新闻检查制度

十月廿八日，天津新闻检查所的职员五人，在奥租界被日人捕去，到廿九日的晚上才释放出来。一直到现在我们还听见日本便衣队及正式的宪兵依然继续不断的在天津捕去商会领袖等等的消息。对于这一类怪事，竟在所谓“敦睦邦交”下继续出现，真叫人不知作何感想才好。

是的，这明显的是一种民族的侮辱。但我们对于这种检查的制度也觉实有借此提出来一谈的必要。

中国现行的新闻检查，实在是一种畸形的制度，不仅是办报人，就是读者也常常感觉得太不合理。同样的一个消息，有时在上海南京能够刊出，而在汉口北平却被抽去。又有些时候在北平天津所登出的，到了上海南京又不许登载。再就中日问题来说，最近数年，时时刻刻都处于一种紧张的局势之下。一切消息，都是为全国民众所需要知道的，但是我们翻开中国报纸一看，这一类的消息，不但很少，就是有也只是一些不关痛痒的事情。最最令人奇怪的，有许多外报已经登载过的消息，中国报纸要想发表一二，竟不可能，反而日本报纸却已讨论得非常热闹。

本来报纸方面为了营业的发达，才不惜费尽心力去探访新闻，而读者也想从报纸当中多知道一点真实的消息，但自从新闻检查成立之后，各地的报纸便有无“闻”可登之感，读者也有无“新”可知之叹。固然，我们也知道对于有关国防军事等消息，有时有秘密的必要，但这也有一定的限度，不然就是封锁新闻，愚民自欺，是一种使人民极端失望的政策。在今日民族生死关头实在是不应有的现象。

这种制度在对内已是怨声载道了。民众需要新闻教育，国家反来愚昧；新闻事业者欲传播真实消息，而检查员无常识的任加抽禁，人民虽敢怒而不敢言，但强邻却用武力来干涉了。我们在这屈辱后应该怎样呢？

我们深深觉得这制度没有存在的价值。这不是说政府对于检查制度，自己负责不了，而是这制度太违反今日的民意，及民族意识。我希望在五全大会讨论宪法的时候，能毅然废止这种不合法的制度，为宪法上“言论自由”多少增一点光彩。

本文付印后，看到六中全会已通过各组审查报告，关于保障人民言论、出版、集会、结社、居住、信仰之完全自由的提案，决依法切实保障，这当然是一件可喜的事。但我们知道过去政府对于保障人民言论，信仰等的自由，也曾有过很多的决议，但总是议而不行，等于废纸。我们希望这一次的决议，能够做到“切实施行”四个字。

〔《读书生活》第一期〕

# 哀念戈公振先生

## ——刻苦的生活，自学的精神

戈公振先生赴俄考察，本刊创刊时曾去函请他写点关于俄国一般人读书的生活及文化界消息寄来，后面所影印的就是他复信的一部分。一年来常得他即将回国的传闻，但届期又是音讯杳杳，令人怅望无已。上月初旬得戈先生来电，说十六日可抵沪。那时我们中心欢忭，不可言状，决准期到码头欢迎。不料在十五日晚九时在电话中，忽然听到一种又陌生又怪熟的声音，喊道："公朴你好啊！"原来戈先生竟早一天到上海了。

他到了上海，是住的新亚饭店，访问的人连续不断，我因时间的关系，一直到十七日清晨，才会到他，畅叙我们的积愫。他谈俄国近况及考察各国经过很详。提到中国的局势，虽是相对嘘唏，但他毫不失望。他说只要国人肯努力，中国定有救。他本可在莫斯科多住些时候，但眼望自己的祖国这样的受人欺压侮辱，他感到他自己的责任，就觉得有从速返国的必要。那一天，他的精神已经不大好，不过总以为是一种流行感冒，所以我就介绍他到曾耀仲医生那里去诊治。当天下午我又打电话问他，他说身体渐好,没有去看医生。那时我想他休养休养就会好的,所以没有在意。过了两天,听说他已搬进虹桥疗养院去了。我反觉得很好,因为在疗养院可以避去种种应酬,得到静养的机会。正想抽暇去看他的时候,忽然得到他因患盲肠炎割治身死的消息。我听了,不禁呆怔多时,想不到戈先生回国七天,即撒手而去!自斯终日不欢,夜眠不安,虽曾于他大殓前一日在他的遗骸前痛哭一场,亦不能尽其悲感。本文所记不过是拉杂写来,略志哀思吧了。

本刊向不随便谈与大众无关的问题,更不肯随便歌颂个人的行为。但这次对于死未多时的戈公振先生却特别提出介绍,因为他有很多可供我们作模范的地方。

戈先生与作者有十年的道义交,也是我最近几年来的知已。这次他在苏联及各国考察了三年,一旦归来,满想他对国家,对社会定能有极大的贡献,不料噩耗传来,他竟赍志而亡,怎不令人悲痛!

对于他猝死的经过,及他生前的事业,我想读者们在最近报纸杂志上可以看到不少,我不必多说。现在我要介绍的是他个人的性格,实践的生活及其自学的精神。

戈先生幼年时,家庭经济很为窘迫,他在私塾读过几年书后,因经济的限制,就有失学的危险。幸他的母亲竭力撙节家用,张罗学费,所以他在十六岁的那年才能跑进高等小学里去读书。那时他非常用功,差不多每种功课都是第一。同时他读了课本上的知识,还能应用到实际生活上去。据说他十七岁的时候,有一天到厨里去盛饭,看见几个蚂蚁在灶上爬,他立刻想起先生所教的关于蚂蚁的知识，于是细细的观察它们的行动，当时，还把所读过的书，自动的默读了一遍。这一件事可以看出他的记忆力及不是专读死书的特点。

有一次我曾看见他写过一次履历，在学历上，他很率直的写着："东台县高等小学毕业，"接着下面的是："伦敦大学新闻班听讲生。"虽然前清的高等小学比现在的高级小学的程度略高一点，但从一个高小学生一跃而为外国大学听讲生，无疑的是需要一种学识的补习，而这种学识当然都是从自学得来，是要经过一番苦斗。记得他在三十几岁的时候，为了多得一点求知的工具，曾在青年会补习英文，教师比他的年纪还小些。当时的人都讥笑他八十岁学吹鼓手，不自量，但他更加倍努力学习，绝不因为他人的讥笑而自馁。后来他又学习日文，他的书架上堆着很多日文的新闻学书籍，可见他的日文已有相当的修养。最近他在苏俄考察，便又苦读俄文。他的求学欲之高及毅力之坚有时表面上是不易看出，但内心实有不达目的不止之概。而他的求学的态度，更是值得我们仿效。他对于一切学识都是非常坦白，完全以客观的态度加以评判，绝不有所偏袒。

谈到戈先生的性格，更觉可敬。他对自己刻苦节省，对他人宽厚。听说他在外国的时候，常以面包白开水充饥，目的在能多多帮助别人。凡是受他帮助过的人，都亲切的感觉到他所以帮助人完全是一种纯良的个性的流露，而不是有意为善。这是他死后凡曾受过他的帮助的人无不一致承认，而为作者所亲闻的。在戈先生大殓的时候，曾同郑振铎，胡愈之，夏奇峯等先生谈及戈先生的个性及其刻苦情形，而他们比我所知道的事实还更多。

可见戈先生的这种美德，是为一般朋友所共晓了。

戈先生不但能帮助别人，并且对于一切朋友，都以诚恳待之。别人就是有什么过错，他总能加以原谅，同时他也不肯获罪于任何一人。日前夏奇峯先生曾含泪沉痛的对我说，他承认自己的脾气极坏，但和戈先生相处二十年，却很少发生冲突，就是因为某一问题，曾争执得很利害，第二天戈先生还是照常待他，绝不挂怀。

戈先生的刻苦生活，已成了他的一种习惯。据周良骥君告诉我的几件关于他的事可见一斑。这次他住在新亚饭店的一个小房间里，第一天吃了一碗米粥，代价是三角五分，他嘴里就不知不觉的“三角五分”“三角五分”的说了两三遍，表示他对于这种豪贵生活的不惯。他平时有什么事总喜欢自己动手，没有必要，绝不肯麻烦别人。在他第二次出国前，有一天身体不大舒服，曾带着他的儿子宝树一同去看医生。宝树看他提着文件皮包，很费力，说要替他代提，但他竟拒绝了，他说一个人如有一丝一毫的力量，总应做他自己应做的事。就是最近他从俄国回来，因染疾从新亚搬进虹桥疗养院的那天，他的脸色很难看，精神更是十分疲倦，但他带到疗养院去的一个小箱子，他一定要让他自己提着走，不要别人代提。

像他这种“对己刻苦”，“对人宽厚”，助人和谅人的诚恳的性格等，可算完全可做后人的模范。

戈先生死了，以私交说，是失去了一个令人敬爱的畏友，在国家是失去一个肯埋头苦读的学者，在报界是失去一个通晓国际现势贯彻各种学识的大众的新闻记者，这种损失是无法计算的，我们在哀悼戈先生之余，纪念他的最大的意义，是在如何仿效他的自学的精神，如何实行他的刻苦的生活！

（《读书生活》第三卷第一期。二十四年十一月一日）

# 行动中才能有团结

在意阿争议未发生前，一般人几乎不知道地球上有一个阿比西尼亚国家的存在。

在意阿战争未发动前，我们也几乎不知道有一个阿比西尼亚这样英勇的民族的存在。

我们是在这次他们反抗侵略的战争中，认识了东非这一个黑兄弟的民族及这一新的国度。同时这一个反侵略的民族解放战争，又使我们有了一些新的觉悟、新的自信，认识了民族阵线的组成是在行动中。动员令下，全国民众自然共同走到一条路上来了。此时没有私仇，没有旧怨，只有一个共同的敌人，全国人铸成了一道钢铁的长城了。这不是因为阿比西尼亚的国民，先讲了若干年组织，受了多少年训练，才“精诚团结”起来的，更不是阿比西尼亚社会的发展和文化程度高过那一个国家；更不是他们的国家内都没有矛盾，社会没有阶级。

不！完全不是！他们全国的团结是这一伟大的战争，这一神圣的战争，统一了他们的矛盾，因为他们当前个人的利害比起民族的来，是微小多了。争取民族生存是目前大家共同的任务，所以,他们能结成钢铁般的民族阵线。

这一点不足怪。在这大的斗争未发生前,这团结的力量是看不到的。在这大的斗争未发生前,一切社会的、国家的矛盾是不能调和的。动员令下,一切都沉潜下去了。

反之,在撤兵令下,不抵抗令下,我们看见的是:社会国家的矛盾加激,民族力量的瓦解,“精诚团结”变为空洞无实质的口号,民族意识的消沉,枯萎,民族自信力的减退,汉奸的蜂起,民族耻辱增长。这一切,我们亲眼从我们这方面看见了。

中国民族不能统一吗?

不!但不能统一在空头辞句中。现在千千万万的矛盾是由这不抵抗令而来,要统一这些矛盾,除非有一个统一的行动不可。

这一切矛盾在动员令以前是无法消除的,不是先消灭了矛盾,才开始斗争,是用斗争消灭矛盾。

中国民族的团结力也将在动员令后才能表现出中国民族及国家也只有蜂起一个民族解放战争才能够给世界认识,一切民族的耻辱,汉奸的行动,也只有在决斗中才能消灭。

现在等候的是动员令了。

枪声响了,所谓“一盘散沙”的中国民族就将镕成钢铁的民族阵线。

〔《读书生活》第三卷第二期〕

# 算旧账加新股

梁实秋教授的爱自由似乎是早已闻名的了。不过,在过去总有许多人要怀疑,梁教授还有什么事不自由,这样不怕麻烦的呼唤呢?据梁教授说,他是为了国人争自由,不是自己个人的自由不自由。如果这话是真的,那我们到不能看轻梁教授的言论了。

据说“五全大会”又是争自由的最好的时机了。感谢许多自由论者,我们可以有许多文章可读。梁教授的争自由的文章,自然是其中挺括括的。

梁教授说:“今后政府对于人民之言论思想是否将给以真正之自由?”“今后政府是否将予人民以真正之结社自由?”

动听极了。

不过!且慢一会儿。

梁教授将以怎样的手段获得这种“真正的”自由呢?似乎还要查查。

他说,他不爱说空话。他主张对今日的政府“算旧账”,好像商店“逢年逢节”清理盈亏似的算一遍,亏了就应该整理店的内部,“加添新股”。对于店内旧管事的人呢？他却“没有闲情逸致再对任何人斤斤计较”,他要责任者自己去“受良心上的谴责”,“反省”。这一点又与商店“算旧账”不同。商店中亏了,管事的是要负重大的责任的,并且也是那个人的进退问题。梁教授比较要宽些,到底因为他是文学家罢!

那也未免太书生气。梁教授注意的是在“加添新股”啊!“算旧账”不过是吓吓旧管事罢了,“加股”就是梁教授的真心话,具体的条件。

因此,梁教授多年的不自由,要自由,为的什么,也就在这里告诉我们了——梁教授原来当老板。

我们这些“阿斗”呢,(这是梁教授说的)自然没有“加股”作“新股东”的资格的,这一家“中华公司”自然分得股东以外的人还是没有说话的权利的。

这就是教授的自由论。

至于我们这些“阿斗”呢？是的,自由是要的,并且知道这要自己去争取。如果也把国事比作开店,那末,我们不主张个人买得新股票。我们主张改个人的,私营为合作社,我们不反对“算旧账”;我们却不主张敷衍任何人,更不拿这个作恐吓的手段,达到个人作股东的目的。

〔《读书生活》第三卷第二期〕

# 捉与逃

在前年，我们就听见东北的朋友说，东北的青年，稍微进步一点的，不是被日本人捉去了，就是逃出了东北，要想不逃，不被捉，除开甘心作奴才外，是不可能的。语气中含有浓厚的亡国恨。大家当时听过也就只有默然了。

不想，这现象现在也发展到平津来。近一月来，传闻平津的学生、旅客、居民被日本宪兵警察逮捕的就有多起。不过因为这些人是小百姓，外间虽知道有这回事，但被捕的到底若干人，姓甚名谁，报上是从不批露的，一般人也把它作为偶然发生的事件看，并没有造成很大的恐怖。一直等到逮捕至商会委员年光尧，新闻检查员王一凡等五人、社会局主任李铭、前豫督署军需处长李锡庆等这类大人先生时，报纸上再不能不登出姓名来。这传闻一被证实，华北现在的局势严重到了如何程度，也就立刻可以想像得到。

平津现在也有许多人在逃了。

不过，这里逮捕的人与出逃的人，到不一定都是进步的青年，其中也带着几个官吏、商人。尤其在出逃的方面，大概也还是稍微有钱人占着多数。

同样，上海这几日来，因为日本水兵的无头公案，一时“谣言”蜂起，闸北虹口一带的居民也饱受了日本兵宪搜索、侵扰，那一带的住民也纷纷地往租界“逃”了。

这一切日本的暴行，中国报纸上现在虽然也认为“非法”了，外部也提出“严重抗议”，认为这种“擅捕我官民”是不合理的。但报纸上对于“逃”的斥责却明明比“捉”看得更严重。他们认为这是“自相惊扰”，是“怯懦”，是“不爱国”，是“轻信谣言，无知之尤”，却看不见我那位东北朋友谈到“逃”时那一股悲愤之情。

这大概是非常“爱国”的舆论罢！敌人的来侵，本来只听见有官军的撤逃，那里有老百姓出逃的理呢？

我们并不主张“逃”，小百姓在事实上也无处“逃”。闸北虹口逃入租界的人，也大半是中产阶级，就连东北逃入关来的人也算在内罢！那也都是稍微有几个钱的。东北劳苦的老百姓，进步的被杀了，或者走入了义勇军去。他们在为民族生存决斗。但同时我们也不能更不忍骂那些出“逃”的人。我们不能让他们等死。谁造成人民出逃的条件呢？为什么不保障人民生命的安全呢？这是谁人的责任呀！

真的舆论，不应专责人民畏死，应指示人民如何图生。我们不要逃，但同时要起来消灭人家的“捉”与“轰炸”，不然，我们要舆论做什么？

（《读书生活》第三卷第二期）

# 暗　杀

暗杀虽然比起决斗来有点不大光明，但如果杀的是个恶人，也常常能取得人的赞同的。在专制时代，人民受的压迫过深，人民在万分忿怒中，也常走入暗杀权贵的一途，杀人者不独不使人觉得可怕，反以英雄相待了。荆轲的故事能够流传得这样久，不是没缘故的。写十九世纪俄国虚无党暗杀沙皇的戏曲、小说，也就特别流传得远。辛亥革命中，民间最喜谈的是汪精卫谋刺摄政王，徐锡麟刺杀恩铭，熊成基谋刺载泽，温才生枪毙孚琦这些人，一时说成神话了。

其实暗杀几个坏人并不就是革命，革命是不能靠暗杀成功的。暗杀不过是表示最大压力下，一种无可奈何的绝望的反抗。

俄国革命的成功是成功于另一道路的。俄国虚无党远在一九〇五年的革命前就消灭了。

但暗杀的事，仍然在今日还是流行的。由于个人的恩怨而相杀，那几乎是属于个人的私事，不说它。就有政治意义的说，暗杀却是今日的一种政治的阴谋。

它所表现的意义是什么呢？

暗杀绝不是表示自己的权力,暗杀的计划者,不论有权无权,他都是属于没落和走入绝境的一种社会层,至少也是表示自己的权力的脆弱,否则,政治的斗争是可以在公开场面进行的。成功和失败则决定于群众的拥护或摒弃。

这不是姑息恶人,因为我们更重要的是根诛恶人存在的基础。

所以革命注意的是在制度的改变。

但一个已没落的社会层,在它完全绝望时,每每出以痛快一击,如苏联反革命党之暗杀基洛夫,就是一个好例子。同时,在权力者取这种手段去谋杀他的政敌,也还是说明了他的权力之脆弱。

这里却要注意,在被杀者如果是一个好人,如去岁史量才先生之被杀,大家很同情死者,这种意义很容易被人了解,觉得谋杀者出以这种卑劣手段,无异暴露了自己是处于何等绝望的境地,竟不能采公开的斗争了。但是,如果被杀者本是一个坏人呢,大家因为称快一时,这一意义就被蒙蔽,转而同情这一暗杀,由是,这一不光明的阴谋,反被人看做是诛奸唯一的正道,很容易把人引入歪路上去。

自然,杀去了一个恶人,也仍是对于恶的方面一个打击,恶人在某制度下,他是可以发挥个人的力量的,杀了他,也许可以减杀一点恶的为害,所以同情这一暗杀者似乎也不无理由,不过,那总是过于肤面的看法,不足取法的。因为真正恶的憎恶者不要忘了比杀了一个恶人更重大的使命。

〔《读书生活》第三卷第二期〕

# 新的进攻的总的认识

远东的侵略战争，从“九一八”发出那信炮后，侵略战争原是一天天在开展的，只有那些被自己私利遮盖了眼睛的人，才看不见这战争的本质及其发展，把侵略战争看做是局部的军事冲突，地方事件，而生出一时苟安的心理，只要侵略者不直接用枪炮来妨害自己的私利，管它妈妈，什么屈辱无耻的勾当都能做得出来，以为天下就可从此无事，敌人真的可以放手了。

所以在“九一八”事变发生后，就有人觉得抵抗对他们有妨害，主张不抵抗，只求事件不扩大到关内来，能告一段落就得了。“一·二八”因为人民的参加，稍微做了一点抵抗，敌人受了很大的打击，但仍对某些人不利，极怕事态扩大，甘愿写一张卖身契了事。以后，不幸事实不如这些怕事的先生们的意，敌人的侵略的手段硬软兼来，你会退，他却会进，你会写契了事，他却所求无止，渐渐要侵到你的公馆了。你说什么都可答应，只要求顾一顾你的面子，他却管不了这么多。你答应给他“实”的，自己留一个“名”儿，他却“名”“实”都要，管不得你也还会“难为情”的。

这不能怪敌人，他要求的原是一个整体，你送了他一个庄园,一栋房屋,一群男女奴婢,虽然在你很尽过孝心,可是,在敌人,那算得什么,他为什么“三杯酒不喝,要喝你一杯酒!”

华北今日的自治运动,新的傀儡又登场了,现在很惹得许多人惊慌起来,甚至胡适博士也惊醒了,知道过去自己替塘沽协定的辩护是错误,不过现在许多人的眼,似乎又只看见“非战区域”的独立,看见汉奸殷汝耕个人,看见日本占据丰台车站,扣车,运兵,建飞机场,陆空示威演习等等,却看不见这一切不过是敌人整个侵略的一部分,敌人并不就以达到华北分离中国领土为满足,敌人的侵略行为并不因得了华北就告终止。

华北的自治运动,不过是侵略者新的进攻更表面化了一步,中国民族进入新的危机的另一环了。中国民族的危机是更加重了。

我们要有了这总的认识,才会不蹈以前胡适博士之类人的覆辙,才会对于这新的进攻有正确的对策,才会不再生出丢掉华北,苟安于华中、华南的谬想。

〔《读书生活》第三卷第三期〕

# 新的进攻的特点

我们对于新的进攻的具体的内容是万分不能忽视的。

敌人自己动手来干，无论是公开的战争，占到什么地方，或以外交的手段，恐吓到什么程度，或派几个无赖的浪人来捣一捣小乱，或借名操演，作出什么假占领等类的事，这容易被人看得明白，这是侵略。

倘若动手来干的不是敌人，而是利用你国内的一个民族，如满洲傀儡国运动，那就比较要复杂，并且侵略的方式也较厉害，阴险刻毒。在外表上，反现出减退了一点侵略的色彩。

倘若动手来干的人，也不是国内的异民族的皇室，而确确实实是"中国的官宪"，并且打着"自治"、"防共"的招牌，满口说出的是"民众""民众"。这种新的方式是比民族分离运动的方式更毒恶，可怕的，其烟幕也就更浓厚。这就是今日华北自治运动的内容。

这是万分值得注意的。我们知道，今日殖民地的侵略战争，侵略者虽能利用新式的武器与战术，用屠杀去占领被侵略国家的疆土，但是，如果这被侵略国家真的起来反抗，像今日的阿比西尼亚一样,那倒不是容易征服的。所以在敌人方面,最有效的方法是利用汉奸运动。

这种汉奸运动并不是偶然的。我们不能简单的看作这仅仅是殷汝耕这类人的无耻,纯粹把它作道德的问题,杀了他们就可以无事了。今日的中国汉奸迭出,绝对不能这样去解释它。

汉奸有它的社会基础,今日中国多汉奸,是中国社会内部利害分裂得太厉害,一部份人与大众的利害恰巧站在势不两立的两极了。在民族危机深入的时候,大众自然是要求抗争。但另一部分人看到抗争会失去自己的私利,就不得不出来求妥协,图苟安。等到民族敌人的刀放在自己的头上了,他除走到当汉奸的一条道路外,他是觉得没有路走的。这一点恰巧被侵略者看出,很巧妙的利用了。

今日华北出现的丑剧,决不是由一个殷汝耕这坏东西扮出来的。这幕丑剧,也决不会让殷汝耕唱连台下去,不会再出名角。听说这次赞成自治运动的人还很多,高官、将军、贵人、名流、学者都有。在那自治运动的签名中,不是就有许多人签"待考虑"么?是的,这些人何时出台,不过是迟早的问题罢!在原则上,他们原没有什么问题的。

侵略者看得比我们还明白。他们不愁没有傀儡利用,傀儡一天天在加多,争取傀儡戏扮演的斗争,不是在各方面已看得很明显么?

由这一新的侵略的内容,我们认识的是什么呢?是民族斗争与反汉奸运动不可分离。我们要保障领土的完整,抵抗侵略者,就得肃清汉奸。肃清汉奸不仅仅是声讨几个已露丑脸的东西，同时要检查许多尚隐藏在“亲善”假面具背后的奸贼。殷汝耕在未摇身一变以前，他还不是有功华北的大员么？

肃奸不是分散国力，恰恰相反，是坚固民族阵线。这是从新的侵略中应该认识的最重要的一点。

〔《读书生活》第三卷第三期〕

# 救亡图存的基础

我们认识了这新的进攻的性质及其特点后，我们将怎样自救呢？

自然，不能再把冀东事件及整个华北自治运动作为局部问题去求苟安，迁就的解决。

不能只站在远远的地方空喊几声杀殷汝耕这狗贼，发一两个讨伐电报就完事了。

也不能像胡适博士一样，还想在“战”与“降”之间另找什么“守”的第三条道路。

也不能仅仅像北平学生一样抱着读完最后一课大家殉难去。

也再不要空唱什么“自力主义”，什么“充实国力”，不要再发准备，准备，第三个还是准备的空头支票了。

不要姑息汉奸，对家贼宽容。

不要再依赖什么国联英美。

一切都不能再犹疑，再徘徊！

现在民族的危机，是到了无可再忍，无可再让的关头，我们也不能再错过时机了。过去的错误给与我们的经验是够深刻的。我们现在还可回避不谈抵抗吗?

不!一切知耻的中国人,现在都知道中国目前也需要迅速缔结一个人民阵线,好像法国的"人民阵线"一样。不过,法国人民阵线是对法西运动,拥护民主,我们的人民阵线呢?是对民族敌人,与家贼,求民族解放。我们有一个共同点,就是这阵线要包括最多不同主张的人,在一个共同目的下,共同行动起来,去综合统一内部的矛盾,集中分散的力量。

法国的"人民阵线"包括的政党十分复杂,但是他们在反法西运动下,团结起来了,形成了巨大的力量,现在左右了法国的政局。

我们的"人民阵线"呢,也要把今日许多见解不同的人,但在不想当亡国奴,不欲中国领土尺寸的被人拿去的目标下,团结起来,这才是真的"精诚团结",这才能发生抵抗侵略的巨大力量。才是真正的国力。

新的抵抗,新的自卫战争如果发生,那决不是某几个英雄的事业,几个军事实力者的事业,也不是少数知耻的人,少数热血志士的事业,它必然是广大的"人民阵线"发出的集体的力。

一切的救亡图存对策的基础就在这里。

看不见这一力量,不从这里去集中国力,一切空谈救国都是幻想,是敷衍,是欺骗。

我们在以前已经说过了,要在行动中才能有团结,"人民阵线"要怎样才能形成呢?是在共同反侵略者及肃奸中。华北新的危机却给与我们团结的动力了。

〔《读书生活》第三卷第三期〕

# 改变新闻政策　开放爱国运动

要集中分散的力量，组成铁的坚固的人民阵线，第一自然是行动：抵抗侵略，肃清汉奸。

但是我们也要注意肃清一切足以妨害这阵线组成的障碍。

首先，我们认为对于人民阵线最大的障碍与妨害的是现在的新闻政策，与对于爱国运动的限制和取缔。

新闻的封锁，与爱国运动的取缔，都是消灭民族的力量，阻止人民的团结，造成民族意识的消沉，以及汉奸蜂起的基础，同时，它激发了人民忿怒，扩大国内的分裂。这两种政策本来都是民族的自杀政策。

它们的存在，人民阵线的组成，变成了非常的困难。它们的存在的意义，除开客观上帮助了敌人的侵略外，我们看不到它们有什么意义，就是对于某些当道的个人，根本说来也有害无利。

所以，在号召建立人民阵线的时候，就要首先要求新闻的解禁，给人民爱国言论的自由。要求爱国运动的开放，允人民爱国组织的自由。

只有新闻解禁了，人民知道民族危机的真相，人民才能牺牲小我的意见,大家齐赴国难,使社会的矛盾在意识上,在这争求大我存在中统一起来。

只有言论自由了,人民广大的发言了,我们才能得到真正实践的国策的确立,我们的国策才能获得广大的拥护,才能变成举国一致的战术。

只有爱国运动的开放,人民的力量才能在组织上集中起来,才能发生行动。

在敌人新的进攻下,主持国政的人,应该纠正旧日的失策,取得这不可抗的巨大的人民的力量。

在人民呢?不能等待人家的给与,要用自己的力量去争得这最低限度的自由的实现。我们不怕敌人的屠杀,但我们不能在睡梦中任人宰割。我们要死在抗战中,清醒的死在决斗中。

〔《读书生活》第三卷第三期〕

# 非常时舆论的责任

我们不满意现在的新闻政策，主张言论完全解禁。对于目前中国报纸所受到的困难，尤其寄与十二分的同情，但同时，我们对于今日报纸，尤其是像上海的申新及天津的大公报那样有相当销数的报纸，目前那样回避现实，那样的因循敷演，我们觉得他们实在有些对读者不起，对自己的职责有些惭愧。

申新两报是中国天字号的大报，但是说到新闻呢？有时，虽然像早报那样的小报有的消息，他们反而没有。有时，一项新闻，别家报纸或外人办的华字报纸都登载过了，他们在第二天才照样登出。对于新闻的选择，标题都庸劣陈旧得很，讲到新闻记载须注意发展，与暗示，那更说不上了。社论更不用说，是无关痛痒的烂调子。

我们且打开十一月廿八日申报来看吧！这天是一个很值得注意的日子，日军占据丰台车站，武装干涉中国交通，实行扣车，但是申报的"时评""评"的什么呢？是"评""太平洋航空正式开幕"，同日打开其他各家报纸，到还有注意到这事件的严重的。即就这一点说，这是超过客观的限制，不免有固意避开现实的嫌疑的。

这不过是随手拿来的一个例子，即可看见它的保守，落后到什么程度了。

天津大公报在“社论”、“星期评论”、“特载”中，我们还可找出不少的毒素。那些论客，不是胡言乱道，就是有意无意的在逢迎敌人的意旨，对当前的事态作歪曲的解说。但是，在外表上，却挂着“自由主义”的招牌，以招摇惑世。

以这样的报纸去领导舆论，教育大众，不仅是不能，并且也是有害的。

这种失态，我觉得这决不是拿客观上的困难来掩饰得过去的。

舆论的遭受检查的限制是一大不幸，但是中国报纸就安于这种限度不图突围么？不图自振么？在这样严重的期间，这样离开大众的意志，放弃舆论的职责，即就营利为目的说，恐怕这样见绝于大众，大众也必报以拒绝阅读吧！

是的，在新的时局开展中，我们极端需要有领导民族斗争的舆论出现。但不是今日死气沉沉的报界。这我们固然希望申报这样的大报能自振作起来，也希望大众对于这样的负有舆论的巨责的大报，起来加以监督和批判，甚至拒绝毒素的传播。

〔《读书生活》第三卷第三期〕

# 是“学潮”吗？呸！

自从北平学生在国难第一线上现出民族反抗的雄姿后，全国学生大众已形成一种新的阵容来了。

但是，在舆论上，在有一些人们的脑子里，对于这次运动的认识明明还有的是不足，有的竟陷于谬误中，对于这次运动的性质还有指明的必要。

天津大公报十一日的“社评”，十二日的“短论”所表现的就可以作为认识不够和谬误的例子。

大公报的“社评”把这次运动的原因，归为是“两三年来学生埋头读书的反动”，“教育界对于政府应付时局方针的不满”，“受了埃及大学生反英运动的刺激”。我们虽然并不完全否认他们指出的与这运动有些关联，但他们并未认识这次运动的性质，不免是认识不足的。

十二日的短论；那就更达到谬误的结论了。

它把这次运动看做“学潮”，主张“学潮应速收束”。它说：“北平的学潮，似乎还没有完全收束下去，这不止于教育界本身不利而且可以成为北平严重的社会问题，因为北平是文化都城，不容长期纷扰。在今天北平情形之下，学生空言请愿或自行罢课，实非其时，非其地，所以我们终希望青年要自重自爱。”

这完全是谬论。

这次运动的性质是什么呢？

它决不是简单的“学潮”，决不是静久了，要动一下，决不仅是所谓教育界对政府应付时局的不满，如果这样看法，会把这运动的性质弄歪曲，意义缩小，范围缩小，另引导到破灭的前途去。

我们看见的是赤裸裸的民族斗争，在敌人新的进攻下，站在国难第一线上的知识者自发的民族反抗运动，我们不能因为这一运动的人，身上穿着的是学生装，就把这一运动的性质改变，认为是学生的私事。

为什么首先发现在学生间呢？

这是因为在北平这地方，学生是较有组织，易于组织，而且是对于民族危机感觉更敏的市民，他们自自然然走上前线，成为中坚分子了。

但这一运动决不会停止在这种狭小的范围的，它不过是广大的民族阵线之一分队，这次运动先把学生大众的阵容整齐了。同时，它自然还带着激发和加速整个民族阵线的强化的作用。

我们拥护这一运动，我们反对有人喊出“收束”；我们更要高声喊道，目前的学生运动“正是其时”，“正是其地”，只有汉奸才会发出像大公报这样的言论。

〔《读书生活》第三卷第四期〕

# 慰问北平受伤的同学们

接到北平十六日电讯后，我们的血也同样的在沸腾了。国难第一线上的中国学生的姿态，是光荣的。我们对于北平学生大众“再接再厉”的斗争精神，敬致斗争的敬礼。

自然，北平学生提出的主张，也是全国大众的主张，北平学生奋斗的目的，也同时是大众的。

反对伪组织以及任何变相的脱离中国版图的运动，不独是学生的要求，同时是全国大众的要求。

对于敌人继续不断侵略，总要有一个办法，不独是北平学生的要求，同时也是全国大众的要求。

“请政府不得抑止爱国运动”，绝对保障集会、结社、言论、身体等自由，不独是北平学生的要求，同时也是全国大众的要求。

我们对于北平九日，十六日军警的乱行，表示万分的愤慨。他们胡乱放枪，喷射水龙头都是神经错乱，非中国人对自家人的行为，不能不说是一种失态，是有失国体的一种耻辱。

我们对于北平的教育当局，如像师大附中一样，将校门锁闭，隔断学生参加爱国运动，也认为是十分谬误的。北平学生运动的再起，是中国的实践的一部反映，非少数个人可能制止。并且这次运动的目标，也明明是与学校当局没有冲突，而一切行动又是十分的有秩序。学校当局，不在这种行动中，好好领导学生，教育学生，而一定要站在学生对立的方向，这不是万分的不智么？

我们对于当局，也与立报的编者意见相同："我想当局们决不会对此丝毫无动于衷罢？为了我们的土地完整，这些学生的行动，是不应轻视的，为什么不顺应民众要求，起来下决心，为我们的祖国奋斗一下呢？"

我们也盼望北平的各学校的当局，赶快站在学生方向来；北平军警们赶快清醒，恢复常态，不要再在耻辱上更染上一层耻辱。

我们对于受伤的同学们遥致敬礼与慰问。

〔《读书生活》第三卷第四期〕

# 人民的公意

报载英法两国新近对意阿双方提出的和平方案时，英外相郝尔给驻阿公使巴尔登函电中，曾有这样一句话：

“阿国皇帝若能利用此种新机会而进行和平谈判，则大政治家的才能，正可以表现。”

阿国驻英公使馆发言人答复道：

“倘若把半壁山河，割让侵略国，乃说是贤明政治家所做的事，那未免可笑极了！国联大会即使赞同英法两国所提解决方案，我皇也未必单独作主而不征求人民公意！我皇个人，即愿以领土一半，送给意大利，终也要顺从人民公意。”

这是对答得很得体的。

阿国能顽强的与意大利对抗，阿皇能领导这样一种有世界意义的反侵略战争，这决不是偶然的。这答话中，已包括阿国力量的所在了。

阿皇能顺从人民的公意，能代表人民的公意，阿国方才发生对民族敌人反抗的巨大力量，方才使意大利侵阿战争日陷于困境，使帝国主义者见而发抖，使一切弱小民族为之兴奋。是的，弱小民族唯一的自卫力量是民众,是民众集体的力,一切弱小民族中的领导者,如果能取得这力量,他是这民族的英雄,受着大众的拥载,如阿皇是相反的,如果害怕人民的公意,作出与人民公意相反的买卖,他是人民的公敌,他本身已向侵略者解除武装了,他除作民族敌人的警犬外,他只能当俘虏。

是的,阿比西尼亚给与我们的教训太多了。我希望作民族领导的人不要轻视这教训才好。人民的公意,有时在指挥刀,自来水管的冲洗下,是不值半文钱的,但它确是决定你的命运最后的力量。

是的,你要武装呢?还是解除这种武装?

这决定是极容易的。

中国今日大众的公意是什么,难道还会有疑问么?

不要忽视这"人民的公意"呀!

〔《读书生活》第三卷第四期〕

# 一九三六年

一九三六年到来了。

不要被预言家的话吓坏了。

不要把恶势力夸张得过火了。

不要自己看不起自己,把自己的力量估量得太不算数!

是的,一九三六年是险恶的,人类的大屠杀,在今年就暴发起来,实在是很可能。无论是帝国主义互相火拼,或一致进攻苏联,或二者合为一体,都有可能。

中国的命运无疑要受这恶魔的支配。中国民族在这巨变中,要受到不可言说的损失,中国大众的生命,有被敌人的飞机一团团的炸死,有被驱上帝国主义的大战场,作奴化自己,开拓某一主人市场的炮灰,也能被逼上反苏联的战野,在人类历史上涂上一笔中华民族的耻辱,中国民族可以在这巨变中灭亡。

但是,这只是一九三六年的一面。人类的历史,并不只是黑暗的一面。在黑暗的反面,还有一个光明面,并且光明总是追逐着黑暗,最后总是光明面胜过黑暗面的。

在全世界,六分之一的领域,社会主义的建设,第二个五年计划要提前成功了。这一个体系之壮大，即暗示着人类光明时代到来愈近了一步，对当前国际形势有巨大的作用。各帝国主义国家内劳动大众的醒悟，反战反法西的激昂，争取解放斗争的跃进，明白表示改变历史的巨力的主军所在了。其他如殖民地，半殖民地的解放运动，都在说明这一创造历史的人类解放大阵线的形成接近成功。所以从光明的方面来看一九三六年，谁敢说这不是历史转变的一个前夜呢？

不过，新的历史的时期的到来，到底不是黑夜转成白昼那样自然而至的。这要经过人类的血斗，中国大众，在这关头，在自己的自救的领域内，怎样的来负起战斗的任务呢？

是高举着民族解放的战旗，强化我民族的阵容，收复已失去的国土，驱逐侵略者，建筑一条自卫的长城！

反对帝国主义战争，反对对无野心国家及殖民地半殖民地的侵略战争！

以解放战争创造人类永远的和平！

全国大众站在以上的公理方面来！

〔《读书生活》第三卷第五期〕

# 告抗争中的学生大众

一种运动，最怕的是遇了阻碍后，群众情绪一时由忿怒变为懊恼、颓丧，指导的人，不容易驾御这情绪，使广大的群众力量发生分离、涣散等现象，最后竟致妨害运动的进展。

在今日学生运动的进展中，也不免发生了这类似的现象。这是值得特别注意的。

单就上海说，学生请愿被阻后，就有不少的热血天真的青年，在归途中饮酒、烂醉、打东西、痛哭狂骂，也有的垂头丧气，不说一句话的。自然，碰了钉子后，反而越发有了认识，意志更加坚定，作战更为沉着的人不是没有。可是，由这阻碍造成的一部份情绪的低落，只要是千真万确的事实，不管它只是属于一小部份的现象，我们也就不能忽视它，我们不能让这些有分离我们力量的病菌，传染到一般人的脑子内去。同时，我们要赶快克服这种情绪，振作奋斗的勇气，不要使这些打了败仗的战士离开队伍。

主持今日一个学校或一个学联的领袖们，应该用什么法子振作自己队伍的“士气”呢？

是的，从一种运动败退下就离了群众的人，在一种运动的进展中，原是不可免的，不过，如果领导的人，能在运动中，不忽视自己的教育工作，切实指明运动的意义，斗争的过程，及解释在这过程中一切的现象，并帮助队伍中各个人解决实际斗争上的各个问题，使每一个参加者，不是纯粹凭着热情，使热情听从理智的指引，那末，这种落后的、颓丧的情绪，就不容易发生，即令在少数人中发生了，也不容易传染开去，这是最根本的方法。

在已经发生了这现象的场合，那就应该一面赶紧加强教育自己，一面一点不放松的与这种低落的情绪斗争，要设法克服他们。

我们极端希望在寒假中，大中学生不要将时光白花在家庭的“消闲”上，大中学生应该广泛的开展“时事讨论”，举行各种个别问题的座谈会，敦请名人演讲，以及举办各种研究班，相互的及自我的批评，具体的讨论各种战术，严正的批判社会上发生的每一件大小的事件。要提出，肃清悲观绝望的情绪，同时极力传播各地各社会层的抗争的情报及战术去鼓励大家，不使这个高涨起来的学生爱国运动，受到一点影响。在抗争开始的今日学生大众，要千万的注意。

〔《读书生活》第三卷第五期〕

# 教　训

教训的可贵处，就在它是发生在行动中，认识通过行的过程得到了高一级的认识，虽然它常常是只具一面性，但是比理论却具体。因此它比理论更可以打动人，因为理论是一种综合的东西，它是带着抽象性的，它本身是正确的指示了行为的必然性。但因客观现实的复杂性，每每在估量一种行动时，不免有时对客观看得不够，或错误，把客观或主观估量过小或过大。理论虽然包括了一切行中所得到的教训，但因它是高级认识，不容易被一般人所接受。教训则不然，它是认识发展中具体的经验，在行中不断的产生出的，它本身带着残酷的血的经历，容易打动人的情感。每一种行动，每一个参加者，并不都是先有了认识，才从事行动的，实则每一行动，除开大概的原则外，有深刻的认识的都只有领袖，大队的人马，他们的认识每每是参差不齐，但行动中的教训，却给与他们新的认识，这就是说，认识从实践方面得来的要比书本上多的缘故。

教训更可贵的地方，自然是在它能把过去的经验，武装自己，展开新的运动，所以它虽付过相当的代价，却是值得的。

譬如最近北平上海学生的请愿运动，据参加运动的人说，虽然目的并未达到什么，却得了不少的新教训。许多学生在这运动的开始时，纯粹是出于爱国热诚，以为他们的主张，立刻可以见诸实行的。在行中，他们碰到许多意想不到的事物了。

想不到，喜峯口外为民族吐过一口气的那口大刀，现在正用在残杀自己的兄弟身上，救火的水管，也变为扑灭爱国热情的利器了。上海到南京本来是只有四小时的行程的，他们走了四五天，还不能走到。学生自己动手开火车，接铁轨，用饼干盒子作水桶，打上两三吨水，放在锅炉内，这不都是奇事奇闻么？但都是许多学生亲自在这次请愿中备尝的。不仅如此，他们平生没有下跪过，这次也下过了。肚子从未一餐不吃饭的，这次也饿过四五天了。还吃过雪，睡过潮湿的草地、铁板，挨过打骂、恐吓、嘲笑，同时也得到千万人的同情。这一些谁也在当初想像不到的。经过这一次请愿后，他们清醒的说："我们不是没有收获，我们得到的教训是宝贵的，我们总算认清一切了。"

我希望这种教训，成为大家的教训。教训要付代价是不足惜的，但不宜滥费精力，教训并不是要每个人都亲身去受一次，是拿前人的经验作自己走路的指南或参考的，不然，教训还有什么价值呢？

〔《读书生活》第三卷第五期〕

# 南迁后的大公报预备替谁说话呢？

据报载天津大公报在新年后就要在上海发行了。所谓“站在国难最前线的报纸”，到底巧言抵不过敌人的枪刺，也逃到国难后防（?）来了。

一家略有声名的报纸采取了这种不抵抗主义，不肯英勇的死在国难的最前线，有人说，这是中国舆论界的耻辱，是一件非常有失国格的事，但是，在整个不抵抗主义的国策下，记者却不想单独来责备一家报纸，我想要说的，倒是大公报南迁后，它的态度和内容等问题，大公报是否想站在中国舆论的前线，站在中国大众一边呢？

过去的大公报，说一句不客气的话，它是太使人失望了。它在舆论界确实比人家“努”过更大的“力”，技巧做得比人家要高明，可是它离开大众也就越远。大公报可说是全国报纸中最狡猾的狐狸，它在外表上好像真的是大众的喉舌，在骨子里呢？它是全国报纸中，最意诚的欺曚大众，替可怕的恶势力的说教者。

具体的说，大公报是以“社论”、“星期论文”等出名的，人家订大公报，也无非看这些东西。这些东西真的值得一读么？不！

这些东西是在系统的说谎,拿最近事实为证罢!你只要读了它那几篇关于学生爱国运动的大文,你看他们怎样的歪曲这次北平学生运动的意义,怎样的在企图扑灭民族反抗的烈火,怎样无耻的在替汉好说话!全国大众已经喊出对敌作战了,它却固意喊出“国民节操运动”去对抗,要大家都去自杀殉节,让敌人不费一矢的占领全国。这不过是一个例子,要详细举出来,真是说不胜说。

那末,它的搏得小小名声是在什么地方呢?

是文人的“舞文弄墨”。我们不得不惊佩那几位写“社论”、“星期论文”等的先生们。他们那样“挖空的心思”,那样熟练的技巧,真使我们这些笨记者“出于意表之外”。他们明明是替恶势力说话,明明是代敌人打主意,明明是主张投降,明明是赞成自杀,他们却会装出与恶势力无关,并未通敌,痛恨投降,反对自杀,真是“巧言令色”,认不出他的真假。所以读这些文章的人,一部份的人自然心中雪亮,高兴诵读,一部份人受了麻醉,“莫名其妙”,这就是魔术真的做到了家的缘故。

现在它南迁了,我们固然希望它能改变昔日狡猾的伎俩,能站大众方面来,把努力用在另一方面,领导上海今日颓废的报界,但是,上海的市民却也应打开眼睛,须知甜的东西,往往是有毒的,在外表上敢于说话的,也往往正是汉奸。清白的大众,更应起来监督舆论界,我们不能让离开大众的意志的言论存在。

〔《读书生活》第三卷第五期〕

# 纪念“一·二八”四周年

当前,我们对于“一·二八”的记忆,更是新鲜!“一·二八”本来是中国民族斗争一幅最成熟的艺术品,可惜的是它被断送在少数人的手里,被断送在不抵抗的误国策略下,不能使这件伟大的作品更好的完成,变成中国民族解放胜利的起点。

但是,“一·二八”的记忆,并未在大众的脑中洗淡。客观事实给与不抵抗者的残酷的暴露,更使这一段光辉的争斗的事迹,活跃在亿万人的脑里,一天天认识了这一段斗争的价值,一天天认清了“一·二八”一隅的抗战就是中国整个民族唯一应走的道路!

这一段争斗的价值,到现在更加了一个国际的保证。那就是阿比西尼亚斗争的胜利。阿比西尼亚所完成的作品,自然高过“一·二八”,前者是成功的作品,后者是被人阻止它的完成的一幅轮廓画。然而,这轮廓画得正确,有了阿比西尼亚的胜利,更显出它的伟大了。

在这第四周年的今朝,中国大众打开这一幅未完成的杰作,作何感想呢?

全国学生大众已走出了课堂，发出了抗战的吼声，在全国各大城市显出了民族斗争的新姿态，并且由城市而“进军”农村了。他们以民族阵线的宣传者，组织者自任，在发展民族斗争，以民族斗争来纪念“一·二八”！

全国一切不愿意作亡国奴、作汉奸的大众，也发出甘愿牺牲一切政见、党派、信仰，团结御侮。他们一致的在要求统一分散的力量，组织民族阵线，发动民族自卫战争，挽救危亡，以更严肃的斗争纪念“一·二八”！

中国大众都要求以自己的手，完成这一幅未完成的创作！

只有少数汉奸，自私自利者，怯懦者，昏睡者，对着这一幅画面，在颤栗，在徘徊，在那里犹疑不定。

全国大众们！冲破当前的沉寂罢！打倒少数汉奸，说服少数自私自利者、怯懦者，开导少数昏睡者罢！利用当前的新形势，利用每一个人的热情，能力，集中一切的力量，打开民族自卫战争的局面，完成“一·二八”最后的胜利罢！只有创造了这一个转变历史的轮子，才是今年中国大众对“一·二八”先烈致了最大的敬礼，尽了自己的职责。

〔《读书生活》第三卷第六期〕

# 中日这时还有交情谈吗！

好久就传说中日两国要来一个什么会议，当时我们以为那不过是出于我们这位“善邻”的主意，我们这方面，总是被动的。因为华北现在闹到如此，还有什么交情可谈呢！

往后知道这不是出于日本的主意。他们的外务省还在“考虑”，在华日军人也以为“时机尚早”，这会议确是出于我们这方的要求。

这真是一件怪事，“九一八”以后，中国反对同日本直接交涉，现在国耻重重，比“九一八”受到的“屈辱”不知增了多少倍，现在反求开一个什么会议也似乎不易了，这是何等矛盾的事！

为什么要开一个这样的会议呢？

据说是要把这几年来中日不痛快的旧账，作一次清算，两国关系再走上正轨。也有人说，近日华北新的事件叠出，中国政府不胜麻烦，到底要问我们的“善邻”，你要的是什么？老老实实说出来好了。有什么事，到中枢来说，不要零零碎碎，同地方当局要，弄得我们中枢没办法。

这些传说也使我们骇怪！

因为我们那位“善邻”，到底要的是什么，实在用不着再问了。旧账也决不能由我方提出来算，至于不要零碎来麻烦，那更是不可能，他们对于这一个会议就表示，不谈华北问题，对于零零碎碎的“既成事实”，只许在中日会议中加以“追认”，或“预认”，对于全般的问题，也以与日本有利益的为限。至于对于南京“中枢”与地方当局呢？他们就根本否认地方的事要问“中枢”，要“调整”两国关系罢，那就除非一切拱手给他，否则是没有生意谈的。这一切可邻的希望，也终于是一种单相思。

这种会议还有什么开头呢？

站在大众方面说，自然是觉得没有需要，人家要求我，我还要反对，何况我们反去求人呢？

要清算过去的旧账，要改变两国的交情，站在两国人民的立场，都万分需要，但不是这样的一个会议，双方出台的人物，也不能是目前的角色，应该是真正两国人民的代表。

如果是目前的角色登场呢？

那除非日本停止侵略，交还东北，取消一切傀儡组织，取消“九一八”以后的一切条约，赔偿“九一八”以后中国国家及人民的一切损失，严惩日本侵略的主持者，交出参加出卖活动的中国汉奸，否则有什么交情可谈呢！

自然，这是办不到的，所以我们要反对在这样的时候开这样一个会议！如果真的不顾“民意”，那么，民众就不得不注意会议席上的一切活动了。

〔《读书生活》第三卷第六期〕

# 请注意国难教育方案

民族解放斗争，不独要动员全民族大众的身体，同时还要动员全民族大众的“灵魂”，民族解放斗争的过程，不仅是物的组织过程，人的组织过程，同时还是意识的组织过程。构成整个的民族阵线，是这三种组织过程同时并进，融合共进，综合而成一条阵线。

一种伟大的民族斗争的开展，往往以意识组织过程为先导，因为要解放了过去的成见，克服了过去的愚顽，整齐了大众的意志，才能引导大众意识的参加斗争，才能使每一个人的“灵魂”动员起来。这一切头脑的改变，就完成在这一意识组织过程中，而这一过程，必然先于军事动员而存在，而全部组织的完成则仍在三种组织过程的合一中。

现在摆在中国大众当前的民族斗争，已到正面的殊死战了。我们各方面的准备，无疑的都要加速马力，在这斗争全面的组织中，意识的组织过程之不宜忽视，这是谁也不能否认的。

因此上海文化界救国会此时提出国难教育方案来，那正是配合着当前的实践，值得特别注意！因为我们打开这一个方案来一看，就看出这一个“教育方案”，不是那些吃教书饭的人专门对付孩子的玩意，而是“教育大众联合起来解决国难”，“教育知识分子将民族危机的知识向大众广播”，这正是意识组织过程中，具体的教育活动的总纲领，它可以作为这一领域活动的基础。

我们觉得：

首先，我们应该广大的来讨论这一方案，充实这一方案。

其次是大家接受这一方案，进而讨论如何实施这一方案！

全国学生大众们！学生运动在这新的阶段中的任务就是在民族阵线中负起教育与组织大众的责任。那末，这一方案最最广大的实行者，不是别人，正是全体学生大众，所以，这一方案，应该在学生大众间有广大的讨论，各地学联，各校学生会，应马上对这一方案表示意见。一面对自己学校要求改变课程标准，使它适应这一方案，一面研究这一方案，讨论如何去教别人！

全国教师们，一切文化人，智识者，都应对于这一个方案发表意见。同时，本着自己的文化领域，去实施这一方案。

〔《读书生活》第三卷第六期〕

# 不要夸大外交技术

胡适先生也出来喊“外交公开”了,这是非常可喜的,可见“秘密外交”在今日不独是大众反对它,就是像胡先生这样的学者,也不能忍受了。

不过,胡先生所喊出的“公开外交”,并要求公布以前的外交文件,他的看法却与我们有些两样。

胡先生太看重文字,太重视外交的技术方面。他说,“公布外交文件可以使此后的外交,有一个条文字句的根据。外交的依据全在条文,条文的争执全靠定本,所以正式的条约必须一字一句都不放松,又必须在最后声明:如有争执均依某种文字的定本。如果外间传说可信,这两年的中日交涉,全是一班门外汉的急就章,字句可作各种解释,范围可伸可缩,甚至于无人能明白指定其所签定,有无条约的拘束力,这简直是一本乱账,任凭强者占便宜,而弱者竟不敢持出账簿来争一点未曾签送掉的利益!”

这一段话,即令是书生之见,其中有些真实,却仍是一种有害的话。因为把外交技术过于夸大,这外交的责任就巧妙的转移到技术上来，过去真正外交的主持人，就可减轻责任了。这不有点替“丧权辱国”的人说话的嫌疑么？

实在，过去外交的失败，决不在于“一班门外汉的急就章”，而是在主持的少数人，个人的利益超过民族的利益，离开了大众的意志，偷偷摸摸的失身与敌人了。你既破了贞操，人家奸污的行为，那有什么奇怪呢？

如果那签定的东西，是一张出卖女儿的契约，即令用一个专家来写，怕恐与“一班门外汉”没有什高低罢！

何况事实并不是胡先生所想像的。过去外交上并不是没有“能手”，技术的讲求，恐怕“挖空心思”，空前无比。譬如两年来中国出现的外交的名词，可以数出一两打来，如“亲善”、“提携”、“睦邻”、“共存”、“和平”、“互助”、“自治”、“防共”这些辞汇，不都是“善于辞令”外交界能手想出的么？

过去的“乱账”是要清算的，但不能把责任转移到别的方面去。

大众要求“外交公开”，但要求的是大众的外交，革命的外交，不是在“咬文嚼字”上。粗人的手，一样会在外交的文件上签字，但他不会为了自己的私利断送民族的利益，至于条文上的几个字要写得慎重，那不过是附带应注意的小节。胡先生不要固意来扰乱视线。

〔《读书生活》第五卷第六期〕

# 我们的抗议

“卖国有赏，爱国有罪”，这已经不是纯粹讽刺的愤激语言了。北平当局，就公然承认有所谓爱国罪，有“爱国囚犯”等。你不信吗？有中法大学学生会的收条可证：

> 今收到：
>
> 爱国囚犯十二名，在军警严密保护之下，已从高牌店安然抵校。此致
>
> 公安局（西郊区署）
>
> 中法大学学生会

这还不过就北平当局的心理方面而说，在不知不觉中，他们露出了自己的狐狸尾巴了。至于就行为说，那近日犯了爱国罪的青年，受到残酷的惩罚的，那就不止于北平了。

在平津，学生受到皮鞭、木棍、水冲、屎掷、火烧、绑架、拘留等刑罚了。在××，学生被军警化装的“锄奸团”暗杀，连尸首也灭迹的，传说有四五十人。此外，各地都有因演讲国难而被绑架，或利用汉奸而破坏各种民众组织，妨害救国领袖等事实。上

海一共被捕的学生，据说也有三四十人了。

这就是在要求"保护爱国运动"，"爱国自由"等声浪中，一种完全相反的事实。

新闻是被封锁了。

学生救亡的活动不准登载，或者歪曲事实登出。

学生和市民们被拘捕，遭伤害，甚至死亡不准公布。

舆论呢？最善良的人们，因为不明白事实的真相，也只能说几句空话，使你无法援救。

这现象是不能继续让它存在的，这种沉默苦闷的空气是不能不冲破的。

一切公正的人士，有良心的教育者，应该出来说话了。我们应该对于这种民族的自杀政策，向各地方负责者提出有效的抗议。

要做到真正的"爱国自由""保护爱国运动"，不是辞句上的。

各种救国团体要迅速巩固自己的组织，加强自己的防卫，扩大情报网，扩大社会的对于被难战士的援救运动。

一切公正的人士，一切不想当亡国奴才的人，对于目前一切因爱国而被拘捕的战士，应用各种方式要求释放，和赔偿损失，并要求各地负责者担保以后永远没有同样的事实出现。

我们对全国因爱国而被拘捕、伤害的战士，表示万分敬意，并对爱国治罪的野蛮行为提出严重的抗议！

〔《读书生活》第三卷第七期〕

# 惊人的统计

国难一天天严重,但是严重到什么程度呢?很不容易具体的说出。严重两个字虽够严肃,但还过于抽象。中国近百年来,都在国难中,满清统治下,国难也不是不严重;民国以来到"九一八"止,比满清时代自然严重多;"九一八"到现在四年间,自然严重的程度更加深了。但在一般的说话,仍只用严重两字去形容,所以在一般人的脑里,对于国难仍只有一个朦胧的轮廓,只要国难不来到自己的门口,也就觉得这是百年以来听惯了的警告,并没有什么可怕的地方。主持国政的人,更利用了这朦胧的概念去掩饰自己的责任,自然更是于己大利。他们更不知羞耻的说:"中国弄到现在,我们没有责任,目前亡国惨祸,是祖宗丢下来的遗产,国难并不是我们上台才发生的呀!"

果然是真的么?

狗屁!如果把这朦胧的概念,用图画表出,用数字表出,那就不得不令人惊绝,使这些责任者无可逃避。

先请诸位打开本期所载的国难地图罢!旧账不必算它,只说"九一八"到今日这四年来,地图上改变的颜色有多广。你不吃惊么?

不！这还不够。请再听听王造时先生报告的国难统计罢！

国难地图上那一大块改变了颜色的土地有多大呢?

八百余万方里！比近百年来满清政府历次共失的国土,还超过一百五十万方里！

四年来每年失地平均约有两百万方里！

若拿丧失的这些土地和我们的省分比较(请各省的读者注意!),等于:

七个四川!

十二个广东!

十三个湖南!

十四个陕西!

十五个湖北!

十六个河南!

十七个山西!

十八个山东!

十九个安徽!

二十三个福建!

二十七个江苏!

二十八个浙江!

若拿丧失的土地和外国比较(请各国大众注意!),那就等于:

日英法德意奥匈比荷丹瑞士十一国本国面积之和!

换句话说,等于:

四个法国！

五个德国！

六个日本！

十个英国！

六十个瑞士！

七十个荷兰！

八十个比利时！

这是国难严重具体的说明，但是严重的程度就止此么？并不！因为这还不过仅就已失去的土地说，如果把汉奸的阴谋一概加进去，这一个统计数字，一张国难地图，还不能全面的表出国难严重的程度啊！

宣传国难的爱国同胞们！请注意具体的说明罢！请注意国难的发展罢！揭开朦胧的烟幕啊！使大众和国难的真实见面罢！

〔《读书生活》第三卷第七期〕

# 寒假后学生回到学校<br>第一件工作是什么？

过去学生运动有一个缺点，就是救亡运动没有和学生生活切实联结起来，斗争由请愿而示威，而“深入民间”，由徒手的抗争进到武装的要求的现在，虽然英勇作战的固不乏人，而后防继起的却不免感觉虚弱。学生运动不仅一省与一省间，现出不平衡的发展，即一校中，学生大众的参加运动也是发展不平衡的。

这是什么缘故？

是民族斗争没有与学校生活的斗争取得联结，忽视了学校内部的斗争。

寒假过后，大中学生一律回校后，最最重要的任务是什么呢？

是争取实现“国难教育”，使学校教育配合学生运动新的阶段。

“读书不忘救国”应解作：为了配合当前学生在民族解放斗争中的任务，一面到民间去教育和组织民众，一面学习战术。

学校教育，在大中学方面，课堂上花费的时间至多只能占原有的一半，其他一半应该用在教育和组织民众工作上去。理论与实践要做到合一，学校要把到“民间”工作的学分看得更重要。学生授课的时间，也应打破旧日的刻板式的方式，最好是学校经常有三分之一或一半的学生在“民间”工作，其他三分之二，或一半在后防受训练。一个月或二个月调换一次。学校课堂上的训练不独在理论上要与国难教育相配合，并且课堂上最最重要的讨论还应该是工作中一切的实际问题。

关于课程方面的变更，我们颇同意北平学联会拟定的“非常时期教育草案”，觉得在原则方面已很完全了，希望全国各地学联，各校学生会及学生大众和教育者加以注意。

在寒假过后，学生回到学校第一件事，是广泛的来讨论自己的生活，自己的教育，如何与救亡工作联在一块，赶快具体的向学校当局提出改革案，用大众的力量促它实现。

学生救亡运动深入到目前的阶段，如果不先整理后防（即学校），不改变后防，成为一个军营的组织，不加强与之相适应的教育，是不能进展的。争取了这一方面胜利，是学生运动巩固，持久和展开的条件。

这一个最最迫切的战争任务，现在放在每一个学生的肩上了。

全国学生大众！用“一二·九”、“一二·一六”的精神，来完成这一任务！

〔《读书生活》第三卷第七期〕

# 街头艺术

游行示威、巷战、演讲、唱歌和化装表演都是一种战斗的艺术。在民族解放斗争阶段中，这种艺术是每一个战士应该学习的。

自从“一二·九”以后，这一艺术部门，出了不少非常可贵的杰作，值得特别介绍的。

北平大街上，四人手挽手的严整的行列，逃避军警暗探的黑夜行军，诱敌避实的技巧，集会的神速，与军警巷战时，夺水龙，破坏水龙水管及说服军警等技术，都使人吃惊。平津学生团这次长途宣传，在被解散时，整夜和汉奸的便衣队肉搏，作出了值得后人模仿的自卫的战术。其他各地，如上海请愿团自己开火车，修铁道，广东学生突破军警、内奸的压迫，与所谓“锄奸团”巷战；武汉、杭州、开封学生的抗战，各有斗争的记录。

在宣传方面，北平学生，能把握住农民的接受性，讲得很通俗，适合农民的程度，如“洋学生闹街”，“不买东洋货”等题目，及用唱歌的方式唱“九一八打牙牌”，“时事打牙牌”，化装表演“打回老家去”等，都新鲜得很。

在口号方面我以为最令人神往的是平津学生团第三团被解散赴车站时，站中的驻军都是东北人，而学生这时喊出的口号是；

“东北老乡打回老家去！东北军打回老家去！”

兵士都流下泪来，学生哭，他们更哭，有的哭到失声了。他们诉说，他们都想打回老家去，没有一个人怕死的，只是长官不肯。

在上海，“一·二八”各界公祭“无名英雄墓”的途中，市区与近郊口号就有两种喊法。市区喊的大概都是普通话，口号也比较难懂，一到近郊就多用上海话，也通俗多了。譬如在市区我们听见大家高呼：“欢迎爱国民众参加纪念一·二八”，“打倒××帝国主义”。到了近郊就变为“老百姓大家来纪念一·二八”，“打煞东洋杀千刀”等，这虽是临时应变的，不是出于一种宣传的计画，却十分的值得注意。

在各省学生运动中，学生大半都学习了自己做饭，一天走一百多里路。卅六小时没有睡觉，没有饭吃的事，在平津学生中也有过。平津及上海学生团组织的军事化等，都显示出了组织的艺术及斗争的艺术。

无疑的，在斗争越发普遍，越进入高级阶段，这斗争的艺术也将越发发展。我们目前所收到的材料，自然不普遍，惊人的作品未被我们发现的不免还有，然而，即就这一点说，也足可观了。

我们应珍惜这些作品！各地的战士，及新闻记者应该忠实的记录这些行动的作品。来日的斗争还长，我们要用这些经验，去武装一切斗争的后继者。

〔《读书生活》第三卷第七期〕

# 现在不是幻想阿猫阿狗的时代了

不上不下的这一个社会层，常常的多幻想。他们不满意黑暗，但他们也怕见太阳。他们对于银色的月光，总怀着过度的依恋。他们想把那动摇不静的心灵，寄托在这“月白清风”的夜里。

因为不满意黑暗，他们反对恶人；因为他们依恋的是微光，所以他们容易忘记人家的罪恶。他们对于政治上的人物的看法，就有两种眼光：对于台上唱不出好戏的人，他们要喝倒彩，对于走下台来的人呢，只要这角色会做出一个反台上人的鬼脸，他们立刻就同情他来，忘记了他以前在台上正是一个无能的丑角，作恶的魔鬼。

他们对于政治上，就是今日幻想这一位上台，明日又幻想那一位上台，幻想狗穿了礼服，就真的变成了人，象牙真的可以从狗口里长出来。

他们永远是这样可怜的在幻想中，死于幻想中。

至于那狡猾如狐狸的政客呢？

在台下是会装出和善的颜面，穿上民众的衣裳，说出讨好民众的话的，因为他有社会地位，台上人无可奈何他，他就越发撒野，招摇。他利用了这一部分不上不下的民众的善变的心理，去洗涤他过去的罪恶，用空头支票去作重新上台的资本。

许多落后的群众，就跟着喝彩，许多带着“血丝特利亚”的男女，就对他放出“希望”的眼光来。

等到他上台的日子近了，他的态度却渐渐朦胧，也变得不大发言了。

新闻记者追着他，他会装出病来，拒不见客。不得已时，他说出的话，就不容易听懂，他故意在民众希望他说的话以外兜圈子，他完全变了另一副面相，忘记了自己发出了无数的空头支票。

等到他在台上重新出现时，第一幕拿手好戏就是对持这空头支票来兑现的人，一出武生戏，这就算是支票的兑现。

然而，他却踏着万人的血肉枯骨上了台。

这是中国近二十年和“狸猫换太子”一般平凡的把戏，实在骗人骗的够受了。

时至今日，这种骗局也仍然在演，实在是我们这些不上不下的人的一种愚昧和落后。这种老调子，实在应该早结束了。

我们不要再幻想这样，幻想那样。自己要有理想，要用自己的手去实现理想，现在不是幻想阿猫阿狗的时候了。

〔《读书生活》第三卷第七期〕

# 我们的态度

读完二月十一日中宣部告国人书后，我们觉得我们自己既然都是属于所谓知识分子，也应该不避忌讳，坦白的来说几句话。

民族当前的危机，把全社会的人们的立场弄得更明白了。现在中国人只有两条路可走：一条是准备去当亡国奴；一条是不愿当亡国奴，要为民族争取生存。凡是走后一条路的人，我们都是朋友，走前一条路的人是“民族的罪人”，也是大家的敌人。

凡是走后一条路的人，我们彼此间，不论过去有什么仇怨，主张上有什么不同，作出了什么过错，现在都可一笔勾销。我们还忍在大家的死亡前，来计算彼此的细账，以妨碍当前共同的作战吗？

我们坦白的说，我们是在这一种认识上，决定走争取民族生存的路，我们决定以友爱的态度对同路的战友。同时也一点不容忍的对付汉奸及我们准备受敌人无情的毒弹，同时也不畏惧汉奸的暗算谋害。

没有什么人能够利用我们！我们的一切言论和行动都是本“良心”的主张。我们绝对不掩饰自己的行动，逃避自己的责任。

为了要扩大救亡阵线，我们万分同意“集中力量”，上下一心。但这不是一种理论，而是一种事实。把“集中力量”，上下一心，具体的说来，就是集中全国各派军事实力一致对外，保护爱国救亡运动，允许民众组织，保障约法上的人权，政府的国策建筑在民众的意志上。政府要想获得人民的拥护，政府就要忠诚的执行人民的意志，领导民族解放战争。

无论在上在下，一切的主张，不仅在言论上说得好听，就可算数，最最重要的是行动，是有铁的事实作证。

要取得民族解放最后的胜利，我们在国际间要取得声援。我们对于任何国家，任何政治制度，并无什么恩怨，只要她“以平等待我”，那就是我们的朋友。如果在某一阶段能站在一条战线对付侵略者，我们应该马上与她缔结同盟，增加民族的力量。

在政治的认识上，我们是如此。至于在职业方面呢？我们是编辑人，是站在舆论兼教育者的地位。在民族危机的当前，我们的天职是用笔去“唤起民众”，教育民族，批评一切有妨害民族意识的谬论，揭发侵略者和汉奸的阴谋。总之，一切都集中在救亡上：我们认清了我们的工作在整个民族解放斗争的组织过程中，是相当于组织过程的一面。这与军力，财力的准备，原是一个整体的两面。没有轻重的分别。

最后，我们敬向中宜会诸公诚恳的说，我们没有任何党借，对政治上没有任何偏见，我们的言论与行动，一点不含混、掩饰，我们有的是坦白的心。

我们对救亡的决心有铁一般的坚定，我们都准备牺牲自己在中国民族解放斗争中！

〔《读书生活》第三卷第八期〕

# 用民族战争来纪念“三八”

一九三六年三月八日转瞬就要到了。这一天是震动了全世界的“三八”国际妇女节。妇女解放运动已经很艰辛的经过了二十五周年了。

回看这二十五年斗争的血迹,我们也很足自豪。世界妇女真的解放已获得了地球六分之一的胜利了。虽然来日的斗争方长,当前的斗争更进入了更艰难困苦的阶段,可是我们解放的道路也就越发明显,斗争的经验也就越加丰富。隔全线的胜利的日子也是越来越迫近了。

在今日,世界妇女运动已由单纯的改良生活,争取选举权,参政权的运动,进到与男子共同参加到整个社会的解放斗争,殖民地半殖民地的妇女与男子一样英勇的站到民族解放斗争最前线去,这是运动发展必然的过程。妇女在世界解放斗争的地位,也就越看出它的重要。伊里契的话是正确的,“没有妇女的积极参加,社会主义就不能成功”。

在今日民族斗争的场面上,中国和阿比西尼亚的妇女都现出了英勇姿态。几年来中国农村妇女的斗争的血迹和成就的功业已令人敬佩。最近据报载，东北义勇军女首领李红光，率领部下，横贯于长白山一带，并曾以区区八十名兵士，冲破东兴县境警备线的后防要地，使日伪闻声而寒胆。这是中国妇女最范模的典型，她们已正确的，忠实的执行了自己在民族解放斗争中的任务了。同时指出了妇女运动应走的途经，以及今年我们应该用什么去纪念这一国际妇女节。

在阿比西尼亚，自意阿战争开始到现在，妇女就和男子一同上前线。最近在开赴丹比安境抗意救国军中，妇女就占有十分之一。这是何等值得赞美的壮举啊！

全国女同胞们！本刊女读者们！妇女的解放运动到了今日，不再是一种改良运动，离开民族解放斗争，离开目前救亡运动而单独的行动了。

努力粉碎手脚上的锁链罢！

清算自己的思想，接受正确的意识罢！

走出闺房、家庭参加救亡的行动罢！

今年的三八节，不是仅仅开一个会来纪念的，我们要用行动来纪念它，要动员我们的身体和“灵魂”参加到中国民族解放斗争阵线中去！

〔《读书生活》第三卷第八期〕

# 侵略者的"艺术"

四年以来,我们的敌人的侵略的"艺术"是很值得我们这些小百姓注意的。

敌人用鹰的眼力,看出了中国社会在激急的分化,看出了有一大群快要垂亡的人们无路可走,看出了中国大众抗敌的决心与沉着的雄姿。他们在一面发抖,一面奸笑中,确定了"以华制华"的"艺术"。

这一艺术是在它最合经济原则,最可以欺世惑人。它把直接由自己动刀动枪的事缩小到最大限度。这些傻事,他一概交给他的代理人办去,他只须派几个少将拿着手枪侍候着亨利·溥仪先生,殷汝耕先生,什么将军们,叫他们勇敢的干去。自己呢?只躲在后面发号施令就得了。

这样做法,帝国在四年中,没有费吹灰之力就得了六个本国那样大的一块土地,并下了侵吞整个中国及进攻苏联,称霸世界的基础。

"以华制华"的运用也是很巧妙的。

在满洲,是现出了急情况的丑态,建立了"满洲国",因为自己动手的地方太多，很惹起了世界的喧哗。

走进关来，作法就更艺术了。它改用了自治，并且是为的“防共”的。自己动手的地方确实比以前要少，顾忌要多一点。华北全部自治运动不成，也只好一步一步做，先让“殷汝耕先生”暂时偏安一隅，在那冷清清的文庙中，多坐几天水晶板凳；冀察呢，在外表上也仍忍了一个什么委员会，对于尚在徘徊的将军们，什么们呢？也只好用甘言劝驾，最好是脱离中枢，否则呢？就再成立一个阴阳怪气的冀察什么委员会也好。对全国，一面在暗中尽最大可能的利用矛盾去瓦解整体，同时对整体则提出了三个原则，明白要你自动的解除一切民族武器，一切尽由它来。

不管它的手法如何变换，它的骨子里是一致的，是动员一切中国反大众的力量，去灭消中国民族的反抗的力量，使中国民族的反抗成为不可能。

是的，我们对于当前它玩出的把戏的每一节目都是要注意的，并且还要注意它的发展。

就冀察政委会说罢！这一种组织的名实，以前固然也不能深究，但是到了现在，它的“实”的发展，已经要否定它的“名”了。我们即令把隐藏在暗中的一切不谈，单就近日见于电讯的，就有自行处理外交的决定，破坏整个的外交系统，发行冀察赈灾奖券，事实上收截了一切应解中枢的财政收入，也明明确立了另一个财政系统。何况在传说中，土肥原被聘为高等顾问，华北各重要机关都将聘用日本顾问的拟定呢？

这种亡人国家的阴谋是比敌人自己直接用刀用枪来干更为可怕的，因为直接来屠杀中国人的，确实是中国人，一切侵略都在合法的名义下进行,中国一块一块的亡了,这一块一块地上的人民还不知道自己如何的变为人家的奴隶,这不是最可痛心的事么?

我们痛恨敌人,我们不要忽视了我们应有一个冷静的头脑去研究敌人侵略的艺术啊!

〔《读书生活》第三卷第八期〕

# 拆毁人造的墙壁

同在一个上海，我们不能不承认上海有几个世界，人与人间的隔阂，是有着使你想像不到的距离的。隔断人与人间的了解的，固然是不同种类的生活类型，天堂的人们是不会了解地狱的。但是除了这种生活的墙壁外，也还有人造的墙壁，在地狱的内部间隔着，在地狱与非天堂的人们间隔离着。

譬如上海工人的生活，我们这类穷困的市民，就一向是隔膜的。去年中外工厂中，发生了所谓养成工，外间并不知道，近来学生救亡运动起来了，好多人觉得上海工人全是死的，因此怀疑到工人在民族解放中的作用，而不知道目前上海工人生活悲惨到什么程度，他们的热情、愤怒又是如何的被铁的巨力镇压着。我们读了本刊第六期“工人不晓得爱国吗?”那一封通讯，就知道一个大概了。最近梅世钧的事件，明白得很，敌人直接用枪来屠杀中国工人。不独没有看见什么抗议，就连新闻上也是轻容易不肯记载一字的。伟大的工人义气的反抗，也被各种力量镇压住了，使它不能表面化出来。梅世钧的死，忽然变成了什么“神经病”，是这样的阴消下去。

是的，在这里，新闻的封锁是尽了人与人间铜墙铁壁的任务的。

这是一种何等可怕的现象啊！

这种种人造的墙壁，无疑的是在分散民众的团结，消灭民众的巨力，自毁民族反抗的力量的。在这种种自杀的堡垒上，现出的是什么呢？是民族意识的消沉的外象，是敌人无顾忌的猖狂，是汉奸乘机活跃，在国际上现出的现象是民族的怯懦，无耻。

从梅世钧的事件中，我们更认识了在当前中国民族解放斗争的艰苦，残酷是超过人类历史的记录，表现在工人方面更要严肃。但这决不是说，用巨力可以消灭民族解放运动，消灭工人的斗争，排斥工人部队在民族解放斗争以外，否认它是民族解放中主导的巨力。一切压力是有它的一定限度的，它决不能杀灭运动的发展，社会史的发展！

对于一切人造的墙壁，我们不能不用各种的力量将它毁去，对于梅世钧的事件，不只看见表面，就作出悲观的判断来。我们要互相了解，我们要结成一条阵线，上海真是无声的上海吗？中国真是无声的中国吗？

〔《读书生活》第三卷第八期〕

# 春寒的话

春天到了，但天气还是这么的酷冷。春寒至零下三度，这大概是一种反常的现象罢！在这反常的气候中，我们听见有许多无衣无食的人冻死，有许多身体虚弱的人生病，还有许多人在他们的心绪上，总也不免染上一种说不出的阴郁之感罢！

我们的编辑部里近来大家的气氛也有些特别，心绪总现出沉重、烦乱，大家相对都不想说什么话，但，又明明不是没有话可说的。这是什么缘故呢？天气罢？也没人想去追问它，只是大家沉默着，沉默着，沉默着！

譬如我自己，近几日来，对于许多不相识的朋友的来信，就不想拆开来看，在往日读信是我生活中最愉快的一件事。现在也起变化了。我几乎没有那样的勇气，我怕朋友们带给我太多的不幸的消息，我要求冷静一点；所以只好燃着一枝烟卷，望着口里吐出的那一圈圈浓厚的雾，在云雾中乱想一些什么，混过写字间中一些时刻。

我对着七长八短的那一堆来信，我的眼睛集注在那五颜六色的邮票与字迹上，我心中向着这些来信的主人致了最敬的敬礼，接着我在无言中惭愧着，我觉得自己无力量，我不能满足大家的要求，我不能把大家要知道的说给大家听，我并不能为大家想像中的那样有用，甚至那样伟大。

我却一点没有要怪大家带给我一些不好的消息，我说过，我怕听得太多，但不怪，一点不怪！我知道，坏消息一定都是事实，世间上是没有人夸大自己倒霉的。既然世间上有这种事实，记录这些事实，理解这些现象，要求解决遭遇中的一切困难，都是百分之百的应该，我们无权拒绝人家。我们并不希望人家在死亡前一定要作出微笑，在屈辱前一定学“奴颜膝婢”，恰恰相反，我们看不惯那些丑态，我们欢喜的姿态是对强者敢于顽抗，是能够胜利也经得起失败，是有火般的热情，但不流入无用的伤感，是能怒吼，但也能咬着牙关沉默。总之，我们对于无数朋友现出的姿态是满意，是敬重的。

我们自己呢？

不是没有话可说，不是不愿意说。我们说过，我们也不是只希望别人，自己就可以消沉堕落，不！我们现在不过像无衣无食的人在严冷的春寒中一样，受了天候的支配，不得不冻得肌肉破裂，说话也感到几分吃力。

我们希望凡没有接到本刊及没有收到我们回信的朋友们，不要短气，不要怪我们，春寒总是要消逝的，和暖的阳光就在眼前。在严肃的日子中，我们就不能学习一点什么吗？不！努力罢！准备你的嗓子，发出更大的怒吼来！

〔《读书生活》第三卷第九期〕

# 分化与团结

有人骂中国人是一盘散沙，其实并不尽然。中国人是特别爱唱大团圆的。就连这骂人的先生也在内。过去五代同堂的大家庭，就是为了骨肉永久团聚在一起，虽然妯娌间在厨房里如何打做一团，做男子的是不敢轻易说出分家的。吃饭喜欢用的是圆桌，拜年的方式是团拜，夫妻间无论如何不合，也得同偕到老。在政治上呢？虽然骨子里是红脸对白脸，民国以来真的统一的时候就很少，但大家主张的是团结，虽然在事实上是各自为王了，但大家都不承认这事实，说，我们原来都是“精诚团结”的啊！

谁人敢谈分家呢？在大家庭提出分家是大不孝，妻对夫提出离婚就是在现在也还是遭人看不起的。至于政治上呢？如果在今日提出不同的意见，就有犯拆散民族力量之嫌，那还了得！

可是，事实上倒并不如此。所谓散沙与团结倒不能只看看这表面。我们固然反对散沙，却也不能赞成儿子屈伏在家长前，妻子俯伏在丈夫前，以及双方弄鬼的形式上的假团结。至于对于一种运动呢？我们主张不要分化，要团结一致，但我们对于分化与团结的了解却不只是形式的。

我们主张团结一切不想当亡国奴的人,造成一条民族的救亡阵线,但我们并不幻想殷汝耕之类的奴才也能够包含在内,他离开了我们,我们并不觉得于我们的团结有损。其次,在运动中,我们不幻想没有一个人退出或反动,因为运动开始时,参加的分子不免是非常复杂的,千万矛盾,在这大的目标下,统一起来了。但运动一经开展,本来是预备来作汉奸的人,登时他那兽面就暴露了,这就要起来肃奸;本来意志不坚定的人,也不免看见抗争的激烈,自己吃不消的要退出,或者在行动上,他的偏见不能牺牲,这一切都可发生分化的现象,并且这是必然的。

这分化是一件可悲的事么?它与团结是对立的么?

不!分化与团结,只有形式上的对立,在运动中,反是统一的。我们对于这种分化,不独不是可悲的事,而且是团结走进更高的一个阶段。分化与团结在运动中的对立,那是指目标相同的人因政策的错误,把力量分散,那是一种不可容恕的错误。不过,在最近学生救亡运动中,我们似乎还没有看见这样的现象,目前救亡运动弄得"啼笑皆非"的现象,却不在运动内部的分化,我们反对拆散民族力量的分化,我们也反对家长式的团结。我们主张在救亡的最高原则下团结,为了更进一步团结宁愿与汉奸们分化。

〔《读书生活》第三卷第九期〕

# 怎样才能“留下他”呢？

二月二十六日的东京事件，在最近国际政治事变中，总算是最令人注意与焦虑的。这一事变不独是日本统治阶级内部矛盾的一种新的发展，同时由这发展影响到国际，尤其是中国的巨大，也就不说可知了。这一事变到目前止不能说它真的告了一个段落，无疑的它还在发展中。关于这一事变的评议，国际间已有着不少的精论了。

但我们如果把它放在整个世界政治的动向中去观察，我们就不免感觉，政治上的路是越走越窄了。今日六分之五的世界中，各国际政治舞台上几乎只准红花脸杀进，白花脸杀出，要想在这二者间找第三条和平的路那就几乎变为不可能了。是的，今日打着民主的招牌，斯斯文文的样子，走上政治舞台，压倒白花脸大汉的喜剧不是没有，但是，这民主的旗子下，却一定要有一个人民阵线。它的力量，一定是超过一切杀神的，同时在玩选举票外，一定还要配合伟大的民众在街头上示威，议会中取得胜利后，反对者也仍要加以制裁，驱逐，不给他们捣乱的自由的。这在今日的法国，尤其是最近左派获得大胜利的西班牙可以看见这面民主大旗是怎样运用才能压服恶魔的。西班牙的右派中不是就有不少的人不得不狼狈的出逃么？是的，今日主张民主的人，如果不能在一国最基本的国策上取得各派的一致，结成民族阵线，去充实民主的内容，那胜利是不能想像的。所以在这派人走上政治舞台，在剧场上就不得不标出“左”记，对白花脸大汉是不能像以前对付政敌那样绅士气的。

在防止战祸，维持世界和平的要求上，我们对于这些民主的胜利，不能不喝彩。

在日本资产阶级的民主派以及全国反法西的口号，虽然在最近大选中获得胜利，却没有保障得住，这胜利在选举后六天就被军事法西分子粉碎了。重臣杀了好多个，对叛乱行为竟不敢言制裁，重臣不得不躲避皇宫，政党不敢轻于发表国是，这里说明的是什么呢？

是日本资产阶级民主派的基础的薄弱，反法西阵营没有团结成一个伟大的人民阵线，议会内面虽然侥幸的成功，议会外面却没有大众伟大的斗争配合，民政党虽然感觉“军人势力的可怕，”同时却也看不起民众，并不想放弃一丝一毫对外的侵略，代表日本大众真正和平的意志，结成一条可以粉碎一切反动势力的阵线。所以今日日本民主派高举的那面旧旗，竟被几百个叛兵就拆毁了，那不是无缘故的。

从这一事变中，我们更看出资产阶级的民主派的命运，要想占住政治舞台，首先要充实民主的内容，否则就只有没落下去。政治上的路是越走越窄的。在杀神的刀口下，恳呼“你们留下他罢”！那是太迟了。

〔《读书生活》第三卷第九期〕

# 同情的声音

纽约二月廿九日电:“美国反战协会及和平主义协会等五团体,廿九日举行反对日本国策的示威运动,向日本领事署示威,警告日本军阀对苏联、中国、外蒙的侵略行动,称此种行动,将引起数百千万人赞助被侵略民族。”

三月二日比京白鲁塞尔城电:“各国和平主义派青年大会在此开会,通过决议一件,略称:‘代表二十三国青年一千二百万名,对于日本军国主义者在远东方面所采取的行动,特表示抗议。’此外并要求对意经济制裁手段,完全实行之外,还应予以加紧”。

这两则新闻虽然只是代表世界一部分人的公意,但它的意义却明显的是超过他们代表的人数和团体的。世界没有公理吗? 有的,公理不在帝国主义的外交的辞令中,而在广大的和平大众的怀里。×帝国主义的侵略已引起世界公正的大众忿怒,起来抗议了。中国民族解放斗争,并不是孤立的。

不过,被侵略者在屠刀下的被人同情,这同情不是最深刻的。这不过是一种正义感,被屠杀者一旦死亡后,这同情就会变为轻烟一般的浩叹了。最伟大的是对侵略者能起来反抗，在屠刀下能抗战，并且能抢着屠夫手里的刀去保卫自己的生命。这才能引起最伟大的同情、喝采，才能获得广大的援助，自己才不是孤立在世界上。

我们散处在世界各地的侨胞，在“一·二八”的瞬间，所受到世人的敬意、欢迎，就可说明这一点。今日阿比西尼亚民族受人的敬重，也完全在他们能苦抗。

我们听到世人同情的声音，并不广大，并不是没有缘故的。我们觉得，我们对于二十三国青年的同情，固然可喜，可感，但我们自己却不应以可喜，可感为满足。我们应该用反抗侵略去答谢人家，去博得更广大的同情与赞助。

今日“黩武者所靠的力量并不大”，“舆论的反战”的普遍，以及“爱好和平的国家的地位较以前进步”，都是事实。这是消灭世界战争最大的巨力。我们主张和平，反抗侵略，同时就是对于世界和平方面加一分力量。我们接受人家的同情与赞助，是不应无礼物相答的，礼物是什么呢？就是加强反战，抵抗侵略，制裁野心者，加强和平这一方面的力的比重。

我们是不怕人家不同情与赞助的。但我们自己呢？

〔《读书生活》第三卷第九期〕

# 注意东邻的“家变”罢！

三十年前，听说故乡还有一种械斗的习俗，村与村间，姓与姓间，常常因了一件什么事而起械斗的。在平日双方自卫的武备，也有些像今日列强间一样，一点不肯放松的。甲村听说邻村突然打了百把大刀，自己也就非补齐军械不可，总不肯弱过人家。当时大家的生活都非常紧张，谁也不会因为人家强悍、野心，自己一点办法都没有，坐以等死的。

这种蛮俗到现在，就是在内地也早绝迹了。但今日我们回想这种蛮俗时，却另外有一种意味，我想，如果把这种蛮俗，化为今日的国俗时，大概对于当前的侵略者不致于如此不费一点侵略的资本就任他为所欲为罢！

我们的东邻的管“家”最近又改组了。以前主持“家”政的人，在我们看来，已经尽过“打家劫舍”，杀人放火的能事了。但仍为他们家中野心的少壮派所不满，竟酿成了“二二六”的大事变。现在另换了一批新人登台，他们为要博得疯狂的少壮派的欢心，自然是要多多为他们的“家”抢夺更多的财富，对弱邻更加一分压迫。我们不难想到，在今日东邻的“家宴”席上密议的是如何在三岛以外,再加上整片的"秋海棠叶",如何处置这片海棠叶上的四万万生灵。我们的命运,一半就操在那些大和英雄的魔手中了。

如果我们还有一些蛮俗的遗传呢,那我们对于东邻的"家变"是应该怎样的注意啊!我们总不能当作与我们没有关系罢!

我们应认清东邻的"家变"的本质,我们应分析每一个登场的人物,这些人物的一言一动,我们要看清他们对于一切近邻和远邻的态度,策略、和阴谋诡计,尤其是对于我们在所谓"亲善"、"提携"、"和平"的烟幕下,新的侵略的内容和姿态。

这新的姿态,近几日来已经一天天具体化了。久已风传的广田三原则(即:一、中国完全停止排日运动;二、中国承认"满洲国";三、中日"满"共同防共),现在却看出不仅是一种试探的空气,而是断然要求中国切实接受,具体执行的。并且这实行的日子,除非中国坚决的拒绝他,是不能再延缓了的。在事实上,在已造成的"既成事实"及正在制造的"事实"中,已一部份、一部份在实行了。

我们不要闭着眼睛罢!谨防这些原则的具体应用啊!我们不要机械的望着这些原则,以为我们既未公然承诺,这些原则就不会生出作用的,东邻要求我们的并不注意原则,他注意的是运用这原则在一切方面,这就太可怕了。

在中国大众的血管中、就没有蛮性的遗传么?不,我们要求昔日的蛮俗的复活,变为一种国俗,洗涤这四年以来的污溅龌龊!

〔《读书生活》第三第卷十期〕

# 顾问？主子？

利用客卿，在一种独立的政权下，并不是什么希奇的事。自己国家的人才不够，借用他国技术人才，权且应用，只要这客卿的权力限于技术的贡献，同时又能服从所在国的一切法令，这本无话可说。

相反的，如果这客卿仅借技术为名，他贡献的不是技术，而带着监视和侦探的行动，或竟以主人翁自居，不服从所在国的一切法令，这样的客卿，是一个独立政权绝对不能容许的。

所以利用客卿，并不是一件容易事，像苏联那样政权坚固的国家，在过去利用客卿中就发生了几次客卿的阴谋，险些把国内经济的建设破坏了。至若一个政权脆弱的国家，外人在国内又得着治外法权的保护，那驾御客卿就非常困难。一个不想丧权辱国的政府，对于政治上的人的装置，是应该非常谨严的。这是就一般情况说的。至若侵略国对被侵略国，用顾问之类的名义，去参加被侵略国的政治经济部门，那种政治机构，不过是变为唱傀儡戏，登场的人物即令都是本国人，那不过是一群傀儡，客卿方是真正的主动者。这种政治现象，在今日的伪满洲国即是。

这是一种亡国的政治，殖民地的政治。这类客卿是暴客，除非甘心作敌人的傀儡外，是不能容忍他们入国境的。

但是，据三月八日，十日大美晚报连载北京通信，冀察政委会已有聘用×籍顾问的记载，人数据说多至四十人，军事、政治、经济、技术各方面的人材都有。如果所传是事实，则这些客卿，将布满冀察政委权力下各种大小组织中去，这些客卿在这一特殊政治组织中将演出怎样的戏来呢？我们的背脊上不能不感有些冰凉了。

华北今日的危机，是任何乐观的人也不能否认的。政委会这种组织，在人民的心眼中，已早看不惯了。现在这一台戏将越唱越令人不安起来。剧场上添上这许多木屐朋友，对于这一出悲剧将起怎样的质的变化呢？

我想，就是剧场上的人，也不敢说一声会无质的变化罢！这些新角登场后，这一舞台上出演的将与“满洲国”那台戏有什么差别？

这大概就是“此间当局秘而不宣”的缘故罢！然而事实总是事实，新角一旦登场，要“秘”而“不宣”也是不可能的。我们且望着这一座舞台罢！新的角色是扮“顾问”呢？还是冒充主子？

〔《读书生活》第三卷第十期〕

# 裕丰工潮的非法处置

日商裕丰纱厂一三两厂工人，最近因厂方苛刻待遇，无故开除工人，引起全体工人激愤，群起要求增加工资，改良待遇，因不得结果，酿成一度罢工的风潮。据连日报载，风潮结果，厂方开除工人竟达百余名之多，前后共计被捕，送入监狱的已有三十四名。逮捕仍在进行，日内被捕的人数仍在增加，这不能不说是最近工潮一件值得国人注意的事了。

近年来工人生活的惨状，外间知道的实在太少。据熟知工人生活的人说，目前上海纱厂工人的待遇，真是悲惨不能盲状，工资比“一·二八”前平均降到三分之一了，即以前拿叁拾块钱一个月的现在大概只能拿到拾块钱了。厂内男工都减到极少数目，甚至连夫役都改用女工。因为中国纱厂的关闭或减工，使劳动市场供过于求，互相竞争，愈使工资下落。外厂乘此机会，对工人更加压迫，工人只能吞声饮泣，在过殖民地奴隶生活。厂方更因防止工人反日，固意加紧工人管理，提高劳动强度。在最近学生救亡运动中，日厂对中国工人待遇更为惨毒，隔断工人与工厂外的人发生一切关系。无不尽其能事，梅世钧事件就是一个悲剧的例子。

这次裕丰风潮,据该厂工人说,完全是经济性质,工人最大的希望,是想恢复“一·二八”以前的工资和待遇。但他们提出的要求,都并没有超过可能达到的限度。这种为生存的抗争,也明明是合理的,我们不能不抱万分的同情。

这次风潮的处置不能不说是太令人惊异了。这样的开除和逮捕,在舆论方面能够昧着“良心”不出来说一句话么?

是的,殖民地奴才的血汗原是繁荣帝国主义主人事业的肥料,似乎是没有什么奇怪的,但是中国到底还不是一个完全的殖民地,中国劳动者受到这样“非法”的待遇,我们如果还有一分人气,能不忿慨,能不提出抗议么?

我们非常觉得寂莫,上海各家报纸上,除开立报有略为详细的记载外,大家都是寂然无声的。

不要以为这是一两个工厂,数千工人的问题罢!不要以为这是简单的雇佣的纠纷罢!这种处置明明的超过雇佣的关系的。这是整个的侵略,奴化我们的一角落,不要忽视这一角落内所显示的意义罢!

〔《读书生活》第三卷第十期〕

# 汉奸运动中的流氓无产者群

我们对于汉奸，虽然表示深恶痛绝，对于汉奸运动，虽然感觉万分惊惧，但我们不能不有冷静的头脑，去分析这一切可悲可恶的现象。

这种奸人运动，现在方在开展中，华北被这些奸徒弄得乌烟障气了，华南如闽南一带也快达到表面化的火候。来日方长，谁敢说，在目前的环境下，这种奸人运动不普遍到各地去呢？

是的，仅仅惊惧，痛恨是无用的，我们首先要认清的却是这一现象的本质。

这一种运动难道是偶然的么？什么人都会答道，不是的。它确有发生的社会基础。

我们细察目前奸人的组织，大致是由几个"失意的政客和当地的闻人"，作为团体的中心，以流氓无产者群作他们的羽翼，借着敌人的保护而成立公开的或秘密的团体。譬如最近闽南一带，据说这类团体就特别多，见于报章的就有"亚细亚大同盟"、"中日亲善会"、"郑成功事业显彰会"、"勖社"、"九九社"、"厦鼓联欢社"、"福建自治促进会"、"福建自治军"等。总之，一切封建残余势力，都被敌人利用了，都动员起来，于是达到所谓“以华制华”的目的。

我们在这种运动中，认识了汉奸的社会基础是代表封建残余的腐烂社会层和迫于死亡线上的无业流氓。

这里特别值得注意的是流氓无产者群。这一种社会层，在今日的人数的多是可惊的。无疑的，现在被奸人利用的还是少数。这一会社层在辛亥革命中，还曾尽过进步作用。但现在这一社会层在替大汉奸作奴犬了，恰恰尽的是相反的作用。这是非常可惜的。因为这一社会层虽然不能单独的发挥什么作用，但并不像腐烂的社会层一样，一定要非走汉奸的道路不可。因为生活逼迫，知识的愚昧，盲目的服从封建的首脑，于是在不知不觉中就走到不是他们愿意走的道路上去了。

同时，我们知道，这一群人，如果被民族解放阵线方面取得了，他们也还能尽一些进步的作用的。

因此，我们对于当前的汉奸运动，并不觉得十分悲观，我们只要使大汉奸失去公开活动的机会，同时决意用说服去唤醒被利用的小汉奸，这一反民族的运动，就将马上在大众前解体，那时大汉奸作用就会等于零了。彻底的肃奸是当前最最重要的要求，但最彻底的肃奸就是要肃清一切残存的封建势力。

〔《读书生活》第三卷第十期〕

# 敬告冀东二十二县的知识者

据汉奸池宗墨的口供："战区之内政改革，二年可以成功，惟改变民心，须十年工夫。"这两句话，虽然厚颜夸大，未必真如他说的乐观，但也说明了暴力虽能一时亡人国家，却不能把人心登时压服。"肃清危险思想"，实在比用枪刺叫一个人屈服还不容易。

在另一方面，对于民族敌人和汉奸的文化侵略，精神上的毒害和屠杀，却也是比军事侵略更可怕的。譬如目前冀东伪府修改小学教科书，那就是"改变民心"，奴化我们第二代人的起点。这一消息给与我们的恐惧与愤怒，恐怕并不减于我们的土地被掠夺罢！我们对于汉奸们这般无耻的出卖民族的灵魂，不能不提出严重的抗议，同时警告国人。

根据大晚报偶然君的那篇特写，我们知道所谓"净化课本"虽是"因陋就简"，依照商务复兴初级小学课本为底本的，但是它的修改确实周密，"净化"中国人的民族思想，实在做得合乎所谓"王道"了。这里举凡一切有关中国民族的历史，民族精神，民族斗争的纪载，以及一切有关中国国土，全国的地形气候，国耻纪念，国防，生产和国货等等文字和图画，不是删去，就是曲改。它在教冀东的孩子们忘记自己是中国人，自己是属于“中国民族”，中国地形是像一片秋海棠叶，中国的气候是属于温带，中国有过悠久的历史，有“辛亥革命”、“五九国耻”，有“五卅反帝斗争”，有“九一八”，也有“一·二八的抗战”，有“不平等条约”，同时也有……总括一句，它在教孩子们忘记自己是独立的人，独立的中华民族的一个成员。它在教他们做一个驯伏的殖民地的奴隶，×帝国主义者的奴隶。

是的，侵略者不仅要我们的国土，它还要有为他们造产的奴隶。他们取得中国领土后，最最重要的是“改变民心”。他们在侵略国土时，利用了有权有势的汉奸，不费资本而得到一切了。现在他要守着这劫夺物，就不得不进行“改变民心”的工作。在这一点上，他依然的要利用亡国的知识者，由我们自己的手去污坏我们自己孩子的灵魂，去杀害我们自己孩子的赤热的心。这是何等惨痛的事啊！

我们敬告冀东二十二县知识者，我们万分同情诸位的处境，不！这种亡国恨在未变为“伪国”臣民的我们也一同感到了。但我们为了自己神圣的时代任务，个人无论如何穷困，无论任何原因，我们绝不能与这些禽兽不如的汉奸合作，去污坏自己的人格。我们希望诸君赶快站到反×反汉奸的阵线上来，表示中国的知识大众并不如贪官污吏那样不知羞耻，那样为了一点私利去出卖一切。同时我们顺告全国知识者，这一件噩耗岂独只关系冀东二十二县吗？我们自己呢？

〔《读书生活》第三卷第十一期〕

# “乡民踊跃加入”救国

天津三月二十六日，华联社电讯：“迁安西北的兴城，太平寨一带，近日发现抗×救国会之组织，规模盛大，乡民踊跃加入，闻三屯营撒河桥一带，亦有同样组织，其当前口号为反对冀东傀儡，打倒××帝国主义”——“见立报”。

这一则新闻没有什么叫人惊异的，因为我们的东北亡了，东北的同胞并没有都做汉奸或甘于屈服在敌人和汉奸的统治下，这有事实为证。英雄的义勇军的抗战，已向全世界表示了中国人民争取民族生存的意志与决心，作出了民族抗争最最光荣的作品。这一切血的经验，现在冀东的同胞接受了，他们走上了同一道路。这不过是报告了我们同一命运之下的中国人民，迟早都得走上同一道路，并不是新的事物。

不过，这里特别值得玩味的是“乡民踊跃加入”，这些素被“高等人士”轻视，武断为“不知不觉”的“乡民”，现在反成了最不甘作亡国奴的人，站在争取民族生存阵线上最前列的人。这里不独把“英雄救国论”，“民心已死论”这些邪说暴露了，同时也把民族抗争中农民的作用过于低的估计的错误的判断，也粉碎了。

农民是中国领土忠诚的守护者,民族的领土的沦亡,同时也就是自己的土地被掠夺。东北今日敌人武装的移民,政治的压迫,和超经济的剥夺,已使东北四省从事农业的同胞破产、流离,或被抛到死亡线上了。东北同胞的命运,很容易被华北将沦入敌人统治下的同胞机敏感觉到,所以对于冀东抗×组织而获得“乡民踊跃加入”,绝不是无缘故的。农民在当前民族抗争中,他的个人的利益最能与民族的利益取得同一,所以他在当前的抗争中,实在占有重要的地位。

我们明白了这一点,我们对于民族阵线的前途就不会悲观。“乡民”一般文化程度虽然比较低,但是他们的生活教训却指引他们应走的道路了。

不过,我们却不应抱着等待的观念,以为等到自己的省亡了,等到自己变成了傀儡统治的傀儡时,“乡民”才能醒悟,才会自发的起来抗争的,在自己的省尚未沦入奴籍时,我们还可苟安不管。我们都应该去先作“唤起民众”的工作;并组织他们,使全国“乡民”的力量融合成为一大民族巨力。这不是幻想,这一则电讯中,又一次的告诉了我们这种巨力的所在了。

〔《读书生活》第三卷第十一期〕

# 热闹中的寂寞

柏林的道上，这几天来总算是热闹够了。新闻纸对这次选举的宣传，确也尽了它的能事，一点不假，一切都入了“疯狂”状态，不由得不把你的平静的心扰乱。大概是因为太狂热罢！现在把戏收场，我们到反觉得有一点寂寞。

希特勒先生胜利了。赞成希特勒的有四千余万人，反对和弃权的不过百万人，在这次选举的量的对比中，希特勒先生是占了绝对的优势了。这不是这次热闹很有结果么？为什么我们还为他们感觉寂寞呢？

原因是这次选举不准敌党竞选，又不准人民不投票，有被选资格的人的名单早已印就，只准依照名单喝彩。你要异议，你不独是“一条牛”，你即令甘愿做牛，哼！你谨慎些！你要不要住在德国？要不要吃饭？你还没摸一摸你的脑袋！看它还在你的头上不？这样方逼得连那一个七十多岁病倒了的老人也不敢不去作了拥护希特勒的冤鬼，凑足这四千万票的热闹啊！这种没有竞争的选举热，好比戏子在台上胡闹，不准场子里的人批评，只准一味的喝彩一样，那不是很有些寂寞么？

这种把戏,实在玩得太拙劣了。这种胜利好比一个劣等学生,他在那一班取了第一名,人家以为他真的了不起,但一问起他那一班的人数来,原来只剩有他一个人,这有什么分别呢?

这种"胜利"在未选举以前就是可以计算的,因为如此,这种"胜利"也就特别脆弱。"没有面包给人民,就得给人民以光荣"。固然可以使许多善良的人民,一时抑住饥饿,用"光荣"去代面包,但是"光荣"只是一块勋章,除开做"领袖"们身上的装饰外,到底不能充饥肠的。何况这四千万选民中,大多数还不是为德意志的"光荣"而参加投票的,他们是畏惧枪刺啊!

但是,我们对于这百万的人弃权或反对的,倒不能因为它在这选举的对比上占劣势,就把它作不足道的估计。这里却充分暴露了国社党统治的弱点,人民对政府的真意。这一百万人是德意志人民中最勇敢,最觉悟的分子,他们表示了在无论如何的高压下,仍要表示德意志人民真正的公意。我想,在这次选举结果公布出来的时候,那些被迫投赞成票的人中,一定有不少的人要受"良心"的责问,对这一百万英勇的同胞表示最大的敬意罢!

我在这热烘烘选潮过去后,我为希特勒这一个剧团表示落没。"光荣"这张支票,如果无现可兑时,恐怕连这体虚的热潮也不能在柏林道上重现了罢!

〔《读书生活》第三卷第十一期〕

# 无意义的标榜

希特勒演说:“在全世界的政治家中,银行中没有一文存款,公司中没有一股股权的,恐怕只有我一个人。”

驻日大使许世英在东京安徽同乡会席上宣称:“决不做丢人的事。”

这两个人的话,都是表白自己,乍看起来,好像是没有什么话可说了。在旧世界中,身为一国之尊,银行内竟没有一文存款,也不是公司的大股东,不能说不是很难得的。在今日中日的乌烟瘴气的外交氛围里,一个弱国的外交大员,要做到“决不做丢人的事”,自然已经是有骨干,不容易了。但是如果从另一方面看来,这些话就变为完全无意义的空标榜了。

因为他们所表白的是离开了他所处的社会地位,及所负的特殊使命,不过就一般常人的品性,所谓“小节”来作自己的行为的标准,这些标榜的话,即令以“君子之心夺人”,没有含什么粉饰自己的意味,那也一点不足取法。因为他们忘了自己更大的使命。

希特勒先生,是外人,我们不谈他,单就我们的许大使说罢!

站在民众立场上，你即令做到“决不做丢人的事”，民众还是不能相谅的。民众要求你的是决定要做对得起人民的事，对得起民族的事，这才是许大使尽的职责，仅仅做到“不丢人”，守住这消极的道德，如果作严格的社会的批评，那明明还是失职的，在目前中国危极存亡的时候，我们怎能让我们的外交大员，仅以“束身自好”为满足呢？

以上不过是就这二件事而涉及到希特勒和许先生，实则我们倒无意批评人，而要批评的却是这类表白的话。因为这类“似是而非”的话，往往也能博得近眼的人的同情，因此，狡猾的政治家就利用了没有储蓄，不用私人，不讨姨太太，不坐黄包车，穿布衣布鞋，甚至不看梅兰芳，早起，打拳……这类芝麻大的“美德”，以表示“我居万人之上而生活竟清淡如此”，以为这必是圣贤方可办到，弄得愚者惊骇，智者肉麻，大众冷齿。这类大人物起居注，又恰恰是中国报纸素来会弄的，何况像许先生那样的话，真正是出于许先生口呢？

如果把社会的价值作为尺度去评量一个人物，那末，这些小节有时反不值一顾的。希特勒先生真的能为世界和平造一点福，他老先生就是在银行里存了千万，万万，作上十大公司的股东，那又有何妨呢？

〔《读书生活》第三卷第十一期〕

# “五四”第十七周年

“五四”运动在今年是第十七个周年了。这一个日子，尤其在今年全国学生救亡运动的高潮中，想来会特别使人记忆罢！

“我今天看见历史上诞生了一个新纪元。”哥德这一句名言，我们用来称颂“五四”的诞生是恰当的。“五四”运动在中国民族解放斗争史上，是值得去翻读的一章，这一运动在中国民族解放运动上是把中国大众由“自在”到“自为”这一自觉的过程中作出了一个起点。

“五四”运动的中心人物是学生大众，现在我们来翻读这一段历史，也不禁要想到今日学生救亡运动上去了。今日的学生大众要怎样来继承“五四”的精神呢？

自然，这不是把“五四”看做一个不发展的东西，去模仿当时的故事，像今日有些人闭煞眼睛喊“五四”的精神复活，再来重演一次“五四”，不是学生要在中国民族解放运动中争什么主角，而是按着中国社会的发展，中国民族解放运动的过程，尽自己一份子的斗争的责任。

中国今日的学生运动，虽然比较“五四”时代是进入更艰辛的斗争的阶段了，但学生却不是像“五四”时代一样的孤立。中国今日的社会，劳苦大众的自觉，民族解放斗争的战野，都比“五四”时代大不相同。学生在今日的民族战野上，不过变为一枝军力，主要阵地已有广大的劳苦大众负担了。学生在今日的任务，就是配合整个的阵地，整个的战略与服从统一的领导下，百分之百的去尽自己阵地的职责。

所谓保持“五四”的光荣，就是能最活泼的反映时代任务，就是把今日民族斗争的全阵线上分配给你们的工事，用“五四”的精神去做。

在今年的“五四”中，全国学生大众应该检阅自己的阵线以及个人的思想与行动，不是夸耀过去的成绩，娇矜自满。我们要利用这一个纪念日，去扫清一切错误的观念，纠正一切错误的行动，接受新的认识，参加到当前民族斗争的洪涛中去！

要这样，才可说一句，自己没有落伍。所谓落伍不是保持“五四”时代的思想与行动，以“五四”时代作为法码，而是以今年的实践作为秤准。仅仅卖弄“五四”时代的光荣，像世袭一样，那是胡适之流所玩弄的把戏，然而像胡先生的时代，在今日的中国是过去十七周年了。

〔《读书生活》第三卷第十二期〕

# 我们决不放弃东北

胡适博士一再冒充代表中国“国民”的公意，在那里告“日本国民”了。我们这些“中国国民”对于胡博士的谰言就能让它在国际间扰乱世人的听闻么？

不！我们“国民”应该起来辩正。

以前的骗案不管它，就拿最近他在上海大公报“星期论文”中发表的“调整中日关系的先决条件”一文来说罢。胡博士在“巧言令色”中，公然默认放弃东北四省，这是何等荒谬无耻的事，这是我们这些“国民”的意见么？

胡博士为了要接受三原则，口里却反对三原则，说“三原则是增进中日仇恨的条件，不是调整中日关系的先决条件”，但一考察他开出的“先决条件”来，却又除说了一些梦话外，刚刚自己承认了三原则的第二项，对于“满洲国”事实的存在是“加以尊重”了的。

本来我们对于一个殖民地的实用主义者怀抱这种政治观是不足怪异的，但这种政治观一旦成为逢迎侵略者，为屈辱辩护的理论，却就不能不加以痛击了。何况胡博士还以为这些无赖的谬说，还是“中国国民”的意见，或者还在希望全国“国民”同受这种“实用主义的训练”呢？

不用说，胡博士这种幻想，是会有一部份人唱和的。大公报在登载博士的论文第二日的社论上就响应了，同样主张把东北问题作为“悬案”，要求敌人不再侵略。

这种幻想，即退一万步承认它是没有什么作用的，也不能让它存在。因为这完全与事实隔离太远，敌人的侵略如果能够限制在东北四省，这四省早归他有了，就应该专心去经营它，不再破关内犯了。事实所表示的，是他还要求整个的华北、华中、华南，要求的是整个的中国，这些要求，到今日止，不仅是野心，已经一步一步实现了。到处的傀儡运动，用“走私”破坏中国关税，增加中国驻军，大批联合军舰访问中国，建立经济的侵略线，凡此一切都是他进行独占中国整体的事实，可惜这一切都不被一个实用主义者看见，还在那里幻想“调整”什么，“开辟”什么“新时代”。是的，“新时代”的开辟，是用不着博士费心的，现在已由敌人的手在制造了，那就是“王道乐土”下的“大××帝国”的“新中国”。

可惜得很，博士曾替侵略者打清了算盘，不见得能博得侵略者欢颜罢，因为在侵略者眼内，恐怕还是殷汝耕先生的主张更动听些！“王道乐土”之下，所谓“自由思想”也是不能见容的。哀哉我们的博士！

至于中国大众呢？我们要大声的向世界大众说，我们决不想在敌人的枪刺下，幻想“调整”什么，我们决不放弃东北四省！

〔《读书生活》第三卷第十二期〕

# 悼郭清

一个多月以来,就听说北平各大中学当局在那里兴高彩烈的进行大检举,被检出的同学,传说有两百人,都关到牢里去了。教授中,也有张申府夫妇被捕,其他未被捕的,也说要填一张反共志愿书,才能保持饭碗。这一些消息,不能不使我的脊梁上生出冰凉之感来。这文化的古都现在是如何的在那里被摧毁,文化人是遭受着何等的厄运呢?

"这是在执行谁的命令啊"?我常常是这样的自己问自己。我几乎没有勇气明白的答复。

但在那悲凉之感一过去后,我也不禁生出一种说不出的快慰。今日的北平居然还有这样多连"检"也"检"不尽的被"检举"人,而"检举"的进行似乎也不很容易,屠夫手上的刀,有时也能被刀下人的手夺去,而教授中,也居然有张申府夫妇这样的人。我想,如果连这些人都"检"不出,那不是更令人寂寞么?

"这些不怕死的傻子又是在执行谁的使命呢?"我也常常这样自己问自己。自然,这是用不着答案的,他们是在执行民族生存的神圣的使命。这将亡的故都,有了这些傻子,我更留恋它了。

从北平来人的口中,我更知道,这类傻子越检越多,屠刀似乎并未能达到屠夫预期的目的,这是要使屠夫们失意的。在大的检举下,一切爱国运动都变得沉着的应战了,并不如一般无赖的新闻所传北平学生已贴贴服服的走进实验室,北平就真的变为"王道乐土"了。

然而,屠夫们的刀是不会放着不用的,在救亡的新的战术下,也必然有新的杀人的技术出现的。我们虽然对于手握屠刀的人的前途看得很明白,用不着过度的畏惧它,但我们却不能让它去屠杀一个爱国青年,戕贼民族的抵抗力。对于郭清的死,照郭清临终的话说:"我是中国人,我要救中国。"我们不必过为悲痛,只应更坚定的都去走郭清走过的道路。但对于杀郭清的人,却不能不提出严重的抗议,宣布他是"国民的公敌"。

无疑的,"三卅一"运动是需要的,北平在今日还能作出"三卅一"的作品,我不得不向当日参加者致最大的敬意。

然而,一想到战士的被杀上去,对于郭清也情不自禁的生出悲悼之意。今日的国难第一线已经不仅是北平了,我在悲悼郭清时,不禁又连想到无数的郭清来。我向一切战士表示敬礼。

〔《读书生活》第三卷第十二期〕

# 华北危局与抗日战争

日本兵一列车又一列车，不停地向塘沽、天津、北平等处开来，然后又是一列车一列车的驶到华北各地去。

日军部因这次增兵的数目太大，为避免各方的注意，所以完全抽调各师团的精锐而编成的；并且按战时编制，每师团均附有化学部队、飞机队、重炮队、坦克车队及铁甲车队等。军队所到的地方，就擅自建筑营房，架设电话，并建军用飞机场。

驻兵的地点，除北平、天津、塘沽、通州、古北口、喜峰口及冷口等处外，大部分是分驻在平汉、津浦、北宁、平绥等铁路的总汇，紧扼着华北的喉头！

两三万的日本兵在华北简直是走入"无人之境"呵！他们是根据那一方的允诺开到华北来呢？

走私的货物，更形猖獗。日鲜浪人公然武装保护走私，这种公开强运货物，不纳捐税，不受干涉的行为，实在是直接向中国的海关挑衅，间接向中国的政府示威。最近日方表示华北关税要解送中央，所以该地海关对于缉私工作就不肯出力了。这些话完全暴露了日方的野心：它袒护走私的目的，原是要威胁冀察当局实行关税独立，依照冀东办法，重订对日特惠关税呵！这是日本掠夺整个华北市场，摧毁中国民族工业的一种阴谋。

其他方面，我们所听到的是华北删改课本，把一切有反日思想的和一切关于日本侵略我们的历史记载全删去了！

最近，日本又增加“对华文化事业费”四百万元，拟定在天津、青岛设立“自然科学研究所”，提高农业生产力，使华北成为日本平日最需要之皮毛、棉花等原料的供给地，战时又成为日本的粮仓，华北便永远沦为日本帝国主义的附庸了。

华北究竟是怎样一个世界呵！

华北竟是谁的华北呵？

我们政府对于华北走私及日本增兵华北的对策又是提出抗议，中国多次提出过抗议，但那一次抗议曾有过效果呢？

我们对于华北现在的危局就表示失望了吗？不！华北还没有死，华北还有救！我们在另一方面也听到和看到许多人心激昂、坚决救亡的动态。

目前华北学生的救亡运动，虽有当局严重的压迫，但学生们在实践中已获得极宝贵的教训，在组织上比从前更严密了。他们现在竭力避免表面的虚张声势，而注重实际上的工作。听说学生代表聚会，有时在深夜举行，长达六小时之久。全体精神疲倦的时候，就起立运动一会儿，再继续讨论。这种艰苦奋斗的精神，实在是造成未来光明的火炬。

近来我们常常接到华北兵士，尤其是二十九军里的兵士的来信，他们说，他们对于日本的侵略也很清楚，他们天天想“打”，而长官没有命令，老是欺骗他们。不过“战素”在全体弟兄的心上播散着，他们相信不久就会爆发的。

同时，我们又听到华北的小学生对于删改课本的反抗的精神。这些都在表示华北的人心没有死，华北是有救的，大家应该来救救这快要被人扼死的华北！

我们知道，抵制私运的日货，不过是民众最易实行的一种消极方法。我们更要以全国民众的力量，进一步要根本制止私运，肃清私运！

我们对于日本增兵华北，除在纸上抗议外，要另行采取更有效的办法，叫日军退出华北。我们要华北所驻日军不能超过庚子条约所定八百名以上。

我们对于日本侵略华北主权的一切行为，一概不承认，我们要确定华北是中国的华北！

我们要援助并扩大华北人民及学生们的救亡运动！

我们要救华北，我们要救华北，我们更要救东北！

我们要了解，救华北，救东北，也就是拯救整个的中国！

全国不愿做亡国奴的人们来参加这个救华北，救东北，救整个中国的伟大的运动吧！

〔一九三六年六月二十八日《救亡情报》第8期〕

# 为全民动员告国人书

## ——西战场上的教训

自从芦沟桥事变以后,中国在实践上起了巨大的变化。日本帝国主义大规模进攻中国本部,中国军队开始抵抗,揭开了中华民族战争的序幕。两月以来,由于全国团结告成,以及民气激昂的结果,展开了全国性的抗战。中国今日已进入一个非常的时期,已开始自卫战争来答复侵略者。中国的存亡、兴废,都在此决战中。

自从战争的开始直到今日,无论那一战区,前敌将士都尽了最大的努力,显出了民族英雄气概,作成了民族壮烈的史剧,给侵略者以严重的打击。虽然在西战场上,军事方面已有很大的变动,但一时的胜负决不能看作定局,民族战争的日子方长,而今一两月的时间,不过是一阶段中的一瞬。我们绝不以一时的小挫而对前途生出任何悲感。

动员令下了。不容再有因循、苟且、伤感,空谈的余地。我们今日是迫于生死的关头,我们今日政治、经济、文化的一切都应为战争动员。今日全国国民的生活是战争第一。争取战争最后的胜利,是全部生活的最高原则。因此我们对于有关全民族存亡的战争,当前每一变动,都应加以最大的注意。

是的,我们对于抗战的实现是表示坚决支持。对于全国精诚团结,我们自然非常欣慰。对于全民抗战的领导,我们致最大的敬意与拥护。然而,我们对于当前的战争,却不能不用冷静的头脑,严肃的眼光去观察。我们对于战争的实践,要有正确的认识,系统的认识,我们对于战争中胜利的经验,与失败的经验,都不能忽视。我们尤其重视失败的经验,惨痛的教训。我们艰苦的日子方长,但我们要把用血换来的教训,武装我们自己,去换取敌人更多的血液。

我们要认识现实,但我们同时要改变现实。我们自己有了认识,我们应站在民族国家第一的立场上,指摘一切错误,争取现实的改造。

自抗战暴发一直到今日为止,我们不能讳言,我们尚未进展到真正全民族的全面抗战。战争并未按照全民族的布置。战争的动员,还只限于军事的部分。政治、经济、文化、民众的动员,不是不够,就是还未开始,其他交通,技术亦甚落后。战争的准备,战术的确定,都嫌尚带消极意味,不是积极的攻势。总括一句,今日尚没有动员全民族的力量作一系统的战争。这是当前这一阶段战争的特点,也是最大的弱点。

这一弱点,明显的反映在西战场上。

我们为了了解西战场抗战的实践,从第一战区,来到第二战区。我们作了一月的旅行。现在我们愿将一月观察所得的西战场上抗战的实况,以告国人。同时愿将这次抗战军事的变动的主因,作详细的说明。我们满腔热忱的期望西战场上惨痛的经验,能为全国之鉴,用人事可能的速率,改变西战场上的状况,以改变当前中国整个抗战的形势。此不独西战场一方面之福祸,抑亦整个抗战之关键。此正所谓"心所谓危",不敢不告的意思。我们的话是否不错,还要希望在实践抗战中的战友们,加以指示与补充。

## 一、西战场的总检讨

我们到西战场来,注意的是战争发展的前途,西战场上全部的动员状况,特别注意成为决定战争胜负的民众动员。所以我们对于西战场,不仅注意前方,同时更注意指挥前方的战区中心以及后方。我们不仅注意政治、经济、民众、文化、交通、技术各个部分的动员的程度,同时我们尤注意这些方面的联系、配合。因此,我们的观察是综合的,不单是注意某一面。因为我们认为民众动员是这一综合的战争组织的中心,所以我们特别以西战场的民众运动作主要的中心。

西战场的状况是怎样的呢?

战争的失利,阵地的改变,以及一切情况,均暴露了这方面政治、军事、经济、民众动员诸方面不可宽恕的弱点。我们今日主要的是为了检讨这一战争组织状态,致败的基点,找出一点战斗的教训,不是要归罪何个人,所以我们今日的指摘,完全是为了真实,不是攻击任何个人。这一点希望西战场上的负责人,特别给我们宽恕与谅解。

西战场本身的弱点，自然一般方面与以上我们指出的这一阶段中全国共同的弱点没有什么不同，不过，不同的是程度之差，有些弱点在这里特别显得突出些。

先就军事说，军事动员的本身，据前敌将士告诉我们，在这里就表现非常大的弱点，如军事指挥的不统一，军队性质的庞杂，军队首脑与首脑间在某些方面尚不免磨擦，形成几种对立。军队作战的能力不齐一，士兵生活待遇不一，因此，预先作出的作战计划，不能配合前进。说到前敌作战的情况，许多人都不免几分愤慨。公忠为国的壮士在敌人猛烈的炮火下受了巨大的牺牲，但也还有人在那里保全实力，他的队伍完全无恙。这是非常痛心的现象。

这样的军事动员也够说明我们的阵线的脆弱了。不，还有比这更危险的现象。那就是西战场的战争是单独的军事行动，民众是完全与军事没有配合的。千百从前线带伤回到大同的兵官，众口同声的说，前敌的失败，一小半是某某部队的靠不住，军队不够支配，过去没有做工事，一大半是没有取得民众的帮助。十三军从军部的高级士官到伙夫，他们都认识得很清楚，没有民众帮助，不能作战。

许多伤兵、伤官告诉我们，我们的军队是在自己的民众坚壁清野下作战。前线一带变成了十室十空，无人烟的荒野，即偶有未逃跑的，亦完全在汉奸的监视下。民众即令自己想挺身帮助运输或建筑工事，亦畏于地主的淫威，不敢出面。大村落的地主的家奴中藏有汉奸，他对村人说“我们要维持中立”，致使人民无法与军队在作战上配合起来。

民众为什么不起来帮助战争，打杀汉奸，而要逃亡呢？

士兵们都众口同声说，不是老百姓不好，这是因为民众没有组织、无教育。地方官吏在战时，不仅没有减轻人民的负担，其中有些还借着军事，自肥其身；实行无报酬的征役，叫老百姓带三天口粮来做工，随便征发牲口，巧立名目，加添苛捐杂税促使人民害怕战争，被迫逃亡。同时地方官吏的无识，对于敌人空袭，过大的夸张，警察挨家叫老百姓逃亡，弄得人民狼狈万状，逃亡载道。加之前线敌人炮火轰炸甚烈，我们对于难民完全没有救济，因此能逃的都逃了。

中国军队因为设备不好，对于卫生救济每军中均极薄弱。第十三军六团有位连长说，他们每一团所有的抬床就只有三副，但火线上每一次交锋下来，伤兵伤官一来总是成千成百，因为人力不够，致重伤的官兵，大多数无法救出火线，不得不被弃置。尸体更是堆集如山，无人过问。这些事务，本来老百姓可以帮忙的，但是火线区域，老百姓早被敌人的炮火，不良的官吏撵开了。

军队在一百五十里内无兵站，在敌人火力最盛时，给养常常发生困难，士兵几天不得一饱。伤兵只得连爬带滚，在那寂寞无人烟的荒野凄凉地挣扎，即令不死，也找不到饭吃，买不到食物，甚至要找一口水喝，也不是易事。许多断手、只脚从南口徒步逃到大同的伤兵凄凉的对我们说："许多同志，在路上饿死了！也有因为伤口没有医治，痛死了的。"其悲惨之状，令人不能想象。这些英勇的，能受一切苦难的斗士，他们并不怨恨政府。他们都认识这是没有人民帮助的结果，民众没有动员配合战争的结果。

是的，西战场阵地这样飞速的变化，是因为没有动员群众。

这不仅限于以上诸点，主要的还在主力战外，我们没有武装民众，发动游击战争扰乱敌人后方，和侧面牵制敌人的兵力，相反的敌人反利用了我们落后的民众作汉奸，扰乱我们的阵地。据一位连长说："我们不怕飞机大炮，怕的是汉奸的活动，新的工事一做好，敌人的飞机就在天空出现，重炸弹就如雨般的下来了"。这是非常可惊可惧的现象。

直接影响前线作战的还有交通。西战场的交通说来也可怜，除平绥线较好外（现在已经完全受敌人控制了），同蒲线是被世人称为玩具的铁道。此外，汽车道之恶劣，恐怕也为全国之冠。在大雨时，泥泞没轮，两车相遇，途常为之阻。在大同放弃的第三天，八路军要想赶赴前方，支持残局，用尽了九牛二虎之力，尚只运输一师余三分之二，其余二师之众不得不走慢步了。

这是前线，至于后方呢?

我们想就政治、经济、民众三方面来说。整个西战场的政治机构，实在不能领导这样的一种战争。在战争中，已充分暴露这一机构的腐烂，人的配置不当。这些弱点阎主任、傅主席自己十分明白。这一政治机构是处在阻碍民众的动员，经济的动员，军事上充分的动员，处处阻碍阎主任、傅主席的改革的理想实现。

但是这有什么办法呢？最高负责的人，即令有许多明见，个人却不易一时将这一个老班子丢掉。

民众动员，在西战场的负责人也感到重要。军队在作战中消耗太大，消耗了自然要补充，可是，现在招兵已不如从前的时候，却感困难了。在山西，阎先生纠集不少全国有为的青年，组织"牺盟"（牺牲救国大同盟）。这一个团体是能够充分运用民族联合战线的组织的原则的,可是所受的限制太多,所能引起的作用还不大。它尚不能发动西战场内广大人民起来保卫冀察晋绥。这是什么原因呢?这倒不完全是这一个团体领导不健全,而是受了当前政治的限制,它不能对当前的政治机构用斗争的方式进行改造,对于动员民众的前提——改善人民生活,它无决定权力。虽然在西战场有了这样一个团体,到今日止,还不能动员广大的群众,配合战争。

以上所举事实均系就九月十四日前的状况。大同失守后,阎先生对绥晋更有改革决心,如优待士兵条例已颁布,民族革命战争总动员委员会有新决定,以及八路军参加到前线,"牺盟"全体动员到前线工作,县知事部分的更换等,全部情势已有改变。

从西战场我们考察所得到的结果,我们认识到抗战第一时期的几个特点。第一,民族内部的团结虽告完成,但政治机构尚未有新的改变,所以有的政治机构,缺乏领导全民族抗战的力量,在战争中已无情的暴露出来。要求政治机构的改变,这是当前最最迫切的事。同时在这里已告诉了我们,政治机构的改变,当于抗战中完成。今日大家都明白,当前战争组织方面的一切弱点,归根结蒂都是一个政治的问题。所谓政治机构的改变,是以民族团结,联合救亡为最高原则,而以实现民主为它的方法。第二,要实现政治的机构改变,一面是各党派各军事实力者以民族国家第一的立场,以争取战争胜利,而以和平协商的方式达到。一面是彻底的开放民众运动,用群众的力量,实行各地机构的改造。第三,政治机构的改造,实现民主,开放民众运动,在当前各个地方的当局都感觉有他的需要。不过,各人的感觉有强弱不一罢了。在战争最最前线,有被敌人占去的地带,或已变成了敌人的后方的地方,实行的限度,实行的决心比较能坚决;临近战地次之;真正的后方又次之。我们在这种形势下,认出政治机构改变的过程,将随战争的展开,因部分的完成而达到全部过程的完成。这是整个抗战的发展在认识上的一个基点。第四,要达到战争全部组织的改善,当然我们中心的任务是要争取政治机构适应领导战争。其他如经济动员,军事本身的改造也多由政治决定。但要达到这一方面的胜利,最后还决定于民众动员、广大的民众组织的力量。所以目前在人民方面,我们最最紧迫的任务是如何动员民众,如何组织民众,扩大民众组织诸方面。第五,当前战争组织方面各种缺点,是由以上各种任务,本来应在战前完成而没有完成的结果,并不是什么奇迹。当前有的弱点,也不是不能克服的事,改变战争的形势是要赶快完成以上的任务,加紧作长期抗战的准备。

## 二、统一战线下的民众运动

动员全国人民到战争中来,才能进行民族的长期抗战,已经是一个无可争辩的真理。参加前敌作战的将士,已十分感到没有老百姓帮助不能作战。地方军事首脑已经明白战争的消耗,没有补充,不能继续作战。其他如政治、经济等动员没有民众意识的参加,都会变为一句空话。开放民众运动,虽然有些人还在考虑,但他们却不能不认识人民是战争中最大的力量。孙中山先生的“唤起民众”,以及“工农政策”的真理,在此时,不由得不再引人回忆，被人重新提出。

现在的问题不是一般人看不清这力量，而是因为有些人还怕这力量。为什么怕呢？那还是这十年来不幸的中国内部所发生的对立，那惨痛的经验，尚未完全忘记。今日我们首先要求全国上下，对于当前的民众动运，要有新的认识，要丢掉过去的成见，同时也要求全国民众工作者，同样有新的认识，新的工作方式。

今日民众要组织，要求组织是为了挽救民族的危亡，为了进行全民族的抗战，不是为了进行政权的争斗。所以今日朝野对于民众的了解，首先都不要忘记今日全民族救亡的统一战线这一最高的政治原则。我们的民运是在这前提下进行，政府今日不能不开放民众运动。这不仅为了战争的需要，同时也是实际的事实。你不要民众运动，民众自己也要起来运动，因为今日政府无权拒绝人民爱国，人民自己也有权力起而参加救亡事业，组织自己为战斗的力量。至若为了防范民运而向非民族利益的前途发展，或一时流为幼稚的行动，政府一方面给人民组织的自由，但同时政府有权力在旁监督、纠正。在民众方面，我们却应彻底了解今日民运的任务，是在集中力量，争取战争的胜利。我们对于领导战争的政府，不仅不应生出不应有的磨擦，同时应避免一切磨擦，加强政府对战争的领导。在民众运动方式方面，我们感觉要有新的方式的必要，一切本着民族利益，互以真诚相见，没有什么事不能公开，对任何人，任何党派团体，都没有什么成见。我们今日只有一个目的，打击敌人。此外一切“家事”，现时都可用和平方式解决，也决不能、也不允许在这共同对付强敌前，采用互相对销国力的方法。

全民动员不是一句空话，要人民都为战争动员，先要民众有组织、民众有教育。组织民众，教育民众首先要有组织民众的自由。不允许民众有组织自由，那等于不要民众；取消全民动员，也就是间接削弱了自己的力量，增加了敌人侵略的优势。

但是单是了解民众运动的重要，而不具体的认明中国今日政治、社会的实践，运动发展的实际的环境，那也是不够的。我们不能忘记，我们当前的政治机构尚保留有许多一时尚难克服的既成事实。全中国各省区尚保有各种不同的环境，我们运动的方式自也不能平衡的发展，不能用同一方式，同一步骤进行。我们的运动，要能很灵活的运用环境的弹性，采用各式各样方式，达到各种环境下民众都能动员起来。自然，这是一种艺术，是这一时期的特点。

固然，我们极端盼望政府从中枢起，实行中山先生的遗教，恢复中山先生对民众运动的正确的策略，迅速颁布战时改善人民生活、优待军人家属、削减人民负担等法令，给与人民组织的自由。在全民动员的号召下，掀起民众救国的高潮来，发展全国民众的运动，一直达到武装人民参加抗战。如果全国规模的运动一时不能实现的话，我们也不能等待不动。我们要最实际的说明今日一切可以组织民众的可能，充分利用它。

按照今日中国政治、社会的状况。我们看出今日民众运动有下面几种可能。

第一，即各地由下而上的民众固有组织，如职业的组织爱国的组织等。这些组织都是民众自己组织起来的，过去已有一些教养,是今日民运的细胞,真正民众的力量。这一些组织,自然应在此时期巩固自己,扩大自己,并要求政府从旁给与帮助。我们希望政府能利用这些组织,扩大民众组织,作全民动员的基本部队;放弃过去许多成见,回到北伐时期国民革命的阶段,起来领导这一种运动。

第二,某些特殊地方已有的由上而下的群众组织,这些组织大半带有官办的性质,对民众运动有一定的限制,但在今日民族危亡的阶段,我们对于这些组织也不应加以攻击。这种官办团体,只要它想在民族战争中尽它的力量,它本身也就是一个战斗的组织,我们应该参加进去,不宜抱旁观的态度。我们要扩大和加强它的工作效力。如果是一个“办”而“不干”的团体,它对当前战争完全无帮助,那它自然会在抗战中灭亡,我们不必歧视它。

这样的特殊组织,在今日许多地方都存在着,而各地方又各有它的环境,它的特点。我们要利用各种环境,各种可能,把这些组织,变为最大可能的民众机关,使它在质的方面,慢慢起着变化,成为各地民众动员的司令部。

第三,除开上面从民众组织的性质区分外,也还有地域的区分。譬如战区与后方的区分,同一战区又有火线区域,已落在敌人手中的地带,临近前线及战区的后方的区分。这些地方的民众组织,自然在需要上会形成特殊的组织。战区的民众组织在实际上会成为战地军事组织的一部分。这一种组织,在今日晋绥,即包含在民族革命战争总动员委员会中,成为动员委员会之一部分。非战争区,民众运动自然还是独立形态,运动本身是在动员群众,教育群众,不是象前线所采的直接加入作战的形态。

在已陷落的区域，民众运动当与当地的游击战争配合，它的本身即是直接战斗的团体。

我们希望热心从事民众运动的人，不要因为当前各地许多不很满意的现状而恢心。我们在西战区一月的观察，我们对民众组织的现状自然也不满意，但我们看出战争将打破现状、改善现状。譬如，在绥晋，大同陷落以来，“民族革命战争总动员委员会”提出的工作纲领，我们相当的能够满意。因此，我们对于全国民运也一样，随着战争持续延长，政治机构的改变，各地人民组织力量加强，人民对抗战的积极性加强，也许由许多不同的出发点而发生的民众运动，将走到一条为民族争取自由解放的单纯的道路上来。所以我们对于前途，是不应悲观消极的。

将全国四万万五千万人民，结合成一个力量，它的本身就是一件艰苦的工作。所谓动员全民族的力量，并不能看作一篇宣言，一道警告，大家就手挽着手联成一道铁环。这条民族铁环，一定可以结成，但是要作出极大的努力。

## 三、我们的期望

最后我们对于最高当局，各地方当局以及各军事首领尚不能不进一言。今日中国民族的命运既然决之于战争，而此种神圣事业，全国人民无不希望完成于诸公之手。今后凡能坚决领导战争而能取得人民信赖者，人民无不拥护之，尊为民族英雄。凡无抗战决心，无正确认识，不是领导战争之人也决不能长居领导地位。战争的实践，现实的历史，对于每一个人都是同样的公正，同样的无情。今日人民对于政府，在抗战的条件下，是只有拥护，希望加强领导，决不相违，而与之磨擦，减弱领导力量。人民现以诚意拥护政府，政府对于人民，亦应完全信赖，给与人民民主的自由，以加强人民对政府的信心，同时也是加强政府的力量。

今日，我们说一句心坎上的话，在这两月来，在战争上所表现的，我们对于战争的准备是太不够了。我们不是说，战争来得太快，这时还不应用战争答复敌人的侵略，而是说，我们要赶快在抗战中作准备。我们的弱点，不必为讳，我们要虚心的承认。西战场上的弱点，我们不能说只是一偶然的现象。这种弱点，现在已得着血的教训了。我们不怕过去的失败，怕的是不接受教训，改变现实。我们平心静气的说，我们能让战争继续保持过去一月余在西战场上所存在的弱点吗？政府比人民清楚，自然了解西战场的情况，比我们更真切。我们看了这种情形，已经为之颤栗了。

我们极盼战争能转入一个新的阶段，有更广大的动员，但我要告诉诸公一句话，我们绝对不能忘记人民是唯一可靠的力量，十三军有位下级军官告诉我们，他说："我们能战胜敌人最大的力量，是真能做到全民族的动员，我们能做到，而日本却不能做到。"这是一句实在的话。至于军事上一时变化，也不是着重在一时的胜负，而是在战争力量的组织太差，这里面含有一个很大的危机。我们已说过，西战场主要的失败原因可说是在于单独的军事行动，脱离了民众，是所谓政府的抗战，不是全民的抗战，而是单纯的军事抗战。这是值得大家玩味的。

有些军事领袖，对于军队的补充很担心，他们看了自己的部下天天喊动员民众，而民众并不起来，因此不安，甚至错怪了人民。这里也可以用十三军一位士兵的话作答；“不是老百姓不好，而是老百姓无饭吃，老百姓被当地的贪官、劣绅，压迫得动都不能一动。”不仅如此，现在“老百姓还要受汉奸威胁”。老百姓有了饭吃，有了相当的民主自由，有了组织，有了接近政治的机会，老百姓自然会风起云涌来当兵。我们不愁中国没有人当兵，只要我们不见绝于人民。

所以我们在要求政府除看重人民的力量外，希望同时重视改善一点人民的生活，注意动员全民的这一个先决条件。

全国人民不仅是民族的力量，也是加强政府领导的力量，我们满腔热忱的期望政府好好的运用这种巨大的力量，完成民族自卫战争的胜利。

1. 全国不愿当亡国奴的同胞起来！一致为民族战争的胜利斗争！

2. 实现孙中山先生革命主义与革命政策！

3. 开放民众运动！

4. 全民动员成功！

5. 民族自卫战争胜利！

# 全民抗战的必然过程

## ——廿六年九月十四日在太原青年会讲词

诸位先生:今天能到此地与诸位见面,既觉得愉快,更觉得有很大的意义。因为当此南口及张家口相继被敌人占领之后的现在,或者会引起许多人的忧虑。所以今天打算与诸君讨论一下关于这次抗战过程中所将要遭遇的困难和牺牲及如何才能把握住最后胜利的条件。我们必须有遭受最大困难的准备与最大牺牲的决心,然后才能与敌人作持久战,才能有最后胜利的把握。

一、全民抗战序幕的序幕。

二、我们必要经历的困难。

三、日本帝国主义内在的矛盾。

四、我们抗战的坚强的堡垒。

五、战士这样告诉我们的。

六、怎样保证我们最后的胜利?

## 一、全民抗战序幕的序幕

因为日本帝国主义的军队，在芦沟桥挑战，揭开了我们中国全民族对日抗战的序幕。

过去两个月中——从七月七日到九月六日，虽然在战争发展的形式上是由芦沟桥抗战，而演变为七月二十九日二十九军撤出平津，八月二十六日刘汝明放弃张家口和南口汤恩伯军被迫撤退。由敌海陆空军侵袭淞沪，被我严重打击，而演变为敌机在京、沪、鄂、皖，赣、浙各重要城市的不法飞行和轰炸；敌海军第三舰队封锁我沿海各口岸。敌舰侵袭我汕头，并在港粤海面擅捕我海关巡舰人员，且加以屠杀。可是，在种种敌人的暴行中，仅足以证明侵略国军队施诸被侵略国的不法的罪恶，并不足以例证战争前途的任何因果，或说明我全民抗战的形势优劣。这就是说全民抗战与过去"一·二八"淞沪战争、长城线战争等有限度的区间作战完全不同，而是说明我们现在对日本帝国主义的侵略是要动员全国军队、武装全国民众、集合全国家、全民族的人力物力作持久战。敌人侵略到什么地方，我们就在什么地方给它一个严重的打击。一直打到最后一天，使敌人侵略的野心，因我们的摧毁而屈服为止。按照所表现的战况，从我们的军事进展来说，自然是首次动员的战局还没有完全展开。从战时国际公法上来讲，虽然中日两国的军队已经走近战时状态，而双方宣战的文书尚未正式发表，尤其是在我们的全民抗战的条件上来求证，很明显地可以说是距离我们所预期的战争前途，不但是谈不到完成任何一个阶段,就是从我们正在建立起来的全民抗战的阵容,也还需要相当的调整。所以我们如果假定这首次动员是全民抗战的序幕的话,那么,对于现阶段战争的时代划分,充其量,也不过说它是全民抗战序幕的序幕而已。

## 二、我们必须经历的困难

在全民抗战序幕的序幕这句话的措词上,我们决不否认一切违背胜利条件的各种事实。同时更不忽略有利于全民抗战胜利的诸条件。因为我们首先知道象现代化的国际战争的例证,打开中国五千年来战争的历史是找不到一点事实的经验,可以帮助我们执行这个全民抗战的现实的历史任务的。从前我们的帝王世系谱式的史书上所记载的,只有酋长时代的原始部落战争,易姓朝代战争,或是对于异族侵略的防御战争。至于近百年来,所谓对外战争者,自鸦片战争、中日战争,一直到“一·二八”战争为止,几乎没有一次不是局部冲突。局部冲突的结果,造成许多不平等条约与地方协定的束缚。所以在我们第一次施行全国军事动员的今日,因为缺乏过去的历史经验,于完成全民族抗战任务的过程中,或将不免遭遇各种各样的困难。

(一)所有军事行政机构,在最短期间未尽适合对外作战的体制。

(二)交通工具,如铁道、航轮、公路,来建成国防建设的要求。

(三)军需工业的生产率,未尽适合对外作战分配上的某种限度。

（四）战时必需品购进时，运输上安全的措施难于保证。

（五）战时经济统治机构，或感受技术问题与人事问题的贫乏。

（六）因全国民训推行的不够，至某一战争阶段时，对补给兵役的征集与训练感到困难。

（七）战时后方建设，如教育生产等事业，感到人力物力的不足。

（八）其他军事以外各行政或政治机构，缺乏战时训练的修养。

（九）军事指挥不统一，在作战时受到种种牵制，不能根据既定的战略进展，而动员一切部队，以致被敌各个击破（这也是西战场上的实际经验）。

（十）政治训练不够，行政机构不健全，运用上缺乏灵活。有时地方行政长官，对抗战性质不能理解，无法应付一切非常的事件。因而有的在后方过分的夸大空袭的危险，致使人民纷纷逃散，致后方不安，生产停顿。这一切影响作战计划和群众心理很大，尤其是这样引起的经济上的障碍，对于持久战是有着极大的防害的。

（十一）因为我们自己的民众没有组织，反而使汉奸们变成了敌人在我们后方的组织。这是多么危险的现象！

（十二）动员民众的工作很薄弱。有的时候需要有人来工作而没有人，有的人需要工作而没有工作。尤其在战区中，有许多军队需要配合民众担任战事上的补助工作，结果是找不到民众。

这在战争上该有多么大的损失!?

以上列举是在全民抗战过程中必经的各种困难问题。我们认为在现阶段因缺乏经验而形成某种不易补救的缺陷是难以避免的现象。鉴于国家军事机密,向来不予公开发表一点,自不能不信任国家于事先已有充分准备。假如就算是国家对于前述诸种问题,是完全没有准备的话,我们也相信等到抗战过程,循序进展的时候,所有各种问题,一定会在迫于事实经验的教训中,自然地发见很迅速很成功的改善方法,随时随地使我们的一切困难获得合理的解决,完成我们这个伟大的全民抗战的历史任务。不过在讲求一切解除困难的方法当中,是不容许我们存在任何一种侥幸心理,希求任何一种意外的成功。这就是说我们必须一方面在估计敌人的军力、物资上力求正确。一方面在解除本身作战困难上力求准确迅速,才是我们争取最后胜利的唯一途径。至于发挥以上两点效果的不二法则,只有用不怕难、不迁就、不犹豫的精神,人人不断地努力,事事随时谋求解决,集合起全民族四万万大众的聪明智慧来奋斗!

## 三、日本帝国主义的内在矛盾

依现实的国力观察,我们自然不能否定日本的产业资本与商业资本的发达,相当于促成帝国主义国家的诸条件;而证明其利用反苏联战争为遂行再分割太平洋殖民地阴谋的愚蠢,是它们的国策发展与维系政权底必然法则。可是在它们肆无忌惮的进行侵略,无限制的增加军费的军部暴民政治下,所谓皇军神武的飞跃，这就是整个的大和民族，被军部暴民统治葬送在侵略阵线上的丧钟！

根据日本军力的调查：虽说是除去平时正规军全国十九个师团，另一个旅团，四个骑兵特务旅团，四个重炮兵旅团，三十四个重炮垒兵联队，两个铁道特务联队，两个通信特务联队。陆军所属飞机一千四百架，海军所属飞机一千架左右。海军三个舰队，附属四艘航空母舰。对我作战，首次动员，在第一个半年中，可以出兵二百万人，第二个半年以内，可以出兵二百三十五万人。第一年战时财政，可以支出一百三十六亿元的巨额军事费。

可是相对的在它们国家的内部，却也存在着经济不平衡的发展与濒于破产的财政政策。日本政府虽已定有确保战时供应的全国总动员的计划，然而由于其工业技术和机器制造业的落后，终究不能解除阻害动员的国民经济结构。

第一，日本农业的极端散漫性。

第二，生产集中落后于资本集中——因而中小企业在工业生产中占有重要地位。按照第一点的事实来说明：日本全国耕地百分之四六是属于地主的。分配到两公顷以上耕地的农家，只有百分之九点三〇；分配到一公顷至两公顷的农家，只有百分之二一点九〇；百分之六八点八的农家所自有或租种的耕地都不到一公顷。全国农民百分之七四点二耕地不到一公顷，一百五十万农民没有一寸土地。全国五百五十万农家，有四百五十万农家没有一匹马，有四百四十万家没有一头牛。因此，日本在全国农村经济不景气中，每年不得不自外输入粮食二百万吨，价值在一亿五千万元以上。如果加上其他食品输入，则价在三亿元左右。

第二点是说明日本工业的重要特征。在一九二六年的时候,日本有着产业工人五百二十七万八千人,而政府统计却只发表为一百九十七万九千人。其原因是有三百二十万人在被雇用于五个工人以下的小企业中的。因此,日本军事工业生产动员的产品,是被分配在三千多个大小工厂里集凑起来的。这不仅是在技术上发见拙笨的产物,即在统制或管理上亦当有难于处理的事实。同时军部驻厂监工及负责购料人员,遂有不断发生的舞弊诉讼,成为法院中经年不结的积案。

在战时供应的物质方面,除去钢、铁及其他金属品以外,汽油一项依日本全国产额二十五万吨而论,仅当其全国需用量百分之二九。因此,日本在作战第一个半年中,须购入汽油三十八万九千吨。第二个半年以内,须购入汽油二百八十万吨。

军需品的买进:

(一)日本战时一年间需要买进的粮食品三百万吨。

(二)酒精十万吨。

(三)石油五百四十万吨。

(四)汽油九十八万九千吨。

(五)汽车四千一百台。

(六)引擎九千四百架。

(七)飞机六千一百架。

(八)野炮、高射炮三千七百门。关于日本战时经济的财政贫乏,我们可以从它们的全国经济能力的三大构成部分来研究。

第一,日本国家花金每年增加额数,从一九二四——一九三〇年是由一千零二十亿元增至一千一百亿元。平均每年增加一十三亿元。

第二，日本国家年总收入是八十九亿元左右，其中三十三亿元是政府开支和公共开支的综合数。

第三，从前面算出民间开支数字，仅为四十三亿元而已。其中有六元是全国农民生活上必需的费用。剩余三十七亿元。百分之十四是一般轻劳役的工资。百分之四六是中小企业的工资付出。其他殆将为都市生活消费者所浪费。

最后我们把日本国内全年收入中提取资战费额，殖民地提供款额，与在我东北四省榨取款额一并开列如次：

国内提取款额：三十一亿元。

殖民地提供款额：四亿元。

东北榨取款额：一十亿元。

以上三项共计四十五亿元，连同其平时既有储备值六十九亿元，固定资金生产部门经常供给款额一十二亿元，总合为一百二十六亿元。以此抵付一百三十六亿元战费。计不敷一十亿元。非持武装掠夺或成立国外的借款，将成不可弥补的缺欠。

用横的观察方法，在下列几项数字中，可以诊断日本财政政策贫乏的一切病状：

国家所负外债金额为一十七点八四亿元，外国对日投资金额为二十一点五三亿元。每年对上列二款需要付出利息金额为三点六三亿元。

发行纸币总额为五十二亿元。

发行公债金额为九十五亿元(最近所发战时公债,尚不在内)。

现金准备总额为七亿元。

说明日本财政的枯竭,最好是引用日人横山大佐在《非常时期的我国》一文中的话:

假定在一年的战争中,必须以内国公债动员一百亿元。按照以往的经验来看,公债若发行十五亿元,已经很难推销,过度的通货膨胀就不可避免了。物价必须飞腾的暴涨,使国民大众的生活,必然一天比一天地恶化起来!

## 四、我们抗战的坚强堡垒

全民抗战的阵容,在敌人具有深刻的内在矛盾的期间展开。它们唯一的军事上的企图,就是准备采取速战的方针,集中兵力击破我们一切军事上的重点,使之一蹶不振,而后施以殖民地统治政策的压迫,占有我们的一切资源,奴隶我们的全体民众。我们对于敌人的野心,自不能使其纵横,而必予以严厉的惩创。同时在我方的作战方针,须采取坚壁清野的持久战争,使敌因对峙日久的无限消耗而达到最后总崩溃的时候,再来和它们做一个外交上的清算。

那么,怎样才能建筑起我们全民抗战的坚强堡垒,来和敌人十足现代的部队做持久战争？我们马上可以回答说：要靠着运用地理上、人口上、精神上、物质上的优点和争取与国的同情，来奠定我们最后胜利的基石。

（一）在地理的条件上敌人远征我国，占地愈多，兵力愈益分散。对于地理、气候、语言、习惯诸种自然的、人事的环境，均将感受不利的反应。在我则正可以运用相对的有利条件，予以出奇制胜。集中的兵力，各个击破敌人分散的兵力，迂回歼灭，而进行连续不断地攻击。甚至一丘一壑，一草一木，均得为我依据作战之屏障。

（二）在人员繁殖的比例上，敌人与我众寡悬殊。敌我相持，假定超过三年，敌军动员，以每年一百万人计算，其前后方动员总数每年至少在二百五十万人以上。三年以后，则敌前后方至少非动员七百五十万人不可。因军事影响而涉及农村生产崩溃停滞，造成社会之不安，均足以为敌军不战自败之因素。在我则人口密度分配适当，补给兵役易于征调。且关于运输交通事项，凡为物力所不逮者，均可以人力补充之。

（三）精神上，敌我所具根本不同。敌士兵从征异国，完全被支配于天皇旨意与军部野心家的强行命令，远离本国乡土，有被驱于死亡线的心理威胁。所以每临战场，不仅徘徊于出生入死的悲哀境遇，更时时浮起反抗军部淫威统治的情绪。在我则抗战还可图存，不战即为奴隶。国家兴亡，同每国民性命攸关，非杀敌不足以保障一切。只要政府积极领导，不断宣传抗战为国家民族存亡的最后关头。一般民众皆知以国家民族为第一义，故能形成哀军必胜的士气与不共戴天的民气，而逐步演进为全民抗战，全民皆兵的中心思想与战争状态。

（四）从物质条件上分析，就目前敌我的财富和武器来比较，自然是敌人胜我一筹，也许其胜我者还比一筹更多？不过，在敌方因有种种经济不景气的事态在持续地发展中，则其侵略战争为时愈久，其物质上所感受的困苦亦重。甚至可以因经济问题而造成的政变，也是一种意料中的事。在我则经济制度并无产业集中或资本集中现象。至于其他工业制造的需求，因自然分配较厚也较分散，只须各尽其能，即可各供其所求，而各应其所需。统一领导，分区作战，边作战边建设，愈打愈强，以战“养战”。

（五）在争取与国的同情方面，除少数战争集团，主张殖民地再分割以外，我国自始即处于被侵略国地位，久已博得国际间道义上的同情。所谓国联盟约，虽已成为历史上的文献，而关系国在某种场合因与日本发生直接利害冲突时，则帝国主义与帝国主义的伙并，或竟不减于帝国主义争夺殖民地时所表现的矛盾，亦是意料中的事。所以我们相信只要日本帝国主义不是悬崖勒马，国际间正义的声援，必是同情我们的。也许还有日益开展的和平集团会在一定无法挽回的险局前面给侵略国一个有效的打击。

除把握最后胜利的几个自然的、人为的重要条件以外，最足以联系一切有利条件，而筑成我们抗战的坚强堡垒的基本力量，就是我们抗战的统一领导，是基于全中国广大群众的要求和支持而建立的。所有一切国内的纵横交错的问题，在抗战过程中同仇敌忾，概不计较，全民一致，共同抗日。过去持有不同政治见解的人们，在这时候也都一齐起来，为保卫祖国而战。同时，我们抗战的坚强堡垒，是建筑在开放全国民众运动的基础上面的。只有开放全国民众运动，才能形成全民抗战，只有全民抗战，才能越打越强，越打越能够巩固，越能够持久，战士们越打越英勇。全国人民都具有共同的决心，侵略者打到那里，我们就把它消灭在那里，一直打到我们最后胜利的那一天为止。相反的是敌人越打士气越不振。越打越暴露出它们在经济上、军事上的种种弱点，结果是不能持久，终将被反抗者所克服。这就可以证明，持久战的本身，就是打击日本帝国主义的伟大的武器。

## 五、战士这样告诉我们的

决定敌我作战胜负的基本条件，我们已经在估计敌我的经济、军事力量的消长上获得较明确的认识。但我们还得把现阶段的战争来做一检查和讨论：淞沪战区的形势，我们对于这一部分的检讨可以暂予保留。对于西战场上战况的发展，使我们不能否认的曾经在事实上表现出下列各种可不利于我们作战的问题。

（一）在南口、张家口一带，出现在冀察政委会与冀东伪组织所养成庇护下的汉奸，乘机活动于军事地带。

（二）由于平津被敌掌握而使平汉、津浦两路北端切断，以致向南口以北的军事输送，在比较上不能超过敌人由榆关以东运往南口一带的迅速。

（三）战区附近县政民运。不能与军事行动协同一致，不能在有效期间完成一切补给征发的诸任务。

（四）现在伤兵超过各种军医院的收容量，形成供养医药上的不足。尤以伤兵运输设备缺乏，以致转院手续不能合理进行，增加伤兵痛苦。

（五）少数战区人民对于空袭恐惧异常，遂发生不必要的迁徙流转。一部分战区人民，因平时缺乏战争的训练，以致规避差役，临事出走。以上两种情形，在军民配合的抗战前途上，均有不良影响。

（六）由于战区地带，缺乏民众运动，以致使当地人民没有军事政治上的组织联系，而造成战略关系上的种种阻碍。

事情虽然是这样的，但是从积极方面的努力上去着想，从我们国家的人力物力上来估计这些问题，都是在最短期间内，可以纠正，可以补救的。

同时，我们曾经在某处的一个伤兵医院中，会见大批自南口前线负伤归来的民族战士。据十三军第八十九师五百二十九团二营九连连长国志英，一营一连连长曹光纯，与二营五连连长谭嘉范诸同志所谈参加南口作战经验：

八月二十一日南口阵容变化的主要原因，其客观条件当为敌军集中炮火攻击。自我军到达阵地日起，敌军即有两团以上的炮火不间断的攻击。其间尤以十八日以后，敌军复增加炮兵实力，至集中重炮八十门以上。同时放列，织成强有力的十字火网，每日昼夜不停地向我阵地轰来，至为猛烈。不仅毁坏我军阵地，即阵地附近山地，亦大有易邱为壑，水草俱枯的现象。在主观条件上的缺憾，约有四点。

第一，我军出发南口，系受命匆促中，比及到达前方，又未及整理阵地，即与敌军接触，以致缺乏精力上的修养与坚阵地的构筑。

第二，因敌军迂回进袭的缘故，致我军五二九团兵力为确保阵地安全起见，被动的向左右翼无限度的引长防御线，遂益感受兵力薄弱的痛苦。

第三，增援运输困难，而前方兵力因死守原阵地，遭受敌军炮火，杀伤过甚。同时鉴于敌军自多次进击张家口的后方，乃不得不作变更战略的活动。

第四，因为作战地带没有民众运动，所以军事行动，不能得到民众的有力协助。甚至由于人民逃避的结果，竟致引起军事补给上种种恐慌，丧失了民族抗战前途军民一致作战的意义。

概括统计，此次十三军经过南口作战的损失人数，约当全部队二分之一弱。阵亡员兵姓名，除三二九团罗团长，业已证实阵亡外，军部正在统计调查中。

对于敌军作战能力与士兵训练的分析：就兵种上研究，敌炮兵作战能力与士兵的训练较好，由其持久作战的精力集中，射击上的测算精确，可以证明。空军无论掷弹与扫射，只能予我以精神上的烦闷，而甚少杀伤或轰炸的损害。骑兵训练为最幼稚，某次在南口阵地前马鞍山地带，敌骑向我阵地窥察，竟高踞马上呼问："山上有人没有?"致我军中传为一时笑柄。步兵训练亦颇缺素养，每次在其炮兵掩护下前进，抵达我军阵地时，一经我军跃进呼杀，立即匍匐逃走，滚赴山下。观于此点，可见其作战决心之不足。至于部队成份，则班长以上均为日人，班长以下为朝鲜人与我东北人所编成。武器方面：除其炮火杀伤威力较大外，空袭之飞机，陆上之坦克车，与装甲车等，在效果上均不如想象中的猛烈可怖。其步骑兵活动，则多利用黄昏拂晓，与一般作战通则并无异点。

敌我作战所得的教训：在过去南口战况的处置，我方失于兵力过单不能出击。敌方失于步骑炮兵不能协同作战，致对南口进攻迭蒙不利，损失过当。当敌军增援配备，尚未完成时，我军如能出奇兵绕越长城线，进抵昌平而拊其背，则敌炮骑步兵，将趋一律歼灭。

今后对敌抗战在战术上应采取的方针，尽量避免阵地战，而不断地予以极活跃的游击式的攻击。则敌军必因是而遭受剧烈的创伤。

我们把前一段不利作战的阻碍与实战经验的叙述两相比较起来，在其损失与收获间，不仅可以互相抵销，甚至可以说是收获大于损失。因为我们所有的损失，都是本身可以迅速补偿的。战士所告诉我们的，就是我们克服敌人最精锐的武装。

## 六、怎样保证我们最后胜利

任何一个人都必须严格的忠实的执行我们的全民抗战的历

史任务。动员全国的军队，武装全国的民众，集中全国家全民族的人力、物力和敌人作持久战，敌人侵略到什么地方，我们就在什么地方给它一个严重的打击。一直打到最后一天，使敌人屈服为止，才能通过这个伟大的时代，到达我们国家民族获得真正自由平等的阶段。然而，要怎样地做起才能够正确不倚的执行这个抗战的历史任务？这就是我们所要讨论的怎样保证我们最后胜利的问题。

第一，我们必须先建立把握抗战最后胜利的根本法则，就是说我们不论是批判或是处置当前的任何一个现实问题，都要把主观力量和客观事实统一起来，而给它一个动的观察。才能很明确的认识一切现时现地诸问题。譬如：目前对于抗战前途的观察，就有两种认识极不明确的论调在发展中，给一般社会以极不吻合的不良影响。

悲观论者受唯武器论与对敌估量过多的支配，而造成流行恐日病。

盲目乐观论者昧于期待国际政治形势的演变与日本帝国主义无条件的内在崩溃，而造成胜利的幻想。

我们所观察的抗战前途是：日本帝国主义侵略＋〔（我们的全民抗战＋我们的后方建设）＋日本国内经济矛盾严重化〕＝我们的最后胜利。

第二，我们对于全面抗战前途，既已具有明确的认识。那么，我们就必须以一种大无畏的精神来克服一切意想不到的艰难困苦。譬如：一个厄运的降临，其实际困难情形或将超过一切悲观论据所含有的内容。同时，我们因迫于现实环境所设定的问题,而促成我们在任何事物上一个伟大的发见,也许要超过所有希求的限度以外!? 所以我们说只要我们是突破一切现时现地困难,而达到不断打击敌人的持久作战,就是争取最后胜利的唯一保证。

第三,我们认为在过去由于某种政治便利而施行的新闻统制,往往使公开发表的各种新闻资料,内容过于粉饰。现在正是全国民众,对日抗战情绪激昂的时候,人们得到战争的捷报,固属足以引为欣慰;而每天的敌军占领我们什么地方,杀害我们多少人口,损坏我们多少财物的真实消息,使人们听到也未尝不足以增加广大群众英勇赴敌的情绪。所以我们在推动全民抗战的过程中,对于开放敌情的新闻政策的建立也是很迫切的需要。

第四,关于集中抗战力量,扩大民众运动的意见,不仅我们所见的如此:就是深获抗战经验的负伤军官和民族战士的所见,也和我们不约而同的。此外担负着全国军事交通任务的俞飞鹏先生,在太原时也曾向我说,发动全国民众运动是抗战期间最紧要的一宗事情。并且说,不但是在战场里扶持伤兵,供应徭差的方面需要有组织有训练的民众;就是运输交通方面的工作,也是任何时期、任何地点都时时刻刻离不开民众力量得协助的。

这是我到上海、南京、徐州、郑州、太原与大同等地以后,从实际观察而得到的一般事态的感想。主要意思,就是纠正一般似是而非的悲观派与认识不正确的盲目乐观派的人们对于全民抗战历史意义上的观察错误。同时叙述我们所提供的开放全国民众运动,发动全民抗战的理论与实际,都是具有科学根据的。也就是说,只有在开放全国民众运动的基础上发动我们的全民抗战，才能够发挥我们民族性上的英勇精神，随时随地在困难中克服一切困难，而坚定我们必获最后胜利的信念。这就是我们所提供给全国救亡同志的，对于全民抗战的必然过程的一点实际感想。至于检讨民众运动问题的工作，有柳湜同志的专文讨论，我这里不予论列。

我们在这儿纪念参加南口抗战负伤的民族战士们的荣誉，并向救亡阵线上诸同志征求救亡的言论。

# 怎样挽回华北危局

在谈论怎样挽回华北危局之前，我们先将此战争作一个总的观察。目前华北主要的战场是在晋绥方面，日本对华北的作战计划，现在着重在山西。他们认为河北、山东有相当的把握，以为占领河北，可以掩护东三省、热河；占领绥远，可以巩固察哈尔。若是占据山西，就可以巩固河北，同时可以进窥河南、陕西，进攻山东，向黄河南岸发展。这样，华北三省可以实际在它的控制下，一方面可以作征服中国的根据，另一方面可以作进攻苏联的根据。所以现在全面战争的展开，而敌人在华北作战的重点，他的主力是在绥远和山西两方面。

绥远这个地方，是易攻不易守，敌人的机械化部队进攻绥远是很容易得手的。至于在山西则相反，因为山西省多山，敌人纵有机械化部队进攻也感到困难。不过，敌人在山西做了两年以上的调查工作，他认为山西的民众和军队很落后，进攻山西很有把握。至于山东，敌人在山西未有这一步的得手之前，他决不会大举进攻山东。目前津浦线上的战争，一方面还是牵制战争，一方面敌人则企图引诱山东当局。记得我到济南的时候，韩复榘先生曾对本人坚决的表示过:“在这民族最后关头,大家应共赴困难,挽救全局。”从这里我们可以看到,韩先生的态度还是很明白的。

除了华北的战争外,在连云港、徐海一带是很重要的。这虽然是沿海区域,但这里很容易深入我国内地,等于我们的腰部,敌人若从这里进攻,等于对我拦腰一击。这一带我曾经去视察过,这方面的地域形势很险峻,同时我们在防御工事上也有很坚固的准备。敌人想从这里上岸是很困难的。如敌人在华北或山东有问题,也可能不惜重大牺牲在这里冒险登岸。这是个人的估计。

现在敌人注重平汉线平绥线,来夹击山西。这是决定华北战场的关键地区,是双方必争之地。我们应该在山西作长期坚持的一切准备。上海战争我们牺牲虽大,但奠定了我们抗战的决心,可以加强我们国内的团结,可以增强和提高国际的地位。但这里不易长期坚持,只不过是华中战场的一个序幕而已。

日本可以进攻中国的地方很多,从山东到广东的沿海线,处处可以攻击,特别是青岛和福建这些地方。但敌人为什么还不进攻呢?这使我们可以看到敌人是不愿战线过份延长,这对他是没有利的。同时敌人兵力也不够,事实也不可能。所以目前广东的侵扰,只是一种牵制的作用,同时也是对英国华南利益的一个重大威胁。但在这各方面,我们都抱着抗战的决心,都有单独作战的准备。

以上既然是以华北作论题中心,敌人所企图侵占的是华北,那我们现在就进一步的来检查讨论华北的问题。

目前一般人谈到华北都很悲观,以为很糟。抱这种观感的人,其实是不了解华北过去的政治外交的情形和原因。事实上,华北今天的局面,是过去种种的错误设施所得到的结果,是过去所造成的必然性。现在可以分开来说,譬如山西,大家都知道过去有过模范省的好评,事实上不如所说的那样,尤其是在战时,过去好是因为地域关系,那里没有战争,民国二十六年来都没有战争,人民是在安定中生活,军队、人民、政府,都在安定下生活,所以过去的好处,是在慢慢的改变,可是坏处却很多,封建思想很浓厚,封建势力很强大。什么"主张公道团",也是行不通的。当然,"牺牲救国大同盟",可以说比什么"主张公道团要积极得多,可代表抗日主张最坚决的团体。从他们的宣言和纲领可以看出他们的进步性。他们主张:有力的出力,有钱的出钱"。他们的号召很大,但也不能完全照他们的主张实行,这原因是阻碍的势力太大了。他们虽然从去年"九一八"发动起到今年芦沟桥事变爆发,曾有相当的成绩。但还不能照他们的计划做去。不过战争发生到大同失守后,客观形势不同了,他们的活动已有很大的开展。

在军事方面也一样,想改革还不能象开放民众运动一般容易着手。军事是要特别的训练才能改进,现在迫切需要的就是要加强原有受过相当训练的晋军的训练,实行指挥统一,同时更要扩充新的军力,要把民众的武力发动起来,进行广大的游击战,以配合主力战。现在在山西作战的部队有曾受过训练的晋军、第八路军和中央军,而且晋军多是土著军,这在作战上有很大的便利。

在山西政治方面的缺点是家长制，什么事都要问阎先生。但在山西封建势力很大，所以山西的政治机构就象一部旧的机器。阎先生虽然在上面尽了很大的力气推动它，但只是他一个人在推，别人不敢推，也许开始也在推，但到末了是无力再推。我们可举个例子，象阎先生所规定的，分派“牺牲救国同监”到各县去活动，结果常常受到土豪劣绅的阻碍。有些算好的县长，对他们的活动置之不问不闻，若是不好的县长，他还要进一步的来阻碍干涉他们的活动。这些都是山西过去的政治情形。

至于经济方面的特点，严格的说起来，山西还是商业经济占主要地位，所以反映在山西的社会势力上，是封建残余和商业的结合。这种商业的膨胀，是因为山西是在安定中，许多从政者和军界上的人，多参加商业。这现象虽也可以说是振兴实业，但是他们的营业方法很守旧。我曾经参观过山西的土货商场，物产是很丰富的，但都不能大规模的运出，使他发展起来。这是他们缺乏大规模的营业计划，也缺乏这方面的管理能力。这四点是山西作战之前的情形。

现在我们提到山西的情形是多一点了。它的缺点固然很多，但决心挽回补救起来还是很容易的。最近产生了“民族革命战争战地总动员委员会”和他的工作纲领，这是针对山西过去的缺点和挽救目前的危局和展开山西未来新前途的一个具体的划历史的行动纲领。

这个纲领关于战时紧急动员是：（一）动员新兵上前线；（二）组织人民自卫队；（三）动员粮秣运输；（四）运送和招待伤病人员；（五）组织人民团体；（六）组织战地的坚壁清野，侦察敌情，封锁消息；（七）进行铲除汉奸运动。另一方面关于改善政治方面的，（甲）积极保障人民抗日的民主自由：（一）扶植人民集会结社之自由；（二）扶植人民言论、出版之自由；（三）积极武装人民发给枪械。（乙）改善人民生活：（一）在动员中规定以大家有钱出钱，有力出力的原则；（二）减租、减赋、减息，救济失业与灾民；（三）改善工人劳动条件及待遇；（四）免除过去一切摊派；（五）实行已颁布的抗战军人家属优待条例。

看了这个纲领，我认为是挽救山西目前危局，不，可以说是挽救目前华北危局最具体的纲领。这个战地总动员委员会，是目前山西军政统一的机关，阎先生他自己知道山西的情形很多，现在集合各方面的力量，在实施的地域是察、绥、晋三省。参加这个委员会的人除三省政治的负责者，还有在山西参加作战的各军事人员，各地人民团体都参加。他的目的是在军事、政治、民众各方面，经过有统一的计划来动员。有了这样的决心，不仅现在我们可以听山西军事胜利的消息，就相反的，假说太原失守，我们都不悲观的。现在我们要打破这种悲观的心理，过去自“九一八”以后，我们失地很多，觉得很悲观，因为过去在不抵抗的情形下失去的。现在全面的长期抗战已经展开了，我们不要以普通军事上的进退，和作战计划上的暂时放弃某处而悲观，而要看整个民众的发动情形，和与整个军事计划来决定的。现在山西的主力战和民众组织的游击战配合发动得很好，在军事民众各方面都有很快的展开。

津浦路和华北到现在弄得如此，也是意料中的事。而现在我们所要研究的到是今后如何补救，要是有计划有步骤地来补救，是没有多大问题的。那么现在我们看它的缺点在什么地方，才能去补救。

到现在冀察是已经沦在敌人的铁爪下了。过去冀察政委会虽是应付敌人的一个缓冲政权，但在宋哲元氏太过的向敌人委曲求全，连自己的一点防御工事都不敢做，生怕引起敌人的误会。但不管你怎样避免敌人的借口，等到敌人准备好了，它还是要来进攻。想在狼的腋下苟安是终会给狼吃掉的。现在我们并不是有意责备谁，但我们不能不检讨过去，才能从血的教训里醒过来。除此外，其他在冀察政权下关于军事、政治、民众措施的失当，更可以不必说了。

最后我要特别提的几点：（一）一般普通心理只注重军事上的胜败，不去分析它的原因，这是很不好的。我们大家要好好教育自己，认清事实，要“胜不可骄，败不可馁”。沉着去应付这伟大的时代。（二）我们在后方做救援慰劳工作的人，不应以军事上的胜败作慰劳的标准，以为打胜仗的就去慰劳他，败退就不去理他，这是很不好的，有些军队虽然是军事上失利，但他们同样是牺牲很大的，希望民众给他更多的鼓励。我在德州的时候，曾遇到很多二十九军的下级长官和士兵，他们多是从七月七号芦沟桥事变一直作战到现在的，他们在极困苦中苦战着。最近因为华北各河泛滥，二十九军的兄弟们都半截身子浸在水里作战，因此有许多人的脚都发胖溃烂了。但他们抗战的情绪仍是很高，在饥寒、病苦中战到他们流完最后一滴血。这种情形，我们可以很不客气的批判二十九军的最高将领们在军事上和抗战上的不坚决和失策，但二十九军下级忠勇将士苦战的精神，我们是不能埋没的,应当献以最大的敬意。所以我们希望中央有机会能进一步地调二十九军到后方来训练,暂时休息一下,以调养他们的战斗力。

# 大同失守的前后

我们从太原到大同，过雁门关时汽车迂回于半山中，深感险要异常。出关后，忽然大雨，公路路基无沙石，泥深路滑，汽车牛步化，太难行了，乃不得不于深夜，停宿于怀仁。第二天早晨，又因敌机来袭，停下好几次车来躲避，到晚间才到大同。山西的公路，实在是不敢恭维！到大同后，先访太原友人介绍的平绥路局长谢宗周先生，晤谈后，参观大同车站等处被炸毁的情形。谢先生是一位很有经验的能干的人，受命于军事危急的时候，机车买煤的钱都没有，但是军运重要，非到各处张罗不可。这差事却有点不好应付。

到大同的第一印象是看到民众之无组织、无训练，有钱有饭吃的人们整天游游荡荡，无所事事。什么国事啦，敌人来侵啦，他们是完全不大关心的。而那些无钱用、无饭吃的人们，也好象是表现出无愁苦的样子来。有人问：为什么这样子？在这国难当头，敌人要来犯的时候，为什么不着急，不该救人，难道也不该自救么？我们也可以这样的反问：为什么不应该这样子呢？当地政府平时不注意民族思想的启发，民众组织的展开，平素不教育民众,因循苟安,怎样会得到相反的结果呢！大同如此,中国之象大同这样的地方,也不知有多少呢！

此外,大同的住民多数是外来的,土著居民很少,流动性很大,大同的失与不失和他们似乎没有什么关系,他们对于大同抱着过客的态度。而且,当地的人民,过去经过很大的内战,他们大多数把这次的战争与以前的内战一样看待,所以不必怪他们对于国事之不甚关心了！

到大同时,前方的战事已经相当的吃紧,天镇、阳高已相继失陷,此地驻军虽然已开始调动和准备,但民众方面,还是和平时无大区别,糊糊涂涂。在此地做救亡工作的牺牲救国大同盟的数十位特派员及当地从事救亡工作的青年们,我同他们谈了好几次,他们对于大同都是抱悲观态度。他们的工作计划,不单得不到地方官的赞助,还遭到反对,使他们的计划不能实现。

大同因无防空设备,敌机都是白天轰炸,当地的人民除了走进地穴及城墙根躲避外,都是白天逃到城外偏僻的乡下,晚上再回来。白天是十室九空的死城,甚至白天在城里连饭都买不到,所有的人们大概都以一走躲之。

我到大同的第二天即访傅作义将军于城内司令部。从早到晚敌机来了好几次,我们就到防空穴内谈了好几次。司令部中人亦无不感觉民众训练工作的重要与迫切。他们曾告诉我,有一次在大同捉到一个指挥敌机轰炸的汉奸,把他送到县政府,县政府不收,送到公安局,公安局不管,又送到严戒司令部,又以该部无人负责,结果这汉奸无处可交！这不能不说是一种难得听到的怪现象！

# 山东老百姓起来——保卫山东

我们这次来到山东，匆匆几日，能得此间军政教育文化各界领袖殷勤接谈，共商国是，诚为庆幸。兹当临别之时，然仍有几句话不能不为山东全省父老兄弟诸姑姊妹一谈者。今日之山东，已至生死存亡关头，欲救山东、救中国，决非空言可以奏效，更绝非徐缓的行政程序，单独的军事行动可挽回残局的。当此激变之时，我们要有应付激变之策。作汉奸因为万世所唾骂，因循苟且，遗误国事，即令杀身成仁，亦决不能逃于清议也。如今之计，我们只有上下一心，来一番天翻地覆的改革。我们对于当前保卫山东之策，已条陈十点，即：

（一）动员全省人民保卫山东，提出山东老百姓保卫山东的口号，改变过去单独军事之抗战而非全民抗战的缺点。

（二）因此，号召全省民众自动的组织团体，由政府设立民运指导机关领导之，但绝对不能干涉民众合法的爱国运动。

（三）迅速召集各党各派各个无党派的人，团结起来，集中力量，肃清过去互相猜忌、观望、怀疑、散漫等态度。在各党各派间，建立经常联系，精诚坦怀，执行公议，共赴国难。

（四）在军队中加紧政治训练，迅速将现在政训处受训之学生作一两周的训练分发到军队中去。

（五）举办大规模民众运动短期干部班，分发乡村，组织农民，加紧对过去受过训练的壮丁予以政治训练。

（六）武装现有的壮丁，训练游击战术，准备发动全省游击战争。

（七）迅速公布优待军人家属、改善军人生活、减少一般民众负担等等法令。

（八）进行铲除汉奸运动，运用民众组织布置全省反汉奸网。

（九）运送招待伤兵，救济难民。

（十）维持临近战区地方秩序，特别禁止工、商、学停业，商人投机。政府要设法统制物价等。

以上不过是在此时期行政必须采取之纲目，具体实施的办法，自当由军政民众团体，会同制定，分途实现之。我们认为只有依据上面各项彻底执行后，全民战争才能在山东出现，我们才能挽回这形势险恶的局面，使山东不继平津之后沦于敌手。

山东全省父老兄弟诸姑姊妹们，现在山东险状，诚是言之颤栗，我们大家要赶快起来，共撑危局，力促以上十点即日实现。我们爱护中国，爱护山东，爱护山东人民，我们要用保卫的行动，来表示我们的诚心；不单是一腔热血，满腹牢骚，可以奏效的。我们今日不能再有忌讳，欲言而不敢言，我们今日不能有权力之念，苟仍以权力之私遗误国家，我们全国人民将共弃之。我们今日不能再有成见，再有门户之别，我们彼此应和衷共济，互相容忍；今日我们看人的最高原则，就是在他抗日不抗日，看他提供国家的抗日力量有多少，抗日最坚决，提供力量最大的人即是我们的领袖，我们拥护之爱戴之；凡抗战不力，意志动摇，庸碌无能者，势必受历史无情之淘汰。山东乃中国之领土，山东全省人民的祖宗坟墓之乡，山东人民有保卫国家，保护桑园的双重任务。当此危难，再不能不起而自救。我们相信，问题有发生，一定也有解决的办法。山东人民一定有打开当前局面之能力！

至若山东在抗战中所发生的许多困难，需要中央以及各省民众共同努力的地方，我们也一定将这方面的情形，带到中央及各省去。总之，我们山东以外的全国人民，均将为保卫山东的坚强后盾！

山东老百姓起来！山东老百姓保卫山东！

# 加紧上海战区的民众运动

## ——观察东战场后的一点感想

在抗战过程中，为了明了抗战的实践，以及军民之间，在行动上是否能够得到配合，因在西战场上作了一个多月的旅行，回到上海来，更抱着了这样的热忱，想看一下东战场抗战的实践又是怎样。

承某某军事当局的盛情，使我能有此机会，实现了这愿望。

二十二日的清晨，一个浓雾的天气，汽车就在浓雾中爬行，一小时后达到了目的地。在平时，敌机在每朝六七时就出发执行它残酷的杀人伎俩，这天，总算叨了浓雾的光，省去不少麻烦。

我们首先观察的地方，是××附近一带的乡村。在这里所见到而最能引起我们注意的，当推胡兰畦女士领导的中国劳动妇女战地服务团。因为胡女士有事回到上海来了，我们就会见了他们的秦队长秋谷，与最小的妹妹李亚芬同志。她们工作有四个目的：第一是帮助军事当局督促公务人员，从县府一直到保甲长，他们都不客气地督促这般人认真工作；第二是帮助军队整顿纪律，假若兵士一有不规则的行动，他们也是不客气地加以干涉;第三是防止汉奸,而防止的方法,是从组织民众着手,并不是消极的;第四是安抚民众,使民众能够自身了解抗战的意义,不但不对战争感到恐慌,反而在行动上能与军事完全配合。这四个目的,也许已经有人见过他们的报道,早已知悉。我们所以再把它重复地提出来,是根据我们观察的结果,认为这是目前从事民众工作者的一个极好的参考材料。

事实表现得非常有趣,当他们这种督促公务人员,监督兵士的任务,做得有了相当的成绩之后,当地民众竟对他们发生了极大的好感与信任。人民受了公务人员或是兵士的欺凌,马上就会跑到他们那里去申诉。有时兵士与人民还会象报案一般,相对辩护,他们的办公处严然就是一个公堂。又因为他们对民众的感情极好,队员差不多都是劳动者出身,晴天穿草鞋,雨天就赤脚。在他们身上找不到丝毫都市的气息,见男的喊一声老伯伯,见女的就称一声姆妈,大家象一家人,一点不会使人不敢亲近。这亲热发展到了顶点,甚至人民有了一点小病,受了一点微伤,也跑去找他们。他们的办公处又由公堂一变而为疗养院。

总之,在他们工作范围内的场所,敢说军民之间是已完全打成一片了。本来在大军云集之处,少数兵士有越轨行动,自是不可避免的事情,但经过了他们这种整顿和调解的工夫,现时已逐渐减少。军队和人民,互相间绝无麻烦可言,不但消极地能使人民安居,更可促使人民积极来帮助军事行动的开展。这情形,实在使我们不能不感到战地民众的工作迫切需要。当然,他们工作目标的正确,更是我们在决定战地民众工作的重要性之后,所应特别注意到的。

听说他们最初到达战区时，对这十位女性组织的集团，很多人表示怀疑，可是到了现在，短短的过程中，已有铁一般的事实摆在人们的面前了。据罗卓英军长对我们表示，对他们的工作就极感满意，极愿赞助，他是深切地了解到民众工作的重要。

我们这次观察东战场，从接近火线的地方起经过嘉定真茹一直到昆山，都作了一次巡礼。观察得到的结果，仍与西战场一样，最使我们感到不安的，是民众的无组织，无教育。抗战发动后，有钱的人都逃到所谓安全地带去了，留下的只是没钱的人以及靠着田亩生活的人。前者是行不得也，后者是田里的棉花稻子牵住了他们的脚。他们固然也痛恨敌人，但对战事却漠不相关，认为只是军人的分内事。所以多数人民纵然象是平时一样的居留原地，事实告诉我们，军事行动在他们身上并得不到怎样的帮助。这是非常严重的现象。使我们痛感到在目前的战区，教育工作的重要，是超过宣传工作。战区民众学校的设立，的确是迫切需要的。

再有，民众的政治组织，在战时也出了问题。我们知道，过去的行政组织，是有着很严密的系统，乡有乡长，镇有镇长，再下去就是保长甲长，而这些又是由区长县长所统率着的。组织不能说不严密了，可是战端一开，乡长镇长，因为他们都是中产阶级，就都抱着他们的财产，在战事爆发中，迁到离火线数百里外的邻近城乡中去。有的地方，甚至县长区长也有暂时逃避的。即有不逃避者，一部分做了汉奸。听说战区中就曾经发见过好几个身任乡镇长的汉奸。比较上保甲长还算好，逃走的也较少，不过仍与前面所提到的情形一样，因为他们都是一般小地主，眼看着自己即将收割的田产，为了生活而无法离开，决不是因为了解自己的责任。因此，过去一切保甲的组织工作，就等于一场空，逃的逃了；不逃的，即令不做汉奸，也与军事行动起不了什么配合的作用。在这上面，就充分反映出过去行政组织的不够，甚至可说是错误。为求补救这缺点，赶快发动真正的民众组织，支持自发的民众组织，又是我们这次观察时所深切感到的。

我们在报上，看到许多消息，仿佛战区的民众工作已有很多人在实行，但据我们观察所得，却认为只不过刚是一个开始。更谈不上普遍。我们经过的地方，觉得处处地方需要有人去做民众工作，但少见有人在实地去做。从劳动妇女战地服务团工作的区域内，使我们领略到了一些民众工作效果的伟大。而且根据他们的经验，我们认为这工作，并不十分困难，重心完全集中到吃苦一点上。在这些时候："多重实际，少发空论"两句话。当我们踏进了战区之后，每经过一村一庄，由于事实的教训，不禁时常浮上心头。

我们也曾与军事领袖谈到许多前方的军事情形，某总司令说：在抗战的最前线，武装同志的壮烈，真足以惊天地而泣鬼神。受了伤的，誓死不肯退下来。倘有一据点失了守，负责守这据点的军队，就认为是极大耻辱，不肯报告上级长官，而由自己拼命再把它夺回来。人人都为了民族解放战争而尽忠效命。这几句话，不啻就是昭示我们：全面抗战！在军事上是已有所表现。那末，配合军事行动的民众工作，恐怕这责任，在我们肩上就更加重了吧!

“加紧发动上海战区的民众工作”,当我们从战场回到上海后,第一个感想是如此,第二个是如此,第三个还是如此。

二十六年十月二十五日

# 怎样争取最后的胜利

## ——要有信心、决心，更要有办法

诸位先生：

今天我要讲的是“怎样争取最后的胜利？”这个题目所包括的内容很广。这也并不是我一个人的见解，乃综合各方面已反复说过的话，有系统的并不偏重某一方面的加以发挥。

**最后胜利要去争取**

谁都知道，我们抗战的胜利是在最后，所以“最后胜利”四个字，成为我们抗战的共同目标。可是大家更要知道，“最后胜利”是要用我们的力量去“争取”，不是躺在床上或坐在屋里静待着这“最后胜利”的到来。我们有“最后胜利”的希望，敌人也有他“最后胜利”的希望，我们不用力量去“争取”，就一定被敌人“争取”过去。所以我们不仅要有“争取最后胜利”的信心与决心，更要有“怎样争取最后胜利”的办法！现在我先讲：

## 争取最后胜利的信心

换句话说:就是我们凭什么有得到最后胜利的信心?要了解这个问题,须先了解今日敌我的优势和弱点。关于这问题,各方面已经说得很多了,现在不过约略提出几点,以明本讲题的系统。

**敌人的优势**

日本帝国主义,总算是今日的一个强国,它有相当发达的工业基础,与相当广大的海外贸易。自明治维新以来,经过中日、日俄两战,和欧战给予它的机会,于是就确定了它"大陆政策"的基础。它的陆军建设,是以苏联为对象,海军建设,是以英美为对象。军队机械化的程度,自为我们所不及了。他今日从事第二次世界分割的战争,军事上的准备,已有数十年之久。这是今日敌人的优势,反过来也就是我们的弱点。因为我们军事上的准备,还是最近几年来才一点一点的开始。同时,我们一方面在准备,一方面还在消耗。用我们的准备去对抗敌人的准备,就纯军事的立场说,我们是难战胜敌人的。所以自敌人发动"九·一八"事变,"一·二八"战争,以至华北中央军的退出,成立冀察政委会等等一大串的奇耻大辱,我们都忍耐下来了,屈辱下来了。这是为了什么呢?就是我们在军事上,也必须有一点最低限度的准备。自然,我们这种忍受是有限度的(这问题在后面讲决心的时候再加以说明)。

其次，说到敌人的弱点：

敌人的弱点

第一，是资源的缺乏，无论从哪一方面去看，它没有能支持一二年以上长期作战的力量。即以工业来说，因为它是一个工业国家，但原料与市场，都需要国外供给。在战争状态下，普通工业变为军事工业，商品的运输工具变为军队的运输工具，极大的市场变成了战场，生产的人民变成了士兵，几大都市的工业动摇，全国人民的生活即陷于贫困。就是这一点，即足以陷日本国民经济于解体。我们知道，欧战中德国不是败于军事，而是败于经济。今日的中日战争，好比两个人角力或赛跑，要看谁能坚持最后一分力量，谁就是最后胜利的获得者。日本今日置全副力量于军事一方面，利于速战速决，与欧战中的德国同。而它经济力的薄弱，不能支持持久战，则更比德国为甚。这是敌人一个致命的弱点。

第二，是日本兵力，决不容许它能完全征服中国。因为它按人口计算，全国总动员，最多也只能出兵六百万。然而这六百万是不能全部开到中国来的。后方生产要人，维持国内治安要人，镇压殖民地的人民更要许多的兵力，所以它纵然把全国的壮丁都动员起来了，最多也只可有四百万人开到中国来。然而中国的人口是可以动员出到比它多数倍以上的兵力，而且我们可以训练几万万民众到处发动游击战。所以它也决不能以四百万军队消灭我们可以出千万以上的兵力以及无数的游击队而完全征服我国。自然，我们若自己无组织而散漫应战的话，那又是另一问题。

第三，是日本今日为侵略而战，我们是为生存以及保障和平而战。意义不同,在国内国外的反映也不同。日本民众厌恶这一战争,我们全国民众则热烈拥护这一反侵略战争。日本在国际间除德意两个侵略国家为它声援外,赞成维持现状的和平阵线方面的国家,如英、美、法、苏,无不立于反对它的地位,而同情于我们的抗战。这些国家联合起来,是有左右世界力量的。所以无论国内的民气或国际的同情,它都不能获得有利的形势。这也是敌人今日最大的弱点。

我们的优势

再说到我们的优势。如前所说,敌人的优势,就是我们的弱点。同时,敌人的弱点,也就是我们的优势。这里我们可以分几点来说。

第一,我们的资源足以自给。我们虽没有强固的工业基础,尤其是国防工业,对于武器的供给,将会感到一些困难,特别是重炮与飞机等。但这方面我们是可以从国外的接济来填补的。因为我们是农业国家,所以我们各处军民的给养,都可以设法自足自给。我国国民经济,在艰苦的状态下,数年内足以支持。民众一直在十分艰苦的状态下过活,我们是能够耐得过这艰苦的。我们无广大的国外贸易市场,海岸封锁不足以制我经济的死命。我们的资源是出自农村,破坏了我们的大都市,不独不足以使我们陷于崩溃,相反的,只摧毁了敌人的市场。我们的经济,将因这而走上独立发展的道路。

第二,我们地广人多。我们若是能够把广大的民众组织起来,一方面生产,一方面发动游击战,以集散无常,飘忽不定,以逸待劳,以少制多,乘其不意,攻其不备的战术,使敌人疲于奔命,穷于应付,我们将会很快的看到今日深入南北各路的敌军,必陷于进退维谷，欲罢不能，啼笑皆非的苦境，而遭到最后的惨败。然而我们尽管有着这一个优势，若不去利用，当然还是完全无用。譬如东三省，热河和华北几省，地方不能说不大，人民不能说不多，但轻轻被敌人占领了。几年来在东三省虽有四五十万以上的义勇军，但还不能给敌人致命的打击，根本威胁其统治。甚至于许多壮丁，还被敌虏押其家眷为质，强暴胁迫的送到上海来自相残杀。这就是因为在敌人已占领的地方，要组织民众起来抗战，就万分的困难了。并且我们这一优势，若不善利用，就会被敌人利用。我们的优势，反成为敌人的优势。过去我们说：战线愈延长，敌人的兵力愈分散，我们牵制其后方的力量也愈大。然而现在的事实，敌兵一直深入，迅速占领我们华北，华东的很多土地而毫无顾忌。无知识的民众，被敌利用作汉奸；腐化的官僚，被敌利用作傀儡，许多可怜的壮丁，被敌连锁起来驱到战壕去替敌人做工事，许多青年的妇女，被敌横施强暴，许多热血的青年，被敌苦打残杀，许多人民的财产，被敌抢劫占用，这种种悲痛的事实，这种种凄惨的状态，这一切的一切，都是因为我们人民虽多，没有起来，地方虽广，没有利用。所以我们抗战的信心，虽然是建立于这种优势上，但这种优势，还须看我们怎样赶快去利用去发挥。

第三，我们占有优越的国际的形势。上面说过，和平阵线的国家，如英美法苏，是反对侵略战争，同情于我抗战的。我们要知道，国际的关系纯粹是一种利害关系。利害关系和我深切的，同情的成份也就多些。上述国家中，英美对远东的利害关系最为深切。法在远东的利害，虽次于英美但因防德的关系，在欧必须与英苏取一致行动，因此也最注意远东事件的发展。而苏联和我们的关系，在地理上，北部的毗连，大有“唇亡齿寒”之势。在政治上，日本公开以“防共”“进攻苏联”为外交的号召。在军事上，若我东北既失，华北再陷，直等于打开了西伯利亚贝加尔湖的国防门户。其更为深切，自不必说。日本对中国的攻击，也可以说就是对苏联的攻击。这一个国际形势，说明了我们今日外交上应走的路线，苏联与英美法，都能给予我以最大的帮助。其次，是全世界被压迫的民族，被压迫的民众(包括德意日)，无疑的都完全站在我们一方面。自然，我们为争取生存而抗战，完全要以我们自己的力量争取胜利。尽量寻取国际对我的帮助则可，但存一毫依赖他国之心，则绝对不可。如幻想苏联马上出兵来帮助我们，或希望英美立时对日施以武力制裁，这都是对现阶段国际形势认识不清楚的结果。我们以苏联出兵来说吧，这消息最初是由同盟社和海通社捏造的。它的用意扼要的说：第一，是想挑拨和平阵线间的意见，因为苏联出兵，是要牵动许多和平国家，如英美法，尤其是法国与苏联是有攻守同盟的。第二，是想借以加强德意日的侵略集团，因为苏联既出兵公开助华，德意当然可以公开助日。第三，是想造成中国人民对苏联不合理的希望，因为它们知道中国人民若果对这种希望变成失望，是会对苏联发生反感的，这也可以说，是敌人一种离间中苏感情的阴谋。谁知一班对抗战素来缺乏自信的人，既不分析国际间复杂的关系，更不研究苏联公然出兵帮助我们，究竟在国际上有何影响，究竟对我们是否有利，竟然殷切的作此希望。失望之后，即加以指谪，因而悲观，这种错误的认识与心理，应当彻底予以纠正。我们相信,只要我们抗战能持久,国际给予我们的帮助,一定可以一步步的增强。现在事实上,已经是增加有利于我们的趋向,因为为了它们本身的利益,不能不这样。这是我们对国际形势上应该有的理解。现在进一步再说到:

## 争取最后胜利的决心

决心不是随便下的

我们知道,做一件艰难困苦的事情,事先非有"要干干到底"的决心不可。中国对敌抗战,是一件最艰难最困苦的事情,在抗战中生活较好的要变得苦一些,将士们上前线和敌人相拼,这是非有绝大的决心不可的。绝大的决心,也可说是要准备绝大的牺牲。"九一八"以来,中经许多耻辱的历史,我们都忍耐下来了,就是我们在那时还未到轻言牺牲的时候,所以也不能随便下抗战的决心,这在前面敌人军事上的优势里已经说过了。待到芦沟桥事变爆发,我们是非下抗战的决心不可了。抗战既已开始,就不许有中途妥协的余地,这就是抗战的决心。这决心不是随便下的,既已下了,就要准备任何的牺牲,一切动摇畏惧的倾向是绝对不许存在的。

最近因东战场的吃紧,一班过去患恐日病者,以及对于中国抗战过程没有清楚了解的人,就害怕起来,甚至于懊悔起来,以为既打不过人家,为什么就打,不再忍耐一下,屈辱一下呢?我们深为怪异,中国抗战,大家不是已屡次说过是长期的抗战吗?今日的局势,不是在长期抗战的意料中吗?我们必须清楚的指出,现在的情形,并不是什么意外,中国要以持久性的抗战来克服敌人，一时军事上的胜败，决不能动摇我们对抗战的信心与决心。我们只要问：在前方将士四五个月艰苦支持中，他们为着什么而牺牲，是为掩护后方的准备争取最后胜利呢？还是为着中途妥协？在后方有没有加紧准备了一切，支持前方作更持久的抗战？有没有集中更多的力量到抗战中来，减少前方将士作战时的许多苦痛！这种对抗战认识的不清楚，出于一般无政治训练的民众，犹可原谅。若是一班受了高等教育受了政治训练的人，也不能明白这一种简单的道理，那就真是不应该的现象！真有决心的人，是真有牺牲精神的人，凡是决心不够的人，也就是信心不坚定，认识不清楚的人。

**事实的教训**

在这里我还可以引证我们在抗战中发现的许多事实来作为我们血的教训。

自抗战爆发四五个月以来，我觉得有两件事是值得我们安慰的：第一，是全国人民不分党派，都信任政府抗战到底的决心，政府也信任人民热烈拥护这一抗战到底的决心。在政府与人民之间，如能巩固这种互信，就会随着对敌抗战的炮声带来了我们新的力量。这种统一团结的局面，这种活泼有生气的局面，是我们对敌抗战已经得到了但还须更加维护的最宝贵的收获。第二，是前方将士的拼命杀敌，英勇伟烈，值得引起全国以至全世界人的肃然起敬。我们知道有三连人奉命守住一个突击阵地二天，而结果守了二天半只剩四个人回来的事实，有八百壮丁死守四行仓库，非奉上级命令决不退出的事实。报纸所载实在太多了。这些英勇的战绩，甚至在敌人的报纸上也不否认，而转变了它一向藐视的观念。尤其引起国外人士的热烈赞美，无形中增高了我们的国际地位。一位曾参加过欧战凡尔登一役的军官说，中国军人作战之壮烈，在欧战也是未见。这都是我们抗战几月来所获得的光辉成绩。然而前方将士这样和敌人血肉相拼，壮烈牺牲，后方的人在做些什么？我们实在愧对这些为国家生存而战的许多将士们！

前方初期抗战意义

前方的英勇将士，这样和敌人拼死战斗，不是叫我们在后方等着看的。他是要求我们清楚了解下列二点的意义：一、给恐日病者看，日本并不是怎样可怕，我们并不是不能打，只看后方怎样支持他们的作战。另一方面是消耗敌人的力量，为长期作战争取最后的胜利。并表现给国际看，中国人并不甘屈服于暴力下，它今日怒吼了。二、尽全力抵当敌人向全国的进攻，而留出时间来让我们在后方赶紧准备一切。

然而在前方抗战四五月中，后方是否赶紧准备好一切呢？当上海战争还支持于大场一线时，后方人以为并未打到自己头上来，且过再说。假如说，上海进退二十里的地方，能打三个月，那么三个月只退二十里，以苏州人来看，苏州离上海二百多里，不是要三十个月才可以打到吗？从武汉人来看，离上海以二千里算，至少要打三百个月，有二十五年呢？且过再说。但是，等到我军这次退下来了，于是大家又慌张起来，这种苟安的心里，是多么的可恨呵！

唉！我们看！前方将士，是怎样的牺牲？怎样的流血？若平均一天以牺牲二千人算，二千人要流了多少的血。自“八一三”到今天，共是一百一十四天。一百一十四天，又共流出了多少的血。古语云:“一寸光阴一寸金”,现在我们以一寸光阴来计算前方将士所流的血,那这一百一十四天中每一寸的光阴,比一寸黄金还不知要贵出多少倍。前方是一寸光阴几百条的命,而后方的人,实在太辜负了流去几十万将士的鲜血,辜负了三四个月宝贵的光阴了!我们是没有赶紧准备好一切,没有配合着前方紧张的军事一致行动起来!然而有错可以改,最怕是自己有了毛病不肯说,又不愿人家说,这才是危险的缺点。我们以为,到今日还有人要从旁笑话人家,它对抗战的诚意如何?就极成问题。但我也觉得执政者,大可不必在这些小节上计较短长,用不到管人笑话不笑话,只要能有补救的办法与成绩给人看。我们今日唯一的要求,就是赶快补救已发现的许多缺点,要赶紧的补救,拿事实给人看,不再讲空话!好听的话与空泛解释,均无补于事实。

最后再说到:

## 争取最后胜利的办法

组织民众

第一,组织民众,发动民众起来抗战——说到这点,也有人说:“现在乡下的农民,已在替军队作种种艰苦的工作,如筑路掘壕运输等等,住在都市里高喊民众组织的人完全看不到这事实,他们以为只有开民众大会才是民众组织。”但我们要问,现在乡下农民替军队作种种艰苦的工作,意义上是出于自动或被动的呢?而自动和被动所得的结果又相同不相同呢?这也不用多辩。大家都已知道,抗战四五月来,军事上已尽了它最大的责任,然而显然的缺点,是全国民众并没有被组织起来,动员起来,结果乃成了只一百多万军队与敌人单独作战的局面。在各战区中,都可听到完全没有民众的援助,而遭到很大的损失与痛苦。如伤兵救护的不能,士兵在后方不能买到东西吃,民众完全不能帮助刺探敌情的谍报工作,以至于在战地只见汉奸不见真正民众等等的事实。我们要明白的指出:这许多事实的出现,完全是广大民众没有被组织到动员到抗战阵线中来的缘故。我们更须明白的指出:中国抗战,不把广大民众组织起来,动员起来,是不能获得最后胜利的。上面说过,地广人多是我们最大的优势,但如不把民众组织起来,动员起来,有这最大的优势,还是无用。过去四五月中,我们并未利用发挥这优势,或是做得太不够有力。在这里,或许又有人说:乡村的农民,完全没有受过教育,没有知识,不但不容易组织,就组织起来,也是没有什么用的。诚然,乡村的农民,他们是不懂得怎样坐洋楼汽车,怎样吃咖啡牛奶,甚至于他们马路都不认得。若霓红灯,跳舞场,他们更是莫明其妙,若以一个戴方帽子的或自号为都市文人的眼光去看他们,的确,他们的知识是很薄的,脑筋是很简单的。但是我们要知道,他们虽懂不得都市的一切,但乡村的一切,他们比我们懂得多。他们虽认不得柏油大马路,但他们认得青山绿水,一草一木,一条沟,一块土。崎岖的羊肠鸟道,他们更会爬,更会跑。他们虽没有同都市文化人一样的知识,但他们有的是气力和血肉,有的是忍苦耐劳的精神。正因为他们的脑筋简单,所以他们比某些有知识的人更英勇,更忠实。他们若果知道:敌人抢了他们的土地,烧了他们的房屋,奴役了他们的子女,他们不能到香港,到外国,他们是要和敌人拼命的。他们若清楚的了解中国人不打中国人,他们一定不会当汉奸。然而许多的事实,没有人告诉他们,无论过去或现在。以致他们被敌人利用作汉奸,做顺民。这不是他们的罪过,这是我们没有教育他们,这是我们对不起他们。老实说:我们对敌抗战,不是专为土地,而是在保卫人民。最后胜利的争取,与其说是争取领土的完整,无宁说是争取人民的完整,因为只要人民是我们的,领土决定可以夺回收复。同时,我们要根绝汉奸,也只有把人民普遍的组织起来,把情报网侦探网布置在每一个角落的村庄里。看不起农民的人们,应该很清楚的了解这一点。所以我们正因为知道乡村的农民不容易组织,没有知识,而更须加紧设法组织,加紧设法训练。过去没有做,现在就要赶紧做。我们的办法是:

**组织民众的办法**

(一)策励民众自动组织起来,增强抗战的力量——这是要用政府的力量有计划的普遍的去领导去推动。最好在政府之下,专设一人民动员委员会,把全国的人才都集中,把全国的青年,尤其是流亡在都市的知识分子,集结起来予以短期的训练。按全国地域:每一县,每一村,都分配若干人去主持这动员的工作。以宣传为手段,以组织为目的,以行动为训练。运用领导与自发互相衔接及融洽的办法,绝对避免被动与服从的方式。务使每一个人民,都不脱离抗敌阵线的组织网,每一个人民的精力,都能贡献于抗敌工作之内而不浪费一分。前次我从上海出来,每一个青年要同我一同出来,我不能允许他,拒绝了他。他伸出一支粗壮的手臂问我:“这肌肉发达不发达?”我说:“很好”。他说:“可惜这发达的肌肉没有用,只在家睡觉吃饭。”我为这事而长久怅惘着。是的,今日有多少人只消磨精力于睡觉吃饭之中,消磨于东奔西走流亡生活之中,抗敌工作没有他的份儿。然而他们是热烈要求参加抗敌工作者,他们不能得到自动组织起来武装起来的机会。今日要做到这一点,策励民众自动起来组织是绝对必要的。

(二)充实民众已有的组织。如各地方的商会、工会、农会、妇女会等,如政府所办的保甲、民团等。这些过去民间原有的组织,要充实起来,加进新的份子,不能给少数土豪劣绅把持,要在真正民主精神的基础上发挥他们抗敌工作的力量。

(三)用政治动员征募壮丁。过去壮丁的征募,办法未尽完善,以致在好多地方有召集壮丁而逃走一空或者还未到前线就死亡大半的现象。实际上,还是抓壮丁的老办法。我们不能因此只骂乡村老百姓不爱国,乃是由于他们还不知道什么是爱国,爱国与他们有什么好处,应当怎样爱。这是政治教育的问题,决不是官府一纸公文所可补救。所以今日的问题,不是在征募壮丁,而是在征募的办法问题上。我们以为征募的方法,应该以政治动员的方式为原则,要发动民众自己来参加这动员工作,自己来商量这征募工作。政府只须领导之,协助之。就是说,要以宣传的方法,启发民众的高度政治觉悟使他们根本改变“好男不当兵”的传统观念,彻底明了对敌抗战的切身利害。这样,既可以免除他们的疑惧,复可以杜绝办理征募者的弊端。也只有这样,才能使他们踊跃应征,才能使前方的兵力源源不绝的补充:

最低生活保障

第二，保障民众最低限度的生活——现在抗战时期，许多人都说生活要更艰苦些。这话是对的。但艰苦也有一定的限度，平时生活较好的，不妨苦一些，平时生活较苦的人，不妨更苦一些，但没有饭吃的人，不能叫他不吃饭。我们在这抗战时期，是要“有苦大家受，有饭大家吃”，不能说因为抗战，某些人应该受苦，某些人则应该享福，某些人应该受冻挨饿，某些人则应温饱自若。我们不要忘记，持久抗战的力量，还是在一般劳苦群众的身上。所以我们对他们的最低生活，不能不顾及。只有彻底执行“有钱出钱，有力出力”的办法，只有尽可能的执行统一经济的办法来充实战时财政，才能达到我们持久抗战的目的。前次我在山西，一位牺牲同盟的团员告诉我：一次他到乡下去宣传，一个老太婆对他说：我要听的是怎样给我饭吃。我们知道，这不仅山西是这样。某地有一种屠宰税，民间宰羊一只，要纳税二元，一个农民的羊，夜间给狼吃了，收税的人说他偷宰漏税，罚洋二十元。在许多地方，有农民借了十元钱，一年之后，要还二十元的事实。有许多这样的事实存在，怎样能够引起广大农民对抗战热烈支持。所以要动员民众，要准备持久战，首先必须要使大多数最苦民众的最低生活有保障。这是动员民众起来一致抗战所必要的前提。同时还要确定各种救济办法。（一）对于战区流离失所的难民，除了有计划的开展生产事业与发动游击战争，需要将壮丁青年组织到后方生产机关中和前方抗战工作中使人尽其才，物尽其用外，妇孺老弱，要有通盘筹划的救济办法，使各安其所。这不是慈善事业，这是政府对于人民应有的保护责任。他们因战争所受的损失应由国家的力量来平均负担。有许多人认为前方的将士既这样的死伤,后方的难民就不应该叫苦,这是非常错误的。前方死伤将士,我们固然要十二万分的哀悼与救护,但后方流落无依的难民,我们也要设法安插,不能以前方的事实,掩饰了后方情形,抹杀了后方惨状。尤其是我们要对得起前方伤亡的将士,更只有爱护生者,减少后方损失,以争取最后胜利。因为只有"最后胜利"才是我们前方伤亡将士的代价。所以救济后方难民,也是持久抗战的一个重要措施。(二)对于出征军人的家属,应有确定的生活保障,如免捐抚恤,优待军属。要动员更多民众踊跃上前线,要达到持久抗战的目的,要使将士无后顾之忧,这也是必要的前提。

健全军政机构

第三,健全战时政治的军事的机构——说到这方面,就会有人误会是要改组政府的意思。我们必须诚恳的声明:我们绝对拥护抗战的政府。但在政治与军事的机构与运用上,我们仍然认为还有需要充实健全的地方。抗战四五月来,在前方的行政机关,多数陷于停顿,与前线紧张的军事完全配合不起来,许多职员,无所事事。因为地方机关对军队的供给不够,以致有时军队不能不自动开老百姓的门去搜索,使军民的感情,无法融洽。在后方的行政机关,又仍还是保持常态,没有一种战时紧张的现象。甚至还有少数只会做官不会做事的官僚,还是在那里敷衍塞责关起门造数字报成绩,自欺欺人,完全不顾实际。并且借办兵差或征募壮丁等等机会,还利令智昏的趁火打劫,从中揩油。同时,到处裁员,减薪,前方疏散或撤退下来的公务人员,流亡成难民,生活无着。

还有许多机关,天天只在那里搬家,把所有的人力物力,完全消耗于搬家之上,不知道如何与前方军事取得一致行动。诸如前方同后方的脱离,军事机关与行政机关不能配合一致。许多事没有人做,许多人没有事做,到处流亡的大学生,专门人材,公务人员,无法给予工作。这都是说明了我们的政治机构还不够健全充实。在军事方面,虽有许多英勇的战绩,值得我们欣慰,但如前方给养,后方运输,军事指挥联络,器材供给分配,部队掌握编遣,军队生活纪律,伤兵教育管理,以及若干战略上的问题,无疑的也还有多少缺点需要补救。我们要求赶快把战时政治与军事的机构充实健全起来。使每一个负责的军人与官吏,要确能百分之百的负担他们战时的责任。尤其要使接近前方的地方机关,要能够领导人民,切实帮助军队。如物品的征发与购置,夫役的招募与遣散,宿营的选择与打扫,军事的招待与联欢,前线的救护与慰劳,后方的防谍与保安,抗敌团体的指导与编遣,运输工具的管理与分配,以及响导的选定,医院的设置,情报的采访,防空的设施等等任务,都需要地方机关负责办理,以使军政合作,军民合作。其次,今日在抗战的基础上,要更加强我国的团结。也只有加强团结,才配说抗战到底。南京有一位重要负责人曾对我说:现在日本进攻中国最毒辣的手段,不在军事而在政治上。他一定要替我们分出许多派别,挑拨离间,造谣生事,无所不用其极。弄到我们自己七零八落,他才容易进攻。抗战发动以来,在全国已实现了空前可喜的团结局面。唯其这一团结是空前可喜的,是达到我们最后胜利的主要基础,所以我们要特别爱护它,加强它,巩固它。现在敌人无时不在企图破坏这一团结。我们要互尊互信互谅以诚恳坦白的事实,彻底粉碎敌人以及其走狗奸细企图破坏的阴谋。不能以我为主,以他为从,以我为真,以他为假,各有成见,各怀鬼胎,给敌人特务工作以可乘之机,而为亲者痛仇者快。要免除这些嫌疑,最好是如兄弟般的在各方面经常进行工作上的互相检讨与监督,以沟通各方面的意见与建议。

**广泛发动游击战争**

第四,广泛的发动民众游击战——说到这点,也有人说:“游击战争,只适宜于交通不便公路没有开发的地方,否则便不能成立。”并举出中国过去许多事实为例。大家知道,游击战争是民众的,只要有民众的地方就可以发动游击战争。自然,地形于游击战术不能说没有关系。但绝不能说,有了交通的地方,游击战争就不能成立。现在我们是对外作战,与中国过去许多内战,根本不能相提并论。同时,我们不是说有了游击战争就不要主力的正规军,相反的我们是要以游击战争来帮助正规军的主力战争。在上面曾经说过,中国的优点,是地广人多。但要充分发挥这一优点,只有发动广泛的民众游击战争。今日敌人进占我们城市交通线,这是“点和线的占领”,我们发动广泛的民众游击战争,则是“面的反攻”,要使敌人占有了点线而不敢一步散开点线,要使它处处遇到障碍,然后配以正规军主力的反攻,由“面的占领”进一步消灭敌人的“点线占领”。我敢相信,假使在全中国各战区都发动了广泛的民众游击战争的话,日本就是动员全国四百万以至六百万的军队都开到中国来,它不独没有方法征服中国,相反的我们将反要帮助日本的劳苦大众推倒这天皇军阀制度。

外交政策

第五，确定外交政策——上面说过，国际与我利害最深切者，同情于我的成分也最多。在外交上，我们应进一步加强国际对我们的援助，特别与英美法苏应有进一步的结合，这是不用说的了。也有人说，今日德意两国，也仍应寻来作为我们的与国。我们不知道，在德意已和我们的敌人公开订立他们之间的秘密军事同盟，意国并已公开承认伪满的事实之下，我们要寻来这种与国干吗？抗战已有了四五月，而我们的许大使，还安然驻在东京，这诚如颜惠庆博士说过，一方和人家打，一方却和人家在饮香槟，这个奇怪的现象，无论政府用意何在，站在我们国民的立场，是无法对外解释清楚的。政府方面对苏联关系已有进一步的增进，即是订立了互不侵犯公约，但限于消极的订约，我们还感到不够。我们今日的外交路线，应该严密的防备一切侵略国家的行动，和赞成维持现状的和平阵线方面的国家更紧密的站在一起。在外交运用上，要以自己为主动力量，促进太平洋集体安全制度之建立，对苏联关系，我们要能得到它对中国更多的帮助，这是为争取最后胜利必要走的外交路线。

第六，团结国内各民族一致抗战——过去我们对国内的民族政策，不但不能把各民族团集在一起，一致抵抗日本帝国主义的进攻，反而给敌人利用来进攻我们。我听到有人说：过去德王的生日，日本政府必派代表送大批礼品前往致贺，然而我们政府一个代表也没有。这是否真实，无从证明。但现在德王已被敌人利用作傀儡，这在事实上是可以相信的。过去日本想使用美人计，曾把现在日本利用以为间谍的国际闻名的双重亡国奴的支那女儿川岛芳子，送与蒙王太子，以图日蒙亲善。这都是侵略我们的阴谋。日本帝国主义大陆政策的北进政策，就是以满蒙为起点。所以对满蒙民族的卖好，早已处心积虑，极尽无耻的挑拨离间之能事。甚至于新疆盛世才督办不为所利用，日本不惜企图以数十万元之代价暗杀。所以我们必须把过去与实际不适宜的民族政策完全改变，代以真诚的平等的互相紧密结合在一起的民族政策。要不妨碍各民族自己的发展，并帮助他们发展，要在一个目标的对日抗战旗帜之下，团结成一个铁的集团，发挥各民族的特点，融合到一个力量中来，以打击外来的进攻。我们应该尽量发挥整个国家的力量来争取最后胜利。

**胜利的前例**

在这里我再举出一个历史的前例，作为我们坚定抗战决心的一种鼓励。大家知道，俄国革命，是经过千辛万苦的奋斗，才得到今日的成功。俄国革命时，它的军备，给养，在各方面，并不胜过于我国，内有白党的作乱，外有各帝国主义的围攻。在一九二〇年时，差不多全国三分之二的土地在敌军之手，自己只保有莫斯科一隅之地。再加以全国大饥荒，情形恶劣到万分。但是他们终究是胜利了。我们现在以全国之力，对付一个侵略国家，内部是团结统一的，在国际上除了敌人同盟国家外，最有力量的国家都同情我们，愿意帮助我们的。我们的条件，一切都优于革命时代的俄国，俄国终于取得了最后的胜利，我们何常不可以取得最后胜利？

现在敌人正在围攻我们的首都，许多人对我们最后胜利的信心已发生了动摇，甚至于失了争取的决心，而感觉到毫无办法。不知道我们现在对敌作战，只是消耗战，只要它占我们一寸土,都须付以极大的代价,即已足尽我们当前的军事任务。只要我们前仆后继,就是失去了首都,再失去了其他的地方,我们也丝毫用不着大惊小怪。这些地方,都是敌人的坟墓。还有许多人看一件事,不从多方面来看,有时好似故意曲解的样子。如有人主张:抗战只是军事问题,反攻击我们不应谈政治。不知道我们谈政治问题,并没有说不要军事。等于我们说:寻求与国,要根据国际形势,利害关系。但不是说:希望人家来帮我们打,我们可以站在后面来观阵。大家要知道,抗战的动员,是需要各部门,是需要分工合作的各负各的责任。如前方拿枪杆的固然要人,后方拿笔杆的以及从事生产的也要人,各地方的防御工事固然要做,但各地方的民众组织更不能忽略,绝非某一部分可以包办。不过各部分都要针对着军事上的一切需要有计划的有联络的进行而已。

最后,我还要再重复的来说几句话作结束。关于争取最后胜利的信心决心与办法,在前面都已经说过了。不过在这些原则下,我们不仅要有勇气克服敌人的残暴,更要有勇气克服自己的缺陷。各种事实的教训,我们应检讨与批评,接受血的教训,产生更有效的补救办法,增加我们抗战的经验,坚强我们抗战的决心。但是有一般悲观主义者,他们只看到事实暴露的一部分,没有看到事实发生的原因结果和补救的办法,以为我们军事技术落后,工业不发达,对外抗战准备不够,所以不能战胜敌人。这种失败主义论者,我们要予以彻底的清除。现在那些对争取最后胜利的信心还发生动摇的人们,我们要明白的告诉他们:这次对敌抗战的情形,不能以表面的形势来观察,应该从实际的效果上去认识。就是说:我们不要仅看到黑暗的一面,而更要看到光明的一面。譬如过去人家说:我们是一个无组织的不统一的国家,只有地方,只有党派,只有小组织,只有乡学系,没有整个的国家观念。然而现在国内任何“不共戴天”的党派,任何不受中央命令的地方,任何势不两立的小组织,任何封建顽固的乡学系,都在“国家第一”的前提下亲密的团结起来了。尤其是各地方的军队,都在最高统帅的指挥下争先恐后的奔赴前线,每一个士兵弟兄,都深刻的觉悟到兄弟阋墙,外御其侮的教训,认清了今日杀敌是他们的天职,而英勇的牺牲。同时,敌人无论在什么地方,找不出一个有国际信仰民众信仰的人作傀儡,所有的伪组织,只有少数腐化的官僚,没落的政客,才为所利用。这些人根本已为时代所淘汰,我们新兴的抗敌阵营,是不需要他们的。这些事实,都充分证明我们在抗战中,不仅在国际上已提高了地位,在国内更产生了空前未有的新气象。这些新气象,就是我们新中国远大前程的基础,就是我们近数十年来所要求而没有得到的局面,就是我们在抗战中所获得的比已失去的要宝贵到不知多少倍的代价和光辉的成绩。今后我们应该有以下几个共同信念:

一、我们要接受血的教训,加强抗敌的力量。

二、我们要加强团结,巩固统一,粉粹敌人和汉奸一切挑拨离间的阴谋!

三、我们要彻底的做有利于自己的事,绝对不做有利于敌人的事!

四、我们要根本肃清恐日病悲观主义的一切失败主义论,坚决抗战到底！

五、我们要使每一个人的每一分精力都用在抗敌救亡工作上，一草一木都要使它发生出抗敌的力量来。

六、我们要了解抗战的过程是艰苦的，更要了解这些艰苦都是可以克服的。

七、我们要克服一切艰苦，争取最后的胜利！

〔二十六年十二月十日在汉口青年会的讲演词〕

# 游击战与持久战

我们知道,"游击战与持久战"对于中国抗战的前途,是有联带关系的。但是自从抗战以来,"游击战与持久战"这句话,虽说已为很多人注意了,然而什么是"游击战"?游击战与"持久战"究竟有什么关系?直到现在还有很多人不完全了解。

## 一、什么是游击战

本来"游击战"这三个字,照它的意义讲,就等于过去所谓的"偷营刦寨"。如三国志诸葛亮常常运用埋伏等,以奇取胜的方法,这也就是游击战的一种。现在的游击战,在它的本质上说,是与过去各种战都不同的。它基本的任务,是在敌人后方,进行扰乱、牵制,与破坏的工作,以及搜索敌人的军情。它组织的成份,是一种民众的武装,也可说是一种武装的民众。它在平时都是民众,战时都是武装。它们在一个游击区域内,除了军事工作外,更能做生产工作,尤其教育民众,组织民众,是它们每一个游击战所负的经常工作。关于这一点,过去有很多人不了解,以为作游击战的游击队,就是军队或以为完全是民众,或以为就是义勇军,这都是似是而非的。真正的游击队,是从各方面配合起来的。严格的说,一个健全的合乎我们理想的游击战斗员,在生活方面,是要能够忍饥耐渴,不怕冷,不怕热,吃得粗,受得苦的。在学识方面,也须相当明了目前的政治形势,明确中日问题,群众心理,民众运动的理论与方法等。在精神方面,更须具有机敏、沉着、勇敢、爱群的素养。在整个游击队中,是须要配合着爬山、涉水、侦探、宣传、测绘、速记、破坏、驾驶、交通、筑路以及射击精确的各种技术人材。所以真正的游击队,一方面是充分具备了军队的精神,一方面仍不失其为民众的立场。可以说,它们是有了最高的政治觉悟,自动起来为彻底的民族解放战争而奋斗的战士。这是我们对游击战的游击队要深刻认识的一点。

## 二、游击战与正规军及民众的关系

游击战不是孤立的。它第一,须有正规军的支持和联络。最近还有人误解,以为游击战是取消了正规军,殊不知恰相反的,游击战是要配合着正规军,而且更在游击队中随时编练出正规军。有了游击战,可以扰乱敌人的后方,帮助正规军战胜敌人,有了正规军,才可以正面抵抗,发挥游击战最大的效用。第八路军在平型关其所以大胜敌人的,就是由于取得了正规军之配合的结果。敌人占领太原后,其所以不敢继续南下,也就是由于后方游击队牵制的缘故,这是游击战与正规军相互配合作战的例证。如果游击战没有正规军的支持和配合,它就会感到接应上的困难，甚至于有被敌人各个消灭的危险。东北过去数十万的义勇军，其所以还不能根本动摇敌人在伪满的统治，就是因为没有正规军的支持和配合。所以游击战最后的决战，还是要正规军。不过我们今日对敌作战的正规军，也应多相机运用"转变阵地战为运动战"，"转变防御战为攻击战"的战略，然后才能更有效的去配合游击战。第二，绝对不能和民众分开。过去许多义勇军，是把所有没有饭吃的民众，都混合编制起来。现在的游击队，是须要使每一个民众都是游击战斗员，都能负担游击工作中某一种的任务，无论是谍报、巡逻、警戒、打柴、烧饭、洗衣、传令、作战……所以游击战不仅要与民众配合，而且要使每一个民众无论老少妇女都能直接间接的参与。也正是因为这样，所以发动民众组织，保障民众最低限度的生活，是发动游击战不可少的条件。

## 三、游击战与持久战的关系

游击战究竟与持久战有什么关系？我们知道：第一，我们对敌抗战最重要的优点，就是地广人多。敌人可以占据我们的铁路公路的沿线，以及各大城市的各点。但他不能在每一寸土的地方都布满了兵力。我们如果能够利用这些空隙的弱点发动游击战，敌人就必致于疲于奔命，不敢前进。第二，我们也因为海岸线太长，疆域面积大，所以不能到处防止敌人的进攻。因为我们正规军"线的防御"是不易抵抗敌人"点的进攻"的。假如我们运用游击战来牵制敌人，使敌人占领一个地方，军队一点也不敢调开。这样,敌人占领的地方愈多,兵力就必愈分散,我们就随时随地都可以任择一点予以各个击破,消灭敌人。第三,我们的正规军,是须要民众帮助的。但正规军没有很多的时间接近民众,没有很多的机会教育民众。我们发动了游击战,游击队就是正规军政治工作的宣传队,就是正规军的先遣队、别动队,也可说是极精锐的先锋队。它们可以调和军民的感情,可以补助正规军教育民众,更可以扩大游击战区,用迅速集合,迅速解散,化整为零,集零为整,声东击西,旋磨打圈的战术来扰敌、袭敌,以帮助正规军获最大的胜利。第四,我们的正规军,是需要壮丁补充的。但是仅用抽丁的强制的方法来征募补充,不但效力不大,而且往往反增加了逃避兵役的难民。我们如果发动了游击战,他们就可以在当地用政治动员的方法,使民众自动起来救国,不逃难,不当顺民,更不当汉奸,热烈的参加游击工作,逐渐锻炼成英勇的战斗员,随时可以抽编出精干有力的常备正规军,前方的兵力,就可以得到源源不绝的补充。第五,我们的地方,除了江浙等沿海各省外,所有川滇黔桂湘鄂赣等省的许多地方,都是敌人机械化的部队不易进攻的。我们就可以利用这些地方,编练出大批坚强的正规军来支持这无数的到处活跃的游击队,一切的军需物品都可以设法源源不绝的供给与调剂,敌人的封锁与包抄,都不足以影响我们长期抗战的基础。总之,我们要以出没无常,飘忽不定,乘其不意,攻其不备的战术来答复敌人的飞机大炮。我们要以敌进我退,敌退我进,敌住我扰,敌逃我追的战术,来答复敌人的迂回猛击。我们要以各个击破,避实就虚的战术,来答复敌人的中央突破。我们要以“面的反攻”来答复敌人

"点和线的占领"。我们要以消耗战来答复敌人的歼灭战。我们要以持久战来答复敌人的速决战。敌人的精力有尽时,我们的抗战无已时。这都是我们可以运用游击战来支持持久战的显明的道理。

中日的战争,不是我们挑起的求战,而是被逼得不得已的抗战。然而我们对敌抗战一个很大的力量,就是发动广大的游击战争。我们要使所有的民众,都能直接间接的参加游击工作。也只有这种方法,才可以达到持久战的目的。

## 四、不要害怕游击战的发展

在这里,我要解释一种误会。最近有人说:宋明时代,义军屯积,在开始时虽为政府所利用,但是最后都发生了割地为雄,无法统治,阶级分化,自相残杀的恶果。这在宋明时代以"要做官,杀人放火受招安"的那种升官发财自私自利的观念去号召义勇军,当然会发生那种自相分化的恶果。现在的游击队却不然,它是在一个正确的统一的领导下,以民族国家利益高于一切个人党派利益的信念下产生出来的。是在一个共同的认识下,以我们都是共同的敌人——日本帝国主义压迫到无路可走的情形下团结起来的。它们将在这民族解放的长期斗争中,受到了血的教训,学会了游击战术,发挥出人类社会谋利益的本能。这一群热情如火的青年男女,在这样一个伟大民族革命的共同信仰下,定能集结成一个铁的集团,永远为中华民族的独立自由而奋斗,至死不作亡国奴。所以我敢断言说:现在的游击队与宋明时代的义勇军是绝对不同的。无论它现在的价值,将来的结果,都不能拿宋明时代义勇军的教训来作比喻。我们对它发展的前途,不要有丝毫的害怕。我更敢断言的说:只要我们有计划的普遍的发动,它必能成为我们持久战的原动力。

## 五、游击战的现状

关于目前全国游击战争的情形,想大家一定愿意知道,我可以简单的报告一二点。第一,现在东北抗日联军,加上散在各地的义勇军,已发展到二十几万以上,划分了许多的游击战区,出没于辽吉黑三省各地的山林里,敌军随时遭遇它们的袭击,不敢一夕安枕。第二,山西发展的游击战区,大小已有七八百处。察绥陕晋与河南河北以及苏浙的一部分都已经普遍的发动了游击工作。自然,在这开始的时候,困难是很多,如联络的不够,物质的缺乏,人民的不了解,正规军的不善于接应等。但它们是能够在这些困难上生长起来的,是能够在这些困难上锻炼成最英勇最坚决的铁军,一切的困难,都会被他们鲜红的热血所克服!

现在我们抗战的情势,并没有什么意外。过去有人说:"日本三日可以亡中国",以为我们沿海无防,敌人可以一直深入到内地。这些人根本不了解我们对敌抗战的战略,他们过去只是图幸免,现在只是站在后面害怕和悲观。其实,我们把地图打开一看,不但没有什么意外,会使我们悲观,而且在事实上我们已经获得比所失的宝贵到不知多少倍的代价。(一)暴露了我们许多的弱点,使我们接受了血的教训,增加了很多的抗敌经验。

(二)全国空前的团结,已使四分五裂的中国焕然一新。(三)民众得到了广泛的训练,已使中国四万万五千万的睡狮一致猛醒。(四)国际上空前的荣誉,已洗刷了我们不抵抗的耻辱。(五)各地方的军队,都有了深刻的国家观念,一致奔赴前线。这都是我们近数十年来所要求而没有得到的最大的成绩。最近日本报纸上已经有了喊他们军队“节省子弹”的呼声。因为他们的军阀,那以为只要三个月的时间,十五师团的兵力,就可以征服我国。而现在已增加了一二倍,我们还是象巨人样的站在这里毫不畏怯的同它对抗。他们的商业已一落千丈,他们的资本家已大起恐慌。如果我们能够普遍的运用游击战,来帮助正规军,来支持持久战,不在两年以后,我们就得很快的看到敌人的没落与崩溃。最后胜利的光辉,就会照在我们四万万五千万同胞的脸上,我们是有这种把握的。

# 从华北谈到全国游击战的前途

敌寇向华北长驱直入之后，引起全国人注意的广泛展开在华北各地的游击战争，更因为中国对日抗战过程中，组织并武装全民众起来战斗的全国游击战，将成为抗战问题中军事上之一种决定的作用，即是为达到最后胜利必经的阶段，于是对于游击战的问题，乃为各方所特别重视。尤其已在进行中的华北游击战，更为人感到兴趣。二月之前，我曾去过华北战区视察过一次，最近有几个友人刚从北方来，又谈起关于这问题不少事实与意见，因之吸收了各方面的材料，写成此文。

## 一、进行游击战的必备条件

游击军与正规军的作战，有其不同的性质，即是游击军的生长与发展，特别要在于民众中间，固然正规军要取得极大的胜利也非与民众打成一片不可，而游击军特别不能离开民众而存在。因此在政治上它必备的条件有如下几项。

（一）在游击的区域，要给民众以最大的民主自由，完全开放民众运动，吸引一切分子参加抗战。

（二）民众最低的生活，必须要给以保障，使他们能一心一意来参加抗战。

（三）要把民众完全组织起来，武装起采，才有走到发动广大游击战前途的可能。

（四）必须根据统一战线的政治前提，把一切人组织到抗战阵线中来。对于地方豪绅地主，要以最适当而温和的方法，使他们也参加抗战。

（五）因为游击军经常的不能从一个方面取得充分的接济与补充，因此凡是前方给养与后方运输等，都要靠民众就地来维持的。

不具备上述条件，进行游击战是完全不可能的。总括一句，游击军实即是民众自己的武力。

## 二、游击战与游击区

大家已知道，游击战乃是一种没有固定阵地的运动战，但不可以为游击战永远只是游击不定，不要固定的游击区域，而出没无定和敌人作战的方法，这只是在敌人主力集中点的四周，它力量足以控制那一方面的地方，这时候，应配合着正规军的进攻，来扰乱敌人的各方面，牵制其兵力，减弱其对正规军的攻击力量。这是游击战。但到敌人的主力已经分散，已不能完全控制住那个区域，在敌人前方或后方，已发现了一个无暇顾及的某区域时，游击军就立刻要在这区域中建立起一个游击区。游击区将并不是一样流动性质的了，在这里它要建立起一个“游击的政权”，负担起组织民众，推动游击战到更高阶段的任务等等。主要的任务是以下三点：

（一）作为前方游击军休养补充的根据点。积极方面要在游击军中提出精锐部队，产生出正规军，以达到与敌军作主力战的前途。

（二）更有力的策动各方面的游击战争，推进游击战到更高的阶段。

（三）与民众打成一片，更广大的组织民众武装起来，以扩大并加强游击区的力量。

现在晋北、晋东、冀西各处的游击队，就在游击战向游击区的建立发展。我们知道，现在敌人孤军深入，已占领的只限于城市与交通线，这可称之为“点线的占领”，而游击战与游击区的建立，则为“面的占领”。由游击战发展到游击区的建立，这面的占领就扩大了许多，再由许许多多游击区的建立，则可进一步而消灭敌人点线的占领了。但是在敌人已占领的区域，如没有游击战的发动，与进一步而建立游击区，则敌人今日虽是点线的占领，它还是可以迅速发展而成为面的占领的。历代的败亡，最初外敌也只先占有点线，但因为我们没有面的占领，终至于不可收拾了。这些历史教训值得我们引为前车之鉴。

## 三、华北游击战的现状

八路军入晋，给予东北各地游击战一个极大的推动。现在在晋北、晋东以及冀西等地，都已开展着异常广阔的游击区域，大概可以分作以下几个地方。

一晋北区　包括雁门关浑源一带，这里向东与河北游击军有密切联系。

二冀西区　自晋省边境到易县、固安一带，并与平津近郊游击军有联系。

三晋东区　自榆次以东，沿正太路附近，有大队游击军，并与该处正规军配合作战，收极大效果。

就中山西省的地势，北有恒山、五台山脉，南为王屋山，东是漫长的太行山脉，西为吕梁山，全境山势错杂，尽是险要之区，实在是进行游击战最好的地方。加以八路军打游击战争的丰富经验，现在正在激烈的开展中，报纸上常常可以见到他们胜利的捷报。虽然是部分的胜利，也给敌人很大的威胁了。若配以正规军协同适当的攻击，前途实可乐观。

我们知道，华北的情形与南方稍有不同，平时民众即已习于自卫作战，民间自有枪支甚多，所以只要不忘记以上的条件，有人号召、组织、领导，有了这个基础存在，预料华北游击战的前途将有极大的展开。最近有一个友人从华北回来，他看到这情形，曾说过：今日敌人以汽车很快的走进了我们土地，预料他们将来的败退，要用两个脚一步一步地爬回去。假如华北民众都已起来的话。因为敌人今日虽已占有很多地方，但后方都是异常空虚的。然而要达到这一步，却要我们把华北游击战更猛烈的发展起来。否则敌人却要利用汉奸，驱使这些民众反过来作为攻击我们之用。

十八日大公报载刘清扬、曹孟君两女士的报告："现在河北省内之民众游击队，甚为活跃。在北平西部妙峰山之游击队，虽经日军五六次之围攻，现时尚有人枪具全之部队六千人，冀东有五六千人。天津附近，冀省中部如固安、霸县等处为数亦多。"这可见华北游击战近状的一斑了。

## 四、从华北谈到全国游击战的前途

现在有人批评游击战争说：这只能在交通不发达，公路没有开通的地方，才有开展的可能，否则，便很难立足了。这是不了解现实环境与游击战的一例，并以过去江西的事实为例。诚然，游击战在崇山峻岭交通困难的地方，最易收效。但我们要问，现在的战争是否可与过去江西事实相比呢？现在是对外作战，情形已根本有别，在游击军的各方，有二百万以上的正规军在担任主力作战，有千万民众作后盾。相反方面，也有一种过分估计了游击战的看法，以为单靠游击战就能取得绝对的胜利的。同样这也是没有完全了解游击战的作用及其对整个军事形势上的要求。

我们必须指出：游击战能够在抗战中收最大的效果，予敌人以致命的打击，而迅速实现最后胜利之目的，这必须与在各方担任阵地的正规军密切联络，协同动作，才有可能。因为任何一支军队的进退，在军事上的得失，本来不能把某一方面作孤立或静止的方法来了解，而要从整个军事大势来看的，尤其是游击军，它能给敌人以多少的打击，完全要以正规军的配合作战如何以为断。

举例言之，第八路军在平型关的大胜，固然由于该军对游击战特别丰富的经验，与其他的条件，但正规军能与他们取得密切的联络，也是使他们获得胜利的因素之一。我们要继续得到军事上的大胜，这一点最值得注意。

根据这个观察，对华北以至全国游击战的前途，我们当可有如下的见解。

（一）担任主力的正规军队，与各地游击战必须有最密切的联系，配合起来行动，是能够给敌人致命打击的。

（二）游击军虽然能给敌人以种种威胁，但是最后决战的力量，还是正规军的责任。游击军不能忘记尽可能把自己发展到正规军的形式，展开主力战。

（三）动员并武装全民众时，中国将有最广大的游击战发展起来，在争取最后胜利的目标上，演其决定的作用。

有一点我们必须要指出：中国对日抗战，绝不能只是以二百万人的正规军与敌人的炮火相拼，必须汇合全中国千千万万民众的力量与它相拼，这是获得最后胜利的一个决定的条件。

若是我们能实现这条件时，将看到全中国最广大最普遍的游击队象汪洋大海的浪潮一样奔腾澎湃，把最残酷野蛮的日本强盗全部淹没在中国每一寸土地上！

# 共同的认识与共同的行动

## ——几句补充的话

认识是行动的指针，有共同的认识，然后才能产生共同的行动，有共同的行动，然后才能产生伟大的力量。真正正确的认识，必然会成为共同的认识，真正共同的认识，是经过实践与研讨得出来的结论，而不是片面的或用命令的方式可以取得的。

从“八一三”战事开始以后，我们对敌抗战的共同认识，是以“全面的持久的”战略来争取“最后胜利”。在这一战略下，我们对敌抗战的共同行动，对内是以民族的利益高于一切，不分党派，军政一致，军民一致，发挥我们四万万五千万人民的力量。对外是联合世界上以平等待我之民族与国家，共同制裁侵略，巩固和平，并建立太平洋的集体安全。对敌是坚决抗战到底，绝不中途屈服妥协。我们因为有了这样共同的认识与行动，所以才敢下决心与敌抗战。我们因为能够把握这样共同行动的伟大力量，所以才敢与敌争取最后胜利。

但是，从抗战以来，我们在各方面的事实的表现，还不够充分，一切战时所必须有的改革，执行还不够彻底，还不够坚决。

对内虽说各党各派都合作了，然而在许多方面还有多少的怀疑与隔阂。广大的民众还没有普遍的动员起来，全民抗战还没有发动，军事同政治尚未完全配合一致，军队同人民还没有取得亲密的联系。对外在整个外交上我们还没有显明的方针与坚决的表示。对敌还有少数对抗战认识不清楚的幻想与动摇。因为有这些现象，所以更使许多群众，对我们抗战的前途，发生了怀疑、恐惧，甚至于厌战。于是，在我们共同的认识上发生了分歧，共同的行动上发生了分歧，这是一个极严重的危机。我们为了要指出这些问题发生的原因和补救的办法，以期加强共同的认识与行动，所以需要再提出“怎样争取最后胜利”的这一问题来讨论。

我们要大声疾呼！我们对敌抗战，是一个长途的艰苦旅行，这中间是要经过许多的荆棘与障碍。在这旅行期间，我们不但不能后退，因为后退就是死路；而且也不能左顾右盼，因为左顾右盼就会跌入深渊。我们要求生路，只有勇猛的向前冲！我们能够勇猛的向前冲，越过了荆棘与障碍就是康衢大道，走出了黑暗就是光明，艰苦的尽头就是幸福。十二月十七日的告全国国民书内也已指出：“所经险阻愈多，则所获之胜利愈大”，“今日多忍痛一分，将来成功亦多一分，吾人为国家民族与世世子孙计，牺牲虽巨，无可避亦无可辞。”“目前形势，无论如何转变，唯有向前迈进，万无中途屈服之理。”“诚使我国同胞前仆后继，随时随地皆能发生坚强之抵抗力，敌之武力，终有穷时，最后胜利，必属于我。”这就是更进一步的说明，对敌抗战，要始终保持“胜勿骄，败勿馁”，坚决打到底的态度。

我们更要大声疾呼！我们对敌抗战，不但要有信心和决心，更要有办法。我们的失败要检讨，我们的错误要痛改，我们要诚恳的接受各方面善意的批评，我们要真实的容纳各方面提出的意见。我们对自己人要坦白的互信互谅，不能你防我我防你的自起猜忌，自分党派，予敌以离间的机会。我敢相信，在这“国家第一”的大前提下，我们的群众，只要是站在救亡的立场上，不怕人号召。我们要有计划的普遍的用力量去推动整个的民众运动，使每一乡每一村都有人去负责，不能只空空的责备“民众不觉悟”，“知识分子不下乡”，在野的不自动去做些“平凡的准备”。我们不能因为看重某一个问题而忽略其他的问题，如只看到前方而忘记了后方，应该把各种问题并列在一起求出一个整个的根本的解决办法。我们要使每一人，每一界，都有参加抗战的能力和机会。如仍把大批的青年学生关在教室里读死书，这是不对的。虽说“战时要有平时的态度”，但是平时那些要不得的态度应该在战时绝对的丢开。现在我们需要抗战教育，需要使唱一曲歌，演一幕戏，说一句话，走一步路，都不失抗战的意义，并须对抗战有一种切实的帮助。我们要使战区的地方机关对军队的需要有一种切实的供给，一进一退，都要与军队紧密的配合，一切的人力物力，应该事前有计划的移置埋藏或毁坏，以作“坚壁清野”的准备，不能给敌人丝毫的方便。我们要加紧军队的政治工作，军民的联欢运动，使战区或后方的人民，有欢迎或欢送军队的热烈表现，军民如弟兄般的亲爱合作。这些事情，都是我们能够做到而必须做到的事情。

我们还要再诚恳的要求！政府和人民的相互间，都要“躬自厚而薄责于人”。都要用最大的诚意，事实的表现，来消除过去极大的矛盾与成见，然后能集中力量，抢救危亡！在政府方面：对人民许多批评，无论是出于什么人之口，只问事实对不对，不能“以人废言”。我们感觉到过去军政党各界，自己的人讲话，无论是好是坏，都似可以接受；否则就以为是恶意的攻击。这在过去还犹可说，现在我们只有一个共同的敌人，我们已是不分上下，不分党派，不分朝野，通力合作的时候，这种意气用事的情形，是绝对不可以再有的。虽然人民有时不明了实际情形，所说的不一定与事实相符，但政府也要抱“有则改之，无则加勉”的态度。有了错误，不须隐讳，更不须要求人民的原谅。古人有句话：“泰山不让土壤，河海不择细流”，又有所谓：“良药苦口利于病，忠言逆耳利于行。”再有所谓：“当局者迷，旁观者清。”这都是说明集思可以广益，我们应该勇于接受批评。若果真是足以增加我们的力量，减少敌人力量的，我们不妨研究讨论，而且还须以实际的工作来竞赛，不仅徒徒于口头之争。还有最值得我们警惕的话，如所谓“防民之口，甚于防川”。这是说明政府应该从善如流，不应该限制舆论。而且政府限制舆论的结果，往往可使少数贪污之人借作掩护，不是弄得“怨声载道”，就是弄得“道路以目”的敢怒而不敢言。再有许多没有秘密必要的事实，应当尽量公开，以免敌人间谍乘间造谣，人民反莫明其妙。到现在还有人说：许多话只可向政府建议，不可使人民晓得。不知道凡是经过公开说出来的话，都是早为多数人民所共知的，不过，只藏在心里没有说出来而已。说出来了，倒可以使大家松一口气，感觉痛快，否则郁郁于心，反觉不安，甚至因限制言论太过，反易受人挑拨，其利害得失，当可想见。我们唤起民众，已嫌过迟，而今方正在作“亡羊补牢”之计，但要唤起民众，若不准人民说话，这是不行的。我们只有彻底开放民众运动，大胆的把许多的民运工作，交给青年，交给知识分子；不分限界，使大家都有工作的机会。我相信，如果要把每一乡每一村的民众都组织起来，我们的青年与知识分子，是不够支配的，决没有多余的人材到处流落。我们民运工作的经费，应有通盘筹划的收支。上下办事的人，应该生活一致，不能仍象过去官办的事业，把许多经费开支在少数人的薪俸上或办公室里而不顾及外面的实际工作。我们不要忘记十二月十七日告国民书的昭示：“中国持久抗战，不但不在南京，抑且不在各大都市，而实寄于全国之乡村与广大强固之民心。我全国同胞，诚能晓然于敌人之鲸吞，无可幸免，父告其子，兄告其弟，人人敌忾，步步设防，则四千万方里国土以内，到处皆可造成有形无形之坚强壁垒，以制敌之死命。”这是我们努力救亡工作的方针。在人民方面：应该多建议切实的办法，以供政府采择施行。但不能固执己见，妄加诋毁。我们检讨过去的事实，只是引鉴前车，不是怨恨攻击，我们把握的是现在，希望的是将来。我们个人的痛苦，应该咬紧牙关忍受。我们要牺牲个人的一切。我们要把整个的心，全部的血肉，交与国家。过去那些在小场合上争意气，在小组织上破坏公益，团体间的互相猜忌，互相攻击，对人则责备求全，对已则毫不负责的态度，应该全部除去。我们要随时随地的记念着：我们要怎样才能把四万万五千万的同胞团结得确如亲爱的兄弟姊妹一般？我们要怎样才对得起前方已经伤亡的三十万以上的将士？我们更要清楚的认识：

凡是于我们国家有利益的事，都是我们应该做的事；凡是于敌人有利的事，都是我们不应该做的事。我们所要求的，只是民族的利益！我们所争取的，只是民族最后的胜利！我们更要有最大的信念，只要我们努力争取，全面的持久的一致争取，最后的胜利，就一定属于我们。

二十六年十二月二十日于汉口

# 半年来抗战的回顾

## ——在八路军欢迎晚会上的演讲

从芦沟桥事件到现在止，已经半年多了。在这不算短的抗战过程中，我们虽然失去了许许多多的地方，大的都市如天津、北平、上海、南京、太原、青岛、济南等处。现在京沪线敌军正分路进攻扬子江沿岸各地及安徽等地，同时并派兵直驱江苏北部，进逼徐州，连接津浦平汉两路，共袭郑州开封，威胁陇海路，截断平汉路，使中国南北两线在交通运输上发生更大的困难。同时平绥线敌人现正在太原增加兵力，有分三路南下，进窥风陵渡模样。而在华南方面，又有敌军已在中山县附近登岸，准备袭击粤汉，广九两铁路。这种情形告诉我们：目前中国抗战已进入一种比较艰苦的阶段，敌人的魔手已在我国大多数的地方发挥它的残暴的行为了。

但是，并不因为看到比较艰苦的局势就退却，更不因为暂时的军事失利就恢心。尤其不应以许多城市被占就认为大势已去，更不应以物质不如人，就觉得中国无救。我们坚决的同时又很清楚的理解，我们在军事上暂时的失利，是不足以影响我们最后胜利的。

我们从抗战期中的各种情形看来,可以知道:

一、我们军政界的领袖们的抗战精神都很坚决,在数月内,我曾见过一些最高领导以及各战区的负责人,他们都表示愿为中华民族流最后一滴血,就是杀到最后一兵一卒也要坚持到底。

二、我们虽失去了不少地方,但我们已渐渐地发展了游击队、别动队、自卫队等组织。尤其是华北方面,各游击队,在敌人的侧后方已建立巩固的根据地,经常破坏交通,袭击敌人,牵制敌人的兵力,使敌人不敢深入腹地。敌人所能占领的,只是交通沿线的大城市。离开交通线远的或者较小的城市以及乡村,大都还在我们游击队手里。

三、抗战期中,敌人一方面用武力来压迫我们,一方面却又利用汉奸走狗亲日派竭力活动,多方离间挑拨,分化我力量,破坏我国内的团结。但是我们全国上下,都更加团结,民族统一战线比从前更加巩固,不但各党各派都能开诚相见。尤其全国各地方的军队,都在一个统一的指挥下,奔赴前线,英勇作战。这是我们近数十年来所没有的极宝贵的收获。

四、在抗战初起时,并没有发动广大的民众,只是政府军队的抗战,而不是全民的抗战。因此,在军事等方面都得不到民众的帮助,处处陷于不利的地位。但现在各抗战领袖,都注意到这个问题,对于组织民众这件事,已在努力施行。同时,日军的残暴,也给民众看清了仇敌的狰狞面目,一致为保卫国,保卫家而奋斗。这种由单纯的政府军队抗战,转变到全民的抗战,是决定抗战胜利的最大因素之一。

五、中国的英勇抗战，尤其是上海之战、平型关之战、忻口之战，已引起国际间极大的同情与赞扬，无形中提高了我们的地位。英美法苏等国，在精神上及物质上都给我们很大的鼓励与帮助。这证明了，中国的抗日，不但有全国人民作后盾，同时还有世界上一切爱好和平的国家及人民的援助。

在另一方面，我们看敌人在这几个月里的情形，是怎样呢？

（一）在军事方面：在各战线上，敌军都遭到我军的英勇抵抗，使他现代化的军队，遭受了极大的打击，消耗了巨量的金钱弹药，丧失了几十万的生命。但是所得到的是些什么呢？虽然他已抢占了不少的地方，但大多数的地方，尤其是华北方面，大多是发动民众，经过坚壁清野的方法，敌人所得到的不过是些空城而已。并且因为游击队在他后面活动，所以他愈深入，愈感到后方联络的困难；他愈前进，愈感到给养及弹药运输的不易。这种种，使敌人的部队在后方时时遭到袭击，使敌人的进攻计划时时受到阻碍。

（二）在经济方面：他的对华贸易已差不多完全停止。那些被他占领的地方，因为民众大都跑了，也并不能畅销他的货物。在其他区域，根本就看不到日货的买卖了。日人在上海青岛等处所有的工厂，已被我国全部破坏。这是很难在短时期内，在那些被占的地方取得报偿的。

（三）在他国内方面：日本人民反战，兵士厌战的空气，日渐浓厚。从被俘掳过来的日兵口中，我们知道：日兵已在怀疑这次打中国是什么意义，打中国对他们有什么好处，他们完全被日军伐利用了。在上月间，从日本的广播中，听到了日官府的报告，说最近曾在东京一处就捕了三百多的左派领袖。我们知道这些所谓左派领袖,一定都是些反战,反侵略的有力分子。仅在东京就这样多,可见人民反战的积极。现在虽有一部分被捕,但反战的种子,差不多已全播在日本民众的心坎上。反战运动是一天天在长大和发展。

(四)在国际方面:日本虽有那法意两国在作声援,但世界上广大的反侵略的国家和人民,是站在我们这一方面的。近两月来,日机曾轰炸英美船舶,侵害各国的商业利益,这一切更引起各国对于日本的仇视。

关于敌我的情形,从上面所分析的看来,我们可以明白知道,我们在军事上、政治上、已日益好转,如抗日民族统一战线的巩固,全国上下抗敌意识的坚决,全国民众渐渐参加到抗战中来,战略战术也日渐改革,一切都向好的有利方向发展。再加上国际上的物质及精神上的帮助,我们是十二万分的相信,我们是一定可以打倒那政治经济军事日陷不利,而且国内反战激烈,国际地位孤立的日本帝国主义的!只要我们的统一战线更加巩固,坚持抗战到底,最后的胜利一定属于我们的!

最后我用一个公式,来做我今天讲话的结论。

中国的持久抗战+国际间的援助+日本国内的崩溃=中国最后的胜利。

二十七年一月十日晚《全民社》记者记

# 山西的现在及其将来

## ——在临大与东北大学讲词

晋南的局势，自临汾失陷以后，是相当的紧张了。但是究竟紧张到什么程度呢？山西的问题是不是值得我们重视呢？山西的前途是乐观呢，还是悲观呢？我们应该怎样的去认识山西的优点和缺点呢？这一串的问题，是要我们平心静气地去分析，去判断，即不应盲目的说不怕，更不应怯懦的就惊惶失措，问题的解决，还需我们彻底的接受教训，沉着的抓住敌人的弱点，发挥自己的优点。

## 一、山西是值得我们重视的

谁都知道，山西是整个华北抗战的支撑点，它进可以反攻河北察哈尔绥远收复华北以及我们东北所有的失地，它守可以保障河南陕西制止敌人的魔掌伸入到我们的腹地。同时，山西蕴储有甲于全国的煤铁，物产丰饶，地势险峻，它不仅便利于我们防阻和对平绥敌人的进攻，而且有利于我们部分的消灭敌人和支持长期的抗战。以华北抗战的整个情势说起来,山西是失不得的。然而过去在整个华北的抗战布置中,虽说在平型关,在崞县,在原平,在忻口,在广阳的各战役都会给敌人以重大的打击,但是我们没有配备更多的精锐部队首先用于对山西的保卫,以致雁门关长城各口很快的就被敌人突破,晋北的战局,没有发挥我们最大的优点,这是我们血的教训。

敌人自占领太原以后,把全部兵力移转于东战场北战场。在偏安了三个月的西战场,因敌人打通津浦路、截断陇海路的迷梦不能实现,乃转向平汉路道清路西犯,由晋东的东阳关、晋西的孝义汾阳倾巢南犯,以图完成大包围晋西的战略。自敌人在二月十五日发动总攻晋南的战局展开后,我们过去似乎失去了反攻太原截断正太路侧击平汉路的机会,而现在兵力的配备,中路又似乎过于注重了韩候岭和晋西方面,太偏重了突击太原,以致敌人乘虚攻入汾阳进占离石,直达军渡,分兵陷我汾西隰县,与汾阳离石形成倚角之势。我们缺乏攻击性的运动战,没有用主力截断敌人的后路,首尾呼应的夹攻敌人,以致目前的晋南战局,我们陷于相当的不利,而且敌人是尽其所有的力量,准备在二十天以内占有晋南。

## 二、山西的前途是乐观的

我们能够保卫晋南吗?山西的前途能够乐观吗?我们可以肯定的答复说:能够的。但是我们的眼光,不要仅仅看到那铁路和公路的各线以及那城镇的各点。在敌人还没有进攻晋南的时候,山西一〇五县的地方,仅被敌人占据十五县,晋北许多的地方,根本没有敌人的踪迹;现在敌人就是把晋南各县都占据了,把所有的铁路线公路线都占据了,我们也不能说山西就完了,因为这些点和线都不能包括山西的全部面积,何况山西的人民大多数都起来了。在一个月以前,我对民族革命大学附设的儿童团讲话时,曾拿一张白纸点了许多黑点划了许多黑线,我向他们说:这白纸上是黑的多呢?白的多呢?他们齐声答复是白的多,我再告诉他们说:这黑点和黑线,是日本强盗占领的地方,这白的是日本强盗没有办法占领的地方。我又问他们说:山西有多少人?现在山西还有多少人?一个十四岁的儿童答复说:一千三百万人,现在还是一千三百万人,日本强盗虽占去了我们许多地方,但是山西人是不会投降日本强盗的。这个十四岁的儿童,深刻的说明了山西的现况。老实说,日本强盗这次进攻晋南,是最冒险的。现在的山西,已不是过去的山西,无论政治、军事、民运,都有了飞跃的进步,日本强盗也正因为山西是在这样的向上生长着,不得不作一个先发制人的军事的冒险行动。但是我敢武断的说,现在日本强盗可以用迂回包围的进攻突破我防御线,在不久的将来我们必能用面的反攻消灭日本强盗点和线的占领。

上面这些话,或许还太抽象了,现在我更进一步的指出山西政治的军事的民运的现状。在两月以前,山西曾公布了一个《民族革命十大纲领》,这是山西总政治部、牺牲救国同盟会、主张公道团总团部、工人委员会等共同发表的联合行动纲领,其内容,包括有:(一)贯彻全民抗战,组织自卫队、游击队,开展游击战争;(二)创造政治化主义化的抗日革命军,在军队中执行民主集权制；（三）切实执行优待抗日军人家属条例，改善士兵生活；（四）扩大民众救亡运动，建立广大的民众组织；（五）造就民族革命运动的干部；（六）健全总动员实施委员会，加速动员，改善政治；（七）铲除汉奸卖国贼及坏官坏绅坏人，扶植民主监政；（八）切实执行合理负担，逐渐减租减息，改善人民生活；（九）加大工业生产，扶植手工业，改善工人生活；（十）实施抗战的农村建设。山西的政治军事民运，在这十大纲领的号召下，是走上了一个较新的阶段，虽说在实际上在事实上还没有依照彻底执行，但以政治来说，山西已有许多的县长，在民众的一致拥护下，领导着成千成万的游击队。山西已有许多的豪绅，在民运的力量与诚恳的说服下，自发的执行"有钱出钱，大家拼命"的原则。最保守的山西民众，现在也逐渐地在政治动员下成千万的武装起来了。同时，山西的民族统一阵线是非常巩固的。各方面相互间都能开诚相见，互信互谅互助，无所谓摩擦，纵然有时发生小的误会，但一见面说明了就立刻冰释。各党各派各界各军各民众团体以及所有山西的人民，除了汉奸外，都能在"抗日高于一切，一切服从抗日"的原则下，紧密地团结起来，面向着一个共同的敌人奋斗。以军事来说，山西是采取"改善旧的军队，建立新的军队"的办法，同时确定了"政治领导军事"的方针，使所有的一切工作，都集中在组织民众武装民众的基础上，为动员全民抗战而努力。在建设新军的正确的号召下，山西已建立四个纵队包含有十二个总队的青年决死队，十几万的自卫队，普遍的游击队，而且已培养出大批"军事政治化政治军事化"的青年干部，除了去年曾经大规模训练国民师范一千余的干部和将近一万人的国民兵军官教导团外,并开办了许多的训练班,吸收了各地成千以上的大中学生,共有九个分校的随营抗日政治军事学校,四个分校的民族革命大学,更号召了全国将近一万人的优秀干部。在旧的军队方面,也都成立了政治工作的系统。同时军队的整理,是依照:(一)与士卒共甘苦;(二)扫除一切积弊,财政公开,实行财政开支小报制;(三)要纪律民主化赏罚公道;(四)实行说服教育不准打骂;(五)实行人情统驭合理管理等办法去进行的。所以旧的军队,不但逐渐与民众合作,而且官兵的隔膜也逐渐消除。这些都是山西不可忽视的新力量。虽说这些力量,当局还没有全盘计划的去充实与发挥,现在还是在潜伏时期,还不能立刻大部分的消灭敌人,但是这种力量的发展,必能由渐近到飞跃,由个别到统一,是没有什么力量可以阻止可以击破的。假如我们到五台盂县一带去看,在晋冀察的边区三四十县,已经把所有的民众都武装起来了,而且已建立了在中央领导下的游击政权。在那里面有邮政,有医院,有学校,有工厂,有银行。他们在敌人的后方,已锻炼成一个模范的统一战线的铁的集团,不分贫富,不分党派,不分男女老幼。在那里只看到军民一致,官兵一致,紧张、活泼;只看到大家为了国家民族不惜牺牲个人的一切,绝没有什么意气之举,更没有什么利害之争。他们都知道只有一个共同的敌人,大家都坚决的不作亡国奴。这种游击政权是日益发展和普遍。在晋西,在晋北,虽说敌人屡次的围攻,但他们都能把敌人打败,而毫不畏怯。整个山西,只要"组织了一百万民众,武装了十万民众",日本强盗冲到晋南就是他自己走向毁灭的坟墓。山西是有这样一个前途的。以民运来说,山西的民运机关，是非常之多的，在过去就有主张公道团，牺牲救国同盟会；自芦沟桥事变以后，晋察绥民族革命战争战地总动员委员会，山西省总动员设施委员会，更以簇新的姿态出现于吾人之前。县、街、村都有总动员实施委员会的设立。农民救国会，工人救国会，妇女救国会，老人祈祷会，少年除奸团，儿童歌咏队，都普遍的建立起来了。其他如人民自卫队、少年先锋队、青年决死队、游击队等各团体，都能看到他们很精巧的油印刊物，很警醒的标语壁报。在各种群集讲话的场所，都可以看到围上几层的老百姓，这些老百姓都是自己来的。这些事实都告诉了我们，山西的民运工作是在日益开展，而且都是针对着武装民众的方向前进。我们了解了山西这些情形，我们对山西的前途是不会悲观的，其实就是晋察绥以及所有的失地都是同样的不是悲观的。我们为检讨自己的缺点，纠正自己的错误，要求用最大的力量，保卫我们每一寸的土地，这才是对的。若果在前方战事不紧张的时候，大家坐在家里，依然歌舞起来，甚至不把敌人当作攻击的对象，各方面只是你说我不对，我说你不好，专门寻找自己弟兄的小错误直接间接的分散自己力量，削弱自己的民族统一战线，阻碍民众运动的发展，不能彻底的接受血的教训，不诚恳的互相谅解彼此接受自己弟兄善意的批评，一到前方战事紧张的时候，只晓得打算逃难搬家，毫不计及整个民众的安全，混乱，恐慌的状态，助长人民失败的情绪，不但对山西的现状是悲观的，就是四川贵州云南以及对整个的中国都会是悲观的。但我万分的相信，中国不会这样，虽说现在各处还有这样互相不了解的事实，但是这些事实是会逐渐消除的，因为不消除，中国就不能争取最后的胜利。

## 三、山西现在的缺点

自然，现在的山西，我不能说没有缺点，相反的，我们可以说它的缺点很多，如：(一)理论与事实往往配合不起来，不能把口号行动化，这是缺乏强有力的干部，缺乏统一的全盘计划，缺乏正确领导的积极性和组织性，因此一切工作，无论群众的情绪怎样的热烈，然而还是表现不出紧张的有步骤的进度。(二)在工作上常发现左倾的幼稚病，这是领导的人有时把握不住群众的盲动心里，把握不住正确的民族统一战线，把握不住忍耐的劝告与说服的工作方式，把握不住民主集权的灵活运用，以致想把不公道的事情，一下子就弄公道，想把自卫队、决死队马上带上前线去打仗，想把合理负担一下子就去彻底执行，想把贪污"土劣"立刻惩处一个痛快。这些左倾的错误，又常常表现出右倾的事实。如对群众不能耐心地去说服，去教育，不能艰苦的去改善政治机构，认为无官不贪，无绅不劣，改造无望。这些情形，都会形成包办的、关门的倾向，而阻碍政治军事民运的进步与发展，都会驱使缺乏民族意识的分子更离开救亡的立场。(三)许多行政机关仍还是脆弱无能。如还有很多的县政府不能帮助军队征发军用物品；警察局不能严密清查户口，安定后方治安秩序，前方流散下来的伤兵，地方机关不能帮助收纳转运，一切人力、物力、财力的动员，行政机关依然还有采用强迫的逮捕搜索勒派等方式，各地方的教育，连小学都停顿了，不能利用各地方的小学教员以实施战时教育的方式，开展普遍的民众训练；因为行政机关没有配合军事时期的需要来工作，所以大都好似无所事事。（四）用人行政仍没有把握住人材主义，以至有能力的新的分子，往往没有发展所长的机会。传统似的积习，还是不能完全消除。无论是一个机关，一个团体，甚至一个军队，一个党，若没有新的优秀分子参加，就不会产生出新的力量，它就会如一个人一样逐渐的衰老以至于死亡。其他如政治上的矛盾，还有一些不能彻底刷新的气象，象有些人还把自卫队当成防共团、保卫团看待，因之十元二十元雇上人参加的也有（这自然是极少数）。山西的缺点，当然不只这一些，还很多很多。其实许多事情，并不仅山西是这样，其他的地方也有许多是这样。但是我们得郑重的重复说一句，并不因为有这些缺点就对山西悲观了，相反的，它的前途是乐观的，它正如一个遭难的孩子，现在要在艰苦的奋斗中生长起来，自然还免不了这许多的病态。同时，也可以说，正因为山西还有这些缺点，所以山西还不能予敌人以最大打击，才会有现在军事上的失利。山西缺点减少的时候，就是我们最后胜利的时候。我更十二分的相信，山西的缺点是会日益减少的，山西的新力量是会日益加大的。所以我的结论是没有悲观。而且我们每一个人也应有保卫山西，保卫陕西，保卫大西北的责任和决心，就是失掉了山西而仍须有毫不气馁的态度和毫不减少争取最后胜利的信心。乐观的前途，是需要用我们的血和肉去争取的。

二十七·三·七于西安

# 当前抗战形势与后方工作

## 一、目前的战局

当日寇倾全力以陆海空军的力量,向我们第三期抗战的中心武汉进攻了五个月之后,却又以两个师团的兵力来袭击华南了。这不仅充分地表示出日寇封锁华南,切断我国际交通线的企图,而且更明白的证明了:日寇由于不能立即攻下武汉以遂行其速战速决的阴谋,因而想以华南的疯狂行动来牵制我军。绝对不能以为日寇的进攻华南是由于他可以有余裕的兵力分配出来,相反的,正是由于他对于我们长期抗战感到恐慌,才不能不企图以扩大战争的方式来迅速结束战争。因之,武汉和华南的战争,实在是保卫武汉这一大会战的两面,只有从这二者的联系上,我们才能真正观察出敌人进攻的方向与战略。

首先,应该着重指出的是:虽然日寇在华南发动了新的战争,虽然日寇积极围攻我们在敌人后方的抗日根据地,但目前的战局重心始终还是在武汉。我们在华南的英勇抗战,我们在敌人后方的庞大的游击战争，都是围绕着武汉保卫战这中心的一环而进行着。

那么，武汉是否能保卫得住呢？

一般说来，在目前长期保卫武汉的条件是还没有充分具备。然而，这并不是说保卫武汉是没有可能。武汉的是否能保卫，主要的是决定在最近武汉的保卫战中，中国力量继续增长的程度，日寇在战争中被我们所消耗的力量的削弱的程度，以及国际援华运动发展的程度。从目前各方面抗战的形势观察起来，长期保卫武汉虽然并没有怎样把握，但在我们战略上不能放弃之前，日寇显然还很难在短期内完全达到他的目的。

在武汉，日寇的战略乃是一方面采取沿江的中央突破，另一方面配合以大迂回的惯技。今天敌人虽已积极进攻鄂城，但在信阳之敌，由于山地形势有利于我，还没有能进一步地和沿江战事配合起来。因之，只有单方面的进攻是很难在遍地湖沼的障碍与我们层层堵击下，立即达到目的的。

针对着敌人的这一进攻，我们采取了阵地战与运动战相互为用的新战略，一方面在可能范围内，我们将尽力坚守武汉，另方面，如果到了不利于坚守的时候，则我们将放弃阵地。而将大军分散到武汉的左右两面和绕道到敌人的后方去。这一正确的战略不仅应用在这一次保卫武汉的战争中，而且早在山西临汾失陷时以及后来徐州失守时就为我们所决定了。

所以大武汉的保卫，必须对敌我双方的战略有明确的理解，不应专注意到地方之得失，那怕明日我们忽然听到武汉不守的消息也无须乎怎么样惊异。因为敌人虽可使我们一时放弃两三个城镇，但却永远不能使我们放弃围绕武汉四周的广大地区。

在华南，我军在短期内即退出广州。这不仅在表面上似乎是中国军事的失败，而且事实上，广州失守的快也未免有些出人意料之外。然而，我愿意更坚决地指出：在敌人轰炸的控制下，广州和粤汉路的失去，国际运输的能力减弱，原本早在我们意料之中。那么，在地形上我们既无险可守，而敌人更以其精锐的机械化部队来向我们猛攻，为引诱敌人深入到他的机械化部队不能发挥威力的山岭地带，为了要机动地在更有利的地形予敌人以致命的打击和消耗，在广州最后作战略的退却并不是意外的事。我们一方面固然应该研究并且记取这一次不能更长久更好的保卫广州的经验，但更重要的，却是如何将这一教训应用到以后的战斗里去，以争取每一秒可能防守的时间，以斗取每一次可能打击敌人消耗敌人以至战胜敌人的机会的实现。

广东有数十万富于战斗经验的战士，广东更有无数具有光荣的革命传统的广大民众。敌人的愈益深入，必然会愈感到兵力的不够分配，必然会遇到有力的打击和牵制，最后更必然会把他自己陷入于筋疲力竭不能自救的状态。这个时候，便是中国开始向日寇进行总反攻的时候，这个时候，便是中国开始收复失地，根本推翻日本帝国主义在华一切统治的时候。

## 二、驳悲观论

根据以上形势的分析，我们可以看出第三期抗战正处在一个空前的紧急关头，在我们民族自卫战争的面前摆着无数的障碍。然而,我更不能不着重地指出:这一切的困难,虽然足以影响到整个抗战事业,足以使我们民族解放的历程更为艰苦,但绝不是不能克服的。

现在就有这样一种人,他们只片面地看到了抗战中的障碍,而没有全面地看到我们是有克服这一切障碍的条件的,他们怀疑甚至否定了抗战胜利的前途。这一种悲观论几乎每一次当我们的抗战事业受到严重威胁的时候,便要抬头一下。他们在主观上也许是发自忧国的热诚,但不幸的是为一般汉奸走狗利用的,进行其妥协和出卖民族的勾当。因之,加强我们对于抗战最后胜利的信念,指出悲观论的症结所在,以坚持持久战,取得中华民族的彻底解放,实乃是当此广州失陷,武汉战局日益急迫的时候,一件最需要说明的问题。

第一,悲观论者只看见了我们在一些点和线上的军事失败,而没有看到中国在政治军事经济方面的进步性,以及由这各方面的进步,所造成的最后胜利的条件。这一些点和线的失守,在中国现有军事条件下,原本是抗战初期中难免的现象。我们绝没有理由在这样对比的条件下,把中国的力量葬送在一次的战斗中。相反的,只有以运动战逐渐消耗敌人,只有在敌人后方发动广大的游击战争以胶着敌人,袭击敌人,才是中国抗战正确的战略。抗战乃是一个大的洪炉,在这大洪炉中,锻炼出了无数新的军队,他们有高度的政治觉悟,他们的现代化的装备是在日益增加着。敌人进攻南京时,一日可以推进一百公里。然而现在呢?在武汉的战争中,敌军拼命地攻打了一个整天而进展不到一公里的事是常有的。这说明了我们在军事上的进步!在政治上，十六个月的抗战，将广大的民众，尤其是沦陷区以及战区的民众，不分阶层地组织起来，武装起来，在广大的游击战争中，成为一个新的伟大力量。十六个月的抗战，巩固了全国抗日的民族统一战线。在经济上，我们沿海的商埠虽然大都被侵略者占领了，但我们大的工业大都已经转移到内地来，而且新的国防工业在友邦的协助下，奠定了初步的基础。广州的国际交通线虽然被切断了，但我们并不是就没有其他的国际路线了，更何况一年来广州的运输线，在敌人的空袭下，早就不能象理想那样地完成它的任务。这一切进步力量的继续发展，便足以造成并且保证中国本身最后战胜日本帝国主义的伟大力量。

第二，悲观论者只是片面地看到日寇军力的强大，而没有看到日寇内部矛盾的增长，其本身力量的继续空虚和减弱。由于敌人内部有其基本的统治者与被统治者的矛盾，由于敌人国小人少，经济的贫乏，日寇的力量是很难支持一个长期的侵略战争的。这明显地表现在反战运动与军人反战思想的弥漫，国内公债的滥发——军队的不够分配等。这是日寇侵略战争的致命伤。根据最近可靠的材料，日寇每日用于侵略所耗的军费，为二千万，每月为六万万，十五个月以来我已消耗敌人的经济达九十万万之巨！而敌军的伤亡数目，仅在过去五个月攻我武汉的时候就达三十万，连同以前伤亡的数目超过七十万！因之，只要我们能保有继续生长的军事力量，只要我们能切实发动起千百万的民众参加抗战，只要我们认真巩固并且扩大抗日民族统一战线，日寇的愈益深入，战场的愈益扩大，战事的愈益持久，正是使日寇自己削弱自己的力量，正是我们最后胜利的保证。

第三,悲观论者只看到日寇及其他侵略国家的猖狂,只看到在张伯仑外交牺牲下的捷克的前例,而没有看到中国和捷克的国际条件完全不同。更没有看到争取外援绝不是完全依靠外援。中国和捷克完全是不同的国家,首先,捷克——一个没有负起他自己的任务以抵抗侵略者的进攻的国家,被英法所牺牲以换取他们暂时的和平是可能的。但中国——一个已经团结起来,抗战了十六个月的国家,是绝不能为任何国家主观的愿望所牺牲的。这就充分说明了为什么中国抗战的主要条件,应该而且也只能是依靠于自己本身力量的发展,这就充分说明了为什么争取外援绝不是依靠外援。同时,由于英美法在华利益的一致,尤其是日寇在华南的行动更直接威胁了英国的远东利益,由于社会主义国家苏联的紧邻于我国,由于从日寇野蛮行动所引起的全世界爱好和平爱好正义的人类对中国的广大的热烈同情,不仅决定了中国抗战的国际有利条件,而且更决定了日寇在国际上的孤立寡助。

因此,我们说只要坚持持久战,只要坚持统一战线,中国的抗战是有最后胜利的把握的,这首先是根据于中国本身抗战力量的增长,以及日寇力量的削弱,国际援华运动的发展这三个条件的互相配合而决定的。

## 三、后方的工作任务

我们既已指出中国抗战的最后胜利是具有其客观的条件的,这就规定了中国抗战胜利的可能性。然而,显然的,具有了客观条件的抗战的最后胜利，仍然决不会从天上掉下来。没有自己主观上的努力，没有尽我们最大的可能来争取，那最后胜利虽有其可能性，还是决不会成为一个事实的。

那么，要怎样才能尽最大的可能将最后胜利的可能性变为现实性呢？这就是说，应该要怎样干才能作最大的努力呢？

这里，我愿意仅就后方的范围内，将我们的工作任务提供出几点来：

第一，后方民众应尽最大的努力组织战地服务团，到战区，至临近战区的地方一方面慰劳前方的战士，另一方面帮助军队作宣传民众组织民众的工作。

第二，由于难民是切身地受日寇的迫害，由于难民的民族觉醒程度的提高，在抗日前线上，难民也是新的有力的力量之一。因此，帮助难民，组织难民参加一切与抗战有关的工作——尤其是参加战时后方生产事业，也是我们迫不及待的工作。

第三，立即执行抗战建国纲领中“发动全国民，组织农工商学各职业团体，改善而充实之，为争取民族生存之抗战而动员”的规定，这就首先需要：“于不违反三民主义最高原则下及法令范围内，对于言论出版集会结社多与以合法之充分保碍。”这二者都有着密切的联系的。只有真正给与民众以充分的抗战工作的自由，才能广泛地动员起千百万的民众，也只有广泛地动员起千百万民众，才能最后取得中华民族的彻底解放。

第四，更加强全国精诚团结的工作，切实巩固并且扩大抗日民族统一战线，以回答日寇及其汉奸走狗分化中国的阴谋。近年来的实际经验一再明白而且确切地证明了：分裂便是中华民族的灭亡,团结便是中华民族的永生！一切小的摩擦,一切历史的痕迹,都应在最高的民族利益面前绝迹,一切挑拨离间的阴谋,一切破坏统一战线的行动,都应在全中国人民的面前受到严厉的制裁！

最后,重复一句,只要我们坚持持久战,只要我们坚持统一战线,只要我们能尽一切最大的努力来争取中国抗战胜利的可能条件的实现,我们的抗战必然会有一个光明灿烂的胜利前途,中国人民必然能最后取得彻底的自由解放！

二十七年十月二十三日下午七时于成都

# 战地通讯篇

(一九三八年—一九四〇年)

# 革命的摇篮——延安

延安是一个抗日的实验区，一切都在试验中进行工作，既无什么神秘的，了不得的好处，也没有象有些人说的那些莫名其妙的坏处。

毛泽东

抵延安是去年十一月二十四日，正是日本强盗的轰炸机数次光顾后的延安，城内的房屋，炸坏了很多，断墙碎瓦，到处都是。看起来相当凄凉。他们的人口已经疏散，各机关办公的时间，亦有一些变更，学生上课，也不在那些暴露的空场了。被炸后的延安，表面上似乎是静了一些，可是在实际上仍旧在紧张地学习，活泼地工作着，就是大小商店，除了地点和时间略有变更外，也是照常营业。

我在延安，因为大雪的阻碍，停留了整整一个月的时间，而能有较长的机会参观了“抗大”、“鲁艺”、“边中附小”各种民众组织以及军政机关，一般说来，我认为延安是一个生气勃勃充满了实验精神的一个试验区域。诚如毛泽东先生在第一次见面时说的话一样:“延安是一个抗日的实验区,一切都在试验中进行工作,既无什么神秘的,了不得的好处,也没有象有些人说的那样莫明其妙的坏处。”

要真正了解延安,单是在欢迎会上,晚会上,街头墙报,标语上是不够的,应该从各民众团体、学生集团中去细察,应该深入地从它的进步中与趋向上去研究,去比较。否则只住上三天五天,走马看花地看了一下,抓住一些个别的、零碎的现象,就认定了延安的全部,这种只看片段,不看全面,或是拿一面来代替全面的观察法,是完全不对的。以这种看法来说好,也只是皮毛,说坏也不会公道。

现在仅就我个人观感所及,将印象最深的几件事,分民众组织、地方政治、司法管理、抗战教育等四项简单地写在下面。民众组织有男女自卫军、少先队、农救会、商救会、妇救会、青救会、文协会等的组织。由于边区政府对民众言论、结社、集会、出版等,只要不妨碍抗日的原则下,都有充分活动的自由。因此在他们的工作上表现得非常的活跃,并且都能合乎实际的需要,能解决实际的问题,而不是一个空架子。例如自卫军的组织,战时的主要任务是后方运输与交通联络。这次延安的托儿所,从延安搬到数十里外的乡村,抬送住宿,沿途都有自卫军的帮助,节省了许多人力和物力。在平时是放哨,检查来往行人的路条。我从鄜施到安塞,沿途碰到了好些自卫军来查问路条。他们虽然是“牛腿子”,而态度却很自然、也很和蔼,他们的政治常识相当好,都能讲一些“打日本,救中国”“不打日本,活不成”的道理给你听。“帝国主义”,“法西斯蒂”等名词,也都能顺口有条有理的讲上一大套,俨然像一个政治工作人员。如果你行迹可疑,没有路条,不管你什么大人物,是会把你带到村公所去的。延安第一次被炸时,城中有个卖纸烟的商人,白天恐飞机来炸,所以连夜搬东西到其他地方去,他带了许多钱和纸烟,却忘记带路条,给自卫军拦住了,认为他可疑,把他带到村公所,后来经延安的商会证明,才把他放走。这也可见他们警觉性的高了。每个自卫军是随时都执行着这些任务的,但并不妨碍他们的生产。女自卫军也同样执行着这些任务,你不要小觑她是个“辣椒足”,乡村中的“土豹子”模样,她们也会出操,查路条,开小组会,讨论国家大事,在大会上也能象煞有介事的做主席,出来讲话。少先队和儿童团也经常帮助抗战军人家属挑水、拾粪、拔草、耕田。过去这里没有禁绝抽大烟时,他们还执行查烟的任务,因为小孩子比较方便到老百姓的家中检查,所得的效果比成人还大。他们都很活泼,口中不断地唱着最新的救亡歌曲。

由老百姓组成的民众剧团,完全由老百姓自己担任演员,用陕北的土话演给老百姓看。表演形式有秦腔、小调、活报。因为老百姓看得懂,听得明白,发生的效力很大。那天正是延安轰炸后一天的晚上,文协会负责人柯仲平先生领我和塞克先生一同去看。他们演的是《防空活报》。它把敌人残酷的轰炸情形,及防空的应有常识,表现得很生动。他们能很快的反映各种实际的情形,来教育民众,提高民众的智识水平。这在民众教育上,起着很大的作用。塞克先生看完后很满意的告诉我:“这是真的民众剧团,这是真正民众要看的戏,它能和民众的需要,民众的生活联系在一起,它能很快的反映现实情况,来教育民众。”

这里的娱乐是被当做一种教育的工具了。地方政治边区的村长、乡长、县长,都是由民众根据彻底的民主原则,采取真正的民主选举方式组成的。边区虽然文化落后,知识水平低,但由于平时有群众团体的组织开展活动,他们对于选举自己的村长等,都是经过很认真的考虑去选举的,“被人拖着鼻子跑”的被动现象是很少的。

现在边区的选举县长,一般的说来,文化程度并不高,普遍的都能看文件,写报告罢了。但他对于处理地方工作的负责和热诚,执行法令的普通知识是能胜任的,因为他是从老百姓的生活中成长的,他能“和群众打成一片”,和民众密切的联系在一起。民众和县长的关系很平凡,老百姓可以直接到县长的房中去,拍拍县长的肩膀,很亲热的谈话,解决地方上的各种问题。县长如遇到不是他权限可能管理的事,他也能尽可能的帮助解决。这些事情在形式上似乎是“随便”,在传统的观念上,似乎是不庄重,但从中山先生的地方自治,培养民众自治能力的意义上说来,还是正确的。尤其在抗战过程中,公事烦杂的今日,一个从实际民众生活锻炼出来的县长,他能知道民众的实际生活状况,能解决民众的实际问题。这样的县长正是目前需要的。我觉得也只有这样,才配称一个“新民之官”。

“实事求是”是边区工作的特点,它一切都按照当时民众的需要解决当前的困难来进行工作。

论到缺点方面,边区民选的县长,因过去限于文化程度,训练的短促,以及物质文化生活的限制,在对于执行命令,筹划各种事务上,比较缺乏灵活性,机动性。尤其对于文化教育的设施等方面，推动得不够积极。此外在基层行政管理技术上不够，如公文、卷宗的处置，以至于生产、人口等的统计，那当然做得更不够。这种由于实际环境的限制所造成的困难，可说是边区行政的一般现象。因此在事务上所表现的弱点，如果在经济上有办法，是可以逐步克服的。至于民选县长方面的缺点，可谓是实行“民主政治”过程中难于避免的现象。我们要训练人民参加政治工作，就一定要给他实习的机会。人民在实习他过去没有做过的事，开始做事时，错误是难免的。这情形，好象一个才从学校毕业到社会做事的青年学生一样，在开始做工作时所表现的“书生味”，缺乏试验的现象，是一样难免的。而政治工作则尤难例外，要克服这缺点，除了让人民从实习中来训练自己，改正自己的错误外，在政治学上还没有发现比这更科学的办法。所以我对于边区现行的地方政治，一般的说来是好的。当然我们并不否认现有的缺点，但不必为它过于担心。

或者有人要感到边区地方政治太简陋或草率，但是我们要知道，陕北的人民生活程度，经济状况，是不可以同江苏、浙江或富庶的四川相比的，尤其在训练民众来管理自己的事的时候，只有根据民众生活的实际环境来进行工作，而不是可以凭愿望超越现实所能做好的。建设工作过去八路军还没有来的时候，边区人民的生活停滞于：自给自足的原始状态中，对于改善生产，建设事业，可以说没有人注意。后来，八路军来了，外面来边区的人也一天比一天的多，各种供给需要也就跟着多起来。因此边区政府对于生产建设的事，无时无刻不在积极推进中。

边区的农业，在过去，因为田多人少，地荒，没有人管，今年种这处，明年又种另一地方，对于垦植的技术是不讲究的。老百姓过去种田是不用肥料的，对于田内的野草也不注意去拔掉。边区政府对于这些事，尽了许多的教育工作，教育老百姓在田上加粪、拔草，提高他们生产技术，发动军队来帮助春耕、秋收，帮助开荒。在前年开垦荒田有二十几万亩，去年又增加了三十几万亩。因为技术上的改善，在生产率上，也增加了很多。近来外面难民到边区的很多，也一样分土地给他们耕种。现在他们仍很欢迎难民去开垦。

他们对于种植森林，也很努力。前年种了三十余万株，去年又种了六十余万株。

过去因为内战的关系，牛、马、骡、驴损失了很多，现在边区竭力帮助人民畜牧，最近增加的数字也是相当庞大的。合作社在边区很发达，总共有一百五十余处。都是由民众三角、五角，集股创立的。现在有十万多的股员，八万余元的股金。它能经常供给民众日常用品，帮助运输，出卖农产品。民众对合作社都很满意。对于抗战家属买东西，订有优待办法。此外还有生产合作社，如鞋子合作社，每天产鞋千余双。纺织、烧磁等的生产合作社也很多。边区对于合作事业很重视，专门设有训练合作人员的训练班，以适应各合作社的需要，加强改善合作事业。

边区的手工业。他们现在有小规模的机器制造厂，制造各种零星的物件。纸、土布、袜、毛衣、毛巾等日常用品，都可自己制造。此外有煤矿，都是人工开采。在××有两个油井厂，可以做汽油和洋烛。每日产四百多斤的油，因为没有大批的机器，出产量很少，仅能供自己应用。皮革在边区是很多的，出产皮衣、皮帽、皮手套，将来还预备制造皮包、皮带等的物品。

由边区政府负责修理的公路，是由洛川到绥德的一段，约有五百华里。在政治动员下，发动了自卫军、八路军及一部分的民众，两个月内修成。因为在政治的号召下，修路的人，只供给吃宿。

边区政府对奉命在某地方扩大修筑飞机场。当我从延安到安塞去的路上，遇见了许多的自卫军到那里去。他们自己带了粮食，带了修理的工具，来做工作的。边区政府每天只发给他们四角钱，按照边区的生活程度，也只够一天的生活费。但是来出差的自卫军，从不因此开小差，或是设法逃避“公役”，因为他们每个人都知道修理飞机场与自己的关系。

边区政府对于建设事业正在尽力的进行，相当好的解决了许多物质上的困难。但是由于人力、物力的有限，不能使他发挥应有的力量。这是一件很可惜的事。司法管理边区的高等法院，本来是在延安的，因为防空的关系，迁移在城外的一个村子里。

高等法院的武装力量最薄弱，门前只有一个岗警，法院的院长姓雷，广东人，眼睛大大的，说话非常和蔼。法官，推事，书记穿的都是灰布军衣，很活泼，有说有笑，看不出一点法官式的特殊冷酷，无情的面孔。

院长和犯人住的地方是一样，都住在窑洞内，都有享受日光的权利。法堂就在法官的窑洞内，里面布置简单朴素，吃饭、睡觉、审判案件都在这个“办公室”内。如果不加说明，没有方法认出这是“法堂”，尤其不像个“衙门”。

当我走进"法堂"时,里面正在审判一个从河南假造护照到边区来欺骗捐钱的一件案子。房子内只有三个人,一个推事,一个记录员,另外就是被告,没有什么"法警",三个人都坐着。推事、记录员,过去都是学法律的,刚从抗大毕业的学生,很和气的在问被告沿途经过情形,一问一答很随便,好像在闲谈似的。

没有森严,没有恐怖,一切都平凡,一切都是人对待人的样子。

在边区内没有律师,诉讼的手续很简单,可以直接到法院去,没有任何形式的束缚。虽然它是一个高等法院,实际上许多案件,它也解决的,因为他们觉得"司法"的任务,主要的是为人民解决纠纷,惩戒违法者。为了适合人民的要求,不能过于重形式,否则会增加人民的麻烦。所以在不违反"法"的原则下,力求简便。词状没有一定的格式规定,只要你把原因写得明白,就可以,不识字不会写词状的也可以到法院口头伸诉,同样发生效力。因此在边区老太婆老头儿都可到法院去诉讼,感不到"告状"麻烦之苦。实际上,边区民刑案件是很少发见的。

我到犯人住的窑洞去参观,正遇他们在开会,十几个人围在一起谈得很热烈,好似很有兴味。犯人的生活是有组织的,他们不怕犯人有组织,相反的,更帮助犯人组织各种研究组。如军事、政治、经济及识字组。他们经常讨论国内外的时事问题。犯人也是有文化娱乐的,他们写墙报、演戏、开晚会,有时民众开的娱乐晚会他们也去参加。犯人和群众好象是一样的。在面孔上也看不出"囚徒"的模样来。

边区在民事诉讼方面,如争利夺产的纠纷,很少发生。至于口角或涉及刑事上的问题，也多由村、区内的各种团体，用组织的力量，说服解决。只有少数在村、区或县的初审不能解决的案件，才送到高等法院来发落。关于比较大的刑事案件，个人告发的很少，都由团体仔细询问后才送到法院来的。因此诬告的事也就可以避免了。这是由于民众组织严密，有集体生活的缘故。

在"抗战高于一切，一切服从抗战"的原则下，边区的法律除部分适应抗战的需要，和边区的实际环境外，一切都以中央所颁布的各种法律为根据。同时他们对司法的实施上，也正在研究和试验。我希望他们把试验所得来的成绩，发挥出来，以充实现有的司法制度。

重大案件的未决犯，在行动上是没有自由的，并且也还有用脚镣的。这一点有人还以为是个诟病，但我觉得一个案情未清的重大罪犯，要加以行动上的限制，在目前尚未可厚非。

边区的法律，罪犯的生活，都能合乎教育原则，都能站在教育的基础上来进行。诚如我在参观意见簿上看到的一段话："这里不是法院，是个学校，留在这里的不是罪犯，是学生。到了期满后，即是学校的毕业，别处的学校，好象监狱，教员好象法官，学生好象囚犯。这里的监狱象学校，法官象教师，囚犯象学生。"这几句话颇能深刻的说出边区法院的最大优点，也可以说这是合乎司法管理最主要的原则。边区文化边区的教育，可说是完全实施"抗战教育"的。有普通的和特殊的两种，普通的有边区中学，边区小学，他们的课程大部分以适合战时的需要为原则，课程内容和现实是配合的，如国文、算术、自然、化学等课，都和抗战有关。特殊的有抗大、陕公、鲁艺，都是在抗日民族统一战线的原则下，吸收各阶层努力救亡的青年的学校。此外还有党校、马列学院，这为训练党员与干部而设立的，课程主要的是马列主义研究、世界政治、中日问题、政治经济学、哲学等。

陕北公学在延安有一个高级研究班。另外在栒邑（三水）还有一个分校，它的课程注重一般的救亡理论，与抗战建国的基本知识，与其他学校比较偏重于民运工作的训练。所以他们都是受了短期训练分发到前方或后方去做各种救亡工作的。如果要继续学习还可到抗大或鲁艺去。

抗大的训练，分军事队和政治队，军事队比较注重军事，政治的课程比较少一点。毕业的学生，大部分到军队中去做军事工作。政治队毕业的学生到军队中做政治工作或到敌区做民运工作。现在抗大大部搬到敌人的后方去开办，在晋东南、晋西北都设有分校，在延安的抗大学生，反而少了。另外和他性质相同的有随营学校，不过不在延安。

鲁迅艺术学院，现在分音乐、美术、戏剧、文学四系，集中在这里的学生和教员，对于艺术都有相当的研究。因为去年才创始，基础比较薄弱，但是中国目前还没有这样一个抗战艺术的学校，鲁艺对于抗战艺术的发扬，具有很大贡献的。现在不论前方和后方，都需要大批艺术干部的时候，鲁艺是会发生很大的作用，造就更多的艺术人材。

这些学校，每天的上课时间只有三、四小时，其余大部分时间为自修的时间。他们每天都要开讨论会，研究所学习的课程和其他各种问题。我看见过他们的集体学习，也参加过他们的座谈会，他们经常三五成群，很活泼，很紧张的在争论问题。我看了他们孜孜不倦的学习精神，真令人钦佩和羡慕。

我曾到边中、边小去参观过一次。因为躲避飞机，上课大部在山沟里，八、九岁的小孩子，在山上跑上跑下，好象很不费力似的。这样练习下去，将来打起游击来，他们爬山当然不成问题。

学生们很活泼，很可爱。这里的小孩子，多半是阵亡将士的遗族，与前后方军政工作人员的子弟。

在晚上我参加了中学部的讨论会，所讨论的是自然科学和哲学的关系，都能很热烈的发表意见，最后他们还对先生讲课方法上提供了一些意见，要求讲课时多举例子。（仪器缺乏的缘故）从他们的谈话中，也就可以知道教员和学生的关系密切了。

小学生也有他们的生活检讨会。虽然年纪小，可是他们开起会来，很有秩序，做主席的简直态度雍容，大似“胸有成竹”的样子，所以也都能充分发挥互相帮助、集体批评、自动学习的作风。尤其大的孩子，无论读书爬山，穿衣，吃饭，各方面都要帮助小的儿童，每一个小弟弟，小妹妹都有一个哥哥或姐姐，这是很有趣而且有意义的。他们在检讨会中也能不客气的互相批评。如果先生对于学生在处理上有不对的地方，小孩们也要先生“检讨”的。甚至他们还晓得什么事应由自己解决，什么事应交行政处理。初去的人不能不有点惊奇。

识字组、冬学、夜校、半日学校，现在都在普遍的发展。全边区的小学，现在已经有三百多所，比起以前增加了二十余倍，夜校则每村都建立起来了。

边区由于文化的低落，交通的不便，村与村的距离太远，假如你要苛求，现在的文化程度不高，自然是不合实际的。现在边区的大众文化,慢慢地可以提高到全国一般的水平。

边区的教育,由于教员缺乏,经济上的困难,使他不能发挥充分的力量。例如因教员少,使得教员和学生不能经常的在一起讨论问题,学生自修也缺乏人指导。同时由于物力的不足,不能印发大批的讲义,或讲授提纲。这些使学生学习的进度有相当影响,如果在人力、物力上能增强时,可以立刻改善。

此外学生的娱乐晚会、学生与学生的联系,毕业学生与学校的联系,课程时间的决定,在布置上,在配备上,比较缺乏周密的计划。这缺点学校当局已感到,我想今后必能很快的纠正过来。

边区在发扬战时教育,增强国防力量,造就大批抗战的干部,支持长期抗战方面所贡献的力量,是我们不可否认的。

边区的司法、行政、教育、民运的实施方法,的确可供全国采择的地方很多,我们为着增强抗战力量,为着奠定新中国的基础,我们应当注意这一个实验区的工作。我们应当设法取其优点推广到其他地方去。抗战和建国是不可分离的,我们一面抗战,一面也就是建国。一切工作都要为了加强抗战力量,也就是奠定了建国的基础。我们的一切工作,都要针对着这一原则去进行。

不能否认的,边区和中央的关系,由于过去内战时遗留下来的某些问题到今天还没有解决,因而发生了许多不必要的纠葛,有的甚至借此来制造“摩擦”。这对于团结抗战都是有害的,都是要减少抗战力量的。我希望,我也相信,在抗战建国的原则下,在认真执行孙中山先生三大政策、三民主义,真正做到,坚持团结,反对分裂,坚持抗战,反对投降,坚持进步,反对倒退的政治基础上，今后一定能得到圆满的解决。

延安的优点很多，然而延安是不是没有缺点呢，还是有的。如由于专门人材的缺乏，行政管理、行政技术尚表现得不够。集体的工作很好。个别的工作稍差，临时的工作，有时妨碍了经常的工作等。这些都是因客观条件的不够，物质困难所造成的。但他们能经常的自我检讨，只要在人力物力上能做到的，他们很快的就改正。因此他们常常希望别人指出缺点，提出改善的意见。我离开延安时，一定要我批评他们的缺点，所以我到宜川后还写过一封“意见”信给他们。他们并不掩饰自己的缺点，相反的，他们随时都在掘发缺点。他们提出要在改正缺点中求进步。也正因为这样，所以他们的缺点，不但不能阻碍他们进步，相反的，还成为他们的借鉴。

延安是一个实验区，是一个革命的实验区。有人说：它是革命的圣地，的确，从四面八方来到延安的青年男女，真象朝圣一样，“顶礼膜拜”，这是象征着一种人类的希望，人民的愿望，是谁也阻止不了的。但作为我来说，与其说它是革命的圣地，还不如说它是革命的摇篮。因为许多中华民族的优秀子孙，都在这里得到孕育、成长，然后又到四面八方去发展壮大。它在历史上的巨大影响，是至为深远的。当然，它是现实存在的。既然是现实的存在，就不能把它说得很神秘。但也不是可以被一些有成见的人用污蔑不实之辞所能损害的。

一九三九·一·十二·于吉县

# 两渡黄河

在一个雪后初晴的早晨，离开延安向晋西进发。

沿途许多抗大的学生，由庆阳回来，开到敌人后方去。阳光照在一片白雪的大地上，格外鲜明，更显得那一群青年活泼天真。车走他们侧面飞驰过去，认识的彼此还打着招呼。

到洛川第二天即往宜川，过牛武镇，一些稀疏的枯树，映衬在很厚的白雪里。数十里无人烟，仅仅偶尔看到一个哨兵。流水也被厚冰凝结了，没有一点声息。举目四望，不禁有“一片荒凉”之感！

宜川到桑柏，是九十里，不通汽车，我们跨驴前进，山峰小道，冰冻奇滑，夜行二十里，几大有“行不得也”之叹。

无论前方战局怎样紧张，我们仍要过河一观究竟。路过壶口(黄河名胜之一)，伫视其汹涌澎湃的激流，大水汇在一个石闸里，波涛滚滚地泻下来，浪花四溅，远远望去，仿佛一团烟雾。距离数十步，河水凝结成一座拱桥似的。水由冰桥下面穿过去，直到圪针滩为止(约五里长)，一段静静地冰河，又才恢复它活泼的姿态，好象象征着中国抗日的怒潮，任何力量也阻止不了似的。

死也似的吉县村，家家门户紧闭，鸡犬俱无，远远的炮声，隐约可闻，战时景象异常凄凉。我们到那里，饮食俱无，同时吉县情况，亦已混乱，终于不得不“向后转”。

淡淡的月光，照着那四周黑黑的山头，壶口激流的怒吼声，好似更大了。高高地山尖上，无数堆的野火，山腰里手电光时隐时现的闪烁着。在迈步前进中，突闻一声“什么人？站住！”打破了静夜沉寂的空气。相隔不到十小时的光景，一切都呈现着异样，早晨这里，还有不断的行人，现在全被一种好似即刻就有大恐怖到来的景象所笼罩，保卫国土的弟兄们，站在那冰天雪地的哨岗上，引起我们无限的敬意！

回到桑柏，天已破晓，一个小小的村庄，挤满了成千以上的人，不但吃成问题，就是水也成问题，幸好那里有刘绍庭处长，主持得力，所以很快地也就把人马疏散，恢复了常态。他并且还保证河防将士物质上的供给。

敌机不断的空袭，为了要明了河防的详细情形，乃请同担任该河防之一的郎团长，前往参观，蜿蜒曲折的交通壕，沟通了重重叠叠的单人掩体，顺着山脉，布成无数的防线，炮兵阵地伪装得天衣无缝，自动火器的枪口准对着敌人，弟兄们精神饱满，每个人都含着胜利的微笑。

晋西战局，不十天就告好转，于一月十五日乃再渡黄河，两岸稀疏地一些炮弹窟，留下敌人残暴的痕迹。

步行两天，到吉县，沿途人去屋空，荒凉万状，尤其吉县城内和附近各村，已成一片焦土。

因为军政机关恢复很快，所以民众也源源回家，惟以庐舍为墟，财物均被日寇付之一炬，老弱妇女，仅于残垣断壁中收拾余灰，劫后惨象，凄凉满目！

敌人侵入吉县是十二月三十一日，是夜月色昏暗，寒风甚烈，山中积雪及胫，路陡奇滑，人马缓行其间，偶一不慎，即有坠入万丈深沟的危险。许多军事长官，纷电劝以暂行西渡，然均被拒绝，其坚苦卓绝之精神，实足以振奋群心。以后虽处于四面包围之中，仍运筹帷幄，从容以电话指挥，并于暇时与各军政人员研究怎样建立游击根据地，与训练新军计划等问题。此次能于短时间内，粉碎敌人三股九路围攻，当亦不是僻然的事。

在那里与山西许多高级军政将领面晤，融融一堂，有时还天真活泼地笑谈一阵，尤其是楚参谋长，大谈其“××宫里过新年”，并说现在是“沐浴贵妃池，豪饮玉堂春”，扯古论今，无不为之绝倒。

吉县城附近之井圪塔村，此次发生二十八烈士的悲壮惨剧。我们于“一·二八”①参加他们追悼会之后，前往实地一视，断崖绝壁的山窑，亦被日寇搜劫屠杀，残衣遍地，血迹斑斑，不禁黯然！

县长燕尧松嘱为碑文以表扬二十八烈士之悲壮事迹，兹录之于后，以见此惨剧之经过与其给予吾人之教训又是怎样的深刻！

---

① “一·二八”指为二十八烈士开追悼会的日期为一月二十八日，并非该事件发生日期。

“没有斗争，便是灭亡”，所以人类生命的存亡，当以能否斗争而决定，不能斗争虽生犹死，为整个民族生命的存续而奋斗致死的，则虽死犹生。

“民国念八年一月一日，日寇再犯吉境，到处烧杀掳掠，县西南六里外，井圪塔村，有一异常荫蔽而又险峻的山窑，亦同遭浩劫。初则尽其财物搜括以去，继续率众前往，再图掳掠，居民不甘受敌欺辱，遂竭其土块锅碗，据险抵抗，坚持达三日之久，毙敌六人，伤敌无算。第四日敌寇竟续增百余人，猛烈攻击，终以赤手空拳，土块俱尽，致被攻入，三十二人，除四幼童因窑内黑暗，被其母尸压伏晕厥得幸免外，皆惨遭杀戮，血肉满山窑，其中妇女三人曾强被掳出，然以不求苟免，沿途反抗终于被戕，尸坠山沟，冲发握拳，状尤悲惨！此种流尽最后一滴血，而奋斗到底的精神，实足以使顽夫立懦夫强，增添了中华民族解放史上最光荣的一页！”

“二十八位民族烈士是英勇壮烈的牺牲了，然而留下给我们的教训却愈益深刻，因为这次惨剧的发生，一则是汉奸引路的结果，再则是民众武装缺乏，和民众组织的不够，致演成了此手无寸铁孤军苦战，血肉横飞的惨烈悲剧，当时若仅能有一长矛，亦足杀死更多的日寇汉奸，以取得更大的代价。今后当局与民众，应更加警惕，接受此次血的教训，加强民众的武装自卫工作，充分发挥民众集体力量，保证抗战最后胜利，则诸烈士之死，就有造于民族的永生了。”

这次来晋西，适逢战局紧张，虽躭延了一些时日，绕了一些圈子，然因此使我得有机会到黄河两岸各处参观，搜集山西一年来在抗战中生长起来的许多军政设施与民众组织的各种进步材料,更增加了抗战必胜的信心,而给予我们以更有力的保证。

抗战第三年二月二十日于吉县

# 我们的工作在晋西北

抗战建国教学团这次到前方敌后各地工作,自六月十五日到现在快四个月了。我们第一个工作阶段是在晋西北;第二阶段,现在正在开始,我们正向敌后深入。

## 兴县各界抗战艺术研究班

从陕西过河以后便到达晋西北。就是在这儿的兴县,“七七”抗战建国纪念期中三天的“版画展览会”作为我们工作的开始。在七七纪念中,到处活跃着我们的同志,在宣传工作上,在每天不同的会场里,在晚会的前台和后台。就在这一个工作过程中,我们认识了兴县各界民众;各机关、各驻军也都逐渐的对我们有了清楚的认识。这是我们在兴县倍受招待,长时间被邀请工作的一个基础。

兴县是黄河岸边的一个山城,是晋西北军政民运中心,晋西北最高军事指挥官驻地。省府办事处和牺盟总部会办事处以及晋西北的青联、妇联和农联也都在这里。在行政方面一贯的和民运工作紧密的配合在一起。在统一战线的巩固和扩大上,兴县赢得了模范县的荣誉。一直到岚县失守,兴县吃紧的时候,我们的工作才告结束。

因为这里迫切需要艺术干部,在各团体的建议下,我们首先开办了“兴县各界抗战艺术研究班”。

这一个研究班包括所有兴县各机关、团体和驻军的艺术干部、文化娱乐工作干部、政治干部和军事干部。虽然是研究班,但是因为都有着固定的工作,更为了对艺术各部门能有一个系统的了解,所以在每天下午抽出两小时来由本团的同志们作报告。“报告”这一名词,并不怎样恰当,但又不能算是讲授。其内容包括文学、戏剧、美术、音乐各方面,开设的课程有“抗战文艺理论”、“墙报旧形式和小形式”、“通讯和报告文学”、“剧作法”、“表演术”、“舞台装置和化装”、“美术理论”、“漫画和木刻的作法”、“标语写法”、“识谱”、“练声和指挥”等十一门。研究班的同志们差不多都有着艺术工作的经验和相当的艺术修养,因此,在这短短的时期内,只好采取近于讲座制的方法,每天由本团同志作一个报告。

可以称为“报告”的另一个原因,便是每门课程的提纲都可以说是一个“集体创作”,这也是我们工作上的一个特点。在每次讲授之前,主讲的同志,先把研究提纲拟出来,经过所有对这门课程有研究或是有兴趣的同志讨论修改之后,再行付印,或是讨论之后,再为拟定。这也是我们“教学做用合一”原则的实施。

既是研究班,当然除了作“报告”之外,还须要研究。每天的上午,研究班的同志可以随时抽出时间来到我们住的地方,作个别讨论的工作。

研究班有一个特点,也是“教学做用合一”的原则实施。报告过后,第二天马上出研究班的墙报,张贴出“街头墙报”。讲过美术之后,研究班的画报亦就在街头巷尾出现了。作戏剧的讲授之后,我们又进行了兴县各界联合剧团的组织工作,排演了罗烽的三幕剧《国旗飘扬》。同时成立了“漫画研究会”。

这儿还要提出一点来的,便是这一次担任音乐方面课程的是晋西北青年救国联合会的一位同志,正是由于这种合作,他才能把他的音乐艺术知识贡献出来,打破了“远来和尚念经”的不正确的观念。也正是因为这种合作,才能使我们这次工作得到了更好的成绩,弥补了不少的缺憾。同时这一个合作,使我们的几位同志,下定了研究音乐的决心。

## 工作在青军团

“山西民族革命青年军官教导团”,是抗战后山西军事教育最高学府,有三个大队,共八百余人。除炮兵中队在洛川外,全部驻扎在兴县。当我们到达兴县后,便给了我们盛情的招待,让我们住在一个尚未招来新生的队部里。幸而有这一座清静的尼庵,才能展开研究班的研究工作,才能使我们开办了临时的“流动图书馆”,在兴县撒播下文化的种子。

当兴县各界艺术研究班成立的时候,青军团的同学们要求参加的就有五百余人,因讲课时间及教育方面的关系,该团的负责长官未曾允诺,仅只是官长参加了研究班。研究班结束之后,该团教育长刘墉之先生认为每一位军事干部，亦有研究艺术的必要。因此，特别请我们单在青军团单开一班。当然，他会得到我们满意的答复。

青军团的同学们大多是民大民中的学生，文化水平相当整齐，因此在课程方面，我们决不能原盘托出，又因青军团是军事干部教育机关，在课程的规定和内容方面一定要能引起他们的兴趣，适合他们的要求，因此，取消了文化方面的“小形式和旧形式”，增加了“文艺思潮”。在戏剧方面合并了“表演术”、“舞台装置和化装”，取消了“剧作法”，添上了“戏剧运动”。音乐方面把“识谱”“练声”和“指挥”并在一起。其他科目，虽无何变动，但是差不多也都换上了新的内容。

为了使他们了解政治工作的重要和政治工作的方法，增加了“军队政治工作”。一个军事干部的政治认识是很重要的，遂决定由我讲一次“抗战建国过程中应有的政治认识”。

我们知道这几门课程决不能包括文学、美术、音乐和戏剧的全部。在青军团同学方面，更有对艺术各部门特别爱好的同志。于是每队限制人数，自动报名参加研究工作。当文学课程讲完之后，第二天清早出操的时间，五时至七时，文学组的各队同学们便到我们住的地方来讨论工作。这种工作，我们的同志是全体参加的。或者由一位同志作个别问题的报告，或分开小组讨论，或是轮流解答同学所提出的问题。参加的同学负责搜集未能参加的同学的意见和问题，并在本团小组会作报告。当另一门课程讲完的时候，这门课程的研究工作停止，换为另一门的研究。戏剧方面，除上述内容外，便利用这个时间排戏。可惜我们没有看到他们的演出。

晋西北本来就不是我们工作的目的地,这一个工作结束后,我们就打算离开兴县。忽得青军团政治工作人员的邀请,并且拨一队由我们训练,只得留上一星期。

进队后的第一步工作,便是认识该队的各级官长和学生干部,征询他们对过去政治工作的意见,更借以明了他们对政治工作的认识。第二步便召开全体干部会议,重新规定作息时间。为了加强小组会,提高学习情绪,深入学习,决定了建立"导生教学制"。当晚又召集民革室所有负责同志,报告过去工作上的困难,经过讨论指示后,责其每股负责同志,拟定一周工作新计划。以后便是工作正式的开始。

第二天星期一,便在文庙召开了"工二队民革室全体大会"的晚会,到会的各队的官长和各队同学代表,当场决议全体民革室负责同志不再改选。经过这一次的晚会,使全体同学了解民革室活动的意义,提高了他们工作的情绪。次日各分队的墙报竞赛式的贴出来了。各种学术研究会,征求报名了。整个工二队前后内外,焕然一新;整个的民革室,全体工二队活跃起来了。

在最后的一天,发动了一个军事大演习。"战斗"前,行军间,"战斗"间,"战斗"后的政治工作,也全部配备,同时演习。随着夜晚一个盛大的总结晚会,工二队的全部工作结束了。

在政治工作的全盘实施上,我们听到各队许多官长讲:象这样的政治工作,我们不但不反对,而且绝对拥护。我们告诉这些同志们,"反对的并不是政治工作,当你明白了之后,永远不会反对政治工作,所反对的只是某些政治工作人员的作风和态度。"

我们就这样结束了工二队的工作。

## 别了兴县

当我们参加了兴县自卫队的检阅归来，整理行装，准备出发的时候，传来了日寇占领岚县的消息。马上把一个毫无战区景象的兴县卷入战时状态。在这个时候，我们立刻画了不少反战宣传画，印写了不少日文小型标语、传单，张贴在兴县。我们又参加了空舍清野的检查工作，许多同志在静寂的街巷中，在冷落的村庄里，见到了我们都希奇的问："你们没有走吗？""同志们，记住，我们永远是和你们一样的站立在抗日最前线上！"这是我们的回答。当敌人退出岚县的消息证实后，我们才又束装，踏上征途——向在兴县西北角上一百二十里的岢岚前进。

## 山西行政第二区军政民艺术干部训练队

岢岚四周环山带水，为晋西北主要食品小麦生产最多的区域，是晋西北较为富庶的一个大县。过去"山西民族革命战地总动员委员会"总会即在此地。山西行政第二区的专员公署现设于此，也是牺盟中心区所在地。这亦象其他各区一样，有一个民革中学。驻军有骑一军的一部，续范亭氏暂编第一师和山西工人武装自卫队。我们这次来岢岚是为了趁机休息几天。又因我是一个挂名的"战动总会"的常务委员兼宣传部长。结束后的战动总会宣传部还在这里完成他们未完成的工作——编印六十余万言的工作总结报告《战地总动员》。这一工作我参加一些意见，算是尽了我这“挂名”宣传部长一点责任，此次特地赶来看看。同时还为了看一下此地统一战线的工作情形，因此，没有计划作什么工作。但是二区军政民各方面也同样感到艺术干部的缺乏，希望能够加强旧的干部，培植一些新的干部。当我们来到之后，暂一师、工卫队政治部、专员公署和牺盟中心区共同邀请我们办理一个山西行政第二区军政民艺术干部训练班。

这是一件重要的工作，更是我们一个新的学习机会，于是接受了这个要求，在城内西寺开始筹备。日寇好象专和我们为难似的，九月一日进占了五寨，一天几遍的飞机到岢岚疯狂的轰炸。就是在我们队址，也落了一颗炸弹，象是对我们警告一样。但没有丝毫影响我们的工作。艺训队乃在距城四十里的西豺峪村，继续开办了。

艺训队和抗战艺术研究班是不同的。虽然受训的同样都是工作中的干部，但是艺训队，却是脱离工作二十天的完整训练。这里面包括暂一师、工卫队和中心区的各级干部。团体参加的有工卫队和专员公署的联合剧团和中心区所属的流动宣传团，年龄有大至四十五岁小至十二三岁的。在文化程度上讲，一般的水准都是很低。但是他们都是在实际工作中，在和敌人的战斗中，成长起来的干部，都有宝贵的工作经验。这是我们决不能忽视的。

为了适应这些客观条件，我们仅只规定了一天三个小时的讲课，其余的时间，全作为自修和民族革命室的活动。

在这儿我们特别注意到工作上对一个艺术干部的要求。因此，在讲课的时候，不分门系的全体参加。小同志另行教育。在课外则充分的作发展集体研究工作，在我们的民革室学术研究活动下，每一位同学都自动的参加了各种研究会组织。民革室的活动，帮助了我们教育计划的完成。更为了帮助个别的同学，于是提拔文化水准较高的同学担任导生，实行我所提倡的导生教学制。

在艺训队教育工作的最大特点，便是“教、学、作、用”的统一，和实践机会教育的实施。一门课程讲授，以最大的努力，使其通俗明白。在内容方面，以能在实际工作上运用为原则。我们并不轻忽理论的阐扬，却更注意到理论在工作中的实践，每日下午民革室的各种研究会的活动便是上午讲课的实践。我们一共按期出刊了六期内容丰富的墙报，五期内容充实的《抗战画报》。并开了四次晚会，还有一次盛大的公演。这一些便是在这种原则下实施教育计划的结果。开学后一个星期，便是血的“九一八”纪念，于是马上把一周的学习和工作确定为以完成“九一八”纪念工作为中心。“九一八”那天全体出动，在西豺峪画满了大幅的壁画，在三十里方圆的要道处贴满了街头诗歌、小型传单和抗战画报。《纪念专刊》的墙报和画报，吸引了不少的群众。到处充满了艺训队的同志们的歌声，和慷慨激昂的讲演。街头剧、杂技、化装宣传、舞蹈等宣传活动，轰动了附近的民众。下午在纪念大会后，公演了王震之氏的《一心堂》及《血祭九一八》。一天的活动，作为一个星期学习工作的总检阅。这一周，使我们和同学都得了莫大的收获。同时这也是我们建立优良的艺术工作者的作风和统一艺术工作者的步调的一个初步尝试。因为紧张努力和有勇于改正错误的精神，虽然有些小地方稍欠计划性，却也得到了初步的成功。

还有一个特点要提出的，便是政治训练一贯的实施。我们抱着坚决信念，只在把握住坚定的政治方向，有着正确的政治认识，才能完成一个抗战艺术工作者的任务，走上伟大的艺术家成功之路。所以，除了在生活工作与学习上经常的注意到外，又经常把握时间，作政治报告，组织政治讨论会。在开学的当天下午便由我作了一个简明扼要的国内外政治情势分析，给同学以把握国内外政治情势方法上的指示。在授课的最后一天，又由我作了一次关于政治认识的讲话，坚定同学们的政治方向，提供出当前每个青年应有的政治认识。

在管理方面虽然同学们来自不同的工作环境，而且还要回到原来工作的地方去，各有各自的特殊性和个别的作风，但是我们采取了“民主集中制”。而民主精神的发扬，民主充分正确的运用，亦就形成了艺训队的一个优良作风。

## 踏上新的征途

短短的四个月，就这样在工作中过去了。在我们的队伍中间，没有一个所谓“艺术家”，更不敢以“艺术家”自居。为了前方工作上的迫切需要，我们用了最大的努力，群策群力的帮助奠定了晋西北艺术教育的一个基础。我们就这样踏上新的征途，通过日寇严密的封锁线，深入敌人后方向着抗日根据地晋察冀边区进发。

# 不断的在战斗中

参加晋察冀军区成立二周年纪念大会回来不久，日寇的“冬季扫荡”就一天一天的逼紧了来，太行山的子弟兵，和这儿所有的人们，也早已开始了“反扫荡”的工作。在冀西几个县里，在河北与山西交界的地方，天天有我们的军队，自卫队，“青抗先”，所有这儿的老乡们，不断的困扰敌人，打击敌人。十一月二十二日，五路敌人突然的袭击阜平，企图摧毁我方政权，把我们的政府机关、民运团体这一批使敌人感觉到比某路军还难对付的人们来一个“肃清”。当然这已早是敌人的，“壮图”，何况在阜平附近，现在又有包容万余干部的好几个学校呢。

确如敌酋桑木师团长所说，我们的组织是为日本人所不能理解的顽强而机妙的组织。他说我们的老乡们会随便用一个眼色，或打一个手势，就传递了消息，而且传递的速度，比电报、电话还要“快速”。早在去年易县大龙华战役中缴获日寇的文件上，就如此的记载着。

在这一天的下午，刚刚结束了一个学校开学的大会，当晚我们就开始了夜行军。我们一团十几个同志都非常兴奋。

“尝一尝游击生活吧!”快乐的彼此鼓励着。

并不是我们故意的给敌人开玩笑,走出离阜平城来到四十里路外的城南庄,相距不到五里地,咕咚,咕咚的响开了炮,敌人便在屁股后面追上来了。在落着雪霰的黑夜里,我们带着初试新衣的欢跃心情和抗战建国学院的全体师生,走向一个山沟里去。

一直走到天亮,浑身湿漉漉的,才走到早已分配好了的一个七八户人家的山村。我们和抗院院部的同志,就在这儿暂时宿营。夜行军是令人疲乏的,何况又是在雪夜里走的崎岖、坎坷、险峻的山路。在一位同志的指引下,我们攒进老乡的屋子,倒头就睡了。

睡得很舒服,虽然连一床毯子都没有盖。

“李先生,快走来吧,你听炮响呢!”一位同志推着我。当我睁开疲倦的眼睛,坐起来之后,哒哒哒的机枪声都听见了,我马上走出去,到院部打听消息。

这并不值得惊惶,是由灵寿县出来的敌人在山那头放炮,也许是进攻陈庄,可是陈庄还得绕过一座大山,有好几十里路,放哨的自卫队还没有来报告消息,山头上站岗的老乡说就是远远的看到炮弹在山坡上开花,不知道咕咚,咕咚的打那儿。我嘱咐同志们放下心去,趁着机会大家团坐在火炕上,开了一个行军布置的会。还没有开完,晚饭就做好了,虽然没有菜,饼咬在嘴里砂子磨着牙,“出呀,出呀”的响着,一斤一张的大饼,很快的、香甜的吃下去了。

又开始行军,往昨夜来的路上走回去,同志们嘴里都念着:

“又是夜行军！”

大约在夜里一点钟的时候，便在“上白岔”这一个村子附近住了下来。人们欣慰着，睡一个好觉，便可以白天行军了。

睡得还是很舒服，虽只是把大衣盖在身上。

“起来，起来！”

从熟睡中被喊醒了，屋里拥满了雄赳赳的——但也都带了疲倦眼皮的武装同志。

“嘿，起来，快起来让我们休息一下！”

这似乎不大讲理，同是一样的行军，为什么我们要起来把睡觉的地方让给他们呢？于是双方吵了起来，越吵越厉害。我坐起身来，招呼我们的同志们不要吵。

另一位武装同志看到了我，走到炕沿边客气的对我讲，说他们是从离这儿百八十里路连夜赶来的，因为有特殊任务，所以必须得想法子让他们先休息一下，恢复疲劳。因为说话太急了些，于是打搅我们的睡眠，表示歉意。

于是我们又开始行军，向着另外一个方向的山沟里钻进去。

几个同志抱怨着：

“夜行军，又得夜行军，象是命中注定，只要咱们行军，就得夜行军。”

“五百号请到前面！”

长蛇似的队伍里一处一个的传到我的耳朵里，我把马勒到队伍一旁，从林丛中，穿到前面。

“呵，李先生，我们已经被武装汉奸包围了，刚才商量了一下，还是往前走，冲过去！”队长有力的轻声说着：“据老百姓报告,他们人数不多,我们想他们不敢怎样,李先生,你的意见如何?"

我记起了不久以前冲过同蒲封锁线的经验被训,同意了他们的意见。武装汉奸在这里,敌人一定在后面,后退了真危险。

"不许掉队落伍,急行军冲过前面的山口!"

长蛇似的队伍里又一个一个的传下来。

一面前进,一面布置,就象没有那么一回事似的,汉奸看到我们声势浩大,队伍整齐,以为是正规部队,没有敢动弹,偷偷的撤了开去,我们平安的冲过了那一个山口,但是下面的行程,却是一段要命的道路,高峻的一座大山又竖立在前面,让人看不到天色,就象是被堆在一间囚房里似的,山路上不是冰,就是雪,人们扑扑跌跌的爬行着,好容易爬到了山头,隐隐的听到原来方向,哒哒哒的响起机关枪来,同志们再也不顾下山时的光滑难行了,连滑带滚的,一会就跑下了山,我们躭心着,躭心着刚才搅醒我们睡觉的弟兄们,躭心着我们埋在那个村子里的东西。

天明,我们到了马□,这是一个不小的村子,这距离我们的目的地不远了,每个人假寐着休息了一会,接到了一个报告:

"敌寇千余,企图截击我政府与学校等机关,由阜平绕小路袭击上白岔等村,幸我百二十师预为布置,着第一营连夜兼程由□□出发,扼守该地,该营正在布置,敌寇随亦到达,当即展开血战,敌几溃不成军,我□营亦伤亡惨重,现双方均增援对峙中。"

同志们看了这一个报告,都有些愕然,互相庆幸的望着。

"幸而完成了那一半夜行军,假如一百二十师不叫起我们来,恐怕现在已经作了俘虏了!"

人们都沉浸在昨晚夜行军的回忆中的时候，隐然的又听见哒哒哒的机关枪声响了起来，一位同志慌慌张张的跑了进来。

“李先生，有一位八字胡的、身材魁梧的军官招呼你。”

我走出房门外一看，原来就是一百二十师的贺师长。

“啊，李先生辛苦了！”

“那里，要不是你们，恐怕早作了俘虏，刚才我们还谈着。”

我看到他焦枯的嘴唇，晓得他已经很口渴了，把袋里仅有的两个梨子送给他吃。

他一边吃，一边说着。

“李先生，放心罢，这点敌人，不在一百二十师眼里，请你告诉他们，遇到宋主任的时候，替我转达一下，希望他设法在这几天里，给动员万把双鞋子，爬山，鞋都坏了，同志们赤着脚板在雪地里走呢。”

在机关枪大作声中，我们告别了，从那时起一直到今天，我们还没有听到机关枪声，也没有再尝一下游击生活，当然也没有夜行军。

# 在雪的太行山里

太行山的子弟兵，这一回又完全胜利了，敌人这次的“扫荡”又被子弟兵和老乡们扫荡了。于是我就二度的又顺着这条崎岖、坎坷，险峻的山路，走了回来。

当你走到南北高洪口的时候，你就会看到两座蝉联的大大的山村已被敌人烧得精光，只剩下一堵一堵烤焦了的土墙，峙立在道路的两旁，向你诉说着日寇的残暴。当你随便问到一个老乡的时候，他一定会眉飞色舞的告诉你：

“就是在那儿，河滩上的树林子里，一千来个鬼子兵，还有他妈的二百来驼子，咱们的军队就在这村后的石山上，那真是干，劈劈拍拍二尺来深的雪，从山上一直冲下来，打的鬼子抱着脑袋乱叫。同志，你要知道那儿冻了冰呀。”他指着对面高峻绝崖下宽宽的河床说：“他们又穿着大皮鞋，一下子跌下来，一下子滚过去，起来跑两步就又滑倒了，就象不倒翁。咱的房子虽然烧了，怕什么？八路军是真干，人家还拼着命呀。”

就是这么的干，就是在这样冷的冬天，在铺满二尺深雪的太行山里，粉碎了敌人这次愚蠢的“扫荡”。

# 一座后方医院

这里已经是河北阜平县境了,□□村是太行腰里的一个不小的村庄(在山沟里,六七十户人家的村子就算是了不得的大了)从抗战开始那天起,直到现在,敌人连这个村边都没有沾过。

晋察冀军区,第□军分区的后方医院,就住在这个村子里。这是一个不小的医院,和村子差不多大,只要你走进老乡的家里,你就会看到一间屋子,或是两间屋子,挂着缀着红十字的蓝布门帘。这并不是为了蓝的颜色耐脏,而是为了防空的缘故。我还要重复一句,这儿并不是野战医院,而是后方医院。这一次敌人就曾到过附近的村子里,但是你也不必为我们的伤病员担心。这儿的一切都是游击生活,那时候,我们的伤病员早就在老乡们的担架上,或是扶持下搬到别的几个村子里去了。当然距离敌人也不会太远,假如敌人真的来了的话,他们彼此之间,就不再是同志了,老乡会对伤病员同志们说:

“老二,你别难过呀?谁叫你不在家里呆着,要出去看太君们呢?太君又不认得你,当你是八路军的便衣,就打伤你了,这也是你得罪了神了,回来我给你在土地面前烧柱香罢。……啊,太君看你来了,……”

那时医生也不再是医生,而是带着点心来看亲戚的老乡了,点心包里却是药棉、绷带、药、山刀子和剪子。

请你放心,过路的敌人,有时连村子都不进的,他怕八路军跟他游击。

这一座医院的医务主任是一个青年，他曾领我们到手术室去参观，两张长方桌拼在一起，铺的平平的，罩上油布就是手术床，就是在这上面把被敌人伤害的战士们的手，战士们的腿锯了下来，就是在这上面，战士咬着牙，坚决的说：

"留着麻药给重伤的同志们用，你就这样的挖罢！"

于是子弹就挖出来了。

他还领我到"蒸馏间"去参观。这真可以说是天下少有的蒸馏间了，说是在一个老乡家的过道里盘起了两个灶，用两只大水桶烧水。他告诉我：一条绷带，就是靠了这，要用上四五次。他听了我的称赞，谦虚的笑了笑，诚挚的告诉我：

"该感谢白求恩大夫呢！这一位工作严肃，艰苦奋斗的国际友人，他来到边区之后，为了减少战士的痛苦，便于治疗，发明了战场医疗法。受伤之后，就在火线上马上指挥医务工作同志给受伤的同志绑扎。这儿每一个战士都不怕受伤，他们说有白求恩大夫就不怕！他对这儿的帮助太大了，同时也就是他领导的呵！"

当我把白大夫，这位加拿大的医学博士，因给伤兵开刀，中毒而死的消息告诉他时，他沉痛极了。

"呵，他死了？……"他低下头来。

我也和他一样的感到难过，低下头来怀念起这位曾参加西班牙反法西斯蒂战争，现在为了中华民族的解放牺牲在他工作岗位上的伟大的国际友人。

我们随后走进一间一间的病房。我诚挚的慰问着他们。对于我这样的一个远客的慰问，他们的眼里给了我一个回答：

“谢谢你，长胡子的老同志，伤好了马上上前线。敌人究竟会完全在我们的手里死去的！”

我们走进了一个位于巷尾的院子里，医务主任告诉我：这儿是最近高洪口一役受伤的战士们，我怀着一种崇敬的心情走了进去。

“呀，李先生……我不给你敬礼了？”炕上一个孩子的声音送到我的耳朵里来。

## “就这样的作了一个并不小的战士！”

时间并不远，就是在一个月之前的光景，我通过了封锁线踏到边区的境界不久，第□军分区的□司令员，凑巧一个机会，派一个连送我到边区政府。

在爬山的时候，马是不方便骑的。在爬过一座山，牵了马下山的时候，一个小同志跑上来喊着：

“李先生，我来替你牵马。”

并不让你有一个推辞的余地，马缰绳从我手中拉了过去。

这是一个结实的孩子，红红的圆圆的面孔，他的个子和枪差不多高矮，牵着马，走起路来，怪神气的。

我们边走边谈着。他姓刘，河北省蠡县人。家里虽然不富，可也还不穷。他告诉我，他喜欢斗蟋蟀。

“嘿，蛐蛐儿种类可多呢，可就是咬架的叫蛐蛐儿，‘猴头儿’逮住了就要摔死。要是找着‘棺材盖，就算是他娘的晦气，那天你就不要再逮了。你若一定要逮，逮住的不是嗅嘴，就一定是败家伙。有一种蛐蛐儿,叫起来丁零零,丁零零的好听,就象摇铃儿一样,那叫金钟儿。还有一种带翅膀的大家伙,叫油葫芦,是听叫儿的,不咬架。李先生,你养过蛐蛐儿没有?”

他的稚气,天真,确是令人喜欢,他还告诉了我怎么样养百灵鸟,如何教麻雀玩把戏,他说他最喜欢打围。

“嘿,一到这个时候,就是打围的时候了。我们村里的财主就催‘把式’喂鹰,喂鹰可不容易呀,喂鹰讲究‘熬鹰’,就是说让它一宵不睡觉,好第二天抓兔子。还得‘甩轴’呢,就是把一团细麻裹在肉里给他吃,吃到肚子里,肉消化完了,它也就要吐了,于是把肚子里的油,就都用麻,那就是轴给勾出来了,第二天它见了兔子就红眼,就非抓不可。”他回头望了望他们班长,又说下去,“李先生,原先我就讨厌山西老西儿,可是现在不然了,俺们这个班长就是老西儿,可真能干,打枪打的好,鬼子只要别让他看见,看见了一枪就准,他待我好极了,我刚来的时候,送给我草鞋,送给我褥子,送给我手套,都是他自己织的新的,他总是照顾我,还教我认字儿。对了,他政治好,呱呱叫,就是一样不好,叫我小刘。李先生,我并不小哇,你看我比枪还高!”

他抖了一下掮着枪的肩膀,好似要把枪摆下来真的比一下,我抚摩着他的头问他这么小,怎么能打仗?

“嘿,小。我才不小呢,都十六岁了,我刚来的时候,他们就不叫我作战士,我告诉他们,不叫我背枪打日本,我就不干!我背的这杆枪就是跟他们斗争出来的呢!不能打仗?天天找鬼子,不能打仗能成?你问问我们班长看,我还打死过一个鬼子呢,早就够本了!”

"你冲过锋吗?"我逗着玩的问着他。

"冲———过。"眨了眨眼睛,冲着我笑了:"可是就只冲过一半儿。"

我问他为什么冲了一半。他告诉我,因为冲到一半,就没劲儿了,所以说冲了一半。可是他郑重的告诉我他并没有退回来,他蹲在地上,抱着枪,看同志们杀鬼子。他说:八路军冲锋,永远不能退后的,那是顶丢人的事,是要被人家斗争的。

"李先生,骑上马去罢,前面十里地,都没有山。"

我跨上了马,他跟在马后,继续的谈着。

"李先生,不当兵是不行的,鬼子来了,就烧你一个精光,逮蛐蛐儿养不可以了,更别想喂鹰抓兔子了。他娘的,鬼子把咱们的人当兔子抓,那哪儿成?于是我就当了八路军,他们说我小,小就小,我就这样当了一个不小的战士!"

我回过头来,看他更神气的挺着胸膛,昂然的随在我的马后走着。

## "就是他,打死了联队长!"

我想起来了,喊我的就是小刘,就是冲锋一半的小家伙。我问他伤在什么地方?他说就是在大腿上,被子弹钻了一个眼儿,不要紧,再在炕上躺一个月,就可以归队了。这是医务主任告诉他的。

炕上一共躺着六个人,都是那次护送我的兄弟,我一一的慰问他们。一个锯掉左胳臂四方脸的同志告诉我,他好了还能打仗的，放枪用右手不用左手，他可以把枪夹在胳膊下面，一只手放。他请求我见了他们司令员代他请求一下，他还要归队，他不能算残废，脚和别人一样能跑路，右手还照常能投手榴弹炸鬼子。

“没有了胳膊，不算残废？”我心里这样想，口中漫应着他。

“呵，李先生，敬礼。”一个用绷带吊着右手的人走进来向我立正。

“喂，李先生，你说我们班长能干不能干？就是他，打死了一个联队长！”

班长还是那样有礼貌，还是一个月前那样的沉着。他首先告诉我送我的他们那个连，在高洪口战役中，因为担任正面攻击，只剩下十几个同志，其他的不是阵亡，就是挂了彩。在这座医院里就住着他们十几个，在这一次战役中敌人死了三百多。

十二月三日，敌人多路进攻阜平，都扑了空。敌人怕又像前次陈庄战斗似的给他来一个歼灭，于是赶紧分头撤退，这一股约千余人是撤回五台的。三日，我们打了他一下，四日，敌人赶到南高洪口宿营。高洪口距离五台县城，仅只五十来里路，敌人就大胆的驻下了。他那里晓得我们的部队已经把他的归路截断，在村子背后的山坡上埋伏起来了。早晨五点钟的时候，敌人开始烧房子，随着就在村外的河滩上集合，他们把重武器放在前面，一部分先走了。剩下五六百人，还有驼子，正在他们密集讲话的时候，我们就集中火力，开了火，敌人猝不及防，马上乱起来。随着，我们就由山上冲了下来。敌人是相当的顽固，死不缴枪，喊话也不听，于是展开白刃战，可是我们的刺刀真泄气，有的扎不死人，刀倒弯了。

当战斗就要结束的时候，班长回过头来一看，他们连副喊着“捉活的，捉活的！”在和一个敌人军官搏斗着，班长赶紧跑过去把敌人的耳朵削去了。班长正要去从背后去拖那个鬼子，鬼子也晓得了扭过身来就砍。

“我那时已经躲不及，刀已削到手面上，可巧身旁是一个坡口，扭身一坐，把他的指挥刀，刚好坐在屁股下面。我心里想：算了，送他回老家罢！枪口就差不多戳着他的脖子打了一下，后来才知道他是一个联队长！”

“我那时正在替连副着急，不知那儿来的一粒流弹就从腿肚子上过去啦！”小刘补充了一句。

当我把他们的连副请来，同他们几个轻伤起床的同志拍了一张照之后，屋子里有人喊着：

“李先生，别忘了，给我在司令员那儿说一下。”

回到原来住的地方已是十二日了，招待所的同志热烈的招呼着。“李先生真在纪念大会前赶回来了，辛苦呀！”

# 晋察冀的救灾斗争

## 一个空前未有的灾荒

在一九三九年,一个空前未有的灾荒降落在晋察冀站起来的人们的头上。把“空前”和“未有”加在这一个灾荒的顶巅,丝毫没有一点夸张,也并没有强调晋察冀这一个地区的特点,说他是处在一个最艰苦的境遇之中。晋察冀是处在敌寇所盘踞的四条铁路干线包围之内,在相持阶段到来的今天,日寇更加紧其对敌后残酷的进攻和“扫荡”,就是在平常的日子,这已是一个空前的灾难呵!

不必搬出详细的统计表册来指出这次的灾情,这里的地里环境是可以说明的。在晋察冀根据地上是盘绕着太行和恒山山脉,穿流着沙河、唐河、拒马河和滹沱河。这四条大河就在山沟里和沙川里滚流着。远在去年的五月,已经有了旱象,但是谁也没想到——就是想到在缺乏科学技术的这里又有什么办法?何况这儿战斗就是日常生活项目之一的地区呢!在雨季来了之后，一连不断的下了一个月的雨，就在这样淫雨连绵的时候还有着一次有名的战斗。在易州一带地方连续进行了二十余日的“雨季战斗”。二十余日，数千健儿没有穿过干的衣服。就是那个时候的前后，山洪爆发了。山洪就象是一条毒龙把山岭上多年的积土都剥蚀下来，于是山上的砂砾和石块冲下平川，堆满了田壤，也冲走了房屋和猪羊。也就是在这个时候，野兽成性的敌人毒辣的把河北内河的入海口堵塞起来，又造成了冀中空前的水灾。在冀西，譬如阜平，十分之八的田地就是沙河的河床，结果完全变成了白沙地。灵寿县水地被冲的就有一〇二〇五亩，旱地被冲的就有一〇三七八亩，坡地被冲的就有七〇二〇亩。在易县涞源一带，只要是山地，可以说是触目皆是白沙，更不幸的是赶着种上的晚谷，由于淫雨连绵的缘故，都生满了虫子，没有一点收成。在曲阳县一带，更遭受了雹灾，平西各地，晚谷和秋棒子虽然种上了，但是由于敌寇的进攻，漫山遍野长满了蒿草。当我们向老乡们卖马草的时候，老乡对我们讲：

“谷草是没有，茅草满山坡，尽管马吃。”

但是人却不能吃草，于是树叶树皮，喂猪的糠麸，牲口都不吃的山药梗和山药叶，以及用作燃料的玉蜀黍核儿都作了人们的食料。糠在上月的市价已到一元一斗，这已可算是上等的食品，至于棒子和小米，那是招待亲友才用的。我在冀西这一区域走过了百来个村庄，六七十岁的老年人告诉我：

“唉，一辈子也没有碰到过这样的灾难呵！”

敌寇就是灾难的制造者，当然不会放松这个机会，组织了不少次数或大或小的进攻，扰乱我们的播种和秋收，焚烧我们的食粮。一直到今天还是这样的干着,但是每一次都被晋察冀的人民和部队粉碎。在坚壁清野工作的积极进行下,日寇未能抢去我们一粒粮食,但是我们却搬不走房屋庐舍,于是日寇到处焚烧我们的房屋。在这里,我要特别的指出,今天敌人更是有计划的进行着兽性的活动。敌寇有着专门烧房子的部队,他的战斗部队掩护着这一群野兽喷汽油和点烧。在曲阳县郎家庄还曾经发生过这样一件事情:敌人烧房子的时候,一个没有来得及远走的老人看到他几代传留下的房屋喷出熊熊的火焰,他忘掉了一切危险,从他隐蔽的地方冲了出来向日寇哀求;残暴的敌人,毫无人性的把这个老人用柴草捆满一身,然后洒上汽油点燃起来。在日寇的狞笑中,这一个老人满地乱滚着,凄惨的嘶叫着,烧死在他的房屋前。

在唐县的一个村子里,敌寇在烧着房子之后掩避起来,派出几个人跑向山头大喊"救火!"老乡们当是鬼子已经撤走了,赶紧跑了回来救火,结果全被日寇惨杀了!象这样惨痛的故事,在这一带地方很多。根据不完全的统计,在定县、唐县、曲阳、阜平,易县及涞源六个县份中,被烧的村庄有三百三十二个,四千七百余家,六万五千余间房层,被屠杀的民众二百余人。这是一笔要用血来偿还的血债。

敌人加重了边区的灾难,但是在基本上说他们是完全失败了,他们这样残酷的烧杀更激动起人民抗日的热情,使人民更认清了日寇的面孔。边区的人民今后是不畏惧一切灾难,更不会在日寇面前屈膝、低头——他们要讨还这一笔一笔的血债。

# 谨严的站立在工作的岗位上

这是一个事实,这一个空前未有的灾荒,和日寇所强加给人们的灾难,更使晋察冀的人们坚强起来。当然在饥饿的时候,人们会联想起民国六年大水灾的情形,那一次的水灾比起今天来还算略小,但是由于饥饿而死亡的人却有着一个不小的数目。这一个可怕的印象驱使着部分的人们,发生了逃荒的念头。经过政权机关和民运团体积极的解释与说服之后,使人们逐渐的安下心来,也有少数无知的老乡们跑到晋察冀的外面去,跑到敌人占领的区域里去。

时间并不怎么长久,就是在春耕开始之前,这少数的人们却又携妻牵子的回到了晋察冀,回到他们生长的故乡。他们都认识了自己的错误,告诉他们的邻里:

“就是死,我也死在边区!他妈妈的,白面二十三块钱一袋,大米一百三十块一包!要买还得干什么登记,登了记买他妈几天还买不着的杂粮,也比咱们这儿贵的多呀!”

有的说:

“咱们是人呀!日本鬼子把咱当成畜类……”说着说着气得跳了起来。

于是青年的人安慰着他们的父母责怪着他们的妻儿。真的,这一次逃出的人,并不是青年小伙子,而是老头儿和老太婆们及部分的妇女。青年人告诉他们说,政府现在每人每天发六两小米,虽然不会饱肚子,但是已经不至饿死,自己还可以想一点办法。待几天树芽儿长出来就更没有什么问题了。年轻人还告诉他们说，某某村驻扎的子弟兵省下杂粮一千斤，某某村的子弟兵节省下八百斤玉米，某某机关的工作人员，从他们几块钱的津贴中，一共捐了一千二百元，现在已在各村发放了。

"这是咱们的政府呀！现在有一个救灾委员会，就专门办这个事儿。是政府，军队和咱们老百姓大家组织的！"

在救灾委员会的领导下，在军政民全体一致的努力下，晋察冀的救灾运动如火如荼的开展起来。这在政府机关并不是象一个慈善家一样，对老百姓施一点慈悲，晋察冀的民运团体就是民众自己的组织，子弟兵就是老乡们的父兄子弟和戚友。政府更不是需要民众的时候才找民众，而他本身就是代表民众的，执行民意的机关，救灾就是他们的正式工作项目之一。现在政府机关已经集中了一万五千余担粮食，预备办理平粜，他们是允许群众不付钱借粮的，但是他们更发动有钱有粮的人家自动的捐助，充分的发扬民众互助互爱的精神，克服农民落后的保守的自私的不良心理。在救灾工作的进行中更开展了二十九年度民主政治建立的工作，掀起了民主运动的热潮。老乡们认识到只有自己的政府才是可靠的，因此在区村选举上今年已有几县获得了更健全，更优良的成绩。在这一个工作的推动下，增强了晋察冀人民的战斗力，他们不但要和敌人斗争，而且还要和自然斗争！

房子虽然被敌人烧了，军区子弟兵到处帮助老乡们修理。在一个月前还是一片瓦砾的村庄，现在又逐渐修整起来了。

在这一个空前未有的灾难面前，晋察冀的军、政、民，无论那一个人都更加谨严的站在他们各自的工作岗位上！

## 伟大的号召和伟大的行动

救灾工作的积极做法。晋察冀的军政首长，发出了准备春耕进行春耕的号召。于是，军政民联合的春耕委员会很快的组织起来了，各县和各区的春耕委员会也很快的建立起来了，最后各村的春耕委员会也都组织成功了。在灾荒下的春耕问题首先便是整理田园的工作，于是在子弟兵的积极援助下，很快的把田里冲积了一二尺厚的沙起出来了，把山坡上的梯田用石块垒好了。接着便是解决种子问题，于是各县开始了种子借贷，银行举行了春耕放款。为了解决农具问题，各地先后成立了农具合作社，有的地方还进行了耕牛的统制，部队和机关也都把牲口借给老百姓耕地。有的地方在妇救会的领导之下，成立了各种各样的妇女生产合作社，如打烧饼，制豆腐，做鞋，缝袜……形成了春耕运动中的别动队。政权机关和部队，每周抽出一天的时间给"抗属"抬粪、耕地，帮助抗属春耕。最富有兴味的是在春耕运动当中，文化娱乐工作和社会教育也随之开展起来。在平山、唐县普遍的组织了农民剧团。有部队的地方更有了集体春耕的办法，人们一面工作着，一面唱着救亡歌曲，或是学着新的歌子，在集体休息的时候，就进行文化娱乐工作，或是进行识字教育或政治教育。民运团体的工作同志们，他们一面积极的参加群众的春耕，一面也就在春耕的参加过程中，展开了他们应有的工作。

敌人是要破坏我们的春耕的，所谓"春季扫荡"，早已在我们预料之中，果然在最近五台的敌人进攻晋东北了，平津张垣一带的敌人进攻平西了，平汉线上的日寇开始向冀中区扫荡了。在我们的充分准备下，五台的敌人首先被我们击退，平西的“扫荡”，最近已被我们胜利的粉碎，现在冀中初步胜利的消息亦已传来。为了完成“春耕”，军区的子弟兵和各地人民武装自卫队也早在积极的去据点附近扰乱敌人，牵制敌人，消灭敌人。

去年的灾荒，不是一个一般的灾荒，被水冲毁的田地，有许多不是老百姓有力量修复的，群众的食粮也不是今年的春耕中可保证的。但是部队给养的保证却是一个更重要的问题。于是在一切自力更生的原则下，为了保证部队的给养，也就是为了坚持华北抗战，从民众的切身问题上讲也就是为改善人民生活，苏解人民在荒灾中，日寇残酷烧杀抢掠中的疲困。边府宋劭文主任、军区聂荣臻司令员共同发出了又一个伟大的号召：号召全边区的人民和士兵举行一个生产运动。在这一个伟大的号召里的具体项目之一就是所有边区的部队务须自己生产四个月的食粮，保证四个月所有的给养。在这一个伟大的号召下，所有边区的子弟兵，有的把每月仅有的一元津贴，或是两个月三个月的全部津贴捐助出来，自行购买农具。你今天随便走到那一个地区，只要有了子弟兵驻扎的地方，在过去长满荆棘的山坡，或是光秃秃的山头，都布满了绿衣战士。他们在那儿胼手胝足的，在各个部分的首长领导之下，在与自然作斗争，在开荒。你随便走到那一个驻有部队的村庄，随便一片广场，或是一个庭院，都开成了一畦一畦的菜圃。子弟兵们说：

“我们能消灭敌人，就能克服一切困难！”

于是老百姓没法修复的土地，部队租过来，修整好了。老百姓没法开辟的荒山，现在也把黄黄的土坡翻转来了。这一个另型的和自然和敌人的经济斗争，是今天边区子弟兵的一个崭新的战斗任务。

为了保证生产运动的胜利成功，子弟兵更是不断的在敌人附近活动起来。最近固安车站上的一百五十桶煤油被我们夺了过来。我最近在一个地方吃着了香喷喷的大米饭，同志们告诉我，这也是最近从敌人手里夺来的。

一个伟大的号召，现在已经形成了一个伟大的行动，这一个伟大的行动已经使晋察冀更加巩固起来，将使华北的敌寇日益接近灭亡！

## 春风预播着胜利的号角

这次去平西的途中，所经过的地方，大部分都遭受到严重的水灾和日寇的焚烧，可以说是满目荒凉，遍地疮痍。我们在平西逗留了约有一个月的光景，当原路返回来时，每个村庄都变了样子，有了生气，换上了春装。

易县刘家台村，我们过去的时候，远远的就可以看到断垣残壁竖立在街头的两旁，但是回来的时候不然了，绿柳在村边掩映，瓦砾已经扫除了，一部分房屋已重新修起来了，田塍上堆满了挖出来的白沙。一队队的妇女，在一位四十岁左右年纪的妇女的督促下，一担担的把粪抬往地里去。她走到村口看到了我们，她一方面督促着妇女们快快的抬上去，一方面向我们索要路条，嘴里说着：

“没有路条是不能过去的!”

原来几个外村的妇女因为没有路条,已被那位抱着木刀站岗的小姑娘看守起来了。走到烧得更惨的郎家庄亦是一样,人们都在田里忙着春耕,村子成了男女和儿童的天下。我们走过的时候,他们正在空坪上一队一队的操练,村口上,两个小孩子把守着,假如你忘记带路条,那里没有丝毫通融的余地,天真的纯洁的孩子们却严肃的站立在工作的岗位上,尽他的职责。我们的一个同志,单人走在前面就被扣留了,直到我们后面走上来拿出路条之后才又放行。我们走过唐县的时候,亲眼看到他们一起查到二十几个由敌区跑来,路条不大对头的商贩。

为了响应春耕运动的伟大号召,在四月四日,所有边区的儿童,他们宣誓绝不让这儿有一片荒芜的土地。

在紫荆关附近的金波村,过去的时候是一个无人的荒村,现在也是一个活的村庄了。

这是一个灵活的有机体,就象是一部灵活的机器一样,只要马达一动,或大或小的机轮便都灵活的转动起来。在春风里,胜利的种子已撒遍了晋察冀的原野。

二十九年四月五日于曲阳某村

# 民主政治抚育下的五台

## 一、一个崎形的社会

“学会五台话，就把洋刀挂。”凡是到过山西的人，大概都晓得这一句俗谚。在这里，出生了不少的山西军政要人，他们也把外面的文明带到这一个封锁在山峦里面的地方。在东冶镇、河边村都有坦平的马路，耀目的电灯，近代化的工厂。布门限市、蓝家庄等地有着金碧辉煌的旧式建筑，也有着水泥钢骨的立体式的洋房。但是除掉这几个地方，要走到其他的村庄，你就踏入了另一个世界，起码要倒回去一百年。

无数的佃农，花费着一生的劳力，换得饥饿和无告。妇女们的脚缠得比金莲还小，用大拇足尖扭着走路。她们的一生是受着买卖婚姻的决定。愚昧和迷信笼罩着农村。秘密教门，形成劳苦农民的麻醉休息场所。儿童们是在穷困贫苦与无知中挣扎。教育的福分永远不会光临到他们的头上，念几本《三字经》、《百家姓》、《千字文》、已是分外的事。老头子临死的时候还在念着：

“人心不古，世风日下，不是年头儿了！”

五台是一个奇特的地方，下面是每一个五台人都熟悉的逻辑：

五台县长解决不了的事，四区区长能够解决，四区区长不能解决的事，河边村的村长能够解决。

但是今天不然了。

## 二、抗战改变了五台

五台是晋东北的一个县，是晋察冀区的一环。这儿现在有了自卫队，小脚妇女也脱掉木底高跟在操场上操练。老太婆领了小孩子也会在村口站岗放哨，查验路条了。租减了，息也减了。农会，工会、青救会、妇救会、儿童团，还有牺盟会把人们组织起来。自卫队、青抗先、把人民武装起来。这儿的人们已经晓得什么是抗战，为什么要抗战。他们已经晓得了为什么要组织，如何组织，他们也晓得了县政府是老百姓自己的县政府，县政府都是做些什么事。今天他们更了解妥协就是投降，投降就是死路，就是奴隶的和平！他们还会告诉你：“我们一定要打到底，把日本鬼子赶到鸭绿江边。”

什么马路，什么电灯，什么洋房，过去只是听到说，现在更无须提起，洋房都变成了敌人的营房，落后的乡村中的都市文明，也都给敌人享受了。老乡们的房舍，虽然破，虽然烂，却也遭到了同样的命运，他们的儿女和有钱人家一样的也遭受到鬼子的蹂躏,都是一样的遭受到鬼子的屠杀,遭受着民族的灾难!

老乡们还会告诉你这样的话:

"咱们要活着就得干,和日本鬼子拼!"

五台的人民再也不是过去那副即使见了一个中国兵都吓得不敢说话的奴隶像了。

## 三、"我们要上学"

五台的人民大众已不再是奴隶,也不愿再作奴隶,更不要作敌人的奴隶!他们已经认识了自己,但是他们更需要认识这个社会,他们还要认识一切,他们需要教育。今天你随便走到那一个村子,只要是有十户以上的人家都可以看到在一所庙里,或是一间空闲的屋子里,挤满了衣衫褴褛的小孩子——新中国的主人,他们在认字,在读书,在听着教员讲抗日的道理,讲区村民选,讲政府的法令,讲《抗敌报》、《救国报》的社论。

晚饭后,你在一间每村皆有的"民族革命室"中,会看到男的、女的、老的、少的,一排一排的坐在那儿——他们是在识字,或是听时事报告,或是在学着唱救亡歌曲。

"我们要上学!"于是学校成立了,五台县三百多个村子,成立了二百二十一处小学校,去冬成立冬学一百余处,在这一期扫除文盲运动中,有五千人都认识了二百以上的字。

## 四、出家与入世

谁都知道五台山是中国佛教圣地之一。五台山有着许多的寺院,一个庙里的大锅就可以下三四石米,煮四五百个人的饭,那里有青教,有黄教;有和尚,有喇嘛;有汉人有满人,有蒙古人,有西藏人,还有回教徒。五台山脚下有一个镇叫“台怀”,很是繁华,有许多的京广货店,一个大城市里有的东西,这儿都有,过去还有妓院,妓女都是穿高跟鞋的摩登娘儿们,有北平的,有苏州的,有本地的,还有蒙古的,没有道行的和尚和喇嘛,或是千里而来的信徒们,时常和女人参参禅,也是为了修行。

现在,这被敌人占了,口外的香客早就不来了,蒙古各王府的王爷们也不来摆佛事了。北平、天津、南京、上海……的信士子弟们也不来上“布施”了,和尚穷了,喇嘛也穷了,但是来了不少不怕穷的日本“和尚”。咱们的和尚和日本和尚谈不来佛经,讲不得佛理,佛是戒严的,但是今天没有了一个和尚,明天伤了一个喇嘛,佛宝“飞”了,佛衣借走了!飞了的当然不会再飞回来,借去的和飞去的也差不多,佛经上永不曾记载过这个道理。

敌人还未到这地方之前,这里的和尚和喇嘛,已经是咱们的同志,在庙门口,在一个庙到另一个庙的路口上站岗放哨,还有和尚服务队。他们虽是出家人,却没有忘掉是中国人,在佛经上记载着中国是泱泱大国,顶敬重佛教的,更不该让日本人亡中国。

五台山的和尚在抗战的浪潮中,也站在他应站立的岗位上了。现在敌人占领了五台山,和尚们还是照常的缴纳公粮,暗自来到我们的县政府谈问题,来边区政府开会。

在这一次边委会成立二周年纪念大会上,一个由五台山来的喇嘛代表告诉我:

“唉!我临走的时候,他们让我问一问,几时才能抗战胜利,几时才能把日本赶走?”他们都焦心得很!

他问我这个俗人。

“李先生,我们一定会胜利的,可是你看几时才胜利呢?我们再也忍不下去了,没法可活呀!”

一个深通佛经的和尚代表告诉我:

“只有抗战胜利后,才能念经,摆佛事呵!我们虽然是出家人,我佛说:‘我不入地狱,谁入地狱?’为国牺牲,也是我们和尚的责任呵,我是老了,我就让我的一个徒弟当了兵!”

大会闭幕后,他们两个兴奋而满意的,谨慎的回到敌人占领的五台山去了!

五台再也不是过去的五台!抗战收复了五台!民主抚育了五台,抚育了五台的人民!

# 没有汉奸的定襄

山西定襄在后方的人们的记忆里,也许是一个生疏的县份,但是在这一带地方很少人不知道定襄。定襄虽然是一个全属游击区的县份,却有着完整的政权,坚强的民运工作,尤其是定襄的老百姓受着人们的敬重。敌人曾经这样说:“支那的工作人员比支那军队还可怕!”而定襄的工作人员是这里首先吓怕了敌人的一批没有枪?没有炮的中华民族的优秀儿女。

定襄靠近同蒲铁路,可以说是太原城的一个外围据点。定襄共有七个区,除了第四区是山地而外,其余都是平原,因此敌人在这里驻扎重兵是当然的事了。所以除了四区之外,所有各区都有敌人一个据点,而惇县、圻州和五台据点上的敌人,也都能控制着定襄,这里的村庄随时可以由游击区变成敌占区。敌人经常的在夜间从据点出来,包围一个村庄,天明的时候,便开枪进村,搜捕我们的工作人员。有一次,定襄牺盟会的秘书被敌人包围在一个村子里,结果在一家被逮住了,敌人问他是不是工作人员,他还没有说话,那家的一位女人就马上接过去说他是娃家舅舅,昨天刚从家里来这村看她的。敌人看不出什么破绽,扬长而去了。一个伪军走在最后,回过头来说:“好一个娃家舅舅,谁不认得他是牺盟会的秘书!”说完亦迳自走了,这也是一个有良心的中国人呵!在定襄人民大众的掩护下,敌人搜捕我方工作人员的计划,一次一次的失败了。有一次敌人在一个村子里捉住了胡县长,当时就有许多老百姓证明说不是胡县长,他们说县长的胡子比这个人还要长,脸色还要黑,于是敌人释放了胡县长。

敌人搜捕我方工作人员的毒计,一一被我们的同志和定襄的民众粉碎,于是敌人疯狂起来了,惨杀我们工作同志的家属戚友,焚烧我们工作同志的房屋庐舍,任意的惨害我们的同胞。但是敌人所得到的却是我们广大民众更大的仇恨和反抗的烈火。于是卑鄙龌龊,阴狠毒辣的敌人,便冒充我方部队中或政权方面的工作人员到各村召集开会。在这种下流无耻的阴谋下,却也丧失了不少我们敬爱的同志,但是由于这些同志的牺牲,我们的工作方式就更加精巧,我们的组织就更加严密,在我们的圈子里,就要他没有一个汉奸。

定襄的敌人是不再会听信定襄的汉奸。汉奸来到村子里探消息来了,本来附近没有驻扎着我们的部队,但是我们的老乡会告诉他有,而且会告诉他那村住几百,那村有多少炮,那村……于是吓得敌人不敢出来了。当我们的部队真的来到的时候,汉奸所得到的消息是“连一个兵毛儿都没有”,或是“有着不多的几个人”,于是敌人浩浩荡荡而来,但是回去的时候却是剩下不多的人带着他们同伴的手指,头颅,或四肢的一部分狼狈而逃。汉奸们就这样被打死不少。敌人一变成瞎子,我们就成了千手千眼佛，无微不察，无幽而不烛了。

定襄民众的除奸工作，确是可称道的，只要你心眼一活动，要尝尝汉奸的滋味，过不几天，夜里就会有人在门口喊你：

“二哥在家吗？”

于是你就去开门了，这也就成为你一生中的最后一个动作，而你的汉奸证据，也就放在你的尸身上。没有愿意自己儿子当汉奸的爸爸，更没有愿意爸爸当汉奸的儿子，老婆虽然亲热，却也不愿有一个汉奸丈夫，这就是大义灭亲的道理，定襄亲爱的老乡们就都明白这个道理！

定襄的老百姓是不愿自己一生有一滴血含有叛卖祖宗的毒素，因此也不愿他的“邻人”有一滴血含有出卖儿孙的毒素，他们永远把别人的耻辱，当作自己的耻辱，因此他们是天下最大的罪人的“解脱者”，他们不让抗日的营垒里，在他们里面，有一丝妥协投降的气氛，他们“超渡”了他们身边的每一个民族罪人，早早的赐给他应得的报酬——死！

因此定襄的老百姓都认清了死的价值，他们愿意光荣的死在敌人的枪下，不愿意丑恶的死在“邻人”的刀下！

有一次，敌人为了征丁征粮抓去十七个村长。

打、骂，用尽了刑法，还是没有达到目的，结果敌人只得释放他们，到现在还是在村公所里支应敌人，在秘密的村公所里干我们的工作！到了死的时候，他们永不会怕死，面对着死神，结果他们得到了生，而且将得到永生！

就是由于政民关系的良好，由于民众运动的开展，由于民生的实施而民众认识提高，民族观念加强，于是定襄人里面可以说没有汉奸。虽然在游击区中，时时在敌人暴力的压迫之下，民众还是照常把田赋捐税缴到我们的区公所，送到我们的县政府，公粮也是迅速完成。虽然在游击环境中，区级代表会经常按期开会，这是定襄县的民主之花。

由于民众政治思想基础良好，当去年我们的县政府在南窪村开扩大干部会议的时候，连逢敌人进攻，于是跑在山头上，高唱救亡歌曲，继续开干部大会，讨论如何打击敌人的方案。

最可宝贵的就是在这样危险的游击环境中，定襄县的工作同志创造出在平原的游击区的一套完整而坚韧的工作方式。这一套工作方式将把我们的根据地，由山地扩展到平原，一直把敌人困死在城围子里，把敌人驱逐到鸭绿江边。

# 从华北带来的几个故事

在华北各地走了一年多，怀着无限留念的心情回到后方来。那儿的人们和英雄的事迹，无时无刻不在我的脑子里回旋。下面几个故事有的是我亲身经历的，有的是那些永远不会被人遗忘的青年朋友热情而质朴的告诉给我的。看到或者听到这些故事也许有人惊奇罢，假如是这样的话，却更使我回忆起一年来所经过的一幅一幅的伟大画面。青年、学生、教师、广大的农民，所有华北的人民，在抗战第一年里就开始和残暴的敌人转战、流血、牺牲，艰苦奋斗，把祖国的土地一块一块的从日寇的血口里夺了回来。人们都站立起来了，说着他们所要说的话，干着他们所要干的事，有钱的和没钱的，有地的和没地的，谁也不再苦眉愁脸，而是坚决勇敢的，手拉手的筑起了血肉的民族长城，一日一日的健步向着建立三民主义新中国的途径迈进，这是那里来的力量呢？这是神话里的英雄的创造吗？

中山先生在离开我们的那一刹那，他还曾谆谆的嘱咐着："必须唤起民众！……"这就是唤起来的民众力量！无数的从泥土里生长起来的英雄们的创造，这里还仅只是随手拾来的几个平常的故事。

## 炮兵"司令"

我久仰平山县炮兵司令的威名，听说平山城里日本鬼子的特务头子们，宣抚班长，宪兵司令曾经开下这样的支票："谁要捉住这个'坏蛋'，就赏谁一千元！"

我有了一个机会，亲身到平山抗日县政府去。一天早上在村外正和平山县人民武装自卫队的总队长谈着平山县人民武装工作的时候，对面走来了一个人，他象所有河北的农民一样，有着健壮的身躯，一副勇敢质朴的面孔，只是两只手更粗糙些，最特别的是他的肩头，扛着一段空心的树干，外面打着三道铁箍。

"喂，炮兵司令同志，来让我给你介绍一位先生。"

刚介绍完毕，我还没有说一句话，炮兵司令耸了耸肩，一双结实的手抓紧他肩头的大炮便开口说：

"我要马上到回舍附近去！"

说完这句话，哈了哈腰就不快也不慢的去了。

"他有多少人？"

"一个人！"

"一个人？"我惊异了。

"是的，一个人，就是他自己！"队长诚恳而肯定的答复我。"但是最近就要变成无数人了！……"

下面所说的就是总队长告诉我的关于炮兵司令的一切。

炮兵司令就是平山县人，原来是一个木匠，家住在城外，做工的时候多是在城里，日本鬼子来了，他就回到家里。鬼子第一次踏进他的村庄，就烧掉了他那仅有的三间草房，老婆生生被鬼子奸死了，惟一的儿子被鬼子穿在刺刀上。

他从小在家里就学会了做土炮。他不能再在家里安生，他变成了无家的人，于是就带了一把板斧，一把刨子逃了出来，在离家的那一个夜里，加工弄好一座土炮。天还没亮他就把大炮安放在鬼子回城的路上，他躲到大路旁边的高粱地里，等到看见尘土了，他就用香火点着了火药燃子，鬼子走近了，炮也响了，一下子就送了八个鬼子回东京，受伤的有十个。这是他第一次的胜利，也就是他战斗的开始。

他就这样的干到现在，一共已打死了百来个鬼子，伤的还不计其数。平常他总是在敌区游来游去，由这村走到那村，老乡们也都渐渐的知道了他的声名，于是走到那里，那里的老乡就争着请他吃饭，给他找碎铁，找火药。炮做好了，他就又跑到驻有敌人的附近去，探听敌人的动静，一听见敌人要出来了，他就扛了他的大炮到路上去寻觅那最好的炮台。现在平山敌占区那家窗户向那个方向开，那座坟地有几棵柏树他都知道了。敌人就从来没有捉住过他。起先日本鬼子被他的大炮轰了几次，一死就是十来个，说手榴弹不是手榴弹，什么东西打的也不知道，也不曾见过一次人影，把敌人弄得疑神疑鬼莫名其妙。后来有一次，敌人在路旁边搜索着前进，恰遇燃子又发生了毛病，没有燃着，敌人才虏住了他那土造大炮，才晓得弄来闹去的是那么一个木匠，于是悬赏捉他，但是炮兵司令是平山老乡们的炮司令，他们绝不让打日本鬼子的司令叫日本鬼子捉去的！

“还是去年，我调了现在的工作之后，才委了他一个‘炮兵司令’。只要他带着这个命令，无论走到那村，村公所就要无条件的管他饭，只要他捺上一个手印，我们就可核销这笔开支，村里还要尽可能的给他方便，比如供给消息呀，供给废铁火药呀……现在我已经计划每一个中队添三门炮，就让他监造。他是不爱多说话的，只要一听见那里鬼子又活动了，他就连饭也不吃的赶了去，近几天鬼子不是又增兵了吗？让我们等待我们的炮兵司令的胜利消息罢！”

最后，队长又告诉我：

“他还有一个不大好的特点，那村招待他好，他就多往那一带的敌占区去打鬼子！”

## 会飞的将军和会飞的兵

在北平、天津、保定之间那块最让鬼子头痛，最使日本“皇军”感到威胁的平原上，随时随地都是驰骋着我们英雄的健儿，他们随时随地的在威胁着华北敌伪汇集的中心北平、天津和保定，那便是最有名的土生土长的“土豹子”队伍——冀中子弟兵团的一支骠骑。司令员便是华北日寇闻名丧胆的朱占奎，也是一位十足的“土豹子”将军，抗战前就是那个地方的一个自耕农，但是伟大的抗战给我们从泥土里挖掘出来这位英雄。

那一个地区太重要了。我们英雄的队伍不仅随时随地的威胁平津，而且随时随地的切断平汉、北宁和津保公路。那是华北日寇的大动脉，日寇数度的集中数万的兵力和机械化部队对这一地区作最残酷的大规模的"扫荡",但是他所获得的除了失败之外,便是更加把我们的英雄的队伍锻炼得象钢铁一般的坚强,日益壮大了。

在河北老乡的嘴巴上传说着这样神话般的故事。

"有一次鬼子进攻了,几十架飞机在天空里嗡嗡着,地上爬着百多辆坦克车,跟他妈夏天的臭虫一样,好几百日本鬼子分进合击,把朱司令和他的队伍给包围了。等到包围好了一打!嘿,一个人影儿都没有了,朱司令飞了,他的兵也飞了!鬼子垂头丧气无法可施,正要杀老百姓泄气,忽然告警说任邱城失了。你猜怎么着,原来是朱司令和他的兵飞到了任邱城,一下子就把城给攻下来了,守城的鬼子兵都给朱司令杀光了,汉奸们也都吃了卫生丸,运出了几百辆大车的洋米和白面。哈哈,朱司令会飞,他的兵也会飞!"

虽然这里面有许多地方是近于快意的玩笑的说法,但是大部分还都是事实,有些地方却有着出入,这一段话是把两个战斗给很自然的蝉联到一起。

有一次鬼子来的太多了,遍地都成了穿黄呢子大衣的鬼子兵。我们的队伍实在站不住脚了,便撤出这个地区,集中力量乘虚一举攻下了任邱城,等到日寇增兵来援的时候,朱司令就又带了他的队伍回来了。敌人的"扫荡"失败了!

另外一次也是同样的一个大举围攻,朱司令事先就把几个主力团运动到外线去了。但是敌人来势既凶且速,剩下一小部分出不去了。等到日寇进到合击点时,所有的我们那些英雄便把武装埋藏起来,换上老百姓的装束,敌人进村了,一个兵也看不见了。敌人是很狡诈的，于是集合起全村的人，让小孩子们去认他们自己的家里人，于是叔叔、伯伯、舅舅、表哥的，所有的战士们就没有剩下一个，全被小孩子们认去了。鬼计多端的日寇也莫名其妙，毫无办法，等到敌人撤退的时候，这些健儿们又神妙莫测的穿着全副武装攒出来，来了一个内外夹攻，杀得鬼子望风而逃。从此以后“皇军”只要一听见“朱占奎”三个字，就把大和魂吓瘫了。他们对我们的老百姓这样的讲：

“朱占奎，大大的可怕！”

全民抗战是不能少一个民众的，坚持敌后抗战发展平原游击战争，如果没有民众，便只有死路。

## “他是我的丈夫！”

我不知道道学先生，正人君子们看了这段故事有何感想。山西定襄县全县都可说是敌占区，但也可名符其实的说全是我们的。就是在敌人占据的据点之内，我们的法令和各种工作都是和在根据地内同样进行。

在那里所有的工作同志们都是乔装成老百姓，或明或暗的毫不间断的进行他们的工作。至于办公，他们是采取化整为零，化零为整的办法。白天集合在某一个村子里，靠着群众的掩护进行着工作。公办完了，约定第二天的集合地点，然后各自分散到四处的村庄里去。敌人在实际的教训里，深刻的知道，就是白天知道了办公的地点前去包围也是找不到的，由于群众的掩护，说不定偷鸡不着失把米，被四处来的莫名其妙的队伍打个落花流水。这些“没有枪的工作人员比有枪的抗日军还要厉害。”(敌人语)他是必要得之而后甘心的。于是敌人用尽种种欺骗的惨酷的方法。这里有一个便是在夜间人不知,鬼不觉的,包围一个他判断住有我们工作人员的村庄,一直等到拂晓,才进村挨户搜索,方法总算是聪明的方法,他以为这样一来,我们就逃脱不了他的魔爪。我们亲爱的“傻”百姓和我们的工作人员团结在一起,就是世界上最聪明最勇敢的人;在我们的抗日人民大众面前,“皇军”只不过是孩子手里的玩具而已。

就是有这么一次,定襄县的一个区长住在一个村子里的区公所内,天一亮他就已经感觉到了不对,等到起身了就听见鬼子打门,他赶紧跳过墙去,邻家只有一个女人在家,他就要求她能够救他。这位女英雄一看是抗日区长,就胸有成竹的慨然应允了,让他睡到床上去不要作声。

敌人威风凛凛的进来了,问她床上躺的什么人,她说是她的丈夫。敌人一再的威胁着要床上的人起来,虽然她告诉敌人,她丈夫害了很重的伤寒病也不中用。她只好遵令了。于是她坦然的走到床前,就像是一位最好的太太扶侍她的丈夫一样的坐在他身旁,抚摩着他的头,摇晃着叫他起来,但是手却暗暗的用力,不叫他动。

“醒醒罢,醒醒罢,太君看你来了……”。

敌人看不出一丝破绽,认为是一对恩爱的夫妻。又怕传染上伤寒,就猥亵的调笑着走了,那一夜挨冻的收获只是抢得两只猪,三只鸡。

现在这位区长还在那里健康的工作着。

一位在敌区工作不久的青年这样告诉我：

“群众是太可爱，太可敬了！原先我真不敢去敌占区工作，可是去了之后，死也愿意死在那里，就是我们的父母也不曾像群众那样的爱护我们。”

## 一条巴尾

这只不过是随手拈来的三个故事而已。但就只是这三个故事，已可使我们了解到被埋藏在泥土里的群众的力量是如何的强大，如何的伟大！故事里那些英雄的人物并不只是华北的特产，而是中华民族伟大的表现，只要坚决、忠实而勇敢的执行总理遗教，我们无数的男女英雄潜力是都会被发挥出来的。

# 一个崭新的歌剧团

旧剧在民众中间还存留着根深蒂固的影响，这是人所周知的事实。在抗战前我曾与欧阳予倩先生谈过如何改革旧剧内容，使其能适合时代要求，而成为民众教育的一种有力工具。当时他曾发表他所要改革旧剧的许多理想，如增加群众的场面，重订锣鼓场面的奏法等。（如《梁红玉》的编写或许就是他这一种改革的尝试）抗战开始后，也有人提出重新认识旧剧，重新改编旧剧的内容的意见，可是实际真能将旧剧从业员组织起来，使成为救亡团体，以旧戏成为抗战的武器的，至少在我则尚未有所闻。因此，第二战区文化抗敌协会所组织的民族革命实验剧团的歌剧队，应该是值得介绍的了。

这个歌剧队共有男女旧剧从业员二十余人，是从西安请来的，抗战前在太原演戏的，第二战区当局认为争取这一行业的朋友到自己方面，使其能尽抗战的任务，是非常必要的，否则，会被敌人利用，使成为庆祝"皇军"，歌颂伪政权的工具了。且旧剧形式易于接近民众，容易被民众接受，所以主持文化抗敌协会的梁延武先生特请新剧家刘巍先生为领队，负责把这群新战友积极的组织起来。可是，由于过去的环境及特殊的生活关系，使他们还留下了许多传统的陋习，因此，在成立初期，发生了不少的困难。然而，经过一个多月的训练，讲授了各种抗战知识，再配合了很多的集体生活的节目，使之对个人自由生活的习惯改正了不少，过去各种狭隘观念和不良陋习也渐渐克服了。现在，他们同所有的救亡团体一样过着集体生活，吃苦耐劳，一样地吃很坏的饭，一样地穿起灰布军衣！

他们当中如金丽君女士、李殿华、李崇绥等四五位饰主角的，过去都过着相当舒适的生活，现在为了民族国家，为了救亡，也同样吃小米、住窑洞、穿军衣了。

他们对于戏剧的演出，也非常注意，差不多他们演出的戏剧都以有民族意识内容的为鹄的。比如在二十八年春节演出的《梁红玉》、《煤山恨》、《木兰从军》、《店小七》等就是一例。

他们并不是无原则的将旧戏全盘搬弄出来，常常为了更能在激励民众的抗战情绪，和配合目前抗战的现实，他们常常将某一节特别夸张，甚至完全修改了。就是现在剧作家改编的剧作，为了更能与抗战配合得紧，常常也加以改编，例如欧阳予倩先生的《梁红玉》，他们认为“戏的重心在汉奸的卖国，和将帅的自骄，为了给观众更深刻的印象，便把这点加重了”。其次田汉先生写的《煤山恨》，他们认为只写“杀官”一节是很不够的，为了给观众以完整的印象，便参照昆曲“铁冠图”传奇，与周信芳“明末遗恨”脚本，整理出《借饷》、《夜景》、《撞钟》诸节。

其实他们不单是演出原有的旧剧或改编剧，为了更能反映抗战现实，他们也常常创作新剧，以补原有旧剧的不足。如《店小七》就是一个创作。据他们说:“是解决旧剧怎样接近现实,反映现实,表现现实这问题的初步试验。”

总之,他们把原来那种歌舞升平,或含有毒素的内容都排到九霄云外了。现在,他们能够紧紧的把握住现实,正确而严肃的使用着这一门旧形式的崭新的抗战底新机器。

正因为他们演出态度的严肃,和能紧紧的配合现实,因此所获得的效果也很大,如民众看到《梁红玉》中“韩世忠重整旗鼓,效领所训的民众,一齐出动,追杀乱寇”时,便深感民众力量的伟大。看了《煤山恨》中太监杜勋,守将曹化淳叛国通逆时,观众中便有人叹息:“过去是国中大官,竟是卖国贼”,“他们原是跟现在汪精卫一样的混蛋!”

每次演出,便济济一堂,他们的形式已能接近民众,内容又能感动民众。如果,能再加以训练,使每个旧剧从业员,都有透彻的民族国家观念与更丰富的政治常识,无疑的,这是一支戏剧界最有力的生力军。

过去有人说:把旧剧团改为崭新的戏剧团体是不可能的。其实,只要我们有正确的政治教育,使他们明了救亡的重要,使他们知道戏剧任务的重大,我敢相信,没有一个演旧戏的人不高兴来参加的。

上海、平津、太原、广州、武汉失陷后,有许多留在那里的旧戏的从业员,都作了庆祝“皇军”、歌颂伪政权的工具了(当然他们中也有许多从事于救亡工作的),这些痛苦的教训,难道还没有受够吗?

所以,我认为,组织旧戏剧团体,是目前艺术运动中一个非常迫切的任务，无论在前方后方，或敌人后方，广泛的演出富有民族意识的旧形式底戏剧是非常必要的。这不但可以把腐朽的旧戏逐渐变为民众自己的，艺术的戏剧底新形式，而且还可以变成一支抗战建国宣传底新力量。否则，不但被敌人利用，以打击自己，而且使旧剧的前途，永远沉淀于替封建社会掩饰太平的泥沼中。

# 走上胜利之路的山西[①]

太原失守以后，山西的抗战工作，无论是军事、政治、民运，仿佛都陷于混乱复杂状态中。这种现象，一直到临汾失陷的时候，虽然补救了许多，但还没有达到圆满的地步。尤其因为民大迁移，在敌情紧张下，部分学生流散，外间谣传蜂起，责难孔多，更使一个不了解山西实际情形的人，把山西看成一团糟。但是正当着晋南相继失陷，晋西亦被侵扰的时候，我就曾在西安《救亡》发表了《山西的现在和将来》一文，虽说我们不否认当时的山西，因为敌人的猛烈进攻，有许多军队疲敝零乱了，有些旧的县长离开自己的职守逃跑了，许多重要的工业建设失去了，整个山西的抗日力量和经济状况，已遭受了一个严重的打击与破坏。

---

① 这是李公朴先生当年在山西战地视察几个月工夫的收获。《走向胜利之路的山西》，各方面都有生动的记载，而且提出一些宝贵意见。其中"进步的民族革命战法"、"游击根据地的建立和巩固"、"山西游击地区的分布"等三节中，原稿写了有关军事设施方面的文字，因当时战争正在进行中，所以删去了。原稿曾保存在《黄河出版社》，原拟于无妨军事秘密时，再行补入，但到今天已无从查考了。

同时，我们更不否认，当时的山西，因为各部工作，都还在整理与布置中，一时看不出成绩来，加之工作经验的不够，有时把口号提得太高，而实际的工作不深入，不普遍，以致一时也做不出成绩来。然而我们却不应该忘记：山西在抗战一开始的时候，就有组织健全的牺牲救国同盟会，就有统一战线的民族革命战争战地总动员委员会，就有军队政治化的决死队等的出现，尤其在国民师范，在国民兵军官教导团，在随营学校，在民大……成千上万的青年抗日干部，从那些时代的熔炉里涌出来，散布在山西每一个血管里，到处闪耀着光明的火花。有了这些新生的力量，我们为什么要受那些天将破晓的云雾所朦蔽？今日的事实，已经摆在我们眼前，只要不是一个瞎子，当然就不会否认，一句话说：现在的山西，一切都在突飞猛进中！

山西在我们整个抗战中的重要性，也是为任何人所不能否认的，因为山西为华北的堡垒，西北的屏障，南北沟通的支撑点。山西如果整个被敌控制，则冀、察、绥、陕、豫均将不可收拾，不仅大西北直接受其威胁，即我们总后方的"堪察加"，亦将不得安枕。现在的山西怎样？人们会想太原失陷以后，临汾失陷以后，敌人的铁蹄，踏践了整个山西，不用说，那儿定被敌人牢牢的控制着，那儿的人们，是在怎样的生活着，也许他们就老老实实的慑伏在敌人的淫威之下。然而事实并不如此，在这里有我们多数的同志，游击队在各处活跃着。我们部队的鞋帽，都是当地的老百姓送来的。我们的县政府召集民众村长开会谈话，只要去了命令，他们就会从很远的地方赶来。我们的地方工作员，布满了各村，各村的民众很好的保护他们，时常一二人在平地各村，召集群众大会，抓汉奸，敌人一点也不知道。我们的政令，公开的、秘密的都可以行使到山上山下大大小小所有村庄。这些事实说明，敌人的维持会汉奸政权只能统治到城市。他的公文虽然表面上也能够传到平地各村，可是其实一点也不生效力，一切仍在我们手中。这是太原区的现状，太原是敌人主要的据点，太原区是这样，其他地方更不待言。所以我们对山西抗战的前途，对整个中国抗战的前途，都抱着无限的乐观和兴奋！

山西进步的主要原因是什么？

（一）誓死不渡黄河的决心与信心——敌人打到山西，如我们不建立各区，不发动民众，不维护政权，而全部退至黄河西岸，今日的山西，是个什么情况？再回头看看，一年以前，是个什么情况？半年以前，是个什么情况？现在是个什么情况？就可以知道，今后三个月的情况如何？半年以后的情况如何？一年以后的情况如何？过去我们不理解改新军队的需要和重要，今天理解了这是山西“走上胜利之路”的根本原因。山西军民坚决与山西共存亡，誓死不渡黄河！在这次敌人围攻晋西的时候，已表现出伟大的行动，打击了敌人，坚定了信心。在这样共同艰苦奋斗下，自然是会进步的。

（二）牺牲救国同盟会的发展与健全——牺盟对山西的抗战起了一种积极的主导作用。这无论在军事、在政治、在动员民众的工作上，现在的牺盟，发展了百万以上的会员，团集了数千以上的优秀干部，组织了四五万有政治认识的新军，全省的人民武装自卫队，全省的农救、工救、青救、妇救、儿救……都在牺盟的直接领导之下，逐渐健壮起来，可以说：“在山西凡是有工作的地方，就有牺盟的活动。”也正因为牺盟有广大的群众基础，有健全的群众组织。同时更因为牺盟是一个忠实执行统一战线者，所以在山西能够起着主导作用，能够为大多数人民所拥护，能够推动整个山西的抗战工作，日益走上坚强的途径。如果我们要了解山西，而不了解牺盟，那就等于要了解一个人，而只看看他的面孔一样。山西有这样进步的抗战团体，它为什么不飞跃的进步呢？

（三）统一战线的巩固和扩大——在山西的部队，有中央军，有八路军，有晋绥军，有新成立的决死队、游击队……在群众中有前进的工、农、青年学生，有落后的商人、地主、财绅……但是山西每一个部队，每一个群众，都了解：救中国是非常大的一件事情，决非一党一派，一个阶层，某一部分人，所能完成。同时他们更了解：中国的许多问题，要在抗日的过程中奠定解决的基础。如果在抗日战争中，在这一个惊涛骇浪的抗日战争中，能够使各党派、各阶层，肩并肩地战斗到底，我们相信，社会革命将会更快的转变。这就是民族革命统一战线尽量的延续，与持久的益处，这就是统一战线的前途。“抱持偏狭见解的人们，企图把统一战线半途而废的人们，是不懂得统一战线的真义的，是使中华民族走向死亡与绝路的。”（牺盟领导人之一第三行政区专员薄一波先生的话）因为他们了解这些，所以他们有高度的政治警觉性，在他们“反对伪政府汉奸维持会，并巩固抗敌救亡统一战线，宣传提纲”中，就明白的指出“日寇时时刻刻都在企图破坏我政府抗战到底的国策，（为唆使少数亲日派汉奸，制造和平空气）和我全民族的抗敌救亡统一战线，（如散发谎谬传单‘只打八路军,不打中央军’之类)更要指出,在今天我们只有在国内拥护国共两党以及其他党派更亲密的合作,巩固抗日救亡统一战线,在国际,争取英、美、法、苏等友邦,孤立敌人,才能粉碎敌人的阴谋!”自然,在少数地方,还有些类似汉奸,而以“吃磨擦饭”为职业的人们,造谣生非,挑拨离间。但是这些人,谁都认识他的真面目。如果他没有拿日本强盗的钱,就等于为日寇作义务走狗。这些人,我们相信将如浪潮中的渣滓,必为时代的洪流所冲掉,丝毫不足以阻碍山西团结的力量,相反的,山西的民族革命统一战线,只是日益巩固和扩大,山西光明的前途,也就是建筑在这基础上。

山西进步的事实具体表现在那里?

## 第一部分　军事的进步

说到山西的军事,就不能不令我们想到:

决死队的产生和发展

(一)决死队:因为决死队是适应抗战的需要所产生的,是一个政治化的军队,是一个运用灵活战略战术与民众配合一致,以歼灭敌人的军队,而且它现为已具有非常雄厚的力量,散布在山西各地区,不断的打击敌人,所以这是值得大书特书的。

决死队的产生和发展,不是偶然的,初系由于太原国民师范的民训干部团与军政训练班,尤其是当时著名的小鬼——第五连的青年们,在一次军事演习之后,抗战情绪非常的高涨,乃连同一部分军官教导团,共编十二个中队,为青年抗敌决死队,于八月一日正式成立受训,九月二十一日向五台一带出发,这便是决死队的基本团——第一总队。其他决死队的干部,都是由这一团来补充的。

他们到了五台后,不久敌人冲破娘子关,由旧关向太路猛攻太原,于是他们便由五台转移到沁县一带。同时,太谷、平定等几个教导团,也退到晋西南一带的曲沃、临汾等处。

太原失守后,临汾成为整理军政的重镇。因为要扩大新军,遂将所有的国民兵军官教导团,均改编为决死队,成分大部分都是知识青年。同时由于一总队及这些教导团进行了动员工作,组织许多有民族意识的工农,于是决死队扩大为纵队,共有×纵队包括××总队,后又在战斗过程中,组织了××个游击团。现在正式编成的,共有××个团了。

决死队也可以说在战斗中长大的,因为决死队刚成立的时候,一些友军和群众对他们都不了解,同时也因为他们自己装备不全,没有战斗经验,有很多连步枪也不知怎样打法,加以男女老幼混合在一起,简直也不象一个军队。这样一来,有些友军看不起他们,不知道他们究竟干什么,甚至还缴他们的枪。另一方面,老百姓不卖东西给他们吃,不为他们做向导,尤其他们被敌人包围之下的时候,他们生活的苦痛,实非一个身受者所能想像,再因他们内部军政磨擦,更增加了他们的困难。本来决死队的产生是政治工作者,动员组织起来的。但因为有一些指挥员是旧的军官,对政治工作不了解,尤其是看到政工人员在军队中的地位,好似比他还高,更表示出不满的情绪。由于它在开始成立时,还存在这样多的困难,所以他们斗争的过程,是非常艰苦的。他们完全是在工作中,战斗中,不断的加强自己,打击敌人才克服过来。

以战斗来说决死队虽然成立不久,虽然没有受过长期训练,但是由于他们有坚决的抗战意识,有进步的政治思想,有艰苦奋斗的工作作风,所以自参战以来获得很多的胜利。首先是第一纵队,在前年十一月十七日,攻占了平遥,并且继续追击敌人到祁县附近,去年三月中旬,又在安泽占领良马、府城,切断临汾与长治间敌人的联系。随后,又去三不管岭,击退敌人的运输队,打死了敌人百余。其次是第二纵队,在韩信岭,埋伏袭击敌人,毙敌五十余。第三纵队在临汾附近,以两团兵力与敌人展开游击战,有一次在张礼车站,袭击敌人火车十八个车厢,夺获胜利品无算,最有趣的一次战斗,是在临汾附近,敌人千余,炮十八门,他们袭击敌人的尾巴,前面的敌回头来抵抗,然而他们很迅速的离开了,结果敌人自己打自己,这一次他们也获得了许多胜利品。这不仅打击了敌人进攻的势焰,而且还解决了些物质上的困难。

临汾失陷以后,决死队在晋东南晋西南及同蒲路的两侧,却展开了广泛的游击战,小部队整天的袭击敌人,破坏道路,并且配合友军粉碎敌人,晋东南的九路围攻,晋西南的六路围攻,前后收复了沁县、沁源、长治、(第一纵队)□县(第二纵队)沁水、候马(第三纵队)等重镇,肃清了晋东南,晋西南的敌人。尤其是六月十八日,第一纵队夜袭临汾车站,毙敌四百余。七月下旬,第三纵队配合中央军、八路军,在东西邬岭,缴获敌人二百八十多辆汽车,敌一〇八师团逃出来的二百人,也全被击毙,有几个俘虏,现已在政治部工作了。青岗战斗,第三纵队单独在一高地,支持了三天,敌人以一旅团增援曲沃、侯马的被困之敌,双方死亡均大。那时,正是他们在“七七”纪念的战斗竞赛中,整个决死队涌起了战斗情绪的高潮,到处不断的创造了光荣的战绩,显示出决死队的进步性和优越性。第四纵队,在晋西北九里湾,也消灭了敌人很多。最近大宁之役,二纵队几乎把那一路的敌人,全部消灭。迄今,决死队的大小战斗不下四五百次,大量歼灭敌人有生力量。因此现在的决死队,不仅到处获得了民众的拥护,友军的重视,而且他们周围有着许多的游击支队,和极良好的群众工作,同时每一个决死队员都在战斗中锻炼成一个铁的战士,一些军政上的冲突,也在不断的战斗中,尤其是由于政工人员“身先士卒”的英勇牺牲的模范作风中,逐渐的扫除了。他们在今天毫无疑义的已成为山西,甚至整个华北抗战的一支不可缺少的力量,他们已经走上“军民一片”“军政一体”“官兵一致”“军队政治化”的大道上了。我相信他们今后更将大踏步的,继续不断的勇往直前,日益坚强和扩大起来!

工人武装自卫队

(二)工卫队:这是在“七七”事变以后,就由许多工人在太原公(公道团)牺(牺盟会)领导下组织成立的。太原失守后,他们去晋西打游击,在文水、交城、汾阳一带,不断的同敌人战斗,并在那里建立了自己的根据地,同决死队好似亲兄弟一样共同在艰苦奋斗中成长壮大。

他们打击敌人的主要方式是引诱敌人出城,而消灭之。他们经常破坏电线,道路,桥梁等。如去年六月二十二日,交城文水之敌,带重火器大炮等,分两路出兵掩护大规模的修路,修电线，并向“工卫队”进攻，然而他们早有准备由早上六时起，直战至下午四时，冲锋肉搏至为激烈，结果敌人死伤五十余，狼狈逃回原防，之后便不敢轻易出城。那一次战斗，他们也牺牲中队长一人，指导员一人，队员四人，伤八名。民众对他们更加敬爱，他们的情报、子弹、给养等，都经常的由民众护送，这也是他们用血的战斗换来的收获。现在他们已扩充成三个团，而他们对教育非常积极，大多数都能分析简单的政治问题，每天都自动的开小组会讨论问题，尤其是军政关系异常密切，团结精神极为良好，所以他们虽然没有充足的武器和装备，然而他们的战斗力，是相当强的。敌人对这支正在飞跃进展中的生力军，没有一时不想消灭它，但敌人也没有任何办法，可以阻止他们飞跃的进展。

政治保卫队

（三）政治保卫队：这种组织是专为保卫抗日政权的，事实上他已超过这范围。虽说他是最近才成立的，作战还不如决死队，但它有很大的优点：（1）成分很好。除了有两个大队是由过去的学生游击队改编外，其他各大队都是动员来的工农，其数目约占百分之八十，而且他们大部分都是具有高度民族意识和抗战决心的。（2）干部统一。军事干部几乎全由军官教导团经随营学校来的，所以都是很进步的分子。政治干部，则多系从决死队中挑选的，工作能力也很强。干部间没有什么意见分歧的现象。（3）物质条件优越。决死队是生长在山西战局最混乱的时期，现在的政卫队则系生长在山西抗战形势好转的今天，所以经费都有一定预算。尤其有决死队的经验教训，可以作为他们最宝贵的教材。（4）开始就有政治工作系统。这一点是同决死队一样的，但是现在政卫队的政委,对于“政治领导军事”的权力的实施,则没有过去决死队许多军官不了解政治的困难,若与正规军相较,则更不可同日而语。因为政卫队,具有这些优点,所以它将来的前途,是很光明的。它现已编成×团,另外还有一个儿童大队,及好几个独立队,均直属于政治部,正在加紧训练,并已参加过几次战斗。此外还有三个政卫支队,约共×团人,有些县长也在那里面工作。这个力量,也是相当大的,在不久的将来,我相信我们又会有崭新的成绩出现!

新军的数量

连同上面决死队、工人自卫队、政治保卫队,现在编成教导第一师,共有××余团之众。另外还有一个教导纵队及许多游击队未编入,这都是在抗战以后,尤其是在临汾失陷以后,才逐渐发展起来的新力量。而且我们不能单从量的方面去观察,还要从质的方面去观察,他们大部分是青年学生和进步分子。这些部队,与其说他是山西的新力量,还不如说他是山西的发动机,因为他们不象过去一般军队只能做一些被动的“唯命是听”的工作,而且还能起着政治、军事、经济、民运的主动的推动作用。

正规军质与量的转变

(四)正规军:主要的还是以过去的晋绥军为基础,但现在的晋绥军,无论在量上与质上,都不能拿过去的眼光来看了。晋绥军过去是在山西从事建设,除少数外,战斗训练和战斗经验,均不甚强,所以在抗战初期经各关战役,尤其是自太原失守以后,损失甚巨。一部分补充征自河南各处的新兵渗合,毫无训练,结果一战即溃。到临汾失守以后,深感过去错误,于是实行四新运动,即新训练、新补充、新战法、新统驭，成为当时建军的主要指针。补充亦依靠动员，并与动员委员会合作，同时建立政治机关，实施政治工作，调集各级军事干部训练，加强“政治领导军事”的整理工作。虽说直到现在，正规军的政治工作还有些问题存在着，但不可否认的，正规军自建立政治工作之日起，已逐渐革新了，尤其是在动员上已得到相当好的成绩，在民众关系上，也十分好转，这是因为他们都深深明白了只有用“新补充法”，兵才能来，用“新统驭法”，兵才能存在，用“新训练法”，“新作战法”，兵才能“保护人民，打死敌人”。现在的晋绥军，他们的战斗力都大大提高了，在抵抗敌人进攻晋西的战斗中已表现出他们新的力量。今后的晋绥军，也必能随着时代猛进。

**强有力的地方武装**

（五）地方武装包括保安队、警卫队、自卫队等。保安队在山西省有相当大的力量，平均起来每区约有×旅之众，全数约有×个军，这与正规军的编制是相差不远的。专员公署还有行政保卫营，直接作为保卫行政专员公署的武装组织。各县和区公所，现均设×××至×××名的警卫队。自卫队则更普遍，山西一开始抗战，就有“组织一百万民众，武装十万民众”的口号。牺盟的工作，也早就转入武装民众的斗争路线上，因此山西自卫队的发展，是相当快的，尤其在太原失守以后，据最近的统计，脱离生产的人民武装自卫，每县都有×营至×营以上。现在已把它改编成政卫营、公安队，或补充决死队和正规军。它们约有半数人有枪枝，从它的进展上看，大有走上决死队，进而为正规军的趋势。不脱离生产的村自卫队，可以说到处都是，平均每县至少有××千人，尤以五台、沁县两区特别好，实际上山西所有的村庄，凡在十八岁以上，三十八岁以下的壮丁，都参加了村自卫队，十八岁以下、十二岁以上的都参加了儿童队。现在动员得好的地方，虽不说百分之百的都参加了，但十分之七八是没有问题的。动员得不好的或环境所限制的地方，至少也有三分之二，或三分之一。山西的汉奸政权不能顺利建立，壮丁不易为敌所利用。它的主要原因，就是由于自卫队的普遍展开，村自卫队现已依照中央规定改为国民抗敌自卫团，其任务有：(1)警戒，(2)放哨，(3)侦探，(4)除奸，(5)交通联络与破坏，(6)担架救护，(7)空室清野，(8)袭击敌人，(9)协助军队。同时他们还训练儿童团，轮班放哨。这些工作，他们不但表现在平时，在战时他们还组织游击小组，经常打击分散出来的敌人。这次敌人进攻晋西，大宁的敌人到乡村去抢夺，就有被游击小组打死的。尤其是敌人的宣抚班，常常被游击小组俘获，在群众大会上审询。这都说明他们自卫力量增强，政治警觉性提高了。自然，这些工作还表现得不普遍，尤其在晋西还比较薄弱。

山西军事力量的进步，从上面的一些事实中，就可以概见一般，还有那满山遍野的游击队、中央军与八路军未计入。敌人六个师团在山西陷于进退失据的境地，当不是偶然的事。

**进步的民族革命战法**

(六)军事力量的成长，不仅决定于军队本身的素质和教育，同时还决定于他整个战略战术的指导是否适合于他周围的政治环境、经济环境，交通环境……拿破仑滑铁炉之败，与其说是军事上的失着，毋宁说是战略、战术上的失着。我们在太原的退出，在南京的退出，也同样有这点缺陷。现在山西军事的进步，我们还不能单纯在量上或质上去观察，更要在战略战术上去观察。这一次敌人进攻晋西，与其说是它在军事上失败，毋宁说我们在战略战术上的成功。因为山西现正积极改变过去旧的战法。运用“民族革命战法”这种民族革命战法是打破敌人，用“武力的目的为目的”，要“以过去守土的责任，换为消灭敌人的责任”，“应以政治领导，提高官兵政治认识”，“建立中心思想，发展集体企图，健全组织责任心”，“自己负责，不容人不负责”，“并须互相批评、检讨错误。”在作战方法上，应“避开战略上的劣势，运用战术上的优势，以机动运动战为核心，以游击战为外围，交相运用，相辅而行。”最后，尤须注意与群众的关系，因为这是“如鱼与水”，“故务须本诸政治纪律，相信群众，依靠群众，帮助群众，与群众城依为命”，“取得群众的帮助，才能发挥民族革命战法的效力，达到壮大自己，消灭敌人的目的。”也正因为山西能够正确运用新的进步的“民族革命战法”，所以才能“保存自己消灭敌人”所有的部队，都能在不断的战斗中，壮大起来。在这抗战已快到相持阶段的今日，我们对于这种新的战法，是应该清楚认识的。

**游击根据地的建立和巩固**

（七）要明了山西军事力量的进展，仅仅了解上面那些问题还不够，山西军事力量的表现，主要在游击根据地的建立和巩固。这一点也是山西当前抗战工作，最主要的“集体企图”之一。

山西是怎样进行游击根据的建立和巩固呢？

根据建立和巩固游击根据地的正确政策，利用山西的地形，现在已经打下了非常稳固的基础。因为山西抗战是以太行山脉的南北段(晋东南与晋东北),吕梁山的南北段(晋西南晋西北)为中心的。这两条山脉,不但非常险峻,交通不便,并且在东西对着同蒲路、正太路、晋西公路等交通线,都由它中间的平原地带穿过去。山西现在已经以这两条山脉为中心,广泛的发动游击战争,组织民众,控制了敌人所有的交通线和据点。在政治上,已经建立起民主政治的抗日政权,和完整的行政机构。在军事上,已经取得了战役、战术上的外线包围的有利形势。在军事工业上,小军需工厂,小手工业工厂,已经普遍的建立。尤其在文化上,现在山西各个游击根据地里,每一个部队,每一个区县,每一个乡村,短小活泼的报刊、杂志,可以说到普遍地创办起来,教育也直接深入到每一个村子的角落里。这些事实,在后面还要加以较详细的说明。以此也就可以想见:虽说山西敌人的铁蹄到处横行着,然而我们新生的力量,更是蓬蓬勃勃的日新月异,以最活泼的姿态,显现出中华民族的优秀儿女们,是怎样在敌人的后方,在敌人的周围,努力地艰苦工作着,奋斗着。它们决不会作亡国奴,它们有争取最后胜利的信心,有“抗战必胜,建国必成”的决心。这是我们在敌后方工作者,每一个时候,都必须看到的!

## 第二部分　政治的进步

**山西游击地区的分布**

说到山西的政治、引起我们一些回忆。山西过去差不多成为一个谜,外间的人,对山西多不了解。抗战开始时,我在太原住了半个多月,但对山西仍仅看到一部分。因为自民国六年,山西曾有许多新建设,如“整理村范”以后又有“十年建设”等计划,尤其修筑同蒲铁路,发展公营事业等工作,外间就很不了解。特别是什么“物产证券”,“按劳分配”等学说,并主张什么“土地村公有”。这些问题本来过去也曾引起中国研究社会问题的一些争论,但因为这些方面也没有真正实行,所以不久就沉寂了。因为山西过去有这样一些问题存在,所以在抗战后,无论山西怎样艰苦奋斗,少数人仍受了敌伪汉奸的挑拨离间,不查事实,妄加指责,甚至恶意攻击。我这次由四川经西安来晋西,尚听到许多不合情理的传说。事实上,现在山西的政治是日益在进步中。

**行政机构的改革**

(一)行政机构的改革:山西一百零五县,除兴县、临县、静乐、陵川、方山等县,敌人未到外,其余各县均被敌人一再蹂躏。然而我们的政权,除天镇、阳高、大同、山阴等四县,因失陷太早,未恢复政权外,所有其他一百零一县,均有县长,依然行使职权。虽有十余县因地势关系,不能在原县城立足,但他们仍将县府移至邻县游击,这就是所谓“游击政治”中的“游击县府”。因为我们的政权完整,那怕就是敌占区,仍能行使我们政权,所以敌人所占之地,不但维持会组织不起来的很多,就是他的宣传品也因我们有计划的毁坏,不易长期存留。这可以说是山西政治机构健全的特征。

现在山西的行政组织,共分九个行政区,对省府均有无线电联络,对县均设有交通网,至多五天就可以把省府的命令传达到各县。省府四个厅,过去七百多人,现在仅四五十人,然而他们的工作,并不比过去少,不过他们把闲杂不重要的事丢开了,把公事的手续弄简单了。行文大都用电文或代电，而卷宗档案的管理，则各抱着几本抄本，收发也仅只一个总收发。一件公事，再也不象过去从办稿到散发要费七八道手续。他们生活也很简单，不要办公桌，也可以把公事办好，随时流动也不会把重要文件遗失，他们也一样的军事化了。

各行政区的专员多能与军政民打成一片，如第一区（五台）、第三区（沁县）、第五区（长治）、第六区（汾西）的专员，一方面是决死队的政委，一方面又是牺盟的负责人之一，于是形成军、政、民三位一体的行政区。因此他们的成绩，也就特别好。县长也是一样，这是由于出身民运工作，“有爱民之心，懂爱民之方”，所以才能“实现爱民之事”。

我们对省与县之间，加上一个行政区公署的三级制，本来不大赞同，因为许多专员公署反牵制了县府的工作，徒增加人民一些负担。我只同意行政督察制度，专员并不干与行政，只是往来各县督察，指示各县一些工作方针，报告省府一些实际情形，以兴利除弊。但现在如果均如山西一、三、五、六区的制度一样，那么谁也会表示满意的，因为他们确能加强各县工作。这是在行政制度上，值得重视的一个问题。

山西各县的县长，在太原失陷以前，即更换很多，凡身体不强，魄力不够者，均已告退。规定各县境如陷入敌区，县长即为游击县长，率领地方武力，在县境内游击，遇大敌避之，遇敌小部队则击之，并须发动民众，协助军队，绝对不许逃跑。垣曲、荣河、平陆、芮城四县县长，曾于敌人侵入晋南时，渡河潜逃，省府乃责令该区专员一面另委任县长，一面通令严缉。牺盟特派员，如发现县长畏敌潜逃，即可执行省令缉捕，并可不拘资格另委。在一、三、五、六各区，旧的县长，可以说完全撤换，新任者大都是热心青年，虽说他们开始对行政工作的某些方面尚不熟悉，但由于工作积极，学习精神顽强，不久即能胜任。

现在山西的县长，一律士兵装束，随便出入于老百姓家里，老百姓也可随便出入于县政府。财政公开，待遇平等，薪俸虽规定一律八十元，实际上平均每月实支不到四十元，因捐薪运动是他们自动号召的，所以他们生活极为简朴。县长同民运工作磨擦的，甚至把牺盟工作人员扣押起来的事体也会产生过。听说某县县长，因为他的家庭被民运工作者打击过，所以迄到现在仍还有成见，阻遏民运。然而这仅是偶或见到一二，并且负民运工作之责的人，也把这种过激的现象，严格的纠正过来了。这是一个教训。同时少数民运工作者，对政权不了解，代替了政权，如审问汉奸，执行减租减息等，也是事实。这在无成见的人看起来，知道他们是出于无意的，出于积极性过强的错误，然不谅解的人，则以为这是不信任政权侵犯县府职权，所以曾发生若干龃龉。但这仅是少数，而且都是可能设法调整的。

县以下的区、村政权，现在山西一、三、五、六区，以及其他各区的许多县，都是经过民选的。并回避本村（附近村）为有给职。至于闾（二十五家）、邻（五家）长，则早就是为民众所推选，这可以说是奠定了民主政治的基础。事实上，如果真要改革政治机构，区村政权非常要紧，因为他们直接执行了一切政令，是非得失，直接关系民众生活，尤其在这抗战时期，基本的动员工作，均建筑在区村政权上，影响所及，当可想见。

"办理村政",在民国二十一年以前就加以推行了。"村本政治","政治放在民间",是那时推行村政的中心口号。"村民会议","村公所","村禁约","息讼会","保卫团"以及"整理村范"等,是那时推行村政的具体办法,并如太原设有村政处,专办村政,推进事宜。但是那时由于:(一)一般人都觉得当村长是一件麻烦事,村民选村长也不知道自己的权利,于是村政权为不良分子所盘据;(二)村长的工作,除了帮助政府摧粮纳税外,别无有利于村民的工作表现,所以村民对公所向无好感;(三)人民生活穷苦,文化落后,平时只可以打老婆、骂孩子,从无政治斗争的觉悟,所以群众工作者无论如何贴标语、散传单,他们好似毫不发生兴趣。因为有这些原因,所以当时的村政工作,仍没有很大的成绩。抗战开始以后,尤其在临汾失陷以后,敌人的残暴行为,直接给予人民以警惕,加以民运工作的积极开展,干部的增加,许多区、村长,以及区村助理员,自卫队长,各种救国会的区干部,都经过短期的集训,同时在许多群众大会上,运用了各种民主的形式,提高了村民对于政治斗争的认识,所以,他们对选举也就非常关心的进行了。

村民选举区、村长的成绩如何,主要的还依靠领导工作的适当与否来决定。听说他们第一期成绩较差,第二期则所选的人大多数都是热心工作,勇于负责的。因为他们大多数不会写字,主持选举的人,也曾创造了许多新方式:如先提出候选人的名单,他们把自己所要选的人,用香烧上一个洞,以后依洞的多少,而定当选人;或在候选人名单前面,各堆一堆土,他们用香插在自己所要选的人的土上,以后依香的多少而定当选人。其实,他们对自己区村的人都很熟悉，谁好，谁坏，都非常清楚，不过过去因他们不懂得选举究竟与他们有什么关系，所以成绩不好。现在他们了解了，选到坏的人，他们还非常追悔，这是民主政治的试验和民众进步的表现。中国要在抗战过程中，展开民主训练的训政工作，抗战胜利之日，就是我们宪政开始之日，甚至我们不等到抗战胜利的时候，多数省、县就要实行宪政，这也是值得我们大家努力的。

“反贪污的斗争”，在山西也曾热烈的进行过，对提高民众关心政治，起了很大的作用。现在许多县，经常有人民派代表考察他们县政府，区公所的账，人民对政府固然要信任，但对于政府的监督，也不能有丝毫的含糊。也只有这样，才能肃清贪污。一个真正为民众工作，忠实于国家民族的公务人员，当然也不怕，而且也希望和发动民众来切实的监督，执行国家主人翁应有的权力。

各专员区为了建立民意机关，加强各县民运、军、政工作及纵横联系，除第九区尚用军、政、民联席会议外，其他都有类似参议会的行政会议，普遍深入到各区、村的民选代表。参加行政会议，也是民主政治的初步工作。平时，还有军、政、民的联席会议，所以各县间，各区、村间，各机关团体间，都能够交换工作经验，共同布置工作，讨论工作。这也是山西今日的政治机构中一个好的制度。

山西的政治机构，能够日益健全的原因，主要的，当然是由于民众组训工作进步的反映，但在另一方面，我们也不否认，他们领导的最高机关，有正确的政策执行。关于此，我可举出他们在“山西省战区抗敌行政工作检讨会”的决定。其主要内容：

**(1)战区行政十项纲领:**(甲)事事取得民心,巩固抗敌基础。(乙)实行说服教育,展开抗敌工作。(丙)实行强民政治,增加抗敌力量。(丁)整顿地方武装,切实维护政权。(戊)尽力消除磨擦,增加工作效率。(己)严格执行纪律,纠正错误行为。(庚)按期实行考核,评定工作成绩。(辛)保障人民权利,解除人民痛苦。(壬)争取汉奸反正,严办汉奸。(癸)普及革命教育,走上复兴途径。

**(2)抗战人员必戒二十条:**(一)行政不协助军队者必戒。(二)军队防碍行政者必戒。(三)有武力而不抗敌,图谋扩张势力者必戒。(四)凭借政权,任情作威作福者必戒。(五)借抗敌工作,而施报复之行为者必戒。(六)言论行动足以破坏团结抗战者必戒。(七)假合理负担之名,向人民勒索者必戒。(八)颠倒是非,排除异己者必戒。(九)抹人长、攻人短,只见人错、不见己错者必戒。(十)只顾自己利益,妨碍或毁坏整个设施者必戒。(十一)军队扰民者必戒。(十二)以人为机器,不与人共心者必戒。(十三)诬良民为汉奸,私没家产者必戒。(十四)滥委人员,冒充游击队,强迫人民供应者必戒。(十五)对抗敌工作,一意孤行,不恤人民痛苦者必戒。(十六)违反政策越权处罚汉奸者必戒。(十七)以旧习惯旧意识,妨碍抗敌之行为与认识者必戒。(十八)固执错误,袒护错误者必戒。(十九)行为不光明磊落,批评不虚心接受,不认错、不改错者必戒。(二十)抗战不力,抱悲观心理,或持失败论调者必戒。

**(3)抗战必要条件六项:**(甲)巩固人心。(乙)解除人民痛苦。(丙)加强民族意识。(丁)严密组训民众。(戊)军民打成一片，配合进行游击。（己）摧毁敌伪政权。

在这里面我们值得特别注意的有两个问题：（一）所谓“说服行政”是指一切行政设施，事先都需要用种种宣传，开群众大会的方式，使人民了解，心服，而不是强迫压制。同时，说服的本身，必须耐心，要予人民说话的机会，行不通的，要“反求诸己”。（二）所谓“强民政治”是指一切政治都须建筑在民众组织的训练上。有训练，然后才能使民众有认识，有认识，然后才能在精神上团结，有组织，然后才能使民众有力量，有力量，然后才能担任抗敌工作。山西在今日确实是本着这两个原则去革新行政的。

此外省府民政厅，也曾订有“省政府专员公署、县政府、区公所、战区临时权限办法”。其主要内容：

**（一）任免及训练**

一、行政督察专员，由省政府任免。

二、县长、公安局长，由省政府设所训练。

三、县府秘书科长、区长、巡官由省政府训练，但在交通不便时，得由省政府委托各区专员公署训练。

四、县长、公安局长，均由省府任免，遇情况紧急，不易到达时，得由专员就训练合格人员荐请委用。

五、专员对所属各县县长、公安局长，查有撤换必要者，得列举事实，呈请省政府撤换。

六、各县秘书科长、区长、巡官，由县长于省府合格人员中荐请省府委任。在未举行训练以前，由县长遴选相当人员，呈请省政府核委。遇情况紧急，不易到达时，得由县长，先行派代，但非有违法失职情事，不得撤换。

七、村长，由县长于村长训练团毕业人员之中尽先委用，如不足时，由县长选拔合格人员，设班训练，以备委用。区长对本管区内村长，如有撤换的必要时，得列举事实，呈请县政府撤换。

（二）行政

八、关于行政事务，除法令规定者，应遵照办理外，其因战事发生之重要事件，应呈请上级主管机关核示。

九、各专员，如与省政府失却联络时，得代行省政府职权处理重大事件，事后补报备案。

十、各县的区长，如遇敌人截断与县政府的联络时，得在本区辖境内，代行县政府职权。

（三）财政

十一、支出以核定之预算为标准，如有特别开支，区公所及村公所，应呈请县长核准，县政府及专员公署，应呈请省府核准。

十二、收入除法令规定者外，村摊款，应呈由县政府核准，县摊款应呈由专员公署，转呈省政府核准。

（四）司法

十三、判处人民罪刑，必须遵照法定手续办理。其判处死刑者，无论县政府，专员公署，均须呈报司令长官核准执行。

同时，省政府民政厅还订有《山西省政治、军事、民运工作人员考绩纲要》，其主要内容：

一、本省对政治、军事（指保安队、县区警卫之部队而言）、民运人员，应依本纲要之规定，考核奖惩，以加强抗敌效能。

二、省府于每行政区派视察员一组，其人数每县一人，另设正副组长各一人，常驻行政区，负视察报告该区政治、军事、民运工作成绩之责。

三、省政府随时派遣调查员，赴各区、县调查，作为考核之参证。

四、本省政治、军事、民运各项工作，及工作人员之考绩，暂定四个月为一期。

五、各上级机关，应将主管政治、军事、民运重要事项，订定工作计划或办法，颁发各下级机关遵照实施。

六、各行政区，应将工作实施情况，按月报告，以为视察考核之依据。

七、视察员为执行职务，有下列事项之请求时，各机关团体和部队应依照办理。

（甲）答复查询事项。

（乙）检送调阅之文卷。

（丙）监视违法失职应受严重处罚之人员。

八、视察结果，应按其性质，分别报由省政府汇总考核。但有时间性者，得由视察员随时报请主管上级机关核办。

九、考核成绩，应分五等，以分数定前后，以前后定等级。

十、关于考核结果，可资取法及应行以为戒者，由省政府核定发表。

十一、视察人员应有之认识及技术，须加以训练。

风起云涌的民众运动

**（二）风起云涌的民众运动**：政治军事以及一切经济建设的基础是民众，没有民众，什么都等于零，所以山西的民运工作，是一切工作的总汇。

1. 我们要了解山西的民运，首先就要了解工运，因为山西的工人，虽不很多，然而他们在抗战中曾尽了最大的努力，表现出工人是组织最健全，抗战最坚决的一支不可漠视的力量。

山西在过去公营事业已相当发达，北伐前他们就有包括三十几个工厂成立的总工会，北伐后完全被解散了，“九一八”以后的抗日的高潮中，象风一样地吹遍了全国。山西的工人，是很富于民族革命思想的，当然他们也不忍他的祖国一天一天地被日寇宰割，于是在一九三六年，随着绥远抗战的紧张，几乎全部参加了牺盟，勇敢的担负起他们自己所能担负的责任。芦沟桥和“八一三”展开了中国全面抗战的序幕后，太原市的数十个工厂的工人，在一个“九一八”的纪念会场上，一致要求恢复他们自己的总工会。当着他们沉痛的提述恢复总工会的理由时，全场无不为之挥泪。然而不幸的消息又相继到来，他们总工会刚成立不久，敌人的铁蹄即踏进了娘子关。他们为了要武装保卫山西，于是太原一千多工人的武装自卫队，象霹雳一声似的成立起来了。太原失守以后，他们在离石，在交城，在文水，继续不断的打击敌人，迄今同敌人作战总计在七十次以上。这就是我前面所说的，那钢铁似的为人民所爱护的工人武装自卫队。

敌人在山西的横行，更加深了工人们对日寇的痛恨，各地工人都相继的武装起来了。榆次纱厂的工人，英勇的到了太行山，扩大成一个很有力量的游击队。晋华纱厂的工人，有组织的到了晋东南，并在子洪口一带，自动的破坏了很多道路，阻滞了敌人的南侵。新绛县的大益，永裕两大纱厂的工人，除一千余参加了八路军外，其他的也多参加了政卫队，或游击队。赵城六百余由石家庄来的铁路工人，经牺盟一个工作员的领导，全部脱离敌人，参加到六十六师。去年夏，榆次晋华纱厂二百余工人暴动，将厂内敌人的枪支全部夺去，并毙敌十余人，坚决地踏上太行山的征程。尤其值得特别提出来的，同蒲铁路的总工会是当着敌人炮击平遥、祁县之时，在侯马成立的。“火车头，拖着车皮前进”，他们不仅在轰炸中支持军运工作，而且成立铁工修械所，为我军修理枪械，并发展到制造“枪械大刀”，所有同蒲路的工人，都在它的领导下，为争取祖国的自由解放而努力。在同蒲铁路总工会领导下，在战斗中生长起来的铁工队，不断的在曲沃、新绛、闻喜、翼城、夏县、满城一带破坏汉奸机关，袭击敌人汽车，破坏敌人的交通。现在他们正高呼着“打回侯马去！”更表现出他们强大的力量。

晋南十四县的各业联合总工会，也在去年“九一八”那天正式成立了。在它领导下，发动了许多担架队、运输队、慰劳队。同时，对失业工人也有具体的救济办法，在生产上，翼城已成立了小规模的纺织厂、铁工厂……并开辟了许多煤窑。还组织了破坏公路，铁路的破坏队。在敌人各个交通命脉上，不断的活跃着。不仅在晋南是这样，其他各地方的工人也都为着生产建设，为着帮助军队，为着直接打击敌人而不断的艰苦奋斗着。

第三行政区，在去年十二月召开全区工人救国会代表大会。根据当时的情形，如果经济不成问题，动员十万工人，是很容易的。

现在山西，正在筹备于五月召开全省总工会代表大会选举领导人。因为山西在太原成立的总工会，还没有在全省开展工运工作，而且那时的负责人均参加了工人武装自卫队，所以全省的工运工作，实际上无人负责。迄今各地工人救国会或工会，逐渐普遍成立，尤其技术工人，大都没有坚强的组织，根据各地的要求和需要，省工会是应该迅速恢复工作的。我希望他们能够如期开会，使今后的山西工运，无论是工救也好，工会也好，都能有统一的领导，能够更广泛的，把山西的工人组织起来。尤其是许多在敌人欺骗凌辱压榨下，而又为家事所累，无法脱离工厂的男女工人，特别是青年女工，无时无地不遭受敌人不可想像的蹂躏。我希望在山西省总工代表大会之后，能够迅速的，把他们从悲惨的非人生活中拯救出来。

**农民运动**

2. 占我们总人口百分之八十以上的农民，无论在生产建设上，新战士的来源上，以及支持一切军政工作上都是抗战中最基本的不可缺少的力量。

山西在二十六年二月之后，牺盟第一次代表大会即认定开展群众工作，必须有各种各样的群众组织。为了实行人民监政，必须首先组织农民，故当时即有农民协会之设。当时的工作，开展很快，因为他们能够抓着农民本身的利益。“打倒坏绅，坏人”是当时的口号。农民找村长算账的事到处发生，这都是在这一口号下鼓动起来的。那时的工作，含有深刻的经济斗争的意味，在初步开展农运上这是必经的过程。临汾失陷以后，一方面因为农协本身陷于混乱，一方面又因为农协与抗战工作联系得不够，因此改为农民救国会。在组织上，他们是由下而上的，先成立村“农救”，然后次第成立区农救，县农救。各设执行委员会，下分秘书、组织、宣传、武装、生活改善等部。现在山西九个行政区，大都有了村、区、县以及区联合农民救国会的各级组织。第九区的农救，也正在筹备中。仅就晋西北三十七县的区农救和洪赵、上党、翼城、乡宁几个中心区已经统计的会员来说，就有一百一十几万。洪赵区于去年十月统计：村级单位一千二百七十九个，会员有七万六千八百八十五名。省农救会，也正准备于五月中召开全省代表大会。我想在他们省农救成立之后，山西的农运当又有一个新的开展。在工作上，他们具体表现在：（一）动员农民参战。现在山西已普遍的组织起自卫队，游击队，或游击小组，不能上前线的，也组织起担架，运输、破坏等队，协助军队工作。最近绛县一个姓吴的农民，领导农民同敌人打了三次仗，击死敌百余。他们自己亦死四人。这样自发的同敌人斗争，在山西已逐渐普遍化了。（二）动员新战士，参加抗日部队。现在山西部队，不断的扩大，战士得到源源的补充，可以说就是农救会动员的成绩。（三）加紧破坏道路，毁坏城墙，以及空室清野工作。这次敌人进占蒲县后，什么吃的也找不着，结果敌人把狗都杀来吃了。收复蒲县后，到处是狗皮、狗头，不下百余，由此也就可见敌人饿极穷凶的一斑。同时他们把柴火也埋起来，甚至连磨心、窗户、门板都取下来埋藏了。没有烧的，也予敌人很大的打击。空室清野的工作，他们曾经象防空演习一样的演习过几次。他们的破坏队，经常破坏道路，把由临汾至蒲县、大宁、离石、孝义、石楼等县的公路，破坏无遗。同时，他们把同蒲路的铁轨也搬了回来，现在我们打大刀，制枪械的钢铁，多半就是他们运回来的铁轨。至于以他们破坏的次数来说：仅霍县一段，每月不下十余次，沿同蒲路一带的电线，他们也经常破坏，赵城严家庄堡的农救会的秘书，每天晚上都领导村民去割敌人电线，总计在六七百斤以上，电线杆亦被他们搬回来烧了。在粉碎敌人的每次围攻时，他们都在这些工作上表现出好的成绩。（四）改善人民生活，协助政府实行一切新法令。如合理负担、减租、减息、优待抗战军人家属、免除地方税、把逃亡地主的土地暂时分配给有生产能力而无地耕种的贫苦农民，及救济灾民、难民等。现在的山西，二十七年以前的陈租、陈息，在抗战期中一律免除，或算本停息、二五减租，利息至多不得超过二分。尤其“写契约”，在山西平均差不多已有十分之八。蒲县一县，即改写二万五千多张，本钱三万八千七百余元，免去一万九千余元，粮改三百四十六担，免去一百零四担。大宁共改写了一千五百二十四张，本钱四万九千六百余元，即减去二万一千一百五十余元。这种情形在晋东南、晋东北、洪赵区，尤为普遍。洪赵区在去年九月底总结，就改写了二万八千八百三十几张，而且他们都经过政治动员，出于自动，并无强迫情形，这可以说是农运扩大的影响。帮助抗属春耕秋收，挑水扫院，代抗属请医生或送到医院，以及发动“和平借粮”（不给利），组织抗属联合会等，都是农救会最活跃的工作。（五）动员资产粮秣，协助政府进行救国捐，使有钱出钱有粮出粮。洪洞一个富户，自愿把仓库打开，帮助游击队；兴县牛友兰先生，是一个有名的地主，在兴县是首富，他过去是不大好的，然经过一万多群众要求，要制裁他捣乱后方，秘发纸票，结果他自动的把存款和存粮送交县府，作办农民银行、办理合作社与办工厂的基金。因为这一个影响，于是有杨邦瀚先生，自愿把他所有土地、房屋都要捐出来。他的女儿参加“妇救”任执委，儿子参加牺盟任儿童团长，他自己也参加农救，全家都做救亡工作，生死都由国家负责，根本不需要私产。经县府及各救亡团体的负责人，多方劝他，除接受一部分外，其余仍为他保管。这些事情的发生，都充分表现出在这大时代的洪流里，许多过去很自私的人，现也为公而忘私了。（六）增进农业生产。这在山西保卫春耕秋收的运动，建立农民合作社的运动是非常热烈的。就是军队，尤其决死队，也是热烈的参加，帮助农民春耕和秋收。（七）推动民众监政。山西的普选运动，到处都在进行，对阻碍抗日的坏官、坏绅、坏人的检查，农救会发生了威力。洪洞万安镇，发动拆城的斗争，因为这城墙是那镇内几家。“老财”建筑的，所以不愿拆，并用武力抵制。然而也就因此引起农民的愤怒，他们动员全县农救会员，并请回县府强拆，结果双方开枪，各死伤几个人，但终于完成了拆城墙的任务。闻喜县长，不负责任，他们动员千余人请愿。洪赵区有一个姓郎的，过去有严重贪污，并一贯的放高利贷，对农民剥削压榨无所不用其极，所以他反对减租减息。该区农民，开了一个将近五千人的大会，一致向政府请愿，县府终于按照他们的要求，把那坏绅枪决了。汾城在临汾失陷后，有一仓户，不遵政府命令，反对开仓，于是农救千余会员，请愿结果，仍把仓开了。近来有少数富户，不执行空室清野，把粮食留给敌人，农救会员也与他们作了无情的斗争。山西农救会能够蒸蒸日上，也就是因为有这些热情的斗争生活，提高了他们的政治情绪。（八）彻底铲除汉奸。现在山西已普遍建立起十家连环保的除奸网，他们要使人民都变成岗哨。如以洪赵区来说，敌人进攻柳林石楼在五日以前，就得到消息。敌人攻兑九峪、孝义，三日以前也得到消息，这是他们情报的攻效。赵城、河西捉过两个汉奸，河东捉过一个，永和捉过两个，中阳捉过十九个，离石捉过三个，霍县捉过十个汉奸和两个日本鬼子，临汾捉过三个，洪赵河东捉了八个。这些工作，对敌伪政权的打击是很大的。敌伪政权的命令，没有武装保护，不敢送下乡村去，就是有少数武装，也常被农救会同自卫队把他们打死。（九）提高农民政治文化水准。普遍成立识字班，半日学校，夜校等，并有一部分会员，能过小组生活，自动的提出问题讨论。仅以培养农民干部来说，洪赵区办过三十五次训练班，训练了一千三百三十五人，现在已有干部四千三百八十四人，其中：脱离生产的一百三十九人，不脱离生产的四千一百四十五人。其他各地方也不断的培养农救干部，因为他们认定："农民中有无数优秀分子，我们的训练工作，只有向广大的农民群众开展，因为只有群众自己的干部，才能支持群众自己的运动。来罢，为创造五万个农民群众干部而斗争"。（十）健全农救各级领导机关，建立自上而下，自下而上的组织系统，充实内部生活。这以农救会员本身来说，他们都按照富农、贫农、雇农等分别编组，随时有小组会的召集，慢慢的训练他们，能过组织生活。这是健全组织的起点。其他各级领导机关，都经常的有小组讨论，牺盟和一般上级的领导机关并随时派员巡视。所以农救的组织也是一天比一天健全。当然，由于农民本身的散漫性，保守性和狭隘性，以及干部的不够，加以他们生活困难，公役繁多，缺点总是在所难免。如县、区以上的领导机关，还无健全的组织，一般会员的训练，尚无普遍的办法，基本会员也无精确的选拔。个别领导人还有犯过激的、幼稚的不良倾向，不能正确的把握统一战线，过于偏重了他们生活改善，对抗战联系得不够。这都是他们今后在工作上应该纠正和克服的。

儿童的英姿

3. 儿童救国会或抗日儿童团，在山西以民族革命小学为基础的组织也很普遍。兴县就有儿童救国会员一万零一百三十三人（男七七〇四人，女二四九人）。蒲县儿救会员也有一千八百八十多人。他们的工作，主要是平素放哨和检查行人，同时也有募集捐款，慰劳前方将士的。兴县儿童曾募集一千一百多元，和许多麦面什物，在文化教育上他们也起了一些作用。民大附设的儿童团，唱歌唱得非常好，活泼天真的英姿，非常使人感动。八路军的"小鬼"是很著名的。他们在各种各样的环境下，涌现出许多可歌可泣的事迹。在战时，他们慰劳、募捐、传达消息，在形式上看去，好似没有多大力量，但他们的影响是很大的，一些汉奸也被他幼小的子女感化过来。太原城里一个汉奸，他把他一个十二岁的儿子，送到敌人的新民学校，有一天他的儿子回来向他说："今天我在街上过路，有人叫我汉奸的儿子这是什么原因呀！爸爸？"第二天回来又说："那学校不是中国人办的，为什么中国人去当日本鬼子的汉奸？"结果他父亲流了很多眼泪，于是就一同跑到游击队来了。在晋南，一个儿童送信给我们的游击队，在路上碰着了敌人，他把信藏在一个土缝里，自己跑在比较僻静的地方，装作睡着了，敌人没有发觉过去了，他又才把信带上，很快的找到我们的游击队。当时那个游击队指导员向他们队员说："小朋友这样冒险送信来给我们，如果我们不把敌人消灭，简直对不起这小朋友！”于是大家去把敌人全部歼灭。“儿童放哨”，在山西已成为“见惯不惊”，现在除晋西南较差外，其他各地没有路条（护照）就不能走路。牺盟负责人之一的牛荫冠先生到翼城去巡视，忘记带路条，放哨的儿童不准他进城，经多方说明之后，他知道牛君的地位了，于是那儿童向他敬了一个礼并说：“我们欢迎你！”牛君以为如此可以通过了，但仍是不能进城，那小朋友说：“欢迎是一件事，没有路条又是一件事。”弄得牛委员无话可说。晋东南的一个县长去到一个村子，被一个放哨的儿童盘查，不许他走。县长说：“你村长认识我”，于是由一个儿童很有礼貌的把他带到村公所，恰巧村长不在，那儿童请县长坐下，他出来把门锁起来，那县长直等到村长回来证明后，才恢复了“自由”。象这样的故事，在山西是很多的，这是说敌人的残暴行为，使我们的小朋友，也担负起了大人做的事。而且还使他们有高度的警觉性。

妇女的动态

4. 妇女救国会，在山西也普遍的在开展着。虽说她们在工作上有（一）父母难，（二）公婆难，（三）丈夫难，（四）儿女难，（五）小脚难的五大难，但由于日本强盗的到处欺凌、屠杀，由于日本野兽对我女同胞的百般侮辱，给予了她们不共戴天的仇恨，逼着她们不得不英勇地走到抗战的队伍里来，高举起抗战的火把！

的确，妇女同胞中工作的困难，是不能使我们想像的。尤其在山西，大部的地区仍旧实行着买卖制度的婚姻，妇女大众等于一个商品，任人买卖取舍，在牢狱似的家庭里过着一天坐在炕上的奴隶生活，“三从四德”印在她们脑里，离开丈夫就没有生活的保障，缠足恶习，使她们健全的身体，受到很大的限制，使她们没有一点自由的余地。在这样的环境下，一切宣传鼓动都将失去效力。同时，山西文化落后，一县找不出几个知识妇女，大宁全县就只有两个妇女上过学校，如找外面来的妇女干部，又因语言不通，工作无从入手，这都是实际工作中的困难问题。但是山西也不能因此就抛开妇女工作。相反的，晋西北、晋东南的妇救总会，都相继成立了起来。

妇女干部的训练，是妇女工作首先应该解决的问题。山西各行政区，大都开办了妇女训练班，许多县也同样开设妇女训练班。以洪赵区来说，他们在去年十一月曾动员每县三人至五人来区受训，成绩还相当好。现在各县都设有妇女工作委员会，都有几位妇女干部。兴县去年开办一次妇训班，就有五十人。第二行政区的妇救会员有一万一千八百七十三人。大宁县妇救有二千三百余人，脱离生产的干部，有十二人。蒲县开设过二十余人的妇女干部训练班。在晋东南的三五两区，从去年开始到现在，有了实际工作的有三十多个县乡村，百分之八十以上有了组织，共计会员达九万多人。区级干部，三区有八十多个，五区有七十多个，两区共开训练班二十多次，共训练了干部一千七百多人。识字班三区有七十八个，五区有一百四十八个，参加人数共有一万一千多人。

她们的工作除了缝洗及募集寒衣、手套、鞋帽，慰劳前方将士外，并慰问抗战军人家属。同时还有看井(怕敌人放毒)、放哨、出操、开小组会的。以整个晋东南来说，妇救慰劳的物品，计衣服六千八百多件，被子二百多条，帽子八百余顶，防毒面具三百多个，慰劳信二千多封，棉花二百多斤，手套一千多副，肥皂一千多块，手巾五千多条，鞋子在十万双以上。在慰劳上最活跃的县分，三区以襄垣、和顺、辽县、沁县为最好，五区以屯留、长治、高平为最好。其他县在动员工作，除奸工作，生产工作，放足工作等各方面都表现了不少的成绩。高平、长治、武乡、辽县、平顺、沁县、壶关等县，都有了缝纫队洗衣队的工厂。在兴县“丈夫应送老婆到妇救”的口号，已到处流行着。在过去，妇女参加妇救后就不能回家，同她丈夫闹意见，以致一般男子，不许老婆入妇救。以后经过教育，特别要使妇救的会员，对丈夫非常亲爱、体贴。这样一来，转变了她们对丈夫的观念，于是丈夫不但不怕老婆入妇救，而且支持她们入妇救，因为受过训练后，什么都比以前好了些，就是管理孩子，也有了进步。这可以说是妇救工作的一个宝贵的经验。

妇女自卫队，妇女除奸团，在晋东南、晋东北，也有很活跃的组织。同时她们还参加游击小组，同男子完全一样的工作着。本来妇女同志在前方部队中工作的，各战区各部队都有，并不奇怪。但在一般主张“妇女应回到厨房去”的先生们看来，不能不认为惊异。她们现在不但不回到厨房，而且跟上了战场。

鼓励自己的丈夫、儿子上前线，写慰劳信，成立老太婆剧团，妇女工作团等，在山西也有了很好的成绩。吉县县底村一家姓白的老太太，就随时写信勉励她的儿子，“不把日本鬼子赶出中国去，不要回家来”，一个小媳妇也随时写信告诉她的丈夫“应以国家前途为重，不要以家庭为念。”有些妇救会的会员，还到军民联欢大会上去讲演。她们的讲演充满了血和泪，深深地感动着每一个人。抗战的洪流，不仅要使中华民族得到解放，也要使在数千年束缚之下的妇女得到解放。时代是这样给予我们的呵！

青救与商救

5. 山西的青年救国会，本来发动得较迟。其原因是比较活跃的青年，已经参加牺盟，一般农村中的青年，又包括在各种职业团体之内去了。后来，他们觉得为了加强各种组织的力量，为了使青年有特殊的训练，这种团体是不能忽视的。现在晋西北、晋东南、晋东北都有青年救国会的各级组织，尤其青年俱乐部的基本组织，已逐渐深入各区村。他们特别注意于训练工作，文化娱乐工作，每一个青年俱乐部，都尽可能的备有图书杂志，文化娱乐用具。兴县青救，曾一次购买四百多元的图书，会员已经发展到四千余人。其他各地都在热心推动中，在不久的将来，当可走上一个新的阶段。商救的组织，虽不能怎样庞大，但各县都有。他们在形式上等于过去的商会，工作则以检查仇货，检查汉奸为最主要的任务。他们都进行过短期训练，都表现出一些成绩。会员的发展，兴县有三百多人，蒲县有一百八十多人，大宁有一百一十多人。因为商救大都是在城厢，乡村组织较少，所以每县大概只有三四百人。他们也是分组的，不过流动的很多，所以小组生活的建立，相当困难。他们的文化水准一般比农民高，训练起来较容易。

军人政治工作的波折

（三）前面已经把山西的民运工作，说了一个大概。但要使民众对政治发生信心，军队政治工作是非常要紧的，否则那怕民运工作者苦心孤诣地组训民众，如果军队漫无纪律，则所有民运工作立刻全部瓦解，甚至以后发动的困难，更百倍于前。

山西的军队政治工作，早在民国二十五年就认识到，就成立了军政训练委员会，下分军训，政训二部，训练了五六百人为政工人员。到绥远抗战时，则有民训干部教导团，国民兵军官教导团，军事干部训练团，军政干部训练班的相继成立。轰动全国的山西国民师范，那里面包含有大批的平津学生，有江、浙、川、湘、鄂……的抗日青年，成绩是相当可观。后来国民兵变成决死队，于是他们就有政训部设立，彼时的工作，还仅及于政训范围，决死队的政治工作，比较健全，也就根源于此。

军政关系弄不清楚，是山西军队政治工作开始时期遇到的重大困难之一。这是由于：(一)政工人员误解了“政治领导军事”的意义。他们以为政工人员在军队中，可以支配一切，以致引起军事指挥人员的不满。(二)利害上的冲突。因为政工人员，主张财政公开，说服教育，废除打骂制度等。但这在过去的一般军官看来，简直非军队中所应有的现象。因为他们过去管理军队，都是官阶的绝对服从，是全凭“权威”二字。现在废除了这些管理办法，不是要使军队成为无政府状态吗？致使军事指挥员误解了政工人员，以为政工人员是专来同他们捣乱的。(三)过去军队中只有军官高于一切，现在有政工人员好似占去了他们的地位。甚至有的政治主任不下命令，军事指挥员调不动队伍，同时因为群众有了政治认识后，就不能为那一个人所操纵，这也给予过去专凭“权威”来管理军队的军官们一个很大的威胁。(四)尤其在过去一向没有政治工作的正规军里面，军官把政工人员看成是军队请来的“家庭教师”。一个军队，好比一个家庭，因此他们认为政工人员，只能讲一讲政治问题，时事问题，对军队内部一切经济和管理问题，没有干预的权利。等于一个家庭教师,不能干预人的家事一样。军官对政治工作误解到这种程度,当然要使政工人员无法做工作。这个问题一直到现在还存在于若干正规军中。(五)政工人员主张官兵生活一致,并随时有“减薪运动”的号召,这在过去惯于军官生活的人们也是难于改变的。(六)由于政工人员不谙军事,作战时有的个别的政工人员怯于上前线,于是军事指挥员们,认为政工人员只会说,不会做,卖“狗皮膏药”,因此而失去群众信任的也有。(七)政工人员选拔政治干部,不与军官商量,许多事情,不与军事联系,致使军事指挥员,认为政工人员是在同他争群众,因此形成“政治派”“军事派”的斗争。总之那时军政关系的纠纷,不能怪那一方面,政工人员的幼稚是事实,军官不了解政治也是事实。要消除这种分歧。只有从双方面纠正起。

决死队以及现在所有新成立之部队,军政纠纷的问题是逐渐解决了。虽说在某些方面还存在着一些弱点,但已不是制度的问题,而是个别人事上的问题。一般说起来,他们已由“不合作阶段”、“消极怠工阶段”,走上了“互相帮助的阶段”。现在军官们也自动的上政治课,要求多派政工人员了。这是由于:(一)坚决对政工人员的信任,所以对不能争取说服的纵队长,也撤换了一二。(二)政工人员本身的健全,群众的信任,尤其是他们高度的热情,生活的刻苦,不能不使有理智的军官们改变观念。(三)主要还是由于政工人员真正能够发扬“冲锋在前,退却在后”的精神。第三纵队有一次作战,一个政治工作员在军心动摇时,他身先士卒地冲上前去,振奋了士气,挽救了行将失败的危局。然而那个政治工作员也作了壮烈的牺牲。于是军官们对政工人员的观念有了一个大的转变。同时政工人员也随时能带起队伍与敌人作战。有一次,一个政治指导员带一连人,同敌人打了七八个钟头,消耗了敌人许多弹药,他们还是完全地回来了。又有一次一个政治指导员带了七八十人与敌人作战,在一个村子,被敌人骑兵包围,然而结果,他们仍突围而出,打死敌人很多,并夺获了许多战利品。有的敌人弃马而逃,附近村的自卫队,也牵到几匹日寇的战马。他们自己仅死伤六七人。事实上,有的政工人员,游击战术比过去军官还打得灵活,这的确是军事指挥员对政工人员转变观念的一个大原因。(四)政工人员的经验增加,对军事指挥员完全采取一种帮助说服的诚恳态度,随时在群众面前表扬他们的优点,提高他们的威信,贯彻他们的命令,保证军政上的纪律,加强全军的战斗力。同时,上级政治部主任,对各级军官家属生活非常关心,虽说军官们也同样自愿减薪,但为了顾及他们的家属,常以减去薪金十分之八,交付其家属,不够的还多给。这样一来,整个中下级的军官,都认清了政工人员绝对不是来同他们"捣乱"的。当然,决死队发展也是不平衡的。如第四纵队政治工作则较差,因为它成立的时间较晚。

有保证——(政委制度的建立)

有斗争——(不屈服于恶势力)

有策略——(打击少数顽固份子,争取多数无成见者)

能够配合群众利益——(如保障抗战军人家属)

这也是山西的军队政治工作,能够逐渐改善军政关系的一些重要因素。

山西的军政关系,到今天已不是决死队等部队中的问题了。

不过在正规军的某些部分,还有些问题存在着,这也不是他们不需要政治工作,而是政工人员不愿去做。当然这也不是单方面的问题,但主要的,是因为过去的正规军许多习气,积重难返,一般青年学生诚属不易去改变那些异常困难的环境。现在各军都有军政干部学校的设立,同时还有校尉军官团的训练,我想只要加强政治工作的领导,等到他们毕业,干部配备好了以后,这些问题是可以解决的。“旧军改成新军”困难是有的,但并不是不可能的。

所谓旧军、新军,在山西也曾发生一些意见,这虽不是政治工作的问题,然而也可以说是政治工作的问题。因为这里所谓新军,是指有政治认识,政治领导的军队,也就是要具备四新的军队,才算新军队,否则,就是旧军队。这在开始时,一般以为决死队以及类似决死队的一些部队,就是新军,同时由于决死队逐渐发展成为正规军,很快的就由几千人扩充到××团,再还有因为他们把“新军”二字过于夸大,致使过去的正规军,有些不大满意。这个问题直到今天还未完全解决。决死队现已改编为教导师,避免新旧军之称,同时新军的定义,已经一再阐扬,过去的正规军也正在建立政治工作,逐渐走上新军的路子。但这个问题的彻底解决,还须要有一个艰苦的过程,这不是形式而是实质。

现在山西军队,政治工作的一般作法:(一)上政治课。每天一小时至二小时,在内容上力求通俗,同时要与他们生活联系起来,如讲汪精卫叛党卖国的问题,就必须说到我们应该怎样提高警觉性,坚决抗战到底;在方式上,多采用问答式。一小时课,只讲三十分钟,其余时间留作问答。(二)小组会。一般的每星期都有四五次,时间多利用晚上,讨论内容大概分工作计划,生活检讨，问题讨论等。这在开初也有很多困难，如没有人发言，没有人做结论等，以后先开班长和政治组长（学习组长）的会议，鼓励他们发言。一班开不好，就改为以排开，互相参观、批评、竞赛，这样才逐渐活泼起来。（三）民革室（民族革命室）。连队政治的活动，都包括在那里面，等于八路军的救亡室，一般的是在主任委员之下，分设政治研究、军事研究、文化娱乐、体育、民运、生活（伙食卫生、军风纪、生活检查）、墙报、话剧等组。官兵生活也借此得到联系。同时，一些"反对自由主义"提高"自觉纪律"等教育工作，也贯注于他们日常生活中。这民革室不仅在部队，现在各机关、团体、学校以至区村公所，都有民革室的组织，这是一个深入下层的群众组织，对群众教育是有很大作用的。（四）机会教育。利用各种纪念日，以及一切特殊的偶发事件，都先交他们讨论，并筹备群众大会，作有意义的报告讲演，一方面提起他们的兴趣，一方面提高他们的政治水平。

战时政治工作，他们都本着一般的原则，编有各种小册子。对敌伪军的政治工作，也是注重在宣传鼓动上。

几个推进政治的"发动机"

（四）山西一切政治工作的进展，一方面是客观环境的形成，但在另一方面，我们也不能否认他们在主观上的努力。为了具体说明这个问题，不能不把起着政治领导作用的几个"发动机"，简略叙述一下。

公牺总部会

1. 公牺总部会，是公道团和牺牲救国同盟会共同的组织，这也可以说是山西民运进步的表现。

公道团的宗旨是"铲除坏官、坏绅、坏人，扶助好官、好绅、好人”,但在实际上因为积习上、人事上种种的原因,它的表现并不能完全办到,也不可能办到。牺盟则是因为在日寇疯狂的用经济、用武装,直接进攻中的情势下产生的。它是在一九三六年公道团县区村受训干部人员举行的一个沉痛的“九一八”纪念大会上,根据全体一致的救亡的要求组织起来的。虽说它们还是一个由上而下的组织,但它一开始就有了客观需要,就有了群众的基础和拥护,就表现出进步的力量。正因为这样,牺盟一开始就团聚了千百个优秀干部,就提出来了民众一致要求的统一战线,就开展了广泛的群众工作,就举起了抗战的鲜明旗帜。然而也正因为这样,他一开始就遭受到封建顽固势力的反对,就遭受了汉奸、亲日派、妥协分子和日本帝国主义的攻击。它是在不断的斗争中,艰苦的环境中,成长与壮大的。尤其在抗战以后,它牺牲了很多的会员,很多的干部,这些干部差不多都是在坚决地执行抗战进步的法令,维护政权,建立新军,动员群众,摧毁敌伪阴谋的一些工作中成长起来的。

敌寇的凶残进攻,掀起了空前伟大的抗战巨涛。为了适应这一客观形势的要求,使我们一切力量集中使用,为了使全省民众的组训武装工作,在步调上统一,在领导上集中,使整个民运工作发挥更大的力量,山西的两个民众团体,便在抗敌的巨涛中合流了。

公牺的历史和组织,我不必在这里详为介绍,(关于“牺盟”,我已经在《民众动员论》上写过一篇《我所认识的牺盟》,再是第二战区政治周刊出版的七八两期合刊的牺盟会成立二周年纪念专号可供参考)不过它们总的组织形式,不能不略加说明。公牺现在在总的领导上虽然合流，但在各个组织上，仍旧各自独立，（公道团分总团部、县团部、村团部小组；牺盟分总会，分设中心区、县、区、村分会、小组）在总的方面，设公牺总部会。县、区、村都设有公牺联合工作委员会，县由牺盟特派员县团长主持一切，所以不仅在工作上得到联系而且在组织的人事上，也得到统一了。

外间对牺盟有许多误解，本来牺盟是一个广泛的群众救亡团体，“牺盟不是一个政党而且也不会成为一个政党”（薄一波先生：《抗战以来牺盟工作的检讨》），但牺盟组织相当的严密，有小组生活，有入会仪式，同时它有远大的政治目标。它是追求进步的，反封建的，它在抗战过程中，要求一个中华民族共和国，它在抗战开始以后，表现得特别显明。为了紧急动员民众，牺盟提出这样的目标，作为全体会员争取的目标：（一）给群众民主自由；（二）改革政治机构，适应抗战需要；（三）减租，减息，改善人民生活；（四）建立新军，在新军中实行民主集中制；（五）建立民意机关，广泛采纳民意。而且在事实上，牺盟有它一手创造出来的武装力量（决死队）。山西所有的群众团体，如工救、农救、妇救、商救、青救、儿救……都是牺盟的团体会员，它支持了山西的军政工作，抗日政权，它已成为山西政治进步的动力，所以它又是带有浓厚政治性的团体，与一般群众团体的确也有许多不同的地方。因为这样，所以保守一些的人，认为牺盟近乎“赤化”；过左的一些人，又认为牺盟革命不彻底；甚至还有上日寇间谍的当，故意造谣污蔑的。这些不了解事实的传说，我想牺盟自有其事实上的答复，不待申说。当然，不是说牺盟就毫无缺点，但他们正在努力克服和纠正着，我们不能因牺盟有个别的缺点，就抹煞了它主要的成就。我们应该清楚的认识它的进步性。

我们每一个不愿作亡国奴的抗战工作者，应该爱护牺盟，诚恳的指出它的缺点，鼓励它的优点。希望它克服过去那些“关门主义”、“自高自大”的工作作风，发扬它艰苦奋斗英勇牺牲的精神。同时，不仅在发展组织上努力，更要在巩固组织上努力，把山西一千二百万人民都团聚在牺盟的周围。

政治部

2. 政治部。初先在临汾时，是行营政治处，对外尚未发表，仅等于行营的一个与其他平行的处。在工作上，也只作了些决死队民众动员训练，以及行政上的设施，既不是一个民众团体，也不象一个政治机关，到汾西时仍如前。直至去年五月，才改政治部。当时，中央总政部，也曾来电有所指示，一年来在第二战区各部队间建立了完整的工作系统。现更在积极健全并加强各级各部门的工作。

政治部的组织：分宣传、民运、组织、总务四课。并有电务、文书、发行、印刷四个独立股。此外还有一个印刷厂和交通局。现在已照中央编制改组为五组，人数相当的多，但经费并不多。

建立正规军的各级政治机关，提高决死队的战斗力，加紧训练各级军政干部，健全并扩大民众组训工作，是政治部当前的主要课题。他们准备在三个月内，完成一个强有力的工作计划。

政治部现在的一些工作人员，除了几个负主要责任的以外，大都是二十岁左右的青年，民大学生很多。但是他们却各有各的长处，温健公先生原任宣传课长，不幸牺牲于敌机毒手，这是第二战区一个很大的损失，当然也是我们全国抗战中一个很大的损失。

他们一切的工作,都与公牺发生密切的关系。事实上,公牺同政治部的工作也是分不开的。

战地总动员委员会

3. 战地总动员委员会,现在闻已改为敌区工作团,因为山西遵照中央规定,正式成立了省县总动员委员会,完全由行政机构组织。这一个战地总动员委员会,在山西抗战中,是起了很大的作用,我们要说明山西的抗战情形,是不能够抹煞它的。同时,听说他们更要深入敌人后方,他们今后的工作,是更艰苦,然而也将是更活跃更能打击敌人的了。

在抗战发动之初,中央尚未颁布省市县动员委员会,当时为适应实际的需要,所以组织省县总动员实施委员会。雁北失陷以后,因许多县分陷入敌区,故又划二十九县,并包括察绥两省,成立晋察绥民族革命战争战地总动员委员会。其组织与工作任务我在《民众动员论》中,已经介绍过,在这里不再叙述了。

"八一三"以后的九月底,在太原正式成立的这个战地动委会,在组织上,我还以委员兼负宣传部长的责任。说到这里,我很感到惭愧,因为我"滥竽充数",没有在实际工作上帮助委员会的诸同志。尤其在临汾失陷以后,经常听到续范亭、南汉宸、程子华,以及其他各部诸同志,在敌人后方很艰苦奋斗地把动委会培养得异常坚强,使我在惭愧之余,又不胜其愉快与兴奋了。

根据他们在去年六月召开各县代表大会时,对工作的总结上,有:"在这中间,我们组织了十多万干部,五万妇女,八万儿童,他们都能够发展与健全自己的组织,成为各种民众团体有力的支柱，在每个时期，都帮助军队，帮助了抗战。我们的游击队，在同蒲路沿线，在文、交、太原一带，在察南、在雁北，在绥东、绥南都无数次的袭击敌人，扰乱敌人，消灭敌人，广泛的发展了游击战争。各县的自卫队，有的直接参加了部队，有的在敌人的进攻中，武装保卫了自己的家乡。我们有计划的动员了数万新兵，补充了各部队的损失，扩大了抗日武装。我们在各地区帮助政府，实行了战时各种政策，使民众、政府、军队，各方面的关系，都密切的联系起来，作了统一合作的枢纽。同时由于有力的敌军工作，及正确的敌区政策，我们使敌军动摇，使汉奸政权瓦解。在这一切条件下，我们曾协助军队，政府民众团体，及地方武装，粉碎了三个月前，第一次进攻晋西北的敌人，巩固并保卫了华北抗战的铁的堡垒——晋西北抗日根据地"（大会宣言）。这样的一段报告，这是确确实实的事实，一点也没有夸张。

动委会的工作，由太原到汾阳、离石、岢岚，辗转迁移，现在更深入敌人后方了。然而他的工作，也就因此开展得特别广泛，在去年的八个月中，它本身的组织也扩大成如表①：

现在它已经改组了，我希望所成立的省县总动员委员会，能够继续发扬成绩，配合公、牺、政治部，及各军政机关和团体，加强山西的动员工作，不要成为一个有名无实的空架子。同时我更希望，原来晋察绥战地动员委员会的数千干部，仍本一贯精神，为完成抗战建国纲领而奋斗到底。

---

① 表见第 457 页。

委员会——秘书室——无线电台

- 总务处
  - 消费合作社
  - 文书科　会计科
  - 庶务科——
    - 马号
    - 工作厂
    - 修械所
- 组织部
  - 组织科调查科
  - 巡视团妇运科
  - 青年工作委员会（特种委员会）
  - 地方工作人员训练班
  - 妇女工作团
- 宣传部
  - 宣传科
    - 战斗青年剧团
    - 战动剧团
    - 战动第二剧团
    - 俱乐部
  - 印刷科——印刷所
  - 编辑科
    - 战动通讯社
    - 敌情资料室
    - 流动图书馆
    - 编辑委员会
- 人民武装部
  - 组训科　作战科
  - 游击干部训练队
- 动员分配部
  - 经济动员科——经济委员会（特种委员会）
  - 军事动员科——运输队
  - 救护科
    - 救护站
    - 医疗所
    - 救护训练班
- 铲除汉奸部
  - 侦察科，审讯科，暗杀科
  - 敌军工作科，除奸人员训练班
- 游击第一支队——至——游击第十支队
- 察绥游击军（包括保安区司令部）
- 服务股——交通队
- 各县游击队——各县自卫队
- 军政干训队

# 第三部分　教育的进步

山西的抗战教育，可以说在“七七”事变以前，就开始了。著名的“国民师范”曾由军政训练委员会，主办了军政干部训练班，民训干部教练团等，造就了一千余坚强的干部。同时还有将近一万人的国民兵军官教导团，以及大、中、小学校长的集训，大中学生的集训等，也就树立了抗战教育的先声。

山西今日的教育机关，可以说是到处林立，因为他们认定“干部决定一切”，然而干部必须自己训练，尤其要就各个环境中自己训练，所以山西的教育机关，不是集中在那一个地方而是分布在各地。同时，他们不仅注重知识分子的训练，而对工农群众也尤为注意。当然，办理得是否尽如人意，那当又是另一问题。兹将其一般情形作一略述。

民族革命大学

1. 民大：说到这个学校，或许有人要怀疑，以为这个学校早就瓦解了。其实不然，它现在依然还在那里蓬蓬勃勃地成长着，不过名称仍本备案原名为民族革命青年训练学校，分大、中、小各部而已。

不可否认的，民大在临汾混乱时中迁移，曾受到很大的打击，至少在精神上，给了全国的一个不好的印象，但不久大家也就明白了。它的缺点我在《抗战教育的理论与实践》中也曾略为提及。

现在民大本校，已办到第三期，学生有六百多人，三个月毕业，它是以队为单位，随时进校，随时毕业。课程方面分，（一）三民主义,(二)国际形势,(三)第二战区概况,(四)军政工作,(五)民运工作,(六)民族革命战法等。

三个分校,其编制与本校相同,学生有千余人,四个月毕业,一般情形与本校差不多,只是课程较低,分校毕业后,还可再到本校继续学习。

民大第一期毕业的同学,留在山西工作的仍有二千多人,连第二期的三千多人,现在山西什么工作地方都可以碰到民大同学。所以民大在山西,仍起着一种不可估量的作用,我更希望它日益发展。

军政干部学校

2. 军政干校,为原来的随营学校。这个学校的规模很大,一个总校,十六个分校。因为分校,是附设在各军事单位的,总校是由各分校或民大送来集训的,完全为一工作训练的学校。毕业期间七周至十周。分校毕业期间,军事队为六个月,政治队为四个半月,还要到总校集训一个半月。课程方面,总校有:(一)抗战必胜,建国必成,(二)迎头赶上(包括中外政治经济主要常识),(三)军政民运工作的技术等。分校有:(一)政治形势,(二)统一战线,(三)国际问题,(四)经济常识,(五)三民主义,(六)民族革命,(七)日本研究,(八)军政政治工作,(九)民运工作,(十)民族革命战法等。人数方面每分校至多八人百,至少五人百,军政各半。

军政干校的特点,是能够配合军事单位,自己训练自己的干部,学生来源,大部是就各地招考来的,他们毕业后仍分发原部队内担任各级军政工作,在军政机关上,也有一个共同的认识与调整,不过人才不集中,有的分校办得很好,有的则较差,许多民大同学，还担任着巡回教官，然而仍不能补救这一个“缺乏教官”的缺陷。

民族革命青年军官教导团

3. 青年军官教导团。有一千多人，本来编制是两团制度，不过现仅一团人。这是一个将政治工作员，改训成军事干部的学校。因为他们认为新的军官，必须懂得政治工作，最好是作过政治工作的，他们要使“军政对流”，政工人员也可以任指挥员，指挥员也可以任政工人员，造成“军政一体”的良好制度。它的课程，是军事占三分之二，政治占三分之一，他们特别注重于“新战法”的研究，尤其实际的演习，行军常常往来于数百里之外。

敌人进攻晋西时，深使他们知道新战法的重要，同时他认识了自己，还不够运用新战法的条件，如动作不敏捷，行军力不强，战术思想不统一，与民众配合不够等。现在这个青年军官教导团，正接受这些教训，加紧从这方面努力。

晋绥军军官训练团

4. 军官训练团，原为校尉级军官训练团，现在因为有将的阶级在里面受训，所以改为今名。

这一个学校的学员，完全是晋绥军的现役军官，每期抽调四分之一。已训练过二期，准备分四期，将所有正规军军官训练完毕。每期训练时间为一个月，实际上都不止一个月。

他们训练的内容，除新战法及一般政治常识外，特别注重于小组生活，及抗战建国的信心方面，其中心口号“为抗战建军”，“为建立新军而奋斗”，“发挥充分圆满的组织责任心”，“要过互相批评，检讨错误的严格小组生活”。这对于改造旧的军队，加强政治领导，是有很大作用的。

军事干部
教导总队

5. 教导总队，是专门训练班长、排长等军事干部。开办还不久，它对于下级军事干部的补充和改造，将会发生很大作用的。

下级军事干部不健全，是我们军队过去最大的缺点，所以他们只能机械的执行命令，一点机动能力也没有，甚至根本不能了解上级企图。因此，打起仗来，胜利时，上级还可以掌握，一旦不利，则各自乱跑，溃不成军。二十个月的抗战过程中，接受了这些经验教训，为了能够运用机动战法，加强对下级干部机动能力的培养，是非常要紧的。现在山西的军队是注意到这个问题了。

随营
军官团

6. 随营军官团。它是在创办民大时就有了，原有一千九百多人，为太原失守后，编余的军官所组成，里边将校尉都有，不过将官最近都已经调出，现在只有校官、尉官等队，人数也只有九百多了，因为大部分已调出工作。

这个军官团的程度、年龄都很不整齐，约有十分之二，是学生出身，其中尚有部分不识字的。经过长期识字教育，完全不识字的已较少，年龄均差不多有三十岁，有些年龄老的准备予以特殊训练，不再带队伍冲锋陷阵了。

因为他们都是有相当作战经验的，所以他们组织有工作团，往来各处，还帮助军队做测图、侦察地形等工作。

政治工作人
员训练班

7. 上面的军政学校，都是直属于司令部长官司令部领导的。政工训练班，则系由政治部抽调政工人员回来受训的，已办了一期，现在正办第二期，每期百余人。其主要目的，是统一政治工作作风，交换各地工作经验，改正已往错误，所以他们的课程，多用讨论方式，先由各部队提出问题，然后由全体研究出办法，这可以说是一个专门研究实际政治工作问题的学校。

地方干部训练班

8. 地方干部训练班，多由公牺工作委员会负责主持，其内容及办法，各因其环境而不同，主要的是训练青救、妇救、儿救、商救、工救……的干部。在每个中心区，每个县，都开了许多次的训练班。特别是长治、翼城等县更多。以晋西的兴县来说，他已开办了十七次，一共训练了男女干部一五九〇人，其中牺盟村支干部训练班、牺盟干部队、妇女干部训练班、村自卫队训练班、牺盟军事干部队、警政干部训练班、军官教导队、儿童干部队各训练了一次，自卫队干部训练班，地方干部训练班各二次，军政干部训练班三次。他们训练的经费有的是自己带来，有的是由动委会帮助，有的是请准专员公署由地方负担一部分，有的则由大家捐薪解决。课程方面，一般的有：(一)统一战线，(二)政治常识，(三)民运工作，(四)牺盟工作及主张，(五)三民主义，(六)抗战歌曲等。妇训班加"妇女问题"、"卫生救护"等课。军事的学术科，各班都有，不过程度上各有不同而已。

公牺本部训练班

9. 公牺本部训练班，是公牺本部会办的，每期抽调百余人受训。主要的课程也是提出各地方的实际问题来讨论，纠正错误，确定工作方针，与政工训练班差不多。

这种训练班，是非常重要的，因为它能够解决实际问题，统一工作意见,减少错误。

民族革命中小学

10. 民革中学。每行政区有一个,共九个,有高中、初中,人数至多千余人(如长治)至少三百人,由省主席兼校长,行政专员兼副校长。民革两级小学,每县至少一个,至多五个,但也有多的,如兴县就有八个。由县长任校长。各村或联合村,各设民革初小一个。由村长兼任校长,区所在地则由区长兼任校长。

民革中小学的课程,一般的都按程度分军训、政训、技术、文艺四大类。小学的军训课着重于童子军教练,政训课加授少年总动员,技术课加救护及战时各种服务。初小军训着重于儿童集体生活,包括军事管理及抗战工作服务,政训另编民族革命读本及每周政治宣传、儿童总动员运动等。上课程时间,高初中每日八小时,高小每日六小时,初小每日四小时。课程比例:军训、政训各占三分之一,技术、文艺、合占三分之一。毕业期间高初中为三月,小学为六月,小学毕业后可以上初高中,初高中毕业可以上民大或各种军政干部训练班。

教育厅负筹划督察之责,中小学都是属于省府领导的系统。

课本的编辑,除教育厅外,民革室第一处负协助之责。这个民革室,系直属于司令长官部的,内分二处,第一处为编辑处,分教育,文艺两部分,由李冠洋先生负责,第二处为考核处,随时派视察员到各地考察军、政、民运、教育……种种情形,由薄佑丞先生负责。这也是山西一个特有机关。

地方教育经费,一般是由乡负担摊派,由县政府财政局保管,完全独立。其分配的比例,一般是规定为:社会教育百分之二十，学校教育百分之七十，干部教育百分之十。但因目前需要干部甚多。故暂定分配比例为：社会教育百分之二十，学校教育百分之五十，干部教育百分之三十。他们在教育方法上，也有许多新创造。兴县的民革小学，以县城为总校，以乡村为分校，每月开校务会议一次，分校校长来时，带乡村学生四名到县城，回去时，又带县城学生四名到乡村，依次轮流，沟通农村与县城的文化，互相交换知识。这是一个值得摹仿的办法。小先生制，他们也普遍地在试办。

一般社会教育，主要的是依靠各群众团体。如民革室青年俱乐部等，在各地方也起了很大作用。民革室在各机关，各团体、各学校都有设立。他们除了文化娱乐外，还办有民众夜校，民众识字学校等，与民众教育馆相类似。同时，“冬学运动”在山西也相当活跃，到了秋收以后，他们有一广大的宣传，设立许多农民识字学校，借以讲些抗战故事。

现在山西文化水准，无疑的已比过去提高了，一个小学生，他可以知道很多东西。我在吉县两级小学，讲了一次话，他们非常活泼，问他们的问题，他们随口可以给你一个满意的答复。一个只有九岁的山西女孩，她可以给你讲一篇什么是法西斯蒂，谁是爱好和平的大道理来。牺公总部会省工会有一个刚满六岁的小孩子，他可以指挥唱歌，指挥拉拉队。看戏的时候，他看了台上打死了日本鬼子，打死了汉奸，他就在下面大喊：“打倒日本帝国主义！”“打死汉奸！”的口号。初看到他真有点不可思议。古人有所谓“神童”，我想亦不过如是。时代给予我们的教化是很伟大的。

一个总的办法

山西省政府教育厅，对山西整个教育办法，曾于行政工作检讨会上提出这样一些办法：

（一）关于民大部分

（甲）第一期招收学生似嫌太滥，嗣后招生应有严格的入学试验。

（乙）招收学生，应按学校设备、规模及毕业后之出路，详细估计规定额数。

（丙）训练期内，对于学生之思想是否正确，应随时考察纠正。

（丁）训练课程，应与高中部衔接。

（二）关于民中部分

（甲）各行政区民中，第一期训练时期，原是三个月，课程中缺少工作技能等训练。受训期满后除升等者外，如各专员分配工作，认为技能不够时，可呈请省府，增加工作训练时期，以资补救。

（乙）自第二期民中起，高初级课程的标准应分别拟订，初中授民族革命的一般理论与认识，及初步工作技能。高中除加深民族革命的理论与认识外，并注重各项高深的工作技能训练。

（丙）自第二期起，训练期间高中定为四个月，初中定为六个月。

（三）关于各级小学校

（甲）各县及各村的高初级小学校，应在可能条件下尽量恢复上课。

（乙）高级小学主课，仍按原定课程标准教学，减少副科，加民族革命教材。

(丙)初级小学,除照原定课程标准教学外,并口授民族革命教材。

(丁)高小仍用旧有课本,初小应用山西省编课本。

(戊)各级小学课本,如不足用,应由各行政区及县府设法补救。

(己)民族革命教材,由第二战区司令长官司令部编辑。

(庚)各级小学经费,由县村自行筹措。

(四)社会教育

(甲)教学方式

一、整顿民众补习学校。

二、推广民众补习学校及半日学校。

三、设立农暇露天补习学校。

四、巡回教学。

五、表演抗战戏剧。

六、教唱救亡通俗歌曲。

七、到民间逐户宣传。

八、讲演抗战情形。

(乙)施教办法

一、民族革命中小学校,及各级小学,应按照地方情形,成立一种或数种,民众补习学校,由学校教职员及程度较高之学生教课。当地办理民运人员,亦可参加教训。

二、未设学校的村庄,应由民运或其他适当人员,巡回教课。

三、到民间逐户宣传，应由妇女和小学生担任。

四、其他各项应由各救亡团体、工作人员及各学校教员、学生，随时办理。

五、各种补习学校教材，应由第二战区司令长官司令部编发。

(五)训练战时各项人员

(甲)训练小学教师

一、各县小学教员，应分期训练，使其对民族革命的理论有明确的认识。

二、各区如感觉小学教师缺乏时，应由行政专员呈准省府，在该区民族革命中学开设小学教师训练班。

(乙)训练看护

一、学员不分性别，以初中毕业或同等学力者为合格。

二、每期训练人数，(军事处、军医处)与该校会商决定。

三、训练办法及课程，由军医处会同该校拟订，呈报长官司令部。

同时民政厅也提出来了一个“抗战时期，选训县区行政人员办法”，其大要如下：

一、选训目的：培养革命的行政人员，以期统一民族革命认识，增进行政效能，适应抗战需要。

二、选训人员：(1)县长，(2)县武装人员，(3)县政府秘书，(4)县政府科长，(5)区长，(6)村长。

三、各项人员之标准：(1)有革命精神，(2)须思想正确，(3)能吃苦耐劳，(4)肯负责任，(5)有办事能力，(6)无不良嗜好。

四、训练方法：(1)注重自动的研究；(2)实行小组生活；(3)明密考察其言行才能；(4)养成爱民的、为民的，主张公道的性行；(5)增进其对于抗敌工作之事务技术。

五、训练课程另定。

六、训练处所。省政府设行政人员训练所，训练县长、武装人员、县政府秘书、科长、区长。县设训练班，训练村长。但在交通不便时，得由省政府委托专员公署训练县政府秘书、科长、区长。

七、训练期间，定为一个月至三个月。

八、训练期间之待遇、教材、服装、膳宿均由公给，但村长不给服装。

九、现任县长行政人员，酌量分期调训。

**几句译语**

山西的教育，是普遍地在开展着，尤其都是针对着实际需要的。不过有些部分的教育设施，仍有草率之弊，事先的计划欠周密，干部的配备不够需要，以致学生到来即感觉混乱，而减少学习的兴趣。同时课程安排的比重上有些不适于当前需要，如对军队政治工作一课，有的军政干部分校，把它模模糊糊地就讲过去了，而不去深刻地配合实际情况，加以详细的研究。理论课程讲的太多，致使学生感觉学习后仍不能解决他工作中的困难。我认为军政干部学校以政治工作的方式，以及他们纵横联系的关系，就是说要使他们回到部队后担任一个连指导员，能够懂得同士兵上些什么政治课，讲些什么样的问题，什么是士兵所需要知道的，能够懂得政治工作怎样开始，怎样利用环境与时机开展工作，怎样同军事联系，在各种不同的场合应该作些什么工作，怎样去做，什么人去做，能够懂得建立群众关系，建立同事间的关系，建立友军关系，建立上级关系。这些问题不是都没有讲过，但是并没有把这一课程当作一主要的课程，至少学生对这些问题还了解得不够。还有些短期的学校，应该尽可能的使学生不为事务工作所缠扰。假如在课程上，没有几个好的教官给学生们讲几堂满意的课，在政治工作上又没有使学生们安心学习的保证，而在事务工作上又给他们一些烦扰，学生们是会不耐烦的。当然，这是个别学校偶然的现象，但是我们还是要纠正，个别是可能影响其他部分的。在另一方面，我感觉到各团体，尤其是各机关，甚至于就是政治机关，对杂务人员（如传事、炊事员等）的训练，非常不够，有的简直可以说没有，这是值得提出来的问题。因为他们的一切工作，都会影响全体，如炊事员伙食办的不好，直接影响我们的身体，通讯员送公事传得不迅速，影响我们的工作效率，他们对老百姓的好与坏，直接影响我们的民运工作。然而这都不是用权威可以加强的。同时，本身的学习也不够紧张、也缺乏计划性，没有很好的领导青年，在工作中学习。尤其没有很好的领导他们结合本身所担任工作进行学习。有些部分，他们经常提问题来讨论，但是抽象的，不关重要的东西仍嫌多，对他们本身的工作的帮助仍感不大，这虽然是个自我教育上的问题，但这在抗战工作繁多，需人孔多，根本不容许一个干部长时间学习的今天，这种自我教育是每一个领导工作者，应该当作一项重要工作来领导他全体的属员。只有不断的在自我教育中去教育干部，去培养干部，才能提高工作效率，才能愉快的完成任务。这是我认为当前研究教育的人，应该强调的一点。

此外民革中小学及民族革命大学的学制体系，在二战区的特殊环境中，当然有其特殊的办法，实际上，民革中小学校只能说是一种民族教育，民大也只能说是一种干部教育，与教育部所规定的普通学制是不能混为一谈的，无论在年级上，教材内容上都是有区别的。

## 第四部分　经济建设

说到山西的经济建设，又不能不令我们想到太原时候的情景。有人说江苏的无锡是一个工业区，其实太原却比无锡还要热闹得多，因为无锡多属私营的纺织厂，而太原则有各样的公营工厂。

“十年建设计划，是在民国二十一年就决定了的，彼时设有经济建设委员会经济统治处，修筑同蒲铁路，发展公营事业，并实行外货登记，设立土货商场，积极提倡用土货。经济建设分农、工、商、矿四项，先由省办，然后县办、村办，均定为专案，当年即着手建设。在交通方面，除修筑干支各公路外，并修筑了八百八十公里的同蒲铁路。在公营事业方面，西北实业公司名闻全国，如所辖西北电汽厂、西北机车厂、西北机械厂、西北铸造厂、西北枪弹厂、西北铁工厂、西北农工器具厂、西北水压机厂、西北化学工厂、西北育才炼钢机器厂、西北炼钢厂、汽车修理厂、毛织厂、西北洋灰厂、西北炼焦厂、西北制纸厂、西北皮革厂、西北火柴厂等，均成绩斐然。其他如晋华卷烟厂、晋华面粉公司及土货商场等，规模亦甚宏大。全省公营事业资本，迄抗战前已达九千余万元，然原有资本尚不及一千万元，其进步不可谓不速。”

正在蓬蓬勃勃发展中的山西工业，至今已全被日寇摧毁，尤其在太原失陷前后，山西经济可以说完全陷于混乱状态，而财政支出，则更有增无减。彼时，不能不说是山西抗战最困难的阶段，然而光明前途，也就在这黑暗时期展开了。

“执行合理负担”是山西在太原失守后一个主要的财政政策。在那混乱时期，政权的不巩固，许多县长逃跑了，对合理负担的执行，也曾发生若干流弊。“抗战时期内，县村合理负担办法”的重新颁布，也就是为此。该办法的主要内容：（一）县村摊派应以得利钱的人，重重负担；有财产的人，多多负担；赚钱多的人多负担为原则。（二）各县摊派，由县政府按商户、民户的负担能力，以百分比例分别配定负担成数。（三）商户摊派，由商会按照全县各商号资本营业状况，分别议定各商号应担负数，分别摊派。（四）居民摊派，由县政府先按新编各村土地或钱粮、财产及各种收益之多寡，分为十一等。村按三十户为计分单位，一等村每三十户顶二分，二等村每三十户顶一分九厘依次类推，至十一等村每三十户顶一分。（五）有特别富户之村，应定为特等村，专为村中特别富户增担分数，仍照村办。（六）依前条办法，各编村分等，按分摊捐后，再由村公所，按各村土地或钱粮财产，及各项收益之多寡，除特别富户应特别负担，贫寒不能自给之户，应免负担外，余分为二十等，按等估计分数计算应摊派额。这个办法，当然是本着“有钱出钱，大家拼命”的原则来执行的。同时他们为了使执行的人，不能有任何舞弊的情形，更把这个办法详细的解答了二十三个问题，印发各机关团体由小学教员召集各村民讲解，并严定除县政府村公所，依法请准外，无论何种机关、军队、团体均不得摊派负担，否则以借端勒索、勒征，或强募财物论罪，依中央惩治贪污暂行条例第二条第四款处死刑，无期徒刑或十年以上有期徒刑。若这种情形，任何人均可告发，有的专员还组织检查团以杜流弊。

他们一方面执行合理负担，一方面又将各种赋税一律豁免。同时还执行减租减息以改善人民生活。这不是仅在办法上规定，而是要在实际上去普遍实施的。

在临汾失守后，《抗战期间经济设施方案》的公布，说明了山西经济建设有了一个大的转变。这个方案的内容：（一）军队地方武装及民运团体均不得自行征收合理负担。（二）不得行使敌弊。（三）由各县府视当地情形，规定交易价格其高抬或降低者严惩。（四）对商人运输物品，县府应加保护，若有军队劫夺，县府应加报告。（五）对日常市场及定期集合，责成地方武装妥加保护。（六）严禁卖给敌人物品。（七）扩大宣传，提倡手工业。（八）由县规定手工业奖励办法。（九）由县动委会，协助民众建设各种手工业组合。（十）以订货方式，鼓动手工业之生产。（十一）离乡或死亡之地主，其土地无人耕种时，由村公所分配本村有劳力而无耕地或土地不足耕种之农民，但对抗战军人家属，有优先权，此项地俟抗战终了，归还地主。（十二）有土地而既不耕种又不出租者，其土地由村公所暂时没收，为村公所有借给本村有劳而无土地，或土地不足耕种者使用。（十三）严禁种鸦片。（十四）禁杀耕牛，严禁践踏田禾及放青苗。（十五）各县设难民收容所。山西现在的一切经济建设,在这个方案的正确实行之下,已经逐渐得到普遍的开展。

晋东南差不多每乡都有一个手工业工厂,家庭手工业也特别提倡。如麻纸厂、纺织厂、煤矿厂、缝纫厂、制鞋厂以及各地方的铁厂、修械厂……在山西可以说无地无之。各机关、各团体,为了提倡生产建设,都广泛的动员群众,并为筹备资本或用订货方式,以鼓励他们创办,同时保护贸易,调整供需,以保证他们的销路。山西的手工业,日新月异的增长着。

化学工厂制药厂,在山西已经建立得很多。如蜡纸、药、油墨……都是依靠自给,尤其在山西铅印文件很少,大批油印品所需要的文具是相当多的。如果自己不能制造,仰给舶来,那是非常困难的。医药方面也是一样,用土药材提炼军医药品,是代替西药的唯一办法。

纸烟的生产,在山西是项有趣的事。本来山西不仅有大规模的纸烟公司,如晋华、西北等,而且能够自己制卷烟纸,如西北造纸厂。但是在抗战前,这种情形是外面人不晓得的。太原失守后,大批纸烟纸无法运输,结果沿同蒲路一带,到处可以拣拾,尤其在潼关抛弃的纸烟纸,不下数千盘。因此现在山西许多老百姓,开设了家庭纸烟制造厂。河南、陕西的人,也有因此发财的。有名的王思忠纸烟,(他在纸烟上盖有王思忠的图章)二角钱可以买五十枝,听说他赚了好几万。

小规模的军需厂也很多,××军需厂每天可以造步枪一支,手掷弹二百颗至三百颗。材料的来源,以同蒲路的铁轨为大宗,同时打下敌人的汽车,全部拆下都是有用的。过去我们不知道,非常可惜。尤其汽车上的发动机、橡皮轮,听说还可改成小机器厂,不过现在敌人的汽车也没有过去多了,象过去一仗打下几百辆的事,是很少的。这也就说明敌人也没有过去那样的“皇军”威风了。

开辟荒地,协助春耕秋收、改良种子、制造肥料、发展畜牧、提倡农产、副业等工作,在山西也是由政府协同各民运团体,广泛动员群众,有计划的普遍进行。同时还有农业贷款办法,以鼓动农民生产。兴县的春耕贷款,超过一万余元。到秋收时,各机关团体人员共同组织秋收服务团,下乡帮助贫农及抗战军人家属。这些工作,不仅是激发了农民的生产热情,而且也坚定了农民的抗战意识。

消费合作社,在山西是按行政系统建立,规定每县及主要区镇都须有一个,不过还没有这样的普遍,但是他在群众中已有了很高的信仰,对调剂有无,已起了很大的作用。生产合作社,许多地方也建立起来了,他们根据各地方特殊必需品的生产,而又非个人所能经营的,都用生产合作社的方式去倡办。由政府筹集公私资本,实行低利借贷的信用合作社,也成立得很多,这不仅解决了农村的生产资金的困难问题,而且还免除了农村的高利贷款剥削。

仇货倾销,在山西已成为一个严重问题。敌人在山西一方面实行经济封锁,如印刷文具、军需品以及生产原料等,一方面则将各种消耗品,大量运销,如火柴、海菜、糖食、牙粉及其他化妆玩具等。我们为了抵制敌人此种政策,除积极设法自己生产外,不能不实行统制贸易,所以现在山西各地方,大都设有对外贸易局，由官商合办，供给市场及战争需要。限制入口，统制出口，一切对外贸易，均须通过该局，取缔私运私贩，化验进口食用物品。粮食亦实行统计严禁资敌。同时对消耗品，则提高入口税，以寓禁于征，如有走私，则处以极刑。最近，政卫队还打下了敌人千多包走私棉花和许多物品。本来走私就是敌人多年来无耻的勾当，现在他在山西仍是一样，所以现在山西当局，对这问题是非常注意的。这些办法，虽不能完全肃清仇货，然亦可减少销售数量。

整理地方金融，发行地方流通券，稳定货币价格，设立地方银行，防止敌伪钞流入和我们法币的流出，这也是山西当前实行的积极政策之一。这是粉碎敌人货币阴谋的主要办法。关于敌寇在山西的经济掠夺情形，在后面还有较详细的说明。

“抗日建设运动协会”，是山西最近才成立的一个团体，由有名的实业家徐士洪先生任主任委员。他们准备对整个西北的经济建设有一较完整的计划和新开展，尤其他们在技术上、人材上。可以给各方面一个大的帮助。不久以前，该会已发明了一种可以增加二十四倍的手摇纺织机，现已开始大批制造，这对于山西当前的手工业的贡献是很大的。我希望该会能够继续不断的有所发明。

关于发展战时手工业，省府建设厅也曾订有《发展手工业及保护贸易办法》：（一）各县政府应依照以下两类倡办战时手工业：（1）能代替外来之公私必需品。（2）能推销其他区域之公私必需品。（二）各县县政府，对于发展手工业应先彻查当地原有产物及原料，何者可创造，何者可改良，并按地方实际情形，作者计划之改进，倡导人民选办。(三)各业对于计划举办之手工业，如因人民无此技能和技能不高，不克举办时，应代为聘请技师教导。(四)各县政府应就当地交通路线，随时派队巡查，其紧要通道，并应派队驻守，以防匪类，保护贸易。(五)队兵对于商人贩运货物，如遇有特种情况，通过困难时，应负指导及保送之责。

由殖民地化的工商业，逐渐走向独立自主的路线上，由几个大都市的工商业，现在则逐渐发展到乡村，这是日寇炮火给予我们的进步，然而这也是日寇想不到的。

## 第五部分　文化宣传

关于山西的文化宣传，我们可以先作一般的叙述：

山西的宣传工作，在太原时因印刷便利，刊物非常多，所以外面对山西相当了解，如“守土抗战”、“有钱出钱，大家出力”的口号，曾激动了全国。当时的刊物，计有《牺牲救国》、《大众园地》、《抗先生活》……尤其《政治周刊》，都是那时的中心刊物。同时，太原文化界救国联合会，也出版了许多刊物，如《现代化》、《太行》、《最后生路》、《突击》……报纸副刊也很多，如《今日谈》、《开展》(文艺)……都是铅印的。

剧团在太原差不多就有几十个，除学生、训练班自己组织的以外，还有许多专门的剧人在那里工作，尤其旧形式新内容的利用，在当时即起了很大作用，许多说书、唱戏……的人，都成立了抗战宣传队。

太原失陷后，因为印刷机关的失散，群众工作的基础也还没有建立起来，所以那时的文化教育工作，是相当低落了。“即刻宣传，即刻组织”就是针对当时的问题提出的中心口号。由于决死队的进步，牺盟工作的开展，干部的逐渐增加，于是在各乡村、各部队则又逐渐活跃起来，差不多每一个部队都有一种油印刊物。

当时的工作队、剧团也很多。每一县，甚至每一区村，都有民运小组。这也是因为当时决死队还未转入参加战斗阶段，差不多全部都在做民运工作，如召集妇女开谈话会，为抗战军人家属送光荣牌，解释和执行抗战法令……都给予人民最深刻的印象。“宁在山西牺牲，不到他乡流亡”，成为当时最感动人的口号。不再象过去那样单讲“打日本”，这时已知道用灵活的工作方式，结合民众利害关系提出问题了。这是在工作中得到的进步。

《太原日报》、《山西日报》、《阵中日报》……是在临汾时的一些铅印日报，刊物仍还有好几种，尤其那时《阵中日报》的副刊是相当精干的，那时的特点是各种报刊上，大都披露着工作的指示信和解释法令的文字。这也就表示那时的工作已逐渐走入实际了。

民族革命通讯社就是在那时成立的。在太原的全民通讯社这时已迁移汉口，与民革社还取得相当联系。

山西文化宣传的普遍开展，是在临汾失陷以后，以至一直到现在。这是由于群众工作的广泛动员，如各种救国会的活跃，“公牺”的合流等。同时也是由于接受了过去的教训，克服了弱点，无论在方式上、内容上，都有了很大的进步。

最近山西的报刊杂志非常多，除《牺牲救国》（牺盟会）、《西线》（文化抗敌协会）、《政治周刊》（政治周刊社）、《政治工作》（政治部）、《民族革命》、《新军人》（民革室第一处）、《民大半月刊》（民族革命大学）、《阵中日报》、《新华日报》（华北版）等铅印报刊外，油印报刊不下二百多种，而且大多数的印刷都很精美，不亚于铅印。有些彩色套版，更为精致，内容也很丰富。这是我们在后方不容易看到的。

好的油印报刊，据我所知道的，如《行军日报》、《战旗》（决死一纵队）、《战汛日报》、《上党战旗》（上党牺公联合中心区）、《时事半月》、《宣传工作》（政治部宣传课）、《战地报》（决死三纵队）、《新战士》（决死二纵队）、《工作往来》（公牺总部会）、《长城三日刊》（决死二纵队）、《民族革命》（政卫队）、《战斗导报》（乡宁中心区与政卫二支队）、《战斗半月刊》、《战斗三日报》（行政六区）都是非常精美而内容也很丰富的，发行也相当广，如《行军日报》、《长城三日刊》，每期就发行三千多份，其他如《抗战导报》（高平县石印）、《抗战三日刊》（兴县石印）、《冲钟三日刊》（石印）《老百姓周报》（蒲县公牺工委会）、《政交》（岢岚政治交通局）、《动员三日刊》（翼城）、《战动通讯日报》（战动总会）、《战斗日报》（长治）、《前哨》（工卫总队）、《东战线报》（六区河东办事处）、《抗日战斗》（保安八区）《六六日讯》（六十六师）、《战地生活》（半月刊）、《抗救》（三月刊）、《前哨》（五日刊）、《青年导报》（青年军官团）、《新军队》（教二师）、《战斗五日刊》（五台）、《奋斗日报》（三十五军）、《太行文艺》（太行青年抗战文艺社）、《火车头》（同蒲路总工会）、《抗日铁骑》（骑一军）、《新军报》(十九军)、《新战士》、《战斗生活》(六十一军)、《战地三日刊》(独立三旅),也是相当好的。至于一般的报刊,如《洪赵战旗》、《工作通讯》、《生力军》、《冲锋号》、《时事了望》、《血战》《洪赵通讯》、《战鼓》、《战号》、《瞄准》、《工作动向》、《火线》、《战线》、《抗战》、《突击》、《炸弹周刊》、《游击周刊》、《广播台》、《前进》、《大众抗日报》、《大众吼声》、《响应》、《燎原》、《西北大众》、《战地动员》、《政卫报》、《士兵之友》、《自卫半月刊》……更是不可胜数。

教育士兵的小册子,民众通俗读物,一般的工作指示这类的印刷品,也是很多的。政治部每月编印的宣传资料(每月都有十几种,如《敌我财政现状比较》、《日本间谍在华南的活跃》、《汪兆铭叛国事件》等),通俗读物,(如《空室清野、闷死敌人》、《井圪塔二十八烈士》、《新绣荷包》等,多用旧小说或歌谣的形式,现已编有十六七种)其他各方面编的小册子,(如《艺术的宣传》、《战士必携》、《如何进行动员自卫队》、《出自敌国弟兄的喉咙》、《怎样开小组会》、《怎样在领导工作中培养干部》、《除奸与敌区工作》等)现在也不下数十百种,战时文化的活跃,也就表现出我们抗战的新生。当然他们对后方的一般消息,是比较隔膜。沟通前后方的文化,我觉得是我们文化界的朋友们,当前应努力去作的。

最近在晋西,有许多救亡工作者,正筹备一个中型铅印的《黄河日报》。这一文化抗战的武器,我希望能够早日出现在大众的面前。

"第二战区文化抗敌协会",是梁延武先生负责领导的一个团体,创办了民族革命通讯社(可以说是这里一个主要传达消息的机关)、民族革命出版社、西北电影公司、民族革命实验剧团等单位。这里特别要提出来说一说的,是实验剧团,因为实验剧团,除了一个话剧队外,还有一个歌剧队。这个歌剧队有三四十人,完全是旧剧界人,为新剧家刘巍先生领导。他们将大规模的准备用旧形式新内容的方法,改良旧剧。在战区中工作的这种剧团,我看见的还是第一个。今年旧历新年时,他们曾公演了《店小七》、《梁红玉》、《断臂说书》、《木兰从军》、《界牌关》、《煤山恨》这些节目,都是旧剧新词,深得观众好评。

直属于民革室的政宣队、工作团、妇女工作队,政治部也有一个工作队,它们都是在推动文化教育工作。他们对美术、戏剧都有相当修养,现仍不断的在研究,同时也不断的公演。这样在工作中学习,进步是相当快的。在这长期抗战过程中,不仅要锻炼出许多英勇的民族革命军事家,同时也要锻炼出许多政治家、艺术家与大众教育的工作者。

前线剧团和长城剧团,是决死一纵队、二纵队两个有名的剧团,活动的范围遍及二战区。随营总校的西线剧团,成绩相当好,决死队每个团都有一个比较大的独立的工作队,是选用专门艺术人才组成的。营连的民革室,都有由他们自己组织起来的歌咏戏剧等文化娱乐的团体。正规军也有许多好的工作团,负责文化教育和推行民运的工作队,每个行政区都有,甚至少数县也有。乡村六七岁的小孩子,能够唱出许多感动人的抗战歌曲,我除了在延安见到外,第二次见的还是在山西。我在吉县的中市村,就看到许多小孩子,站在一块唱《老乡上战场》、《开荒》等最新的抗战歌曲,他们还两手摆动着,学习打拍子。

对敌伪的宣传工作，现在山西是成为一个最迫切需要的问题，他们除优待俘虏外，还训练了一些"敌伪军工作队"、"喊话队"。决死队在退出地方留下大批传单标语漫画等。同时出了许多日文刊物，政治部宣传课的《战地通讯》就是纯用日文的，为一个日本战友天野××先生所编。此外还出了许多小册子，散发在铁轨破坏处，战壕里，障碍物旁。这些宣传品，传到敌伪军手里，是可以起很大作用的。他们还利用日寇散发民众一些《反共须知》、《新民会员须知》、《打倒共产党》等小册子的封面，改成抗战的内容，散发给敌区民众。可见在宣传方式上，的确比过去灵活得多了。

"武装宣传队"就是在接近敌伪地带，组织若干游击小组，带着宣传品去安慰民众，组织民众，甚至还召开民众大会。有时遇到敌人的"宣抚班"就用袭击方式，把它解决，如遇到大股敌人，他们就很灵活地隐避退出。在敌寇驻札的四五里路的地区，就有我们武装宣传队的活动。

## 第六部分　敌寇的活动与暴行

正因为山西的进步，给敌寇以很大的威胁，敌寇为了要破坏我们这一进步，所以更不惜用军事、政治种种无耻的阴谋，向全山西进攻。我们要明了山西，不仅要明了自己，更要明了敌人。

强盗般的军事活动

第一，敌寇在山西的军事活动，本来是有相当力量的，以它最近的军事布置来说，可以列上一个简表，就可概见一斑。

| 番号 | 酋首 | 盘据地带 | 附注 |
| --- | --- | --- | --- |
| 二〇师团 | 中岛 | 风陵渡、运城一带。 | 已补充过五六次，此以日本北海道的长胜师与第五师团板垣齐名。 |
| 七师团 | 园部 | 闻喜、安邑一带。 | |
| 一〇八师团 | 谷口 | 临汾南北一带。 | 已补充六七次，原为山冈。 |
| 一〇九师团 | 阿南 | 中阳、离石、汾阳、榆次、太原一带。 | |
| 二六师团 | 后宫 | 宁武、朔县一带。 | 一部在绥远。 |
| 一〇师团 | 藤井 | 辽县、和顺一带。 | 一部在河北南宫冀县。 |
| 独立四旅 | 河村 | 介休、榆次一带。 | |
| 二五师团 | | 繁峙、蔚县一带。 | |
| 二三师团 | 森田宣 | 阳高一带。 | 一部在宣化万全。 |
| 伪皇协军 | 王英 | | 全部一万余人。 |

敌人把重兵配置在同蒲路许多据点，随时采用“分进合击”的方式，向各方出击，利则进兵占据，不利则滥施其奸淫、烧、杀、劫之后，仍退回原巢。同时，它在沿同蒲路一带，建筑碉堡，并实施其所谓“村村护路”，企图借以防止我游击队的活动。

敌寇在山西的军事行动，无疑的也接受了许多教训，各方面都有改进。如它所谓“歼灭游击战对策”就是它改变过去正规战法的特征。同时他把部队，周流的调来调去，借长声势，并使我们不易探明敌情。

在敌寇这次进攻晋西时，我们也看出它战术上的许多特点：(一)每股均分三路，中路配备重火器，两侧翼则用轻骑沿山背小道配合进行；一则用以迂回或包围或作埋伏之部队，再则用以为防止我游击队之袭击，以便能互相呼援。同时宿营行军，除严密警戒外，并采取较大的间隔和距离，恐被全部包围，行动非常慎重。（二）大纵深的包围，偷袭我指挥部，是敌寇在山西军事上的惯技。（三）夜袭，现在也为敌寇所常使用的。敌寇每次行军，通常在半夜后三时左右，令便衣队先出发，后面是伪军，拂晓日寇才跟进。他们的服装也与我军一样，其最无耻的勾当，是乔装我军，佩带我军符号，臂章。这也可说是敌寇黔驴技穷的表现了。

无论敌寇的军事力量怎样雄厚，然而它现在只是象龟头似的一伸一缩，再也没有抗战初期那样地浩浩荡荡了。其所谓“皇军威风”者，实等于“无耻的盗贼”而已。

**无孔不入的特务机关**

第二，特务机关，是敌寇的魔手。敌寇到什么地方就有其特务机关的活动。山西当也不例外。

谷狄那华雄，是敌寇太原的特务机关长，并兼伪省公署的顾问，晋北地方招抚委员会委员长。它御用的走狗，还有稻原、平田、佐竹、每熊、山崎、岛田、伊藤、中根、藤村等，同时还有一个汉奸刘孟勋充当该机关的奴才秘书。

本来山西远在二十年前，就有敌寇特务机关的公开组织，不过那时的工作还是秘密的，而现在它已成为日寇军阀的代理人了。山西伪组织的太上政府公开的职权，就有：（一）领导协助敌伪的宣抚班、新民会、少年团、青年会等等的组织活动。（二）指挥操纵各级伪政权机构。（三）管理占领地带的经济机构和生产部门。（四）管理当地的日本居留民。所以山西的伪组织，只是一个表面的行政机关，一切军事政治的实权，完全归敌寇特务机关掌握。如拱卫太原镇压人民的，是“北支派皇军”，而不是伪省会警察队。“少年团”,“青年会”等军事性质的团体的指挥者是宣抚班,而不是伪县长。被日寇掠夺的西北实业公司所属各工厂,是实行其所谓“军管理”,而不与伪省府相干。所有的一切所谓统治经济,统治贸易,均归敌寇特务机关办理,伪省府民财两厅均无权过问。

特务机关员中根兼伪省署顾问,藤井任伪新民会山西指导部顾问,其余稻垣、平田、佐竹、每熊、山崎、岛田等,则分布于文化及军官区各部门。太原宣抚班长桥敏夫,与谷狄那华雄有最密切的关系,共搅山西伪组织活动的阴谋。日本居留民会,是日寇的军事便衣队。会长长野是特务机关长的一个重要随员,而居留民会,恳华会长武司少将,也担任着伪新民会山西指导部次长。不消说,也是那魔窟里的一个要员。

这些屠杀人类的刽子手,人面兽心的阴谋者,整天都在散播离间的空气。指使其走狗,假冒八路军,假冒牺盟会员到乡村中强取勒索,造谣生非,并散发荒谬的宣传品。但是它们一到我们游击队活跃的地方,或统一战线巩固的地方,也就消声息气无法施其技俩了。

**无耻的伪组织**

第三,敌寇在山西还利用一些无耻的流氓,组织汉奸伪组织。这是与其他地方一样的。我们只要看一看几个主要汉奸的历史,就可知道他们的无耻了。

伪山西省省长苏体仁,他原本是一个无耻的日本留学生。其秘书长李升培,则是一个老流氓。参议郭象升,是一个抽鸦片烟的烟鬼。韩谦则系满清拔贡,是一个老冬烘。最无耻的是高步青，曾为晋省银行经理，当时因舞弊入狱，山西抗战展开后，才释放。而现在他又作起汉奸来了。至于其他的小走狗，如民政厅长宋彻，财政厅长宋纯如，建设厅长张联魁，教育厅长裴间泉，咨议张积，警察厅长白文惠，太原市长张敬灏等，更是一群利欲薰心的小丑，不堪一道。阳曲伪县长么中伯，原为太原亨大利钟表店的经理。这样的人，也能做首县的县长，其他就可见一斑。

晋北十三县的傀儡组织，又另有一个形式，其伪组织系统如下表：

- 最高顾问
  最高委员
  - 总务处
    - 总务科
    - 文书科
    - 经理科
    - 地方科
    - 地政科
  - 民生所
    - 农事试验场
    - 种畜试验场
    - 厚生科
    - 文教科
    - 土木科
  - 财政所
    - 税务局（十局）
    - 监 理 科
    - 征税第一科
    - 征税第二科
  - 公安所
    - 警 察 科
    - 司 法 科
    - 特 务 科
  - 宣抚委员会
  - 县公署（十三县）——
    - 区公所
    - 街公所
    - 警察所
  - 晋北学院

其主要寇首：最高委员为夏恭，最高顾问为前岛升，民生所长为吕登赢，财政顾问为桥本乙次，华务顾问为森一郎。

至于各伪县长毫无实际权力，只是供敌寇当作牛马一样的驱使，动辄得咎，偶一不慎，不但汉奸作不成，反还要把脑袋送掉。临汾附近有一个伪县长，因为找不着运输的骡马，被敌寇打了两耳光，立即撤换了。有人说没有做过汉奸的人，以为做汉奸可以沾得些小便宜，但真正做过汉奸的人，才知道汉奸那碗饭，是不好吃的。这句话可以深长思之！

盗贼行为的经济掠夺

第四，敌寇是世界上最野蛮的强盗。仅就其在山西的掠夺情形来说，已足表现其无耻之极。

太原、榆次、平遥、新绛、运城、大同等处，我营有各公私工厂四十余所，现全被敌寇掠夺，均编为军管理。农矿生产，亦需适合其军需工业原料的需要。如棉、麦、肥、马草、煤、铁、毛织、皮革及工业用盐等。同时前项原料的贩运特权，也属于敌寇军管理的工厂，或敌寇的商业组合。而且敌寇为实行对我经济封锁，并限小贩不能超过六元资本，而敌货消耗品，则又大量运销。

敌寇在山西大量搜刮破铁烂铜，太原许多毁坏的机器，和破旧的铁器，敌寇一再劫掠，运回日本。谁说这不是一种强盗行为！

敌寇在山西以毫无准备金的中国联合准备银行，大量发行伪钞，此所谓夫子票（十元的有关夫子像，五元的有孔夫子像，一元的有孟夫子像）。同时限制我法币的流通，市面用时必须向准备银行兑换伪钞，并实行贬价。如买物品的，伪钞一元的，我法币则要一块半。省钞，铁路银行的钞票，十元只换伪钞一元，稍有缺坏就拒绝使用。企图大量吸收我法币，一方面借以扰乱我金融，再一方面则想利用外汇，从伦敦、纽约提取现银，以裕其沦于破产的财政。然而事实恰相反，人民不相信伪钞，五元伪钞只能兑省钞一元，甚至人民根本拒绝使用。加以中央统制外汇，绝对禁止敌伪流入。这样一来，日寇建立“经济的统制”的阴谋，完全破产。

限定期间停止我法币的使用，并用敌货大量吸收我法币（法币买日货特别便宜些）。并允许杂钞流通。这是敌寇发觉第一个阴谋失败后，所施行的第二个阴谋。同时敌寇无耻的伪造杂钞更伪造中、交、农法币，并利用汉奸收买其为人民拒绝使用的河北五元伪钞；再造河北十元伪钞。而且宣布印有天津、青岛字样的法币一律废用，企图从敌区中把这些钞票推出来，再用打六扣的方法，把日币收回，禁止日本金票流通。日鲜银行券流入中国，以伪钞发付日军新饷，并付日人提款，和对中日商人的放款（伪晋北实业银行，已贷款五十万元），大量膨胀联合准备银行的伪钞，这都是敌寇破坏我金融的一些无耻的技俩。

最近洪洞县伪公署出了这样一张布告：（一）一般民众对于新政府纸币要切实使行；（二）关于以前所用之山西票须交换金票及新政府准备银行票；（三）交换准备银行票时，山西票须九扣；（四）关于山西票因为银行无有，将来终于作废，仰即交换金票；（五）一般民众买卖货物对于新政府所发行之国币（即准备银行票），假使落价时，绝对严重处罚。同时太原敌寇最近亦下有通令，三月十日以前法币省钞均九扣使用，四月十日以前六扣使用，以后就禁止通用。这更说明了敌寇强制人民使用伪钞，及使其不敢蓄存法币、省钞，以便大量的收我法币，破坏我金融。这也就更证明了人民不相信伪钞的实际情形。

敌寇在山西的经济机构，异常严密。如（一）负策动掠夺山西经济事业总责的有太原敌特务机关；（二）负管理工业生产部门的，有军管理各工厂，日人恳华会；（三）负掠夺山西矿产开采特权和统制农业生产责任的有华北开发株式会社；（四）负调查并搜索农矿资源责任的，有太原特务机关和各地宣抚班，节制下的经济工作队；（五）负垄断山西市场责任的有太原日本居留民会；（六）负统制贸易以推销日货和实施对我经济封锁责任的，有太原物价统制委员会；（七）负吸收我内地资金责任的，有日鲜银行支店，或出张所；（八）负破坏我法币从而吸收我法币捣乱我金融，同时利用伪钞吸收我物质责任的，有敌寇扶植起来的联合准备银行分行；（九）最后负欺骗诱惑和强迫我商民服从敌人关于经济掠夺命令的，才是各级伪政府和商务会。

对人民的压榨，更是敌寇最残酷的掠夺行为。本来伪傀儡组织之初，经费毫无着落，经汉奸群一再哀求，才由北京伪政府拨给五十万元。但这仅是一点临时的开办费，当然不足以供群丑长期的挥霍。所以于去年六月即正式规定屠畜两税。八月又开始征收统税，并盗卖官盐，向富商强借。清源伪县政府于成立时即以民户七成商户二成，强借一千五百元为其开台献丑的费用。现在各县除强迫征粮，每两按二元七角九分计算外，并有许多巧立名目的附加税，如田赋每元加三角，屠税加二角（正税四角），牛马骡驼每支加一元（正税二元）。一斤菜也要收税三分。更有所谓等户捐，上等户月纳二元，中等户月纳一元，下等户月纳五角。同时各伪县府通令各区村强发良民证，每张也须缴费五角。此外还有按贫富征收的人口税，土地屋产税（每亩每所

三、五、十元不等)。各商店的营业税(有高至五六千元者)。一般的所谓剿匪捐、防空捐、防护捐、通行证费等,则更名目繁多,不胜枚举。

强迫民众捐款,供给敌寇军用,也是敌寇剥削民众方法之一。无分贫富五十元、三十元不等。八月底祁县民众反对此种捐款,敌特务机关,乃命令伪公安局长薛某将数十个抗捐的领袖抓获,施以毒刑。计被用辣椒水灌死的十余人,开水烫死的二十余人,汽管吹死的二三十人。赵城日寇强征民众麦子,每担就要取五斗。人民无不叫苦连天。

鼓励人民种鸦片烟,除春天有领种费外,并还有特税八元。这不仅是借以大量剥削人民,而且还施行其毒化我同胞,灭亡我种族的阴谋。这是敌寇最毒辣的手段。

**狡诈欺骗的政治阴谋**

第五,敌寇在山西横施暴行外,更想用种种骗欺方法,挽回其崩溃的命运,这就是所谓“怀柔政策”。当然这种“怀柔政策”的执行,也正说明了敌寇已感到武力不足以征服中国,而想改用政治阴谋,而且也想借以欺骗国际视听。同时还想扩大汉奸政权,加紧剥削人民。

敌寇的政治阴谋具体表现在:(一)在太原训练大批汉奸,组织其所谓“宣抚班”,四出欺骗乡愚,并到处召集区村民散发其无耻的造遥的,挑拨离间的传单。宣抚班在街头出丑时,除用留声机唱片引诱民众外,并散发香蕉糖、薄荷糖等以讨好人民。(二)施行奴化教育:到处设汉奸训练班,十八岁以上四十岁以下的壮丁、县长、小学教员,都须受训。同时高唱新民主义,利用我“苟日新,日日新,又日新。康告曰作新民”的旧有格言到处设立新民会、新民学校，把中国课本完全改编，实际上不是教育人民“作新民”，而是教育人民“作顺民”，并在晋北设立晋北学院，内分教育、财政、警察等三科。各处大量开设日语学校，免费受训。(三)小本贷款，救济贫寒难民。敌寇掠夺剩余粮食分给贫民吃用，把伪钞贷给贫民。同时对被利诱的顺民村长等，还发给免费乘车证，准许到大同平汉等地去参观。并到处设立“苦力介绍所”表面上说给五角钱一天，实际上一去即不复返。全被敌寇骗成苦力队，当牛马一样的驱使，并附在部队，以供其当炮灰。(四)吸引农民：敌寇有时在大肆掠夺之后，实行一些欺骗的军风纪，假装惩罚一二士兵并在口头上喊了一些免粮、免税、分粮等名词以图收买人心。(五)分化政策：除一般的挑拨中央军，晋绥军、八路军之间的关系外，并支持各地新民分会互相攻击，以便从中掌握。同时成立山西“回教分会”，用将来在甘、宁设“回教国”等欺骗宣传，分化我回教同胞。并组织“红枪会”、“红学会”、“皇协会”等，供给大批武装伪装八路军、决死队，到处抢劫勒索打土豪，召集群众大会，骂晋绥军、中央军，企图制造矛盾，破坏抗日统一战线，达到其分化瓦解抗日力量的目的。同时，到处组织“反共救国会”企图利用我们旧的矛盾，扶植腐化的封建势力。最无耻的是利用汉奸，假“西北青年团”、“山西人民自救会”等名义，以“拥护抗战”、“拥护中央”等姿态出现，说什么请求中央党部蒋总裁，取消与国民对抗的山西阎锡山创办的土匪政治的牺盟会，枪决牺盟会主办人物。远在××出版的汉奸刊物，亦类似这样的狂吠着。在各处散发《红旗》，假借中共名义反对国民党，又用《新国民报》，假借国民党名义反对共产党，而且，内容常有似是而非的论调，如不细看，很易受其挑拨。（六）毒化政策：在太原城内敌寇普遍开设洋行，公开出售白面鸦片等。柳巷街毒品店林立，太原至灵石以北各村，遍地罂粟，朔县城附近二十里，种烟的占耕地积五分之一。崞县铁路公路附近烟民，敌寇每月发给十五元至三十元的奖金，令他们充当侦探。近来敌寇更令伪维持会，以棉花布匹小米猪羊牛肉鸡子油炭以及一切日常用品，交换红丸办法，以图普遍施行其“杀人不见血”的毒计。（七）卖淫政策：太原每一个毒品店，同时也就是日本妓女的卖淫所。察院后日本妓女成群，遍处木屐声。据去年十一月调查，太原日本妓女不下三千余人，许多料理店，（日本饭馆）敌寇还无耻的在报上大登其女侍者的广告。许多小铺也有日本女人营业，白天充当女店员，晚上则为卖淫妇。这在敌兵田野的日记中，也有这样一段：“明天七时出发，有朝鲜妓女二十余人到来，以‘东洋轩’、‘朝日轩’为招牌，老板是九州人，在奉天住得很久。”本来日本军阀即以他们女人卖淫为光荣。因为正要利用他们来充当密探，所以日本妓女早已遍中国，现在太原的这种情形已是不足为怪的。

“以华制华”是敌寇一贯的卑鄙行为。敌寇近在太原附近，大批强征壮丁，统计已有万人以上，其一部分，开往临汾受训。平城敌宣抚班，在去年十一月七日开会决定，令伪县署警务局成立“察山队”，三天以内具册领枪，共计发枪五百支。定襄伪县署，向各村要壮丁五十六名，编成保卫团，于去年十一月受训期满，被敌寇强编为“剿匪警察”，由敌黑泽队长指挥。左云敌军近亦将受训练之清乡队四十余人，准备开发，各发给三八式步枪一支。进犯北方一带之敌，遣派汉奸清乡队多名，四出侦察我军情和我们政权所在地。此次敌人进攻晋西，每中路编有“苦力大队”一队，皆本地人，其中以河津人为最多。朔县敌寇亦曾在城乡乱抓民夫，运往大同，并编制受训，每人给大刀一把，不发枪支，叫做“先头敢死队”。临县敌寇强征十八岁至二十五岁的壮丁，训练两个月后，把他们送回家去做暗探，每月要做两次报告。晋东南敌寇亦到处强拉民夫运往别处。青年少壮的当兵，年老身弱的做工。临汾近有各伪县长会议决定，每人带伪钞五十万元，利诱我人民，收买动摇分子。孝义伪县署近亦召集各村长会议决定：（一）改新良民证，调查户口，调查十五岁以下的儿童数目。（二）侦察我方军情，急速报告。（三）叫各村外逃村民快快回家等。定襄伪商会近曾召集各村七十岁以上的老人开“敬老会”，到者约二十余人，敌寇奉以果饵茶水蒸馍、纸烟，出席者还有伪县长敦春雷，伪警备队长新苗，敌特务机关指导员。这些事实都说明了敌寇正在大量的武装汉奸，并在某些地方给人民一些小惠，企图实现其“以华制华”的阴谋。

在山西，我们可以看到敌寇大批印刷精美的图书、小册子、标语、传单等类的宣传品，经常从飞机上散发下来。仅就去年十二月十二日一天来说，敌机二架飞至蒲县一带散发传单，永和同日亦有敌机七架散发大量宣传品。同日在大宁县上空亦有敌机一架，散发无数传单。汉奸在外张贴的更是日有数起。

《山西新民报》、《新山西报》、《蒙疆雁北日报》等汉奸报纸也时时都在做敌寇的应声虫，散播其荒谬言论，企图使我广大人民忘掉祖国，投到敌寇的怀抱去。“狗嘴里掉不出象牙”是必然的,这一种欺骗乡愚颓靡人心的作用,我们是不能忽略的。

假如我们要了解敌寇究竟是怎样在造谣?我们根据敌寇在山西散发的书报,以及其他的宣传品和汉奸报纸的内容可以看出:(一)散布失败主义:如“重庆恐怖绝顶”、“国府动摇益甚”、“华方和平运动渐起”、“党军犹作最后挣扎”等类的标题。我们放弃武汉时敌寇曾用上等道林纸,印刷大量画报,到处散发,标题则多为“庆祝汉口陷落”等类的句子。其最无耻的就是偷把我们阅军的照片,题作“被俘之党军”。它一面封锁我们胜利的消息,一面则捏造我们失败的谣言。企图使敌区人民对抗战失望。(二)破坏统一战线:如“抗日战线行将分裂”、“党军赤化彩色浓厚”、“受共党煽惑抗日今日败北”、“左翼报刊被查禁,国共破裂尖锐化”、“国共分裂期即在目前”、“国共军互相猜忌,战斗力极渐低下”这一类的造谣中伤。并且,他们还破坏国民党内部的团结,如“××社内讧”、“陈×在汉口受审判”、“××社与××团冲突”等类的无稽之言。当然这一次的汪精卫的叛党卖国是予敌人的挑拨离间的机会,所以敌寇在山西到处散发传单,什么“厌弃党府抗战主张,汪精卫发表重要声明”,“党府内讧总暴发汪精卫离重庆”甚至还有“汪精卫谅解日首相声明,和平运动可望有好转”等类似的话,触目皆是,这也是值得我们警惕的。尤其许多不了解统一战线的人,更应该把敌人的宣传品平心静气的审查一下,不要有意无意的,去作了敌寇的代言人。(三)挑拨各地方当局与中央的团结:如“广东派主张和平”,“四川反×白热化”,“两奥与×分家”,“云贵亦脱×”等,敌寇一张画报上也无稽的这样写着:“广东内乱起,四川反×生,焦头烂额样,窝巢已倾覆,绝难持久战,民众快觉醒,请看我华北,正在明朗中”。当然,这些无耻的造谣、生非,都给我们精诚团结粉碎了。(四)离间我政府与人民的关系。如说:“党军抗战祸国殃民”,“民众成立反×自卫军”“难民载道,无衣无食;要人太太,挥金如土”等类的话。事实很明显,我们各处无衣无食的难民,谁不知道是日寇野蛮侵略所造成呢?(五)挑拨我民族团结。如“成立回民宣抚班”,组织“蒙疆委员会”,利用少数人的行动扩大宣传,并以“独立”、“自治”这类名辞散布我民族间的仇恨。并派佛教代表到处宣传。(六)诬蔑我抗战领袖。如说:“李××唐××逃往香港”,“××××被炸死”。另外,在一张画报上,他们一面画着××××把各领袖绑赴刑场,一面画着汉奸们往华北跑,上面写着:“请君看看吧!老×发疯了”。这或许也是敌寇一个悬空的幻影。(七)破坏我与国际间的关系。如:“××受日军威胁,援×政策已成泡影”,“党府财空钱尽,欧西军火携归”,“英主使中国抗战,自己主权亦丧失”,“欧美援华均撒手了”,这一类的话是常见于日寇汉奸报纸上的。但是我们国际伟大的同情日增无已,英美对我的大量借款,也就军事上给予敌寇无耻造谣的一个答复。(八)敌寇除了封锁一切不利他的消息外,另一方面却无耻的歌颂“王道乐土”,到处都是汉奸“东游纪事”。什么“中日亲善”、“中日满提携”等论调反复均是。尤其麻醉性的“调情骂笑”更占很大的篇幅。如伪山西《新民报》的“新民乐园”,一天的标题就有:“男子喜新厌旧,其原因究属何在”,“绝代佳人不为年龄所限”,“解颐齐联话”,“铁头陀”,“描金凤”。另还有《垃圾箱》等栏。其内容:“解颐齐联话”内有某太守有婢貌美而慧。守欲纳之,婢峻拒,乃命对云:"小婢何知,自负红颜违我命",婢曰:"大人容禀,恐防绿顶戴君头"。在《垃圾箱》内则有"山花水月之际看美人更觉多韵,非美人借韵于山花水月,山花水月直借美人生韵耳"一段,其他即可相见。本来这新民报的主编人就是无耻的汉奸吕征夷,他是翼城人,上海复旦大学毕业。太原未失以前,他编辑《华闻晚报》,曾以汉奸嫌疑被群众捣毁。这种一向出卖良心出卖祖国的汉奸,他当然也说不出一句人话。然而敌寇也正想利用这些无耻的东西,以"风花水月"的文字,麻醉我们沦陷于敌区的青年,使他们在颓废的生活下忘记了祖国,忘记了民族,同时也忘记自己。

此外敌寇在山西大批掳掠我十岁以下,四岁以上的幼小儿童,运回日本,以图减弱我人口,而补其人口先天不足的"贫血症"。这是一种上古野蛮时代的掳掠行为,现在日寇竟乐于为之,殊堪痛心!

敌寇这些政治阴谋,的确值得我们警惕。然而在另一方面,我们更应该认清楚,由于敌寇"怀柔政策"的矛盾性,限制性,虚伪性,以及其本身无法避免的破坏性,"狐狸精的尾巴,终于有拖出来的一天",其作用也是很有限的。敌寇企图在中国政治阴谋的成功,也就等于过去企图在中国武力侵略的成功,沙滩上建筑的楼阁,毕意要为洪流所冲掉,我们只要再看一看它在山西的奸淫烧杀抢劫掳掠等暴行,就可知其真面目了。

**伤心惨目的烧杀掳掠**

第六,敌寇铁蹄践踏的地方,首先就是烧杀掳掠。就远一点时间说,前年九月阳高陷落,被杀人民四千余人,焚毁房屋三百余间,焚掠粮食千余担。代、崞、忻等县，敌寇大肆屠杀，被杀人民，在七八千以上，房屋亦被焚毁声尽，人烟断绝。日寇进占宁武时，被杀人民亦有四百余人。临汾陷落时，敌寇屠杀人民五百五十余人，焚毁房屋三千五百九十余间，牲畜杀伤和牵去的约三百三十余头。晋南三四两个区，被杀人民，八百二十余人，牲畜损失三千六百余头。焚毁房屋三千余间以上，人民财产损失，不下五百余万元。去年四月，敌寇一再骚扰晋北，沿途搜索屠杀，房屋、粮食、器具和衣物等，尽被焚毁，油盐罐中，亦被其粪尿糟踏。晋北各县被杀人数，约有四千名余，被焚房屋达二万二千八百六十余间，财产损失，共计六百四十八万九千七百五十余元。文水西峪口，敌寇强迫民众每家出壮丁一人，共五十三人，结果被敌用机枪统统击毙。神池三岔陷落时，有一六十多岁的跛脚老妪未及逃避，被日寇挖去双眼，痛哭了三天才毙命。有一梁某被日寇捆在柱上灌油焚烧，身体大都化成灰烬，只剩下两只脚。还有一个青年妇女，被日寇裸体钉在墙上，挖去了眼睛，摘去了心肝，残暴行为，至于此极。离石大小村庄，全部遭蹂躏，在大武镇一带，残杀无辜民众五百五十余人，里面有怀孕妇女，有七八十岁的老年人，还有不满十岁的儿童。烧毁房屋二百余间。城东五里铺，田家会两村的民房都被拆毁，以供燃料。城周的田禾，亦都割去喂马。敌寇侵入榆社城里，找不着一个人，乃疑惧而逃，焚烧房屋达四千八百二十余间。潭村有三个年在七十八岁的老翁，亦遭残杀。安邑至沁源一带敌寇所至之地，粮食牲畜，房屋财产焚掠一空。阳城首次陷落，汉奸从中挑拨，被害民众有六七百人。再就近一点时间说：晋南运城附近敌军，在十一月中旬，增加到千余人。有骑兵二百，炮八门，每日派汽车到处抢掠民财，稍不顺意，即大举烧杀。马家窑，邬家窑等人民，流离失所，无家可归。赵城一带，敌寇每日带兵百余名，在靠近铁路线各村庄，稽查户口，乱抓民夫，修筑道路。下纪落村某村长，因为拒绝拉夫，致被敌军将其家产房屋，完全付之一炬。东候村的村长，因没参加会议，致被捆绑入城，百般虐待，去年十一月敌寇入介休，大靳村的财物被烧去三分之二以上。蒲县的敌寇，自去年十一月二十日以来，随时集结整批队伍，大肆烧杀。灵石仁镇等一带村庄尽成焦土。霍县东沟堡，南堡居沟里，严凸等处，亦遍地瓦砾，其他各地无不相继悉遭浩劫，被杀者四百余名，受难者在五千人以上，啼饥号寒之声，惨不忍闻。同月，祁县城内的敌军到距城七八十里的祁城村，包围村公所，绑去我爱国青年十余人，焚烧房屋十余处。晋南曲沃县的南樊镇，因为不受敌寇的强征暴敛，并有红枪会起来自卫，敌寇即开来百余人，用炮轰击该镇，全村被毁、死难同胞有一百四十余人。霍县敌寇于去年十一月底，在东山一带大举清乡，附近村庄被烧去大半。青年壮丁被认为稍有“抗日”嫌疑者，即被杀戮。仅贾村一小村被刺杀者，即有二十四人之多，粮食什物亦被劫掠搬运入城。敌寇此次西犯吉县，所经之地，庐舍为墟，窑洞之门窗箱柜，亦被焚毁净尽。吉县、永和、大宁、石楼等县城已无一完整房屋，到处断垣颓壁，惨不忍睹。总计敌军在吉县屠杀我同胞百零三人，俘六人，焚烧房屋八百一十余间，杀死牛九十六头、马八匹、骡二十七头、驴一百八十五头、猪三十一口、羊四百四十余只。其他鸡狗等物亦无一幸免。

日寇身上大都带有“发火剂”烧杀劫掠是敌寇一贯的兽行。

无人性的奸淫屠杀

第七，敌寇在中国的奸淫屠杀，是日本法西斯野兽完全失掉人性的表现。朔县日寇时时强迫妇女作裸体舞，逼令父女母子行淫。在他们进行奸淫时，强迫她们的父兄叔伯在旁参观。这种残酷的非人行为，实在是给我们一种侮辱上加侮辱。想不到在这二十世纪的文明时代，竟有这样的野蛮强盗出现。这也可以说是世界所有文明国家的耻辱。代县五龙村，父送其女到婆家，在车站附近逢到三个敌寇，强行轮奸，父跪哀求，反被杀害，事后还把女的双脚割去。晋西一带，无论老幼妇女，如遇敌寇即难幸免，还有奸后被杀，抛弃在街头，甚至用木削插入下体者，这能够说是人类做的事吗！文水东社镇，日寇迫令年已八十岁的老妪，裸体游行，他们围在左右鼓掌大笑。在大岩头一个土窑里，十余妇女被轮奸后，全被刺死，内有十岁多的幼女亦被裸体屠杀。交城一带，日寇向各村强索姑娘，送到临汾等县做妓女。汾阳、离石等县，也普遍开设妓院，强抓良家妇女为娼。石楼县三个六十多岁的老妇，亦被日寇奸后杀害，赤裸的尸体，抛弃在路旁。大宁妇女被蹂躏的有三十九人。乡宁敌寇将岭南石河二村，逃在地窑里的妇女四十余人抓到城里任意糟踏。辽县有一妇女被轮奸而死。河津日寇将一死去妇女死尸，从棺材内曳出玩弄以取乐。洪洞侯家堡日寇从一个破窑内搜出母女三十余人全被奸污，有一比较年青妇女被轮奸达五小时之久。赵城日寇到附近各村，沿家搜索妇女，有一蒋姓妇女，被日寇奸后，割其阴部，不死不活，状极悲惨！晋东襄垣被日寇奸污的妇女有三百多人。武乡妇女，被轮奸而死的四十多人。沁水驻过日寇的村庄，村民都说“日本鬼子一看见女子，就大呼‘赛姑，赛姑’，接着就被掳去。”目前敌寇侵入稷山，人民大多逃避，如有因藏躲不及，或逃避途中被敌发现的妇女，无一不被其奸污。而且敌寇对已婚妇女，经奸淫后，多被弃置或杀死。未婚姑娘被蹂躏之后，则强作军妓，闻稷山一处被掳去的妇女即有十九人。此次敌人进攻晋东某县，损失甚大，乃迁怒于民。对妇女除奸污外，并给每人白布一条，上写“准作亡国奴”字样，强迫佩在胸前，下体不许着衣，一一送至城内文庙居住，以供敌军兽行，因而迫使很多妇女羞愤自杀。山西敌区各地妇女，被敌寇奸污后自缢者实不可以数计。

野兽似的残虐行为

第八，敌在各占领区域对我同胞极尽残虐之能事。大同附近居民，敌寇宣告照像，村民结成队后，敌寇即用机枪扫射。日寇进入离石时，人民已逃避一空，于是日寇派汉奸四出欺骗，说日寇如何帮助耕种，可以每人赏春耕费三元，然而一到少数民众回来时，即被日寇无论男女一律押起来，关进牲畜栏、马圈、毛厕等地方，每天给些冷水和高粱饭。男的要做苦工，如挑水喂马，女的则要为他们缝纫并供他们践踏。到晚上要点名一次，如少一人则将名册上相连的前后二人杀之。无论白天晚上，都不准说话，这就是敌寇所谓的“连环监督”。有的男的被押到前方为其做工事，修道路，劳病而死的日有所闻。有的女的则被押到前方充当军妓，每日都有因不堪蹂躏，羞愤自杀的。但敌寇监视严密，求死亦多不可能，这是最悲痛的事。敌寇将居民亲眷扣押（如父母子女妻媳）捆绑在一房内，置放柴火于周围，强迫居民为其做侦探，不顺从的就活活烧死，回来报告消息不确实的，也被烧死。敌寇每次这样分别派遣多人出去，他们以多数人讲的“消息”为真实，有时多数人暗中约好谎报给敌寇，而有少数人报告了真实情况反被视为谎报，致遭全家被其烧杀。有的出来被我军捕获，或回去晚了，其全家也就被葬身于火坑。太原日寇逼令往来其机关或住宅的民众停步致敬礼，否则敌寇卫兵可以随便处置。被残打刺杀的日必数起。榆社日寇到处散发“投降票”，说拿这票的人，非但不当作敌人，还要受优待，然而被骗的人一去，不是拉去当兵就是追令作苦工。如认为稍有抗日嫌疑的人，则被杀害。有许多民众被日寇重价招工（如每天可给五角至一元）所骗去作秘密工事（如地下室、阵地、战壕、炮兵阵地等），做完之后，日即全部毒死或枪杀，无一生还。象这样死的，太原即有数千人。原平、朔县一带也很多。他们的爱妻弱子，每日倚门望其夫父做工归来，孰料竟一去不返，伤心之事，莫有过于此者！洪洞日寇不准老百姓私带物件外出，否则遭受毒打。日寇则在各村逐家搜索衣物、任意挥霍粮食，老百姓不敢出一怨言。介休敌军十余名，于去年十一月到北西永村把任培兰的妻子小孩一起掳到义安站去，至今生死不知。十一月底，宁武敌军将民家商店财物用具（衣服桌柜等物），运到朔县一带去拍卖了。敌寇各地所抓民夫，恐其逃跑，乃用汽车送到很远地方，如在宁武、原平一带抓的民夫则送到朔县、榆林；朔县、榆林抓的民夫，则又送到宁武、原平。在宁武段家岭驻有敌军修路民夫四五百人，全是敌寇从忻县崞县岱县抓来的老百姓。敌军里面许多苦力队，还是河南人，他们每天被日寇虐待，过着牛马一样的生活。又，宁武敌军在一个多月以前，派清乡队和一些无耻汉奸，到县城东山骚扰，抢索民间牛、羊、粮食等物,并且扣捕各地工作人员,还规定捕获一个八路军或牺盟工作人员,赏洋五百元。同时,还收买大批汉奸,地痞编成若干小组,每组十人至二十人不等,分发到县城东南二十里的地方,搜刮民间财产。翻箱倒柜,掘地挖墙,无所不用其极。所劫财物全转运到大同等地。朔县井坪一带敌寇强迫壮丁到各地作暗探,于在出发时给每人注射毒针,过期不回,毒针则发作,红肿溃烂,疼痛异常。该处敌军,近日曾召开村长会议,决定每间要出洋二十元,木柴五百斤,小麦草三千斤,限于五日内送城,否则以残杀对待。平鲁敌寇,亦曾召开各伪村长会议,决定:(一)详细报告各村男女人数年岁及房屋、土地、牲畜;(二)限定三日须报告我方军情一次;(三)每村每日须派民夫十人到伪公安局集会,分组保护电线。平遥县有商人十余,集资买白布七十余卷和零星用品多件,雇驮骡二十九头运往县西出卖,到宁固村时被敌寇全数掠夺,商人亦遭扣押,多般虐待迄今尚来释放。介休县义安村借举行运动大会把三十多个村庄的人民诱到一块用大批武装监督,强迫去砍伐树木。原平、朔县的敌寇要每村出民夫七十至一百人,限期把原朔两县间的道路修筑完竣,迟到者处以极刑。忻县敌寇迫令各村砍伐树木以作修筑铁道之用。内有工头郝占山,借此向民众大肆囊括,说是出钱的人可以免伐,然而也被砍去,民众亦不敢出一口大气。该县樊家野场,敌军来时借名检查户口,掳去青年壮丁百余名,至今不知下落。晋南敌军司令部驻运城十五里之曲村,曾强迫民众开会,规定:(一)村中有中国军队时须急速报告,举火示知;(二)逃避的村民迅速回家,如不从令者,即将该村焚烧不留一物。赵城一带敌寇近来实行其所谓

“二里半政治”，规定靠铁路左右二里半的各大小村庄，都要受其指挥，违则以叛徒论，杀无赦。右玉敌寇将许多人民的舌头割去，说是走漏了他的消息。最近敌寇到处冒充我军，到乡村中向农民要给养，如农民拿出来，即证明该农民是同情我国军队的，即被杀戮。敌寇残杀我同胞时，还要他们跪地自说“我是亡国奴”。在敌寇铁蹄之下的许多男女青年，随时遭受敌寇脚踢手打。“亡国奴、狗”，已成为敌寇辱骂我同胞的口头语。这就是血债呀！我们也只有用血来同敌寇清算呵！

**违反国际主义的狂炸与放毒**

第九，敌寇利用飞机，一方面到处散发欺骗传单，说什么“皇军德政”，然而另一方面随着传单下来的，却不是日寇上等的道林纸，而是日寇积人民数十年之血汗，由名古屋等兵工厂制造出来用以屠杀被侵略的善良百姓的大量炸弹。我们只要就去年十一月后半个月及十二月中旬敌寇在山西的狂炸情形，就可见一斑。

十一月十五日晨敌机三架三度飞至偏关、河曲、五寨等地窥察，在老营堡投弹七八枚。廿一日上午九时许敌机二架飞至河曲县城上空投弹五六枚，炸死民众二人，毁房十余间。二十九日上午，敌机三架飞往静乐一带窥察，投弹二十多枚，炸死民众二十余人，毁房三十余间。十二月二日上午九时许，敌机三架，从汾西方面飞来，到吴堡一带侦察，并掷弹多枚，我损失不大。次日午前十时许，河曲上空发现敌机三架，系由绥远方面飞来，盘旋侦察之后掷弹多枚，但均落空地，我无甚损失。又晋西北保德县城，在五日上午有敌机一架，由东面飞来，盘旋数周后，投弹五枚，炸死民众一人。十一日，敌机一架沿黄河一带侦察，在县城投弹二枚，炸死自卫队员一人，炸伤民众三人。同日敌机一架由河津方面飞来，在乡宁、吉县一带侦察后，投弹二枚。又敌机一架于十日午侵入乡宁、吉县境内，侦察后，投弹二枚。十五日上午，有敌机一架至乡宁、吉县一带侦察之后，在山沟内投弹二枚。十九日晨八时，有敌机十架，分两批由太原经娄烦飞往岢岚上空，投弹二十余枚，并低飞用机枪扫射，死平民四人，伤八九人，毁房屋百余间，基督教堂亦被炸毁无余。敌机六架于同月二十四日由午窜飞至大宁县上空，投弹三枚，我无损失。又，同月二十六日上午约十时，有敌机七架，由东飞至吉县上空，五架向北飞去，二架在吉县盘旋侦察之后，在城西关投弹十余枚，炸死民众四人，毛驴一头，毁房屋一间。（二战区政治部宣传课长温健公先生即于这日牺牲。）二十七日，有敌机五架飞至吉县上空投弹多枚，毁民房屋财产无数。同日十一时许，敌机一架由东南飞至吉县西部高祖山一带侦察，投弹二枚。同日早，敌机十余架，飞至吉县城投弹二十多枚，我县政府及邮局亦略有损失。汾西县上空二十八日晨发现敌机五架，投弹狂炸计毁民房十余间，炸死警察数名。

敌寇法西斯军阀，为了要迅速达到吞并中国的日的，竟不惜冒天下之大不韪滥施毒气。在去年六七月里，日寇在第三次"扫荡"晋南的战争中，连续施放毒气三十次以上，并且还用达姆弹作战。敌寇在晋东阳城西北町店、义城激战将败之时，亦不顾国际公法，大量施放毒气。这次敌寇进攻晋西，每股中路均带有大量毒气，在阎王镇、黑龙关、中条山等战斗中，都曾于败退之时大量施放。这也是敌寇非人性的表现。据去年七月份的统计，日寇从同蒲路向临份、运城、安邑、闻喜一带运送的毒弹，达二百六十余大箱，向晋西、中阳、离石等地运送的达一百五十余大箱。九月十七日，敌寇从大同经过朔县向南运送的毒弹，有八卡车。十二月八日敌军进犯晋南石滩和我×部曾遭遇激战终日，于是敌寇派飞机三架，投大量催泪性瓦斯。敌军在太原兵工厂亦大量制造毒气。十一月初，敌派来化学技师二百三十多名，运来毒气原料一千大箱。

敌寇不仅在战斗中用毒气攻击，而且在食物中，在井内到处放毒。晋东南捕获一个汉奸，他就有这样一段口供："日军到长子时，曾给日军找了三个女人作军妓，并在长子游击队自卫队驻扎的地方，放了三次毒，听说毒死抗日战士四名，得了姨夫(汉奸头)洋币三角五分。这次准备到驻军地方去投毒。"朔县、井坪一带，日寇在食盐中放毒，毒死人民数十人。晋西各地先后发现，因抽纸烟，而中毒致死的很多。如哈德门、大豆包、王台山、翠岛牌等纸烟，敌寇均注入慢性毒剂，使中毒者不知不觉的死去。并且有将伤寒病菌投入井中者，致山西各地伤寒传染绵延不绝。盘据夏县以南之敌溃退时，井内均被投毒，食后六七小时，头晕吐泻，十二小时面部发黑，二十四小时即不能行动，因而致死者不知凡几。所以山西的水井现在大都有妇女看守。敌寇还强迫人民注射毒针，大同一县，被敌寇强迫注射哑针者达三千人。太原日寇将男子注射毒针，使其永远不能生殖。正太路沿线之敌，强迫二十岁以上至五十岁以下的男女，一律注射毒针。这类的罪恶行为，在山西有无数的例证。日寇不仅是全中国人民的公敌，而且是全世界人类的公敌。

# 第七部分　摧毁伪政权

“道高一尺，魔高一丈”，这是一句非常有意义的话。山西各方面不断的进步，已成为显著的事实，然而敌伪也正因为这样，所以更加紧在军事上政治上的阴谋活动，如最近所谓对华方针是“一分军事，二分政治”，所谓“二分政治”，就是巩固伪组织，破坏抗日统一战线，尤其是离间国共的合作，敌寇这些阴谋，已经具体在山西实行。山西的最高军政当局对此是清楚认识了的。

**反　对不良倾向**

正当着山西最高军政当局，提出“催毁敌伪政权”的口号时，也曾有些人发生了一些不良倾向。首先，他们以为敌寇只能占据我们一些交通线及交通点，对我广大的农村根本无法统驭。这一个似是而非的论断，是他们完全不知道广大农村人民的保守性、散漫性，以及农民落后的自私性，都有被敌寇暂时笼络的可能，同时，他们把“最后胜利是我们的”，看成一个“宿命”的定理，好似我们可以“睡在床上”等待着胜利的到来。其次是有些人认为汉奸究竟是少数，他们是没有群众的。这是完全忽略了各地方早就存在着一些亲日派和民族失败主义者、地痞流氓、贪污土劣、顽固的官僚政客、落伍军阀，尤忽略了无耻的“托奸”在到处帮助日寇散布破坏统一战线的言论，以及为日寇当密探，为法西斯强盗作鹰犬等。这是一种蒙头瞎脑“自欺欺人”的说法。（三）还有些人以为当前的工作，只是建立新军，扩大游击队，其他如“巩固抗日政权”、“摧毁敌伪政权”，都是不重要的。这种只看到军事的论调，完全不了解巩固抗日政权正是为着加强军事力量，而加强军事力量，也正是为了保护抗日政权的相互关系。尤其不了解敌伪政权扩大的作用与影响。（四）有些人还以为敌寇烧杀掳掠的行为，民众都是知道的，不用我们宣传了。同时还认为敌寇的宣传，也是完全无效用的。这也是一种只看光明没有看到黑暗的论调。他把我们人民的政治觉悟估计得太高，拿他自己的尺度去量一般的人。尤其不懂得宣传的破坏性与战争性。（五）因为要争取一般的“坏官、坏绅、坏人”，于是有些人过于容受和让步了，以致破坏我抗日政权。这是由于他们不了解说服和打击的相互运用，把“争取”看成了“取消”，这是助长了恶势力的凶焰。（六）还有一种人认为我们的军事力量，还没有到与敌寇相持阶段的时期，所以敌伪政权是无法摧毁的，我们的抗日政权是无法巩固的。这是“等待主义”的说法，这是由于不了解我们摧毁敌伪政权，巩固我们抗日政权，正是向敌寇进攻争取抗战的相持阶段和反攻阶段的实现。（七）最后还有一种人把汉奸官僚都看成是“无可救药”的。他们主张用不着费许多功夫去对敌伪宣传，只要我们有了优势的军事力量，就自然把敌伪摧毁，把日寇赶出中国去。这也是一种“纯军事论”的说法。他们把民族革命的进步性与广泛性，完全忘记了。他们不晓得由于敌寇对中国的无情压榨，许多落后分子、封建势力，都有转变到革命路线上的可能。虽说他们在某些方面还赶不上时代，还表现出动摇，然而正义的宣传，大时代的车轮，是可以把它们推进的。只要他们总的方面有了进步，我们就应该很诚恳地与他们结成同盟，忠实地共同为中华民族的解放而奋斗。不可在一些细小的事上去苛责他们，尤其不可把瓦解敌伪军的宣传教育工作，也看成是白费，不耐心的去做，不热诚的去做。以上的那些论调，结果都会减弱我们的力量，都会引起我们政治上的麻木，降低我们政治的警觉性。为了要建立正确的政策，是需要把这些不良的倾向肃清的。山西摧毁敌伪政权的工作，也就是在不断的反对这些不良倾向的斗争中建立起来。

当然山西一些进步的具体事实，如前面所说的政治、军事、经济、民运、文化、教育，改善人民生活，实施民主政治，严饬军风纪律等的进步，已使敌寇陷于泥沼，不能自拔。但山西并不以此为满足，尤其在敌寇不断施行许多“旧阴谋新花样”的时候，在摧毁敌伪政权的工作上，是具体地执行了下列政策的。

确定宣传方针

第一，他们认定宣传工作是最现实的教育工作。就是说，他们不仅在宣传上揭发敌寇的阴谋，暴露敌寇的弱点，增强我们的抗战意志，而且还要明显的纠正我们自己的错误，指出每一具体事实的前途。尤其要把我们在抗战中新生的力量，现实各方面进步的成绩具体的提出来，肃清失败主义的影响，坚定抗战胜利的信心，提高每个人的政治警觉性。

抗战的初期，我们的宣传工作是特别着重于暴露敌寇的暴行。现在，抗战已到了新的阶段，我们已有了许多新的成绩，可以在这些新的成绩中找出我们抗战胜利的铁证，说明失败主义者的理由之无根据。这一个宣传方针的确定，我认为不仅山西应该这样，全中国也应该这样。

武汉放弃以后，不可否认的，山西一些浅见的人们，也曾受到失败主义的影响。由于他们个人生活的日益艰苦,由于敌寇在山西不断的征兵,由于一些根本对抗战就没有信心的人垂头丧气,由于汉奸敌伪的造谣,确有使一些放弃抗战,妥协附逆的可能。在这样的情形下,宣传的任务应该是列举出各方面英勇壮烈的事迹,以鼓舞他们,证明我们已由可怜的挨打转变到坚决的反抗了。应该把我们在敌人后方的军事、政治、经济的一切,生动而真实的告诉他们,使他们不为目前各种坏的影响所迷惑。而且还要使他们清楚地认识自己在抗战中所站的岗位,怎样去做自己应做的工作。现在山西的宣传方针,是根据这些情形,配合当前政治形势来决定的。

加强瓦解敌伪军的宣传工作,也是他们当前最注意的问题。这在前面已经提到过。不过严格说起来,这种工作还作得不够,尤其对敌军的宣传,大概是因为没有日文的印刷,以致许多宣传品不能大量的印发。最近二战区政治部,将有一新的计划,今后对敌伪军的工作,或有一新的开展。当前敌伪军已陷入异常动摇和沮丧,不断的自杀、反战、逃亡、暴动。中央方面应有大规模的筹划,大量供给各战区对敌伪军的宣传品,以补充此工作的不足。

**维护抗日政权**

第二,为了摧毁敌伪政权,首先必须维护我们自己的抗日政权。有了我们自己的抗日政权,才能与敌伪政权对立。使一般民众认识我们自己的政权,围绕在我们自己的政权下,有计划的打击敌伪政权,而不为敌伪政权所动摇。山西对这一工作是坚决的以"不屈不挠"的精神去与敌伪政权斗争着。

在维护抗日政权的号召下，牺盟各级干部曾尽了最大的努力。许多沦陷区域的政权，都是由一些可敬爱的牺盟干部，在千辛万险出生入死的奋斗中直接建立起来的。

前年雁北失陷时旧有的县长纷纷逃跑。牺盟特派员梁雷先生深入敌人后方，发动民众组织游击队，与敌搏战数月，直到把最后一滴血洒在战场上。在右玉也是牺盟的付生麟先生，领导游击队攻入县城，推翻维持会，成立了临时县政府。平定、寿阳、榆次、太谷失陷后，晋东牺盟工作委员会，在王书良、张玉麟诸先生的领导下，发动游击队，恢复了各县区村政权。平遥旧县长做了汉奸，也是由牺盟的余百川、刘亚雄诸先生领导游击队恢复了政权。敌人直下晋南，灵石、霍县、洪洞、赵城失陷后，牺盟的裴丽生、阎秀峰诸先生领导游击队恢复了各县政权。□县、蒲县、大宁失陷后，牺盟洪赵区委会在楼展先生领导下，帮助公署恢复了各县政权。临汾县长，在敌人侵入的三日前即逃至吉县，全县各级政权全被瓦解，牺盟特派员李从文先生多方努力，才恢复了各区公所，后即被委为县长。吴乡县长逃跑，牺盟会在异常艰苦环境中进行反维持会工作。张坚先生还因此而作了壮烈的牺牲。芮城县长，在敌人未到前即离职他往，由牺盟领导自卫队收复该城，逮捕了维持会汉奸分子。翼城未失陷前县长即离职走开，牺盟特派员李丙辰先生在万分紧急时代理县长，以致光荣负伤。河曲县长携款过河，牺盟会在东山成立临时县政府，团结了民众，孤立了维持会。敌寇攻入安邑时，牺盟特派员赵辉女士率领人民武装自卫队不断的战斗，维护了区政权。这些事实足够证明山西对维护抗日政权的重视。同时也证明了在敌人后方建立我们完整的抗日政权，并不是不可能的。在抗战初期，我即主张在任何失陷地方都要保持政权的存在，那怕是设在邻省邻县邻区。就是对东四省，我们也应该这样。如果我们自己把政权抛弃，就会失去抗战的机能，一切的人力、物力、财力，就会被敌寇利用，就会演成我们自相残杀的危险。

山西为了维护抗日政权，除加紧一般的军政民运工作外，更注意：（一）派遣得力干部深入敌人后方，严密组织机动的、适于战斗的游击县政府。这一些县政府必须在任何环境下都能存在，都能支持下去，并且在任何的困难环境下也能有计划的独立工作。（二）县政府的一切设施及行政人员的表现，必须是爱民的，为民的，主张公道的，使人民信赖与依靠。（三）游击县政府必须有相当的地方武装维护自己的政权，阻止敌伪政权及汉奸的活动。（四）我们要针对着敌伪政治活动的方略，揭破敌伪的阴谋，作有效的对抗。（五）调整县政府警卫队、救亡团体及部队的关系，尽量消除磨擦以增效率。（六）用全副的精力，防止人民与伪政权合作，及归向伪组织。（七）选择机动灵敏的忠实干部，到敌伪政权与军队中，作刺探消息及鼓动瓦解哗变等工作。（八）选派忠勇干部潜入敌区秘密组织民众，并不断的发动民众诱杀、袭击、暴动，根本消灭敌伪政治组织。这些工作的主要支持者，仍还是牺盟。

争取全民抗战

第三，为了要能摧毁敌伪政权，首先必须使我们广大的民众，能够进行反日斗争。无论在任何困难的环境下，我们依然要广泛的动员民众，进行武装的、非武装的反日斗争。这是山西摧毁敌伪政权的基本政策。

过去有些人，把富绅、失业公务人员，都看成不革命的，因此打击他们，无意中逼迫他们走向敌人方面去。这是一个严重的错误。现在山西对这个错误，是予以正确的纠正了。因此他们现在特别注意争取富绅及一切知识分子。如：(一)改善人民生活，必须以不使富人挨饿为原则。且必须在富人自愿或经过说服的情况下实行之。(二)执行合理负担，应坚决防止执行成为富户捐。否则会引起富人绝大的反感。(三)应尊重富人绅士中的一切知识分子，作有计划的访问，并维致这些人们到政府及救亡团体中工作。

“争取汉奸反正”当然也是他们最注意的问题之一，因为他们认定我们在“摧毁敌伪政权”的时候，“应当事先防范汉奸，临时争取人不做汉奸，并争取真正的汉奸而为假汉奸。使汉奸愈减少，则于抗战愈有利。即使惩办一真汉奸，亦须抱‘哀矜而勿喜’的态度，叹惜他，可怜他，万不可作出过火的行动，如给他戴上纸帽子游街等等污辱”。基此原则，他们对汉奸的处治是分：(一)对本来并非愿做汉奸的人们，应采争取的态度，透过各种社会关系，感化说服他们，或以书函招致，或使亲友规劝，务期达到争取过来的目的。(二)对这些人的过错，亦应严格指出：参加维持会是不可宽恕的错误，是绝不容许的，应了解维持会的发展，必然会过渡到为敌人所直接统驭。(三)凡表面参加敌伪组织，而实际为我们出力的人，不应当汉奸看待。(四)对甘心附敌，真实做汉奸的分子，应依据惩治条例严厉惩办。

山西的伪军大半是被胁迫而不能脱身的，如敌寇用：(一)监视壮丁家属，强迫壮丁参加敌军，如逃跑则格杀其家属；（二）放纵参加伪军的壮丁，奸淫、掳掠、杀人，以“加深中国人相互间的仇恨，使之不能反正”等方法胁迫他们，实际上许多伪军，虽然一时被胁迫，然而他们的良心并没有死，如有将我被俘的同胞设法释放的，有对我民众讲话，暗嘱国人努力杀敌的，有在前线作战时朝天放枪，甚至乘机跑到我们阵地来的。其他如暗中庇护我们同胞的事实，所在多有。因此“争取伪军”是非常重要的工作。现在山西在摧毁敌伪政权的工作下，同时也就注意到：（一）根据实际情况提出“中国人不打中国人”、“山西人不打山西人”等口号，以瓦解伪军。（二）广泛动员并组织民众及民众团体，教育他们做瓦解伪军的工作，学会如何与伪军接近进行宣传，并教以写标语、贴标语的技术。（三）有计划的派人到伪军中进行工作。这不是简单地为了拖几条枪，主要的在进行抗日的组织工作。选择有利时机，进行民族革命的哗变与暴动。（薄一波先生谈摧毁敌伪政权的基本政策）

**粉碎敌寇的分化政策**

第四，敌寇在山西的分化政策，是无所不至，这在前面已经说了一个大概。仅举两个例子看一看便知道山西是怎样粉碎了敌人的分化政策。

首先，我们看到敌寇用了种种方法，挑拨我内部各民族间的关系，如在北平设立“回教总会”现又在山西设立“回教分会”，并准备将来在甘肃、宁夏设立“回教国”，这是敌寇企图欺骗我回教同胞，以达其各个击破，奴役我中华各民族的目的。但是结果怎样了我们可拿回教有名的领袖之一——山西省回教公会兼回教

俱进会的会长马君图先生的一个电文来说明,就可见一斑:

"上海、汉口、成都、长沙、九江、安庆、开封、西安、广州、泉州、昆明、桂林、兰州、青海、宁夏、迪化、香港各回教公会、回教俱进会公鉴:日寇强暴侵我邦国,凡中华民国人民不分种族、宗教,应一致同仇抗敌。况我回教人民,素称忠义,甲午之役,左宝贵战亡榆关之役,安德香殉国,为我教大增光荣。当此战争吃紧之际,凡我回教,务宜本天经抗战之旨,起而报国或组织义勇队,或成立自卫团,附属国军,随时随地效力,不让左安独美于前。抗日胜利之后,尤宜发扬我教之精神,愿与我教兄共勉之。"这是马君图先生在去年六月致全国回教团体的一个有力的电文。当时宁夏马主席等都曾复电。这是给予了日寇一个响亮的回答。

山西省回民的分布,据前数年的统计,以大同为最多,约六百余户,长治次之,约五百余户,太原、晋城更次之,各约百余户,其他各处则较少,新绛五十余户,右玉,吉县、运城、阳城各三十余户,乡宁、翼城、垣曲、壶关各二十余户,陵川、榆次、阳曲、曲沃、平陆、长子等县各约十余户,屯留、高平、沁水、绛县、襄陵、解县、夏县、永济、河津等县各一户至十户不等。如就全国来说,回民散居各地,约在二千万以上。虽在全中国人口总数中仅占较小的比例,但由于他们有共同的信仰,有独特的生活习惯,所以团结力很强,组织也相当健全,尤其他们素以骑兵的骁勇善战著名。而且由于他们的机动灵活,所以最适合于游击战与运动战。抗战以来,他们迭次在战场上已建立了不少的奇功。现在他们更有进一步的团结,敌寇未能达其分化我同胞的阴谋。如果敌寇要继续向西北进攻,西北的回教同胞,必能给予它一个最大的打击,使它有去路无归路。现在的西北,是有这样一个前途的。

在抗战以前,敌寇土肥原就曾几度来到太原,请马君图先生去大连组织“大回回馆”,然而遭受了马先生的严词拒绝。不可否认的,在抗战以后,也确有一些回教的败类附逆投敌,如张文进在“九一八”以后,就在大连被敌勾引去了,由敌寇拨款二十多万,在沈阳建筑了一座伪清真寺,企图分裂回教与整个中华民族的团结。到抗战以后张文进更大肆活动,竟亲至宁夏游说马主席。被马主席枪决了。无论从那方面的事实,都可证明我国大多数的回民,和回民领袖均是深明大义,绝不会为敌寇利诱、威胁所动摇的。

这也是由于大多数的回民,都清楚地知道他们,“一部回教史,可以说就是为和平的斗争史”。因为“回教”二字,依照亚拉伯文,原是“伊斯兰”一字,其意即为“主张和平教”。这种和平,必须是建立在人类幸福的基础之上的。凡人类的一切不平等的现象,不合理的现象,妨碍和平的现象,都是为回教大众所绝然反对的。在全部世界史中,充满了回教大众此种可歌可泣的事迹,如近东回教国的土耳其,挣脱帝国主义的枷锁,而独立自主。但力斯坦,为谋民族的解放,不断的发生反英暴动。就是佛教国的印度回民也占全国人口五分之二强,而且都是站在民族解放斗争的最前锋。现在中国所有人民,都处在日寇非人性的屠杀下,他们当然更继续他们光辉的历史,与日寇战斗到底。同时他们更清楚地了解,敌寇虽说一方面唱言“不杀回教徒”,然而另一方面敌寇在南京一处,就屠杀了回民一千余人。豫东,宁陵沦陷时，城内未及逃出之平民被日寇屠杀五百余人，其中以回教同胞为最多。去年晋北朔县沦陷时，回教被残杀的，也有阿衡、齐世衡及回民青年吴维新、马君仁等四人。翼城的清真寺，被敌寇二次进攻晋南时烧毁。晋城的崇实中学，是晋南回教的最高学府，经过十九年的惨淡经营和培植，也于去年七月间被敌寇烧毁，损失七万以上。同时，该校校役二人和该县清真寺阿衡申、世明、寺师、付步零等四人，因不及逃走全遭日寇惨杀。伪善的假面具，已给敌寇自己粉碎了，所以回教大众也是绝不会为敌寇所欺骗的。

现在的事实已经表明在敌寇的面前，“山西的回民抗日救国会”是配合着山西的抗战形势与需要而产生的。目的系在团结全省回民，在民族革命的统一战线下，参加抗战建国工作，并联合全国回民，一致动员驱逐日寇，争取最后胜利，它比一般的组织是有更积极的意义与作用的。会员都是思想纯洁，最有坚决抗日意志的回民，已有×千多人，长治和晋城有两个分会。自从去年五月成立以来，虽然不敢说已有很大的成绩，但对动员回教参加抗战确已尽了不少的努力。最显著的是义勇队的成立，现在已有长治、晋城等×个分队，此外为了培植干部还成立了一个干部训练班。晋城的义勇队，并且已经同敌人作过了一次小小的战斗，缴获了敌人的炮弹三颗，日本旗一面。（见阵中日报《马君图先生访问记》）敌寇费尽心思所进行的分化政策，现在只是更显现其“心劳日拙”而已。

“宗教问题与少数民族问题”的确是两个很重要的问题，我们在这全民抗战的号召下，应该清楚了解这两个问题的特殊性，应该诚恳的尊重他们的风俗、习惯、文化、组织,并坚决拥护“信教自由”、“各民族一律平等”的原则,以团结中华所有宗教、所有民族共同为人类和民族的解放而奋斗。现在山西是注意到这个问题了。

其次是山西敌寇利用“红学会”来号召的“红枪会”,这也是敌寇企图分化我农民旧有武装组织的主要阴谋之一。不可否认的,由于我们过去对“红枪会”的处置不适当,也可以说完全没有注意到这个问题,以致有许多红枪会员的确被敌欺骗去了。如□县、蒲县的红枪会,曾发生“反对合理负担”的事,闻喜县的红枪会也曾发生过拒绝我游击队入村的事。但是这些危机刚一出现,一方面由于敌寇到处的烧杀掳掠,一方面由于山西民运团体的努力争取,很快的就急转直下的得到改变了。

山西红枪会的开展,虽说敌寇力想抓在他的卵翼下来扶植,虽说敌寇要求与他们订立“互不侵犯”的条约,但是实际上他们的开展,正是由于日寇到处烧杀掠夺,激起农民不能不起来自卫的一种结果。因为这样,所以现在红枪会的本身,虽说还带着浓厚的迷信,还缺乏国家民族的观念,但从他们自卫一点来说,已是具有充分抗战性的团体了。如果我们加以政治上的领导,他们可以随着时代进步,他们的发展无疑的将成为我全国抗战中一支雄厚的力量。

因为山西的民运工作者,尤其支持山西民运工作的牺盟会深刻的了解:无论“红枪会”、“红学会”这一类的团体是怎样迷信,怎样顽固守旧,红枪会的领导者中间有没有存着部分野心的分子,想以这个来达到他自己的目的;无论他们现在是否了解我们,甚至对我们采取敌对的行为,我们都不应放松这一工作,我们仍然要加紧进行对这些组织的领导。我们的目的与方针,就是要善意的说服他们,把他们领导到抗日的路子上来。只要他们走进了抗战的路子,是可以克服他们本身的许多弱点,可以使他们相信我们和我们密切的合作,可以把野心分子暴露出来,使这些野心分子不能容身。同时使他们清楚的认识到我们对红枪会,红学会这一类的组织是扶助的。我们从政治上领导他们,提高他们的民族意识,激发他们对敌人的仇恨,并且应该处处表现我们光明磊落的态度,任何企图将他们收编或希图其中的个别分子跑到我们的游击队中,因而发生许多磨擦,以至于使这一类的组织和我们处于对立的地位,这只能是一种“近视”和“愚蠢”的方法,都是有害的。同样的,我们要纠正打击红枪会的迷信活动和不尊重他们的习惯的做法。否则会引起他们的不满,发生不良的恶果。我们必须尊重他们的习惯,深入到他们当中施行宣传教育工作,使之逐渐克服迷信思想。只要他们坚决的站在抗战的立场上,英勇的与日寇作战,迷信还是一个次要的问题。山西对红枪会的工作是具体的执行了:(一)各民众救亡团体,与地方武装,(如游击队自卫队等)应派代表与红枪会一类的组织接洽,表示亲密,与他们合作,并且与他们讨论如何防止敌人的进攻,如何保卫自己的家乡,配合他们去打击敌人,处处站在扶助他们的立场上,使他们相信我们是不妨碍他们的,而是协助他们的,过去存在的磨擦,也就容易消失了。凡是会妨碍双方关系的行动,应即加以纠正。(二)利用各种便利,向红枪会会员进行宣传教育工作,提高他们的民族意识,指出他们的出路。还要联系到日寇在各地的兽行,以加强他们对日寇的仇恨。所有红枪会会员多半是一些没有脱离生产的农民,我们的军队及救亡团体,应当帮助他们耕种或收获,以建立更密切的关系。随时教育他们,争取他们。(三)揭破汉奸的挑拨阴谋,同时对于有些富裕农民利用红枪会为工具,反对合理负担行为,我们也应当随时加以教育。目前,山西的人民在抗战中的一切负担已经减轻了,杂税早已由绥、省两署通令取消了。为了真正实行“有钱的出钱,钱多的多出,大家出力”,才实行“县村合理负担办法”,这是很公道的。反对合理负担,是没有理由的。同时,应根据最近颁布的“抗战时期经济政策实施方案”去办,以免紊乱。(四)派遣适当干部,深入到红枪会的内部,去领导他们参加抗战。一方面要联络其领袖分子,另一方面要加强对其下层分子的教育,同时要尊重红枪会内部一切习惯,以免引起反感。(五)为了有计划的进行红枪会的工作,各民众团体与军队政治处,应组织红枪会工作委员会,专门讨论和研究这一工作的具体方法。这一正确政策的执行,无疑的是收到了很大的效果。

现在山西的红枪会,虽说在某些部分还与敌人保持着若即若离的状态,但大部分已走向我们方面来了。最近各地红枪会已有同敌寇英勇作战者,他们的领袖也有壮烈的牺牲者。同时许多红枪会已设有我们的指导员,仿效自卫队的组织,开始了军事政治的训练。我们的工作员,在他们中间也很能得到信仰。这就说明山西的红枪会现已逐渐走到正确的抗战路线上来了。敌寇扶植中国各种迷信团体,各种封建组织的结果,只是他自掘坟墓而已。

瓦解敌伪军

第五、山西瓦解敌伪军的工作。现在我仅举一些实际的效果,来证明这一工作的成绩。

这一工作成绩的主要表现,就在敌军厌战反战及伪军反正的情形上。今年一月中旬大同敌军士兵,因厌战自杀者十余人,其遗书中多云中国地广人多,纵将本国所有壮丁完全牺牲,亦绝难征服中国。晋北敌军多就地画一半圆圈及圆圈,渠立于圈内对民众作种种手势,痛哭不已,意谓华人尚有生路可走,渠则已处绝境。敌军官对此情形甚为焦虑。晋南敌士兵因思归不得,厌战情绪日益剧烈,敌寇当局恐长此以往酿成巨变,特将四十岁以上之老兵,一律送回国内,用以示惠。但敌部对内的厌战情绪并不因此减低。宁武方面敌军,因奉到命令战死中国,不准回国,官兵厌战情绪更加严重,一月十三日竟有官兵十六人自杀。一月十二日晚,洪洞城内敌兵七名,在小关帝庙内聚首诉苦,最后均自缢而死。晋北新开来之敌兵,对我民众谈敌国内征兵极为困难,士兵家属因悲痛自杀者甚多,最后并泣云:“死亦难返故园矣”。前驻并山岗师团长,于调平后自杀,原因不明。又一月十三日,有敌士兵五人至太原东门外自杀,遗书极端厌战。晋南敌军厌战空气益趋激烈,近常发现敌官兵于读其本国报纸时,辄奋然撕碎,掷诸路侧,其愤慨之情,可见一斑。临汾西蒙一中队长,于一月八日在该村庙内切腹自杀,遗书谓“自被征来华后,父母均忧死,近读家报知妻子复穷苦无以为生,以故思乡厌战决心自杀”。敌驻侯马二十师团中队长绢川贞夫,接国内来信,得知伊之妻于去年十二月因冻馁忧伤死亡,当即放声大哭,并大骂军阀,自杀身死。该师团官兵睹状,深为感伤,故秘密反战组织益为活动。敌寇驻晋军队中，各种左倾组织甚多，并发展甚速，有名青年党之团体，内部组织颇为秘密，常获左倾传单甚多，甚至有拥护中国抗战标语。闻该党在浥虹口设一支部，领导人为一青年军人云。兑九峪之敌自动撤退后，发现反战宣传品甚多，署名“东京大坂，久留米京都师团及满洲军政部内派遣士兵反战同盟”。平遥城内敌士兵十人，因愤其官长虐待，竟向我军携械投诚。日来包头敌军中反战空气益烈，军心极为动摇，敌寇当局为缓和军心起见，近特借种种题目大肆宣传和平，沿街张贴和平标语，并派员在军中抚慰，以不久即将停战等言词，欺骗士兵，其恐惶之状可想而知。晋中一敌兵日记中亦写有“山田中尉那天对我说，驻华各地日军，各地均有枪杀官长的事件发生，这或许也是他们思乡厌战的暴动吧？但是想不到那山田中尉昨天竟因有反战活动被枪决了”。至于伪军反正更是层见叠出，绥远伪军于志谦部，屡次犯我安固边境防地失败后，敌方以于部损失甚重，特赏二万元。于逆爱财如命，将款完全吞蚀，致引起其部下不满，一月初纷纷哗变，并有两团向我自卫军投诚。永济伪自卫队长某某现已觉悟率部反正，于一月二十二日，率部五百余人，在光华镇一带经我某部收编，并扣押日人及汉奸甚多。伪皇协军金善修，杨绍荣两部乘敌不备，于一月二十日前后在道口一带反正，毙敌百余，伤敌数百，获坦克车三辆，大炮六门，开至某地后经我改编。灵邱伪警官兵因不堪暴敌压迫，于一月十三日宣布反正，加入我某部队。临汾东车站驻有伪军三百余，一月十八日，敌令开浮山，该部于到浮山后，即全部反正，向我某军投诚为国效命。绥远伪蒙军内部发生激烈变化，于逆志谦部及到逆虎慎部均于二月中哗变，向武川逃去。傀儡德王，为防止昕部反正，下令伪蒙各部一律撤驻蒙旗境内。包头敌伪军，自新成一役惨败后，士兵苦闷厌战情绪日益加增，连袂自杀者日有所闻。仅就我在山西一月份所知道的敌伪军厌战、反战、反正的例子，即有如此之多。这是"皇军"溃灭的前夕。现在我们要把握着这一客观事实，在政治上来瓦解敌伪军，加速其死亡，这不仅山西应该如此，全国各战区也应该如此。真正中日战争的和平解决，也只有日本士兵弟兄觉悟过来，与中国人民共同携手，消灭他们的法西斯政权，铲除他们那些制造战争，摧毁人类的法西斯军阀，才有可能。现在山西已象征着这样一个前途，已呈现着这样一些曙光了。

**英勇的反抗**

最后我们还要说明山西在摧毁伪政权的艰苦奋斗中，曾发生许多英勇壮烈的事迹。如介休公牺联工委员会的杨凤鸣、郑永元、宋益工三人，于去年十一月八日，在龙岗村一带视察工作，被敌寇抓去，后经各种恐吓，百般拷打，终不稍有屈服，杨凤鸣被敌将双眼挖去，郑永元更大声喊着"我是抗日分子，你们这些强盗们，要杀就杀，黄帝子孙绝不屈服"等语。于十七日，三人同遭残杀，临死时郑永元还大呼"誓死不作亡国奴，铲除汉奸卖国贼，中华民族解放万岁！"朔县保安队士兵李海生，被日寇捕获后，竭力反抗，至死不屈大骂日本强盗不止，日寇用铡刀铡为两段，并将尸体分钉城墙以示暴行。七十一师的一个传令兵叫靳勤书（刚二十岁）冒险通过敌寇驻村，遇敌追击，他首先把公文用嘴嚼烂毁没了，然后拿出手枪抵抗，枪弹打完，以致一直用最后一颗手榴弹而同归于尽。他一个人打死了十八个敌人，这种英勇的情形，即无人性的敌寇官兵，亦不能不表示敬仰。此次敌寇进攻晋西，在赵城汾西一带，加紧修筑道路，这些地方的人民大都迁移到我政权区域内居住。南石明村人民，曾把敌人修路器具暗中埋藏，并且又会同便衣队打死敌人十几个，但是敌寇便把这村完全烧毁了，所以我们现在的游击队，尽可能避免在村内打击敌人，这也是一个军事服从政治的道理，赵城瓦窑头村村民叫郭俊杰，他爱国心切，敌寇侵占县城时，他的两个儿子寿山和寿海都参加了决死队。去年十一月，寿山奉命回家刺探日寇军情，这时郭俊杰也为了知道敌情，帮助我军，所以担任该村伪村长，后来寿山又加入敌寇的新民学校内，随时向我军报告消息，郭俊杰被一汉奸告密，以至他们父子同时被敌扣押，百般拷打，直至将牙发拔尽，铁烫火烧，然而郭家父子身可碎头可断，而志不可屈，不但不肯吐露半个实字，而且只要未断最后一口气，他们仍大骂贼寇不止。临汾刘村村民任天喜，因痛恨敌寇，竟怀炸弹二枚，孤身截击敌寇于路途，打死敌寇六人。薄县一个年近八十的老太太，敌寇来时，因不及逃避，乃于招待敌寇之后，偷跑到我们游击队的地方，报告敌军情形，以致给敌寇以严重打击。日寇犯离石小东川时，强迫村民贺业中引路，企图袭击我军。贺氏乃将计就计，引敌入我军控制地带内，敌寇发觉时，已被我军包围，彼时贺氏乃于大笑声中以身殉国，其视死如归之精神，敌寇为之震惊。绛县乔野村去年被敌寇占领，驻敌军约一百二十余人，奸淫掳掠无所不为，村民痛恨异常，乃相约于二月二十六日武装反抗，届时并取得牺公会及十五军配合，当夜由村民设计毒死敌兵一部分，其余一部分由我军里应外合，完全击毙，计获步枪四十余支，战马四匹，军用品无数。战斗中民众奋勇杀敌，有一青年手刃敌人七个。同蒲路安邑段的两个乡村妇女，以假殷勤诱惑敌人，结果用剪刀刺死敌二名。又有一家村民，被敌寇侮辱不堪，乃诱一敌寇进入室内，由儿媳将敌寇腰身抱紧，其父用斧头将敌寇打得脑浆迸出。诸如此类的壮烈事迹，在山西可以说各地均有，到处传闻，这深刻的表现出中华民族的优秀儿女，绝不会在敌寇狰狞面目前屈服，敌寇残暴行为，只是更激起他们的反抗！山西在今天，只是依靠着“不死的人心”就粉碎敌伪一切阴谋，摧毁敌伪无耻政权。只要我们能够把握这些客观环境，就不会发生悲观的影子。

**团结第一**

其他如巩固统一战线，调整各个方面的关系，任何问题的发生，都须本着“民族至上”，“国家至上”的原则，只准有“公的争执”，不准有“私的恩怨”，就是公的争执，也不许超过一定的限度，绝不容一个固执负气，致予敌寇以挑拨离间机会。这些加强自己团结的办法，也是山西粉碎敌寇一切阴谋，摧毁敌伪政权一个主要的法宝。在我们争取抗战第二阶段的到来，以及尽力缩短第二阶段抗战过程的今天，我认为我们应该接受这些血的教训。

**民众要紧**

前年我在汉口，就提出我们的抗战，不仅与敌寇在军事上争某一据点，某一城市，某一要塞，不仅是为了收复失地，而要深切注意到，我们要在政治上同敌寇争取我们每一个人民不作汉奸，不直接间接的被敌寇利用，不为敌寇任何威胁利诱所动摇，并动员每个人民都直接间接，参加到我们的抗战工作中来。因为只要人民是我们的，失地是可以收复的，日本强盗是绝对可以赶出中国去的，新中国是可以建立起来的。现在事实更摆在我们面前，这已不是一个问题的提出，而是一个问题的解决。根据山西的教训，我们应该明白地强调这一点。

一切抗战的工作和成就，都是要建筑在民众的基础上；没有民众，一切计划就不能实现，一切工作也无法展开。

## 第八部分　一些零碎的观感

山西在抗战的艰苦奋斗中，能够获得今天这样一些进步，绝不是偶然的，他们在每一抗战阶段的过程中，都得到很多的经验和教训。可以说他们的进步，就是由于接受了这些经验和教训。

在前每一个问题中，都可看到山西的许多特殊性，当然也有许多共同性，同时在每一个问题里面，都可看出他发展的根源和趋势，以及它在过程中所遇到的困难，和那些困难的解决。虽说山西仅是全中国的一个局部，然而我们也就可以从这一局部中，看出全部的象征，找出中华民族远大的前程。

为了能够更具体地了解山西的发展过程，最后还可以把上面所未提到的问题特别提出下列几点。

**几个特点**

首先我们看到山西新近的军政高级将领，大都是年青而朴素的。本来生活朴素，是山西一般的特点，现在山西许多的军政高级将领，无论生活起居，仍能把这一特点保持着，许多负重要责任的军政人员，都是生气勃勃的青年。其次是他们上下生活的一致。无论服装饮食动作，一个高级长官同他的勤务员，都好似没有多大区别，尤其是在政治部和决死队等处，更表现亲切。这个问题看起来好似很简单，其实很不容易做到，但是要想上下没有隔膜，团结一致，这个问题是相当重要的。再其次是他们埋头苦干的作风。这或许在某些方面，因为他们过于只管自己苦干，对外宣传不能不有些忽略，以致外间对他们工作不了解，反而表现出是一个缺点。但是他们一贯埋头苦干的精神，我们是不能抹杀的。这也是因为他们都忙于实在的工作，再也没有时间来向外宣传了。他们有许多口号，都是针对着山西的情形提出的，都是“山西化”了的，所以有许多东西，对外宣传，很难得到一般人的了解，这当然也是山西对外宣传不够的一个原因。然而这与有些人一件事还没有开始做，就在外面大吹大擂，比较起来，我们又不能不承认，这恰是山西特点之一。最后我们还要特别提出，山西主要的特点是，“知错改错”，他们常说：真理只有一个，如果是合乎真理的一件事，或一句话，别人做得，或说得，我们也做得，或说得，如果不合真理的一件事，或一句话，别人做了或说了，我们就不要再去做，或再去说，就是说我们不要“因人废言”，“因人废事”也不可。“盲目效颦”、“前车不鉴”。对，是成功的保障，错，是失败的因素，谁对谁成功，谁错谁失败，此为成功必然律。竖观古今，横法中外，以往的成败未有出此律之外者。我们抗战欲成功，必须集体受此律，固执错误自己失败，袒护他人错误，即是助长他人失败，并是使抗战失败，陷国家民族于万劫不复，非特不当且应不忍。同时，有了错误，本身就是一个错误，如知道了错误而又不改，则是更加上一个错误，这就成错误上再加错误。双重的错误是不可宽恕的错误了。他们为了整理军队,曾于第一期晋绥军官训练团,由学员提出改良军队的问题六十三则,对过去军队中间的一切弊端恶习和困难之点,无不一一揭发。于此也就可见他们"检讨错误,认识错误,改正错误",已是他们上下共同希望遵守的信条了。我想天下万恶的事,都是由于固执错误,袒护错误而来的。汪精卫的叛党卖国就是如此。

**几个缺点**

第二,"承认错误,不仅不是给敌人攻击的机会,而恰是加强自己,"所以我们对山西现存的缺点,也应该明白指出。当然指出得正确与否,那又是另一问题。我所看到的,大都是局部的问题,而不是全盘的。

据我所感到的,山西现存的缺点,似乎还有这样一些:(一)工作不集中。在某些工作方面,无论在干部的调派上,工作的执行上,都还不够集中划一,甚至在某些小的地方还表现出步调不一致的现象,影响了工作的进度,使工作的发展不平衡。其次是在文化教育方面,山西的工作队,工作团,以及其他戏剧团体,都相当的多,但是领导不集中,没有一个通盘的计划,以致工作力量分散,不能收到分工合作之效,甚至有的领导人根本不能顾及,致使他们根本失去领导,不知道怎样去找工作,和作些什么工作。当然,我们不是"平均主义"者,我们不反对多方面发展,但为了事半功倍,多方面的全部计划也是需要的。(二)"家长制"还在某些部分存在着。本来这个问题,山西自有其历史根源,但自抗战以后,因为工作复杂万端,绝非一个人的精力所能计及,所以已经确定各部职权范围,逐渐消除了这个弊端。不过积习甚深,所以在某些部分还不能完全改变,以致一切工作,甚至许多小问题，仍须要最高负责人解决，直接执行人缺乏在不妨碍总的原则下去执行的机动性，所以有些工作，表现得不够紧张，没有放手去做。有些问题，下面的人只是惟命是听，不加深刻研究，不能善于发挥，甚至根本不动脑筋，盲从附和。这不能不说是一个缺陷。(三)工作计划性不够，而且执行计划也不够坚决，这是主要的缺点。我在山西有些地方看到他们的工作能力都相当的强，但他们工作的表现，并没有达到他能力所应有的成绩。我研究其原因，主要的，就是缺乏整个的由近及远由小及大的一贯计划，好似一切工作都是在临时应付，临时抓来，以致不能很有成效的去开展工作。当然，计划不是机械的，要能配合时间空间，随时布置，随时检讨，随时改正。总的计划中，必须有个别的灵活性。因为对计划的执行不够坚决，所以对有些工作开始时非常热烈，时间一长，便松懈下去。军队政治工作，不能贯彻原有计划，“民大”不能完全依照创立纲领实施，以及有许多工作不够勇往迈进，畏首畏尾，摇摆不定。这都是由于计划的坚定性不够。(四)工作联系性不够。山西的工作常常表现出，只有纵的关系，缺乏横的关系，这也可以说是缺乏整个计划性的表现。如政治部、民革室、文化抗敌协会，他们的工作彼此间——我就认为缺乏联系。文协的民草社同政治部的通讯股，在工作上本来就是有联系的，但在实际上，相互关照却很少。尤其代表二战区报导消息的《阵中月报》，应该与各方面的关系都很密切，然而实际上却不尽然。各方面也很不注意对这一报纸的改进，有时他们标题如发生了错误，看出来的人，也不过说说而已。再也没有那一部分来正确的研究一下切实加以纠正，这不能不说是联系性不够的表现。一般说来，山西的工作是个别工作表现好，集体工作表现不够，这或许是因为山西组织力量，还不很坚强的缘故。此外山西一般工作的发展很快，但巩固还不够，如农救会员很多，但能过组织生活的还很少，这也可以说是今天的一个缺点。这些缺点，我听说在晋东南和晋东北就很少了。最近山西将召开各部高级干部会议，我想这一些缺点，必能在这个会议中，有一正确的检讨和改正。

总之，山西今天的缺点，也正如他们自己所说的"决定目标易，寻着途径难，寻着途径易，继续迈进难"。希望山西军政当局能够跟着现在已有的途径，毫不犹豫的勇往迈进。

**一些教训**

第三，说到山西在抗战过程中的一些教训，首先我们就要了解山西抗战开始时，所犯的错误是"左""右"都有的。这个问题，可以用薄一波先生的几篇文章来说明：

"我们有些工作人员，在执行减租减息的法令时，有的把人家的契约根本烧毁了（武乡），在执行合理负担时，有的甚至用空枪恐吓（武乡），有的简直不按规矩，近乎勒索（襄垣）；有的将一切摊派，都认为是合理负担（辽县）；再还有些友军，简直不能保持其为军队的立场，对政治的系统毫不考虑，将县长（黎城）与差务处长（沁源）都随便扣押起来。在动员民众参加自卫队、游击队时，还有按闾抽调二人办法（黎城、囊垣、沁州……等），纯粹违反了自动自愿的原则"。"我们应该严格的指出：（一）在今天全民抗战的时候，必须要站在统一战线的原则上，争取一切可能抗战的人们，到抗战方面来。上述一切'左倾'幼稚的行为，均足以妨碍统一战线，（二）有些事情完全出乎范围，不应该作的，那是农民意识的报复行为，是一种无赖的表现，（三）随意破坏政治系统，会造成最恶劣的结果，使统一战线归于破裂。”“反对‘左倾’的幼稚行动，首先我要说到我们在农民运动上的一些错误，在这方面，我们犯的错误，算是最多了。在认识上，我们有些同志，把它看成一种单纯的政治运动（如以为农会的性质简单的是抗日），即忽视了它的经济斗争的意义。也有些同志，把它看成一种纯经济性质的解放运动（如认为农会主要是为了经济斗争而设），而忽视了目前抗日的主要的政治内容。正确的说，农民运动在今天，其主要形式是民族解放运动，但是必须要估计到它本身生活改善的斗争。所以农民运动应该表现为：减租减息的斗争，反对坏官坏绅的斗争，反对村长等渔利压迫的斗争，争取免除一切捐税的斗争，争取真正合理负担的执行，争取永佃权的斗争，直至组织自卫队、游击队，争取人民武装铲除汉奸参加抗日的游击战争，最后争取建立真正的人民民主抗日政权，这些工作要配合起来执行才行。”“在工作方式上，我们的同志也犯了不少的错误。一般的说来，都不愿进行艰苦持久的方式（右倾），而要一个干脆的方式（左倾）。明明了解农民的报复主义是不对的，但我们同志并不想办法教育他们，说服他们（左倾），反而适应他们的要求，以乘快于一时（左倾）。类如交口（沁源）工作班，不经过政府许可，就在农民大会上作出决议，立即枪决了一个人，某些同志常常适应农民报复主义的要求，而随意逮捕毒打罚款，以致生出许多纠纷来。我们应当坚决的领导群众的每一个斗争，那怕是很小的斗争，但对农民的报复主义，应进行艰苦的教育说服，不应助长它！”“在对政权的运用上，我们的口号应该是‘改造政治机构’。对目前的政治机构不是推翻，也不是原封原样的保存下去，所以改造目前的政治机构是最正确的口号。可是我们的同志，对此了解的也是不够的，类如目前的政治机构，一般的说来，还在不能担负动员工作的豪绅手里边掌握着，而我们作农会工作的同志认为改造无望，就放弃了艰苦的不屈不挠的改造政治机构的斗争（右倾），而把农会做到一个否认现政权或代替现政权的地步（左倾），这也是不妥的。我们认为农会一定要进行改造现政治机构的斗争，使之民主化，能担负起抗战动员的工作来，而不应简单的否认或代替现政权。”“我还要检讨一下，我们在帮助执行合理负担与铲除坏官坏绅坏人的工作上，所犯的一些错误……普遍的说来，作这些工作并没有广泛动员的群众来作（右倾），我们都自己出马来代替了群众，表现为离开群众的先锋主义（左倾），群众的积极性没有激发起来，而一般豪绅对我们起了相当的反感，这是值得注意的……我们在制裁坏官坏绅坏人的时候，太不策略了。我们在这方面差不多没有作任何的政治工作，而只是简单的惩办、处罚，使得一般的坏官坏绅坏人，对我们都怀恨在心，是的，对坏官坏绅坏人我们应该不客气的去制裁，可是在今天，也应该做一些政治工作。我们知道这些坏官坏绅坏人，将来都有可能成为汉奸维持会的支持人，我们迫之太甚，就加快了这一过程。当然这并不是以后我们不用作这工作了，而是说要从政治工作入手。‘争取他们不作汉奸’，在目前依然是我们一个重要工作。”（我们的错误是“左”右都有的。）

从这几段文字中，就可以深刻的看到他们在工作开始时期，的确有不少的错误。然而由于他们坦白的承认错误，坚决的改正错误，他们把这些错误问题由下而上的反映出来，又由上而下的交与各级组织讨论，然后总合各方面意见，具体提出改正的办法。这样不断的检讨纠正，所以他们仍能在错误中间成长起来，到现在，这样的错误是很少发生了。

山西抗战已往的全部过程，很显明的表现出一定的起伏性。从山西抗战工作的开展来说，经历了：(一)从“七七”事变到太原失守，(二)太原沦陷到临汾失守，(三)临汾失守到现在的三个阶段。我们在每一个阶段中都可看出一些特点：如在第一阶段里，大部工作都集中在号召民众支持前方抗战上。七月十二日牺盟会发动白万铜元签名募捐运动，在很短的时间内，太原及各县都有惊人的成绩。接着，八月五号又号召当志愿兵，成立了少年先锋队。大同失陷后牺盟于九月二十五日召开全省代表大会，决死队及各级动员实施委员会也相继成立。牺盟中心区，也跟着事实的需要，扩大成立多数县的领导机关。这时期的成绩，可以说由零零碎碎的号召走到组织民众、武装民众和初步的改革政治机构。不能适应于抗战的组织和官僚，都逐渐转化和淘汰。同时在敌人后方做工作也有了初步的尝试。第二阶段，虽然一方面有民族革命十大纲领的公布，农救、自卫队以及许多群众组织的一切工作都转入到实际，都有划阶段的成绩，但另一方面，山西自十一月八号太原失守，许多没有正确认识的人，纷纷渡河逃跑，政权也陷于混乱，旧的军队溃散很多，新的军队，还没有战斗的经验。不可否认的，这一阶段确是山西抗战最困难的阶段。然而新生力量的基础，也就在这阶段奠定了。到了第三阶段，无论军事、政治、民运都在敌人后方飞跃的进步,已失去的政权逐渐恢复,溃散的军队很快的就得到补充。游击队普遍的开展,游击根据地也建立并逐步巩固起来,汉奸维持会,不但不能随着敌寇占领地的扩大而扩大,反而在我民运工作的推动下日趋没落。在任何方面都已看出我们日益向上,敌寇日益向下的趋势。山西抗战胜利的信心,也就在这阶段里更为坚定了。但是敌寇于极端暴行之后,在这阶段里也想施行一些"怀柔政策",于是我们同敌寇政治上的斗争,更是具体表现在形式上了(当然不是把军事和政治机械的分开,这仅是就形式上说)。不过历史的发展已经告诉我们,中国抗战的前途,是可以随着这向上的形势,怒潮般的发展下去的。两年来抗战的结果,我们失去了什么?"二千年大一统的遗毒"而已。

在军队政治工作中,虽然在开始时表现出一些磨擦,但从决死队来证明,政治领导军事,是组织抗日革命军的重要条件。只有强有力的政治领导才能使抗日军队走上政治化。同时必须尊重军官,拥护革命的军官,反对不信任旧军官、轻视旧军官的幼稚倾向。但对一切军阀思想,升官发财思想,以及个别阻碍政治工作的顽固分子,绝对不容许在军队中存在。而且更证明,没有政治工作的军队,就等于一个人没有灵魂,它的前途是相当暗淡的。

始终存在新旧意见的冲突。一些比较固执的人,同在抗战路上勇往迈进的人,在认识上、见解上、工作上多少总表现出一些不协调,不一致现象,使抗敌工作或多或少的受点影响。而一般落后的豪绅地主同各种群众组织(如农救等),在某些地方也有些对立,这是不可避免的。但由于敌寇不断的充当反面教员,施展非人的暴行,以及一般抗战工作者的努力工作,这些问题也得到逐渐解决,逐步由对立走向消极的合作,进而走向积极的互助。这也证明了我们在长期的抗战中,长期反汉奸的斗争中,可以奠定建设新中国的基础,可以在民族革命中,逐步的解决一些社会革命的问题,建立独立自由幸福的新中国。我们对旧势力不是害怕,鄙弃,而是要坚定的改造,耐心的改造。

直接用政权来动员民众,在某些时候是不够有效的,必须由民众团体去执行。因为政权常带有强制性,民众过去对政权好感不多,所以很难取得民众信任,尤其是旧有的没有民主的政权。真正能动员民众的干部,是在群众工作中。在群众自己里面选拔出来的干部。诸如此类的问题,都是在山西实际工作中,一再证明的,这都是不可忘记的经验教训。

几个困难问题

第四,我们不要因为一些可喜的进步现象,就忘记了自己的困难。据我所知道的,山西在今天的困难问题,也有好几个。如(一)干部少的困难。当然这是就干部数量与工作任务的比例讲的,因为各方面的工作都在不断的开展,所以干部也就要不断的增加,虽然说现在山西到处都在训练干部,然而仍有缓不济急之感。尤其负重要领导责任的干部,绝不是一两月可以训练好的。如山西正规军里面的主要政治干部,就很难选择。因为不仅要他能力高,而且还要他经验多,不然就不能担负那一个艰巨的工作。直到现在,有几部分正规军的政治工作,其所以尚未完全建立起来,不能不说其原因之一就是干部配备有困难。我们虽不一定是“贤人政治”

者,但我们也不忽略“干部决定一切”。现在山西许多民大的学生,都担任了很多部分的重要责任,所以我们认为干部问题是山西的一个困难问题。加之领导班子的不健全,工作的不够积极,不善于使用干部,不善于解决干部的困难问题,致使部分干部不安心工作,这更增加了山西干部问题的困难。(二)经济的困难。因为山西部队的扩大,军用的浩繁,同时,又因实施改善人民生活,一切捐税都免除了,所以省府经济收入很少,而开支却大,经费当然就要困难。现在山西全部军政工作人员的薪金,都仅能够维持生活,尤其决死队,以及一般政工人员的生活更为艰苦。这是我们在安全的后方,所看不到也想不到的。山西许多游击队,自卫队,都要求编成正式的军队,然而他们为军费所限,不能过于扩大部队。所以有人说:现在山西没有兵役的困难,只有经费的困难。这或许是我们在后方的人士所料不到的。(三)军需用品供给的困难。现在山西每天都在同敌人作战,一些普通的弹药还可以自己造,但有许多自动火器、重火器在不断的消耗下,也不能不感到相当的缺乏。如决死队虽战斗情绪很高,作战能力很强,然而自动火器的配备是非常不够的,尤其重火器更感缺乏,所以敌寇盘踞在城市,我们不能即时克服,甚至包围多日,亦不能解决战斗。这在我们整个抗战的相持阶段中,这个问题是需要解决的。否则不能建立起我们坚强的反攻力量。当然我们不是“唯武器论”者,但是物质的重要性,我们始终没有忽视过,也不能忽视。所以我认为这也是山西今天的困难问题之一。

困难是有的,但是我们更相信他们在困难中能够前进,不会在困难面前屈服,一切的困难,都会被他们集体的力量所克服,这也是我们不可忘记的。

## 第九部分　一个前途的预测

最后,我们再估计一下,山西抗战的前途怎样?对此,我可以拿最近有人对我讲的一个故事来证明:

在一个美丽的家园里,许多弟兄安居乐业的工作着,但是他们也常常闹了一些不和气的意见,那晓得祸从平地起,突然来了个万恶的强盗,撞入他们的家园,初先他们中间只有一部分人,坚决同那强盗抵抗,并大声急呼的说:“守住我们的家园呀!”“集中力量,把强盗赶出去呀!”然而有些人却动摇害怕,甚至逃跑了。直到这些人逐渐感觉到家园破碎,茫茫四海,无处是归宿的时候,他们才醒悟过来:“我们这样多的人,为什么被一个强盗,就赶散了呢?我们应该打回去,重新收拾我们的家园”,于是他们大家都举起手来怒吼般的说:“我们应该打回去,重新收拾我们的家园!”在这个时候他们平素比较懦弱的,也英勇起来了。一声呐喊,打回家园,把那强盗团团围住。本来那个强盗正把他们几个英勇抵抗的弟兄打得精疲力竭,以为再尽最后一点力就可遂其暴行,不料许许多多的人,又打了回来,挑拨离间利诱威胁,也无法分散他们团结的力量,于是那个强盗,虽说也曾一再挣扎,然而四面受敌,久战力竭,终于被他们打倒了,象死狗似的被他们踢了出去。这些弟兄,重新收拾家园,为他们几个牺牲的弟兄,建立几座光荣的纪念碑,永垂不朽。同时把他们那个家园培植得更美丽,更堂皇,他们永远过着自由幸福的生活。

这是山西抗战的一个缩影，也可以说是全国抗战的一个缩影，现在我们正在向着这个前途迈进！

如果具体点说，我觉得山西应该争取这样三个前途：

模范的统一战线区

第一，从各方面都可以证明，什么地方是统一战线最巩固的地方，什么地方就是最能打击敌人的地方。山西的晋东北，晋东南，就是一个有力的例证。山西的统一战线，能够都如晋东南、晋东北的时候，就是山西驱逐日本强盗滚蛋的时候。当然晋东南、晋东北还有许多弱点，敌探汉奸以及自以为是抗日而实际是帮助敌寇的"磨擦专家"还在那些地方不断的造谣挑拨，有计划的捣乱。山西能够根本肃清这些人类的公敌、中华民族的叛徒，历史上的罪人的时候，就是山西抗战最后胜利的时候，也可以说就是中华民族得到解放的时候。现在的山西，光明的一面正在扩大，黑暗的一面正在缩小，那些不了解统一战线，破坏统一战线以及还在"一面抗日，一面防共"的人们，正如光明中间的一些污点。现在的山西，必能以"团结"的光芒，把那些污点消除，把那些污点送入历史的坟墓！老实说，抗战到今天，谁还提到"防共"，谁还主张"妥协"，谁还在事实上反对统一战线，谁就是敌寇的代言人和应声虫！谁就是起着汉奸作用！无论他主观上是怎样，我们都应该予以无情的打击，一直到他放弃错误主张，重新表明态度，真实的走上正确的抗战道路上而后止！当然我们也应该诚恳地去说服和争取工作。山西是这样，其他地方也是这样，象汪精卫之流的人物，我们是不许他在任何地方存在的。我深深感觉到，我们文化界的朋友对这一工作还没有尽最大的努力，我们不能用避免摩擦就放弃了这一原则性的斗争，不揭露他们的丑恶，让他们篡据在政府机关，公然的散布汉奸言论，挑拨是非，破坏团结，分裂统一。尤其他们无耻的假借“拥护领袖”、“拥护三民主义”之名，行曲解和破坏三民主义之实。我们各方面的军政领袖领导抗战到今天，西安还有“××与文化”这一类刊物在市面出卖，这是我们每个青年，每个中国人，整个抗战工作者的耻辱。尤其是对他们颠倒是非的言论，没有予以显明的驳斥，更是我们文化界的耻辱。我们文化界如果放弃了这一斗争，就无异解除了自己的武装。我们不要以为谁都看得清楚，须知一般落后的群众，都有被其欺骗的可能。敌寇化了大量的金钱，费了很久的心思，是为了什么，就是认定了这样做法是最能引起作用的。我借这机会，把这个问题，特别提供给我们文化界，给我们各方面领导抗战的军政领袖，给我们每一个不愿作日寇奴隶的中国人，希望能够把这个问题深刻地考虑一番！现在的山西已有了坚强的统一战线的基础，我们希望它今后能跟着时代前进，能够粉碎那些破坏统一战线的阴谋活动，能够成为全国统一战线的模范区。

民主政治的典型

第二，山西民主政治的实施，我在改革政治机构的一章内，已经说到过。我们对三民主义的了解，应该把握住民族民权民生的关系。在国内不能实行民权主义，就不能实行民生主义，更不能求得民族主义的实现。同样的，不能实施民族主义，民权民生也不能实现。不能实施民生主义，民族、民权也不能实现，这种相互关系互为因果的情形，是每个忠实于三民主义的人，在理论和实践上，应该根本一致的。不然无论你口里怎样说“拥护三民主义”，实际上你仍然是一个背叛三民主义者。现在伪组织仍打起三民主义的旗子的，陈群辈是一例，汪精卫又是一例。谁能对抗战尽最大的努力，谁能真正实行民主政治，谁能尽可能的改善人民生活，谁就是忠实的三民主义者，无论是否国民党员都是一样。一个国民党员，不能这样去实行三民主义，那他是三民主义的罪人。如果假借三民主义以为其造谣挑拨的工具，那他更是中华全民族的罪人。应该清楚认识这一点。现在牺盟把民主政治也作为一个主要的政治纲领，许多县以下的区村政权，都已在建立民主政治的基础上来组训民众，在民主政治中来训练民众。这样一天一天的开展下去，它将来必会成为一个民主政治的典型，这是全国共同需要和共同拥护的一个民主政治的典型！

困死敌寇在山西

第三，因为山西有了上面所说的两个前途，所以它就必会困死敌寇在山西。现在山西虽然还盘据着六七个师团的敌寇，随时都在东侵西略，南窜北扰，然而我们的军队，一天一天的进步和壮大，人民一天一天的起来和团结，到处都创建了抗战的保垒，抗战的游击根据地，我们的队伍不断的在敌寇周围活动着，敌寇已不敢轻易出城。我们每天都有许多小的胜利，把许多小的胜利集中起来，就是一个大的胜利。敌寇集合许多小的失败，就是一个大的失败。这样的形势继续发展下去，山西可能“全民抗战化，全土要塞化”。由于许多游击根据地的联系已逐渐构成，我们在战略战术上，如于犬牙交错外线包围敌人的有利条件。这些游击根据地的巩固和发展，我们内线与外线的配合，运动战与游击战的配合，再加上我们在政治上的空室清野，争取伪军反正，敌军反战，敌寇的灭亡已成为必然的趋势。现在我们应该努力的推进这一趋势，加速这一趋势。

上面三个前途的总合，就是一个抗战胜利的新山西！

（抗战第三年三月二日于山西）

## 几句说明

我来到山西，这已是第三次了，它给予我的印象是一次不同一次！

敌寇的铁蹄踏进大同时，我在太原，我深深地感觉到整个山西已被抗战的热潮所激荡。

但是，随跟着娘子关的失守，太原也立刻陷于悲惨的境遇，尤其在临汾放弃以后，山西的整个壮丽山河，几乎全遭敌寇蹂躏。这时的山西，的确是处于非常艰苦的环境中。

然而艰苦毕竟为他们坚决的意志、英勇的奋斗所克服。现在的山西，已转入了一个新的形势，这个新的形势，就是《走上胜利之路的山西》。

划时代的民族革命战争，给本文异常丰富的题材，可惜的是我们因时间所限，为见闻所限，为写作的技巧所限，不能把它的全部内容，描绘出万一。尤其军政民各方面许多可歌可泣的事迹，更是挂一漏万，仅能就几个比较熟悉的区域，作了一些例证。“鲁鱼亥豕”在所难免，作者急切盼望各方同志予以不断的补充和指正。

同时,本文只是着重于各方面的经验教训和在抗战中成长起来的一些新的力量,所以只能把它看成是一个山西抗战发展的里程。

黄河之水,正泛滥着民族革命的狂潮;太行山峰,已高举起抗战胜利的旗帜。我们跟着这条“胜利之路”更大踏步地向前迈进吧!

将来的创造,是更伟大的!

(抗战第三年四月李公朴于山西)

# 李公朴文集

COLLECTED WORKS OF LI GONGPU

（下）

李公朴研究会　编

群言出版社
Qunyan Press

# 华北敌后——晋察冀

## 序

模范的抗日根据地。模范的抗日民主，抗日民族统一战线的晋察冀边区，象征着中华民族解放的胜利，象征着新中国光明灿烂的前景。它的名字深深地铭刻在人们心头的深处，激荡着每一个爱国者，每一个有志气的中国人，特别是鼓舞着年轻一代的斗志。就是国际上亦对它赋予无限的关怀与荣誉。

随着英勇的抗战进入到敌我相持阶段，晋察冀也胜利地走上正规化的途径，日形巩固与扩大，形成了一个新中国的雏型。但是全国却正遭逢到空前的困难与危险，全国是正处在生与死、胜与败的紧急关头。无论军、政、民运、经济、外交各方面的工作，一切迫及眉睫的问题，再不容许有一丝的忽略，一刻的牵延，而须随即加以英明果断的处理与解决。国际法西斯主义都已飞舞起他们的血爪，日寇更是孤注一掷作最后的挣扎。这是最紧要的关头，不容我们再有一忽松懈，不容我们再自相磨擦。

在抗战之前，我们就呼吁全国上下精诚团结，共御外侮。果然在团结抗日的旗帜之下展开了全面的英勇抗战，洗刷掉百年来的民族耻辱，提高了我们的国际地位。随即我们又诚恳地要求加强团结，坚持抗战。全世界爱好和平的人士和对我国最忠诚的朋友亦时以此相勖勉，赋以无限的重视与关怀。

在团结抗战的鲜明旗帜下，神圣的民族解放战争已经进行了整整的三年。在这三年中反对团结，反对抗战的人们如汪精卫卖国贼之流已有一部分脱离了抗战营垒投向敌人的怀抱，干着那出卖祖宗儿孙，天下最为无耻的勾当。抗战三年了，尤其是到了今天，全国的人士都已清楚的认识到：只有团结，才能抗战，只有民主，才能团结。因此，团结、抗战和民主是不可分割的一个问题的几个方面。谁要否定任何一个方面，就必然要堕落成为中华民族的败类。这是历史发展的规律所决定了的。

在包孕着空前严重危机的今天，使我们痛苦万分地回忆到过去消耗无限国力的分裂惨剧，使我们惨痛地想起了过去以及现在国际法西斯主义和日寇的血腥欺骗勾当。但是我们坚决相信没有那一个抗日的人士是愿意重复过去的惨剧，听从一些暗藏的汉奸敌探的摆布，甘受敌人的欺骗；而把国家民族的命运安置在日寇的屠刀之下，任凭敌人的宰割。尤其是看到了敌后抗战的坚持与开展，看到了晋察冀边区的巩固与扩大，一步步的胜利和成功，就越发的坚定了抗战必胜、建国必成的信心，也就越发的感到了全国加紧团结，共同进步的无比重要。

晋察冀边区之所以有光辉灿烂的今天，并不是一个谜，也不是一个奇迹，而是在团结的旗帜之下坚持抗战到底可以预期的结果。就是因为边区的各党各派、各阶层、各抗日人士精诚团结,力求进步,所以在今天形成为一个新中国的雏型,具体地说明了争取最后胜利,以及建国成功的方法和步骤。无疑的,深处敌后的晋察冀边区各方面的条件和力量是远不如其他地方,尤其是我们的大后方来的优越完备。但是在这一个最困难,也最危险的敌后,却形成了全国抗战模范的抗日根据地,模范的抗日民主,抗日民族统一战线区。

过去惨痛的经验教训是值得时常回忆与警惕的。当此日寇一意力求即行解决"中国事件",国际法西斯主义者把全世界投掷在战争的火坑中,国内汉奸敌探大肆活动的紧急关头,这些活生生的胜利与成功的经验更是值得全国研究与效法。我并没有什么奢想,就只愿这一本边区动态,团结与进步的现实记录供给所有朋友们参考与研究,重提起悲观失望的朋友们的勇气,满足所有人们对边区能有一个深刻认识的要求。我希望边区的一切现实能够更清晰明确的促起全国的注意与努力。只要是在进步中加强团结巩固团结,失败是日寇帝国主义的,胜利的旗帜将永远掌握在我们的手中!

晋察冀边区是欢迎人们前去参观的,他们还热烈的企望全国人士随时给予他们以指示和帮助,他们关怀全国的团结与进步比关怀他们自己还要深切。他们诚挚地讲,出生入死,备历艰险都不曾感到任何的不幸与痛苦,但是却沉痛的表示,对各地的不幸的磨擦不能不感到莫大的痛心!

我写这本书的目的就是希望把边区所有干部和一千二百万人民的诚挚愿望转达给全国人民。也希望将来如有机会再到边区的时候，能够欢欣的告诉他们全国团结与进步的可喜景象。我们的要求就是：坚持团结抗战，反对分裂投降；坚持民主进步，反对独裁倒退！晋察冀边区就是这样做了，我们全国各地都应该这样做。这就是胜利！

一九四〇年八月一日

## 一、华北是我们的

### （一）不可征服的中华民族

神圣的民族解放的抗日战争从开始到现在，整整三个年头了。在这伟大的三年中间，先后粉碎了日本法西斯蒂恶魔“速战速决”“速结速和”灭亡中国的狂妄迷梦。而我们古老的、半殖民地、半封建的中国，不仅英勇的挺立起来，在山峦绵亘的华北，在河流纵横的江南，在日本法西斯蒂魔足所踏到的地区，先后取得大大小小的胜利；就是在政治上、经济上，以及在文化教育上都洗刷掉不少腐朽的泥污。使有着光荣历史的中华民族摆脱开百年来帝国主义所加于民族命运上的奴隶的枷锁，冲洗掉反动势力所一手造成的民族耻辱，使中华民族在团结抗战的旗帜下，获得了新生的营养，启发了被埋藏在农村，在地下的伟大的民众力量而峙立在亚洲莽原，挺立在国际的战斗场合，赢得了各个弱小民族，全世界被压迫的人民，所有的进步人士和进步国家的同情和帮助、激励和赞扬。而日本法西斯蒂却赌着全国人民的命运泥足于深不可拔的中国池沼之中。在这三十六阅月中间,日本法西斯蒂所获得的是经济恐慌,兵源缺乏,国内危机的加深,和国际地位的低落,遭受到全世界人民的唾弃,使得他不得不把久矣夫神交的汪逆精卫汉奸班子搬到南京,来一曲送终哀乐的预备演奏。

“中国事件什么时候才能结束呢”?日本资产阶级都向法西斯蒂军阀提出了绝望的呼声。

三十六个月的正义的自卫的民族革命对抗日本法西斯蒂非正义的侵略战争,说明了日寇是一天天的走向坟墓,我们是向着独立、自由、幸福的大道上挺进。谁也应该知道这不是一套简单的戏法,更不是天曹助我的一个偶然。今天抗战胜利基础的奠定是和华北敌后抗战有着血肉关联。首先平型关一战提高了全国军民胜利的信心,扫荡了四处弥漫的恐日病现象,而客观现实更说明了坚持华北敌后抗战使我国抗战在战略上占了一个优势的地位,它不仅配合了徐州会战,武汉会战,直接间接的配合了全国每个重要的战役,而且粉碎了日本法西斯蒂无耻的政治阴谋,粉碎了日本法西斯蒂的以战养战的狡计,粉碎了日本法西斯蒂在国际上荒谬无耻的宣传。在敌后,华北峙立着,千百万的人民战斗着;它告诉全世界的人们:

“华北是我们的,中华民族是不会被征服的”!

难道这不是一个事实?就是在敌后的华北,一共牵制了日本法西斯蒂在华兵力的五分之二,十九个半师团,使他们并不能“确保占领地”,经常为我军政民包围于点线之内!

谁不正视这个事实,谁就不能面向着抗战,谁不理解这个事实,他就不能理解抗战,而也将悲哀地或是神经错乱地狂暴的象日本法西斯蒂一样陷于泥足,招致来中国人民的铁拳。这就是中华民族——华北人民力量的具体表现!

太行山是晋察冀的保姆,它纵贯于晋察冀边区。

晋察冀囊括察南、晋东北及河北的大部。他虽然是被日本法西斯蒂所占领的平绥、同蒲、正太、平汉四大铁路干线和沧石线所包围,但是现在他已冲破了平汉到达津浦路左右与东海相接,在北方已跨过了古老的长城,打通了直达辽、吉、黑、热的道路与东北抗日联军携手。南面的沧石路,在冀中军政民一致的决心与努力之下,始终不能铺轨与冀南行政区域蝉联;正太路方面,由于工作的深入,只要是有必要的时候随时可以控制在我手中,与晋冀鲁豫区域的抗日根据地打成一片。西面与晋西北的联系已逐渐加强。晋察冀就象是一条神龙匍匐于太行山之巅,一当反攻阶段到来的时候,他将一爪抓住大同,一脚捺住天津。后面的一个爪控制住太原,湾出头颈咬住山海关,另一个爪扫荡津浦和平汉。那时华北的人民,晋察冀的一千二百万人民将到处高呼:

“把你们的武器放下,给你们开一个路条,才能回老家”!

难道这是一个诳语?没有路条,敌人一个也走不出晋察冀!

## (二)人们都站立起来了

不是谣言,也不是一个奇迹,这是平凡的现实。

日寇的魔爪伸到晋察冀,一千二百万的民众失掉了依靠,没有谁来保护他们。遗留给他们的只有抢不去的田园土地,再有就是空前的民族灾难。中国民族优秀的儿女慢慢的把这些无依无靠不愿做亡国奴的人们组织起来。他们在喊——

“坟墓是祖宗的坟墓,祖宗遗留给我们土地家园,咱们生活在晋察冀,死也不作鬼子的奴隶,咱们共同保卫晋察冀!”

于是人们都站立起来了,在中国共产党的领导下,组织成晋察冀边区,在军政民一致的努力之下,短短的不到三年的工夫,因为忠实的执行了抗战建国纲领,因为忠实于抗日民族统一战线,于是先后粉碎了日寇不断的大大小小的残酷扫荡,赢取到每一次反扫荡的光荣胜利。也就在这不断的浴血苦斗中巩固了晋察冀,壮大了晋察冀边区。

“才三年都不到的时间呀!”

人们也许惊异。

假如有人拿过去的一套来观察晋察冀,他将茫无所知,大惑不解。在晋察冀没有水泥钢骨的会议厅,也没有辉煌壮丽的官舍;没有马路可走,也没有汽车可坐;没有娇艳的女侍,也没有浓郁的香槟。但是晋察冀有广大的素朴的农村,有无数的勇敢的人民,就依靠这些祖宗遗留下来的地方,就依靠着这广大的人民,发号施令,遍地挂起了国旗。

晋察冀不能因袭,也不可能因袭“等因奉此”的一套。抗战前的一切就象是埃及古墓里的木乃伊。在日寇进兵未到黄河的时候,过去的一切就宣布了自己的无能而自行瓦解。因无可因袭,亦就无从改良,温室里的花木也经不起狂暴的风雨。而是在日寇残酷的反复的扫荡中,晋察冀遵照着抗战建国纲领的要求,建立起新中国的雏型。在这一个雏型上,始终点燃着两台烽火,那就是——

"抗日"!

"民主"!

晋察冀脚踏实地的站立在人民大众的利益上,人民更长久的,永远的利益上,重新开始一个创造。

假如一个人抱有党派的成见来看晋察冀,他将获得无限的苦恼!不可否认的,共产党是起了领导的主要的作用,但一切晋察冀的抗日党派,都是晋察冀边区的创造者,他们都合法地存在。但是在边区的势力范围之内,却没有汪逆精卫的"正统国民党",也没有"托洛斯基派",更没有一些什么和汪逆眉目传情,暗地里勾搭的这个党那个派。

## 二、由城市走到乡村

### (一)灾难的来临

芦沟桥畔燃烧起民族解放的烽火,侵略者的凶焰亦腾高万丈。日寇的大军就象燎原的野火,陷平津,下保定,进兵正定府,占领石家庄。南口血战失陷,雁门贻误不守,大部晋军由大同一直溃退太原,在河北方面的部队则展开长途竞逃的奇观。有将军自察哈尔翻越太行,飞渡黄河,直达河南许昌者得第一奖。地方官吏亦自不甘落后,有的甚至把国家所付托的印信抛掉,有的趁机囊括而逃,敌军距离三百里,却早已带着娇妻美妾,宝贝儿女、勤务兵、老妈子和一叠叠崭新的法币住到郑州,住到西安,住到汉口。更有远见的则直下香港。但是在父母官恩泽之下的黔首黎民只有枯守着田园土地等待着灾难的来临,承继奴隶的命运。

我们的退军首先由城市走到乡村。

某师在山西由沙河、大营、台怀之线退到五台城。凡是沿途碰到的妇女,“从十三岁到四十六七岁没有不被辱的”。业已正法的谭自新的部下,在河北晋县强奸了两个村庄所有的女人。

在山西,由省府发到各县的科学鸦片“戒烟药饼”,却大形畅销。在盂县正因“戒烟药饼”兜售完毕,县长则在退军之前大受其窘。

“有一次某部在台城行抢,被决死队抓获四人,他们的团副却带了二三十名弟兄包围了决死队员说:‘中国人不打中国人,你们有本领打日本去’!语言之中大有除了有枪阶级之外,老百姓都不是中国人的意思”。

在一九三七年十月三日,部队“向五台县要的驮骡总数达六七千头”。五台县长说:“就是有天大本领亦是没有办法的!”(以上引文均见宋劭文:《动员车骡粮秣的经验教训》一文)

凡是退军所过之地,不论山西或是河北,所有的牲畜都被牵去了。但是在这些牲畜身上驮的是女人和家私,好象是有先见之明似地,把枪炮子弹都掷到地上,作为后来发展游击部队的武装资本。

在这一个期间,揭橥而起,浑水摸鱼者,大有人在。譬如在平西就产生了九路“打日本亦打中国”,老百姓称之为“红眼”的军队。有的则捷足先登,皇军尚未委任就自行组织“大日本皇军

后方保安队”,后来又改为“抗日军”。这些英雄,终日坐吃“八八”之席,一旦手头不方便,马上提笔在手:

“请捐助抗日经费×万。”×则或十或百,当可要价还价,于是所有富户相率逃往城市,托庇于“皇军”保护之下,于是这些时代英雄大打其汉奸。于是有钱者皆奸,地多者亦奸,打来打去,直至无奸可打之时,则兵临村下来一个洗劫名之谓“碾虾米”!当时如孟阁臣、夏威体、赵玉崑之流都是十万,二十万的存在天津的日本银行,当连虾皮都找不到的时候,就与“皇军”鱼雁相通了。

在冀西,老百姓则被“别动”成穷光,那是名正言顺别动第四纵队的德政。

在这中间却也诞生了中华民族优秀的儿女、人民自己的抗日武装,这就是杨秀峰先生率领的冀西游击队,吕正操将军所率领的人民抗日自卫军,平津学生组织的抗日救国军,及今天晋察冀军区司令员聂荣臻将军所领导的子弟兵团的前身,各个土生土长的游击部队。

平型关之战,忻口会战,以及晋察冀抗日部队对敌伪的扫荡,削戢了日寇的凶焰,扫除了人民的恐日病现象。间接地也打击了土匪队伍,并且告诉了一切个人的“英雄”们:你们那种“英雄主义”时代已是历史上不正确的陈腐的篇幅。

## (二)在浴血的斗争中

从日本维新那天起,就决定了日本帝国主义的发展,和侵略的必然性。日本和沙皇在南满的争雄以及朝鲜的灭亡就是给我国的直接警告。

田中义一这一条獒狗在他的奏折中早就指出了，日本要称霸世界，就要独霸东亚，要独霸东亚，首须灭亡中国。田中是一条有政治远见的獒狗，他还没有今天日本的法西斯蒂军阀的狂妄。他说灭亡中国，就须首先占领外蒙，继而进占东三省，再则吞并全华北。这是有步骤的进行其灭亡中国的阴谋。日寇乃于一九三一年以尝试的姿态进占了沈阳，六年之间把东三省变成了一个世界上空前的魔窟。但是由于东北人民的浴血苦战，侵占东北依然解决不了他的矛盾和苦闷，于是在法西斯蒂的侵略狂的煽动下，于一九三七年又开始了对华北的进攻。但是他做梦也不曾想到这一次他是泥足于中国池沼之中，自掘坟墓了。

日本的特务间谍工作是驰名世界的，由于过去华北军阀对于日寇的勾结，日本的特务机关公开地遍布于华北。在抗战初起的时候，他的这一工作是获得了他应有的代价的。

只要你稍微留心地在乡间一走，你就可以知道了。就拿河北来说吧，过去县长区长没有到过的地区都贴有八字胡子的仁丹广告。假如你把那些不辞劳苦，深入乡村，所得不足一饱的仁丹商人捉到的时候，你就会在他身上搜出测量仪器或是照像机。当他们的广告贴完之后，他们所获得的不只是农民血汗换来的金钱，还有绘制精细的地图。那就是过去为人惊异的，中国自己却不曾有过的日本的军用中国地图的母型。

在抗战的前一年，五台山上来了一大批久矣夫绝迹的自关外远道而来的礼佛善士，他们不仅朝山拜庙，而且发下宏愿把由阜平到五台一路上的庙宇重塑金身，翻修寺院。更令人捉摸不到的，在不少的荒僻的山村里建筑起弘皇伟丽的大庙。他们的宏愿的第二步便是在北平阜平之间修建寺院。这些善士捐钱已建筑的和未建筑完的一些大庙亦实行了“革命”，以前红色的庙墙，都涂成了远远就可清楚看到的雪白的垩壁。

由红变白并不是一件简单的事，这些发宏愿的远远而来的善士们的背后都藏有日寇特务机关的鬼脸。虽然这一些庙宇，象我们在抗战前一直到抗战开始在河北各地构筑的一层一层的工事一样没有用着，但是这并不是日寇特务机关虚耗心机，而是一开始时，河北战场上国军之勇于退却，却非日寇所能准确的逆料。

日寇的制造汉奸工作，还有着他特别的代价。

当日寇还没有到达保定，保定已有了“先知先觉者”在准备大批的日本旗。日寇攻下了正定，退隐于农村十余年的孙传芳旧部吴赞周马上就职正定府的维持会长。去岁这位“养晦以待时”的大汉奸连升三级，“光荣地担任起建设东亚新秩序的任务”被委任为伪河北省长。(引文见《新民报》汉奸记者访吴逆谈话)

至于日寇到来的时候，顶香跪接只不过是哈巴狗摇尾巴，打滚献媚的把戏，当时在河北山西已不足为奇。以之比诸出卖长江封锁计划的黄浚，和在抗战前即已逆迹昭彰的汪逆精卫，虽有小巫见大巫之别，但是亦足见日寇特务机关在华北的深入。又如，第二战区司令长官阎锡山先生所居住于陕西宜川秋林镇禁卫森严的窑洞内部的照片都刊登在敌国《朝日新闻》之上。

随着日寇所到的区域，我们旧的政权全行瓦解。而汉奸组织的维持会一类的伪政权如雨后春笋而生，在“挽救时艰”、“拯万民于水火”之类美妙的辞句下,把老百姓的粮食以及猪羊搜括而来送到“皇军”的兵营,邻人的妻女,甚至自己的老婆亦送去慰劳。其用心亦可谓无耻良苦。妓院、赌场和“皇军”是三位一体的货色,当然这三大魔窟在这些所谓“俊杰”也者的新贵们布置之下,和维持会同等高低地遍设各地。

但是我们的旧政权还没有完全瓦解。在晋察冀这个地区里还有两个县长坚持着他们的工作。那就是山西五台县长,今天的边区政府主任宋劭文先生,和山西盂县的县长,今天的边区政府的副主任胡仁奎先生。当时在他们的周围就已经团结了不少牺盟会的干部和忠实于抗日工作的青年。

河北古多慷慨悲歌之士,优良的民族传统一直保持到现在。由于旧政权的瓦解,不愿作亡国奴的西北各县有许多地方人民便选出自己的抗日县长。

无论是旧的或新的政权工作同志,只要是坚留在敌后的,就须担负起粉碎伪政权的任务,一开始就和日寇汉奸白刃相接地浴血苦斗。这一些同志并不是“天仙下凡”,也不是“生有异质”,都是同样的中国人,但是他们感受到日寇的压迫最深刻,他们都有着明确的民族意识。他们是一群坚定的抱有牺牲决心的中华民族的优秀儿女,艰苦卓绝的抗日工作者。他们生在这个抗战的时代,也勇敢地担当起这个伟大的战斗任务。他们都没有什么高贵的门阀,既不是遗老遗少,也不是权贵的姻亲。七品的亲民之官,是他们之中作过的最高官职,有过这样历史的也不过二三个人。他们这一群抗日工作者,中华民族优秀的子孙,十分之九是青年学生,小学教师,中学教师。过去被人认为三年造反都还不能成功的秀子，被人认为不能担当大事的人们，当担当着大事的人们逃之夭夭的时候，却在民族解放的光荣历史上用他们的血汗写下伟大荣誉的第一页。而且要一直写下去，一直写到——

“在浴血的斗争中，我们获得了最后的胜利！”

### （三）军政民代表大会

在最初的混乱状态下，晋察冀的人民抗日政权，由于晋察冀军区抗日武装的逐渐巩固与扩大，遂又规定了他们人力、物力、财力动员的任务。在没有政权机构的地方便产生了半政权性质的群众组织，如冀西一带地方的“动员委员会”，冀中的“救国会”，平汉沿线的“自卫会”等等组织，担负起动员民众，组织民众，和支应抗日部队的任务。当然，这种半政权性质的组织不是长期抗战过程中唯一合理的组织形式。

相连接的察南，晋东北和河北在旧的行政系统上是三个省份，但是在军事上却不能如此划分。晋察冀军区的成立，就已说明了晋察冀地区各种工作统一的必要。聂荣臻将军就职之后，其所率部队马上武装收复了晋东北十二县，冀西二十县，冀中二十县和察南的四县。在各收复地区亦不能长期陷于无政府状态。

坚持敌后抗战和建立敌后抗日民主政权是不可分割的。各个地区各自为政，亦不是正当合理的办法。因此建立晋察冀的统一的政权领导机关，形成了晋察冀所有抗日工作者的共同要求。于是在民国二十六年十二月五日，“晋察冀边区临时政府筹备处”的牌子，便在河北阜平县城内挂了出来。

筹备期内主要工作之一就是向各方面交换意见。筹备会当时派出宋劭文、王斐然，仇友文、白靖斋、李杰庸五位同志分别到各抗日部队，各挂抗日招牌的部队，各抗日团体，各县动员委员会以及各县自行成立的抗日政府交换组织统一的抗日地方政府的意见。这一个筹备期间，在抗日民族统一战线的原则下，初步的汇合起晋察冀地区内所有的抗日力量。这说明了晋察冀边区政府诞生之前就是孕育在统一战线的母胎之内。

这一个艰苦的工作，得到了他应有的收获。各方面交换意见的结果，决定于二十七年一月五日于阜平召开"晋察冀边区军政民代表大会"。令人兴奋的是在筹备工作未及的地区如河北中部及察哈尔一些地方亦拥护这个主张，闻风响应，自动的赶来参加。

大会在十日正式开幕，闭幕后大会所发表的宣言这样写着——

> 为着创立与巩固晋察冀抗日根据地，保持华北游击战争，为着统一与整理晋察冀边区内军事、财政、经济以及一切行政机构，保证持久的必然的胜利；为着打击汉奸政权，团结一切抗日力量，争取徘徊歧途的动摇分子，晋察冀边区有成立临时政府的必要。边区代表大会就在这个意义上胜利的开幕了。这一代表大会有着边区全体武装部队的代表，有着四十余县的政府代表，有着一百万群众团体的代表，更有蒙回藏少数民族的代表及和尚喇嘛的宗教代表与国共两大政党的代表。

这一百四十七位代表代表着全边区不同的阶层，不同的党派，不同的信仰和不同民族的人们在“抗日第一”“民族利益高于一切”的原则下统一起来，团结起来“贡献出自己抗日救亡工作的经验”，诚恳的坦白的检讨了过去的工作，勇敢的批判，并纠正了过去的缺点，确立了今后正确的新的工作方针。“大会充分表现出统一战线的异常巩固。这种巩固正是在极力拆散统一战线的日本帝国主义的所不能想象的”！（引文均见大会宣言）

在这继续六天的大会中，各个代表空前热烈地发言，在军事、政治、金融、贸易、财政、经济、文化教育、生产建设、民众运动及人民武装各方面都有了初步的明确的决议，奠定了晋察冀边区发展壮大的基础。更重要的是在这一个大会中产生了“晋察冀边区临时行政委员会”。这一委员会“是以民族统一战线的政权形式，包含着各党各派，各阶层及各种民族分子，它的实际内容是彻底抗日与真正民主”。

在这六天大会中，热烈的民主的选举出九个“积极抗日前进分子”作为委员。即宋劭文、聂荣臻，胡仁奎、刘奠基、张苏、吕正操、孙志远、李杰庸、娄凝先九位先生。于是年的二月初三月下旬“晋察冀边区行政委员会”正式成立了。

大会宣言这样地说：

大会希望晋察冀边区临时行政委员会能够本着大会的精神及确定的方针，在各党派，各阶层，各民族巩固团结的基础上，百分之百地完成历史所给予他的任务。真正负担起普遍武装人民，动员人民参战的任务，真正负担起改善人民生活，保障民主权利，并彻底肃清一切汉奸的任务，真正能够统一财政经济，保证部队给养，发动群众最高度的积极性，去参加战争中的一切工作，使晋察冀边区成为华北抗战的良好根据地，以争取持久抗战的最后胜利。大会并希望全边区以及各地民众：能够以最诚恳的态度，督促帮助政府实行上述任务。坚决反对在日本指使下的伪北京临时政府及一切汉奸政权，使他在中国领土上，没有立足的余地，只有抗日政权的巩固与扩大，才能够使中华民族走上独立自由的解放大道。

抗战迄今才进到相持阶段，在全国人士极度诚恳的呼吁团结与进步的今天，晋察冀边区不仅形成为“良好的根据地”，更进一步成为全世界人士注目的，全中国的模范的统一战线的抗日民主根据地，形成新中国的雏型，向着独立、自由、幸福的大道上迈进！

## 三、铁的子弟兵团

### （一）晋察冀军区

太原失守，临汾吃紧，晋北战场上的部队赶赴晋南增援。留在敌后晋察冀土地上的，只剩下了从胜利的平型关战场上开来的八路军的一个团，一个骑兵营和两个不完整的连。穿着短裤草鞋的这一群永远不怕艰苦，抱着为了彻底争取民族解放而牺牲的决心的人们首先出现在飘扬着鹅毛般大雪的五台山麓。开展华北敌后游击战争，建立抗日根据地的艰巨任务便安放在这一群英雄的人们和英勇的指挥者聂荣臻将军的两肩。

这时，由大同和娘子关侵进来的敌人已经占领了太原，平汉线上的日寇更为疯狂地向南推进。而这英勇的一群，由青年指挥员杨成武将军所率领的一个支队，却北向平绥路进攻，切断敌寇的交通运输线。于九月二十五日在山西雁北灵邱县附近开始与日寇作战。一举即行击溃日寇两联队之多。十月十日收复河北涞源，为抗战以来收复失城的第一次。十六日又收复山西广灵，二十三日攻克灵邱，二十六日攻占察南蔚县。总计在一月之内共收复县城七座，不仅削戢了日寇的侵略凶焰，完成了配合晋南战斗的伟大任务，而且创建了以蔚县、涞源、广灵、灵邱为中心的游击区。

骑兵支队则翻越太行开进河北。九月十九日首于阜平倒马间击退敌骑数百，保卫了阜平。在十月间石家庄失守后，遂深入于平汉线北段敌后活动。十月十八日克复曲阳，二十四日收复完县，十一月十一日克复距保定仅四十里的满城，开辟了冀西游击区。

这一些英勇的战斗，扫除了被散布于广大民众之间的恐日病现象，提高了晋察冀边区的战斗情绪，奠定了民众胜利的信心。部队所到之处把所有敌伪汉奸组织摧毁殆尽，建立起群众的抗日组织和抗日政权。这一些胜利告诉了全中国的人民，日寇并不是鬼怪，而是和我们一样的人。虽然我们的武器窳败，但是我们有着足够的条件战胜日寇，而且告诉了晋察冀的人民怎样去战胜敌人。晋察冀人民亦开天辟地的上了战斗教育的第一课,而且初度地实习了打鬼子求生存的方法。

晋察冀这个地区北接东北四省与热河为邻,西与晋西北相接,南与晋东南相连,是坚持华北抗战,配合全面抗战的一个灵活的枢纽地带,是有重要战略意义的重要地区。于是早在一九三七年十月十七日就开始了准备成立晋察冀军区。三个月之后,敌伪汉奸倒抽了一口冷气,在恶魔和无耻的走狗所盘据的北平城内外贴上了核桃大小字的布告。上面写的是"晋察冀军区布告第一号"。下面的署名是"军区司令员兼政委聂荣臻,政治部主任舒同"。

在第二战区的批准下,晋察冀军区正式于二十六年十一月七日在五台成立了。

自军区成立到现在已经两年半的工夫。在这一个期间内是无日不在战斗,无时不在战斗,零碎的小战斗实已无法计算。从一九三七年十二月十三日攻击定县曲阳间的高门战斗起到一九三八年十月十日止,一年之内著名的大小战斗共计四百三十四次,杀伤敌伪军一三九九七名,俘获敌伪一〇二九名,反正伪军三八〇七名,缴获步枪二八六三支,轻重机枪八十九挺,铁路破坏一百四十七里又四十四段,收回电线一二四五五〇斤。这一些电线就是今天边区各兵团,各机关,各团体之间通讯联络的最大本钱,当然电话机亦十之九是日寇送上门来的礼物。一直到现在为止,两年多的工夫有名的大小战斗已有一千六百余次以上了。

晋察冀军区部队四处活动作战的结果,使敌人感到多方面的威胁和无限的苦恼。于是华北的敌寇在攻克太原之后便抽调了两万余人，配合有步、骑、炮、空及机械化部队来了一个第一次对晋察冀边区的大举围攻，企图一举消灭了这个新生的抗日地区的抗日力量。从一九三七年十一月二十四日起，到十二月上旬敌伪共死伤两千余人。这次进攻为晋察冀英勇的军民所完全粉碎。巩固了晋察冀边区。

一九三八年，我军在晋南实行反攻的时候，军区部队为了配合主力作战，策应晋南的反攻，于是在二月九日的夜间，分成九路向平汉线的敌寇实行大规模的袭击。一夜之间，攻克新乐、定县、望都三城，由保定至新乐间的铁路大部遭我破坏。新乐、望都、定县、清风店、方顺桥各车站都遭我焚毁。另外一部便于是夜度袭占涞源城。获得了各方面称誉的“平型关以后的大胜利”。在一九三八年七七抗战建国纪念日，为了回答日寇疯狂的进攻，为了纪念伟大的抗战一周年，军区各部队决定于是日举行全线总攻击的武装示威运动。当时的布置是平绥线上分成五路，平汉线上分成三路，正太线上分成两路。

在平绥线上于七日晨三时炸毁了石景山发电厂，使群魔乱舞的北平顿成黑暗世界，敌伪紧闭城门，蛰伏不出。同时，西山香山亦为我占领。平汉线上一举攻克易县。在保定占领了南北二关。正太方面杀入平山。使得日寇感到更严重的威胁与苦恼。

一九三九年三四月间造成有名的大龙华战斗。在九月灵寿陈庄的歼灭战，一千五百敌寇无一生还，曾任坂垣师团参谋长的水原旅团长，和曾经参加武汉战斗有名的田中大佐都被打死，并且活捉了水原的翻译官，创造了抗战以来歼灭战多方面战果的最高纪录。去岁敌寇又发动了十余路空前未有的残酷的冬季扫荡,在十一月四号,用了七天的工夫打了一个黄土岭包围战。新任未久的敌酉阿部中将,在杨成武将军的指挥之下,被打死了,这是日寇侵华以来所损失的第一个高级将领。这一次的扫荡结果,到十二月上旬就全为晋察冀的子弟兵团所粉碎了。

总之,三年来日寇在晋察冀边区除了烧杀残暴之外所获得的仅只是失败,失败,再度的失败,而且我们相信以后他必然永远失败!而晋察冀则在英勇的反扫荡的光荣的不断的胜利过程里日形巩固,日益扩大。

是什么力量收此赫赫战果?这就是一个团,一个营和两个连播下去的种子的收获。

聂荣臻将军,在太行之巅奋臂高呼:

"建立铁的子弟兵团!"

于是在晋察冀军政民全体有机的配合努力之下,铁的子弟兵团建立起来了。子弟兵团保卫了晋察冀,扩大了晋察冀,把灿烂的国旗,插到山海关,插到东海之滨,插到热河的丰宁城畔。

### (二)组织游击队

在晋察冀边区诞生之前就在晋东北作民运工作的一位牺盟会的同志曾经这样告诉我——

"在那个时候,谁也不知道动员新战士,要怎样去做。那时我们在盂县,就拿着一面锣,在村子里一面敲一面喊:'当兵去哟,当兵打日本,当兵保家乡'……于是老乡们就三五成群地都来了。三五天的工夫就集合了四五百人。顶好的方式也不过是召开群众大会，在会场中进行鼓动，进行宣传。就是这样地搞，部队就成立起来了！”

在当时晋察冀军区的部队除了战斗任务之外，第一个任务就是发动地方游击战争，组织民众武装——地方游击队。在军政民三方面密切的配合之下，游击队很快就组织起来了。在冀西一带地方更有许多人带着枪跑来参加。这种热烈的情况说明了军区部队连战皆捷的胜利，鼓舞了人们战斗的情绪，提高了参加部队的热情。另一方面由于日寇的残暴和屠杀以及汉奸的猖獗，激发了人民的民族意识，使人们深切的感觉到，要想活命，要想能脱掉奴隶的枷锁，要想不作亡国奴隶，就只有大伙儿组织在一起，拿起洋枪、土炮、矛子、大刀和日本鬼拼命。只有武装斗争，才能解脱人们的痛苦，何况当时又有了教打仗、教打烧房子杀人抢东西的日本鬼子的师傅——八路军，于是游击队就在“保卫家乡！”“保卫祖宗坟墓！”“好男儿上前线打日本！”“好男儿参加抗日军，保卫边区！”“打鬼子救中国！”等等亲切有力的口号声中蓬蓬勃勃地组织起来。当时军区基础部队的下级干部不但要得净光，就是稍有战斗经验的炊事员、饲养员也被群众生拉活扯的要了过去，领导游击部队，开展游击战争。

当时军区部队的第二个工作就是打扫战场，搜罗武器。因为在我军退却的时候丢掉了大批的枪枝弹药，假如落在敌伪手里，无异于增加了敌人的力量，埋藏在民间，也并未能增加我们的力量。同时游击队又迫切需要武器，因此把过去丢在战场上的，或是收藏于民间的枪支搜集起来放在武装抗日的人民手里，是一件非常重要的事情。第三个任务便是收容游兵散勇，争取或是消灭土匪部队。这一方面是由于人民在双重蹂躏之下沉痛而恳切的要求，一方面也是扫除混乱状态，安定社会秩序的必然工作。在建立抗日根据地的工作过程中肃清有着绝大可能在将来变成汉奸或汉奸队伍的土匪和土匪部队，和打击敌寇是有着同等重要的意义。

但是在这一个过程之中，必须充分的利用统一战线的武器。因为土匪和土匪部队，多是无告无知的农民，只要把他们安放在坚决抗日的营垒之中，便是抗日的力量。甚至他们的首领，部分的也是由于认识不清，头脑简单而走上错误的途径。但是只要不是死心蹋地的为敌作伥的汉奸，是可以争取，而且应该争取的。只有在说服争取不能达到我们要求抗日的目的的时候，才忍痛消灭或是解除他们的武装。晋察冀军区的这一个工作，就是如此进行的。

军分区的划分是随着军区的成立而实行的。在战斗中间，各个军分区逐渐壮大了自己，扩大了自己的队伍，组织起足够的力量，一些地方游击队也逐渐补充起来，经过一番整顿和训练，坏分子汰除了，使之亦逐渐形成正规化兵团。当然这并不是一件容易的事情，现在我们先介绍军区发展的过程。

第一个时期可以称作草创时期。从军区成立起到一九三七年十二月粉碎了日寇的八路围攻。在这一个时期，主要的是在坚持华北敌后抗战，创造华北敌后抗日根据地任务下，发动地方游击战争，扩大部队。虽然这是一个开始，但是开始就是在战斗的过程之中诞生。

其势汹汹捕捉军区的八路围攻是晋察冀军区的一个生死关

头。但是晋察冀胜利了，胜利的粉碎这座难关而巩固了晋察冀。而军区新生的武装部队在反围攻中亦初步地巩固了自己。

第二个时期，是从一九三八年一月到五月，正是台儿庄会战的时候。这个时期的中心工作就是巩固部队。以小的队伍扰乱，袭击以牵制敌人。大的部队则进行整军训练工作。首先是汰除部队中的投机分子、兵痞流氓，然后进行严格的纪律教育和民族教育，培植自觉的革命纪律，在政治教育的基础上进行民族意识正确的启发和加强。更重要的便是进行统一战线精诚团结的教育。因为统一战线的理论与实践是巩固部队，提高部队战斗能力的一把有力的武器。平汉线出击和七七武装示威的胜利便是这一时期整训成绩的具体表现。邓华将军亦于是时率领了一部健儿挺进到平西，开辟了平西抗日根据地，为后来晋东武装起义作了准备。在这一时期“晋察冀边区政府”成立。军区部队首先遵行政府的法令，尊重政权的独立性，在开支上依照政府的规定实行了统筹统支。

第三个时期，是于一九三八年的九月十八日起到十二月。在这一个时期中又粉碎了日寇一个大举围攻。内部的主要工作便是建立战斗的政治工作，组织火线上的政治工作和地方工作。同时号召政权工作在敌寇扫荡期间，就地坚持工作。在这一个阶段，创造与坚持冀中平原游击战争的吕正操将军所部正式改编划归军区，设立冀中军区统一指挥。

第四个时期，就是从一九三九年末到现在。这一个时期最主要的工作便是军事整军和政治整军的进行。在军事上，政治上严厉地肃清游击主义，要求完全统一的正规化。这一次整军的结果有力的粉碎了日寇空前残酷的冬季扫荡，打死敌酋阿部中将，巩固了平西抗日根据地，保持了冀东抗日根据地。一直到现在，这一个正规化的整军工作还在粉碎敌寇的扫荡中间如火如荼地进行。

日寇的侵略中国有着他先天的缺陷。他要求速战速决，因之兵力不易分散。我们则在民族解放的旗帜下，运用着抗日民族统一战线犀利的武器，组织起所有的人民，在群众条件上首先占了绝对的优势。把握着日寇的诸缺陷和我们各个有利条件，把艰苦奋斗英勇牺牲的优良传统传播到每一个战士的身心，形成一种特质。同时严格的进行建立政治纪律加强政治教育。在政治工作的贯穿之中，晋察冀军区部队就日形巩固与扩大，形成了一支永远不可磨灭无可侵犯的伟大力量，把边区保卫得象铜墙铁壁一样，使日寇无从染指，于是气得敌酋桑木师团长无可奈何的狂叫：

"要想扫荡平原，必须消灭山地！"

现在平原都已形成了山岗！

## (三)当兵保家乡

关于晋察冀的子弟兵团，已经有了神话似的英雄们的传说。

冀中的第五军分区的防地是安次、永清、固安、新城等县，是天津与北平之间的一些地区。那儿的子弟兵团，老乡们讲就象铁打的神兵！有一次日本鬼子发动了好几万人，还有几百辆坦克车，天空嗡嗡的尽是飞机，分了七八路进攻第五军分区。一连打了好几天，最后把五军分区司令部的人都包围在永定河北岸的一个村子里了。日本鬼子几股大兵合起来一打,却自己跟自己打到一起了,彼此打得头破血流,自己的坦克车,也跟自己的坦克车碰了头。结果五军分区的子弟兵团一个也没有了,活不见人死不见尸,吓得鬼子们都跑了。

又如冀西一军分区的子弟兵团,在许多群众的嘴里几乎刻画成为可以腾云驾雾的飞行军。一下子飞到这儿打死一个大佐,一下子飞到那儿打死一个中将。敌人装上十几门大炮,还没有拉火,就被子弟兵团全部夺了过来。

在敌人的士兵嘴里也都传说着这类英雄的神话似的传说。河北易县的大龙华,山西五台的高洪口,敌人是再也不敢轻易去了,他们的官长也放弃了在那儿作据点的企图。尤其是在大龙华。敌人这样讲——

"大大的可怕,那个地方鬼怪的有"!

在敌人的官长中间也是如此的相信,因为他们在那里,几时去,几时不但当然地吃败仗,而且每次都是死伤逾半的,"大大的败仗"!

冀中的敌人当时这样地讲子弟兵团——

"打他们的时候,连一个影子都找不着,不打他了,又跑来门口出操、上课、唱歌子,大大的不给皇军留面子!"

这话并不夸张,他们找不见子弟兵团确是一个事实。但是当子弟兵团找到他们打的时候,逃都逃不及了。至于在他们驻扎的据点附近上课、出操,却是不得已的事。在冀中四面八方,有时相距十几里路都是敌人的据点,要是进行整理训练,就只有把部队调在他一个据点的跟前,监视住他来进行这种工作。

这一些神话似的传说，并不是无中生有，相反的都是事实。不过有的地方略事夸大，或是忽略了事实的全面，有所削减，或是没有说明他的原因，失之离奇。敌寇对五军分区的扫荡不只一次了，每次都是声势浩大。老乡们传说的那一次，子弟兵团的大部分在敌人合击之前已经运动到别的地区，剩下的来不及脱离包围圈的便都把武器埋藏起来，化装成了老百姓。敌人进村之后。看见没有一个中国兵，便狡猾地集合起全村的老百姓，让小孩子去认他家的人，于是一个个的子弟兵便被小孩子叔叔、舅舅，表哥，大伯的认完了。结果敌人毫无办法，幸幸而去。

由这一个事实便说明了老百姓是如何地爱护子弟兵团。在作战的时候，他们是争先恐后，在枪林弹雨中到火线上去抬伤员，妇女们就为作战的战士烧饭……正是因为子弟兵团英勇杀敌，所以晋察冀的老百姓都有充分的胜利信心。他们虽然经常的遭受到日本鬼子的烧杀，但是在敌人进攻的时候，他们坚决的预言——

“又找死来了！”

他们毫不惧怕，毫不气馁，因为他们有子弟兵团。子弟兵团就是他们自己的！有人就这样生动地解释子弟兵团：“子弟兵是老百姓的儿子，坚决打鬼子的抗日部队的兄弟，是在晋察冀生了根儿的抗日军”。这话一点也不错。晋察冀的人民认识子弟兵团是他们自己的，而热烈地拥护子弟兵团，因此也热烈地参加子弟兵团。但这不是一个简单的道理。这是和民生的改善与民主政治的实施有着绝大的关系。也就是说如果不能注意到人民的生活，不发扬民主的精神，人民就不会有这种认识，不可能有这种情绪。

在晋察冀,已没有募兵制度,部队中也已经废除了薪饷制。子弟兵团是有组织的正规化的人民武装抗日力量,绝不是为了扩大一己的实力而募集的为个人利益而拼死的打手,所以这里面绝不容许有一丝收买现象的存在,因此兵痞,流氓、营混子、亡命之徒是他们所不需要的。

子弟兵团是动员而来的,是靠了百分之百的宣传鼓动,靠了政治动员而组织成功的,这里面不允许有拉兵、买兵、派兵等等不良的现象,这是正确的走上征兵制度的一个过渡阶段。这是靠了百分之百的政治动员的方法,丝毫没有强迫的性质才建立起来太行山铁的子弟兵团。彻底改变了"好铁不打钉,好男不当兵"的不正确观念,建树起"当兵最光荣""好男儿上前线"的正确认识。但是如象一般庸俗肤浅者流把政治动员解释作夸大的宣传,认为就是"卖膏药"的办法,也就是说实行欺骗,那也就不能成功了。

"武装动员"是晋察冀军政民的一件大事。当进行这一个工作的时候,晋察冀各机关,各部队,各群众团体一致的分工合作,为完成武装动员计划而努力。全边区有系统地从上而下,组织起动员机关——武装动员委员会。首先在报纸上、杂志上深入地解释动员意义,公布动员计划和方案,以及宣传大纲,然后在军政民各级干部中间展开热烈的、深入的、广泛的讨论。在干部动员的热潮之中,各级动员委员会所领导的,由军政民合组的,或是由政民合组的武装动员工作队,配合着全边区所有的剧团、宣传队,到各个乡村中去作深入的广泛的宣传工作,并且借以加强区村动员委员会的工作，核查、督促，改正区村动员委员会的工作。在各种方式的利用下，由中国抗战谈到国际情势，谈到抗战胜利的前途和敌后抗战，以至谈到保卫晋察冀，谈到保卫家乡。最后归结到动员武装，人民需要参加部队。不仅在道理上力求详细通俗地这样讲给每一个人听，而且是根据具体情势和晋察冀的环境详作解释说明。在原则上是要求在宣法工作上把武装动员和群众生活密切地联系起来。骨子里就是要求老百姓切实的认清，打鬼子救中国就是他们自己的责任，就如同民主的权利他们所应享有的一样。

在政府规定的优待抗属办法之外，发动群众帮助抗属耕地、砍柴、担水，或是由政府，由各群众团体给抗属送光荣旗、扁、碑、牌，儿童团、自卫队自动的规定向抗属敬礼等。从物质上精神上，含有政治意义的鼓励抗属，帮助抗属亦即是帮助了动员工作。但是单纯的优抗不是唯一的办法，还需要在积极方面进行相当的改善民主，实施民主政治，才能百分之百毫无遗憾的采取政治动员方式完成武装动员计划。晋察冀边区武装动员工作之如此完满就是因为这一缘故。

由各级动员委员会通过各级群众团体的组织，如工救会、农救会、青救会、妇救会等，或是各学校、冬学、夜校、午校及识字班等教育组织，或是村救亡室、集市、会场等群众场合，利用报告、讲演、化妆宣传、演剧、谈话、开会等等方式，广泛而深入地造成动员热潮。这是保证动员计划完成的最优越的条件。

在唐县就曾经有过这样的模范事迹。

夫妇两个，丈夫是农救会员，妻子是妇救会员。丈夫在自卫队上听到了指导员的关于武装动员的报告，农会亦开会讨论了这个问题。他回到家里对他妻子说：

“保卫晋察冀边区，保卫家乡，不仅只是政府的事，军队的事，这也是咱们两个的责任！”

妻子问丈夫要怎么办。

“咱们要动员乡亲们当子弟兵打日本鬼子，保卫边区！”

于是两个订了一个革命竞赛规定，要在一个星期之内每个人要动员三个人参加抗日部队。在这一个竞赛期间内，有时甚至忘掉吃饭去努力宣传动员，结果一星期过去了，妻子如期地完成了计划，丈夫却只动员了两个。于是又限三天，丈夫补足了一个，可是妻子又多动员了一个人，妻子对丈夫说她是胜利了。

“你看，连上我不也是四个吗”？丈夫诚恳而热情的对他妻子讲。

最后妻子光荣而胜利地把他们八个人送到县动员委员会，一齐报了名，当了子弟兵。

这不过是千百个模范例子中有趣的一个。也是至为广泛的深入的造成群众动员热潮中产生的一个。同时也只有广泛而深入的造成了群众的动员热潮，才能利用群众至群众中间，揭破并粉碎托派汪派汉奸以及顽固分子对动员工作捣乱破坏的阴谋诡计。

有了干部的动员工作，有了群众的动员热潮，在总的动员数字下，各自分派下的动员数字便得到了充分的保证。大部分的区域还能提前完成，或是超过数字。这就和动员的方式与热潮的把握有着相当的关系。譬如集团地参加子弟兵团，就是最好的方法之一。在平山、完县、唐县、阜平等地,成班成队的人民武装自卫队和青年抗日先锋队涌进了子弟兵团。以地方为单位的亲切的号召亦是最好的办法之一,譬如在平山曾经有过平山团,灵寿也成立过灵寿营,在望都、唐县、五台、盂县都曾在各该地先行成立地方的排、连、营、团,然后整队的踏入子弟兵团的营门。这样的团营在子弟兵团中并不要求消失其原来的地方性。战士们不愿分开就编在一起。至于班排连营各级干部,都还保存着群众自己所选举的。只有这些老乡们感到自己的能力和学识不够而自请辞职,没有随便撤换的情形。即是自己请辞,部队方面多是征求他们的同意,把他们送到军事学校去学习。毕业之后仍然被委担任原职。军区在最初收编部队,以及整顿反正伪军,对于原有的各级干部问题亦是如此处理。但是为了巩固部队,提高部队的战斗力,使部队有长足的进步,则必须建立政治工作,或加强政治工作。这可以说是唯一而必要的条件。在子弟兵团中不仅十分之九以上的是晋察冀的老乡,就是各级干部亦已有十分之六的比例数字。而且将来还继续增加。

利用动员大会,把握住与会群众的热潮,布置当场报名参加子弟兵团也是最好的办法之一。去年在阜平县的动员大会上,在县长一篇热烈而深刻的讲演之后,激动了当场的群众,马上报名参加的就有七十多人。

动员工作完成之后,各地就普遍而热烈地召开欢送大会。正是所谓“母亲叫儿打东洋,妻子送郎上战场!”人们是万人空巷热烈地参加,这不仅是一个形式,也是人们对他们子弟希望寄托的表现。在这庄严而活泼的场合之中,父兄妻女说出了他们对子弟夫父的期望。子弟兵团的代表，各机关团体的代表更鼓励了他们，赞扬了他们，告诉他们部队内的一切情形，告诉他们政府对抗属是如何的关怀，有什么优待抗属的办法，使欢送的人们，尤其光荣的抗属得到莫大的安慰。而这些被欢送的新战士，在这一个场合抗敌的意志更为坚决，为保卫家乡而牺牲的决心更为加强，放心地、坦然地怀着无限的温暖离开了生长他的家乡。

在唐县的一个欢送新战士的大会上曾经有过这样一桩事迹。

大会程序一项一项的快要进行完了。一位六十来岁的老太太要求讲话，主席答应了她的要求。

她走到台上这样讲：

“你们大家是最光荣的，在子弟兵打日本鬼子是顶光荣不过的事。你们都要放心勇敢地去，到战场上打死日本鬼子。不要惦记你们的家，你们的老婆，你们的孩子，你们的母亲！他们是有人照顾的。他们都放心你们，因为你们是为了保卫他们，为了杀鬼子。我就放心你们，你们要打走了鬼子再回到家里来！我有两个儿子，我也都叫他们两个同你们一同去！你们放心的勇敢的去吧！”

这一位典型的中华民族的老母亲的讲话，感动了全场的人，当场马上又有许多人报名参加子弟兵团。

其实这位老母亲的讲话是和子弟兵团的实际情形有着一些不同的。当部队驻防地接近战士的家的时候，只要不是在战斗时期，他们是可以请假回家的。战士的家属得来部队探望他们的子弟的时候，部队首长亲自予以热情诚恳的招待，还请参观他们的子弟终日生活、学习在里面的部队情形。假如妻子到部队里看丈夫的时候，部队上还会专为他们两个找一间房子，准备让他们同宿谈更多一些的知心话。这也是子弟兵团的特色。

新动员来的战士刚在欢送会上离开了温暖的乡土，随即来到被分派到的部队中。当他们刚一踏进这一个新的环境的时候马上接受到一个热烈而诚挚的弟兄的欢迎，使这一些浑身尚带有乡土气味的壮士们感到亲切的温暖和无限的兴奋，更坚定了他们抗日的意志和牺牲的决心。从此他们算是进了一所战斗的学校。

## （四）战斗的学校

新战士们踏进了部队马上感到亲切和兴奋。但这并不是暂时的，也并不是一个单纯的形式。首先他们都接到很多亲切的物质的慰劳，象在欢迎会上所承受的一样。老战士们送给他们鞋，分给他们绑腿或是军装，送给他们手巾帕子，或是铅笔、日记本。没有被子的，就两个人共同盖。这一些慰劳，都是真实的，诚恳的。

新战士到达部队之后还要经过“洗刷”。兵痞、流氓、营混子都是要被淘汰的。这一些人同年纪老的有疾病的集合在一起，给予他们一个时期的政治训练，然后发给他们旅费，送他们回到家里去。

晋察冀的民众认为不能当子弟兵是一个耻辱。人们时常这样批评一个行为不好的人——

“你看他，当兵是不成的，子弟兵里不要他！”

这儿还有一个故事。

大概是完县的一个老头子。他亲自跑到第三军分区去报名要当子弟兵。同志们说他年纪太大了,胡子都快白了,把他劝了回去。隔了几天他又来了,人们还认得他,仍然向他说服,向他解释。

“老先生,当兵是要吃苦的,爬山涉水和敌人拼命,不管刮风下雨,黑夜白天,一有命令,马上就要执行任务的!有时候连饭也吃不上。老先生上了年纪,该在家里休息了,打鬼子是我们年轻小伙子的事”!

“什么?我老?你看我还没有胡子”!其实,他是回去才把胡子剃掉的,嘴边还呈露着斑白的胡根。“当兵是俺们老百姓的权利,为什么不让我们打日本,我老,难道不是一个人?你们年轻,可以拼刺刀,打冲锋,怎见得我就不能?难道我给你们烧饭都不成?”老头儿生气了。

在这位老人诚恳而固执的“享权利”的要求下,三军分区的负责同志只好把这位老人留了下来,因为尊敬老年人,所以不让他作炊事员,让他作上士。谁知道他管理伙食比有多年经验的老上士还细心周到。处处体贴战士们,为战士着想,丝毫不顾忌增加他个人的麻烦与困难,因此他就更赢得了别人对他的信仰。在行军的时候,人们不要他背背包,说他年纪老了,应该受优待。但是他一口地不答应。他说要受优待,大家都该受优待,他一个人不能特殊,他并不老,战士们都称呼他作“不服老的老黄忠”!

新战士经过体格检查,经过鉴别之后,算是正式入伍了。虽然这是一个新的环境,但是新战士不会感到生疏。在子弟兵团中,每一个老战士都是起码要对一个新战士负责的。

在老战士亲切关怀与诚挚的帮助之下,使每一个新战士都熟悉了这个新的生活环境,他们并不要求新战士马上和他们一样,而是帮助新战士首先熟悉部队中的生活制度、工作制度、学习制度。然后逐渐地使新战士的一切和老战士一样的融合在一起。在子弟兵团中没有老战士压迫新战士的现象,没有老战士和新战士之间的隔阂。就是在战场上亦是如此。一个老战士就是一个新战士的指导员。由于老战士的帮助,消除了新战士的恐惧心理,他们教给新战士如何利用地形地物,如何瞄准射击,在冲锋的时候让新战士跟在他们后面,帮助他们刺杀敌人。这就是为什么新战士到子弟兵团中不到三天的工夫就可以和日寇撕拼的一个原因。这种帮助制度的实施也是子弟兵团的一个特色。

在一开始的时候,新战士仅只上政治课,以后逐渐地才和老战士一样的上军事课、文化课。战士的教育工作是部队各级政治机关中的宣传教育部门负责的。至于新战士的教育工作,在文化课方面首先是扫除文盲工作。子弟兵团中要求每个战士至少要认识五十个字。在救亡室,在课外还有许多识字的游戏,识字的设备。如识字牌、识字玩具等。由于战士的政治水准的提高,在部队中造成学习的热潮,每一个战士都意识到学习是必要的,只有加紧学习才能获得更多的斗争的经验,才能够更清楚的认识世界,认识中国,认识边区,以至更清楚的认识自己的任务。由于学习小组和学习讨论会的建立,由于前进的帮助落后的,把部队中的每一个人都组织到学习中间来了。

在逐渐的认识了字之后,便开始记日记了。日记有两种:即初级的识字日记和较高级的工作日记。在文化课中还有自然常识、社会进化史等课程。政治课里面最重要的就是统一战线的理论和政治常识。在子弟兵团中,没有一个人不懂得统一战线的。在民运工作部门所领导下的部队民运工作,战士们便把统一战线的理论运用到实践。

子弟兵团中的教育工作是政治工作中的一大项目,它是在"由浅入深,由具体到抽象,由理论到实践"的原则之下来进行的。在讲课方面注意复习,注意启发。譬如政治课每周六小时,于是一天讲新的,一天复习旧的。在复习的进程中就举行了个别的口头测验,或是利用问答或是用谈问题的方法进行,因此就加深了战士的了解程度。课后的小组讨论会,不但可以帮助落后的战士,而且把每个人对于每课的理悟所得也都融会贯通起来。

在军事教育中,经常进行的是瞄准射击。战术及基本战斗教练是边学边作,同样的采取了帮助制度。譬如讲到利用地形物形,便把战士带到野外,教他们认识各种地形,一边讲,一边领导着战士们作,什么地形应如何运动前进,如何接近敌人。就是这样的按照着当前最需要的战斗要求,已经规定了的军事教育计划,边学边做,使战士们逐渐的获得系统的军事知识。一旦在实际战争中间,发现了不够的地方,便进行个别科目的突击教育。譬如在大龙华战斗中发现了手榴弹投掷不准确的现象,在去年各个战斗中间发现了劈刺术落后于敌人的情形,于是按照部队的情形,个别地区的或是全体子弟兵团马上集中力量实行突击手榴弹投掷和劈刺术的教育突击。就是这样,不断地针对着部队本身的缺陷或战斗最实际的需要，补充了战斗环境中的军事教育计划，使这天天在战斗的“天生的战斗部队”在敌后培养成正规化兵团。

干部和战士同样的是在教育过程、战斗中间成长起来。在敌后，干部的来源是较少的，可以说很少地方供给现成的干部。虽然军区办过几期“军政干部学校”，由于战斗中的英勇牺牲和子弟兵团的日形扩大，还是供不应求。因此在子弟兵团中特别着重于在工作中战斗中栽培干部，提拔干部。至于干部教育，早在军区成立的时候已经有了的。

一般文化程度较低的中下级干部，是和战士一起上文化课的。至于干部的政治课多是由较高级的政治工作同志负责。最近在百般困难的斗争中，晋察冀的子弟兵团已把学习提高在非战斗时期的第一位上。建立了每日两小时的学习制度。至于所有的文化教育材料却是由军区政治部编制颁发。研究材料或参考材料或是统发，或是指定。学习进程亦是由政治部规定的。

各种学术研究会、讨论会，也都象战士在救亡室所组织的一样的在干部中间建立起来。为了检查学习的情形，建立了统一的测验制度。每月进行一次。由军区政治部制定题目，密封发到各分区的政治部，分区政治部的宣教科再分发到团政治处的宣教股。于各该驻地同日举行。团级以上干部另有论文题目，准许随意参考，但必须在一定期间内交卷，必须有独到的发挥。就是分区司令员和政治主任亦要参加这个考试的。

干部的军事教育是各级递层的教育，每在上课之前召开同级干部的“教育准备会”。这样不但在教育下级干部以至战士有充分的教育材料的准备，在准备会中教育了别人也教育了自己。

不论战士的教育或是干部的教育在平时有规律地正规地进行，就是在战时，在行军中间也没有间断地上课。这种严格的、正规的、战斗的教育工作，也是晋察冀子弟兵团的特色之一，也是进步、巩固和壮大的主要原因。正因为在教育中间使每一个人认识清楚了各个阶段国际的和国内的情势，也就认识清楚了应有的任务，努力的方向。因此，部队的质量日益提高，虽然没有优良的武器和其它新式的装备，还能在普遍的发展游击战争的同时，抓住有利的条件，大规模的进行运动战和正规战。主要的原因，就在这里。

晋察冀有过这样的故事。

在去年冬季扫荡的时候，一班子弟兵和敌人竟走到了一起。敌人看见穿的制服，及一切装备和他们一样，认为是自己人，便招呼起来。子弟兵听见了日本话才晓得跑到敌人的队伍里来了，赶紧抄起枪来乱打了一阵跑开了。那时敌人已经深入到边区各地，不是随便可以行走的，于是各自跑回家中把军服、枪支埋藏起来，穿上老百姓的衣服，一直到把队伍找到了，才又回到家里穿起军装背起枪来回到队伍里去。边区的子弟兵就是这样的孙悟空般变化多端。也是正确的教育的结果。象一般部队中开小差拖枪逃跑的现象，在子弟兵团中是没有的。

这种教育进行的另一个结果，提高了战士的政治水平和文化水平，扫除了文盲。只要在子弟兵团中一两年以上的战士，大都会用文字把他内心所要说的话写在纸上了。

晋察冀的子弟兵团就象是一座学校，实际上也可说就是一座实施抗战建国教育的战斗的学校。在这一个学校里武装了的人们，也武装起他们的头脑，成为最前进的，民族解放的战士，他们不仅在实际上担负起民族革命的神圣的战斗任务，而且在他们的头脑里还有着伟大而正确的理想，有着一个光辉灿烂的光明的前途！

### （五）自觉的群众纪律

晋察冀的子弟兵团从成立到现在，一贯的实施民主。一个保守的农民变成一个优秀的战士，就是在民主的气氛里锻炼出来的。

有的人曾经认为，在部队中讲民主是有伤长官的尊严，失掉统一指挥的效能。这种不正确的论点起初在子弟兵团的干部中间也曾有过，但是也很快地克服过来了。

子弟兵团不许打骂，因为每一个正确的道理都是讲得明，行得通的。至于说到错误，还有着程度之分，各种的原因。假如改正一个人的错误，是一个目的的话，那么达到这个目的的手段一定不会是打骂，因为有时由于一时的暴躁，或态度的欠妥是都会影响改正错误的目的的。但是只有把民主的精神渗透到每一个干部的言语、行动、思想之间，才能完全废除封建残余、不平等的个人主义表现的打骂制度，因为解释说服的精神是民主的产物。

在子弟兵团中没有强迫的纪律，只有钢铁般坚强的自觉的纪律；强迫的纪律，严格的说是保守的落后的个人纪律，自觉的纪律才是进步的革命的集团的纪律。在子弟兵团中建立在自觉的基础上的群众纪律是纪律中最大的项目之一。是和战斗纪律同等的重要。子弟兵都是人民自己养育起来的,他是人民的队伍,是坚决保护晋察冀人民,保护人民的利益的。所以群众纪律较为容易地形成子弟兵团中自觉的铁的纪律。因为他们成年累月的经常的和老乡们居住在一起,毫无隔阂,毫无恶感,因此他们能够得到群众的多方面的帮助。他们不同于人们的就是他们有着武装,穿着军服,实际上,他们同群众的关系,就是“鱼”同“水”的关系,不但不为群众所恐惧,反更为群众所拥护。这种群众纪律高度的积极性的发扬,就形成了军民一家动人的情景。敌人烧房子,子弟兵积极的帮助老百姓修理房子、盖房子。敌人抢粮食烧庄稼,子弟兵不但武装保护夏收、秋收,而且积极的帮助群众挖沟修渠,设法增加生产……在群众方面,就积极的参加战斗,军民联合打鬼子,热烈地担任战斗勤务、当差、引路、送信、运子弹、抬伤兵……这种群众纪律高度的发扬使子弟兵团的每一个指战员,不但遵守自己所定的群众纪律,而且能够遵照群众制定的条例,尊重群众的意见,接受群众的制裁。

我曾经亲眼看到过这样一件事。

一个通讯员骑了马送公事出了村口,为了走近路便走了麦田里的小路。走了没有一半,村口站岗的小孩喊住了他:

“不要走,站住,回来!”

通讯员跳下马走回来。小孩子问他认不认识字,他说认识。小孩子指着插在地边上的木牌说:

“请你念念这木牌上的字!”

通讯员有些难为情的样子,但是他说了他识字,他不能违背小孩子的命令,因为他是一位站岗的小同志。他只好念给他听:

“为了保护春耕，增加生产，任何人不准在田内小道上通过，违者处罚。”通讯员一个字一个字的念给了小孩听。

“因为你是抗日军人，不处罚你了，以后不要再从地里的小路走！”小孩子说完喊了声“敬礼”。因为儿童团员为了尊敬抗日军人，规定见了抗属和抗日军人都要敬礼的。

还记得在阜平县的广安镇，发生过这样一件事情。

十几个穿便衣的人携带着武器，来到广安，他们自称说是队伍上的，是子弟兵。他们自己在村边儿上找到了一间房子休息。站岗的自卫队怀疑了。但是又不敢拦，马上去报告自卫队的队部，和住在镇上的区公所。人们也都觉得是形迹可疑，他们还从未曾看见过这样的子弟兵，子弟兵都是穿着崭新的草绿颜色的军服。于是许多人跑到那间村旁的小屋子里去询问。因为那十几个人不让检查，就言语冲突起来，一个人就放了一枪，凑巧又伤了一个人，人们跑了，便衣子弟兵也跑了。但是自卫队的队员毫不放松在后面紧紧地暗地里跟着。同时区公所打电话给附近村庄住着的一个军区的通讯处。说是发现了土匪。于是这十来个人被调来的子弟兵包围在距广安镇三十来里路的城南庄。当子弟兵的长官见到了他们的时候，他们拿出了正式的护照和介绍信。才知道是冀中第五军分区的十几个干部，化装成便衣冲过封锁线来到这里进军事干部学校学习的。他们不了解这方面的具体环境，认为是和有着九十多日寇据点的第五军分区一样。因此警觉性提得很高，不让广安镇的老乡们检查。把他们当作敌区的群众差不多的，认为围住他们是有汉奸主使要缴他们的枪，故而放了一枪。包围部队听了知道是一个误会，便让他们开会检讨自己的错误。他们承认了解环境不够,了解群众接近群众也不够。冒昧开枪更是一种重大的错误。第二天他们推举出一个人来,随着军区派来的一位同志到广安召开群众大会。当场承认自己的错误。军区的同志向群众解释五军分区和冀西环境之不同,又讲了他们十几个人是如何冲过了日寇扎有重兵的封锁线的,还说明他们来到这里是作什么。在再三再四的诚恳承认错误的情形下,群众才原谅了他们,受伤的幸而不重,由附近驻扎的子弟兵团负责治疗,并且出了十元钱作疗养费,才算了事。

在雁北发生过下面所写的一件事。

一连子弟兵到灵丘敌区某村去游击。有人报告连长,村中某家小铺的铺掌是汉奸,曾经悬挂日本旗。于是这个连长率队就把这家小铺的货物资财予以没收,来改善部队给养。当他把这件事报告到上级,上级反映到军区的时候,军区感到这件事情错误的严重,首先是他违犯了群众纪律,在游击区、敌区如此打汉奸更破坏了我们抗日的政治影响。因为在敌区即使挂日本旗,有时是因为在日寇奸伪的压迫威胁之下,无可奈何。在敌区即使有一面日本旗还不能构成汉奸罪状,同时他又没有经过应行经过的组织系统。他应该把他所得到的报告先行检查一下,然后进行调查,调查清楚之后要报告他的上级,上级调查属实,然后下命令去执行。至于汉奸财产的没收更不是部队的任务,而是要政权机关去执行,对汉奸的审问与罪状的判决,只有军法官才有权限的。至于部队给养的改善,是要凭仗部队自身的努力,自力更生。这一件表面看来无关大体,无足轻重的事件,却包含着这许多严重的错误。因此军区在调查过这一铺掌并非汉奸时，马上派人把这个连长带到那个村子里，秘密的召开群众大会，当场由那个小铺的铺掌报告他的损失，结果和没收的数字无讹，于是把一百七十元布匹货物扫数归还，然后让那个连长在群众面前承认自己的错误。回来之后，这位连长承受了民主的审判。

这一件事情一方面说明了群众纪律在子弟兵团中是如何的重要。再一方面说明了，只有有着自觉的群众纪律的部队才能维护民众，才能尊重政权。

尊重政权，奉行政府法令，在子弟兵团中是没有丝毫折扣的。子弟兵团凡是收复一个地方，马上报告政府，从不自行委派政权工作人员。还记得在最初边区禁纸烟的时候加重卷烟税，曾经有人把漏税的纸烟送给三军分区的一位负责同志，马上遭到严厉的拒绝。

“我是不抽没上税的纸烟的！”那位同志这样的讲。

有一次我在一个专员公署亲自看到政府没收了从游击区回来的部队捎的两条纸烟。那时边区已经实行了禁绝纸烟的法令。任何人有纸烟是一律予以没收的。

我已经说过子弟兵团是在民主之下巩固扩大起来的。但是不是说没有处罚呢？这在灵丘那件事情上就已经说明了。有纪律不可免的就要伴随着处罚，但是要凭仗着处罚来维护纪律，纪律亦将失掉它积极的意义。子弟兵团的处罚亦是建立在民主精神之上。重者枪决，轻者禁闭，一般的都是说服，要他承认自己的错误，是没有打，没有骂的。但是这一些处罚也不能凭自己一时的气愤而定。首先是要用说服的方式，使违反纪律的人承认自己的错误。只要是有关大家的按其错误的轻重与范围放在班里、排里、连里……展开讨论，这样不但教育了一个人，而且也教育了所有的人。这种作法，处罚的不正确、不公平亦是要被暴露出来的。在政治上如果犯了错误的时候，是要经过思想斗争会的形式公开的斗争。严重的触犯法纪的错误是要公审的。如果破获了汉奸，必要的时候同样的利用民主的形式来审问，借以提高全体战士的警觉性！在处罚的时候也还要考察犯错误的人是初犯还是再犯，有意还是无意而决定其轻重的。

子弟兵团处决一个人是非常谨慎小心的。案情弄清楚后，经过政治部，由各伙食单位派代表开公审大会，政治部的特派员是控告人，首先报告犯罪的经过，控告的理由。然后由各代表发表意见。被告人亦有权分辩申诉，最后才将公审时大家的意见交给军法机关，有判决才能执行。但是如贻误军机、临阵脱逃等等，是没有时间经过如此的程序，那另有战斗纪律制裁，没有什么话另外好讲。的确，在子弟兵团中，即使战斗，也有战斗的民主。譬如抢阵地、夺堡垒……都是让战士自由报名，毫无命令分派强迫的性质。子弟兵团中在战斗时间从未有退缩不前，只有争先恐后，奋勇而上。这便是战斗的民主精神积极发扬的结果。战斗的民主充分发扬了战斗积极性，提高了部队的战斗力。

部队的民主是民主集中制严格的实施。经过一定的形式，每一个战士可以把他们一切意见——不管是关于部队本身或政权机关、民众团体的，经过一定的系统反映上去。各级长官对正确的，能够实施的马上采取，不对的、现在没有采择实施条件的随即给以解释。所以在子弟兵团中，只要是一道命令下来，便没有对与不对的争论，只有如何去执行，如何才能完成任务的思考，因为他们的意见能采纳的，或该采纳的都已经采纳过了。因此他们是永远相信着他们的首长。“命令如山倒”一句老话，正好是形容实施民主集中制的子弟兵团的情形。

用自己的两只眼睛来监视无数的人，那已是历史上记载着的蠢事。民主在部队中的实施就是训练无数的人，无数只眼睛使一二不良分子毫发毕露，无可逃脱。子弟兵团说明了建立和发扬部队的民主，建立自觉纪律才是树立长官威信，密切军民关系，巩固部队，扩大部队，提高部队战斗力的不二法门。

(六)请拿路条来

记得还是在平型关大战的时候，当敌人已被八路军包围，实行瓦解敌军工作，高喊缴枪不杀的时候，敌人不但不听从，反而更加顽强的趁机打起我们来。一直到战斗结束，逃不走的依然顽强抵抗，死不缴枪。当战士去抬受伤未死的敌人的时候，一不留心反被敌人死咬一口，充分的显露出日本法西斯蒂欺骗教育中毒之深，充分的表现了所谓武士道的顽强精神。

晋察冀边区的敌人是逐渐地变了，到现在差不多每一个敌人士兵的身上都带有子弟兵团用秘密方式或公开在战场上散发的“通行证”。他们保存这一些东西就象是保存每人所有的神符一样的珍贵。

在大龙华的战斗中，敌军士兵曾经有过一个小队在子弟兵团的战场上的敌军工作下自动的缴枪投降。在第四军分区所领导的一个战斗中,一个受伤的敌军跑过来自动的交枪。战斗结束后,给这一个日本反战弟兄两个养伤的办法。一个是保证他没有危险,送他到石家庄的一家医院去治疗,可以很快的治好。一个便是留在我们的医院中治疗,但是好的要慢一些。他毅然决然的采取了第二个办法,虽然告诉了他在石家庄养好伤之后,还可以随他的意回到子弟兵团来。

在无数次欢迎俘虏的大会上,无数的俘虏感动得下泪,有的当场说明他们是受到了他们国内军阀和财阀的欺骗,倾诉他们内心的痛苦。在某地一个欢迎俘虏的大会上,一位忠实而热情的日本弟兄,把他头上的帽子,使劲掷到台下,抓起旁边一位同志的帽子,端正的戴在头上,指着帽花说着不清楚的中国话:

"我也是抗日军的!"

我们放回去的俘虏,时常要在日寇所强迫召集的群众大会上,把他们所反对的官长告诉他们的中国兵如何坏,如何惨暴的话当众说出来。但是每一次都得不到好的结果。有一次在保定,一个女俘虏拍着胸膛这样讲:

"我只能讲一句话,用我的良心讲一句话,抗日军是优待我们的! 是好人!"

话还没讲了,马上被残暴的日寇堵住她的嘴,把她拖下台去。

根据军区政治部敌工部的统计,凡是释放回去的俘虏大部分都有回信来。他们的信就是交给他们驻地的老百姓,由老百姓"沿村转送",送到了他们所要送到的地方。

在晋察冀,在一般的敌人士兵中已经普遍的知道抗日军不杀俘虏,优待俘虏,他们的各级长官也都已感觉到再对士兵施行欺骗是有些棘手了。子弟兵团曾经整批的放回过几次俘虏,后来得到他们长官道谢的来函称扬子弟兵团有着“真正的武士道精神!”

有一次子弟兵团捉住了敌寇中一个高级的重要的宣抚班长。桑木师团的参谋长亲自写信给聂司令员和舒主任说他们的宣抚班长被捉来一定蒙受优待,他们很放心。但是宣抚班长的老母妻儿听到这个消息后已由东京来到了中国。非常痛苦,希望能够援例把他放回去,知道子弟兵团医院缺乏,愿意捐助两千元。并且说中日交战是两国的不幸,是没有办法的事,将来还会和好的。

聂司令员和舒主任回了他的信,告诉他确如所说那个宣抚班长是受了优待。但是因为他是宣抚班长,不能放回去。两千元不要。最后告诉他说奴隶的和平,中国是永远不要的,真正的和平是在我们民族和日本劳苦大众共同联合起来打倒日本帝国主义之后才会有的。我们要坚持正义的革命战争到底。反对非正义的侵略战争,一直战斗到把日本帝国主义驱逐到鸭绿江边。

现在晋察冀的敌人的战斗力是一天天的减退了。这是很明显的可以看出的。在最近一年的几次较大的战斗中,所谓“武士道”的顽强精神几乎一丝也没有了。晋察冀的日本士兵已逐渐的了解抛家出国,别妻离子是受了日本军阀的欺骗,来到异国充当侵略者的炮灰,而家人都被投在痛苦的深渊,在一天比一天沉重的压榨下,已经喘不过气来。他们也已经逐渐的认识了中国的人民是良善、纯朴而勇敢的人民,不是他们的官长所欺骗宣传的是懦弱无能,终日和鸦片烟灯打交道的天生的奴隶。至于中国军队更不如那些丧心病狂的疯狗也似的军阀所肆意宣传的：是杀人放火的强盗，打家劫舍的匪徒，凶残、横暴的野兽。他们已经知道了，中国的抗日部队是有纪律的进行民族革命斗争的部队，就是一支游击队的纪律也不是他们“皇军”所能比得上的。他们已经逐渐的明白了中国的抗日的人民和抗日部队正是他们的朋友，而真正的敌人是在国内终日压榨他们的大腹便便的资本家和地主，是把他们从温暖的家乡抛掷在异国的土地上作炮灰的日本军阀。他们已经逐渐认识清楚那一些在武士道面幕之下的欺骗宣传，正是他们自己的错误行径的“再版”。他们也已逐渐了解要想归国，要想求得和平必须和中国人民，中国军队携起手来，打死他们的官长，打倒日本帝国主义。

这大部分是子弟兵团敌军工作的成绩！子弟兵团的敌军工作现在已有瓦解敌军大批部队的可能，已加速敌人部队中反战运动的蓬勃生长。在晋察冀敌军中已可经常的发现反战的宣传单，在敌人军官的床头枕下都不时的发现这样的宣传品。晋察冀的敌军工作者已经把对敌宣传品散播到敌人据点之内，把敌军工作由外线提到内线。这一些宣传品也不是一般口头式的东西，而是根据各个不同阶段的军事和政治情形，联系到日本士兵本身的利害，阶级关系，精心撰构而制定的。在每次子弟兵团胜利之后也同样的发下宣传品去，说明我们胜利的原因，他们必然的失败。这一些宣传品，在遗弃于战场上的敌军兵尸身上，以后俘虏身上有了发现，甚至有的把我们的《告日本士兵书》《告日本人民书》一字不易的完整的抄在他们的日记本上。这也是敌军工作由外线提到内线的一个具体的表现。

由于敌军工作的开展，军区子弟兵团已经建立起来内外交织的侦察网，在每次战斗的时候，指挥部门的工作都需要敌军工作者参加。因为在战斗时需要敌军工作者把敌情，最近敌人内部的各方面的情况贡献出来。由于敌军工作的开展和深入，时常会需要变更战斗的部署。这就是说在晋察冀子弟兵团中已经把敌军工作提高到了战略上的地位。

这许多成绩，虽然仍为晋察冀的敌军工作者所不满意，但它是在克服许多困难中间，在一个艰苦的过程中努力的结果。

政治工作的对象有三：第一是部队本身，第二是驻地居民，第三便是敌军。敌军工作就是对敌军所施的政治工作，亦就是宣传、瓦解、组织敌军的工作。这种工作同样的是服从于教育部队、巩固部队、提高部队战斗力三大目的。只有正义的革命战争才能有这种工作。也只有坚决进行正义的革命战争的部队才能完成这种工作。

晋察冀军区在开始建立敌军工作的时候，首先感到的困难便是干部的缺乏。敌军工作干部除了必须具备坚决抗日，为民族求彻底解放而努力的一般条件外，还必须具备有懂日文，会日本语的最低限度的条件。因此训练最低限度的敌工干部就形成了当时的中心工作。在这一个训练过程中最有趣的便是战场实习，学生们跑到山上去喊日本话，喊日本口号，让日本俘虏在山下听，然后由日本俘虏改正，什么地方应该喊高一些，哪一个字发音还不正确，就是如此艰难困苦接近实践的训练出来第一批干部——晋察冀敌军工作的奠基人。

干部问题得到了初步的解决，随之而来的便是实际工作上的困难。一个战士就曾向他的连政治指导员说——

"三大纪律、八项注意我大都能遵守,都能实行,就是最后一项,我绝对办不到,让我优待俘虏,不杀俘虏那是不成功的!"

深刻的民族仇恨是深深的播种在每一个战士的心头。破除这种心理,除掉在实际工作中,在战斗中发挥敌军工作的效能之外,就只有耐心的说服,和不正确的倾向作斗争。在一开始建立政治工作部门中的敌军工作的系统的时候便集中了所有政治人员的力量来做这种解释说服的工作。诚恳地告诉战士们俘虏是失掉了战斗能力的,他们是受了敌人的欺骗而来中国充当炮灰的,如果不揭破敌阀的欺骗宣传就是增强敌人的力量,也就是减少我们自己的力量。争取了俘虏,也是扩大革命力量……

在一般的军事干部中间也存在着错误的观念。或是认为敌人是根本不可争取的,或是认为战场上的敌军工作会妨碍战斗的进行。这是畏难和不了解敌军工作的表现。当时便一方面由军区下极严格的命令,说明忽视敌军工作就是忽视政治工作,取消敌军工作就等于取消了革命的政治工作。一方面在战场上抓住时机,由敌工人员以身作则的进行敌军工作,争取模范例子说明敌军工作。

在这样艰苦斗争的过程里,晋察冀子弟兵团的敌军工作逐渐充实起来了。各连排的敌工小组也建立起来了。但是叫干部和战士喊日本话,日本口号却又不是一件容易的事。首先就是上敌工课。此外则召开敌工晚会,号召各连队进行喊话比赛,在各种晚会上及适宜的场合进行喊话比赛,或是作喊话捉俘虏的敌军工作游戏。在行军的时候把喊话当作文化娱乐工作来进行。利用各种方法,各色各样的方式来进行敌工教育。现在晋察冀的子弟兵团除掉新入伍的战士外,每一个战士最低限度都能喊三十八句日本口号,唱三支日本反战的歌子。曾经有几个俘虏说,当他们夜间在战场上听到那充满家乡风味的凄凉悲惨的歌声的时候,便想起了沉沦在痛苦的深渊里的海外的家,失掉了所有的战斗能力。

这种工作,日本帝国主义是做不成功的。惨无人道的,退步的、落后的、非正义的侵略战争在基本上就决定了他不能够做我这种工作。他对群众对我军只有屠杀和欺骗,最高明的办法便是很稀罕的把俘虏送到关外去做苦工,实行对我劳动力长期无代价的剥削,但这尚还是其他战场上的事,晋察冀的子弟兵落到敌人手里,除掉死是没有第二条路的。他也散发什么"归顺证"、"投降证"、"通行证"一类的东西,但是和卖给他们的士兵的神符一样,上面用血和泪写着两个大字:"欺骗"。也只有民族败类,忘掉自己祖宗的匪徒才会甘心情愿,膝地而行的接受这种欺骗。

在革命战争中,在我们民族解放的抗日战争中是不许有政治欺骗,不许有这种卑鄙龌龊的手段的。晋察冀子弟兵团的敌军工作,决没有丝毫欺骗。说缴枪不杀,只要是缴枪,就决不杀害,说优待俘虏,就决不虐待。

子弟兵团解送俘虏,一般的多是在夜间。当一批俘虏解送到目的地的时候,马上召集群众开欢迎大会,欢迎翻然悔悟的日本弟兄。俘虏看到会场上我们武装队伍的整齐严肃,使他感到我们的阵容是如何庄严伟大,同时在群众的队伍中,他也领略到中华民族宽大和平、热情勇敢的优良德性。在会场的阵容上,就已经揭破了日本法西斯蒂对我国军民侮蔑欺骗的宣传。俘虏住的地方,布置得都是焕然一新,在可能范围之内,尽量的作到具有日本风味,使他不感到生疏,使他有家乡之念。并且还领导着他们参观子弟兵住的地方,首长住的地方,请他们参观官长和战士们吃的毫无分别的粗粝的饭菜。虽然由于物质条件的限制,容或有着缺憾,但是一定使他知道他是受着最大的优待。尤其是每次和子弟兵团的首长谈过话之后,使他们特别的感动。有的俘虏就这样说:

"我从来没有看到过这样的官长,这样的能够打仗,如此的和蔼可亲,与士卒共甘苦,享受同等的待遇。"

俘虏的行动是自由的。在他们住的村子里可以随意的在大街小巷走来走去,而不会遇到怒眉横目监视他的人。甚至连一个武装都没有。但是并不是说对待俘虏没有警觉性,相反的警觉性提得非常之高。村中每一个和蔼可亲的老百姓都是俘虏的严密的最可靠的监视人,要想出村子,站岗的儿童团,有的还会说日本话,照样的要路条。

"日本朋友,请拿路条来!"

想逃走,那比登天还难!

对待俘虏的谈话,也是很注意的。没有敌军工作负责人的允许,是禁止随便拜访俘虏,与俘虏进行谈话的。为了怕惹起俘虏的误会或是不快之感,影响敌军工作,就是敌工人员对他们进行教育谈话也都是非常谨慎小心。

俘虏经过一个时期的教育之后,就已经大都了解了谁是他们真正的敌人,或多或少的铲除了他们传统的欺骗教育的遗毒,和法西斯蒂的军阀欺骗宣传。最后召开欢送大会送他们回去。在欢送会上,他们都能痛哭流涕的说出他们内心真正的希望,我们亦给予他们以莫大的安慰,鼓励他们执行自己才担负起来的新的革命任务。大会热烈和诚挚的情景更加深了他们的新认识。在走回原来他们部队驻扎的地方的路上常常是一步一回头的留恋的望着护送他们的中国武装弟兄。他们确实是留恋这些勇敢忠实伟大的中国人。

子弟兵团放回去的俘虏往往会遭受到他们残暴的长官的杀害。现在他们一般说是不敢了。我们送他们到放的地方是黑夜,但是放了以后到达部队的行程却是白天。在日本士兵众目睽睽之下,这些俘虏穿着新的衬衣,新的鞋袜,活生生的回来了,许多被他们遗弃了的受伤弟兄也伤愈归来了,使他们感到惭愧。他们的长官在这种人所共知的情况之下,也不好杀死这一些中国人都不肯杀的日本人,虽然他知道这是一批将来致他死命的革命种子。同时,所放回去的部队又是他原来所属的部队。日本的部队,多是带有地方性的,碍于同乡的关系,亦不好杀。否则将益形增加士兵的反感,助长反战思想。这样释放的结果,每次都弄得日本军官杀又不敢,不杀又是祸害,左右为难,结果为了脱卸自己的责任便把这些人调到别的部队,把反战的种子替我们散播到其他的部队去开花结果。这一些经过子弟兵团优待的日本兵,都已变成了穿日本军装说日本话的中国战士。这就是在晋察冀战场上的"皇军"所以失掉过去的威风的一个重要的因素。

在易县塘湖战斗中,当日寇被我包围进行敌军工作的时候,

一个日本军人曾拖住四个日本青年士兵自动的跪下缴枪,他嘴里喊着:

"抗日军好好的,不杀的!我是你们的朋友,和刘科长、金干事认识的。"

后来才晓得他并不认识第一军分区政治部敌工科的刘科长、金干事,而是在另外一个战斗中被捉到的俘虏,释放回去之后,对他秘密的讲的。那个俘虏并且送给他一张通行证,他就把通行证象神符一样的藏在他内衣的深处。

由于敌军工作的深入,子弟兵团中的敌军工作者清楚的看到敌军内部的矛盾,看到敌军和伪军之间的矛盾。在这许多矛盾中间,敌军工作者曾看中了曾被日寇所最信任的,武器精良的,驻防在保定满城一带的伪警防队。在几次的战斗中,这一支有训练的伪军曾吃过子弟兵团的狠打。当被敌军工作者选择作为工作的一个对象之后,子弟兵团也就避免和他战斗,在必要的时候亦不给予他大的杀伤。正因为警防队的官长多是具有民族意识的伪军官,所以有了接近的可能。于是英勇果断的敌军工作者就和他们畅谈中日战争的前途,中国抗战最后一定胜利的等等问题。最后谈到反正的问题。在这一个问题上,子弟兵团是不给任何条件的。政治欺骗是没有的,利用官爵禄位,子女财帛收卖的方法是绝对不用的。条件就是"坚决抗日!"在这一个条件下,为了保证其永久的坚决与英勇,为了其部队自身的巩固,就须要建立抗日的政治工作。为了作战的方便,服从统一的指挥。

这种简单明确、立场鲜明的条件,充分的感动了伪警防队的长官,他们就毅然的决定了反正。在前年的八月底驻防满城的一个大队,首先投入祖国的怀抱。当保定的两个大队在开干部会讨论应付日寇压迫的方策的时候,英勇的敌军工作者径直跑到他们的会场,报告给他们满城反正的消息,并且明白的指出他们只有反正,进行抗日的路子一条,否则他们即将遭受到日寇的解决和屠杀。在这义正词严鼓动的讲述之下,全场一致决定了反正,保定两个大队的官兵也一齐涌进了祖国的怀抱。

这一队肩荷着崭新的三八式步枪回到祖国中的人们,也兴奋了晋察冀的人民,他们沿途受到无比热烈的欢迎和丰富诚挚的慰劳。晋察冀的同胞对他们的热情和关怀也激动了他们每一个人。使每一个战士都深切的感受到从此再也不是亡国奴了,从此开始呼吸自由的空气,解脱了奴隶的枷锁。在过去,他们是连一点正确的消息都听不到,看不见的。

九月,敌人开始了对晋察冀边区的围攻,他们正驻防唐县,日寇进攻的号炮也首先在这里打响了。

"没有别的什么任何好的礼物答谢子弟兵团和边区的老乡们,只有打胜仗!"

他们官长这样对士兵讲,他们的枪口是掉转过来了。

这一仗可以说是晋察冀第一次的阵地战。敌人进攻他们防守的地区足足一夜,鬼子兵死亡了三百多人还没有攻下来。残酷的日寇在没办法中又施其残无人道的故伎,施放毒气了,可是反正过来的弟兄连动都不动一动,他们讲:"我们一定打个胜仗给老乡们看看!"

这就是今天边区子弟兵团的友军,"抗日游击军"。到现在,他们原来作战的优良长处不但没有消失，而且连续的保存。由于政治工作的建立和开展，不但保存了他们反正过来时候的战斗热情，而且使部队日益巩固与强大，也走上了正规化的途径。现在已经不再担任战斗勤务，专心一志的进行整训了。

象这样反正的队伍及由土匪改编的队伍，在边区为数不算少，叛变的情形也曾有过，特别的事情就只是一二领导者不能吃苦耐劳，抗日坚决性没有，匹马单枪的为了个人的享受再去投敌，如游击军中的指挥员石振声，第五支队司令赵玉崑等。但是他们的部下在抗日政治工作的实施中，已经清楚地认识了抗日战争，认清了他们自己的任务，已和子弟兵血肉相连不可分离地誓死反对妥协投降，坚持抗战到底。

晋察冀过去曾有着这样的笑话。

一个俘虏非常认真的向子弟兵团的敌工人员说：

“你们抗日军的头上，原来没有两支角啊！”

这句话充分的暴露了日本军阀对我国的侮蔑欺骗宣传深入到如何程度，他竟能使一个无知的农民相信抗日军人的头上生着两支犀利无比的角。但是现在由于敌军工作广泛而深入的开展，使得晋察冀的敌酋感到莫大的痛苦和威胁，对于部队的掌握已逐渐的失掉了自信。在伪军方面则日形加强了对日寇的离心力，日渐增加的杀死他们日本军官，回到祖国的怀抱。由于敌军工作的开展与深入更加显明的说明了日寇法西斯蒂的日趋没落，晋察冀的抗日力量日渐增长。

晋察冀子弟兵团的敌军工作，是在华北日寇的心腹内放上了一个爆力极大的炸弹，反攻阶段的到来，就是这枚炸弹爆发的时间。

### (七)战斗中壮大自己消灭敌人

晋察冀的子弟兵团是终日的在和敌寇搏斗中间壮大了自己。

在相持阶段到来的今天,日寇是加紧其对敌后的残酷扫荡。而尤以华北为甚。每次“扫荡”的粉碎,以至取得光荣的反扫荡的胜利,日益在敌后形成反包围的形式,把日寇逐渐的困禁于他所占据的点线之内,整个华北一共牵掣了日寇在华兵力的五分之二。在晋察冀这个地区,都是子弟兵团和军民全体流血牺牲的代价。在晋察冀,我曾亲自调查过,平均每一个军分区的医院里,经常的有着六百名以上的伤病员。

由于是在敌后,处于日寇四面包围封锁之中,物质条件的困难不是一般人所能想象到的。由于卫生设备、医药和技术人员的缺乏,许多不应该死的忠勇战士死了,不应残废的变成了残废。虽然边区对于这方面已付出了他所能有的一切力量。

国际朋友在这方面曾经给了不少的帮助,譬如美国的医疗队。在这里面要特别提出的就是中华民族的忠诚勇敢伟大的国际友人白求恩大夫,他是加拿大人,是一位精湛的医学家,一位严肃忠实的反侵略工作者,是一位伟大的国际主义的革命志士。在西班牙反法西斯蒂战争中,曾用了他的两手救护了多少的人民战士。中国揭起了民族解放的旗帜之后,他又远渡重洋来到中国,特别来到敌后的抗日堡垒、模范统一战线区晋察冀。在与日寇残酷斗争的晋察冀,他发明了战地治疗法,在火线上即行实施绑扎医疗。两年来的艰苦工作,博得了“子弟兵的母亲”的荣誉称号。在火线上没有一个战士怕受伤的。他们说:“有白大夫就什么也不怕!”但是不幸,最近在日寇去岁的冬季“扫荡”中为伤兵开刀中毒死了! 这是中国抗战的损失,尤其是晋察冀边区莫大的损失。他逝世以后,子弟兵团沉浸在伤痛的悲哀里。他的伟大名字不仅常留在晋察冀人民的脑中,而且永远光辉的标志在晋察冀模范医院和卫生学校的门楣。

在百般困难中,晋察冀的卫生工作人员创造出不少新的方法。绷带、纱布、药棉花用蒸馏消毒的方法二度三度以至四度五度的使用。在敌人扫荡的时候,晋察冀就可以说无所谓前方后方,伤病员就掩护在群众中间,医生也化装成老百姓,在各村走来走去地换药。

晋察冀是没有辉煌的医院的,这里所有的只是农村和广大的群众。距离敌人较远的村庄就变成了伤兵医院。在敌人到来的时候,村民就是最好的卫兵和护士,他们象对待自己的儿女一样,对待这些为他们流血牺牲的英勇战士。有时给伤病员送饭水,有时还代为换药。这许多伤病员在群众的掩护之下,没有一次被敌人发觉而受到危险。

卫生材料和医药,卫生人员和医生在晋察冀同子弹一样地缺乏。也许有人听了晋察冀许许多多胜利的消息以为这是笑话,或是一种宣传,我可以负责的说晋察冀的宣传工作实在作的太不够了。这是百分之百的事实,第一军分区成立到现在只领到过一万发子弹。但是他们打过半个多月的“两季战斗”,打过有名的大龙华战斗、塘湖战斗。黄土岭战斗打了七天七夜,用迫击炮弹打死了阿部中将。他们是在终日的战斗。这一些子弹,这许多枪炮并不是谁发的，而是从敌人手里抢过来的。卫生材料的医药，一样的大部分是打垮了敌人后接收过来的。晋察冀的子弟兵团就是在正确的领导下，英勇地战斗，歼灭了敌人，武装了自己。

在军需方面，晋察冀的子弟兵团需要充分的接济，需要国内国外的援助。可是外面，不论那方面的接济都是太少了。但是他们有艰苦奋斗的精神，有抗战到底的决心。他们一切都以自力更生为原则的自己努力。在战斗中培植出不少的卫生人员，就象在战斗中培植了不少优秀的指挥员一样。

晋察冀的一千二百万人民和子弟兵团每个战士都有着最后胜利的充分的信心。在这一个共同的信心之下，晋察冀凝结成一股伟大而坚强的力量。在这一股力量之前，一切困难都将被克服，就象已经克服了的不少的困难一样。

## 四、七十八县的边区政府

### （一）政治主任公署

晋察冀的全部范围，飘扬着祖国旗帜的共有七十八县。冀中全属平原，工作的开辟较晚于冀西，同时敌寇的据点也多，所以抗日政权工作一般的说来较为孱弱一些。因为冀中冀西为平汉路所隔断，为了加强工作的领导，边区政府就在冀中设立了一个政治主任公署，主任就是平原游击战争的创导者与坚持者吕正操将军，冀中区共有第六、第七、第八、第十五个专员区。冀西亦有一个政治主任公署，主任是边区政府实业处长张苏先生，共有第二、第三、第四、第五（即过去的平西专区）四个专员区。山西部分的政治主任，就是边府主任宋劭文先生，包括第一专署（晋东北）和第十一专署（察南雁北），晋察冀边区政府就在这两个政治主任公署的范围以内，工作上没有冀中的特殊情形，所以两个政治主任公署是和边府合在一块办公。

晋察冀抗日民主的正确政策的规定和实施并不是一个偶然的事情，边区政府日益走上政权正规化的道路也不是东拉一把西拉一堆乱来的结果。远在边区政府开始成立的时候，在有着伟大历史意义的晋察冀边区军政民代表大会上，关于政治问题的决议中就规定了各级政府的组织、分工和职权，规定了各级政府工作人员的生活费用（最高不得超过十八元），规定了领导方式和制度，规定了军政民三方面的正确关系，在军政民大会的宣言上还说明了政府的性质和任务。而今天的边区政府也就形成了一个各党派、各阶层、各民族共同参加的模范统一战线的抗日民主地方政府。一直到今天，他是在完成着“普遍武装人民，动员人民参战的任务”，完成着“改善人民生活，保障民主权利，肃清一切汉奸的任务”。虽然当初领到的经费仅只两千元，但是今天已做到“统一财政经济，保障部队给养的任务”。在今天，边区不仅如大会所预期成为“华北抗战的良好根据地”，而且已经形成全国的抗日民主的模范统一战线区，形成为一座辉耀世界的民族解放的灯塔，而这一座灯塔是建立在华北的敌伪盘踞的中心平津太原的附近。（引文见大会宣言）

但是这一些伟大的成绩，还并不为全边区所有的同志们所满意。边区政府主任宋劭文先生就这样的讲:“我们距离新中国的实现还差得很多!”虽然在他们的前面有着不少困难,但是他们充满了不为困难所屈服的胜利的信心。宋劭文先生这样讲:

过去的两年,我们经过了许许多多的艰难困苦,我们粉碎了一切的艰难困苦。我们将要遇到的艰难困苦,会比我们所经历的还要多得多,不过建立新中国的责任是我们的责任,也如同过去一样,我们所碰到的艰难困苦,我们是要克服的,是能够克服的,也是必然要克服了的。我们把边区筑成为一个巩固的堡垒,要把不巩固的角落巩固起来,要把边区广大群众团结在我们周围,我们要建立成新中国的模型!

这并不是自慰的、夸大的豪语。事实说明了“以往我们是胜利的”!而“永远要胜利”!(引文见《边政导报》二卷一二两期宋主任报告:《民国二十九年工作方案草案》)

在晋察冀边区,汉奸政权的“政令不出城门”已是敌伪所已共同承认的一个事实。去年定县的一个汉奸县长曾对汉奸公安局长这样的讲:

“我只不过是一个城长!”

公安局长更是感慨对之,他说:“我还只是一个门长啊!”这些城长和门长是在日寇卵翼之下而存在。在日寇的九路围攻之前,伪河北省保定道召开县长会议时随时就可在伪省府所在地保定城里召集开会,因为那一些县长的衙门并不在徐水、曲阳、定县,或是满城,而就是在保定城里。虽然在今天全边区我们只有一个阜平县城,但是只要是在必要的时间,子弟兵团就可能象最近收复唐县县城一样的收复所有的县城。广大的农村是我们的,广大的群众也是我们的,敌伪政权是"足不出户"。晋察冀边区行政委员会的政令,或每个抗日县政府的命令都还是照常的行使到敌伪盘踞的城圈子之内,城里的人民是照常的完粮纳税,把他们的子弟,青年壮丁送回祖国的怀抱。

这是边区政权工作者壮烈牺牲的代价,无数同志们一点一滴血汗所缔结成的果实。

就是靠了这些同志们的壮烈牺牲和艰苦奋斗,晋察冀结束了最初半政权性质的动员委员会时代,很快的随了军事上的胜利由三十六县的政权,扩展到四十九县,边区各级政府组织也由乡、区、县、专署、主任公署,成为一个系统的建立起来。到现在已经从敌伪的血手里夺回来七十八县的主权,使一千二百万的人民脱离了敌伪的血腥统治,享受着民主政治的人权。

到现在,晋察冀边区,军政民溶成一体的,在胜利的路上,艰苦的、沉默的、战斗的迈进着。

## (二)联合县政府

在最初,随着国军的撤退,凡是敌人占领了的区域都飞快地组织起汉奸政权来。日寇多年在华北的特务工作总算收获了相当的代价。汉奸政权的建立就是日寇以华制华毒计之政治上的实施。利用汉奸政权,日寇可以更便捷的实施其对我人力物力的攫取掠夺,达其以战养战的阴谋。在晋察冀的区域内,足供日寇三百万年用的山西藏煤的一大部分都是在晋东北。如阳泉矿、大同口泉矿。在河北更有开滦、井陉、房山和临城的煤矿。宣化龙烟铁矿、长芦的海盐、冀中的棉花亦都是日寇军需工业目前亟需要的资源。

晋察冀边区政府先天的担负起粉碎敌伪政权,揭穿日寇阴谋,建立抗日政权任务。这一个艰巨的任务,今天基本上完成了。但是这是一个艰苦奋斗的过程,譬如在边府成立的时候,部队所不能达到的地区,或是军事力量不够支撑的地方,如平西和察南雁北一些县份,或是铁路附近的一些县份,就不能马上建立起抗日政权来。

有些地方虽然日寇的势力较大,但是也不能放弃。在抗日政权建立之初,有时是子弟兵团或是游击部队先行开到敌区活动,扫荡敌伪势力,用军事的力量,提高敌占区人民胜利的信心,随之民众团体,抗日政权亦就建立起来。以后的工作就主要的是依靠了政权工作同志的艰苦奋斗。有时敌伪的势力在相连的几个县份上都是平均的强大,比如河北的易县、徐水、满城,因为是在平汉沿线,距保定又近,敌伪势力当然较强。假如每县设府即使有足够的干部,在开支上,工作上都有许多浪费,于是边区政府就设立一个易满徐联合县政府,进行三县的政权工作。由于工作的开展,抗日政权是逐渐地扩大,逐渐地缩小了敌伪政权,也就是说当工作已不是一个联合县政府所能照顾得到的时候,便单独设县。譬如现在的易县县政府就恢复了抗战前四分之三的地区的政权,就是其余四分之一的地方,我们的政令也能达到,已经形成晋察冀边区的一个巩固县份,象平山、唐县、定县、曲阳、阜平等县一样。

当然这不是一个简单过程。譬如平西的房良联合县政府，在一九三八年，只辖有二十个村子，在这仅仅的二十个村子里，能够直接管辖，丝毫不受敌伪压迫的却只有五个村子。但是现在已发展到九个区，一百一十四个村子，不巩固的区村尚不在内。民众方面，从前只有三千余民众是在祖国的怀抱，现在则已有十万人民享受民主政治的权利，团结在抗日政权的周围。这便是政权工作者艰苦奋斗的结果。他们经常地和民运工作的同志配合在一起，身上背起自己的行李，带上吃用的干粮，不顾任何危险的跑到敌区去宣传民众，教育民众，组织民众，传达政府的抗日法令，推行政府的法令，保证抗日政府法令的任务完成，或者就是进行破坏或阻止日寇汉奸的伪法令，揭露日寇汉奸的一切阴谋诡计。就是这样的一点一滴，流血流汗，一村一村的建立起抗日政权，奠定抗日政权的稳固基础。

联合县政府在边区存在的已经不多了，现在只剩下察南平西的一些县份。譬如宣化、涿鹿、怀来的宣涿怀联合县政府。涞水、涿县的涞涿县政府，平西平原上的平西专署的涞涿办事处，昌平延庆的昌延联合县政府，和上面提到的房良联合县政府等几个县，最近在肖克将军的指挥之下，接连的在三月四月中间两度粉碎了敌寇对平西的大举扫荡，在这种胜利的军事条件之下，平西各县抗日政权必也空前的开展，所以平西的几个联合县亦将单独设县。

联合县政府是在接近敌区的地方开展敌后抗日政权的一种形式。只要是在没有充分的军事力量的时候，联合县政府将随着晋察冀抗日政权的巩固与扩大而存在或消灭。

联合县政府的英明创设不仅是晋察冀行政机构上的一个特点，而且还发生了重要的政治意义。它扫除了民众几千年来一贯的对付政府的错误观念和态度。就是说取消了民众几千年传统的“衙门观念”。也就是说在敌我政治斗争的前哨上，联合县政府部分的完成了填平政府与群众之间传统的鸿沟的任务。使敌占区民众深刻的认识了抗日政府就是民众自己的政府，是给老百姓想办法打鬼子，解决日寇汉奸所加于民众身上的血腥统治的痛苦的政府。联合县政府的设立，在打破一般民众狭隘的地域观念工作上也起了相当大的作用，使群众了解到，地域观念是不应有的，有时甚至是有害的。

在联合县政府最初设立的时候，人们多是瞧不起这一政府，轻视的称之为“联合县儿”。但是由于政权工作同志的努力，实际工作的表现，现在已经一般的扫除了这种不正确的观念。

（三）县佐公署

晋察冀还有许多县份被日寇占领的铁道线切成两半，如平汉线上的定县、望都、正定等县。这些县份出于交通的艰难，造成了全面的领导上的困难。于是在区域比较大的一半设立县府，比较小的一半成立县佐公署，以便领导。

在晋东北有许多为同蒲路所贯穿的县份，为邻军强索而去，但是他们又不开展铁路附近的工作，于是把那些地方形成了荒芜的园地，变成了盗匪汉奸们活动的巢穴。我们去年由晋西北通过同蒲封锁线的时候，亲自看到了这种无理的荒芜的惨状。

距离同蒲路百余里，就等于到了敌区一样。绝望和痛苦的悲容挂在人民的脸上，在一个个村庄里，日寇汉奸的标语宣传画，和烧焦的断垣残壁形成一幅亡国图画。一点也不夸张，你越是走近同蒲路，就越是象进入到鬼域世界一样。

有一次，晋察冀的一位工作同志，因事走到阳曲（太原）县属的一个村庄，老乡们还认得他，他就是当初没有不合理撤退之前，在那一带地方工作的一位同志。老乡们见到他埋怨的说：

“你们怎么不管我们了呢？你们怎么不来了呢？我们几时没有纳粮完税，缴合理负担呢？……”

人民就象是失掉了慈母的孩子一样。

在那些地方有许多群众团体的会员写信给晋东北各民众团体的负责同志——

“我们都想着你们，没有一会儿工夫忘掉过去你们所给予的工作指示。但是你们是和政府一样的不再来了。你们难道忘掉了我们？我们是太需要你们的指导了！还告诉你们，过去的组织还被我们严密地保存着，不让任何人侵害她丝毫，就象我们曾经保证了你们不会受到丝毫侵害一样。亲爱的同志们：你们几时再到来呢？”

在人民的热切盼望与要求之下，亲爱的同志们终于回去了。晋察冀边区政府不能容忍这种对工作毫不负责的儿戏态度，边区政府不能让数十万民众沉沦于水深火热之中。假如长此以往，在这一些地区，还一定会产生出汉奸组织来，把人民驱使为日寇的牛马。到那时不仅是数县民众的痛苦，亦势必影响了晋察冀的边防，无异于给日寇在西方畅开了门户。于是边区政府便在这些县份也设立了县佐公署，专以巩固与开展同蒲路以东地区的政权工作。象这样的县份有毗邻山西第二行政区忻州、崞县，与第八行政区相连的阳曲、榆次。

平定和寿阳系与晋东南抗日根据地相邻，但为正太路所切断，亦在晋察冀这方面成立了县佐公署。

由于敌区工作的深入与健全，这些县佐公署亦可形成一个县政府的。

曾有人说晋察冀边区分割地方政权，半年来我在边区亲眼看到说这些话的人正是向国民政府领导之下的地方政府晋察冀边区“收复失地”的人，正是企图或是已经实行过的向边区进攻，迎合日寇意旨企图分割边区的人。晋察冀边区的巩固与扩大是一个现实，抗日民主政权的巩固与扩大正是边区政府的责任，亦是每一个抗日工作者，不愿作亡国奴的黄帝子孙的责任。他们是在向日寇收复失地，是在敌伪盘踞地方，是在我们国家曾经丢掉了的地方建立抗日政权。除掉日寇汉奸谁能说这是不应该呢？晋察冀的范围不但现在是扩展，而且将来也还要扩展，敌后各地都应这样的扩展！晋察冀抗日民主政权是晋察冀人民的政权，但是竟有某些人偏偏向晋察冀要政权。我亲眼看到边区诚恳的执行统一战线，把雁北，把晋东北的几县遵命让给邻封。但是我也看到这一些地方，和这些地方上的民众，马上被这些人抛入火坑，等于双手又奉于日寇，这不仅是开辟工作流血流汗的同志所痛心疾首，亦为人民所不允许，这些人们造成了对国家对民族的莫大罪恶。而以后边区政府再也不能有这种退让，积极的发挥团结抗战的真实精神。

上面所说的县佐公署和联合县政府这两种抗日政权的形式使晋察冀形成了对敌伪包围的政治上的优势，完成了政治前哨战的胜利任务。

联合县政府和县佐公署所以能够存在，而且发展，就是因为他积极的发扬了民主，形成百分之百的民众的抗日政府。

在接近敌人的地方，尤其是敌区的民众，是最深切的感受到敌伪蹂躏的痛苦，因此反抗的情绪亦就愈为高涨。这种情形造成了抗日政权建立的有力的有利条件。如果一个政权工作者单纯的把握住这一个有利的条件，有意或无意的忽略了民主，或者是认为敌区的民主会妨害政权工作的建立，那他就犯了一个错误，这一个错误会妨害政权的巩固和扩展。民主政治的实施不是说建立起一套民主政治的机构之后再给予人民以民主的权利，而是要求在一切的工作中积极发扬民主，只有这样才能把握住上述的接近敌人区域的有力的有利条件，只有如此，才能利用这有利条件建立起抗日政权，把抗日政权明显的和敌伪政权对立起来。只有如此才能粉碎敌伪军事上的优势。

也许有些人认为联合县政府和县佐公署一定有大批的武装保护，这是一个错误的想象，不合理的想象，因为这是不可能的事。假如县一级的政权机关需要武装保护，区政府和村政府也同样的需要武装保护。假如有这些武装，在政权工作的开展上就又不必采取这种工作的方式了。一个县政府要随时带着几百武装，即使可能，亦将召致日寇的注意，日寇会随时的以优势兵力向我政权机关进行摧毁。这样，一个县政府亦将没有任何时间继续不绝的进行政权的工作，终日就要为那不值得的失败的战斗而忙，一个政权机关亦就变成了军事机关，自己取消了政权工作。由单位武装保护作出发的，结论便是政权工作的取消。

边区的政权机关也并不是没有武装，每县公安局的警卫队都在百人以上。有的县份还有着地方游击队。但是这些武装不是放在政权机关的周围，星罗棋布的用以作消极的保护。他们也都有着各自的任务。在敌人进攻的时候，相反的这些武装却是分散出去积极的袭扰敌人，摧毁敌伪政权。警卫队是侦察逮捕汉奸匪徒，安定社会秩序，保障一县的人民的。说起来也或许使人惊讶，政权工作同志甚至连一把小枪都没有，仅只是带着两三个边区制造的小型手榴弹。然而所有的民众却都是政权机关和政权工作者的武装，他们的最忠实可靠的保护者。边区群众自然会给你封锁消息的，甚至日寇扑到了政权机关所住的村子，群众都会随机应变保障你的安全。这也就是实施民主，积极发扬民主的结果。

在这种工作中，还告诉我们不能忽略群众任何小的困难任何微小的要求，对于群众所提出的问题都要给以肯定或否定的详切明确的答复。在坚持政令推行实施的工作过程里要具体的了解到群众本身的困难，帮助群众克服这些困难，要给群众想办法。在政治斗争的最前线，就象是在火线上一样，要正确的了解敌人，了解自己，不能够失机，随时会有或大或小的变化，就要随时的正确的下决心，正确的进攻或是正确的退却。因为敌区是敌伪占优势的地方，民众是处在敌伪血腥的统治之下，抗日政权如果忽略了这个客观现实，不管你是有意无意，不管忽略的程度或大或小，势必和群众脱节。在敌区如果和群众脱节，无异于在战场上损坏了自己的武装。因此凡是由于敌伪造成的群众的困难,也就是抗日政权工作者本身最大的困难,也就必须用全力解决这些困难。抗日政权是解脱敌伪血腥统治的人民的政权,因此不是把人民从敌伪血手中解放出来,而使之重新放在另外的一把血手里。这是所有抗日政府必须时常警惕着的一桩不小的事体,否则在政治方面就将延缓胜利的时日,甚至铸成了对国家,对民族的莫大罪恶。

(四)娃家舅舅

在接近抗日政权的地区内驻扎的日寇时常这样的对老百姓讲:

“你们的工作人员,比抗日军还可怕!”

这一批一批比抗日军还令日寇感到可怕的工作人员就是晋察冀的敌区抗日政权工作者和敌区工作者。他们化装成老百姓,甚至连一颗手榴弹都不带,经常的出入于敌人占领的区域如入无人之境,就象在我们巩固的区域内一样自由地走来走去。

日寇不理解这个道理,可怕的是他们自己。在我们自己的国土上走来走去布置我们的工作,进行我们的工作,是我们自己——每一个中国人的神圣职责,不这样作,那才是可怕,那才是奴隶的劣根性!敌寇不能了解,也不敢去了解,群众都是我们的同胞,也都是抗日工作者的保护人,事实逼着敌寇了解,但是他只能有神话似的了解。

大龙华之役所俘获的日寇的文件中敌酋桑木师团长就这样地讲:晋察冀的组织是神秘微妙,不可理解的组织。老百姓可以随便用眼色或手势传达抗日军所要知道的消息，速度则比电话还要快！

这并不是稀奇古怪的事情，通过群众，日寇的情形我们是了若指掌。晋察冀的群众就象是一面宝镜，只是映照敌人。敌人要看这面镜子的时候是俨然一片，非要仔细看不可的时候，他亦将永远得不到他要看到的情景。日寇铁蹄锻炼出晋察冀人民的智慧，他们已经逐渐的学会怎样保护他们自己，怎样保护为了他们而不怕任何牺牲、艰苦奋斗的人们。

晋察冀的许多敌区里，敌人已经不敢再听信汉奸的话，也就是说敌人的耳目已被抗日工作者挖下来或是割掉了。在山西定襄敌人驻扎的一个村子里，村长就曾经这样公开的进行他的工作。他一面敲着锣，一面喊：

“街坊邻居们，可不能种大烟呀！种大烟是犯法呀！种了大烟要受罚呀！”

日本兵问他们喊什么，他就这样的回答：

“太君让我们种大烟，我告诉他们种大烟。”

这不是一个好玩的兴头，假如村子里有一个汉奸，村长就不敢这样喊。

有一次敌人逮住了一个人，说他是定襄县长。村子里的老乡们看到了马上告诉日本兵：

“这哪里是县长，太君逮错了，他是XX村小铺里的老板，到村里要账的。”

翻了翻那个人身上果然就带着账簿，和老百姓说的一样。

“我告诉你们吧。县长比这位老板面孔还要黑，不是小胡子，是络腮胡子。”

于是那位“老板”被释放了，他照例恭顺的向“太君”憨里憨气地鞠了一个躬，一摇一摆地走出村口。其实他就是老乡们所熟识的定襄县的抗日县长。

日寇对于晋察冀工作人员是恨之入骨的，曾想尽了种种残酷至极的办法来惨杀抗日工作同志。他们有时冒充抗日军的工作人员到各村召集村长和各群众团体开会，村干部到来之后就逮捕，施以种种的残害。这些同志也都是临危不惧，从容就义，在敌伪屠刀之下壮烈牺牲了。在曲阳、定襄、望都各地都曾发生过这样的事。

日寇无数次设法攫捕敌区工作机关、敌区工作人员，虽然回回扑空，但是他并不愚蠢，他知道这些机关，这些人是依然没有离开这个地区。这些人是顽强的站立在他们的工作岗位上，只不过是时或集合，时或分散。于是日寇时常的在夜间静悄悄的包围住一个他们认为住有抗日工作人员的村庄，直到天明，便进村挨户搜查，虽然同样的是十次中十次扑空，但是敌人却并没有料错，这些村子里在夜晚的确是住有抗日工作同志。

有一次敌人就这样包围了定襄县的一个村子，一个区长正住在这个村子里了，天明时醒来，他就感觉到不对了，但是已无法脱离日寇的包围。敌人进村搜查了，搜到他住的这家的时候，急得他实在没有办法，便跳过墙去到另外一家。他请求那家的主人，一位少妇帮助他。这时敌人又在砸这家的门了，这位主妇马上让区长睡在床上，她亲自给他把被子盖好。然后跑出去开门。敌人进来了问她床上是什么人，她说是她的丈夫。敌人让床上的人起来,她说他害了伤寒病了。但是敌人一定要床上睡的人起来。于是她很自然的,神色不动的走到床头,轻轻的拍着区长,温柔体贴的说:

“醒一醒吧,太君来看你了,不要害怕,醒一醒吧!”

她一面象妻子一样的招呼着区长,手抚摸着区长,可是用力的按住他不让他动。敌人看不出什么破绽,也就走到别家去了。

有一次一个牺盟会的秘书,在白天被围在一个村子里,敌伪搜到了他待着的那家,那家的主妇听从敌人的命令一个个告诉敌人都是什么,指着这位同志说是“娃家舅舅”。敌人找不出什么破绽去了,最后剩下一个伪军,他指着那位同志向那家主妇说——

“娃家舅舅?谁不知道他是牺盟会的秘书!”

说完也扬长而去了,伪军里面也充满了有良心的中国人啊!

就是一个小孩子,在晋察冀的敌区内也常是一位工作同志的保护者。他们不仅是凭了年龄和天真的掩护传送一些消息,就是敌人把村里所有的人集合起来,让他们认的时候,也会一个不漏掉的把那些区长、主任,一些工作同志认成他们的叔叔、伯伯、哥哥、亲戚,决不使日寇捉到他要得之而后快的人。

这一次十八集团军总政治部的摄影工作团就曾经到正太路上依靠了日寇所设“爱护村”的爱护,就在白天把一趟由石家庄开往太原的列车由头直拍至尾。部队还布置在拂晓的时候,拍摄爆破火车和子弟兵团冲杀的壮举,可惜天还没亮,就先来了一趟火车爆破了,只好勉强的拍摄了一下。

在平西的时候,我们曾亲自跑到敌区去参观,到达了距日寇据点仅仅三里地的地方。我们每到一村,老乡们便自动的在各个路口安置上岗哨,并且在敌人的来路上放上流动哨。这一次通过正太封锁线时,我们就住在一个附近十余里共有四个日寇据点的一个山村里,其中最大的一个据点,有日寇三百余名。距离车站仅十二里。第二天早晨,我们还亲自看到一个据点内的敌人,到距我们仅四里路的一个村子里烧房子。我们却安然的照常开会纪念“五四”,虽然护送我们的仅有十四人。

敌区民众所以能够如此,形成日寇的敌人,抗日工作者的保护人,一方面是由于人民具有爱国心的民族意识,一方面也是敌区工作者一滴血一滴汗、艰苦、牺牲、努力工作的成绩。每一个敌区工作者的生活、行动以及他本身的工作都是深深的渗透到群众里面感动启发他们。使群众在人间与地狱的强烈对比下认清了敌区抗日工作者是为谁而冒险牺牲。就是这样初步的把群众组织在他们的周围,组织在抗日政权的周围。

敌区工作的开辟却不是这样富有冒险的情趣,而是要在与日寇汉奸浴血的斗争中进行的。在平西接近平原的一角,我亲自看到敌区工作者开辟工作的艰苦是如何深切的动人。就是在敌人势力范围内,搬开手榴弹盖,在桌上摆着自己的武器,随时准备战斗地在与老乡们,新的村级干部们开着各种各样的会。就是在这些会议中,把群众分别组织起来,建立起各种群众团体,把群众逐渐吸收到组织中来,政权民主地产生了,村政权和区政权都建立起来了。在会议上解决了群众的困难,发动各种各样对敌伪的斗争。我亲自看到每一个新由敌区工作归来的同志是如何风尘仆仆,疲困至极。他们除掉吃饭、饮水、睡觉之外连一句话也懒得说。他们在这种地下室式的生活中，是紧张、危险、随时进行工作，几乎连睡眠时间都没有，两支肩膀肩着一张嘴的艰苦地开展工作。日寇悬赏捉拿这些同志，他们被敌人称为“没有武装只有嘴巴的匪徒”。

在山西五台山的一个抗日区长，就经常的跑到驻有敌人的山下的台怀镇和山上的寺院内去工作。他时常的碰到敌人。由于他的机警善变，从没有一次被敌人识破。有一次他挟了一只鸡到台怀镇去，路上遇到一队敌人，捉住了他问他是做什么的，他说是到台怀镇去卖鸡的。有一次他提了一包点心去五台山，路上又遇到敌人，他告诉敌人去台麓寺看二喇嘛的病，给二喇嘛送点心去的。他没有一次被敌人逮住过，他这样英勇机智的工作上的行动激动了他区里的一位助理员同志。他也要学他们的区长要到敌人据点之内去工作，无巧不巧的在路上遇到了敌人，他惶惑地站住也不是，往前走也不是，结果被敌人捉去了，后来通过汉奸的关系花了些钱才设法保了出来。

大方，不是虚伪，而是真正的大方，已是今天晋察冀工作者所逐渐养成的一个风度。机警和勇敢则是敌区工作者所必需具备的条件。机警并不是神经过敏，勇敢也不是鲁莽。曾经有过这样一个故事：一位民运工作干部，在晋东北的一个敌区里，拿着一卷文件，碰到了一队敌人时他机警的把文件坐在屁股下面，装作害病的样子。当敌人走近来，询问他的时候，他抱着肚子痛苦万分的说：“哎呀不得了，肚子痛死了！”他就坐在文件上一动不动。敌人认为真的病了。更有趣的就是也有同样的一种情形，一位同志带了不少重要的文件在路上也碰到了敌人。可巧他戴着孝,他马上机警的跑到路旁的一座坟前面把文件用火柴点着,匍匐在坟前号啕大哭,大哭其死了的母亲,敌人也就以为他是哭死人,点纸钱上坟,便毫不注意地从路上走了过去。

在河北定县也有着这样机警英勇的事件。

清风店是距定县城三十来里地的一个村庄,距村三里的地方就是平汉路清风店车站,是驻有敌人的。村子里有一个屠宰场,定县抗日县政府的税收工作人员经常的到清风店收屠宰税,有一天被汉奸发觉报告了车站上的敌人。敌人由车站出发的时候,便已有人预先到村子里报告了。但是敌人是骑摩托脚踏车来的,刚把自行车藏好,敌人就已经来了。敌人问屠宰场里的人都是谁,屠宰场的主人,便一一的向敌人介绍,哪是卖肉的,哪是杀猪的,屈尊这位收税同志做了发账先生。敌人看不出什么可疑的地方,刚要走,忽然发现猪肉上盖的收税戳记,蓝色的“验讫”,于是问猪肉上的蓝印是什么。

屠宰场的主人刚刚怔住,发账先生马上机警的说那是卖了肉的记号。因为宰猪的家儿很多,怕宰过之后弄不清楚,弄乱了,这是“我们屠宰场的标记”。说着便又把那收税的蓝印在未盖过印的猪肉上盖起那“收税的标记”来。敌人回去之后把汉奸毒打了一顿,说他“报告不实”。

河北平山是晋察冀的一个模范县,敌区是很小的。在平山的敌区遂有一个特点,就是没有良民证。这并不是敌人不发,而是平山县工作上的一个伟大的胜利。最初敌人发下良民证来之后,平山的工作同志感到这种东西对工作有很大的不方便。虽然可以自己也佩带上良民证照常去到敌区工作,但是平山的工作同志认为这不啻承认日寇汉奸的法令。平山的工作同志认为这是一种耻辱(平山的工作条件已可使工作同志有此种意念),于是决定把敌人所散发的良民证扫数收回焚毁。首先是先焚毁当时尚未收复的距平山县城三十里的温塘一区的。到了决定的那一天,所有的工作同志们便把这一区内的良民证扫数收了过来,拿到温塘附近三里地的一个地方当众进行焚毁。一方面派出人去到温塘报告敌人说是抗日军好几百来烧良民证来了,一方面派出几个基干自卫队和青年抗日先锋队带了单打一的土造手枪和手榴弹到温塘附近去扰乱敌人,吓得敌人躲在堡垒里乱放了半天枪炮不敢出来。就是这样的焚毁了良民证,同时通令敌区各村限期自行焚毁。于是良民证在平山县就肃清了。以后敌人又发了一次,用同样的方法又给他焚掉。以后只要一发,民众就自动的焚毁,使得敌人亦没法再发。因此只要有抗日的路条,便可以在平山各地自由地走来走去。

在冀中敌区工作队或是宣传队时常的和敌伪军或敌人的宣抚班先后到达一个村庄。敌人后到的时候,我们便被老乡掩护起来,有时撤出村外,有时也就化装成老百姓参加到被迫听其宣抚的老乡们的队伍中。时常的在妥贴的布置之下,在村外打枪或是当场击毙宣抚班的日寇汉奸,让他们来不及拉猪抢鸡就抱头鼠窜而逃。假如我们后到,老乡便设法通知我们。如果我们亦有武装部队配备的时候,便时常在其归途中予以袭击或歼灭。起码会把他宣抚之后抢走老百姓的东西打下来还给原主。有时两个敌对的宣传工作,在相距三四里或一二里路村庄各自进行,象是展开比赛的一样。在最初的时候敌人时常把向别的村庄抢来的东西如衣服、布匹等散发到另外一个他所宣抚的村庄。但是由于敌区工作的展开，欺骗宣传和欺骗的行为，终为敌区工作者揭发无遗。晋察冀的敌人最近除掉在他确实占领的城镇之外已不多见宣抚班的活动了。

在机警勇敢的敌区工作同志们艰苦的努力下，不仅是短兵相接的粉碎了日寇的阴谋，取得了宣传战的胜利，而且日渐地缩小了敌区，把日寇汉奸囚困在城圈子里。晋察冀边区不仅在血的斗争里锻炼出一批一批的有着坚定的政治认识的敌区工作者，同时还创造出一套敌区工作的方式和方法。这里面有两种相反的形式，即一是公开的，一是采取地下室的秘密活动的办法。当然这两种方法是并不冲突的，只要条件具备时，秘密的工作就会转变成公开的斗争。就靠这一些宝贵的经验教训在敌区建立起抗日政权，巩固扩大了晋察冀边区，而且就是在敌区也布置开展经济、文化、教育各方面的工作。譬如说，在敌区的定县，已经和政权同样的树立起经济、文化、教育各方面工作的体系，这不能说不是伟大的收获和创造。

上面所说两种方法的两个典型就是平汉线上的定县和晋东北的定襄。这两个县可以说是全属敌区。定襄是以秘密的方式出现，定县则一切是公开的进行，毫不假借。这是由于定县群众文化程度，教育认识较高，民性比较强悍，工作同志亦能把握住这些条件，积极布置工作，开展工作的缘故。

### (五)民众锄奸

在望都县曾经捉住过敌人一个很重要的宣抚班长，在前面谈敌军工作的时候说过了。那一次还同时捉到六七名有名的大汉奸。

他们是住在一个镇子上,夜间正在打牌的时候,十几个游击队员解决了镇外的哨兵,摸到他们住的地方,从被捉的打牌的汉奸口中知道了那个宣抚班长是住在另外一间屋子里,于是又捉住了那个有名的宣抚班长。当游击队把这些人绑起来往外走的时候,还经过他们的岗哨,但是那个日本哨兵竟然扭过脸去装作没有看见。由这一个事实也就说明了敌人的士兵已是如何的厌战,对他们长官的反抗情绪是如何高涨,又是如何的同情我国抗战了。

河北徐水县的大王店,是一个伪区公所所在的地方,一天夜间,伪区长、伪公安局长还有几个该区的重要汉奸头子正在区公所里打牌,那个伪区长说:

"奇怪,今天牌有些背了,又总是打错牌,有些心惊肉跳的!"

"大概是因为我来了吧!"子弟兵团的游击队的锄奸工作同志们应声挑起帘子举着驳壳枪进来了。于是毫不费气力的把所有这些汉奸一网打尽的捉了起来,回来的时候还缴了伪警的八支步枪。

子弟兵团的、政权机关的尤其是公安局的锄奸工作同志们是经常的如此出入于敌区逮捕汉奸,摧毁汉奸组织。根据晋察冀锄奸工作的经验,如果认为锄奸工作就是一种单纯的特务工作是不能收获多大效果的。晋察冀的锄奸工作告诉我们,只有给民众以民主,组织起民众来,让民众有了自己的组织,提高民众的政治认识才能完成锄奸工作的全部任务。汉奸不是一个人、两个人、千百个人所能锄得净尽的，但是在“十目所视，十手所指”之下会根绝汉奸的产生，在有组织的抗日民众前面，汉奸就难逃法网。在晋察冀，小孩子放哨捉汉奸已是司空见惯，不足为奇的事。捉拿汉奸不仅是自卫队，青抗先的工作任务之一，而且就是晋察冀一千二百万人民每一个人的任务。

在平山县有一个穷凶极恶的姓李的汉奸，他本来是某部的一个排长，被敌人俘虏之后投降了敌人。敌人委他作平山县城的宪兵队长。因为他对平山一带各方面的情形较为熟悉，便无恶不作。在他手中死去的抗日工作同志竟达百余名之多。因此他的名字便落在平山县民众锄奸组织中的汉奸册子上的第一个位置。但是他非常狡猾，从不轻易离开平山县城，使锄奸工作同志无法下手。

不久在平山县城里开了饭馆子，铺掌和蔼可亲，特别会作买卖。几个跑堂儿的伙计也是非常讨人欢喜。上灶的师傅的手艺也颇为不恶。在敌伪统治下的地方，就是开铺子也要找一个有名堂的撑腰人，于是铺掌就走门路送礼物请到了这位“李爷”李队长。以后半月十天的，铺子里总是准备一些好菜好酒请这位李队长的客。

三个月以后，这位李队长失踪了，日寇失掉这位好的助手是不甘心的，按图索骥的就到这家饭铺去找，谁知早已风去楼空，在灶火间却发现了血刀一把。问到城门站岗的警士，说是天一亮就有几个老乡抬出一个贴有“大日本皇军平山警备队”封条的箱子出城了。不久这位穷凶极恶的大汉奸的头，被装在木匣子里，“沿村转送”的号令示众了。直到今天平山的敌人还没有得到一个比这位李队长更忠实的獒狗。

这一件民众锄奸的事实已被晋察冀的戏剧工作者编成了一个很好的剧本,在各地扮演着。

定县也曾发生过这样的一件事。定县的一个汉奸首领被民众锄奸小组的同志进到城里把他捉住,用棉花塞住口,然后把他用棉被包起来,趁着黑夜从城墙上丢下来,可惜一下子给摔死了,没有得到活的。

定襄县的群众锄奸工作小组也是很健全的。这是敌区定襄所以能够建立起巩固的抗日政权的一个重要原因。在定襄只要你已和敌人相通,第二天你就将被送到天堂,在尸身上还放着你做汉奸的证据。因此,想做汉奸的人也只好安分守己的做一个抗日的老百姓了。

象这样工作着的锄奸小组,今天已遍布于晋察冀边区各地,而且日形扩大,日见增强。

在阜平曾经逮住过一个有名的女汉奸。她从抗战开始就从事于日寇的间谍工作。她曾潜入华北各战场,在晋绥军中作出过很大的成绩。而且还曾打进了八路军某个旅的政治部中工作,但是毫无所获,在将要捕她的时候,她又机警地逃走了。但是这一次来到晋察冀边区却被一个乡下妇女,一个妇救会的会员所破获。

据她自己的口供,她曾用媚术勾搭上过三十多个人为她所完全利用。最后当她已获得她所需要的东西之后,就用一种找不出形迹的方法害死那个人。三十来个人,没有一个逃出她的手掌。在临刑前她这样的讲——

“想不到我会被一个乡村妇女所破获，我虽死也佩服你们晋察冀边区！”

事实的经过是这样的。

阜平县的一个登徒子之流的人在路上和她相识。亲热的谈起来，那位登徒子便把她带到家中同住了。当然在邻里间马上传出了这个消息，于是首先就被妇救会所注意。她之所以同这个人同居，是因为在晋察冀除此以外，简直无法找到住处之故。她是企图以后找机会打入某个军事学校的。有一天她在路上和一位乡村妇女相遇，随意的攀谈起来。她以为那个妇女愚顽可欺，便随机应变的进行欺骗宣传，说什么为抗日军洗衣服多苦呀，为抗日军缝衣服多累呀，为抗日军做鞋子多费时间呀……一类的话。她满心得意她作了一桩工作，哪里晓得这位被认为愚顽可欺的乡村的妇女，把她所说的话马上报告了妇救会。于是会同政权机关把她抓送到公安局去，结果从她身上搜出了各种各样的假路条来。

敌人对于晋察冀是一丝也不放松的，他们利用各种各样的方法训练出一批一批的汉奸来，送到晋察冀。为了这样做，有时甚至把一个人弄成残废，有时利用小孩子。

在晋察冀曾经捉住过这样的汉奸，当你审问他的时候，越是问他，他就越说不出话来，只是说心里烦乱，令你毫无办法。后来又捉到一个汉奸，送到狱里，他们就和这个汉奸招呼起来，遂知道他们确是汉奸无疑，然后慢慢的利用个别谈话的方式才谈了出来：他们出发之前，日本人给他们每一个人吃下一个白色的药饼，只要谈话，他就心头烦乱，就是想说的话也说不出口来。

在三军分区、四军分区、一军分区的部队里都曾发生过小孩子投入部队来为敌人偷文件，送消息，撒毒药谋害首长的事情。

在三军分区曾有几个从敌区跑出来的小孩子要求当小鬼，但是问到他们家庭情况和跑出来的原因的时候总是含混不清。管理科的同志认为是小孩子没有什么，也就马虎过去了。但是子弟兵团的小鬼是和子弟兵一样的有着政治认识，小孩子也有着小孩子的政治警觉性。当小鬼们围着这几个新来的孩子谈话的时候，同样的发现了他们来历不甚明白的矛盾。于是小鬼们怀疑了，一个小鬼把一个小孩子拉到旁边去，告诉了他部队中的规矩，告诉他还要上课识字，这样两个人感情好了起来。最后这个小鬼送给新来的孩子一杆自来水笔，那个孩子就源源本本的把他们是如何被鬼子抓了去，如何受训练，如何派出来，派出来要做什么，都说出来了。于是小汉奸在小孩子手里破获了。

在晋察冀边区，日寇亦派去了不少的政治间谍，他们有着很高的文化程度，满口的马列主义、三民主义。他们就仗着这些资本，戴上抗日的面具，钻进晋察冀。在部队中，在各机关，各团体，甚至党派的组织中间都曾发现过他们的踪迹。这一些奸徒便是所谓托洛茨基派的徒子徒孙，和卖国贼头子汪精卫派的喽罗。但是由于晋察冀各部门组织的巩固，这些匪徒都先后落网。

这一些事实的列举并不是说晋察冀边区的锄奸组织已臻完善，锄奸工作已做到无以复加的程度。相反的还存在着不少的漏洞。但是这些漏洞是可以弥补的。每一个网结还是要加强的。由上列事实看来，晋察冀的除奸工作比全国别的地区作的好一些，或是好许多，却也是一个明显的事实。譬如你翻开汉奸报纸来看，晋察冀以外的地区，除掉一些抗日民主的统一战线的区域之外，各部队、各政权，以及部队与部队之间，部队与政权、与民众之间的关系都是相当的清楚，有的甚至了若指掌，比我们还要清楚。但是说到晋察冀，他们除了刊载一些掩饰其进攻边区每次失败的谣言之外，一切都是模糊的，以至毫无所知，假如有那便是随意的造谣、侮蔑和漫骂。这里有一点是可以注意的，这一些汉奸口中笔上的侮蔑、漫骂和造谣，时常的和抗日阵营中某些人说的话和议论象是出诸一个蓝本，毫无差异。

另外的一个事实证明，就从每次战斗中俘获的日寇的文件来研究，凡是提及晋察冀以外地区我抗日部队的部署、番号，大致没有什么错误。但是提到晋察冀，就是跟他作战的子弟兵团驻防地的地图都是概乎言之，十张中有九张半是错的，部队的番号都弄不清楚。这些事实证明了锄奸工作是如何的重要，锄奸工作在晋察冀是得到了如何伟大的胜利，锄奸工作的大大小小的胜利也大大小小的为每次粉碎日寇扫荡创造条件。

象各种工作一样，今日的锄奸工作成绩并不为晋察冀的锄奸工作同志和全体同志所满意。今天边区的锄奸工作还是偏重在防御方面，今后他们还要争取主动的锄奸工作的攻势。建立更积极的谍报工作。象相信其他工作同志们自己的希望一样，我相信他们会获取更伟大的成功，胜利永远是在他们的手中。

### （六）不带镣铐的犯人

抗战减少了不少过去一般的案件，但是特种案件如汉奸案却加多起来。这一个现象也充分地表现在晋察冀的司法工作上，根据数字的统计，这类案件占所有案件的百分之八十强。在特种案件中，汉奸案又占百分之九十。其余百分之十是服毒吸毒等案。而吸毒与汉奸又多是血肉相连。但是汉奸有大小之分，有有意无意之别，有自愿被迫之异，然而多无法令可依，更乏判例援引，晋察冀又是处于敌后，环境特殊，所以司法工作在边区是一个困难的工作，也是同样的富有创造性的工作。

晋察冀的司法工作已完全废除了刑讯，这是一个大的成功。速判速决，案无积牍，象政权其他部门工作一样。

除掉特别重要的犯人之外，在晋察冀一般的犯人都是不带镣铐的。犯人的伙食，由犯人自己管理，因此他们的饮食是逐渐的改善。虽然是在牢狱之中，有人教他唱救亡歌曲，有人给他们上政治课。每天还开小组讨论会，就象进了一个特种学校一样。在特种犯人的抗日教育工作的进行中，使得不少的汉奸翻然悔悟自行承认罪行而要求处罚。这一个工作更得到了这样一个成绩，可以说没有一个汉奸在他被判决之后，不是觉得正当的。他忏悔着自己的罪恶走入监牢或是押赴刑场。

走遍晋察冀，你找不到一座门禁森严，高墙坚垒，遍布电网的监牢。他们就是被关在老百姓院中，住在老百姓的房子里。犯人们每日除了学习之外，就是作工，如纺纱、织袜、编席……工资是他们自己的，这些钱有时则用以改善犯人的生活。

在山西的盂县曾俘获了一个伪军法官，过去是山西大学的法学士。因为他年纪已经快五十岁了，在群众中间也不曾做过什么坏事，于是把他送到五台的反省院，今天他已是那一座反省院的院长。这一个老人过去是茫无所知，现在已能滔滔的讲述抗战建国的道理。抗战胜利的远景激动了这个老人,使他也成为建设新中国的一员,如此又可见到犯人的教育工作是如何重要,又能得到什么样的效果。

由于晋察冀一切的正规化,由于晋察冀是一个敌后的战斗环境,大部分的民事案件都在村政委员会的调解委员会中解决了。为了适应敌后的战斗环境,游击环境,为了人民的方便,晋察冀的司法工作便建立了巡回审判制。这不仅可以连结一些案件,避免许多老百姓的麻烦和困难,而且可以就地切实调查案件,使判决更富有正确性。

陪审制的建立,这是边区司法工作的一个大的进步。当然在建立之后,由于各陪审团体机关代表法律常识的缺乏,或是法官对于条文的拘泥,曾增加了不少的麻烦和困难。但是这并不妨碍这种制度的优良性和正确性。使它形成了边区司法工作革命的先声。

晋察冀的司法工作人员在工作过程中是不甘落后的。一个个锻炼成具有正确的政治认识和政治思想的抗日的革命的司法工作者。

司法独立,晋察冀在形式上并没有作到,新时代的司法工作者的缺乏与培植的困难是一个重要的原因。但是在实质上,边区的司法工作却有着这样的精神。边区的司法系统是由边府的司法处到专署的司法科以及县政府的司法科,构成了三级三审制。虽然表面上是依附于政权,但是在工作上它独立的性能是被尊重的。譬如汉奸的审问和判决,只有军法官才有权。这也是保障人权的一种表现。就是部队上捉获了汉奸只要不是牵涉到部队中军法范围的案件，一样的送交政权机关的司法科处理。每县县长都是兼任该县的司法官。

在路线确定之后，干部就是决定一切的重要因素。这是一个真理。晋察冀的环境是一个并无前例的特殊的环境：司法工作亦必须有不少的改革和进步的创造。当一批一批革命的司法工作者从工作中锻炼成功的时候，我们相信晋察冀的司法工作是一定能走上真正独立的途径。形成新中国的司法工作的楷模。

## （七）到区村去

当你要来到晋察冀参观工作的时候，每一位工作同志都会告诉你：

“到区村去！”

你跑到县政府，是时常的碰不到县长、科长。机关里时常仅只有少数同志，其余的人是都到区村中去了。

“健全区村政权！”从晋察冀边区政府成立一直到现在都是政权工作日程上的一个重要项目。不论是政权工作或是民运工作，都是建筑在巩固的区村工作上的。我们常常听到定县、唐县、阜平、平山各县的名字，因为这几县的工作最好，而其好的原因，主要的是因为这几县的区村工作最好。就是依靠了区村政权的日益巩固，这区整个政权工作也就日形巩固。

区村政权的巩固说明了晋察冀边区的政权，是自下而上稳固的塔形政权。民主政治的实施当然是政权巩固的最大的一个原因，另外的一个重要原因便是行政机构的改革。在行政机构改革的工作中，“划小区”的实行是晋察冀边区一个英明的创作。

全国各县旧的区过于辽阔。纵横有超过百余里者，甚至一个大县的区的范围有超过一个小的县分者。比如河北的易县的旧区便是如此。我也曾亲自听到阜平、平山、盂县、五台等县山区的老乡们讲，他们在过去一生都不曾见过区长是什么样子的一个人。盂县的老百姓甚至以为区长还是穿胡袍，戴顶子，坐大轿的官老爷，只不过威风略比县太爷小一些罢了。在平西涿县属的一个地方“三坡”区就更是笑话，那里虽然是涿县的七区，可是根本就不曾有过区长。民国成立以后，依然沿用清朝的年号，一直到民国十八年才知道有了一个民国！这虽然是民众的落后，但是最主要的说明了过去的行政官吏都是做了些什么，说明过去行政机构的不健全。

在战时，这样辽阔的区的划分，是再也不能适应了，尤其是在敌后的战斗的环境之中是更不适合。在晋察冀要求区的划分适应战斗环境，要求能够在战斗中坚持区村政权工作，力求在战斗中能够灵活的、迅速的动员人力物力配合战斗，要求把区形成为一个真正的工作机构，而不是一个承上启下的传达机关。过去区的划分是绝不适应这种要求的。区域辽阔，交通就费时间，就不便利，工作人员亦就不敷分配，领导工作亦必然的呈现薄弱的现象。二十八年粉碎日寇对晋察冀的围攻的过程中就又充分的证明，大区一经敌人军事上的分割扰乱，区政权工作就等于瓦解，失掉了作用。因此晋察冀当局就更深切的感觉到过去的大区遗留给工作上的损失是无法弥补的，必须进行彻底的改革，于是实行“划小区”，实行“小区制”。

根据客观环境，晋察冀制订出三个划小区的原则：

一、以大道河流为界。

二、区域纵横不过三十里，辖村不过五十。

三、区内有几条山沟小道，并且包括一半以上的产粮村庄。

这三个原则不是随便厘定的，是有着充分的理由。

敌人占领交通线，修筑交通线，作成囚笼般的线的联络来分割我抗日地区。假如在区内贯穿交通线，必致形成在区内被敌人分割，造成工作领导上的莫大障碍。如果以交通线作为区境的界限，就形成工作上对敌反包围的形势。使敌寇汉奸经常在我控制之中。区域纵横不过三十里则工作人员一天便可往返，一方面使公费节省，不出旅费，一方面领导加强。在文化程度低的农村条件下，区里的工作人员经常下乡便加强了工作，变文字领导为亲切有力的口头领导。至于区内要包括几条山沟小道（当然平原例外），在战斗的时候，可以便于游击，抗日政权不易为敌摧毁。区内再有半数以上的产粮村庄，即可自足自给，食粮容易集中，不易为敌抢掠焚烧。在这几个原则之下，晋察冀所有各县都已划成了小区。

小区的划分使区政权工作更形深入，更和群众的关系密切起来。村子少了，工作就更具体而切实，领导方面自然加强。同时由于区的增多，大批的积极的优秀分子涌进到抗日政权工作中来。这样划小区主要是使每一个区在战斗期间，形成一个战斗的机构，可以在战斗中坚持工作配合战斗，平时就是一个灵活有力的工作机构。

## (八)村政委员会

从晋察冀边区成立,就开始了村选。

二十八年一月二十八日,正是在粉碎日寇的大举围攻之后,晋察冀边区政府公布了村选举法。在选举法中明白的规定只要不是汉奸,不是精神病患者,凡是年在十八岁以上,宣誓不违背国民公约的公民,不分阶级,不分党派,不分种族,不分性别,没有教育程度和财产的限制,大家一律平等的都具有选举权。并且实施不记名投票法。这种直接民选正是贯彻了民权主义的真精神,渗透着统一战线的真意义。

在进行村选的时候贴满了红红绿绿的标语。上面写着"选举真正的代表","选举认真办事,不怕困难的先进分子作村长","选举代表群众利益的村长"……一类的语句。有的村庄还高搭彩牌坊。全乡无论男女老少都是换上新的衣裳,每一个选民都佩带着红花。

在选举大会上首先由旧村长报告一年来的村政工作。村民有不清楚的地方或其他的意见,当场提出质问。旧的村长、副村长和村政委员会的委员负责答复。最后由选举出来的新村长报告一年的施政方针。他诚挚真切的报告会博得全村人民的热烈拥护。人民选举出他们自己的新村长来了,他们就这样热情的高呼:

"解决村长的困难,拥护新村长!"村长是他们自己选的,他们就给他作后盾,他们就竭诚的拥护。

选举大会的仪式是辉煌庄严,会场是热烈紧张。人们都把这一天看作一个盛大的节日，这是晋察冀人民的大典。据最近的调查，参加选举的选民平均各村已超过了百分之八十。在选举中还有这样动人的故事，一位老太太病倒在床上了，但是在选举的那一天还让她的老伴扶了她出来，亲自投她那应有的一票。晋察冀的人民对选举是这样的讲：

“这是我们的权利，我们决不放弃！”

在进行村选之先，首先在各区各村由村政机关、民运团体及名流士绅共同组织选举委员会，由该会进行各村的公民登记。然后令公民自由分组，每十五人为一组，选举一个“村民代表”。村民代表要对这十五个人负责，必须代表这十五个人的意见，否则他将被罢免另行选举。在许多的县份，妇女被选为村民代表的竟占半数以上。晋察冀的妇女已获得了她应有的政治权利和政治地位，虽然就是乡村妇女，她们已初步的踏上了政治舞台，在工作中亦充分的显露出她们的才干。由村民代表共同组织“村民代表大会”是全村的最高议事机关，村政的一切设施，代表大会有最高决定权。至于村民的意见则汇交村长副村长及村政委员会，责令实施。

在第一次村民代表大会上就选举成立“村政委员会”。村政委员会中包含调解、教育、经济和生产四个委员会。调解委员会等于行政委员会的民政处、专署和各县的民政科，等于区民政助理员的工作，负责村内一切民政事宜。晋察冀司法工作中民事案件较少，就是因为这类案件必须经过村的调解委员会的调解，调解无效时才能上告的原因。经济委员会等于行政委员会的财政处、专署和各县的财政科，等于区财政助理员的工作，负责全村财政经济工作。譬如村款的开支，合理负担的执行，账目的核算公布等等都是经济委员会的工作。教育委员会相当于行政委员会的教育处、专署和各县的教育科，等于区教育助理员的工作。如学校的成立，文盲的扫除，凡是有关教育方面的工作都由教育委员会负责。生产委员会相当于行政委员会的实业处、专署及各县的实业科，等于区实业助理员的工作。凡是有关一村的生产建设如春耕、秋收、开渠、修滩等工作，都由生产委员会来进行。

在村民代表大会上还决定各委员会一年的工作。所有的村民代表都是村政委员会的当然委员，并推举各个委员会的委员。村政委员会是全村最高执行机关。这种代表即委员的办法避免一般民意机关徒唱高调，不顾实际，或是说了不能作，有意见不能实行的不良现象，把理论与实践统一起来。

村长是村政最高负责执行的人，就象是行政委员会的主任，专署的专员，县府的县长和各区的区长一样。

等到村政委员会建立了（有的地方村政委员会的建立在村长选出之后），政权机关和民运团体的干部亦已造成村选的政治热潮，研究了村选的法令，讨论了村选进行的方法和步骤。每一个干部都深刻的了解村选的重要，村选是民主政治实施的基础。因此每一个干部都有着充分的信心，为胜利的完成村选而努力。

干部的机器活动起来，便是发动群众的引擎。在群众中进行深入的村选政治动员。利用各种方式，利用各种场合，通过各学校、团体，进行宣传解释工作，造成群众的村选热潮，甚至在每村岗哨的识字牌上，都写上有关村选的字样。在检查路条的时候，站岗的小孩子还要问民选村长的意义，要选举什么样人当村长。各群众团体这时最为活跃，广泛深入地动员到每一个组织细胞。有的还把各团体的干部合起来组织村选训练班，具体详切地讲解动员的方法，选举的方法……有的地方，各团体发动各自的会员实施小先生制，责令每一个会员要进行宣传教育三个群众了解村选。就是学校的学生也都离开学校进行村选的动员工作。在这一个工作中，小学生们上了民主政治实施的第一课村选。有时这一个村庄进行村选完毕之后，便抽调出这一村所有的干部帮助进行未完毕的村庄。有时模范村庄进行村选的时候，号召别的村庄，较为落后的村庄前来参观。在村选当中值得大书特书的是妇女的活动，这是妇女干部经常艰苦的深入下层工作的成绩。平山过去的一次村选，某村还曾因为妇女抗议而行重选的事情。

在正式进行选举之前，还有着竞选的过程，但是由于广大的人民未曾有过政治生活，竞选都不很热烈。在群众村选热潮进行到最高涨的时候，热烈庄严的村选大会开幕了，新村长由大多数的村民选举出来。人们热烈的拥护新村长，新村长也依照着村民的要求，努力工作。

就是在游击区甚至敌区，晋察冀的村选工作亦是同样热烈的进行着。譬如在定县，就是在敌人据点之内亦要进行村选，不过采取秘密的方式而已。可是，只要是没有敌人的村庄，在妥贴的布置之下，依然是热烈的召开选举大会。

我们还要提一下的便是妇女在村选中的表现。在唐县、完县、曲阳、定县、阜平、平山、望都各县，不但有妇女当选为村民代表，而且有妇女当选为村长。定县二百六十九个村长中就有三十多个女村长。在平山的村选中，妇女时常是向男子提出革命竞赛来。在晋察冀大批的先进农村，妇女涌进了新政权。譬如唐县，所有的村民代表中妇女就占三分之一。这充分的说明了妇女不但应该参政而且能够参政。在民主政治的实施中，边区妇女日渐走上了解放的大路，享受了与男子平等的民主权利。而在工作中也充分的表现出来，妇女并不落后于男人。

由于村选工作的日趋健全与完成，由于大批的积极有为的抗日先进分子涌进了村政权，消除了过去敷衍公事、抵抗公事的现象，发挥了高度的村政工作的效能。更可以明白看出的，这些民选的村长就是在战斗中间，也能独立的坚持他的工作，配合战斗。平时则各种法令得到彻底的实施，各种工作多是胜利的甚至超额的完成。

由于村政委员会的建立，扫除了村长包办，流氓地痞、土豪劣绅操纵村政的不良情形。扫除了村级干部贪污的现象，扫除了过去村长一人忙的现象。村政委员会的建立使人民具体的了解了民主政治是什么。

为了避免坏人的操纵和破坏，为了胜利的完成真正民主的村选，晋察冀是和顽固分子、流氓地痞以及干部中对村选不正确的倾向作严酷的斗争的。在村选中反对形式主义，采取深入的政治动员。反对包办，发扬民主。任何圈定的办法，今天边区的选举中都是没有的。因此在一度一度的村选之后，各种工作都得到普遍的飞跃的开展，人民对政府的信仰亦就愈深，由于民主政治的实施，晋察冀边区政府在一千二百万群众中间树立起无可摇撼的威信。

今年边区政府还预备完成全边区的区选，至于区民代表的选举是早已和村选同时开始实行的。区长的选举，在易县、盂县也已经进行了一次。为慎重起见现在先在平山、唐县几个工作健全的县份内先行实验，研究区选中各个具体的问题，寻觅区选中的各个困难，然后再通令全边区施行区选。至于县选，专区选，边区大选，只是时间上的问题而已。

### （九）开个会讨论讨论

在晋察冀，就是一位老乡遇到困难问题的时候，他就这样的讲：

“开个会讨论讨论。”

晋察冀边区从成立那天起，所有困难问题的解决，一切优良的设施，多是利用民主的方式，开会讨论的结果。由于人民政治认识的提高，在一个村子里，最高政权机关已不是村民代表大会，而是全村的村民大会了。在区里则是区代表大会。还有军政民共同召开的区政会议，就象是各县皆有的县政会议一样。

会议制度是晋察冀边区政权工作重要的领导方式之一。在县里，每一个月有一次县政会议，每半月有县政工作内部的县务会议。每月还有一次政民联席会议，由政权机关和民众团体讨论政民联系配合工作。由于工作上的需要，随时还召开军政民联席会议。县对区的会议领导每月有区长联席会，每两月轮流召开区助理员联席会。一个村公所，一个区政府，一个县政府以至专员公署就是一级一级的小型行政委员会的组织。在行政委员会中有它本身的例会,有定期的专员联席会。在专员联席会上,反映各种已作的,或正进行的一切工作情形,同时进行讨论边委会即行颁布的新法令。在各专员的县长联席会上,专员听取各县工作报告,检查各项工作,交换各县的工作经验教训,同时把专员会议席上的议决案传达给各县县长,布置开展各县新的工作。各县再斟酌实际情形拟定更具体办法。在区长联席会上传达到各区,区则根据更现实的情况召集各村村长进行讨论。就是这样一道一道的把法令实施下去,一件一件地把工作跻于完成,一个一个政治上经济上……的新建设出现在边区各地。

在会议制度、汇报制度之外,边区还进一步的建立了工作巡视制度。这一制度的实施不仅使每个法令,每种工作的实施和完成得到更大的保证,而且每一级的同志都可更具体地了解实际工作情形,不致使理论与实践脱节。这种制度推动了工作更快速度深入的开展。使边区的行政机构形成了一个活的有机体。

开会是晋察冀工作同志们的一件大事。在各种各样的会议中了解了每一个工作,布置了工作,检查了工作。在会议中学习了如何深刻了解工作,如何周密布置工作,又是如何的深入地检查工作。在会议中把实际的工作和理论的学习便捷地联系起来。在会议中教育了不少干部,更清楚的认识了干部,培植了干部。晋察冀的工作同志谁也不要放过会议的机会,这不仅只是为了在每次大会中可以使终日工作的身体和精神得到一些休息,可以换一换口味,吃些较好的饭食,最重要的是他们决不愿意放弃他这民主的权利。他要在会议上用心地听取报告,尽量地吸收别人正确的意见,他还要充分地贡献出他自己的意见。

会议制度的建立和健全奠定了晋察冀边区民主的政治领导的基础。上级指出工作中心、工作任务和工作原则,下级根据这些正确的指示依照各个不同的实际环境,大胆地具体实行。因此上级可以有多余的时间作政策上的研究,下级则充分的发挥了他们工作的积极性和创造性,充分地发挥了工作能力。在工作过程中,随时还会发生许多困难,在干部中间由于认识不清,原则把握的不深还时常的会发现一些不良倾向,和不正确的地方,但是上级当考虑到这些问题时便用指示信的方法,详详细细的向干部解释说明,指示其应走的途径,这要比一纸命令还要有效得多少倍。在这种民主的政治领导下面,边区的行政工作获得了意钋的成绩,日益走上正规化的途径。

(十)抗日民主与人民生活

抗战和民主是一件事情的两面,不能分离。人民生活的改善同样地和抗战血肉相连。

人民生活改善的一个重要项目,便是减租减息。早在二十七年二月十日,晋察冀边区政府便颁布了“减租减息单行条例”,上面有几条是这样写着:

“二、地主之土地收入,不论租佃,半种,一律照原租额减收百分之二十五。

三、钱主之利息收入,不论新债旧欠,年利率一律不准超过一分(即百分之十)……”

在这一条例中还规定了过去农村中所存在的什么杂租、小租、送礼等额外附加,什么出门利、剥牛皮、臭虫利、印子钱等高利债，一律宣布禁止。

这一个工作在开始推行的时候，曾发生了不少的困难。起初不仅地主债主不愿意，就是佃户、债务人亦发生怨言。地主不出租地了，钱主不对外借钱了，人们说是减租减息弄得没地种，没钱时也没法周转了。但是这不是正常的现象，是要积极克服的不良现象。

在五台有一个放账的地主，因别的事情去见县长，县长问他在外面一共放着多少钱，他说只有两笔，一笔一百元，一笔两百元。于是县长告诉他如果查出另外还有的时候一律不算。他于是赶紧又说出两笔账来，如此一直到他把所有在外的放款说完，总共有二千多元。于是县长和蔼的告诉他所有的债一律要一分行息。同时又派人去通知了债务人。这一件事情说明，债主的隐匿也是减租减息工作的一个困难。同时说明了这一个工作，是需要一点一滴地努力去执行。这一个工作的进行，必须和群众团体密切配合，本着统一战线的精神深入地宣传解释，个别地合理说服。到现在为止，减租减息的条例已在边区完全实现。

这一个工作是和合理负担，优待抗日军人家属的工作有着血肉相连的关系。

优待抗属是对抗日军人家属生活改善的方法，是鼓励人民参加抗日部队捍卫国家的办法。晋察冀最初实行的时候是“按口归粮”。这一种办法实施的结果使得每一个县政府入不敷出。譬如阜平粮银的收入，每年才六千元左右，而按口归粮的优待抗属每月所需即达五千余元。这种作法实在是大有困难，即使能够作到，这样优待下去一定会使有生产力的抗属，变成散懒的闲人，失掉了优抗的意义，变成了变相的收买。

二十七年二月十一日，正式颁布了“优待抗日军人家属办法”。在这里面，我们摘下几条来抄在下面：

“三、凡抗战军人家属其年龄在十六岁以下，四十六岁以上者应免其服役之义务。

四、凡抗战军人家属在二十六年九月一日以前负担之债务无力偿还者得展至抗日战争停止后偿还之。

五、抗战军人之子女及依靠其生活之弟妹等之入学费用及其本人将来退伍后之入学费用，一律免缴。

六、抗战军人家属因民刑事件起诉时，不出讼费。

七、抗战军人家属有疾病时，可由医院免费治疗。

八、政府没收之汉奸土地，抗战军人家属之贫苦者，有借用的优先权。

九、抗战军人家属向贸易局，消费合作社或其他公营事业购买生活必需品得享有九折的优待。如生活必需品发生恐慌时，政府征调之物品，抗战军人家属有购买之优先权。

十、抗战军人家属有参加生产事业的优先权，各级政府，应尽力负介绍之责。

十一、抗战军人因抗战而伤亡者应受政府的抚恤，抚恤条例另定之。

十二、……”

随着这一条例的颁发，后来又颁布了“优待出征抗敌军人家属办法实施细则”。规定的更为完整周密。在第八条内并有如下的规定：

“凡出征抗敌军人家属有下列情形之一者，得由区村优抗会，或向县优抗委员会，请求救济。

一、家庭赤贫不能维持生活者。

二、患病无力治疗者。

三、死亡不能埋葬者。

四、生产子女，无力抚养者。

五、遭遇意外灾害者。”

这上面所说的优待抗敌军人家属委员会是现在晋察冀边区普遍的县以下各级的优抗组织。是由民众团体及公正士绅共同组织的，这是负责办理抗属登记，执行优抗法令的机关。

在群众的积极支持下优待抗属的活动在晋察冀边区形成了一个政治活动。

改善人民生活，在晋察冀是一个多方面的工作。由于生产建设事业日形发达，修滩垦荒的极力提倡，生产运动的全力推动，更积极地改善了人民生活。

去年晋察冀发生了一个空前未有的灾荒。在五月的时候旱象已成，雨季到来之后，就连绵淫雨，山洪暴发。阜平，十分之八的田地是在沙河两岸，于是这些土地就都变成了木草不生的沙壤。灵寿县水地被冲的一〇二〇点五亩，旱地被冲的一〇三七点八亩，坡地被冲的一八〇四点三亩。晋察冀边区是贯穿着唐河、沙河、拒马河和滹沱河，沿河都是泛滥着山洪。房屋庐舍，牧畜林木，冲毁的冲毁，冲走的冲走，形成空前的天灾。随之敌人又来了一个空前残酷冬季扫荡，到处抢掠焚烧，甚至连山沟水道中三家五家的村庄都行烧光。譬如在曲阳第十二区的二十四个村子，被敌烧了只剩下一个山庄。但是在这样天灾人祸的局面下，晋察冀军政民全体都谨严地站立在各自的工作岗位上。很快的，仅只用了两个星期的工夫就把所有的灾情调查清楚，随之就把政府的赈款十万和华北民众的捐款有计划地马上发下去。军队在驻地帮助老乡们修理房子，或是拆庙盖新房子。帮助老乡们修滩整地，今年政府又会同边区银行发放了三百万的春耕贷款；富人亦自动的把粮食捐出来帮助了穷人；政府还集中了不少种子，先行借给农民，又集中十万石粮食办理平粜，粮价平抑了。少数跑到边区以外的民众也回来了，当前的灾难渡过了。在敌人汉奸统治下的地区是没有这些办法，也不可能有这些办法的。

晋察冀边区政府，一方面积极的尽力于改善民生，一方面积极的提倡生产。从治本的办法上安定人民的生活，丰富人民的生活。因为她是晋察冀一千二百万人民的政府。

## 五、财政经济的紧急措施

### （一）合理负担

晋察冀边区是敌后抗日根据地，在财政经济上如果没有一个系统的正确办法，不但是军队没法养活，就是抗日政权也难以支持（假如指望后方的接济是不可能的）。一切必要的开支是不可避免的，于是，晋察冀边区政府就规定了村款开支采取合理负担办法，县地方款主要的依靠田赋和税收，部队给养，则征收救国公粮。

田赋在最初本来是免了的,但是后来发觉这是一个并不正确的办法。几千年来田赋形成了人民和地方政府的一个差不多是唯一的定型的联系。交纳田赋,人民就象是依赖政府维护他底土地所有权一样。就是因为兵燹、灾荒而免除田赋亦不是一个正确办法。土地所有主不是广大的农民,而是少数的地主。田赋免掉,大多数的农民受惠无几,灾荒问题依然不能解决,而大量的土地所有者,就是荒上十年依然可以肉食,但是政府方面却减少了最大的一笔收入。在晋察冀边区抗战前各色各样的近三十种苛捐杂税都废除了,合理税收的征收,仅只出入口税、屠宰税、牧畜税等数种而已,至于烟、酒等非必需品,虽课以重税,却是寓禁于征的意思。自从统治贸易政策雷厉实行之后,非必需品已根本不能入口,为了节省食粮,酒已禁造,因此特税的收入亦就无几。至于关税,敌后根本没有。敌占城市,我占乡村,没有大工业亦就没有统税,至于盐税本来就是一种恶税,而且过去供应华北食用的长芦盐、运城盐均为日寇侵占,边区正竭力提倡土盐的开采、硝盐的煮制,当然不再事征收了,所以县级以上的款项开支,主要的还要依赖一定数目的田赋。至于村款的开支,已经说过是采取合理负担的办法。

合理负担是战时经济费筹措的一种最完善的进步的办法。本着有钱出钱的基本原则实行合理的公平负担,消除了过去穷人既出钱又出力的不平等现象。正因是合理的、公平的,所以才能是长期的、持久的,才使敌后的抗日政权得以巩固发展。

晋察冀的合理负担是根据每家的财产、收入和消费计算。

每次资产的计算方法是平均每口不及五十元者不计，在五十元以上者，每五十元算作一厘，每五百元作一分，以此类推。零数则不到三十元者不计，三十元至八十元者按五十元计。八十元以上者以百元计。收入计算的方法是按照“合理负担累进表”计算。每年每人平均收入不到三十元者免征。三十元以上每五元作一厘，每五十元作一分。从五十元至五百元之间则每五十元作一级。从五百元至一千元，每百元为一级。每级以一三为累进率计算分数。每人应征之数最高不得超过本人收入百分之三十五。资产是不累进的。人口的计算是十二岁以上者作一口计，十二岁以下者算半口。在资产方面共分土地、房屋、林木、畜养、工商业、存款等几项，在收入方面共分地租和年收值，房屋的租价，林木、畜养、工商及人力（包括智力活动）的年入，存款存粮的年入息等几项。关于资产分数是用人口数除减去负债的资产净值的商数。关于收入的分数是用人口除减去支出的净入的商数。譬如一家有六口人，其中十二岁以下者二人。按人的计算方面，全家有五口。假如此家共有资产二九〇〇元，每口平均财产为五八〇元。每人应得分数，把八十元折作百元就等于六〇〇元，除得商数为一分二厘。全家五口就是六分。又如此家每年共收入五三五元，每口平均年入为一〇七元，按合理负担累进分数表一〇五元计算是二分五厘，全家五口为十二分五厘，然把此分数与财产所共得数相加，则此家合理负担为十八分五厘。进行合理负担的时候，先由县政府印发“居户合理负担比例分数调查表”，“填表说明”及“合理负担累进分数表”。各村村公所为之翻印，然后发到各家据实填写比例分数调查表交村公所，经过村合理负担评议会的检查后，再填造两张，一张汇存村公所，一张汇报县政府备案。备案之后村中一切负担皆按分数分派。未得分数者概不负担。现在是每年进行两次，财产、收入如有变动时则重新填表计算。实行合理负担，评议会是一个重要组织。凡是七间以下的村庄，每间推代表二人，七间以上的村庄每间推代表一人，村中的农救会，工救会和商救会各推代表一人与村长共同组织之。在进行评议中间，如发现所填表格有不符实际情形者，即予以纠正。这常是发生纠纷的地方。在不服评议会的评议的时候，时常召集村民大会大家共同评议表决。一家一家应出的分数，经过评议会民主的决定，各再无异议后，便是到县政府备案，各家所担负的分数就算确定了。

当然在合理负担工作的进行中发生了不少的困难。如在最初执行合理负担时，有的地方把“有钱者出钱”的原则变成了“财主出钱”。在制定详细办法之后有许多居户以多报少甚至隐报。合理负担确是一个麻烦的工作，譬如一个人的地产不在一村，而分散各地，甚至各县，便发生了以人为准，以地为准的问题，财产的变更、增减或转移的调查问题……但是边区的政权工作者他们坚决的努力解决一时的麻烦。他们都认真的研究合理负担制度，认真的讨论执行的办法。有的地方连小学生都动员起做行合理负担的工作，他们用尽各种方法普遍的深入宣传，使群众真实地认识这个正确的制度，发动群众认真的实行这个制度，组织起群众来拥护这个制度。晋察冀的工作同志更清楚的认识合理负担是推翻过去不合理负担的财政经济的重要的积极建设。现在平山、唐县已进一步的实施了县合理负担。由于村合理负担的正确执行，在这个巩固的基础上，县合理负担做的非常之好，今年晋察冀边区政府已决定进一步建立全边区的县合理负担制度。由县合理负担再进一步便是最进步的统一累进税的实施，这是新中国财政经济的基本建设。我们相信，不久将会在晋察冀边区实现。

（二）救国公粮

随便走到晋察冀边区任何一个村庄，都可在墙壁上看见一幅一幅的醒人的壁画，纯朴的农民鼓着他诚挚的眼睛，捧着一斗漫到顶尖的黄橙橙的粮食，旁边写着"缴了粮！"有的画着一个小孩子牵着妈妈的衣服远望着丰收的田景欢快而天真的告诉妈妈："咱们努力生产，咱们多缴公粮。"

街头上通贴着花花绿绿的纸条上面写着：

缴公粮，
打鬼子，
保家乡
……

《救国公粮》是一出利用旧形式的戏，晋冀察的老百姓都喜欢看。

在晋察冀都普遍的传说着这样的模范事迹：

×村的李某是个雇农，自家没有一亩地，把作工换得的粮食都缴作了救国公粮。×村的张先生认为自己的应缴分数太少了，在动员公粮大会上自动要求增加一石。×县的工作同志跑到×县城里去，正好是某家在办喜事，逢着认识的人就拉拉袖子——

“同志，该缴救国公粮了，转告给街坊邻居一下！”

于是一批一批的救国公粮，从敌人占领的县城里运出来了。

二十七年十一月，晋察冀边区政府动员会公布了《征收公粮条例》，上面这样的写着：

“一、理由：边区以农为主，本年农产丰收，兹为坚持持久战，扩大巩固边区，充实抗战物资计，决定征收救国公粮。

二、数量：此项救国公粮由晋东北各县、冀西各县统筹小米××万石。

三、用途：此项救国公粮用以供给军食，优待抗属，救济灾荒，有余作为政府收入之一部分。

四、种类：此项救国公粮以收小米为原则，但得酌量地方物产，折支杂粮、棉花、小麦或现款。杂粮限定百分之二十五，棉花小麦各不超过百分之一。

五、缴法：

（一）各家全部收入折米计算，以其人口平均。每人平均小米一石四斗以下者不计。一石五计至二石者收百分之三，二石一计至三石者收百分之五，以上每加一石递增百分之一，增至百分之十为止。

（二）各家长年雇佣，准除工资工食，不得计入其家人口之内。

（三）有固定职业经年在外者，不得计入其家人口之内。

（四）五岁以内之儿童，一人以半人计算。

（五）经营工商业或以利息度日者，按其收入折米平均计算，在规定以内，任缴何种实物或现款。

（六）存储：此项救国公粮分在各村保管，非有政府命令或军用粮票不得动用。

（七）杂粮、山货、水果、菜蔬、棉花。烟叶、药材种种栽培之收入，及二十只以上之羊群，统以当地标准价格折合小米计算。

（八）斗秤，斗以二十七斤计算，秤以十六两计算。"

随着《缴纳公粮条例》的颁布，救国公粮即行开缴。在未开缴之先边府是多方的向下级征询意见，向民众征询意见，参考修正之后，各县应负担的数目字决定了，颁发下去，于是晋察冀全部的机轮转动起来。各县首先热烈的召开县区干部扩大会议，在会议上讨论及研究征收救国公粮的法令，商讨进行的方法，造成干部动员的热潮。再经过区村干部会议即行按照合理负担的办法分配到各个民户。于是甲区和乙区提出挑战，游击区敌占区也向巩固区打来战表，定县和唐县订立了作战协定，二专署向三专署展开了革命竞赛，"保证分配数字的完成！""超过三分之一！""采取民主的方式！""完全保证用政治动员的方式完成！"——在各色各样的号召和竞赛之下，晋察冀展开了征收救国公粮的战斗。

在二十八年总结这次成绩的时候，征收到的公粮等于期成数百分之八十七，超过必成数的百分之七强，继续着二百万元公债募集的胜利，救国公粮基本上是胜利的完成了，这才奠定了"统筹统支"办法的巩固基础，壮大了模范抗日根据地——晋察冀边区。

在二十七年三月晋察冀边区政府尚未实行统筹统支的办法之前，部队的给养是就地筹划。从四月份起晋察冀的财政经济工作上了轨道，由边区政府逐月发给军区各部队军费。关于军粮的解决是采取县合理负担办法，但是由于驻军多寡各地不同，各县负担亦就发生了不平均的现象。各级政府和部队虽然都为了粮食忙的头昏脑胀，因为没有统一的标准，驻地产粮多寡不同，结果粮食还不够分配。自从七月份以后，边区政府实行统筹统支，一方面叫军队吃公债购买的粮食，一方面发给军队现款着其自购粮食。这一办法实行之后，上面所说的现象克服了，但是在粮食的调度上，运输上又发生了不少的困难。部队直接向老百姓购粮又时常惹起不必要的军民纠纷，由县政府代购，精力时间又太浪费。

当时还有一个估计，秋季的时候，日寇一定要向边区进行一个大规模的围攻，因此军粮事先的储藏就是一桩非常重要的事情。假如再继续募集一笔公债确实是一件不容易的事情，于是就想到直接动员粮食的办法不但对老百姓方便，而且政府可以多一笔实物的正当收入，如此就可稳定钞票的发行，避免通货膨胀的危险。在当时最有利的一个条件是正值丰收。在敌人围攻的时候各县许多的粮食又遭受到日寇的焚毁和抢掠。于是在十月的反围攻的过程中，征收公粮的计划和办法就具体化了，十一月规定了“征收条例”，公布开征。

还记得在刚一到边区的时候，我们花钱买粮食跑遍了一村也买不到，老百姓向我们要“粮票”。因为他们有了粮票也就等于有了粮食,随时可以向政府凭票支领,这不只是一个莫大的方便,而且对于杜绝粮食出口资敌的工作也有莫大的帮助。就是这一件事情亦已说明救国公粮的征收和储存是得到了群众的拥护。关于粮票在“军用粮票使用办法”中是这样的规定着:

“一、本委员会(即晋察冀边区行政委员会——作者)为适应游击战争,便于军食之供给,并平衡人民负担计制定军用粮票,按各部队分发使用,爰规定本办法。

二、军用粮票分五斤票、二十斤票、一百斤票、五百斤票、一千斤票五种。领用粮食分小米、玉黍面、小麦、花料四种。

三、每月终由本委员会按各部队人数、马匹、驮骡应需给养花料数目,发给下月适量之粮票,各部队凭票向村中领用救国公粮。

四、各部队凭军用粮票向村公所领用粮食时,须通过所属区之区公所,以便分配,而免抑注之繁。如军事吃紧,往返有误者例外。

五、各区公所于各部队接洽领粮时,须就各该部队驻地附近村庄妥为分配,以免各村存粮有偏枯过剩之虞。

六、各村村公所于接到粮票时须立即按粮票所开粮类斤数照付粮食,如部队所需粮食小于粮票所开数目者,各村公所得以小额粮票找零,以便付与票额相等。

七、各村收到之军用粮票于每月月尾汇呈解区,县政府核算,就其储存救国公粮项下核销,如某村支付粮食数量超过所存救国公粮时,县区政府应从他村输入补还。

八、本办法自民国二十八年一月一日起实行。

**附则**

一、从本办法实行之日起，各部队未持军用粮票者，均不准向地方要粮食，违者法办。

二、军用粮票只限军用，不得转移民商，违者以贪污论。

三、军用粮票上所开之粮种粮数不准挖补涂改，违者粮票作废，并依法惩处。

四、军用粮票不准遗失，不挂失票。”

这种粮票制度现已进步为三联单制，手续更为清楚，核销计算更为迅速。再加上军用代办所的设立，专门办理军粮的工作，形成一个独立机构，使救国公粮就成功为晋察冀的一种健全的财政制度，妥善的解决了坚持敌后抗战的军粮供给问题。

至于救国军粮储存保管办法是以分存各该村为原则。出公粮一石者，仍由该户存储。不足一石者，数户集中一户。或放公共地点存储，所存公粮须负责保管，随时缴出，不得私自动用。

### （三）廉洁政府

晋察冀已没有薪俸制的存在。所有的工作同志都是按月发给一定的津贴，象子弟兵团一样。早在边区政府成立的时候，军政民代表大会就有着这样一个决议。

“原则上规定每月每人的待遇，最高不得超过十八元，具体规定由边区政府负责。”

事实上现在不但没有超过这个数目，而且还已经减少。在今年十月以后，各级脱离生产的政权工作同志亦和部队一样的吃用救国公粮了。

虽然津贴每月不过几元，同志们并不感到有什么不够，甚至有生活上的痛苦，相反的养成了晋察冀政府工作上的纯朴作风。这一方面是由于每一位同志对抗日工作有积极的自觉的认识，一方面由于衣食住行全由政府负责解决的缘故。因为他们并不是为了钱而工作，所以津贴的多少不在他们意中，更不是为了某个人而工作，所以反而高度的发扬了工作上的积极性。

但是贪污现象并不是完全没有，可异的地方，是这些贪污从不曾发生在上级，而只是曾经在村级干部身上发现过。过去村政权尚未健全的时候，有的村长就曾在一年内长支六七百元。在边区以外的地区，象这类的事情或许不算贪污，和“上万万元”的数目比较起来也不过九牛之一毛，但是在晋察冀，这却是一件大事。现在由于村政权的日趋健全，和反贪污斗争无情的开展，可以说已完全克服了。

在边区政府成立二周年纪念大会上，军区政治部送给边府一面锦旗，上面写着四个大字：“廉洁政府。”

这并不是一般的客套上的誉词，而是一个没有丝毫折扣的事实。

不仅是本身消极的廉洁，同时在政府中也禁绝人力、物力、财力的浪费，政权机关中没有一个闲人，全边区也没有懒汉了。在财政制度，各种工作制度确立之后，物力财力的浪费现象已铲除净尽，因此更进一步的积极的推行节约运动，这是边区政府走上正规化途径的一个具体的表现。

浪费实在是一个大问题，尤其是在“先天的穷困”中要求自力更生的晋察冀边区，他们曾预计要把晋察冀边区各级政府和子弟兵团的全部浪费节省下来，每年可达一千万元以上，这的确是一个不少的数字。譬如在平西过去土匪猖獗的时候，一个村公所每月的开支曾经是经常的到达一千元左右。过去冀中的村公所可以请客，村公所里经常的有几口大锅川流不息的作饭。晋察冀边区政府认为这是浪费现象。他们号召要展开无情的斗争，克服这种现象。假如把这笔不必要花费的钱，用在生产建设事业上，那将有相当伟大的收获，同时还附带的完成了人民生活改善的工作。

在反浪费的无情斗争中，首先建立起村概算制度。每村按四季作四项开支的概算，有账目，有单据的逐期公布，凡村公所和各群众团体都有检查账目之权。并且规定了村公所没有罚款之权，根绝了浪费的一个来源。支差费用不由村款开支，由要差的部队或机关自行出资。工作人员下乡的时候，吃一顿给一顿饭的钱，所有这一切，概不许打入村概算，因此除掉少数的办公费用之外，乡开支也就寥寥无几了。

在政府机关就是抓紧财政经济政策，坚持预决算制度，提高行政管理技术，要求一切都要有数字，要求各款各清，要求县款统一——他们检讨浪费的根源就是“自由主义”、“无原则的大方”。

和民主运动相联，反浪费斗争在边区已经成了一种群众性的斗争。群众团体对政府已在尽他的监督的作用。即使对部队的浪费，也同样的展开群众性的斗争。

这实在不是一个小的数字，假如每一个村公所每月平均浪费四十元（这一个数目在平常看来是不能算作一个大数目）晋察冀边区七十八个县，一年就要浪费七百八十余万元。所以他们说官僚刮了老百姓的钱放在自己的口袋里是贪污，边区的工作同志没有这种能力，可是许多同志不会过日子，把钱浪费掉了，客观上是和官僚造成了同样的罪恶。

他们说：

"我们惩办浪费，就要同惩办贪污一样！"

(四)边区银行

华北各省地方银行所发行的钞票在抗战开始以后，便表现了在价格上比法币低落的现象。甚至有的还须打一个对折。各省的省钞原本就不能出境，离开了本省就同废纸一样。在边区政府成立之前就感到了晋察冀这一个三省蝉联的土地上没有本位币制的痛苦。山西河北虽仅一山之隔，拿着河北票去买山西的粮食是不可能的，同样的要拿着山西票到河北买棉花亦是一样的没有办法。在当时察哈尔票和晋钞冀钞比较起来，在价值上还要低落。

在这一个地区，抗战开始以后，法币却又减少，不够流通，这一方面是由于日寇吸收我法币，以便窃取外汇的原因，一方面由于抗战开始人民相率逃亡，法币多流于后方。另外的一种情形是即使法币的筹码上足够，如在敌后市场上流通，一方面要被日寇吸收，一方面定能遭受到日寇对我经济上最大的打击。因此在边区政府成立之初（筹备期间）在二十七年二月里，同时也进行了筹备成立晋察冀边区银行。在三月二十日，晋察冀的经济堡垒——金融政策的实行者晋察冀边区银行开幕了，同时也就发行了边钞。

这是一个世界上空前未有的一个银行,恐怕亦将是一个绝后所无的银行。

我们曾去参观过这座边区金融唯一权威的银行。银行就在一个平常的山庄里,是和晋察冀一般的山村一样,并没有特异之点。只是墙壁上的标语除了“坚持抗战到底!”“反对妥协投降!打倒汉奸汪精卫!”及应时的“加紧春耕,增加生产”之类的标语外,多了“巩固边区金融堡垒!”“拥护边钞,打击伪钞!”“粉碎日寇的经济进攻!”……之类的经济标语。

在一间一间的老百姓的土坯房子里,我们参观了敌后金融巨擘,晋察冀边区银行的会计、出纳、营业、发行各工作部门。

在我们去的时候,边区西线的敌人正在增兵,我们看到边区银行正在把刚刚印好的钞票,每二十斤一包的包扎起来。他们说这是预备在打游击的时候,同志们身上背的。在发行科我们看到有二十几个小鬼在检查印刷厂刚送来新印好的钞票。他们都是贫寒农家的子弟,在我们的后方讲来,他们是要求作一个小钱庄的学徒的资格都没有的,但是他们却是抗日银行的敌后工作者。终日在他们手里成千成万的钞票在检查着,查点着数目。

我们参观归来的途中,看见一位同志赶着两匹骡子迎面走了来,他身上连一颗手榴弹都没有带。骡子驮的全是新印出来的钞票。这不禁使我想起在柏油路上疾驶的装甲汽车,和车上雄赳赳的武装。使我想到失陷了的大都市中的冲天楼厦和铁门前禁卫森严的门警,同时又联想到美国华尔街的银行抢案,因此亦就联想到所见的关于边区银行的故事。

去年冀中大举扫荡的时候，边区银行的冀中分行要把三千万元的钞票运回总行，但是情况太紧急了，实在抽不出人来护送，结果却是由老乡们按照着老法子“沿村转送”，通过敌人的平汉封锁线，安然的到达了总行。

大概是在前两年吧，当时印刷厂和银行隔离得很远，曾有一次由两三个同志押送一大批新印出的钞票到银行。途中一个民夫掉了队，夜间也没能够赶上来，在第二天，一张钞票不少的送到了银行。

边区的一千二百万民众是爱护边区银行的，因为那是他们自己的银行，他们把从祖父或是曾祖父就埋藏在地下的元宝取出来，送到边区银行，换取了崭新的边钞，把藏在身上的法币也送到边区银行换成边钞；因此边区银行的现金准备亦就日渐增多起来。

边区银行最可靠的准备金不是法币，也不是元宝，而是边区的生产。是边区每年所出产的粮食、核桃、柿子、花椒、黑枣——它的目的不是赢利，而是执行晋察冀边区的抗日金融政策，譬如今年就以四厘的微息放出了三百万春耕合作贷款，救济了边区空前的灾荒，活跃了农村经济，开展了合作事业，完成了春耕生产，也就是说发挥了它的力量，帮助完成了巩固晋察冀边区的艰巨任务。

晋察冀边区银行，有一个冀中分行，在每一个行政专员区内有一个“办事处”，每县设一个“代办所”，每一个区有“对照所”。营业项目有合作贷款，定期放款及汇兑等。前年已与华北的经济中心天津打通了汇兑关系。它最大的工作成绩之一便是吸收了法币，禁绝了法币的外流。当然政权机关和民运团体的协助是成功的原因之一。一俟将来所有边区的合作社在边区银行都有了存款的时候，晋察冀的金融就全部的更坚韧的统治起来。

“对照所”是为了兑换边币，辨别真伪，打击伪币而设，是边区银行的细胞组织。在去年冬季扫荡之前，伪联合准备银行的夫子票（因上印关公、孔子、孟子之像故名）和所有的杂钞都被边区扫数打出去，日寇汉奸便实行更无耻的对策，伪造边钞扰乱晋察冀的金融。因此每区的对照所除调换破烂的法币，及损坏了的边钞之外，还负担辨别伪钞的责任。对照所的工作同志不仅只停留在区公所，他们巡回地在每个集市上进行他们的工作。在制造和行使伪钞的条件下，边区银行引用陪审制参加审判，在积极方面又通过各群众团体，教育群众辨别真边币和伪边币。在军政民严密的配合工作下，日寇汉奸制造伪钞的无耻阴谋，又宣告破产了。

晋察冀地区在抗战前有察哈尔票，河北省银行票和山西的各种晋钞。流通在冀南的察哈尔票共有十二万左右，主要的活动地区是在涞源、灵丘和广灵三县。抗战开始后，察哈尔省银行为日寇侵占，察票如再行在我区域流通，对我即为很大的不利。于是去年一月中察南雁北办事处（今改为第十一专署）主任王斐然先生便决意打出察省伪钞，最初是贬值，以察票一元作边钞五角计算。同时涞灵广三县开征田赋，命令所有附加须完全缴纳察哈尔票最后禁止使用。就这样，边区用掉一万边钞，收回两万察钞，打出了十万伪钞，稳定了察南雁北人民的经济生活，扩展了边钞的市场。

河北省钞的滥发，在抗战前明智之士已有所责难。当时所发的数目共计九千万，这实在是一个不小的数目，虽然这是军阀搜刮的德政，究因河北省银行，还是国家的地方银行，所以最初，边区还予以维持。但是天下竟有无奇不有的事：旧河北省钞的底版被天津日寇所得到，于是敌伪大肆印发，老百姓名之为大红袍。因此边区又决定一定要打出伪钞河北票。果然就在两个星期之内所有河北伪钞全被打回敌伪的怀抱。

这并不是神话，而是一个事实，在边府开会决定之后，贬值的布告还未贴出，老百姓就已知道了消息自行贬值，以一元顶边钞九角。这一次的打击方法是采取坡度贬值，就是以边府为中心，逐渐坡度的贬值一直推到敌区。譬如在阜平值五角，再远则值六角，再远则七角、八角、九角，于是伪河北钞就飞向敌伪的怀抱。

钞票种类之多，发行之滥，是山西特色之一。在最初经过第二战区批准一元一角晋钞换一元边钞，但是后来又大量滥发十元的"大花脸"，五元的"二花脸"的结果，使得晋钞的价值一文不值。譬如在晋西北，好的时候，一身棉衣要六十元，现在买一个粽子就要一张十元的大花脸。但是当时在边区还维持着相当高的价格，于是这些晋钞便大量的向晋察冀倾注而来。这当然不是晋察冀所能支持的，最近亦宣布了停止使用晋钞。至于已经兑换进来的九十万晋钞，只好当作废纸，存放在银行里。

这一些杂钞和伪钞的打出去，都把原来活动的市场腾留给边钞。由于贸易的严格统治，合作运动的开展，边钞的基础日固，信誉日隆。使敌区的人们都是欢迎行使边钞。虽然日寇汉奸用枪毙的严重刑法处理行使边钞的人,但是不能动摇边钞的丝毫。边钞兑换法币,是无限制的。这样它使群众了解到边钞的发行是无任何问题的。边区银行是边区统筹统支的财政政策金融上的支持者,它是含有政治意义的,不是建立在单纯经济观点之上的银行,而是晋察冀边区抗战民主的金融堡垒,因此它为晋察冀一千二百万人民所热烈拥护。更加以钞票发行的谨慎,所以也不会有通货膨胀的恶性症状。相反的伪联合准备银行的夫子票却等于冥国银行钞票,没有货币价值。

现在晋察冀边区银行已经形成了边区抗日经济战场上的指挥部,它是在胜利的斗争中锻炼过来,现在已胜利的迈上一定还要胜利的经济反攻阶段。

(五)网状经济

晋察冀的经济中心不在城市,因为除了阜平之外,没有一座城池。也不在镇市,许多的大镇市,尤其是冀中都已变成了日寇的据点。在晋察冀是无数的“经济点”构成的一面强韧的经济网。我们姑且称之为网状经济倒也得体。假如这样称呼是正确的话,那么每个村庄的合作社便是晋察冀经济之网的一个结。

“我们市场上的金融,始终不能稳定,便是匪区不使用我们的货币!”这是被围困在点线之内的日寇汉奸放送出的哀鸣。但也就只是哀鸣而已。由于统治贸易的实施,晋察冀边区凡是出口货物都是对敌人没有用处的,譬如山货(柿子、花椒、核桃……),而进口货,却都是边区需要的如煤油及一切军需品等。一切必需的军用品由部队开具清单呈请专署,批准后发予免税证，则在入口时即行免税。边钞又是边区的统一货币，商人外出办货时必须换取法币，假如所办货物为非必需品、消耗品、奢侈品一类的时候，政府一定不予批准，他也就无法到边区银行换取法币。敌区商人要到边区内来办货的时候，伪钞绝对不能行使。现在的办法更进了一步，边区在贸易关系上根本不要钱，而是以货易货，拿来边区所需要的最必需品和军用品，换去商人所要的边区的非必需品，如与敌无关紧要的山货、土布等。

这一个艰巨的统治贸易工作，单只靠了一纸法令是不能够有这样的成功，最主要的是靠了各专署以及各县的贸易局。

就拿平山县的贸易局来说吧。

在二十七年度平山县一共作了一百万元的生意。二十八年度因为有敌人大小的扫荡还作了八十万元的生意。在这生意中的输出以核桃花椒为大宗，输入则以布匹、食盐、煤油为多。二十八年度由平山贸易局输出的花椒共二十万斤，核桃仁五十万斤。共占平山此两宗输出总数的三分之二，但是其余的三分之一也并不是由商贩输出，而是由各区村及县的运销合作社。

贸易局的私人股东不得超过五百元。政府是同老百姓一样的可以入股。在关系上讲，所有的贸易局都是隶属于县以上各级政府，受政府的指挥。贸易局的赢利百分之三十算救国捐，百分之三十由股东分红，百分之三十为公积金，另外百分之十是工作人员的奖金。每县贸易局的百分之三十的救国捐是政权机关收入的一笔不少的款项。

商贩的登记和稽核，税收政策正确的动用都是帮助统治贸易成功的因素。

另外，不但活跃了边区经济，而且发挥了伟大的政治作用，发挥了组织民众作用的，便是蓬勃开展中的合作事业。现在，平山、完县、唐县、曲阳等县均已完成了一村一合作社的计划。

晋察冀的合作社共有四种，即信用合作社、消费合作社、运输合作社和生产合作社。数目最多的是消费合作社，运销合作社多由县区设立，等于区和村里的贸易局工作。生产合作社是最近才蓬勃的发展。这说明了晋察冀边区最近生产事业的活跃。合作社今天遍布于边区各地，形成边区经济之网的诸结。

五台有一个木工生产合作社，今天边区的手榴弹箱子便是那个合作社所承包的。今年春耕期间，许多村区进行建立了农具合作社、种子合作社，解决了不少春耕中农具种子的问题。

去年日寇冬季扫荡开始，各地进行坚壁清野工作的时候，阜平一个村子里的合作社员首先跑到他们的合作社中，把所有的货物和农具先行藏了起来。在平山一个区里曾由妇救会负责给部队做了两千双鞋子，等到征得人们的同意，以每双五角的鞋价作为一股，共同开办了一个妇女合作社。后来开股东大会时，一千多妇女，不远三十里而来，不曾少一个。原因很简单，这一个社里有着她五角钱，她是一个股东，这因为有着她的利益，也有着她的权力，她都不放弃的缘故。

这两个事实说明了在合作普遍的开展之下，晋察冀边区的一千二百万的民众是更强韧的在组织的外面加上了经济利害关系的连锁。使所有的民众更亲切具体的感觉到彼此是休戚相关、血肉相连的抗日集体中的成员。

# 六、晋察冀的人民

## (一)“野三坡”变样了

只要一踏进晋察冀边区的境界，随时随地反映在眼帘里的是：“民众的活跃。”晋察冀人民再也不是在喘息中挣扎，而是兴奋地在战地中求生。虽然是处在敌后的战斗环境里，人们反而提高了劳动的兴趣，“没有一个懒汉！”“没有一寸荒地！”这是晋察冀的一个生产口号。在村头村尾都站立着红缨枪的岗哨。人们都有着组织，在会场上都能说出自己内心要说的话。在敌人将要来的时候，大家都做着坚壁清野的工作，把村子腾了一个空，甚至一筷一碗都不留，就是水井也都掩藏起来。敌人来了之后，还说不定在什么时候跑回村子，投上几颗手榴弹，扰乱得日寇日夜不得安宁。假如是在子弟兵团和日寇作战的时候，那就将有一幅军民合作，紧张热烈，色调鲜明的战斗画图展开在你的眼前。男男女女，老老少少，战斗锻炼了他们，鼓舞了他们，他们没有一个惊慌，作饭的作饭，烧水的烧水，“抬伤兵，送子弹”已形成了实有的场面，领路袭敌也不是什么奇迹，在必要的时候，他们一定要自动的拿起牺牲了的战士的枪支和日寇厮拼，继续顽强的坚持到战斗的胜利。他们是在战斗中生活的人们，战斗是他们生活工作的项目之一。

平西在房山涞水交界的地方有着一块方圆四五十里路的涿县属的飞地。因为有上坡、中坡、下坡之分，所以那个地区叫“三坡”。三坡周围都有着高达千仞的山峦，使他们和外面隔绝起来，形成一个独立的世界，三坡的人民一直是在封建势力统治之下，由所谓帮派的领袖“老人”掌握全部的统治权。虽然那里距离涿县、易县、保定仅百余里，但是在民国十八年才知道大清国在十八年之前就已经灭亡。人民从不知道完粮纳税，只晓得“三节两寿”（三节即五月节、八月节及旧年节，两寿是老人生辰和老人的老婆生辰），按时等于进贡的给老人送礼。直到现在，三坡的女人还是“头如篱笆”，“莲船盈尺”。据说是明朝的装束。民性强悍，野蛮异常，故名之为“野三坡”。在抗战初起的时候，由房山前线退下来的国军，曾经整团整营被“野三坡”的人民解除武装，整连整排的战士被他们活埋。八路军初到那个地方的时候，也曾有两连人被袭击，受到活埋的残酷的待遇。“野三坡”的人们骄傲的说：

“就是燕王扫北的时候也没有到过我们这儿。”

这还是在抗战初起时的情形，抗战到现在整整三年，三坡已完全变了样子，假如从开辟的那一天算起，只不过一年余的工夫，就改变了三坡，落后三四百年的人民也赶上了民族解放的革命时代，过去几十年没有做到的，现在两三年工夫全做到了。

就是在今年三月日寇空前大举扫荡平西的时候，我就眼看到在抗战前一向被目为野人的三坡人民的一队，在自卫队指导员的领导之下，在敌人的机枪声中，抬起土炮，掮着矛子跑到离村庄二十五里路上的一座山坡抗拒行将跑来的敌人。他们没有一个受伤，光荣的打击了敌人，迟滞了敌人的行动，使敌人不得不绕另一道山溜走。他们保卫了自家的村庄。

同时在这一次光荣的反扫荡当中，有一次“挺进军”进攻敌人，请一位老乡带路，那一位过去被目为野人的老乡说：

“要我带路，那得给我手榴弹！”他挺着腰板要价钱。

最后给了他四个平西自制磅重的手榴弹，才把队伍领着往前走。当和敌人打起来的时候，他和附近一班兄弟冲向了敌人的机枪阵地。途中班长和几个战士都受伤了，他却奋勇当前的跑上去，轰轰两颗手榴弹，敌人的机枪不叫啸了，队伍随着胜利的冲杀过去。他一个人抬了一挺机关枪，带着两个受伤的弟兄走下山来。在路上碰到两个汉奸赶着驮骡给敌人送给养去，他又非常机灵的逮住了汉奸，让受伤的战士骑上牲口，胜利的回到部队。

“山南”是山坡较大的一个村庄，共有七十来户人家。但是参加抗日部队的人就有七十来人，平均每家就有一个人的样子。

三坡的村长，早已亦是民选了，在封建统治下被目为野蛮的三坡人民现在亦已享受民主政治的赐予，运用民主的权利了。

这是部队民运工作的成绩，是政府民主政治实施的结果。

山西五台是一个复杂型的社会，愚昧和无知笼罩住农村，人们过着农奴生活，一村有一个识字的人，便象是有了一位圣人。但是在河边、东冶等村镇中却有着电灯、马路、水门汀的建筑物和喷吐煤烟的工厂。在那里不折不扣的三寸金莲和摩登高跟，形成了强烈的对比，但是抗战在敌后洗刷掉过去的污腐。过去向来不敢说话的五台人民，今天有了自己的政治生活了。过去见了军队就跑的五台人民，今天敢正当地和不法的顽固队伍作斗争了。向来是不出户，没有“人”的地位的五台妇女，今天也到识字班认字，高唱救亡歌曲，能在村头站岗放哨了。抗战三年，敌后完全改变了一个样子，变成了一个新的世界，由退步到进步，由愚昧到明智，由黑暗的氛围中，到达了光明的境界。同样的，民众的组织、民运工作者的艰苦卓绝的努力，是一个重要的动力。

在晋察冀边区工作的同志之间流行着这样一句含有重要意义的说法——

“哪县民运工作做的好，哪县的政权工作一定不坏！”

这不是一句口号，而是不折不扣的事实。

## （二）行路千里无狗叫

冀西的民运工作最有根基，冀中虽然开辟略晚，但是受到日寇的蹂躏更为残酷，同时一般人民的文化水准较高，所以民众运动亦就更形蓬勃。在晋察冀，你随便走到哪个村庄，红缨枪都会在你的眼前闪耀着亮光。在民众的严密盘查之下，汉奸是无法漏网的。假如跑掉一个犯人，那就无须乎派人去追，只消一个电话通知附近各地，不久就会被老乡们捕捉住解送回来。在情况紧急的时候，各村的自卫队和青抗先马上宣布戒严，互相包围村庄，检查户口。到那时候，特别的路条也通不过这些戒严区域。

在灵寿县的一次战斗中，某村的自卫队和青抗先在敌人还未全退出慈峪的时候，便跑进慈峪镇去截留了敌人的运输队，并捣毁了慈峪的汉奸组织。在战斗中，牵制敌人，迷惑敌人，甚至打击敌人都是人民武装的实际工作。在平时，自卫队中的基干队和青抗先甚至有时单独地出击敌人，打小部队的敌人的埋伏。

破路也是人民的任务，成千成百条的铁轨，老乡们抬往兵工厂制作步枪炸弹，成千成万斤的电线，老乡们把它送到部队，送到政府。

坚持敌后抗战，交通战是一个重要的战斗形式，华北的日寇是拼命地要筑构交通线，分割包围抗日根据地，扩大他点线的占领，完成其确保占领地的企图。因此破坏敌人的交通是一个时刻不能放松的战斗，假如说，晋察冀边区交通战取得了空前伟大的胜利，那么就该说这是晋察冀全体人民的胜利。

晋察冀的破路和收割电线，差不多常常是民众自己的战斗工作。各村和各村，一庄和一庄，还时常提出破路和收割电线的革命竞赛，看谁能得到更大的胜利。在这一个战斗的工作中，妇女亦是不甘落后的，她们也时常成千成百地跑去把光坦的大路，挖成曲折的壕沟。冀西的敌人只能躲在城圈子里，没路可走，这就是一个重要的原因。假如象我们一样的走路，那他就将随时招致可以想象的灾祸。在冀中平原交通战更为重要，因此破路工作在群众中不仅获得了丰富的经验，而且还有了伟大的创造。冀中现在可以说没有一条完整的大道，没有一条不断的汽车路。在每个村庄的周围，都挖有又宽又深的壕沟。过去每村四通八达的道路都被挖成了精致而坚固的交通壕。在这些壕沟里，可以通行大车，还有错车的地方，但是对于敌寇的汽车，坦克就形成了扑踬不起的厄运。这些网一般的壕沟，联络起冀中所有的村庄。在沟内有排水道沟，沿两旁还筑有单人掩体，随时可以用作阵地，攻击敌人。假如你要不识路的话，那你就将走到给敌人预备的道路——迷壕。

在冀中夜间行路的时候，不论多大的队伍，都不会被警觉。因为冀中所有的狗，都完全被冀中的人民打死了。蓬蓬勃勃地打狗运动消灭了客观上为敌人报告消息的狗。只要是在黑夜，即使你走到敌人据点的旁边，只要不为哨兵所发现，你将象在我们势力范围之内一样自由地走来走去。“行路千里无狗叫”，这是冀中的一个特色。冀中子弟兵团营级以上的干部每人大概都有一件“狐狸皮”的外氅和一张“狐狸皮”的裤子，但是这个“狐狸皮”并不是那价值连城的轻裘，而是四元大洋一张，向老乡们买来的沉重狗皮。

冀中没有山，是一望无际的平原。但是现在地形改变了，无数有组织的群众形成了伟大的人山。接近敌人据点的村庄，即使日寇到来的时候，人们还是照常地耕织作息，自有村中的秘密村长出去应付一切。一般的村庄内，当敌人开始扫荡的时候，人们并不是跟着部队乱跑，他们一点不妨碍子弟兵团的活动，同样的和敌人兜圈子。敌人看不到一个中国兵，也看不到一个中国老百姓，但是时时刻刻，前后左右，都埋伏着中国人民和抗日战士，马上就让他们看一看这些中国人和中国兵。

晋东北敌区的人民已学会了“欺骗敌人”，“迷惑敌人”。有时敌人派出来的汉奸回去的报告是“八路大大的有”！数目确是骇人，不是三千就是五千，但是当敌人进攻时，村中连个兵的影儿都没有。当子弟兵真正到来的时候，“皇军”又会得到老乡们底报告：八路军来了两三个，于是“皇军”就大摇大摆的跑了去，结果被子弟兵团和老乡们打得弃甲曳兵而逃。

敌人不会有群众，那他们就是一个瞎子；群众都是我们的，那我们就是千手千眼的神佛。谁看不清楚这个事实,谁不理解这个道理,谁就堕入深不可测的深渊。华北的敌人,只会赢得灭亡的命运!

(三)人民武装自卫队

晋察冀边区地方武装现在只有四种,即:人民武装自卫队,青年抗日先锋队,地方游击队和警卫队。警卫队是属于各县公安局的,地方游击队多是近敌区的各个县份所发动组织的。人民武装自卫队和青年抗日先锋队是不脱离生产的人民武装。

"晋察冀边区人民武装自卫队暂行组织条例"第四条这样地写着:

"凡年在十六岁以上,五十岁以下之人民,无残废疾病者,不论男女均得参加自卫队,队员不脱离生产。"

在第三条上这样的规定着自卫队的任务——

1. 站岗放哨,清查户口,除奸缉匪,维持后方治安。

2. 担架运输,坚壁清野,侦察通讯,担任后方勤务。

3. 破坏交通,构筑工事,进行游击,配合部队作战。

自卫队的类别是以年龄划分的。从十六岁起到二十五岁,所有的人民编为人民武装自卫队的青年班或青年队。从二十六岁起到四十岁为止编为壮年班或壮年队。从四十五岁到五十岁编为守护班或守护小组。一般称之为老年队。多是担任维持后方治安的工作。

根据暂行组织条例第五条,人民武装自卫队的组织是采取民主集中制。组织系统是边区成立人民武装自卫委员会,规定由边区自卫队代表大会选举成立。每一专员行政区设区队部，队部由区队长一人，区队政治指导员一人，军事、政治、妇女、总务干事各一人至二人组织之，都是由专区自卫队代表大会选举出来的。每一县有总队部，由县自卫队代表大会选举总队长一人，总队政治指导员一人，军事、政治、妇女、总务干事各一人组成。县以下每区设大队部，由区自卫队代表大会选举大队长一人，大队政治指导员一人，军事、政治、妇女、总务干事各一人组成。区以下每个中心村设中队部，中队长一人，中队政治指导员一人，军事、政治、妇女、总务干事各一人或四人，由队员直接选举。每中队有一个至三个分队。每分队设正副队长各一人，干事一人至二人。每一个分队辖三小队，设正副小队长各一人，每一小队辖三班，每班六人至十六人，设正副班长各一人。所有干部都是由队员直接选举。

在开始的时候，每级人民武装自卫队都是隶属于各级政府。现在则完全由人民武装自卫委员会负责进行一切工作，但仍听命政府指挥。人民武装自卫委员会在未实行由全边区自卫队代表大会直接选举之前，则由边区政府行政委员会主任委员、民政处长、武装科长及边区农救会、工救会、妇救会、青救会和抗敌后援会之武装部长及边区抗先队总队长共同组织之。各专区的人民武装自卫委员会则由行政督察专员、分区司令部之参谋，指导员及各群众团体之武装部长组织之。各县的人民武装自卫委员会则由县长、总队长、指导员、抗先队大队长及各县群众团体之武装部长组织之。这三级人民武装自卫委员会是整个负责进行人民武装自卫的组织、训练、教育的工作。

在人民武装自卫队最优秀的分子从二十四岁到三十五岁组织为模范自卫队，亦归自卫队指挥训练。从十六岁到二十三岁组织为青年抗日先锋队。亦算是自卫队组成的一部分，但是却有着它独立的组织系统和组织生活。在编制上与模范队相同。在执行基本任务时接受自卫队队部的指挥，执行比一般自卫队更高的任务，活动的时候自卫队应该协助，不能干涉。青抗先除受一般自卫队的训练教育工作之外，并须受更高级的训练教育。假如自卫队的青年队的队员有愿加入青抗先的时候，听其自便，但是就要脱离原来青年队的编制，过青抗先的组织生活，象壮年队的队员加入模范队一样。

这种青抗先和模范队的人民武装组织，可以说就是由募兵制度过渡到征兵制度的一种适当的组织形式。在前面记述子弟兵动员的时候，所说的成班成队的自卫队加入子弟兵团，也多是青抗先和模范队。

另外我们要谈到的是妇女自卫队。妇女自卫队是人民武装自卫队的一个组成部分。但是一个单独的组织。动员农村妇女离开家到学校，假如不是一件容易的事，那么把农村妇女组织起来，进行武装训练教育工作，有些人恐怕认为这是不可能的事。但是晋察冀的妇女不但要读书识字，作村民代表当村长，而且和男人一样的能够站岗放哨，盘查行人，捉拿汉奸，甚至配合战斗。前面说过许多地方的妇女自卫队提出竞赛的口号。有时妇女自卫队在配合部队作战，她们的英勇告诉了人们，中国的妇女并不落后于男人，她们也是抗日战争中新中国的主人！

在盂县某次战斗中，一个妇女自卫队员，抱着孩子，骑着毛驴回娘家。途中遇到某团一位由火线上下来的伤兵同志，便下了毛驴，让这位受伤的同志骑上。这位伤兵同志不肯，她说：

“抬伤兵，运子弹，也是我们妇女自卫队的任务，我是有孩子累着，让毛驴给你骑，只不过就算尽了我一些责任而已。”

她仍然坚持着让伤兵骑上去，自己抱了孩子走着，一直把这位伤兵送到了医院。

平山的妇女自卫队不但和男子一样的操练步法、转法、跪倒、卧倒、射击、投掷手榴弹，甚至能够和部队一样整齐的进行防空演习。她们在自卫队上还操练国术，能够打拳劈刀，虽然许多还是小脚妇女。

晋察冀一般的妇女自卫队，她们不但和男自卫队一样的能够回答政治问题，还有着男自卫队恐怕是永远赶不上的成绩，就是唱歌。平均每一个妇女自卫队队员能唱十五支以上的救亡歌曲或是抗日小调。

假如有人在现在还是有意地或无意地侮蔑妇女，说是妇女就只要作贤妻良母，要回到厨房里去，就是说妇女应该作男人的奴隶，晋察冀的妇女一定要打他的嘴巴。晋察冀的妇女告诉他们女人能参政，女人能打日本，能够和男人一样从事于一切的抗战建国的工作。

## （四）群众团体的组织力量

晋察冀所有的抗日人民，都有着充分的言论、出版、集会、结社的自由。在一开始，军政民代表大会上也曾严格地作过这样的决议，现在不但实现了这个决议，而且充实了它。晋察冀的群众团体就是在民主权利的自由运用中产生出来的。他们有着组织,有着力量。政府和部队对于所有的群众团体不但极其尊重,实现人民监政监军,而且积极的设法帮助,使它的工作日形健全,日益开展。

群众团体在晋察冀的历史上是有着它重要的地位的。在抗日政权开始建立的过程中,群众团体首先光辉灿烂地写下了第一页。在晋察冀边区政府孕育的时期,群众团体就以独立战斗的英勇姿态挺立在这个地区。

在日寇对晋察冀边区发动第一次围攻之前,是群众团体自然发展时期。在粉碎敌人围攻之后,群众团体随即就检讨了反围攻中的经验教训,更具体的清醒的把握住工作的性质和工作的方法。晋察冀各群众团体详细而明确的对过去的工作作了一次清算,在这一番战斗的整顿工作中,群众团体便跃进到一个新的阶段——加强组织,深入工作,与军队政府两方面配合的更为密切,能够在战斗中坚持工作,开展工作。自此以后,在平常时期便加紧了巩固区域的深入的工作。战斗发生的时候,部分同志坚持工作配合战斗,大部分的同志都跑到敌人的后方,也就是敌区去突击工作,开辟工作。每一次大大小小的战斗,不但巩固了晋察冀的民运工作,而且扩大了群众工作的区域和范围。就是这样的同政权工作一样的发展到敌人的占领区域,在民运工作上,形成了对敌人的反包围的形势。

在巩固区域,群众团体除掉巩固自己的组织,扩大自己的组织,加强组织生活而外,便是配合军政两方面的工作。譬如公粮动员,武装动员,推进社会教育,解释政府法令等。在敌占区域粉碎敌伪政权工作上,群众团体是没有武装的开路先锋。他们是日寇亟欲得之而后甘心的。“两支肩膀肩着一张嘴的抗日工作人员”,凭了他们的经验和认识,凭了他们的艰苦作风和牺牲精神,日夜不懈地开展敌占区工作,组织敌占区民众。“那里的民运工作作的好,那里的政权工作也就作的好了”。这是晋察冀群众团体工作上所表现的事实。我们要进一步地说,那就是“那里有了民运工作,那里就有了抗日政权,那里就插上了祖国的旗帜”。民运工作者,群众团体的工作同志们,是没有武装的开路先锋,假如非说他是有武装的时候,他们的武装就是成千成万在日寇压榨下的黄帝子孙,不愿作亡国奴的中国人民!就是靠了这些亲爱的同胞,才蒙上了日寇汉奸的白眼,塞住了他们的枪眼和炮口。就是靠了这广大的人民的掩护,使得这些同志在恶魔之窟,施展出惊天动地的本领。

群众团体的工作同志是中华民族优秀的子孙,是群众队伍里自己的干部。虽然他们时常的一个月一个月的连一块钱津贴都没有,但是他们的工作最为坚苦,风霜雨雪向来拦挡不住他们艰巨的行程。日寇汉奸的威逼也从不曾动摇过他们钢铁般坚强的意志。

群众团体的经费现在才规定一半由政府津贴,另外一半由群众团体自筹。它们是群众自己的组织,它们以自力更生为自豪,而以依赖别人为耻辱。虽然他们“在夏天最晚才换上单衣,在冬天到来的时候,也是最后才穿上棉衣”,但是这种物质的困难早已不在他们意念之中。他们最足以自慰,也是他们最大快乐的便是广大群众对他们的无限关怀和爱护。他们是人民的骄子。

晋察冀边区一切工作的计划和布置都要经过他们的两手,通过他们而传达给一千二百万民众,推动一千二百万民众。他们是是与非、黑与白的纯朴的辨别人。他们领导群众拥护政府,帮助军队。一旦政府和部队或个别的人员有所错误的时候,他们便尽量的建议与批评,以至发动群众作正义的,维护群众利益的无情斗争。譬如某工兵部队①的一个工作排来到晋察冀之后便任意逮捕村级干部,结果便在这些民运工作同志说服之下,使他在群众大会上公开地承认了他们的错误。某保安队曾经在晋东北,终日要老百姓的白面吃,还要捕老百姓的山羊,敌人来了不但溜之乎也,而且还要枪杀无辜民众,诬良为匪,拷打村长。这晋东北磨擦之王的破坏抗战的行为,结果也为群众团体所领导的群众运动所严厉制止。新二师在擅自离开防地参加山西大磨擦之前,在平山县境内也曾有过拷打村长,索粮要米的不法行为,他们也终被平山民众驱逐出境,使他们不得不仔细缜密地检讨自己的错误,改正那种军阀式的不良作用。这是晋察冀人民的力量,是群众团体的组织力量,是这些艰苦奋斗的同志们用血汗工作的成绩。

假如说直接和日寇搏斗的是子弟兵团,抗日军队,而和汉奸白刃相见的便是这些各级群众团体的工作同志。他们不但要与公开的汉奸浴血苦斗,而且要揭露农村中内藏的汉奸的阴谋诡

① 本文中所说的“某工兵部队”、“某保安队”都是国民党的地方部队,“新二师”是国民党第二战区阎锡山收编的一个土匪部队。

计。他们还要与农村中潜伏着的一切反动势力,封建残余,顽固分子作无情的斗争。晋察冀边区是统一战线的产物,是坚决执行统一战线的巨人,那么每一个群众团体的工作同志便是为统一战线而作战的尖兵。每一个村庄里的群众团体便是边区一个统一战线的组织细胞。

提到晋察冀边区的群众团体,使人首先想到的便是工、农、妇、青四大组织。这是晋察冀最壮大的群众队伍。但并不是晋察冀仅有的群众组织。我们说过了每一个晋察冀的人民都有着充分的抗日民主的自由。有着言论出版、集会结社的神圣权利;因此不同的阶级,不同的职业部门也皆有着他们自己的抗日救国组织,譬如教师救国会、文化界救国会、自由职业者的救国会,还有和尚喇嘛的救国会。一般士绅名流,抗日闺媛不愿加入妇救会或其他群众团体的时候,他们就加入抗敌后援会,完成他们抗日的神圣职责。就是在抗战前,晋察冀名流士绅的地位也不见得有今天高。

抗敌后援会同样的是一个统一战线的群众组织。也可说是边区各群众团体的统一组织。工、农、妇、青各救亡群众团体都是它的团体会员。在冀中更可很明显地看出,抗敌后援会的工作就是各群众团体的领导工作。在晋东北牺盟会是各群众团体的骨干。

“要看晋察冀的工作到区村去!”区村工作是晋察冀边区工作坚固的基础。这是一个丝毫没有折扣的事实。但是要求更深入的话,那你就要深入到每村各个群众团体的细胞组织中去,你要去看最下层的群众团体的工作。

在那里你将理解到晋察冀边区的工作同志是有如何伟大的魄力，蕴借着什么样的作风，他们有着什么样的精神，有着什么样的认识；在那里你将随时随地的寻觅出缔造新中国的伟大工作的典型。

## 七、无往而不达的文化教育

### （一）新的创造

“教育”是一种无往而不达，无深而不入，有着永远的继续性的工作。只要认真地做一件事情，一桩工作，在工作中的过程中是随时随地的需要教育工作。在工作结束之后，虚心客观地检讨起来，你也一定感觉到你是受了又一次的实践教育。独立的教育工作，更是抗战建国过程中不可偏废，必须举办的事业。日寇就不曾放松这样的一个工作，随着敌伪政权的建立，奴化教育的体系也在敌人占领区内逐渐系统地建立起来。晋察冀区域内原来的教育工作是同当初的政权工作一样的随着大军的退却而瓦解。譬如在保定，中等以上的公私学校计有十三处之多，学校的负责人十之八九是逃往后方。这是据抗战第一年的统计。能够维持现状而勉强在后方开学的仅有三个。至于大多数学校所存款项，扫数为各校负责人所鲸吞，逃往后方幻想做一个富家翁，在抗战中间能过一个舒适悠闲的日子，继续他们过去的“清高”生活。当时留在敌后的校长有两个，现在都已变成伪河北省统治下的有名的教育汉奸，据说他们自己讲依然是继续办理他们的“清高的教育事业”!

晋察冀边区在成立之初,首先就已注意到这一桩工作,这并不是因为边区政府的工作同志们十之八九都是“教书匠”的缘故,实在是因为教育工作在抗战期间是一桩不能延缓的要举,边区的现实充分地说明了这一个理由。

当晋察冀边区社会秩序渐趋稳定,失败情绪、恐日病现象日见消退的时候,边区政府行政委员会随即下令所有边区各地小学校,限期一律恢复上课。在敌后,尤其是在边区政府成立刚刚不久的时候,这绝不是一件容易的事,同边区一切工作的开辟一样,教育工作不是一个旧的继续,而是一个新的创造。

首先,凡军队所占据的边区各地学校一律退让出来。当初被我们自动破坏的,或是受到日寇焚烧的,尽先修葺。于是校址首先得到了解决。但是过去的许多小学校教员多已参加了群众工作或政权工作,因此接踵而至的第二个困难便是“教育干部的缺乏”。幸而抗战前在乡村中成立的小学校为数并不算多,多方努力动员的结果,这一座难关也算被克服了。至于课本,新的尚未编成,旧的就暂行使用。

关于教育经费,当时也有一个初步的决定。至于教员的薪俸是以其家境的贫富而定,或是甘尽义务,或是酌发一些生活费,但是没有超过十元的。然而这已是边区各级津贴费的最高数额。

在这一个阶段里更重要的一件工作便是建立了晋察冀边区的教育行政系统。边委会有教育处,专员公署和县政府都有教育科,县以下各区有教育助理员,各村的村政委员会中有教育委员会。在这一个阶段中，艰苦奋斗的结果恢复了抗战前晋察冀区域内所有小学校的百分之八十四。应该注意的这一个百分比是包括有敌人占领区域，就是抗战前的教育中心，各城镇内所有的学校。

一桩新的事业必有一套新的内容，也就又需一套新的方式和一些新的干部。抗战前大部分的教育工作者，留在晋察冀的，却作了区长、县长，作了政权工作者。有的作了群众的领袖，有的作了合作事业的开创者。所以在所有边区各小学恢复上课之后，随即就开始了师资的训练。一方面抽调现任的教师，一方面培植新的抗战师资。这一工作首先由边府教育处和各县的教育科举办。过去晋东北的民革中学也曾连续地办理了两期师资训练班，就是这样地制造出一批一批的抗战教育干部来。

在第二个阶段里，进行了课本的编撰工作。初级一、二、三、四各年级的补充教材很快地编成了，但是敌后的印刷条件是很困难的。若是在教育处石印好之后，便发到各县，各县的教育科再为翻印发到各区，这样递次的翻印传送下去，到达学生的手中时，有的连油印的都不够分配，只有依样地抄写了。在这一时期，课本的内容政治方面占百分之六十强，主要的是打击失败主义、逃亡情绪、一切恐日病现象的内容。

这一阶段另外一个重要的工作就是扫除文盲。一九三八年的计划是要把十七岁到三十岁的文盲完全扫除净尽，后来因为日寇的大举围攻，未能如期完成。即使如此，据不完整的数字统计，在这一个未完成的工作中，曾使目不识丁的三十万文盲，在站岗放哨时，可以查验路条，教给不识字的过路人读念墙上写的国民公约了。

晋察冀边区在最初本来是不计划再办理中学的，但是由于各部门工作干部的缺乏，和大批青年学生的失学，遂又改变原议，下令每一专员行政区中要创办一座中学。现在冀西和晋东北的几个专区都已各自有了一座边区中学。在中学之上，现在不但有了一座移植到敌后的华北联合大学，和在晋察冀扎下了根的抗大二分校，而且边区自身还缔造了一所崭新型的最高学府——抗战建国学院。

现在小学教育经费已经规定为采取村合理负担办法，向县合理负担的途径上努力。其他的学校完全同其他各机关一样走上了统筹统发的正规道路。至于课本的编撰共有下列几个大纲：

一、配合政府法令。

二、解释申述抗战建国工作。

三、注意儿童需要。

四、启发群众的国家民族观念。

五、认识国际情势。

六、侧重政治训练。

根据这几条纲目编撰出来付印的抗战课本已有初级国语八种，算术六种，常识三种，高级国语、自然、地理各一种。

晋察冀边区现有三座性质不同的大学，六座中学，小学在一万所以上。学生共计四十万。这是正规学校教育内的数目字，所有各种冬校、夜校、识字班……一类的教育组织尚不在内。最近边区政府又发出了新的号召。就是五十户以上的村庄，起码成立一所小学校。

就是这样的在许多困难面前,在日寇不时的“围攻”与“扫荡”的环境之中,抗战教育在晋察冀建树起来了。

## (二)学校就是战场

教育工作绝不是一个孤立的工作,只有把教育渗透到各部门的工作中去,只有把教育工作和实际生活密切地联系起来才能完成教育的目的,在我送给一个学校成立周年纪念的题词中,曾有几句话是这样的写着:

学校就是战场,
战场就是课堂。
是抗战的教育,
是建国的营房。

教育永远不会超社会而存在。今天的教育无论如何是和抗战建国分割不开的。更重要的抗战建国就是百年树人的大计中的核心。晋察冀的教育工作就是在这一个伟大的目标下,于实践工作的配合中日渐进展的。

晋察冀没有辉煌的教室。随便一间房子,一座树林,一片河滩,或是山坡,或是山顶,随处都是学生们的课堂。同时所有的工作场合,也都是晋察冀全体人民的课堂。曾经有一些农民,根本不愿缴救国公粮,或是认为自己所分派的分数太多,但是经过一次一次的动员大会之后,或是经过工作同志个别的解释说服之后,就很热烈地把公粮拿了出来。有的甚至认缴更多的救国公粮。就是这一个例子已经充分地说明了这些农民是在动员公粮的工作中受到了什么样的抗战教育。是的,这并不是什么"洋学堂"的教育,也不是三家村冬烘先生的冷板凳教育,而是理论与实践密切联系的抗战教育!晋察冀站岗放哨是小学生每天经常的工作。平山县的小学生还曾帮助政府完成了最麻烦的合理负担工作。帮助军政民完成了新战士的动员工作。在课本上这样的讲,实际工作中,也就按照课本上讲的作。

我曾经到过河北平山和山西盂县交界的一个山村。那里仅十来户人家。据村里的老年人讲,在抗战前他们从不曾见过什么"官"和"兵",那真可算是一个"世外桃源"。但是抗战开始便不同了。第一次我过那个山村的时候,由山头上下来就看到一位群众团体的工作同志,在一片空坪上聚集了三十几位老乡,男的、女的、老的、小的,大家都整齐的坐在一起。那位同志正在努力的向这些老乡们讲解第二次帝国主义大战和我国的抗战。虽然在我听来,那位同志讲的并不怎样通俗,可是听众却都是很注意地听着。这一番情景使我联想到过去家乡中的农民,在晚饭后坐在空场上听人说书的情况,但是在质上和这个情景有着根本的差异。晋察冀的人民,由于教育工作普遍深入艰苦的进行,已认识了世界,认识了中国,认识了抗战,而且还认识了他们自己,了解了自己的力量。在我第二次路过那座山村的时候,非常凑巧的就又看到一位区助理员同志,在原来的那块空坪上,对更多的老乡们讲解"区村民选"了。

在晋察冀走路,外面刚到的是觉得会有不少麻烦的。一部分原因就因为走路时你随时随地的受教育。教你的也许是一位小脚妇女，也许是一位老头儿，但是你的老师，大概是一个小孩子的时候居多。

当你走进一座村庄的时候，查验路条是必然的手续，路条看过之后，你要认为没有事了拔脚就走，那位站岗的小孩子，把枪一横，照常的拦住你。

“对不起同志，耽误你一会儿工夫，请你背一背国民公约”！

假如你背过来了，你便可以扬长而去，不然的话，有时一些更天真的孩子会把你带到村公所去。他的理由很简单：中国人就应该记住国民公约。要是年纪大一些的孩子，除了客气和蔼的给你讲一篇要背熟国民公约的道理之外，他还教给你第一条是不违背三民主义，第二条是不违背政府法令，第三条是不违背国家民族利益。……而且一条一条的解释给你听。最后告诉你：

“对不起同志，下次可要背熟呀，每个中国人都要记熟国民公约，这是咱们国民大家的公约”。

晋察冀每一个村口都挂着一块黑板，没有黑板的就用青灰刷出一块牌来，作成一块黑板的样子。每天的上下午，上面都写上不同的字，每次换岗时，上一班的人便教给下一班的人。这样递教下去，过路人查完路条时他也要问：

“同志：请你念一念这三个字！”

你就念给他听，说是“打日本”。他接着就进行口头考试。

“为什么要打日本？”

常常发生麻烦的就是在这儿，有时你听说的和他所晓得的有出入的时候，那个小孩子是不会放你走的，他一定要你把他所晓得的告诉你听。假如你根本不认识这几个字，他就马上当起先生来,教你认识这几个字。

非常不幸,我自己还没有受到这样一次教育,有一次在平山我看到站岗的一个小孩正在教别人,我就问他为什么不问我。

“你有公事嘛!”

另外一个孩子告诉我。

“你是抗日军人,你们自己就识字。”

象这样即学即知,即传即用的“岗哨教育”,尤其在平山、唐县、完县、阜平等地作的有特殊成绩。

晋察冀还普遍的流传着这样的佳话。

唐县某村婆媳两个都是该村妇女识字班的学生,可是每次上课的时候,总需要留下一个人看家,烧饭洗衣,拮掇缝补。于是媳妇让婆婆去上课,要自己留在家里干活儿,婆婆说年纪轻的该读书识字,年纪老的人要留在家里作事。最后还是媳妇挠不过婆婆的好意,于是就拿起课本抱起孩子去上课了。

“妈,等我回来,再教给你!”

就是这样的,婆媳两个都识了字。

在望都的一个村子里,有一位快六十岁的老太太,和她一个八岁的孙女,手拉手儿的去识字班上课,祖孙两个还提出革命竞赛来,看谁认得快,认得准,两个月过去了,在考试的时候,都及了格,认识了二百以上的生字。

象这样的识字班,仅只平山一县去年就建立起来四千余座。

平山县是晋察冀边区的模范县。在去岁旧年的时候,人民武装自卫队的总队部就号召各村的自卫队要在旧年起码演两出戏,剧本自己编制。在平山抗日县政府成立两周年纪念的晚会上，我曾亲眼看到一个村子里的儿童团演出自己编的戏。本来还有一个村子的妇救会和妇女自卫队也要演出，因为节目繁多，临时辍演。在今年儿童节的时候，我也曾看到曲阳第十二区各村儿童团的戏剧表演。象这样的文化娱乐的教育工作，现已在各地蓬蓬勃勃的开展起来。在晋察冀的军政首长的号召下，现在各村的“子弟班”也如雨后春笋般的组织起来，这一个蓬勃生长的农村剧运亦将更大的帮助抗战教育工作的深入和开展。

在晋察冀东北各地成立了学习站，就是变相的小先生制，也收到了不小的教育成绩。象巡回学校，流动训练班之类的教育组织，各地因环境之不同，各有采取。

冬学运动在晋察冀的教育工作中有不可磨灭的功绩。冬季是农民比较闲的时候，晋察冀的教育当局就抓住这一个时期，配合着识字运动和扫除文盲运动，一年一度的提出冬学运动的号召。在唐县、完县、定县、行唐、阜平等县份今年并且进行了冬学的坚持工作。就是把所有成立的冬学，改变为经常性质的民众学校，或民众夜校。在这几个县里，这一个伟大的教育计划的成功，已引起全边区各县的注意。假如各县都能如此进行的时候，晋察冀边区的民众教育工作即踏上更光明更广阔的一个阶段。

在青年抗日先锋队中，儿童团里，妇女自卫队和自卫队上还经常的有人报告时事，或是讲解当前重要的政治问题，这并不是什么别的工作，而正是没有折扣的教育工作。

我们这次到晋察冀，破天荒的带去了四箱书籍。到达边区政府不久，便有许多同志到我们住的地方去借书。有的告诉我们，最近讨论某个题目，正苦没有参考书，有的讲，晋察冀书籍太缺乏,正愁没有书看。在晋察冀边区干部中间,是经常的过着有组织的教育生活,他们也象子弟兵团一样有着各种学习组织,和各种的学习制度。经常的针对着当前重要的问题,或是为了理论的探讨,制定各种提纲,刷印各种参考材料,进行热烈的讨论。这些工作中的集体教育和自我教育方法,提高了干部的质量,提拔了不少的干部,晋察冀边区的各级干部都是这样的充实自己,教育自己。

在晋察冀边区随处都是学校。

## (三)与奴化教育作斗争

晋察冀边区,凡是敌人所占领的据点附近,多是游击区。在单个的县份上讲,晋东北的定襄、繁峙、平西和察南雁北的一些县份多是游击区。冀中全部可以说都是游击区域,但也是游击根据地。在这些游击区域内,敌人虽然随时可以到来,但是教育工作同政权工作、经济工作……一样地建立起来。粉碎着日寇奴化教育的阴谋,实施我们的抗战教育。

冀中的小学教师就象是游街的道士一样,他们经常的在肩上背起一个"梢马子"化装成乡农,到处游走。只要村庄上没有敌人,马上把他们的学生集合起来,实行口授。工作好的县份,差不多同冀西一样,每村都有秘密的抗日学校。敌人来的时候,学生就自动的散开去,敌人走了,学生又自行聚拢了来,继续上课;定县的小学生是辗转在敌人铁蹄之下的祖国的孩子们。当子弟兵团或是游击队去了的时候,他们全体集合起来,几乎是包括了全村所有的儿童,他们会在会场上热烈的欢呼——

"欢迎××大队唱歌!"

唱完之后,被别人要求着的时候,你就将会奇怪的听到这些在日寇统治下的孩子们竟然会很整齐的唱"风在吼,马在啸"。啦啦队喊:"唱什么!"下面立即答:"红日照遍了东方!"还有他们自己编的一些抗日小调。至于《救亡进行曲》、《游击队歌》等象在冀西一样已是老调子了。

这一些歌子都是游击教育的结果,他们是秘密的练习成功的。

在游击区中另外的一个方式便是公开的设立学校进行抗战教育。譬如在定襄,许多的学校都是领敌人发下的经费和课本,敌人到来的时候,才把汉奸"新民课本"放在桌上。敌人走了,便口授抗日课本,或是讲的晋察冀边区出版的抗敌报和救国报。有的学校就讲抗战前的课本。把凡是敌人所要取缔的地方,都用淡墨勾掉。敌人来了讲不勾掉的,敌人走了就专讲那些抹掉的地方。有时当敌人来的时候,索性不上课,把学生领到操场去游戏。这种方式多在晋东北的游击区域内应用着。

为了加强粉碎日寇政治阴谋,奴化教育的力量,晋察冀边区特别的注意敌区师资的训练,加强所有敌区游击区的教育工作。

教育同其他工作一样,是争取最后胜利的一环,在晋察冀,教育工作已日见密切的配合了军、政、民运、经济……各部门工作,筑成了一道抗战教育阵线,日渐逼近了敌人,包围了敌人。

## (四)抗战建国学院

抗战建国学院是晋察冀边区政府所缔造的边区最高学府。

从去年九月成立起到现在还不足一年。第一期和第二期已经毕业,学员们都回到工作中去,或分发工作了。虽然现在才办到第三期,但是已收获不少的成绩。

这一个学院的院长、主任,以及教员并不是什么大名鼎鼎的教育家或平津知名教授,而是从工作中调来的优秀干部。有的作过抗日县长、科长或是区长,有的是民众工作者或是子弟兵团的干部。学生们也大都是工作中的干部。这是一座崭新型的学校,是一座全部实施抗战建国教育的学府。

这第一二期中共分三系即合作、税收及区政助理。学生就以三系编三个大队。六个星期毕业,最后两周为实习期间。

合作事业的开展,织成了晋察冀边区的强韧的抗战经济之网。各个合作社的组织,关系贸易政策、金融政策的实施甚巨。合作事业的工作者不是一批以牟利为目的的商人,而是经济战线上的一批抗日战士。但是这样的合作干部是太缺乏了,为了巩固边区的经济堡垒,为了合作事业的开展,边区市场的繁荣,展开对敌人的经济反封锁,发扬合作事业的政治效用,抗战建国学院首先建立了合作系。

税收在过去除掉海关、统税关税等正宗税收外,一般的多是由各级政府招标承包。税收承包制流弊之大是人所共知的。今天的晋察冀边区的税收工作却是担任着抗战经济战线上的哨兵任务。通过税收工作,把敌货封锁起来,把我们生产品批销出去,一个税收工作人员不但要有民族解放的胜利决心和相当的政治水平,而且要求在税收工作的常识之外,还须具有敌区工作的条件。而过去的一般的税收工作人员多是所谓合法贪污者之群,是担负不起这一个战斗的工作任务,因此税收也就成了抗战建国学院的一系。

区村级干部是政府法令的直接实施者,区村工作是最接近群众,接近实施工作的一环。在区级干部中间,区助理员更是每项工作的实践者。传述、解释政府法令,布置检查各种工作,解决工作上随时发生的困难问题……无一不是区助理员的工作。同时由于分区的划分,区级干部最为缺乏,有的地方也很感薄弱,因此区政助理形成了抗院的第三系。

为了加强银行的工作,现在又添上了银行系。

从上面看来,没有一系不是由于实际工作的需要而实行设立的。

院方设院长一人,就是边府主任宋劭文先生,副院长一人是过去山西战地总动员委员会的锄奸部长、山西老国民党员郭任之先生,校务主任是一位干练的青年同志。以下分教务、军事、政治三部。

第一期的学生在平山实习刚刚终了,我们正从平山路过,老乡们曾经告诉我们——

"戴毡帽头的搞工作真沾!"

毡帽头是抗院学生的冬季制帽。在实习期间,把学习所得充分的运用到工作的实践。把平山县的税收、合作和区政权工作,突飞猛进的向前推进了一步。

抗院和晋察冀边区所有的学校一样的道地军事化。随便什么时候,只要一发生敌情,只须把寝室里放着的背包往身上一背,即行集合出发,坐的小凳子和书包是随时带在身上的。这一次日寇冬季扫荡的时候，我们便是和抗战建国学院在一起打游击的。游击中间，他们还是随时随地的抓紧时间上课。照常进行他们的教育计划，这种战斗的教育作风，是边区教育的一个特点。

### （五）抗战教育的生活素——民主

文化教育工作，在晋察冀的工作同志们谈起来是落后薄弱的一环。为了加强这个工作，边区政府规定今年为文化教育年。在今天的教育工作计划中，除了巩固开展学校教育，使学校教育日形往正规化的途径上迈进之外，便是努力开展民众教育工作，建立一套社会教育的系统。计划是在边区设立一座民众教育馆。以下设立各专署、各县、各区的民众教育馆，以各村的救亡室作社教的组织细胞。

教育工作在晋察冀比较起其他各部门的工作来虽然是落后薄弱的一个环节，但是在山沟小道遍布了学校，文盲是逐日的锐减。最宝贵的一点是边区的教育工作不但说明了抗战教育的实施是可能的，是正确的，是抗战中中国教育唯一正当的途径，而且用实际工作成绩说明了抗战教育工作，在整个抗战建国事业中的重要性，这是争取最后胜利，彻底完成民族解放的一个重要环节。两年来边区的教育工作创造出一套套的方法，充实了抗战教育的理论。在巩固边区，扩大边区，坚持敌后抗战的工作上起了莫大的作用。我们要问为什么抗战教育在晋察冀边区绽开了灿烂的肥葩？

民主政治本身就是一个最伟大的教育工作。抗战建国教育是和进步的民主政治根本不能分割的。由于民主政治的实施,提高了民众的政治认识,加强了人民的国家观念和民族意识。使他们彻底的了解了只有在斗争中才能保护他们已经获得的民主权利,只有坚持抗战才能求得国家民族的生存。因此他们不仅要在工作中,在斗争中学习,而且迫切的需要教育。需要教育给他们以更丰富的斗争经验教训和方法。由于民主政治的实施,使人民认识了边区政府并不是什么剥削压迫他们的官衙门,而是保护人民利益,替人民办事的机关。因此人民需要教育,因为教育会使他更清楚的认识政府,认识一切政府法令。

由于民主政治的实施,使人民认识了几千年不曾认识的自己,认识了自己的力量,因此使他就更为迫切的需要教育。在抗战期间,他就更迫切的需要抗战教育。

晋察冀边区民主作风的养成,使每一个工作同志,随便在任何或大或小,或轻或重的工作中,都不能忽略教育工作。而民主的作风更启迪了每一位工作同志,推动了每一个人前进,民主的作风暴露了个人主义的一切不良的习气,一切丑恶和污秽。因此不管是谁,他们要求抗战教育,要求教育帮助他们更大的进步,给予他以丰富的斗争经验教训,要求教育使他们更清楚的认识中国,认识世界,认识斗争的人类!民主作风的养成促进了人们工作的积极性与创造性,因此需要教育工作的布置和成就,需要教育工作渗透到各个工作部门,每一桩工作中去。因此只有如此才能完美的,百分之百的甚至超额的完成工作的任务。

谁要不忽略教育,谁要不忽略抗战教育在抗战建国过程中的重要性,他就不能忽略民主!他就须要真实的认识民主,切实的实施民主，这并不是两回事，而是血肉相联的一桩工作！而这一工作就是完成全民动员的一桩工作，迅速的争取抗战胜利到来的一桩工作。

抗战教育灌溉了民主之花，民主是抗战教育的生活素！

## （六）戏剧"现实化""大众化"

戏剧在晋察冀发挥了充分的效能。凭借着这一支有力的宣传武器，教育了晋察冀一千二百万民众，提高了民众的文化政治水平，发扬了民族精神，揭破了敌伪阴谋。在每一项工作上，戏剧不仅起了宣传作用，而且起了启蒙作用。在一切工作的困难前面，戏剧发挥了解释、说服和鼓动的力量。多少壮丁，由于看了一出戏，而自觉的，坚决的参加了抗日部队。不少的顽固分子受到戏剧的感动而悔过自新。边区的戏剧不仅起了伟大的政治作用，在它自身亦已逐渐凝结为民族戏剧的雏型。

晋察冀的戏剧工作者，是严正的艺术工作者，是革命的抗日战士。他们没有一般艺术工作者的不良习气与作风。他们充溢着丰富的热情，也有着相当的艺术修养。更重要的是他们有着正确的政治方向，因此他们深刻的认识了戏剧，认识了艺术，认识了戏剧的价值，认识了艺术的价值。从不曾把戏剧构筑成空中楼阁、海市蜃楼和血淋淋的斗争现实分离开来。

模范的抗日民主统一战线的战斗环境，创造了晋察冀的新戏剧，涵育成晋察冀戏剧自己独有的特点。

晋察冀是没有外面的剧本上演的。所有的剧本都是晋察冀戏剧工作者自己的剧作，也可说是晋察冀边区伟大的斗争现实的剧作。这一方面由于外面供给的不够，也是因为实在难以找到一本适合敌后的剧作。我们只要看一看晋察冀每一个剧本集体创作的一般的过程，就概括的了解到他们的剧本内容和特色了。

晋察冀的剧团都已有自己的编剧组。当军政首长发出一个号召，如开展反汪锄奸运动，开展宪政运动……或是当一个新的工作布置下来的时候，如改革区村政权，武装动员，开展春耕运动等，各剧本便多方面的搜集材料，加以缜密而深入的研究。然后由一位同志作一个详细的政治报告，于是在这个主题的把握之下，剧团的同志们尤其是编剧组的同志们跑到群众中去，同群众生活在一起，和军政民的同志们一起工作。在这一个工作过程中，便搜集到所要获取的实际材料。当一个故事构成的时候，按照着编剧的程序，在集体讨论中，一个新的现实剧本创作出来。然后经过排演，导演的修改，便可以正式演出了。譬如相当成功的，晋察冀军区抗敌剧社创作的《两年间》、《我们的乡村》，西北战地服务团创作的《春耕》、《模范公民》，战线剧社的《小孩子放哨》……都是在这样的集体创作过程中产生出来的。这一种脚踏实地科学的创作精神，也是大众化口号具体实践的结果，这是边区戏剧的特色。他们不仅如此创作出不少民族形式的话剧剧本，而且扬弃的利用了旧形式，譬如《救国公粮》……还创作了不少的新颖的活报、歌活报和舞活报，譬如《参加八路军》、《人间地狱》、《侵略者的末日》以及《太行山舞》等等。

"话剧中国化"口号的实践又孕育成边区戏剧"现代化"、"大众化"的特点。"现代化"和"大众化"是边区艺术工作者神圣不可侵犯的原则，不论编戏或演技，边区话剧已走上了中国化的途径。电影明星的动作，洋八股式的对话，在晋察冀的舞台上已经寻觅不出了。在观众眼前展开的是令人泣下，或令人发指的血淋淋的人生和战争的现实。在这里面还能看出未来的光明远景，和侵略者、反动力量的灭亡。每一出戏中都充满了晋察冀的乡土气息和人民英勇斗争的精神，晋察冀的进步和团结，也充分的在舞台上表现着。当然，这一个成功不是偶然的，譬如周巍峙同志现在负责的西北战地服务团，原来就富有丰富的艺术陶养。但是刚一来到晋察冀的时候，无论表演技巧是如何好，很少得到观众的称扬。对于他们的戏，观众想到的只是炫赫、瑰丽。距离他们的生活太远了。西战团以后在新的工作方针下，把他们丰富的艺术理论和技巧贡献给边区土生土长的戏剧工作者和各个剧团。诚挚的向这些剧团和同志们学习了两年多的斗争的工作经验和教训，随着他们对晋察冀深入的了解和本身作风的改变，直到今天西战团还保有他们过去的荣誉。

边区戏剧工作者的团结，在别处也是不能多见的。在晋察冀，正规化的职业剧团共有十四个之多（部队上各团队的宣传队，各机关团体的业余剧团不在内）。在子弟兵团中工作的有抗敌剧社、战线剧社、七月剧社，还有抗敌剧团和战火剧社。隶属于群众团体的有冀中的新世纪剧团、平山的铁血剧团，现在隶属于政府的西北战地服务团。属于学校的有华北联合大学的文艺工作团。……这一些剧团虽有历史久暂之分，主客之别，但是都团结的象一个人一样。彼此互相吸收优长的地方，克服彼此的缺点。时常的交换工作经验，交换彼此创作的剧本，遇到一起的时候便共同召开演出的研讨会或是共同座谈。有时互相交换所需要的干部,或供对方需要的演员。历史久的、技术好的帮助历史短的、技术修养差的,彼此之间没有一点隔阂,也没有一些门户之见。前几个月边区剧协又成立了,更明显的标出边区戏剧工作者统一战线的鲜明旗帜。

现在晋察冀边区的戏剧运动又进入到一个有着最广阔的光明前途的新阶段。在军政领袖组织子弟班的号召下,不脱离生产的乡村剧团,如雨后春笋般蓬勃的建立起来。据不完整的数字统计,仅只冀西一个区域内就有三百个,平山有九十九个,阜平有四十四个。望都一个游击地区之中就有二十二个。就是在望都曾有过这样的一桩事情。一个乡村剧团,被另一个村庄欢迎去演剧,有一个长工是该团的一个主要角色。为了要求演剧,就辞去了他多年的长工职务。虽然这一个举动有讨论的余地,但是这一个事实说明了在群众的队伍中埋藏着成千成万的艺术人才,同时也就看出来广大的民众又是如何的需要着艺术。

在这一些剧团中,十分之七是话剧团,其余的都是子弟班和秧歌班。剧本十之七八都是自己编制,导演亦是自己。当然这里面还有许多的问题,譬如:脱离生产与否的问题,剧本的创作和供给的问题,艺术干部的问题,以后巩固组织、充实内容的问题。但是在晋察冀广大的有组织的人民面前,是没有困难不可以克服的。西北战地服务团就勇敢的担当起解决这其中一些问题的重大责任。他们还号召所有的边区戏剧工作者能抽出时间来和他们一样分成小组到农村去巩固与健全这些剧团的组织,加强农村剧团的领导,和群众共同创作农村剧团的剧本,开办艺术训练班，培养群众自己的艺术干部。

晋察冀戏剧运动现阶段的开展就是民族形式的萌芽。边区现在的话剧就是民族形式的雏型。但这绝不是一个偶然，民主政治的彻底的实施，民主作风的养成，以及战斗的敌后环境中的正确的政治领导都是新文化形式的主要条件。

(七)诗、歌、画

随着戏剧工作而开展的艺术工作有歌咏工作、美术工作和文学工作。

歌咏已经形成了晋察冀人民大众的日常生活。我可以这样的说，晋察冀不管男女老幼中，很少不会唱歌子的。救亡歌曲和抗日小调已代替了过去人们消闲或工作中间口头所唱的一切陈词滥调。农村歌咏队普遍的在乡村里成立了，在人民大众的队伍中也产生出他们自己的歌咏指导者。就是每一村的自卫队和儿童团也都有他们自己的歌咏指挥。阜平城南农民歌咏队的指挥，便是该村打烧饼卖的一个小商人。这一些歌咏队不但能够简单的合唱，而且能够轮唱，能够两部合唱以至四部合唱。

会唱歌子最多的是妇女们，其次是儿童，人们总是赶他们不上。随便你走到田野，走进村庄，尤其是在会场上总是充满响亮雄壮的歌声，彼此挑战，彼此竞赛。有的部分的子弟兵团还比不上群众唱的多，唱的整齐。

至于歌曲和歌词，现在已有大部分是自作的了。每一个剧团都有音乐组。每次晚会，音乐和歌咏是不可少的节目。这一些剧团中的音乐组许多同志是习谱曲的，他们多是延安鲁迅艺术学院音乐系的学生。其中最有名的便是青年音乐家周巍峙君领导下的西北战地服务团的音乐组。他们并且出版了《歌创作》。这是边区音乐界的唯一刊物,到现在为止,西战团做的歌子已有二百余支,大部分都能在士兵、群众中间唱着。

每个剧团中的美术组和子弟兵团政治部中的美术工作部门,形成了晋察冀的抗战美术的阵容。随便你走到什么地方,到处是醒目的大幅的壁画。美术工作者随时随地的掮着梯子爬到墙上创作他那抗战大众的墙画。每个村庄里,你也可看见每家门上贴着的门神已不是秦叔宝、尉迟恭,而是标有“加紧站岗放哨”,“捉拿汉奸敌探”字样,手持红缨枪和亮闪闪的大刀的目卫队队员英姿,或是“男女一齐上战场”,“大家参加抗日军”的子弟兵和老乡们的雄姿。过去由天津运送来的什么《麒麟送子》、《老鼠娶妻》一类的年画已代之为《妻子送郎上战场,母亲叫儿打东洋》、《抬伤兵,送茶饭》、《开展民主运动,选举好村长》一类的抗日年画。这都是晋察冀边区美术工作的成绩。

画报共有六种。最受人欢喜的便是石印的《抗敌画报》。晋东北一专署有石印的《战斗画报》。一军分区出版的有《战线画报》。四军分区出版的有《火线画报》。西北战地服务团出版的有铜版画和《战地画报》。这一些画报都是供不应求地为大众所喜欢的。

文学的活动在晋察冀边区同别的地区一样是艺术工作部门中比较落后的一环,这是因为广大群众文化水平较低,中国文字又是已经不是象形了的方块字的缘故。中国文学一贯是封建的帝王统治工具,随了中国社会性质的停滞,总未进到拼音文字的阶段。今年边区政府也注意到了这个问题，已在号召进行研究拉丁化新文字，实验拉丁化新文字。一旦文字这种表达情思的工具为群众所掌握的时候，我们相信文学这种活动在晋察冀边区一定得到空前的发展。就是现在，各村街头也都贴满了街头诗歌和街头墙报。尤其是新诗歌，已为晋察冀广大的知识者之群所爱好。练习诗歌的写作，已成为一种风气。现在，随着西战团在各地成立乡村文化教育干部突击训练班，随着农村剧团工作的开展，农村中也普遍地成立了文艺小组。使文学活动的领域随了剧运的开展益形扩大了。

（八）新民主主义文化

晋察冀文化界是和敌后抗战分开不的。所有的文化人都是名符其实的“文化战士”。他们和其他部门工作的同志一样具有民主的作风和艰苦奋斗的精神。他们是新中国文化的开拓者。战斗的、敌后的统一战线的环境锻炼了他们，使他们有着丰富的正确的政治修养。正因为如此，他们才能象政权工作、民运工作同志们一样的在战斗中，坚持他们的工作，顽强的挺立在他们自己的岗位上。边区的文化工作所有的各部门工作是紧密的配合起来的，文化工作不是其他部门的尾巴，没有脱节的现象。文化工作在边区是起了主导的、批评的、指示的作用。这一个特点充分地表现在边区出版的各种报纸和杂志上面。

说到晋察冀边区的报纸首先令人想到的便是《抗敌报》、《救国报》和《抗敌三日刊》。除了《抗敌报》是铅印之外，其余的两种报纸都是精美的石印。三种报纸各自均拥有广大的读者，发行均在两万份上下。这并不是一个小的数目字。

《抗敌报》是晋察冀边区舆论界的权威。同时也是抗战新文化的播种者。在这一个报纸的第一版社论栏和第四版上时常地转载一些最进步的政治论文、军事论文。虽然是一个四开隔日出版的报纸,每一号总有关于国内国外的短小精悍而通俗的短评,给予读者以纵横捭阖的国内外情势的正确而明锐的认识。《抗敌报》在思想上、政治上进一步把边区政府工作中的军政民统一起来。

《救国报》是边区政府的机关报。在报纸的通俗化这一点上相当的成功。在内容上和编排上进步的速度是他报所不及的。比较起《抗敌报》来更富于地方性。为了供给更多的新闻材料,《救国报》副刊有油印的"时事日刊"。《抗敌报》亦有油印的"时事汇刊"。

在这里要特别提出的是军区政治部丘岗同志所主编的《抗敌三日刊》。其通俗、新颖、活泼为各报之冠。这是子弟兵团自己的报纸,也为子弟兵团每一个战士所热烈爱护。无形中《抗敌三日刊》已形成了子弟兵团政治教育、文化教育、战斗教育的重要补充教材的供给者。

在形式上,《抗敌三日刊》有一个最大的特点,便是石印的精美绝伦。不仔细注意,就会当作是用新五号铅字印成的。这是实在的事情,《抗敌三日刊》比用旧五号铅字印的《抗敌报》字数还要多。《抗敌三日刊》最大的特点便是非常醒目地在文字中间插进有意义的、容易引起读者兴趣的小画图。《抗敌三日刊》的通讯网是和《抗敌报》、《救国报》等遍布于各个工作部门,遍布于子弟兵团。而这一些短小精悍的通讯也是《抗敌三日刊》的最大特色,也是使它成为边区最精采的报纸的原因之一。这一些通讯中充满了无名作家的创作,他们大都是英勇的战士和果敢的下级干部。最有价值的是《抗敌三日刊》在克服子弟兵团生活、工作、学习以及战斗中的不良倾向,在促使子弟兵团建立成正规化的铁军的几度军事整军和政治整军的工作中,它有着不可磨灭的功绩。

在平西支撑舆论界的是别具风格的《挺进报》。冀中的人民喉舌是《导报》。现在每一个专区都有着一份自己出版的石印报纸,就象是每一个军分区都有着一份石印或油印的"工作通讯"一样,是更富于地方性,反映各专区内各县工作的报纸。

《新长城》是一个理论的月刊,除了边区党政军民领袖的著作而外,多是转载《解放》上的重要论文。这是晋察冀的汉奸敌探所极力搜求的一种刊物。过去出过《边区文化》三期,因为太偏重文艺,缺乏读者,近已停刊。《群众》是群众团体的机关杂志,月出一期。最近创刊的《学习半月刊》是一种综合性的文化杂志。在文学方面的刊物有西北战地服务团战地油印出版的《诗建设》、《诗战线》,火线剧社油印出版的《文艺通讯网》,晋察冀通讯社油印出版的《文艺通讯》和《晋察冀通讯》。

边区的书报杂志和实际的斗争生活,和坚持敌后抗战的艰巨工作是分不开的。这一点更充分的表现在边区政府出版的近于过去公报性质的《边区导报》、《边区教育》和《抗战建设》上面。假如把这三种刊物当作过去的一般的公报看,那是一个错误。最重要的是在这上面含有大部的边区政权工作的宝贵经验和教训。这是新民主主义文化的一支,而且是重要的一支。

边区整个的文化界使我们看到了一点,便是谁要和这大时代脱节,即使游离,亦将变成文化阵线上的落伍者。只有把自己投身在伟大的民族解放的浪潮中,在实际工作里,在斗争的生活中,才能做一个名符其实的抗战建国的文化战士,才能作为一个新中国文化的奠基人。同时使我们看到的另外一点便是新民主主义的新文化并不是产生于别的什么地方,更不是生长在某些思想家的头脑之中,而正是生长在这敌后的统一战线的晋察冀,在这里播下了种,开出了花。新民主主义的新文化是革命的大众的文化。晋察冀的各部门的文化工作说明了,只要脱离了广大的群众,文化就不能形成一个广泛的运动。不能为群众所接受的,则一定毁灭。群众是需要文化的,他们之需要文化正象是他们需要民主一样。最后使我深深的感觉到的是新民主主义的新文化绝不是名流学者的产物,而应是广大群众的创造。在人民大众的队伍里充满了天才的文化战士。问题在你是不是去提拔、去培植,这些朴素的农民和工人,他们才是建立新民主主义新文化的伟大工匠。

晋察冀边区文化工作者是了解这个问题的。他们的工作也是如此作的,因为他们的名字是和晋察冀的名字分不开的,正象是晋察冀边区的创造者和抗日民主、模范统一战线区域的荣誉分不开一样。

## 八、新中国的雏型

### （一）军政民的严格分工和紧密联系

关于晋察冀军事胜利的战报，每个报纸上都有着登载。扫荡敌伪政权，奠定边区基础的是子弟兵团；打死阿部中将、水源旅团长、田中大佐……的是子弟兵团；粉碎日寇一度又一度的进攻和扫荡，在战斗中壮大边区的也是子弟兵团。每一位同志来到晋察冀边区还将终日看到军事上大大小小的胜利。那你一定自然的把这些胜利和晋察冀边区、抗日民主模范统一战线区的光荣名字和晋察冀军区的创造者、子弟兵团的建立者和领导者的名字——聂荣臻将军联系在一起。但是当你去称颂聂司令员的伟大的时候，他将一贯的诚挚的回答你——

"我们没有什么，这是我们的任务，没有政权工作，没有民运工作，晋察冀不会有今天的样子！"

民主政治的彻底实施，行政机构的改革，经济政策的规定，人民生活的改善，边区政权的日益巩固和扩大亦是人所共见的事实。假如你同边区政府的主任委员宋劭文先生谈起来，表示边区的巩固和扩大是由于政权工作者的艰苦奋斗，廉洁奉公，他亦将诚恳的告诉你："如果没有军事和民运工作的巩固与深入，晋察冀是不会有今天的。"

假如你又仅只单独的看到群众的活跃与英勇，看到民运工作同志的艰苦伟大的时候，即使一位纯朴的老乡亦会告诉你：

"没有子弟兵,没有边区政府,我们老百姓也不会有今天的。"

假如这一些诚挚的回答,使你感觉到"边区的人们太客气了!"那就说明了你并不了解晋察冀边区。晋察冀边区抗日民主模范统一战线区的荣誉永远和子弟兵团、边区政府、边区一千二百万的民众分不开的。

这是一个毫无折扣,百分之百的一个事实。就拿战斗来说吧,反扫荡该是子弟兵团的任务,并不错误。但是这一句话不能说是子弟兵团唯一的任务,也不能说是只有子弟兵团才有这一种任务。事实绝不是人们所想象的那样简单。每一次反扫荡的胜利,都是晋察冀边区军政民全体努力的结果。部队是在拿着枪杆保卫边区,但是战斗动员,配合作战,后方勤务和治安维持就落在政民的两肩。子弟兵团每一次胜利,绝不是军事上的单纯胜利。政府供给充分的给养,群众报告正确的情报,都是它胜利的因素。尤其是在冀中,看得更为明显。如果没有群众,平原游击战争的创造和坚持是不可想象的。

政府就是人民的政府,是给老百姓办事,教给老百姓办事的机关,根本和群众是无法分离的。边区政府的每一项工作,首先便需要群众团体工作干部的参加。在开展敌区工作的时候,时常的是要子弟兵团先行扫荡敌伪势力。即使是政府的一纸法令,没有部队的尊重与维护也是行不通的。在边区各级政府会议的项目中,重要的两项便是军政民联席会和政民联席会。每一桩工作的开始总是三方面尽量的交换意见,共同讨论。在进行的过程中,共同协力,互相帮助,在工作第一的原则下,努力求其彻底实现。

民运工作是政权工作的开路先锋。它依法的监督政府和部队。部队上的各级政治机关的民运工作,是和群众团体一体的工作。无论政府和部队,对于民运只有爱护和扶助而没有摧残与压迫。

由此我们就可清楚的看到,边区的每一桩工作,每一部门的工作都有着边区军政民全体同志的血汗浸润。边区最大的特点,就是军政民的密切联系。在密切联系之中又有着严格的分工。军政民各有各自的工作范围,越俎代庖,无异于摧残工作。在边区军队代替政府,政府代替群众团体的不良现象是没有的。军政民互相尊重其独立性的友谊精神,就是建立在这种密切的分工之上。政府和群众团体无权干涉部队本身内部的一切事宜,但是有权建议和批评。至于政府,即使一纸法令,无论军民都是一律奉行毫无假借,除掉建议和批评之外,部队和群众团体无权干涉政府的一切内部事务和行政措施。过去有一位河北省政府的代表,跑去军区找聂司令员商量一桩关于政权工作的事件。聂司令员告诉他,他是军事上的负责人,虽然也是边区委员之一,但是政权工作负责的是宋主任。于是请他到边区政府去。群众团体亦是同样的情形。群众团体既不是政府官吏的御用机关,也不是部队的支差所,它是群众自己的组织,因此军政两方面除了建议和批评而外,都是无权过问其内部的事情,无权干涉它的工作。

在边区政府成立的时候,军政民代表大会就如此明确的规定了军政民的关系。

晋察冀边区,模范抗日统一战线区的荣誉是和边区政府、子弟兵团,是和晋察冀一千二百万民众分不开的。晋察冀边区是新中国的雏型!

## (二)革命理论和求实精神的有机结合

实事求是,不苟且,不徇情,不假借,亦即求实的科学精神,是晋察冀工作同志们的作风,形成了晋察冀工作同志们的优良品性。

在政权工作同志之间,见了年老的,总是这样的说:“某某同志,你年轻了!”见了青年同志多是“哈哈,象三十来岁的人了”!固然政权工作比较起其他方面的工作有些呆板,容易使人“少年老成”,但是这两句话却是本自求实的精神出发的互相鼓励的话。老年人作事容易敷衍塞责,搪公事,于是要求他有青年的精神,要求他不但把公事办了,而且办好。青年作事容易过火、虚浮、铺张,于是要求他稳重、老练、周到,要求他实事求是。

晋察冀边区还有许多工作有许多缺陷。这些地方说明了干部的能力有的还很不够,表明了客观环境的困难太多,或是由于物质条件的限制。但是在原则上,在大的方面,在政策上却很少有什么错误。譬如在晋察冀办理大工厂就不容易。大的军事工业当然也不能举办。日寇的“扫荡”有时是随处可到的。晋察冀并不是一个独立的王国,而是抗战的一个环节,是与全国各地血肉相连,声息相通的。晋察冀边区的存在和扩大,牵制了日寇的兵力,配合了全面抗战,粉碎了日寇速战速决,确保占领地的企图和一切无耻的政治阴谋,促进了全国的进步与团结。他方面的失败,退步,虽然会增加边区的困难,但是在一千二百万民众面前，是没有什么困难不可克服的。过去的事实说明了他们从日寇的血手里尚且能够夺回我们国家的领土和主权，何况一些其他的困难！这也因为全边区是团结的，是进步的缘故。他们更有着统一战线的武器，艰苦奋斗的精神，还有着实事求是的科学精神。因此虽然工作上容易或有些欠缺，有着一些不够的地方，但是从未有过一纸空文，从没有过空说不作的一句漂亮话。没有摆样子，作仪式的形式主义，没有虚浮的，不切实际的空架子。

就区选来说吧，区民代表的选举是早已实行了的，但是区长的民选却还是最近的事。是不是政府忘记了这桩事呢？没有。政府终日为了如何才能实现真正的民意考虑着，几经实验才规定了详细的办法予以颁布实施。这种正当的考虑便是实事求是精神的表现。就是县选，边区大选，亦在作积极的准备工作。今年，他们还希望能够实现县长民选。这同过去的军阀官僚无意与人民以民主的权利，饰词诡辩，故意拖延，毫无相同之处。

又如，谁都了解统一的累进税是今日最合理的税法。但晋察冀边区现在还是在巩固村合理负担，开始进行县合理负担。这是不是说不实行累进税呢？不是的。正是创造有利的条件，克服各方面的困难，向统一的累进税的途径上迈进。又如各县参政会的组织办法是最近才行颁布的。在颁布这一个法令之前，就再三的考虑到一些问题，譬如县级参政会与政权的关系，与区级参政会和专署参政会的关系，各级参政会的职权……这与徒有民意机关的美名，而无民意之实者毫无相同之处。这一些地方都是晋察冀边区求实的科学精神的表现。

晋察冀的任何一种工作，动员公粮、募集公债、动员武装、区村民选……随便哪一种工作的进行，是没有单凭一纸公文或一道命令的，都是要在进行之先经过各方面、各级的以迄于群众，周密、深入而广泛的政治动员。因此每一桩工作总是按计划的遵时完成，或甚至提前。在工作过程中，绝不为困难所屈服。把握优势，奋力前进，遇有劣势，集中力量，实行突击。总之以完成工作任务为鹄的。在各种不同的环境，不同的条件下，工作干部在他们的工作中还创造出无数新的方法，积累了许多新的宝贵的经验。这都是求实的科学精神的表现，实事求是的结果。

在干部中间也曾有过忽视革命理论的现象。有的地区的工作部门有过所谓“工作干部”和“理论干部”的区分，但这已是过去的陈迹。“没有革命的理论，就没有革命的行动”，“只有革命的行动才能有正确革命的理论”。这是今天边区每一位工作同志所深知的真理。因此学习制度在每一个工作部门中都逐渐的健全起来。人们经常的探讨前进的革命理论，研究三民主义，学习马列主义。

革命理论和求实精神的结合，在工作上的表现，便奠定了晋察冀边区牢不可破的巩固基础，一度一度地取得反扫荡的光荣胜利，逐日在战斗中壮大起来。也正因为如此，边区才真正的形成了抗战民主和统一战线的模范根据地，逐渐成为新中国的雏型。革命理论和求实精神在工作上的结合使晋察冀边区能够击退一切黑暗势力，永远迎接着光明。

### （三）模范的抗日民族统一战线区

晋察冀边区就是共产党领导的八路军所一手开辟的。现在仍然是在八路军的边区子弟兵团的保卫之中,象是华北敌后大部分是在八路军的保卫之中一样。共产党员也有在政权机关工作的,但是为数只不过是十五分之一。在子弟兵团中党员才占三分之一,但是在战斗中牺牲的,共产党员却占十分之六。

在晋察冀边区,共产党与其他抗日党派一样的休戚相关,彼此互相扶助,互相巩固,互相发展。他们有着共同的认识:抗日民族统一战线是救中国的唯一方法。他们有着共同的目标:驱逐日寇到鸭绿江边,建立独立自由、幸福的新中国!他们也有着共同的敌人,那便是日本帝国主义、汉奸托派和汪派。在这种共同的认识之下,他们只有携手一致,齐一步调,精诚团结,打击并消灭共同的敌人,向着共同的目标前进!

在晋察冀有满洲人,有蒙古族,也有回族,他们和汉族是一律平等的。每一个抗日的人民在晋察冀都享有充分的民主权利。一些少数民族,还是受着更高的待遇。在抗日工作上,其他民族也是不甘落后的,譬如冀中的回民支队,便是使日寇丧胆的一支劲旅。

晋察冀有基督徒,有伊斯兰教徒,有喇嘛,还有和尚。他们都有着宗教上的信仰自由。同样的在抗日战线上,他们不分信仰地团结在一起,对付共同的敌人。

晋察冀有着工人,有着农人,有着少数的资本家,也有着不少的地主,有着知识分子,也有着名流士绅。虽然他们私人利害不同,阶级不同,职业不同,但是在抗日民族统一战线下他们团结在一起。二五减租,一分减息,佃户和债务人高兴,地主和债权人也高兴。一方面是减轻了负担,一方面是对国家民族贡献出一些力量。即是政府的一个法令也从不曾忽略了商人的利益。逃亡的地主的房屋土地,政府都替他们妥善的代管。回来的时候,依然归还给原来的主人。

在边区政府的委员里,有共产党,也有其他抗日党派和无党无派的抗日人士。边区政府是一个模范的地方政府,是一个各阶层、各党派联合抗日的政府,因此是日寇汉奸所恐惧的一个政府。边区的群众团体,也是统一战线的组织,因此也为日寇汉奸所恐惧,认为是神妙不可测的组织。子弟兵团是坚决抗战,坚决实施抗日民族统一战线的军队,它巩固,扩大并保卫了边区。因此为人民所热烈拥护,而为日寇汉奸闻名丧胆。

这种充分的统一战线的精神,贯彻于晋察冀军政民各级领导,和所有的干部的头脑之中,贯彻于一千二百万人民之中,贯彻于一切工作之中。抗战建国纲领已在边区实现,因此还创造了不少进步、团结、抗战的法令,创造了不少英雄的奇迹,不断的取得了军事上,政治上……各方面的大大小小的胜利。因此,晋察冀边区在民族解放的革命战争中,在全中国,在全世界赢得了无上光辉灿烂的荣誉——模范的抗日民主统一战线区!

### (四)抗日民主之花开遍了华北

抗日民主之花开遍了华北!

**五月七日《新华日报》华北版:**

大众社二日电:鲁西各界代表大会,为成立鲁西主任公署,通电全国各党政领袖:

“……大会一致决议成立鲁西行政主任公署。当推选张维翰、祝壁臣、杨勇等十五人为委员。并推选坚持冀鲁游击战争之肖华先生为正主任,坚持创造鲁西抗日根据地之董君毅先生为副主任。……”

**五月十七日:**

“本报特讯:山西三区专署,顷为保障人民权利,安定社会秩序,揭发奸顽造谣,特布告于下:

……

一、保障一切抗日人民利益和生命财产之安全。

二、一切抗日人民,有抗日言论、出版、集会、结社、信仰之自由。

三、军队及各群众团体无逮捕及处罚权。

四、区村公所无处罚权,除受县政府命令外,不得擅自捕人。

五、县政府只有依照法律规定之逮捕及处罚权限,处决人犯,须呈请本署批准。

六、各级政府及群众团体务须严格遵行本署公布之保障人民权利暂行条例,如有违反者,不论何人,定行严惩不贷。

七、凡有侵害人民利益及生命财产安全,或不依人民权利保障暂行条例,滥用逮捕权,处罚权者,人民得向本署控告,定行严惩不贷。……”

**五月二十七日:**

“特讯:晋察冀全区各界宪政促进会,即将于五卅成立。并有军政要人作重要报告。据息,此次大会将有二百余代表参加,包括有太北、太南、太岳、豫北及冀西各地各界宪促会代表,人数约占百分之四十,各地士绅名流占百分之四十,其他军政界代表百分之二十。大会筹委会正积极筹备布置中,届时当有一番盛况”。

**五月二十九日:**

“华北新华社冀鲁豫边二十五日本报特派员专电:冀南大名、濮阳、清丰、南乐、东昌、长垣六县自行政督察专员丁树本弃职潜逃后,政权工作一时停顿。军民士绅各界以本区抗战大计,不能无人主持,遂于四月六日召开各界代表大会,选举民众领袖安德乾先生继任行政督察专员。大会进行极为热烈,晋南行政主任公署亦派代表出席指导。”

“安德乾先生以人民重托,义不容辞,当选之后,即宣誓就职,并宣布六大施政方针如下:

一、巩固本区抗日根据地,坚持抗战到底。

二、坚持统一团结。

三、实行民主政治。

四、改善人民生活。

五、整理财政经济。

六、实施抗战教育,发扬进步文化。

安专员就职之后,六县民众均庆得人,协助政府进行各项抗战建国工作,目前正在积极开展中。六县县长现已全部经民主改选就绪,当选者均民众属望之抗日领袖。各地政府机关,亦正在力求整顿改进。

此次民选专员县长,经过筹备时间甚久。因前任专员丁树本主政时期,毫无建树,救亡运动仅在抗战初期稍有开展。其后即受到丁氏压制,故本区政治并无改进。本年一月间,敌寇进攻抗日根据地,丁氏左右少数顽固分子乃挟持丁氏作各种反进步运动，解散救亡团体，逮捕抗日青年，以致民情鼎沸，怨声载道。丁氏左右进步人士，乃相率引去。丁氏以众叛亲离，且自绝于民众，遂率领少数顽固分子弃职潜逃，脱离本区抗日阵地。本区士绅民众虽曾派人寻访挽留，均无结果。今以六县政权，极须彻底改革，乃经军民士绅各界迭次会商结果，始决定实行民选”。

**同日：**

“大众社二十四日电，山东清河区各界，特于十一日召开民众代表大会，计到会代表百余人，经三日之热烈讨论，当即决定成立清河区行政促进会，选举李人风为专员，王兴国为副专员，同时并选举普晓村、李人风、孙明旦等为正副议长……”

**六月二十一日：**

“时事通讯社讯：鲁南各界为加强抗战领导，实行民主政治，粉碎敌人政治阴谋，除各县县长，各救亡团体，各机关负责人联合发出告鲁南同胞书外，并定于本月×日在×地召开鲁南人民代表大会，民选产生行政专员公署。预料届时将热烈讨论实施民主政治等问题，而鲁南最高行政机关产生后，对加强领导鲁南军民，坚持敌后抗战，必更多贡献。”

这还仅只是五六两月份的《新华日报》华北版上的消息。

## （五）敌人从哪里进攻，就叫它在哪里灭亡

晋察冀边区今天已经形成了华北敌后抗日民主统一战线的钢铁保垒。在团结、进步、坚持抗战到底的鲜明旗帜之下以无比英勇、伟大、坚强的姿态挺立在华北敌后。晋察冀并不是一个孤立的海岛，在华北各地已经建树无数抗日民主的根据地。在哪

些地方，同晋察冀边区一样，“敌人从那里来，我们就让他们在那里灭亡！”它们已都在执行抗战建国纲领，实现民主政治。它们和晋察冀手携手以战斗姿态在华北抗战的前进阵地上争取着反攻阶段的到来。他们是在手携手的向着新中国的光明前途勇往迈进！

当初敌骑铁蹄纵横的华北，今天是到处驰骋着抗日的健儿。在东北、在热河、在冀东、在平北、在雁门关外、在大青山麓、在晋察冀边、在冀晋豫边、在晋西北、在鲁西南、在太行山里、在黄河两岸、在华北的土地上，抗日健儿和抗日人民的鲜血冲洗掉百年来的耻辱，几千年污秽的渣滓，粉碎了日寇、汉奸、汪派、托派，以及一切妥协投降分子的无耻梦想。在祖国的膏壤上，烈士的鲜血灌溉着抗日民主政治之花，使它绽开丰盛的肥葩。在华北祖国的土地上，将埋葬掉法西斯蒂及一切反动势力；在华北祖国的土地上，将建立起独立自由幸福的新中国。烽火中的华北是中华民族解放的一支熊熊的火把，是弱小民族解放的一座明亮的灯塔，他昭示全世界的正义进步的人士，昭告给全世界被压迫的民族，和被奴役的人民：

中华民族行将吹送出解放胜利的号角，在华北，新生的中国，在战斗的血流里，已绽出灿烂之花。

## 后　记

在去年的十月二十八日，我们一行十人冲过了当时敌人扎有重兵的同蒲封锁线，在连亘不绝的山岳地带里整整一天一夜的工夫,连跑带走不停地行了二百来里路,到第三天头上才总算是脱离了日寇血腥统治的势力范围,踏上了插有祖国旗帜的晋察冀边区的境界,开始呼吸着抗日民主的战斗气息。今年的五月四日青年节的那一天,就象是在边区内走路,没有感觉什么疲劳,舒舒爽爽通过了正太封锁线,离开了晋察冀边区。

到达了边区,随即就让我们幸运地赶上了晋察冀军区成立二周年纪念大会。这是敌后空前的一个盛会。在凶猛的炮火声中,大会安然地一直进行到总结闭幕。为了对付日寇这一次空前的冬季大扫荡,我们就乘了游击之便,又翻过了太行,到达了边区发轫地晋东北。在北风凛烈严寒的冬日里,参观了五台、盂县、定襄等县的工作,听到了繁峙、代县、忻州、惇县的同志们的工作报告。更使我们兴奋的看到了第二军分区英勇健儿们的胜利战绩。复应边府之邀,顺着滹沱洪流赶回参加晋察冀边区政府行政委员会成立二周年纪念大会。途中顺便参观了模范县平山。大会闭幕后,在旧年期间,稍事休息,整理了一下关于冀中的材料,便向平西出发。在那一块开辟不久的土地上看到了边区初生时的轮廓。兴奋地参观了涞、涿、房、良和宛平各县的工作,并且亲自跑到北平外围的敌边,花三天的工夫作了一次考察。三月,在平西反扫荡炮火中,取道名关紫荆折反冀西。途中访问了第一军分区、冀西各专署、第三军分区,参观了易县、满城、曲阳、唐县、完县及阜平各地的工作。并于阜平某村往访边区各群众团体。在离开边区的途中,又参观了平山敌后灵寿、井陉和获鹿各地的工作。最后,第四军分区派队送我们通过了正太封锁线,离开了晋察冀边区。

六个多月的时间，在晋察冀边区共历十五县，五百余村。遍访军政民各界同志，参观了许多工作。这一本书就是根据我们对边区的了解和认识，把自己看到的或听到的事实及所搜集到的各项可靠的材料组织起来的一个忠实记录。

这一本书从开始到完成仅仅花去了一个整月的工夫。从六月七日开始写，到抗战三周年，抗战建国纪念七月七日便全部完成了。因为各种条件的限制，和客观环境的要求，使我们不能不这样匆促的赶出来。当中所有的材料，除掉一些文字材料之外，都是我们所亲眼见到的，亲耳听到的，亲手搜集到的活生生的事实。材料多的便多记录一些，材料少的便少记录一些。但是边区的每种材料，都不是某一种工作单独的材料，许多地方也都附带的说明了其他工作。因此全书虽然分成了军事、政治、经济、民运和文化教育各部门，但是却不能这样严格地去看，这样严格地去划分。晋察冀边区无论军政民那一桩工作，都是血肉相连，不可划分的统一体的一部分。就是在这样的认识之下，匆促的在很短的时间之内，忠实地，毫无渲染地，加以组织、记录出来。

由于经历的地方多，深入参观的时间不够；由于各种材料和参考书籍的缺乏；更由于能力的限制，挂一漏万的地方一定不少，这是作者负完全责任的。希望边区所有的同志能供给更多的材料和宝贵的指示，以便在将来有机会的时候，尽量地能够有所修改增补。同时希望有人能够写出几本材料更丰富、情节更详尽、观察更深刻的关于晋察冀边区的介绍或论述方面的书籍来。这不仅是边区自身的需要，也是所有各个敌后所需要，及我后方各地所需要。

在这本书开始写作之前,那还是在边区的时候,我们曾经随时随地的一共写了十五万字左右的通讯,陆续寄往各后方杂志报刊介绍边区。未到边区之前,就深深的感觉到关于敌后的抗战建国介绍得太少,既到边区之后即感到过去所已经介绍的不是失之片面,就是缺乏系统,欠明确;到边区之后,虽然更清淡地了解到交通邮寄及其他各种各样的困难,以及一些绝不应有的他方面所造成的困难,但是却更深刻地感受到有必要系统地介绍边区,介绍华北敌后抗战,无论军事、政治、文化、教育、经济、民运一切的工作,以及抗敌的英勇事迹,根据地缔造艰苦奋斗的过程。这是文化岗位上工作同志们当前一桩重要的任务。已寄出的一些通讯,和这一本书的完成,便是这一个工作的开始。今后还要继续作下去。因此还希望后方的人能够到前方,到敌后亲自跑一趟,看一看,希望敌后的文化工作者也能担负这一桩工作,完成这样的一个任务。

本书的写法,是在能力范围之内,务求其存真存实。这是因为要忠实于为了抗战胜利,建国成功而终日艰苦奋斗有着英勇牺牲精神的边区所有的同志和一千二百万亲爱的同胞。如有不确切之处,这是边区任何一个同志和同胞都可提出指正的。

一九四〇年八月十三日于晋东南

# 社会教育篇

(一九三三年—一九四五年)

# 上海市私立申报馆<br>附设申报业余补习学校概况

民国二十二年一月,申报流通图书馆开辟阅览室,惟是项房屋,除上午九时至下午六时外,余均弃不用,殊觉可惜!同时鉴于少数图书馆读者,因基本学识之缺乏,致阅读发生困难,因思利用阅览室空屋,创办业余补习学校一所。二月十五日得前校长史量才先生正式许可,积极筹备。同月二十五日,即登报招生,三月十三日开始授课。时仅教室二间,学生八十三人,教员都由图书馆及当时附属于申报馆之上海文库职员兼任,因陋就简,初无若何具体计划也。不意是项组织,切合社会需要,更兼申报馆信誉素孚,大陆商场地点适中,收费亦视他校为低,故报名者踵趾相接,纷请扩张学额,增设学级。热忱好学,情见乎辞。乃商得史前校长同意,尽量扩张:三月二十日添设俄文及日文各一级,三月二十七日续增俄文一级,五月十一日又续增英文二级、日文一级。前后不及两月,已由二教室增至八教室,学生亦自八十三人增至四百人左右。同时,沪东沪西沪南各区青年函请就近设置分校者,日必一二十起,乃即着手分校之组织。为节省设备费及经费起见，决定以商借各校校舍为原则，先后蒙澄衷中学、中山文化教育馆、留云小学、本报附设妇女补习学校、曹义小学赞助，允将校舍之一部分，借充本校一二三四五六分校校舍。由是着手招生，各分校亦随于五月一日（三校）、五月十五日（二校）、六月二十日（四校）、八月十五日（五校）、十月二十日（六校）先后开课。嗣因特种关系，四校自第三学期起，迁至沪南第一小学，三校亦于第三学期起，迁至民治中学内。迄今不及两年，各校均有长足之进展。计一校现有学员一千〇六十五人，分三十三学级，二校有学员一百六十七人，分六学级，三校有学员一百二十三人，分六学级；四校有学员一百七十四人，分七学级，五校有学员二百〇三人，分八学级，六校有学员三十二人，分三学级。六校共有学员一千七百六十四人，分六十三学级，寖寝乎已成为沪上惟一信誉卓著之补习学校矣。再，本校于民国二十二年十月遵照上海市教育局监督私立补习学校规则第四条之规定，填具表格，呈请准许一二三四五五校登记。同年十二月十三日奉令准予登记，并颁下第六十四号至六十八号登记证五纸，及木质钤记五颗，即经盖具印模呈报启用。依据呈请登记时所填表格，本校由申报馆设立，即以申报馆总理兼本校校长，负本校一切事务之最高裁决责任。所有开办费及以学什费抵补后不足之经常费，概由设立人负担，计前后支出已达六千余金。而前校长史量才先生平时对于本校督促指导，不遗余力，而今天降厥凶，哲人其萎，追念往昔，能不怆然！

# 上海市私立申报馆<br>附设申报业余补习学校缘起

本报六十周年纪念，除将本报大事刷新，以求更多的尽责外，更就力之所及，谋市民业余生活的合理化：在《本埠增刊》添辟《店员通讯》，增刊《业余周刊》，以引起一般店员工友学徒的读书兴趣，灌输以各种常识，并改善其业余生活。于服务社会方面，增设流通图书馆，选购各种民众常识应用的图书，免费任人借阅，直接推进民众教育，间接促进一般人业余生活的改善。两月以来，加入者颇形踊跃。但据观察所及，有大多数市民，因为基本学识的欠缺，非但不能动笔，抑且阅读的兴趣，亦无法取得，驯至不能享受我们上述贡献的利益。经同人讨论之结果，决定在本埠各适中地点，筹设业余补习学校，兹先就流通图书馆阅览室的地址，创设第一校，以求贯彻改善市民业余生活的初旨。不过，目下因为财与力的限制，规模不免简陋，以后自当力谋扩充。同时我们深知补习教育，是一件非常艰巨的工作，欲谋普及而收实效，各界必须群策群力，才能完成这重要的使命。

# 创设申报流通图书馆缘起及各种规章

## 一 、创设缘起

到今年本报创办恰已是六十个整年。在六十年工作的经历中,使本报同人,都深切地感到自身责任之重大,兹后更不能不以加倍的努力,求对于本身责任之切实负荷与使命之沉着实践,因此就以今年为始,本报拟定了几个努力工作的第一期计划。

在这努力工作的计划中,就本埠创办一个流通图书馆,也是最重要的一项。

为什么本报要创办一个流通图书馆呢?

在上海,虽说学校林立,然而因为环境的限制,没有机会求学的成人和青年,为数当亦至巨。即就全上海工商界的店员工友学徒加以统计,其数之巨,应亦可惊。这一失学者他们是迫切地需要着知识的食粮,无论是就他们将来的生活而言,或是工商界业务的利益而言,更远点即就整个社会的福利而打算,利用他们的闲暇,使他们能得到一点读书的机会,灌输他们以种种的常识，以增进其生活技能和对社会服务的效率，不能说不是一件极有价值与意义的工作，这便是本报创办流通图书馆的第一个动机。

次之，上海是一个纸醉金迷的繁华市场，一切不正当的娱乐，一切不正当的消遣，都随时可以拉着一个有用的青年，走向堕落的陷阱。影戏院林立着，酒店林立着，其他种种游戏场所更触目皆是，每一个人是需要着活动的，没有正当的活动，必干不正当的活动，没有正当的娱乐，必干不正当的娱乐，小之浪费时间与精力，大之影响社会国家，而为害群之马。就这一点而言，利用这一些失学者的闲暇，予以读书的机会，引导其对读书发生兴趣，以防闲其不正当的娱乐，也不能说不是一件极有价值与意义的工作，这是本报创办流通图书馆的第二个动机。

有此两因，所以创办流通图书馆的计划，乃决然成立，并且在最短期间——本年十二月一日实现。

对于图书的购置，我们定有一个最低限度的标准，即一切青年必读的图书，我们必尽量的搜罗，而其他一切低级趣味的读物和不正当的图书，我们决不购置。同时，我们决力求借书方法的便利，凡是每一个订阅本报的份子，务使其能以充分的方便向本图书馆借到他所需要的图书，至于借书的简章，当另行明白订定。

在创办之始，本报热烈地盼望工商界的领袖——经理先生们，予以提倡，鼓励一般店员学徒与工友们的读书兴趣；同时更热烈地盼望一般的青年们，都互相勉励，利用宝贵的闲暇，在书本上求得宝贵的知识。

## 二、组织规程

第一条　本馆隶属于申报馆。

第二条　本馆设馆长一人,综理全馆事务员若干人,练习生若干人(人数视馆务之扩展而定),分任各项工作。

第三条　本馆馆长由申报馆总理聘任之,员由馆长选请申报馆总理核准任用之,练习生由馆长考选之。

第四条　本馆内分总务编审流通与读书指导四部分,其职掌如左①:

(甲)总务部:关于撰拟文书收发保管会计统计庶务及不属其他各部事项。

(乙)编审部:关于图书杂志报纸之选购登记征集审查分类编目索引事项。

(丙)流通部:关于图书出借邮寄收还交换阅览整理装订抄写修补事项。

(丁)读书指导部:关于编著读书自学入门读书问答及其他有关读书指导事项。

第五条　本馆为便利进行计得依时举行左列各项会议:

(甲)馆务会议;

(乙)部务会议;

(丙)图书选购委员会议;

---

① 原文发表时为竖排,故下列各项在本条目左侧。

(丁)练习生教育委员会；

(戊)其他临时会议。

第六条　上列各部及各会议之组织与会议规则时间等另订之。

第七条　本规程如有未尽事宜得随时提出馆务会议修正之。

# 创设《读书指导》缘起

本馆自创设以来,虽对于社会大众不无细微的贡献,但我们却仍不能以此自满。我们知道,我们还有更应努力之所在。依据读者统计,我们知道我们的读者大多数是未曾进过学校,或中途失学的店员、学徒、工人以及低级从业员。他们虽然接收了我们的图书供给,但他们大多数还是缺乏选择与消化的能力。这就是说,他们还急需一种正确的指导和帮助。依据此一经验,在去年(二十二年)全国图书馆协会于北平举行第二次年会的时候,我们曾有"图书馆应共同编制《读书指导》以作阅览者之准绳"的提案。现在我们便以进一步的帮助读者大众为目的,创设《读书指导》。我们的工作方针如下:

一、打破图书馆一贯的只消极的供给读者以读物,而不予以指示或帮助的症象。图书馆与读者取得亲密的联络,即以图书馆为大众的书斋和精神食粮的仓库。而以《读书指导》为其益友与导师。

二、解除读者在"浩如烟海"的典籍中茫无适从的困难,明示读者按着时代的要求供给良善的营养,并为之作出各学科的《书目》、《研究方法》、《重要书籍提要》使读者能有目的,有系统,依照需要而开展自己的读书生活。

三、纠正读者离开实际为读书而读书的错误认识,极力使读者认清读书是为了要认识并解决实际问题。为了要对付实际而并不是一种装饰,尤其排斥因闲暇无聊而读书的消遣态度。

四、特在申报辟有《读书问答》一栏,帮助读者解决书中的疑难问题,读者可按规定手续通信质疑。(从二十三年十一月十日起,此项《读书问答》已改在读书生活半月刊发表)

五、研究学问,尤重朋友间相互讨论与切磋。因此《读书指导》并愿极力帮助读者组织各种科学研究会及读者谈话会等,俾读者获收切磋琢磨之效。

同时,我们更对于读者及热心社会教育的人士们,提出下面两点希望:

一、我们愿诚意与热心社会教育之人士合作,凡本馆的读者在可能范围以内,我们都希望能义务的参加本馆《读书指导》有关的工作,尽力去帮助知识不及你的人们。我们觉得是一件极有意义的事。

二、欢迎读者提出《读书指导》方面之具体意见及热心社会事业的人们批评、指导与掖助。

# 上海市私立申报馆
# 附设申报妇女补习学校缘起

去年本报六十周年的时候，同人等益感责任之重，愿以余力服务社会，现决定先从社会教育一项入手。现在已经积极进行而逐渐行诸事实的，如月刊、年鉴、流通图书馆、业余补习学校、上海文库，新闻函授学校，以及服务部等。

现在我们更深切地感觉到，目下大多数的妇女——尤其是年长失学的妇女——因为没有适当的学校可进，既不能获得独立谋生的技能，直接去服务社会，又不能取得处理家事上必需的知识，来改良组成社会的细胞——家庭。这种现状，是应该设法改善的，因此同人等不揣棉薄，决心创办这个妇女补习学校。

我们的办法，完全以便利家庭妇女为目的。而且我们还准备接受每一个学员的建议，在可能范围之内，尽量去减少他们的困难。我们的编制，是采用近似道尔顿制的，是希望充分开发每一个学员的天才，适合每一个学员的程度。我们的课程，注意于职业的技能和家事的常识两项。将来每一个毕业生，都能负起服务社会和改良家庭的责任。此外我们还希望在学员中间，树立一种风气；不是将旧道德整个脑儿的打倒，而是要保存它的优点；也不是盲目的接受新潮流，而是要吸收它的适合我们环境的思想。

我们虽则抱着这种决心而努力，但是将来的成效如何，还是要仰赖各界人士赞助。同时我们还希望各界同志，尽力提倡，因为这种艰巨的工作，决非同人等菲薄的力量，所能独任的。

# 教育局登记上海市私立申报妇女补习学校概况

本校创始于民国二十二年六月,以暑期补习班试办入手。自筹备到开学,为时仅两月,租赁静安寺路斜桥弄七十五号三层洋房一所为校舍。开始时,规模甚小,迄今一年又半,设备之完全,内容之充实,已数倍于前。而本校前校长史量才先生,忽于此时云亡,同人等骤失瞻依,悲痛曷及!然而事已至此,敢不继承遗志,力谋推进,俾妇教前途,日趋广大。爰述梗概,就正于社会人士,并以自励。

## 一、沿革概况

本校前校长申报馆总经理史量才先生,针对了社会的需要,从事于社会教育之后,鉴于年长失学妇女补习教育之重要,遂毅然决然,于设置申报流通图书馆,业余补习学校之余一贯的创办了本校。并且自任校长,锐意经营。

本校创立于民国二十二年六月,其时适当暑期,校具及图书仪器等均已购置完毕，即首先举办暑期补习班，正式授课。因筹备时间短促，知者尚少，来学者仅二十六人，分国、英、算三科，每科分高、初两级。迨是年九月秋季始业，方正式招生，学生数自二十六人激增至百有五人。然来学者程度参差，目的各异。本校为适应各学员之需要，适合各学员之程度，分级特多。虽于经济不无多所亏损，然史前校长本以学生之利益为前提，绝不因陋就简。计全校分高初二级，高级分家事、职业二科，每科复分二班。初级分二班，每班分两组。此外并设置钢琴、图画、华文打字、英文打字、银行簿记等专修科。又有国乐组。并指导学生编印刊物等。来学者均得就其所愿以学，全无削足适履之苦，以此进步颇为迅速。学生数亦年有增加，计二十三年春始为一百二十七人，暑期补习五十五人，同年秋始一百三十七人。本校于是年四月呈准上海市教育局登记。

本校以学生少分级多，故为时虽只一年又半，而史前校长出资，已达六千余金。至其精力所费于本校者，则更较他处为多。即遇难前在抗垣养病时，亦不时有专函指示，其关怀之切，于此可见。

## 二、行政系统

本校重要行政，大都取决于校务会议。本校组织，略如下表。

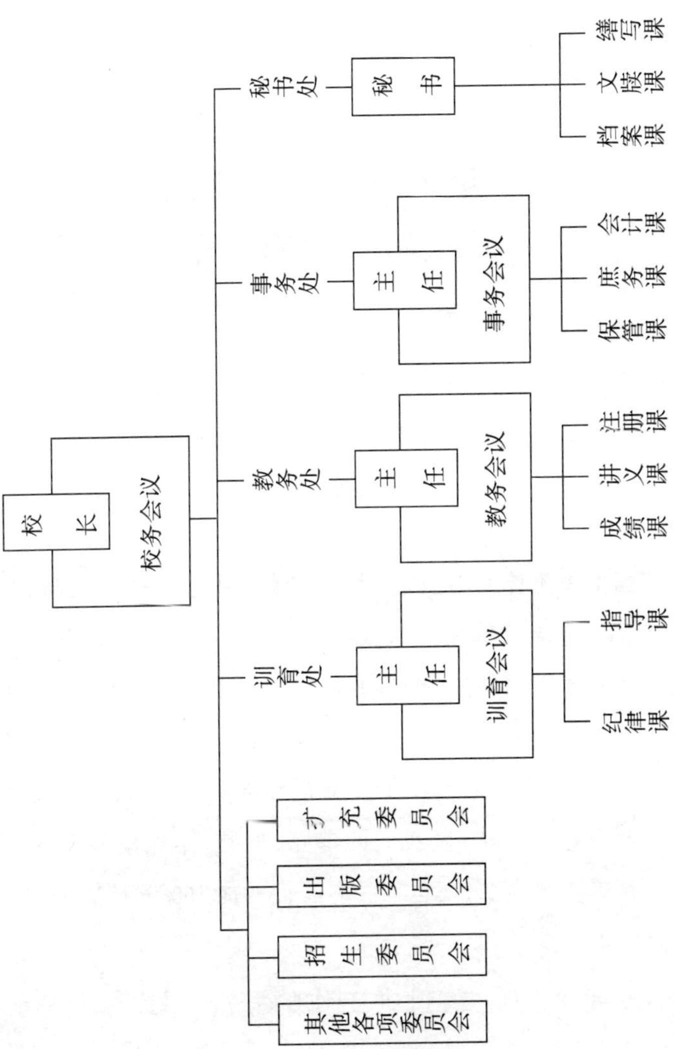
校长
校务会议
秘书处
秘书
缮写课
文牍课
档案课
事务处
主任
事务会议
会计课
庶务课
保管课
教务处
主任
教务会议
注册课
讲义课
成绩课
训育处
主任
训育会议
指导课
纪律课
扩充委员会
出版委员会
招生委员会
其他各项委员会

# 一年来读书指导部的工作和今后的计划

## 一、前言

依据本馆统计上的数字，本馆的读者中最多的是店员，其次是学徒、工人，次及低级的从业员。在一年以前，我们看出了我们的读者对于图书的选择上，书籍的读法上，以及知识的应用上都缺乏一定的素养。本馆为了供给他们以一个实际的而且急切的需要，便毅然决然地创设了读书指导部。这一举，我们虽然找不到一些很好的成法，做我们的参考，但是，本馆既然认定了这一举是读者们的需要，便也只好尽我们的能力探索地前进了。

## 二、过去工作的概况

现在是经过一年的实践了。在过去的一年中，我们对于读者经常地个别通信，指导他们怎样计划读书，怎样选择图书，怎样进行阅览，怎样解答字句上、意义上的种种问题。对于读者们所提出的一般的问题，我们又曾经在申报上做过公开的解答。这其间虽然遇到了若干的困难，饱尝了许多人事上的麻烦，然而，终究因为读者们有一种实际上的要求和对于本馆的十分爱护，有一些手续上的困难，也一天天地减少了。

到现在，我们已经更深切地明白了读者们各种具体的要求。我们知道：在目前，他们一方面需要他们自己业务上特殊的知识，同时，一方面，他们对于中国乃至全世界的政治经济和文学艺术等等都想获得一个明白的了解。

他们和我们通讯，态度是十分的诚恳，问题是十分的具体。有时候，为了他们的问题，引起我们去找专家，有时候又引起我们去查书。这样一类的事，做起来似乎很麻烦，但是，我们看出这是替大众解答了具体的问题，同时，他们又在很热心地学习，所以，我们也把它看成一种很快乐的事了。

在最近，我们又看出了他们对于书籍的选择已经有了一点点的转变。在从前，他们所读的书报和他们急切的需要，是不相关联。他们所需要的是有益于他们职业上的知识，但是，他们所阅读的却是一些仅供消遣或是绝无价值的东西。他们所需要的是了解中国或国际的政治经济等的知识，然而，他们所最欢喜的是很平凡的小说甚至是无聊的小说。目前，他们改变了：他们欢喜看报，并且不愿看那些无聊的小报了。他们喜欢看杂志，并且喜欢看那些很进步的杂志了。借书的，是借社会科学书籍的人增多了，甚至，他们有的还在研究方法论了。他们有的人已经认定：读书或者做事，若是没有正确的方法。那是花了时间还得不到好的结果的。

## 三、过去工作的缺项

现在是正要开始我们第二年的工作了。我们应该把我们过去的工作,整个地检查一番。使过去或有的错误,有一个矫正的机会;使将来还应该继续的工作,以及还应该加添的工作,得一个有组织有系统的展开。

我们过去一年的计划,有的固然是实现了,有的甚至还超过计划了,但是,有一部分,因为人力和财力的不足,我们没有法子兴工。同时,在客观上,也发生了一些不能按照计划进行的困难。

过去的工作有这样几点很大的缺项:第一是我们还不曾把图书馆的全体读者作为我们的对象,积极地去推动他们读书,却只是消极的候着有人来求教时才加以指导。因此,我们的工作还只是偏于极少数的人。第二是那些对于读者极有利益的"编订书目的工作"、"名著提要的工作"、"整个借书指导的工作"、"杂志报纸每周介绍的工作"以及整个购书计划等,虽然多少做到了一些,可是做得还很不充分。第三是把公开的读书问答占去了大量的时间,因此,对于个别的复信,不免有未能集中精力的地方,于是有复信延迟或内容疏忽的事实发现。第四是对于本馆自身的练习生,也还不曾好好地教育起来,使他们的能力提高,改进工作。

## 四、今后工作的计划

根据读者们的需要，以及我们一年来的经验和我们工作上的缺点，我们今后的工作，不能不加以更正确地改进。

在以后，我们应该集中全部的力量到图书馆的全体方面来，把指导的工作作为我们图书馆教育活动的中心，积极地对于全部的读者负担起指导的责任。

第一，我们要把大部分的精力，集中到个别复信的工作上来。对于每一封信，我们要努力全盘地精细地答复，并且，还要加速地答复。

第二，对于名著的提要，我们要继续努力，使一般人必须阅读的名著，都很容易地被一般人读懂。一般人读一本名著，不只是读到一些次要的东西，而是要很容易地找到它的主要点。

第三，对于研究的书目，我们也要赶紧地编制出来，使大部分的读者，在开始读书的时候，有一个借书的标准。

第四，对于书报阅览室，我们以后也准备加以积极的指导。首先是出一种壁报，随时把书报上各种科学的代表作介绍出来，使读者们容易找到重要的东西。一方面是节省他们宝贵的时间，同时也使他们不在那些不重要的东西上兜圈子。

第五，对于整个图书馆的书报，以后随时加以检查，使那些仅供消遣或是毫无价值的书籍渐渐地加以淘汰。同时，对于市面上新出的又是读者们所需要的书籍，尽力地随时购备。

第六，对于借书的指导，以后还要继续努力，使一些开始读书的读者,能够选到合于他自己的职业和程度及其一般需要的书。

第七,对于不大通信的读者,及提出复杂问题的读者,我们准备号召他或他们个别地或共同地谈话。一方面解决他们读书上的困难,一方面鼓励他们读书。

这就是我们今后工作计划的大纲。

## 五、所希望于服务图书馆事业者

本着我们一年以来的经验,更知道这一种指导读书的工作,并不是一种完全无望的空想,而是能够收到相当成效的东西。并且,我们还更明白地看出:这一件工作,它是在全中国,尤其是在目前的全中国,它是一件十分需要而且是急切需要的东西。不过,这一件工作,范围是非常地广大,工作是非常的麻烦,不是国内任何一个图书馆能够单独地担负起来,更不是我们这一个仅仅还只有两年历史的图书馆能够单独地担负起来。因此,我们仍旧还是怀着这样一个希望,希望全国的图书馆,大家共同努力,把这样一个当前的急务,担负起来。

一切服务图书馆教育的人们,一切努力社会教育的人们,起来解决这样一个大众知识上的饥荒问题罢!

**附:本部特约专门委员名单(以姓氏笔划顺序)**

丁柱中先生　丁淑静先生　王孝英先生　王云五先生

李长傅先生　江问渔先生　沈　信先生　沈滋九先生

何炳松先生　吴耀宗先生　杜定友先生　林语堂先生

马博厂先生　俞颂华先生　郭　子先生　陶行知先生

徐新六先生　孙时哲先生　孙师毅先生　陈彬□先生

陈望道先生　章乃器先生　金仲华先生　曹　亮先生

张蕴和先生　傅东华先生　曾耀仲先生　赵叔雍先生

裴复恒先生　蔡孑民先生　刘秀陶先生　钱伯涵先生

罗叔和先生

# 在史量才先生追悼大会上的讲话

诸位来宾,诸位读者,诸位同学!今天举行追悼大会,是我们料想不到的。我们记得自十一月十四日报载史先生的噩耗以后,不论与史先生有关系或是没有关系的人,总觉得非常惊异,尤其是一般读者和学生,纷纷的来信来电话询问被难的原因。史先生大殓后,我们又接到许多信主张对我们的导师应有一点表示。经过各方接洽后,举行了一个代表会,决定在今天联合举行追悼会。

希望诸位都有这一个了解:我们来举行这个追悼会,并不单注重形式。我们知道,许多人所迫切需要的,推进社会教育的文化事业,许多年来虽然有人看出这种需要,但是没有人能够起来做,惟独史先生能够力排众议,不顾一切的创办了这许多的文化团体。在每一个团体创办还没有收到相当效果的时候,便发现了不少的困难。史先生总是以毅力去克服它。两年以来,偶尔有人告诉他学校和图书馆的缺点,他总是详细的询问过的。有一次,有人告诉他说图书里有不应当有的书——禁书,他问我有没有?我说不晓得,因为图书里所有的书都是从书店里买来的。

后来把党政机关的禁书目录查对之后,仅有极少数陆续查禁的书,我们便随时把它抽去了;史先生觉得很欣慰。所以仍是依了我们的计划一贯进行。

我们上次在大陆商场举行追悼会筹备会的代表大会时,有一个共同的意思:就是以后我们要设法集合我们许多最小的力量,成为一个最大的力量,去继承史先生的遗志。要这样,才是我们这次大会的最大的意义。

# 从悼念史量才先生说到申报流通图书馆

诸位先生:兄弟现在代表图书馆的职员们说几句哀悼与怀念史先生的话。我们是深切的知道史先生创办这个图书馆的意义,决不是想利用它在他个人方面得到什么利益,他完全是为了社会大众的福利着想。因为史先生也是没有钱的人,他深知没有钱的人读书的困难,以及具有热烈的求知欲而不能达到的痛苦,他便创办了这个图书馆,做一点帮助求学的工作。我记得在两年前,图书馆开始筹备的时候,曾有人向史先生提议,想用"量才"二字做图书馆的名称,他深觉不以为然,并说明了他创设图书馆的目的,大意见本馆的起缘。后来便决定用了现在的名称。

在这两年的过程中,我们产生很多感想。我们看到有求知欲望的人的众多,和创办图书馆需要的迫切,我们觉得自己的能力太微薄了。我们常常接到许多读者的来信,他们对于本馆的工作,表示十二分的感激。但是我们却非常惭愧,因为我们还没有做到理想的程度,还有很多不完备的地方。并且我们又觉得在这伟大的申报之下,来办这样的一个图书馆,是应该做的事,并没有什么值得人们感谢的。根据这个经验,我们知道现在有许多应当做的,急切需要去做的事情没有人肯去做,结果,由于史先生做了一点为人类所应做的工作,就立刻引起一般人的热烈的共鸣。同时更使我们感觉到应该做而不曾做的事情,实在是太多了。

我们的工作除了想帮助读者求学外,还想在可能范围内,尽一点督促读者求学的义务。这种工作有三个步骤:第一先从学校做起,每一个学生如无故缺课,我们就写信问他为何缺课。此工作已实行多时,成绩很好。第二步使本馆读书指导部的读者,能够和我们常常通讯,讨论书本上的疑问。最后的一步,我们尚在准备中。这工作就是如果发现一位读者有一个月不来借书,我们就立刻写信去督促他,问他为什么不来借书。同时并努力鼓励起他的读书精神。对于这种工作,一定有人这样说,一般人在学校里读书的时候,假使偷懒不读书,先生不会去督促他,他的父母也很少去督促他的;而图书馆给他读书不要他的钱,他不读书,还去督促他,岂不是一个呆子吗?疯子吗?但是我们知道我们能够常常这样的鼓励他们,他们一定会被提醒而振作起求学的精神。所以我们决定要这样做下去。

有一位读者因为本馆常常寄许多信给他,他有一天曾对我说,李先生你很能推销,可以去做一家商店的经理。我回答他说,这种推销的工作,不是我的意思,是拿钱出来的史先生的意思,我不过是依照他的意思这样“做”罢了。

史先生的青年生活是艰苦奋斗的生活。他很知道一般青年求学的重要性,同时他又很了解在生活压迫下的青年,假使没有人常常去鼓励他，督促他，那么他求学的精神是不能持久的。所以他便叫我们努力进行这仲“推销”的工作。我想一般读者绝不会误会我们这种自尊为督促者的用意吧。

最近图书馆为了想帮助读者解决书本上的疑难，特创立了读书指导部。这个前所未有的事业，史先生是费了很多的心血。史先生常常对我们说，做一件事的结果都不免是好与恶两方面，我们必须计算好处是否超过了罪恶。这句话更可以代表他创办各种事业的宗旨。

谈到过去图书馆办事人的精神，我们自信由馆长以至工役都有一个存心就是各人相信自己的工作对社会是有相当意义的，对社会有相当价值的。所以我们绝不敷衍，我们工作并不单是为“吃饭”而工作。固然无论什么工作都免不了是解决“吃饭”问题，但最理想的工作却是为自己所要做的，情愿做的工作而努力。我们虽没有敷衍的行为，但为了力量所限或者还有许多不完备，不周到的地方，以致引起读者的误会与不满。这一点还希望各读者能够帮助我们，督促我们，随时告诉我们，以达到逐步改进的目的。

在去年招考练习生的时候，史先生问我考取练习生有什么标准。我说，我们的练习生第一要了解本馆工作的意义，每天要能做七八小时的工作，也能吃苦，同时还要他自己肯读书进取。在经常工作之外，有时还要做点临时的工作。不要说别的，就是当诸位读者接到我们的通告的时候就可以想到，我们有八九千的读者，就是八九千个信封，这些信封都是在二三天之内，由各练习生及工役在固定工作时间以外，写就封就的。

现在我们的指导者，史先生是与世长辞了，对于他的死，我不情愿讲什么话，不过这几天我在各方听到许多对于史先生之死的感想，似有报告给诸位的价值。

有许多人说：像史先生这样的人，还要被人打死，天下还有什么公道呢？有的人却反转来说，一个很谨慎的人，忽然要做一点救济的工作，所以要被人打死。还有人说：现在的“好人”是太多了，所以史先生要被人打死，所谓“好人”是什么呢？不开口，不说话，随随便便，想不到别人利益的人就是好人。

在史先生大殓的那一天，史先生的老友王晓籁先生说，这次事变的影响，有两条相反的路：一条是跑到消极的路上去，什么事都不愿做，什么事都不敢做，还有一条路呢，就是因为这个刺激，不论什么坏事都肯做了。对于这一点在王先生当然是一种愤慨的话，我觉得一般有进取的青年是决不会走这两条路上去的。我们的大路却仍是继续史先生的遗志与精神，努力向前推进。

史先生遇难后，有许多读者和同学都来问我，以后图书馆怎样？学校怎样？能够继续办下去吗？我听了这些忧虑前途的话，我很觉难过。我们大家应该把图书馆当作社会的，而不是史先生个人的；不要以为一个人死了，什么都完了。中国所以不振作，完全是这种个人主义深入人心的缘故。诸位翻开今天所发的“特辑”（申报月刊社所印发的追悼史总经理特辑）来看，在这里面我们知道史先生做了不少的事情，这许多事情决不是一个沽名钓誉的人所能做的。史先生常常对我说：“我一个人决不能做这许多事情，每一部事情我总是托一个人负责，你把这件事托给了他之后,你就不要再怀疑他。”关于图书馆和学校,他也叫我这样做。我曾问他在报馆里他信任几个人,他叫我猜,我便说出马先生、张先生等等大约三四个人吧;但他说不止此数,他所信托的却有几十个人,讲出来的人多是我所想不到的。可见要办这许多事,决不是一个人所能成功的。

在史先生没有死的时候,有什么事情,如图书馆的整个计划、预算、开支等等,我总去问他,他时常叫我一个人去做好了,不必事事问他。他是一方面这样鼓励我,但同时还是就我所问的,指示许多进行的原则。图书馆和学校这两方面的事情,有许多人总以为我一个人可以去做,其实我背后有一个靠山,可以时常去问他。但现在却不同了,我的办事的态度也改变了。因为有史先生在,我可以时常去和他商量,但现在同谁去商量呢?

在这里我应报告一件最令人悲痛的事。在史先生未去杭以前,他就想和上学期一样,开一个全体师生联欢大会。上次英文班教授在第一校开英文研究会,把研究结果,应当改革的几点,写信去告诉史先生,他知道我们非常认真,心里很高兴,便决定在最短的期内实现他举行第二次全体师生大会的主张。谁知道我们从此不能再看见史先生了,所看见的只有挂在这里的史先生的遗像!他不能像上次一样,来鼓励我们了!师生的联谊,却变成死难的悼念,实在令人悲痛不已!

史先生已经死了,但他的精神并没有死,他的事业更是一点也没有死!我对于他的哀感和回忆很多,不是一时所能细说的,但也不必多说了。

我与史先生的交谊,已有数年,但是我并没有把史先生当作

“圣人”,并没有把史先生当作怎样了不起的人,根据数年的认识,我认为史先生是一位肯做应当做的事情的首领。

今天有许多人讲这个追悼会的重要意义,是在继承遗志,发扬光大。我想再补充一句,就是继承史先生的遗志,是继承史先生的“公”的遗志,继承史先生“为公而不为己”的遗志。

同时,我们觉得在这整个世界飘摇的时候,中国更受到了很大的影响,像上海这样的大地方,这几个文化团体,能够做多少事?所以我们希望今天到会的诸位读者和同学,能够站在特殊的立场上,秉着史先生的遗志,像史先生一样的纯洁,尽自己的力量,来把图书馆扩大起来,把业余补习学校扩大起来,把我们这种推进文化的工作,扩大到多数人不识字的穷乡僻壤去!

# 纪念史量才先生

在流通图书馆创办一周年的时候，我们曾出过一本纪念册，把本馆的使命向大家说过了。本来，我们此后只要依照本馆的使命向前做去，不打算在第二周年出什么纪念册了。本馆创办人史量才先生在到杭州去的前一日，对我们说：“等到我们工作有了更大的发展，对社会有了更多的贡献，我们那时再出一本内容丰富的纪念册罢。”不料在我们的工作还没有到二周年，史量才先生竟被人刺死了。不过史先生虽死，史先生的事业并不曾死，我们为着纪念史先生，为着继续史先生的遗志遂决定编印这本纪念册。

因为筹备时间的匆促和预算的限制，还有许多图表无法制定出来。在这里我们很感谢伍康成先生在很低的报酬下，日夜的代我们赶出十几张统计图。这本纪念册的内容，包含着三个部分：第一是关于史先生所手创的流通图书馆，第二是关于史先生所手创的业余补习学校和妇女补习学校，第三是关于追悼史先生的追悼会和追念史先生的文字。

我们出这本纪念册，固然是为着纪念史先生，但并不是要来歌功颂德,我们只是把史先生所创办的这种新的文化事业,对于社会的贡献述说出来。同时因为这种新的文化事业,还正在开始阶段,史先生不过是一个倡导的人,要完成这种伟大的使命,是还需要全体社会人士,共同负担起这个责任来的。所以我们过去这两年来试验的情形,是应当向社会人士报告出来,作社会人士共同努力的参考的。因为在文化落后的我国,这种提高大众文化的图书馆,实在是需要几千个或者几万个。我们所能尽的义务是太有限了。

从本馆两年来业务的发展看来,参加本馆借书的读者已达万人,参加读书指导部通讯研究者六百余人,参加邮借部者五百余人,平均每日来馆借书者七百余人,来馆阅览者三百余人。并且,随着读者的增加,本馆的办事人员也就由四人增至二十八人了。再从馆务发展的迅速上看来,不仅证明着大众知识要求的迫切,同时也使我们感觉到一个图书馆的能力有限。所以我们在这本纪念册中,想把我们的经验和工作情形,用文字,用图表,用摄影,一点点地具体表现出来,使一班热心社会文化的人士,以及迫切需要知识的大众,看了这本纪念册,能够得着一个具体而有力的参考。倘使国内现在努力于图书事业的人士,以后大家继起,把这种"邮借"及"读书指导"等等的办法,普及到各城市各乡村里去,或者还有人再重新创办这样的图书馆,那便是我们极大的希望了。

史先生虽然死去了,但史先生的事业绝没有跟着他死去。继承先生事业的人,今后是增加了责任,同时也增加了今后工作的许多困难。但是,我们并不因此灰心,反而更努力地负担起这种艰巨的使命,要把史先生遗留给我们的事业,从这种困难的环境中发展起来,扩大起来,以适应社会大众的要求,以符史先生的夙愿,使史先生的精神在他所遗留的事业里面更加活跃起来。

# 上海战区的教育问题

视察华北战区，使我们感到最大不安的，是民众的无组织，无教育；最近视察了上海战区，使我们感到最大不安的，仍然是民众的无组织，无教育。这严重的战区教育问题，横贯了我们南北两战场。

抗战一发动，人民能逃的都远走高飞了，就是走不了的，军事也不能得到他们在行动上来配合，反而里面蕴藏着许多汉奸，影响军事的顺利开展。

教育也完全停顿了。根据我们视察所得，临近火线的地方姑置勿论，奇怪的是比较后方的城市，象嘉定、昆山、南翔一带，都已谈不到教育。甚至听说苏州都陷于半停顿状态，这更令人愕然！

人民的无组织无教育如此，而教育工作者反抛弃了他们的责任。为此，我们感到在上海战区有赶快施行特种教育的必要，以适应当前的迫切需求。

我们认为，在战区所看到的穷苦人民，他们的本质不见得会低于知识分子，也许竟然超过。他们中间，固然也有汉奸，但总还没有到完全做汉奸的一步。虽则我们可以拿工作做得不够来解释这现象，想总不应该忘掉另一方面的事实，这般穷苦人民在本质上是有着民族观念的遗留，会自觉地仇视敌人，而使敌人无从实施其鬼蜮伎俩。他们的本质，的确是良善的，只可惜过去没有丝毫的体会，使他们领受到训练；抗战发动了两个月，还是领受不到训练，结果本质就仍然是本质，无法启发而充分表现于行动上。所以我们觉得问题倒不在可能不可能，而是在做不做。倘然有人谈组织民众，启发民众固有的良善本质，使其充分表现到行动上去的教育工作，据我们在华北和上海战区的实际体念，不谈组织民众则已，谈则就应以这种教育工作入手。只要有人苦干，效果是能在短时间内见到的，因为可能的因素我们已经把握住了。

我们敢说，在都会里训练少爷小姐，时间即使延长到一年两年，我们不敢一定说有把握，而在战区训练这些穷苦农民，一二月，甚至二周时间，我们却敢担保它就能收到成效。我们曾在战区观察过胡兰畦女士领导的劳动妇女战地服务团。据她们的经验，她们目前所做的工作，其实并未完全达到组织民众教育民众的目的，不过态度比较对人民亲切点，以极少的人力（她们只有十位团员），极短的时间（出发至今不过三周），就已产生了极大的效果。这是我们亲眼看到的，足够说明训练战区农民的有把握。

这种战区特种教育的方式，当然最基本的是民众学校。关于这方面，我在战区民众教育计划大纲一文中，已经提供了些关于此种学校组织的意见，在这篇短文里，我只想来说明战区教育工作的应该做，容易做。尤其是在上海的民众工作，无论在报纸上是怎样热闹得锣鼓喧天,实际上只不过是一个开始,因为在战区,就很少见有人在脚踏实地的做。我们视察华北战区后,感到有施行这种战区特种教育的必要,我们已经决定在山西津浦各线马上开始筹备实地工作。这次视察了上海战区,同样感到有这种需要,因此,我们也希望能够联合一般有志于前线工作的友人,把这刚开始的民众工作,在教育方面大规模地发动起来。

我们还觉得,从事战区民众工作的人们,应该有两个最高的目的,同时也是最低的目的。在未被敌人占领的区域,消极方面,应该做到人民不会被骗当汉奸,积极方面,人民的行动,要能自发地与军事配合,更能进一步直接帮助军事的开展。如有不幸,这地方沦陷敌手,做了敌人的后方了,我们应该做到使这般人民,虽处敌人的铁蹄蹂躏下,仍能誓死不做顺民,在积极方面,还能运用他们已经养成的熟练技术,或是组织游击队,扰乱敌人的后方,或是利用工作环境的方便,传递情报,或是做我军的内应,夹攻敌人,使敌势趋于崩溃,进而收复失地。就目前说,我们无疑是应该达到第一个目的:即使军事后退了,我们即准备焦土抗战,当然早应准备有这一天来临。我们对第二个目的,就也不得不做一番最大的准备。所以这两个目的,在我们看来,是很平常的,要是不能达到这地步,试问我们所做的工作,还有什么意义?我们从事教育工作的最终目的,就是在此。我们为什么要实施教育工作,其原因也是在此,因为实现这些目的,都是属于教育范畴之内的事。

假若不能达到这些目的,我们所做的工作,就不能算成功;抛弃了这些目的,我们所做的工作,就陷于空虚!

# 战区民众教育计划大纲

从华北战区视察后，我们感到最大不安的，是民众的无组织、无教育。一个平日很繁华的地方，只要战端一开，全体人民大多数马上即变成难民，有钱的固然能老早迁到安全地带，中产的人，至少也能在战事爆发中，迁到离开火线数百里外的邻城乡中去住，大多数的穷苦人民，即令迫不得已，避开火线，但逃去的范围，常只数十里以内。他们携带包裹，准备在野外，或亲属故旧家中，暂时躲避几天，希望炮火稍停，即赶归故里。故于战区中，即令是临近前线，我们常常发现小小村落，竹篱茅舍中，尚有人家存在。

根据我们在战区看到的情景，战区简直是没有教育的，不用说临近火线，即比较后方的城市，大中小学都无形停顿。这是非常严重的现象。为了配合长期的抗战，继续发动民众作殊死战，我们就全国规模说，应当有新的适合于战时的教育系统，为了适应战区地方情况，旧的教育系统，施教内容，即不合于当前，又不能配合战争作灵活的运用，我们的确有在战区创设特种教育的必要。

这种特种教育完全是配合军事，为了动员群众的要求，在各战区普遍创设。它与军队中的政治工作，战地动员委员会等组织在独立的系统，密切的联络下，分工合作。这种教育的方式，最基本的是民众学校。

我们先拟出这一个大纲，希望一切有志于前线工作的友人，大家起来讨论。同时已决于山西、津浦路各线，马上开始筹备实地工作。也希望有人来和我们合作，或自动的按照本大纲，与各战区军政机关取得联络，在各战区分别创立起来，各战区民众学校间的联络，将来在工作上完成之。那时再形成全国总的组织。

一、战区民众学校为战区民众教育一种组织。

二、战区民众学校创设于战区内，它直接受战区动员委员会或军事机关之指导。

三、战区民众学校，以战时特种教育训练战区民众，组织战区民众并帮助战区动员委员会或军事机关征集志愿兵，武装民众的宗旨。

四、战区民众学校，暂在各战区的中心地带创设总校，在战区各地成立分校，或训练班、循回教育班、宣传队等。

五、战区民众学校的课程

（一）军事训练：①一般军事训练；②游击战术。

（二）救护训练。

（三）防空防毒训练。

（四）反间谍训练。

（五）政治训练。

①时事解释。

②当前救亡政策与策略及战术。

③民族解放的理论。

④政治经济常识。

六、班次和时间:分普通班——二周、一月、二月等三种,特别班——干部班(时间另订),流动班,纯用口头宣传不用固定时间。

七、学生不分性别、年龄,但依识字不识字而分配文字训练班,口头训练班。

八、不收任何费用,并供给必需的教育用品。

九、经费:(一)由战区军政地方机关分拨;(二)自由捐款;(三)各文化机关捐赠图书用品。

十、教员:(一)当地热心救国知识分子;(二)当地驻军;(三)国内有志赴前方工作的知识青年。

# 救济难民工作计划大纲

全民族抗战的局面，已经展开，救济难民的事业，变为当前最最迫切的要求。为了减少对于军事上的妨碍，巩固后防，提高战时生产效率，我们对于这广大的被难同胞，都应有最良善周全的处置办法，使难民不仅不白白的消耗物力而变为提供物力，不仅不妨碍军事而反有助于军事，不仅不扰乱后防而且加强后防。这一事业，实在是刻不容缓的事。

我们本匹夫有责之义，敬就我们所感到的作出以下的《救济难民工作计划大纲》，极盼政府以及现有之救济机关加以注意，同时并根据此项计划，即赴前线，与国民政府账务委员会及军事委员会战地服务团合作，从事考察，立即试行实际工作。

(一)对于救济难民事业，一般人常视为与救济灾荒无异，是一种消极的救济事业。如施放粮食、发钱遣散、供给面包等，殊不知此仅一时治标的办法，不能认为达到这一目的，即谓已尽救济之能事；并且在全国抗战的局面的扩大，战区的扩张，被难同胞时有增加，此项救济，一天天变为巨大的消耗，在经济上将成为不可能。由于以上的观念，所以：

（二）将难民看作一种战时的国家的重累，忽视了这广大的人民原是生产的人民，在战时仍然可以从事生产，仍然是国家生产上的一种生产力。

（三）因此，对于难民待遇，除救死外，等于禁闭。未意识到加以组织，给以教育必要。一团漫无组织的人群，在军事地带内，成为军事工作的障碍；并时有被敌人利用其中的不良分子作汉奸的危险。

（四）所以救济事业，多是视作临时应付的工作，事业举办，多系局部性的，缺乏全盘的规划。

（五）随着抗战的展开，难民救济事业成为当前一个最严重的问题。在观念上，我们要赶快改变这种消极观念，成为一种积极的事业，要把它看作整个抗战中后防工作最重要的一部分。

（六）救济工作是有系统的、有计划的全国事业，在一定的程序上进行的工作。在当前，我们一方面要整理已有的救济工作，调整各个救济机关，同时准备沿海一带有发生战争可能的地方，作有计划、有秩序的撤退老弱妇孺到安全地带及组织壮丁的工作。

（七）将已有的救济机关中的工匠、汽车夫，有军事经验的人，提拔出来，以供军用；将其他壮丁移到后方，安置到各种生产中去。国家可利用这些劳动力创设国防经济事业，如修筑铁路、公路、开矿、开垦、植林等。并准备有战争爆发可能地带的壮丁移植事业，如过去政府对于失业回国的侨胞创设侨乐村等一样，在西北，两湖、两广及四川等处设置许多新事业，安插难胞。

（八）将已有的难民迅速开始组织，在一切有战争爆发可能地带迅速布置反间谍网,防止穷苦同胞被敌人利用,作汉奸活动。同时肃清在我后方捣乱的敌人。

(九)教育一切有战争爆发可能的地带的壮丁。使他们懂得战时知识,准备在一个地方一时陷落后,从事破坏敌人,牵制敌人的工作;并由当地军事机关指导他们作游击战争。

(十)普遍的灌输防空防毒的必要常识。

(十一)普遍的推进当前国难宣传教育工作,提高民族意识。

(十二)有效的给与被难同胞生活上一切问题的帮助,如疾病、生育、教育、死亡等。

(十三)普遍的配备卫生医药的设备并救济。

(十四)我们愿将此项计划贡献全国账务委员会、各地已成立之救济难民机关。我们暂时的工作目的地及初步工作为:

(1)先赴已爆发战争的地带,如沧州、保定、张家口等地方,考察已有的难民机关及救济状况,并与当地账务委员会取得联络,按本计划进行以上的工作;

(2)随后赴有发生战争可能的地方,积极筹划救济的准备工作;

(3)用战区与战地服务团联络,从事当前紧急救济工作,并组织与教育工作。

(十五)基于本工作大纲,再当详定各部工作细则,并实际的制订每月工作纲领和每一地方的工作纲领。

# 新中国教育制度的基础

"抗战教育",到现在已不是理论的论争了,而是如何去施行的问题;而且所谓抗战教育,同时也就是建国教育,所以抗战教育,不仅要适合抗战的需要,而且是新中国教育制度的基础。

不能否认的,中国过去的教育制度,在平时就不适合中国社会实际环境的要求,在这战时,更暴露出来了它的缺点,所以抗战教育的实施,是中国教育制度一个大的变革,无论在形式上,在内容上,都须有一个新的决定。

或许也是因为我过去在上海办流通图书馆及补习学校的时候所得到的一点经验与影响的缘故,所以从"八一三"全国抗战的序幕揭开以后,我就认定了实施抗战教育是动员民众的基本条件。因为要想民众积极来参加抗战,无论在意识上技能上都须予以训练,于是从救济难民的工作想到尚未做难民的战区民众教育问题。我曾拟了一个《战区民众学校计划大纲》,并且开始到昆山、南翔一带作初步的实验,因为创办不久,上海及那一带地方即相继陷落,遂不能收到很大的成效。此次参加山西民族革命大学,虽说除授课外没有负任何校务上的责任,但民大是一个实施抗战教育理论的学校，所以更使我对抗战教育感到特别的重要，尤其因为民大的许多缺陷，使我对抗战教育的实施办法也增加一些认识。最近在西安时，又承当地各学校邀请讲演，尤其西安师范学校还要我专门提出抗战教育来研讨。当负教育之责的各方面，正在准备实施抗战教育的时候，我特在仓促中将我过去的观感以及最近在各地方关于抗战教育的讲词，拟就数稿，不敢讲到什样贡献，仅想能借以就正于大家，更希望各方从事教育者，尤其各地的战时教育训练班，能够提出具体的实施方案，以及办理抗战教育的实际经验，俾抗战教育得以尅日施行，使中国的教育制度立时走上一个新的阶段。

《抗战教育的理论与实践》，是我在西安师范学校的讲词，因为我想把各方面的问题作一个有系统的叙述，所以牵涉的问题比较多。也正因为这样，所以每一个问题，仍还是一些纲要。不过，我的目的，是希望今后的抗战教育，能够认识过去的错误，把握现实的需要，确定将来的计划，它应该是着重实用，避免空虚，有机地灵活地和抗战建国融合起来，把生活和教育，理论和实践统一起来。尤其是要有计划的普遍实施，使整个社会都笼罩在教育的空气之下，使任何人都有受教育的机会，把学校教育、社会教育以及各种特种教育严密地布成一个教育网，把前方同后方看得同样的重要。我想这不是高调，而是事实上能够做到而且必须做到的，因为不这样，新中国也就无法建立起来。

同时，我认为抗战教育的普遍施行，不仅办教育的人应该理解怎样去教育人，就是学的人，也应该理解怎样教育自己，而且教育人与教育自己是一个问题的两面，绝对不能机械地分开。

只有能够不断地教育自己，才能有力量不断地教育人；只有能够不断地教育人，才能是真正不断地教育自己。俗语所谓："做到老学到老"，"做到老学不了"，这就是说明任何一件事，都有教育的作用。我们一方面去做，一方面也就是去学。现在的抗战教育，应该把做与学联系在一起，不理解这种教育意义的人，是不会去做抗战工作的，最低限度他的抗战工作不能表现出进步的有力量的成绩。因为这样，所以，我又提出"在抗战中怎样教育自己"的问题。这也是在西安高中及安吴堡西北青年救国联合会战时青年训练班等地方的讲词。这个问题，也牵涉得很广泛，无法详细申论，我的主要目的是希望一般的青年学生，能够理解教育自己的重要，消除他们只知道消极地责备旁人而不切实纠正自己的错误。同时要使他们认清当前的环境，了解本身的使命，能够抓着任何一个机会来工作，能够在各种工作中加紧教育自己，能够适应和改造任何困难的境遇，能够正确运用民主集中的精神，能够克服个人的自由主义与极端民主主义的错误。尤其要使他们能够在各种集团中表现出充分的活动能力，能够过严格纪律的集团生活，能够把感情和理智，认识和行动统一起来，能够清楚地认识到"抗日高于一切"，"一切属于抗战"，正确分析和判断各种复杂的问题与时事，不为任何不正确的和挑拨离间的理论与传说所眩惑，这也是抗战教育所应注意的几个基本原则。

《致民大同学的一封公开信》，是我在"民大"时了解到一些问题后写的。许多同学看见民大什么教育设备也没有，一批一批地跑来问我，好似对民大表示怀疑，甚至说他们到了沙漠，因为连普通的图书杂志报纸都看不到，简直不象一个学校。过惯了过去学校生活的同学,发生这些疑问,那是必然的。他们来民大的时候,热情非常的高,深恐他们因这些形式上的问题,顿感失望。同时,他们的生活非常散漫,我因为苦于向他们一一解释,想鼓励同学们能够自动地组织起来,正确推行民大的创立纲领;更因为期望学校当局能够彻底执行它的创立纲领,所以乃将民大的创立纲领加以分析,对过去的教育,加以评议,对同学们学习的要点与方法,也略为提及,其用意所在,在字里行间,也不难看出。虽说民大现在还不能如我们理想中那样美满,但它的本质,仍是正确的。在这里,我们也应该清楚地理解任何一件事,在创设的初期,都难免发生许多的错误。有人说,人是在不断的病苦中长大的,事业是在不断的失败中成功的,只要我们能够认识错误,接受教训,继续不断的努力就一定能把事情办好。所以对某一件事决不能因偶然的,或在人事上所发生的缺陷,就动摇甚至怀疑它的正确性,比如军队中的政治工作,本身就是一种教育,一个优秀的政治工作员,就是一个良好教育家,所以工作的方式常常是用一种潜移默化的工夫,要艰苦的说服与精神上的鼓励,绝不是采用一种官僚式的压力,不然的话,就会发生严重的错误。我们能够因为这一部分军队政治工作的成绩不好,就否认军队政治工作的重要性吗?不能。最近,一个军医告诉我说:伤兵医院的女看护或许要整个的取消,原因是许多女看护在伤兵医院,既不能担任长久的工作,而且还随时闹恋爱纠纷,有损军风纪。如果这话属于确实,那是非常错误的,因为这也是一个教育问题,不从教育上去教育女看护,去教育伤兵,象这样的处理,就等于“因噎废食”,就等于过去那些反对男女同学的人们一样的短视。我相信实施抗战教育，在第一个时期必然会发生许多的困难与弊端，但我更相信这些困难与弊端，都会逐渐的得到克服，我们决不要因一些枝节问题，对抗战教育发生根本上的怀疑。这是我因民大联想到这个问题而附带说明的。

“西北青年救国联合会怎样办战时青年训练班”？我到该班去的时候，同该班的主持人冯文彬与乔木两先生谈了很多关于抗战教育的问题。该班的办法，原则上很多同我的意见相符合，所以，我简单的介绍于此，这是一个实际的参考材料。

“组织流动教学团的一个建议”，是我个人想以最少的人力与物力，能够传播很多抗战教育的种子，对抗战教育作一个实际的推动。同时，希望许多的宣传队服务团以及类似此种的团体，能够象这样切实地把教育和宣传联系起来，能够对各地的救亡运动有一个深切的认识。

最后我以十二万分的热忱，期待着教育最高当局，即日正式公布抗战教育的纲领。盼望着全国从事教育的同志们，一致团结起来，在抗战的洪炉里改造自己，锻炼自己，使自己能成一个真正抗战工作的指导者。更希望全国的青年朋友们，尤其知识分子的青年朋友们，要抓紧一分一秒的时间，来教育自己，要在抗战中武装自己的身心，我们必须这样，才能有力量作一个民族解放的斗士。

“抗战建国”的喜炮，响遍了全国，这是多么伟大的一个时代呵！我们应该把握着客观的环境，加强主观的力量，用集体的精神，守紧自己的岗位，面对着广大的民众去努力，艰苦地去努力，建立抗战教育的体系，奠定新中国教育制度的基础。

# 抗战教育的理论与实践

## 一、平时教育与战时教育

“平时教育即是战时教育”这句话，在原则上没有人反对，不过问题的中心，是我们的平时教育有没有缺陷？是否能适合战时的需要？现在那些平时教育的状态是否还能保持？这倒是值得我们平心静气地去研究的。

自“九一八”后，“国防教育”、“国难教育”的呼声，曾高唱一时，并经许多先生提出很多的具体方案，但是直到芦沟桥事变的前夕，以至一直到现在，我们的“国防教育”、“国难教育”建立起来了没有？我们还不必说，“国防教育”、“国难教育”就是以我们平时教育宗旨来讲，我们真正实行了没有？所以问题的发生，就是我们的平时教育，不但不适合战时教育，而且连平时教育的宗旨也没有做到。现在的事实回答了我们：（一）负教育之责的各方当局，承认了我们平时教育的缺陷，并且组织了“战时教育问题研究委员会”。（二）全国大多数的教育家，也承认了我们的平时教育不合战时的需要,所以有“全国战时教育协会”的成立。(三)全国的青年学生,尤其是大学专门学校的学生,都感觉到他们所学的东西,到现在都不能应用,抱着满腔的热血想参加抗敌的工作,但既无机会,复无能力。在武大学生为要求施行战时教育上师长书里面,就有:“……然而不幸得很,诸位师长平时所教诲于我们的固不在少,但至今我们还无从拿出来充分的运用。我们自始就感到深切的矛盾与苦闷;我们所处的是一个民族生死存亡大决战的非常时期,然而我们所受的教育,却与战争毫不相关,我们要想尽量的参加各种后援工作,然而不重要的课程却束缚住了我们;我们要想学习活的教育,活的知识,然而目前考试求学分的课程却不能满足我们;我们要热烈的紧张的生活,然而眼前的学制体系,却要我们读死书,死读书;抗战已开始了三个多月,然而我们的精力,时间却还化于背公式读古典应考试!到今天,我们已经没法忍受了!……”这样的大声疾呼。同时许多的青年学生已经自动的离开学校,到陕北,到山西,到徐州,到各地方的前线,冒着敌人的炮火,过着我们想象不到的那种千辛万苦的生活,为学习自己所要学的东西而奋斗。这些事实,都深刻地说明了我们平时教育的缺陷,我们是无法掩饰的。如果我们承认“平时教育即是战时教育”是对的话,那只有更增加我们的惭愧与感伤而已!

## 二、民族革命大学的建树与缺点

在事实上,我们既不能否认“战时教育”问题的存在,然而是不是应该急谋这问题的解决呢！我以为除了陕北的“抗大”“陕公”以及其他许多随营学校战时青年训练班外，在山西的民族革命大学，就是解决这问题的一个试验。民族革命大学的创立，在开始不过是为了收容山西各级学校都已陷于停顿的学生，就是在外招考，也不过是想造就最多一千名的干部人材。然而事实的表现，虽然筹备还不到二月的时间，一切的教育计划与工作人员都还没有确定，但参加的青年学生已超过五千人。四川贵州云南除了已经赶到了的一部分人外，还有成百成千的青年学生来电要求参加。四川有数千余青年学生，组织民大投考团，签名要求步行来山西，而且已经有数百人到达了西安，其中还有十几个女的。这种英勇激昂的气概，难道不是我们抗战最后胜利的保证吗！难道不是青年学生追求战时教育的真情流露吗！山西民族革命大学，就是适应全国青年学生的要求，根据这一个剧急转变的环境而创立的。无论它最后的结果是成功或失败，我们都应当承认它是战时教育最大胆的一个试验，是在全国战时教育的热烈呼声下的一个产物，它是在这样一个伟大时代背景的前面建立起来的，我们能够说它是偶然吗！但是民族革命大学究竟有什么建树呢？如果我们承认民族革命大学是有所建树的话，那末我们就应当承认它的创立纲领，就是第一个建树。关于这一个问题，我在《致民大同学的一封公开信》上，曾有较详细的说明。这封信的原文亦附在后面以作大家的参考，并借以就正于大家，在这里不再重复叙述，不过，我得提出最重要的几点：(一)它的创立旨趣，是认定了青年学生是民众的领导者，是新社会的创造者，是民族革命最英勇的斗士，更认定了民族革命战争最后的胜利,是需要全民族的全民抗战。所以在纲领上明白地定出,是“唤起民众,组织民众,武装民众,革新行政,改造军队,保障民族革命战争之最后胜利”。这可以说是把握着了战时教育的方针。(二)它的教育方法,是“一反过去理论与实践的分离,实施‘教学做用’合一的行动教育”。这是根本否定了过去注入式的信条式的坐在教室里读死书的教育方法。(三)它的教育内容,是除了确实施以“认识教育”、“技术教育”外,更有从来没有人注意而实际是非常重要的“组织教育”,同时它是把三者“有机的配合于民族革命之需要,灵活的运用于抗日战争”,且“自始至终务求三种教育的一致战斗化”。这可说是民族革命大学最宝贵的建树。然而民族革命大学的教育能给我们满意吗?自然,我们不能因为民族革命大学的缺点,就抹杀了它的优点;同样的,我们也不能因为它的优点,就掩饰了它的缺点,只有检讨缺点,才能纠正缺点,发挥优点,人类的一切进化,都是本着这法则去创造的。民大有些什么缺点?我可提出几点来作我们的借鉴:(一)从教育行政上说:民大的组织不健全,计划不周密,工作的检讨不够。因为它的组织不健全,所以本校与各分校间,各部分的教职员相互间,都没有切实的联络,虽说本校有校长办公厅之设,实际上没有把整个的工作作一整个的推动,开课了许久,学校的组织规程还没有见公布,我们固然不是形式主义者,但为了责任专一,指挥统一,事权清楚起见,这种简单切要的组织法规是不可少的,否则就会表现出混乱推诿,有的人无事做,有的如要人似的一天忙到晚,结果许多事还是无人做的无组织的现象,民大是不可否认有这种缺陷的。因为计划不周密,以至许多事情都是临时去应付,而且彼此间没有一个共同的标准可循,常常自己各部分发生不统一的意见。就以教育的情形来说:一个教育计划大纲,开课将近三个月了而仍还是没有拟订,以致各教授间的课程重复,见解不一致,不知道学校有些什么课程,这种课程讲些什么问题,全期有多少时间,学科的范围,术科的进度,教育的方式,教育的配当,都没有一个很周密的具体的规定。因为工作的检讨不够,以致有了缺点不能立刻就纠正,上下间的意见仍还是不能贯通。在我所知道的本校,就没有把全校教职员集合起来讨论过某种工作事前的布置与事后的检讨,至于批评,更是缺乏。我们反对那虚伪的官样文章的会议,但我们却不能缺少真实的互相批评的工作讨论会,因为必须这样做,才能集中意见、接受教训,解决一切的困难。这不仅职员间缺少这种的工作检讨,就是我们教员间也没有经常的互相批评,以致向学生讲的问题,在理论上都不能完全一致。这可说是民大在教育行政上最大的缺陷。(二)从教育法上说,民大没有彻底执行创立纲领的教育方法,尤其是因为教员间的联络不够,整个教育计划没有订定,于是无系统不切实的种种现实都发生了。同时,教员与学生,仍还是没有打成一片,没有很多接近的机会,教员没有在学生的日常生活中去指导学生,同样的犯了过去教员是教员,学生是学生的毛病。而且许多事务上的工作,也没有很好的去推动学生们自己去练习,也没有在他们的练习工作中,去纠正他们的错误或事后检讨他们的错误。忽略了教育的机会,忽略了他们集体的自我教育的指导,这是民大在教育方法上最大的缺陷。(三)从教材内容上说,因为有了上面两种缺陷,以致大多数的教材内容，仍存在空泛重复不统一的现象。同时，也因为对学生的实际生活不很了解，对山西的政治状况不很清楚，（这就是因为大多数教员缺乏参加实际工作的机会）以致对学生当前所要了解的问题，不能彻底的分析，具体的解答，这更证明缺乏实践的理论，是不能满足青年学生的要求的。（四）从政治训练上说，因为大多数政治指导员的政治认识不够，且多缺乏领导群众的经验，没有灵活运用由上而下由下而上的组织方式，没有很快的培养选拔优良的干部，以致小组的领导不够，没有加强小组的组织，没有把训练的基础建筑在小组上，没有很好的指导学生在小组生活中互相教育，锻炼每一个人的组织能力与认识能力，对学生日常生活与每一阶段的时事问题，没有很精细的检讨，学生间的冲突，没有很适当的开展他们理论的斗争，严格的自我批评，根本清除学生个人主义、自由主义、先锋主义、风头主义的种种坏倾向。这都是政治训练上没有健全小组领导的结果。（五）从军事管理上说，因为负责人常常把民主集权的方法运用得不适当，以致形成无政府的状况。严格而正确的军事管理建立不起来，而且学生还说学校太专制，他们把自觉纪律和军事管理对立起来，结果许多应该执行的校令不能毫无问题的贯彻到底。学生所提出的许多应该采纳的建议，不能给他们满意的答复。就是对学生的奖惩，也没有很好的发挥教育作用，许多事没有运用学生自己管理自己的方法去有效的施行。没有把一个集体生活完全表现在铁的纪律上。其他如对学生品性能力的考核，分配工作出去后的通信联络，动摇分子与不良分子的个别指导等，都没有很好的有计划的去做。但是我须申明一句，民大虽然有这样多的缺点,但它的优点总是比缺点多得多,而且许多缺点,还是从优点中产生出来的。虽说它组织的集体研究的教育不够,但它还有组织教育,还有集体研究的教育,我们过去根本没有这些教育方法,所以我们与其说是它的缺点,勿宁说是它在这草创的试验的初期应有的现象。何况它筹备时间的仓促,名额的过多,一切计划都还没有正式实施,有的分校还没有正式开学,乃至战局突变,在这样的情形下发生这些缺点,实在也没有什么意外。任何一件事业的成功,都不能超越这幼稚的阶级,不过办事的人经验多一点,它的缺点可以减少,或很快的得到改正,但绝对不能说可以完全没有缺点。民大的缺点,都是可以补救的,而且是已经逐渐的得到补救。最近民大迁移,虽说也因为大家对长行军缺乏经验,训练的时间太短,更因组织薄弱,计划不周,发生许多不幸事件以及许多不应有的坏现象,但大部分的学生,团结是更坚固,精神是更紧张,过去的缺点,在这样一种环境下也有很多的自然而然的无形中改变了,这都足以证明,困难是常常需要在集体的行动下与更艰苦的环境中去克服的,所以我们不怕不满意,而且要把不满意来作为我们改进一切的推动机。

## 三、我们今后应该怎样实施抗战教育

我们了解了民大的缺点,固然可以作为我们去实施战时教育的参考,但在整个教育制度仍保持原状的时候,这种少数的学校,是不能解决全国青年学生战时教育的要求的。老实说:战时教育,绝不是把学校教育取消了,平时教育不要了,也不是把学校都摆在战区里，或是要青年学生都上前线去；更不是仅仅教青年学生每天去与老百姓谈一谈天，或在原来的课程中减少几小时的普通课程增加几小时的战时常识。同时，教育当局不要仅说学生太感情冲动，虽说学校教育是以“百年树人”的原则为主旨，但是也不要完全忽略当前的需要，学生自然也不要以为参加救亡工作，就须把学校的课本完全丢开。而且战时教育，也不是仅仅看到中国那些有机会进大学中学小学的青年学生，就是那些战区逃出来不愿作亡国奴的难民，在前线为保卫我们国家和民族而负伤的战士，尤其中国纯洁可爱占全国人口百分之八十以上的农民以及所有劳苦的工人，也可以说凡是中华民国的国民，不分种族，不分职业，不分阶层，不分男女老幼，都要有受战时教育的机会。这种战时教育，不是目前脚痛医脚头痛医头的办法，必须根本推翻中国过去那种自私自利的柔弱的腐化的教育制度，而树立起一个适应现代需要的新的教育体系。过去的教育机构、教育系统、教育方法、教材内容、教育管理，以及那些贵族化特殊阶级化的不合理的事实，都应彻底改革。但是战时教育，并不是中断了中国文化，而且要在中国旧文化的废墟上，存其精华，去其渣滓，建设起合乎时代的新文化，不仅在抗战期中它能适合需要，培养中国广大优秀的民族革命的战斗员，就是在抗战胜利以后，它仍能奠定国防教育、生产教育的基础，担负起建设新中国的使命。在那时我们才配说：“平时教育即是战时教育。”这是我对战时教育一个简单的解释。

我们究竟应该怎样去实施呢？因为我没有很多的时间来研究，现在仅提供几点原则以供大家的参考：

第一,教育宗旨与实施方针

我们过去的教育宗旨与实施方针,并不是完全不好,而是没有实行。现在如果我们拟订一个战时教育方案,当然开始就要确定一个教育宗旨与实施方针。据我所见到的,以为现在的战时教育,最低限度应有下列几个原则:

(一)中国化。就是一切教育,都要适合我们的国情,纵然要接受东西洋的优点,但必须把那些优点溶合于我实际的国情中,绝对避免贩卖课本似的,把外国整个的东西搬到中国来,如象过去有些学政治的人,对英美政治十分熟习,然而对中国政治则十分隔膜,这是非常错误的。我们不反对吸收各国的新文化,但必须吸收其优点,更不要只会建筑洋房而不会建筑中国式的瓦房。不过这是与那复古主义者们所主张的"读经救国"论绝对不同的。

(二)地方化。我们的教育目标,固然可以一致,但教材内容,教育方法,因我们各地方的风土人情,有的相差很远,有的民族性根本不同,所以我们虽然在原则上宜采用中央集权制,使全国教育在一贯的方针之下平均发展,但为适应各地方的需要,不能不有伸缩余地,节用地方分权制以谋调剂,因时因地以制宜,是办教育的人在不妨碍教育统一的原则下所应灵活运用的。

(三)主义化。总理的遗教告诉了我们:主义是一种信仰,我们没有主义就没有信仰,没有信仰就没有力量。我们在这一个民族抗战的艰苦奋斗过程中,没有主义是不能担负这一个伟大的任务的。所以我们的教育,也必须站在三民主义的最高原则下,巩固民族统一战线,力求民族独立,民权自由,民生幸福,建立新中华的民主共和国,以促进世界大同。

(四)实用化。就是一切教育都必须以“用”为目的,必须与实际的生活与抗战建国的工作打成一片,绝对避免象过去那种理论与实践完全分离,生活与教育完全脱节的死教育。各级教育都应把“教育做用”一致化,就是幼稚园也必须在他的生活中去教育他,不得把他整天关在教室里读死书。在这个原则下,职业教育的生产教育与技术教育,应该普遍的实施,某种教育与某种行政也应合而为一。

(五)大众化。我们过去的教育是贵族化特殊阶级化,所有的大学中学甚至连小学也在内,都是为少数富有之家办的,大多数贫苦的子弟,都没有受教育的机会,普及教育,教育平等这两句话,完全成了空头支票。现在我们抗战胜利的基础,是建筑在全民的大众身上,所以我们的战时教育,最重要的就是大众化。不分贫富,不分阶层,不分男女,都同样的要有受教育的机会,而且都必须要受教育。

(六)革命化。我们过去的教育,始终未脱“利己”的范围,一切教育,都是为了个人的前途,显明点说,都是为了个人的升官发财,虽说在教育者的主观上不是这样,但客观上却是这样。这是不革命的。现在整个中华民国的国民,都要为着中华民族的生存独立而奋斗。所以现在的教育,不仅是为认识现实,而且是为改造现实。这种改造现实的教育,是要有牺牲的精神,英勇的行动,坚决的意志的。就是说,要能够坚决的担负起民族解放的任务,一切利益都服从于民族解放的斗争,并且愿为这一斗争的胜利而流血而牺牲。这是要使一切教育都能充分建立起革命的人生观。

(七)战斗化。我们要“把战场变成学堂,把学堂变成战场”,一切的教育,无论“认识教育、技术教育、组织教育”都必须一致的战斗化。所谓战斗,当然必须有军事的技术,健强的身体,集体的行动,严密的组织,英勇活泼迅速确实的精神,不畏艰险、耐苦沉着和机警的能力。我们的一切教育,应该本着这种原则去实施。

上列几点,我认为是现在战时教育所必注意的,而且这几点,不仅战时教育应该注意,就是平时教育也应该注意,因为我们的抗战教育,同时也就是建国教育。

第二,教育系统与教育区域

我们过去的学制系统,大概分:

(一)初级教育:

1. 幼稚园(六岁以下),2. 初级小学(四年),

3. 高级小学(二年),4. 补习学校。

(二)中等教育:

1. 初级中学(三年),2. 高级中学(三年),

3. 师范学校——高中师范(三年)乡村师范(一至二年),

4. 职业学校——高级职业(三年)初级职业(三年),

5. 补习学校。

(三)高等教育:

1. 大学校——文、理、农科(四年),法、工科(五年),医科(六年);2. 专门学校——农、工、商、美术科(三年),药学(五年);3. 研究院。

我对过去的学制系统，在原则上没有什么意见。现在我要提出的是下列几点：

（一）教育系统：

上面只是学校教育的学制系统，我们过去也只是注重于学校教育。虽说我们过去也有社会教育的倡办，但在实际上，除了在城市有几个衙门式的民众教育馆外，整个的农村至少可以说是极端缺乏民众教育的设置。虽说曾有几位先生如陶行知，晏阳初、梁漱溟诸先生等苦心孤诣开辟中国新教育之路，但他们始终好似一个偏系而不是正统。以致中国的教育，除了大家称誉的几个贵族院式的学校外，看不出一点成绩。自然，我们也不否认学校教育的重要，但忽略了百分之九十以上的失学民众，那是绝对不可以的。所以我们今后的教育系统，应该有如下的规定：

1. 学校教育——可以如过去的学制系统。不过时间的长短，还要尽可能的紧缩。

2. 社会教育——社会教育事业的类别和方法很多，据一般研究社会教育者的分类，以乡区来说可以把它分为：

（甲）生计教育：

A 指导择业——（1）调查，（2）测验，（3）介绍，（4）指导……等。

B 指导耕种——（1）选种，（2）改良培植法，（3）改良农具，（4）驱除虫害……等。

C 指导合作事业——（1）组织信用合作社，（2）运销合作社，（3）灌溉合作社，（4）养蚕合作社，（5）消费合作社……等。

D 提倡副业——（1）纺纱，（2）织布，（3）养鱼，（4）养鸡……等。

(乙)文字教育——设立:

(1)民众学校,(2)民众图书室或巡回文库,(3)民众阅报处,(4)农民补习学校,(5)壁报,(6)问字处,(7)书画社,(8)识字运动,(9)农民日报……等。

(丙)公民教育——组织:

(1)自卫队,(2)防护团,(3)农村通讯社,(4)公断处,(5)青年救国协会,(6)妇女救国协会,(7)公共讲演所,(8)时事座谈会,(9)时事报告会,(10)工会,(11)商会,(12)农会……等。

(丁)健康教育——设立:

(1)体育场,(2)乡村医院,(3)公共浴室,(4)生产建设运动,(5)业余运动队,(6)健康比赛,(7)禁酒禁烟,(8)体育会……等。

(戊)休闲教育——设立:

(1)民众茶社,(2)音乐社,(3)剧社,(4)歌咏团,(5)同乐会……等。

3. 特种教育——以战时情况来说,现在应有下列各种的特种教育:

(甲)难民教育:成千成万由战区逃出来的难民,我们绝对不可以漠然视之。而且仅仅用难民收容所的消极办法,也是不能解决这问题的。我们要随时的记着,我们不怕敌人占领了我们的土地,只怕敌人抢夺了我们的人民,因为只要人民是我们的,领土一定可以收复。我们不要怨人民不爱国,他们实在还不知道“爱国与他们有什么关系”。所以我们如何使他们明了国家抗战的意义，得到战时应有的常识，学习战时服务的技术与生产技能，认识国家与人民的关系，能够加强意志，忍受抗战期中的一切痛苦，这都是教育的责任。我们必需把难民组织起来，除老弱的我们应该有计划移置在安全的后方外，青年壮丁都要使他们参加抗战工作或生产工作。

（乙）伤兵教育：虽说这是属于军事工作的一部分，但我们要知道，现在一切都是为军事工作而工作，伤兵的教育，我们不要把责任推在军事机关的身上。教育机关的文化工作应该担负起这一个任务。因为伤兵在后方会发生许多不幸事件，所以现在大家都注意到了这个问题，如伤兵管理处、中央陆军荣誉团等，都是专负伤兵管理和教育的责任的。我们应该万分同情和敬爱为保卫我们的祖国而流血的伤兵，我们更应该尽我们的能力给伤兵以物质上，尤其精神上的安慰，我们要鼓励轻伤的于伤愈后，即自动的继续上前线为消灭敌人而奋斗，以完成民族解放的任务。我们要使重伤的在伤愈后，仍能在后方教育民众组织民众，唤起后方优秀的国民，自发的动员上前线增强战斗力量，以缩短我们抗战胜利的过程。这些问题的解决，却需要教育当局有计划的去推动伤兵教育。

（丙）战地教育：这种教育可以包括：（一）对前线士兵的教育——与军事机关取得密切的合作后，动员教育工作人员上前线，有计划的协助军队鼓舞士气，训练士兵政治的常识，调剂士兵的精神，坚强士兵的意志，这种教育，当与军队政治工作打成一片。（二）对敌区民众的教育——我们要把战时教育通过敌人占领的区域，因为那些区域，还有我们整千整万的民众，我们不教育，就要被敌人“教育”。所以我们应该有计划的很秘密的训练大批教育工作人员，到敌人后方去，散播抗战教育的种子，培植抗战势力，由教育而组织而武装以发动民族革命的自卫抗战，把敌人的后方变为前线。（三）对俘虏的教育——我们要优待俘虏，转变他们被军阀麻醉的意识，潜移默化他们非人道的武士道观念，使他们心悦诚服彻底觉悟侵略战争的残酷，愿与我们携手打倒他们的军阀，解除日本人民被压迫的痛苦，共同建立互助的新日本与新中国，以谋远东以至世界永远的和平，这是需要我们教育工作人员有计划的去做的。（四）各种短期训练班——在各战区我们应当根据教育政治军事各机关的需要，开办各种短期训练班，一则可以收容各地热情参加前线工作的人员，再则可以在短期内培养前方需要的各级干部以及军队政治工作人材。这也是非常要紧的。此种教育须与战区军事长官取得联络或附设于战区军事部署内。

（丁）残废教育：如聋哑跛瞎以及在抗战中许多手足被牺牲的战士们，我们应该在安静的后方，筹设各种残废教育所，根据他们所能适应的职业开展教育工作，以使他们仍能参加生产工作，助帮抗战。这样才能算人尽其材，虽残不废。

（二）教育区域：

1. 平时学校区域——原则上，县教育事业重在初等教育，务使每一镇或每一村都有一小学。中学应由省全盘筹划，大学应由中央全盘筹划。理想的学区，最好是若干初级小学围绕着一个完全小学，若干完全小学围绕着一个中等学校，若干中等学校围绕着一个大学。师范学校，小学教员应由县统筹训练，中学教员应由省统筹训练,大学教授应由中央统筹训练。设置一个学校时,应注意:(一)人口密度,(二)实际需要,(三)经济能力,(四)学校分布(绝对避免集中城市,要平均分布全县区),(五)学区范围(使学生多寡平均,在同一村镇不得分设数校)。在这些原则下,各级学校区域,都须有一个严密的统制与合理的调整,把过去那些好似开商店式的学校积弊根本扫除,才不致浪费人力和物力。

2. 战时学校区域——我不反对学校迁移,不过,什么样的学校应该迁到什么地方?怎样迁法?迁去又怎样办?这是值得研究的。我以为现在的学校区域,应该注意:(一)大学校的理、化、工科……应该迁移到固定的、安静的地方;文、法科……应该接近战区,且可让其在流动性中受活的教育。(二)中等学校除类如大学的理、化、工科的职业学校外,普通科亦可如大学的文、法科。(三)小学教育,应有计划的与他们的家长协商,节节后移。因为他们的生活问题,无法一直迁移到很远的固定的安静地方,所以只有斟酌当地和当时的情形决定。但许多家庭是愿意把儿童安置在安静的地方,对十分困难的应由政府设法担负他们迁移后的生活。本来儿童教育是应该由政府负责的。同时,对战况的估计,应该与军事机关取得密切联络,绝对不可事前毫无打算,一到紧张时候,各自逃难,把成千成万的青年儿童,留在灾区给敌人屠杀,给敌人驱使到前线来"中国人打中国人"。各地方的学校迁移,更应有整个的计划,如:(一)都市与乡村的调整,不可把学校都摆在几个大都市,而且某几个大学中学应在某地方,如某几个大学中学应该在四川,在贵州,在云南,在广西……绝对不可以都集中在重庆或成都。(二)对后方学校的分布,应该如“散兵线”一样,而且相互间都应有密切的联络。(三)在战区可以开办各种短期的干部训练班以及战区民众学校,在固定的安静地方可以设置几个临时大学与临时中学。而且要尽量收容生活无依的青年学生。务使全国青年学生在这抗战期中更能受到切实的教育而不致感觉到失业与失学的苦闷。

第三,教材内容与教育方法

关于教材问题,在原则上,应该(一)一切课程都要与抗战联系起来。(二)各级学校减少不很重要的课程,增加战时知识的课程。(三)室外教育与室内教育要密切配合。(四)过去的一切课外活动,改变成为实际的救亡工作,就是唱一曲歌,讲一句话,都要不离开抗战的立场及战时教育的意义。(五)在抗战中所得的经验和教训,都是抗战教育活的教材。比较具体的说,我在民族革命大学,曾有如下的建议:

(一)课程原则:

(甲)以共修课分修课为标准——如政治军事的基本认识应定为大家一致的必修课,但为使其各有专长计,则须按各系分别教练特种课程。

(乙)种类不必过多——在精而不在多,务避贪多无得之弊,但一般普通常识均须概括扼要讲授。

(丙)在平凡中更寓高深之意——各种课程内容,须按全体程度为标准,深入浅出,务使全体了解,但有程度较高者,得进一步以研究方式指导之,使其有更高深之理解。

(丁)时间分配须适当——每种课程,须按其内容重要与否,以定时间之多寡，多至数十小时，少至一二小时不等。

（戊）认识教育、技术教育和组织教育，须有机的配合并重——如课堂的教育，技术的练习，组织的活动，须在每日课程时间表上，预定妥当，以免畸轻畸重之弊，而且要这样，才能使德育、智育、体育，得到实用的调剂。

（二）课程种类：

（甲）共修课：

1. 社会科学概论——包括社会的成因与进化、帝国主义论、政治组织、战时财政经济、科学方法论、革命的人生观等，以及一般政治经济、哲学等重要常识。

2. 民族革命问题——包括民族统一战线问题、国际问题、总动员问题、日本侵略中国的形势问题，以及一般内政外交等问题。

3. 政治工作要领——包括宣传、组织、训练、培养干部、布置工作和群众领导等问题。

4. 中外史地概要——包括中外民族革命斗争史，中外政治经济地理图解等。

5. 各级总动员委员会及一般救亡团体概况。

6. 军事常识——包括应用战术、游击战术、新兵器使用法、国民防空（交通管制，灯火管制，消防避难配给，救护，消毒，防毒，警备伪装，遮蔽）等常识。

7. 军事操——包括制式、战斗等教练，以及夜间教育、射击教范、劈刺等军事操练。

8. 救亡艺术——包括救亡乐歌、戏剧、绘画等，每人须学习一种。

（乙）分修课：

1. 政治系——（一）中国政治问题，（二）国际政治问题，（三）政党之组织与运用，（四）军队政治工作要领，（五）民主与独裁及国家与人民，（六）日本政治经济状况研究。

2. 行政系——（一）行政之组织与管理，（二）中国行政组织概况（包括行政法，宪法一部分），（三）战时国际公法，（四）戒严令的执行，（五）行政组织与效率，（六）行政实务。

3. 民运系——（一）民众运动之理论，（二）民众运动之步骤，（三）农工商学青年妇女以及各种民众运动之具体方案，（四）战时民众心理与要求，（五）民众运动之现状与展望，（六）战区民众教育问题，（七）农村合作社之组织与运用，（八）民众教育之实施方法。

4. 军事系——（一）简易测绘，（二）各种兵种与战术，（三）典范令要领，（四）敌我军队之编制与优劣之比较，（五）游击战例解，（六）新兵器使用法，（七）民军训练方法，（八）通讯筑域须知。

5. 技术系——（一）有无线电及军用电话之架设与收发，（二）军用工程，（三）兵器修理，（四）军用理化（如毒气之制造与检查防毒面具之制造化学通信之研究等），（五）驾驶术，（六）运输管理，（七）医药卫生。

上面的课程内容，不过是就民大一般情形而订，我们如果要在全国实施整个的战时教育，对各级学校以及社会教育、特种教育的教材，都应有具体的编订。我们的战时教育，一方面须培养优秀的军事政治与精敏灵活的组织人材，一方面更须造就国防工业以及生产建设的各种技术人材，而且必须使学其所用，用其所学，以发挥每一个人的智力与才能。

自然，课程的内容，是我们应该选择的。但教育方法如果不能适应教材的内容，则仍等于零。教育方法，是要因时、因地、因人灵活运用的，绝不可机械的去执行，所以要怎样的具体规定不可能。不过就一般情形说，可以用：

（一）集体训练：

（甲）上课演讲——由教员编订讲义上课讲演，学生笔记。

（乙）共同研究——由教员提出问题，交学生共同研究，大家均须发表意见，教员在旁切实指导，并挑选优秀学生指导程度较差的学生，使优秀的学生，能得教学相长的效果，使程度较差的学生能得更多的学习机会。同时策动学生组织各种研究会（如社会问题、时事问题、歌咏、戏剧、文艺、军事……研究会），使其注意提出问题，辩论问题，这不仅可以使他们得到确实的知识，并可以养成各个人分析和判断的能力。

（丙）小组讨论——这是集体教育的基础，学校一切纪律生活和训育都建筑在这小组上。不仅许多学识问题可以在小组上讨论，尤其工作检讨自我批评，更是陶养他们健全的人格，锻炼他们民主精神最主要的办法。

（二）个别指导——严密考核各个人之品性能力，鼓励其特点，纠正其缺点，并须有正确之记录，以作将来分配工作之标准。

（三）机会教育——就学生日常生活中所发生的错误，用极诚恳的说服方式立刻纠正；优点也须鼓励，不要放弃了教育的机会。对每一个人的奖惩，均须不失集体的机会教育的意义。

（四）实习参观——参观有训练有成绩之机关、团体、部队和学校，以资观摩。与各种行政机关联络，随时实习。如学师范的就须开设几个民众学校，学政治的就可做当地的各种民运工作，帮助行政机关处理各种行政事务。就是小学亦可发动他们做民运工作，如陶行知先生的工学团小先生制。无论任何科系，都须要把“教、学、做、用”四个字有机的联系起来。这样，才不是读死书。

（五）军事管理——须把严格的军事管理建筑在自觉纪律之上。同时要用救亡室俱乐部、同乐会、竞赛会等方式，提高他们的兴趣，振作他们的精神。培养他们的民主集权观念，克服个人的自由散漫。有许多事务可发动他们自己去处理，但每一件事都须事前有布置，事后有检讨，以提高他们的办事能力，使他们明了办事的艰难困苦，理智与感情同时得到合理的发展。这也是集体生活自我教育最重要的方法之一。

在这样的教育方法下，“教员工作检讨会”是非常要紧的。无论对课堂内课堂外的教授法，学生日常生活的指导，抗战工作的进展……每一周都须有集体的检讨与自我批评。而且还可以成立救亡室文化研究室、农村通讯网，同学生一样的搜集抗战材料，办理壁报，学唱救亡歌曲。一定要与学生生活打成一片，不然，这些教育方法是无法实施的。“教学相长”这句话，是我们办教育的人应该虚心接受，时时刻刻都不应忘记的。

第四，确定经费与训练师资

经费为任何事业所必需的，没有最低限度的经费，事业是无法进行的，教育当然亦不能例外。我国的教育经费，县一级大都是就地设法,即在各种地方捐税项目下筹拨。但是地方教育经费是常常发生问题的,过去许多地方的教员,尤其是小学教员,待遇既低,又复欠薪,连个人的生活也难维持,不要说养家活口。现当抗战时期,经费当更感困难,然而无论怎样困难,都要想办法,因为战时教育工作,同前方需要枪械是一样的重要。

教育经费的筹划,在原则上,当然不外:(一)开源,(二)节流。在开源的办法上,不外:(一)整顿固有教育经费,(二)增筹地方教育经费。在节流的办法上,不外:(一)统筹统支,(二)经济公开。这些问题,是需要财政当局计划,我在这里,不多讨论。不过我可以提出下列几点,以供参考:

(一)原有的税捐附加仍照旧,但需独立,不准移挪。

(二)一切教育田产、经济开支,须用最新会计制度保管报销,严杜流弊。

(三)庙宇宗祠公产积款,须以大部分提作教育经费,但可由其独立在教育当局指导下创办义校。

(四)奖励私人捐款创办义校。

(五)奖励各机关、各团体、各工厂、各家族节资捐薪创办义校。

(六)在每村镇以累进税、遗产税的制度抽税,充作办学经费,并用宣传说服方式,鼓励富户捐助缴纳。

(七)中学经费由省筹划,大学经费由中央筹划,县以发展小学教育、社会教育为原则。(省县贫富不一,当然须由中央设法调剂,不是机械地分开)

(八)社会教育与学校教育须兼顾并重,统筹办理。

（九）特种教育由中央教育部政治部以及各战区最高军政长官计划办理。

（十）教育经费开支，须尽量用在教育作业与必要的设置上，绝对不可表面建设，把大批经费用在职员的薪金及办公室里。

（十一）各级教职员薪金，不能悬殊太远，打破过去那种官僚制度。并须提高小学教员的待遇及职业的保障，要把教育普及的基础，奠定在小学教员身上。

（十二）奖励富有的学生捐助母校经费。

（十三）改革私塾教育，调整各级学校教育经费。

战时教育的师资问题，也是最主要的一个问题。张伯苓先生就曾经同我说过："现在是应该办战时教育，但现在各级学校都没有战时教育的教员。"这的确是事实，所以要改革中国的教育，首先就要有计划的大批训练师资。我的意见，以为：

（一）县应根据全县小学教育的数量，有计划的训练所需要的小学教员。

（二）省应根据全省中等教育的数量，有计划的训练所需要的中学教员。

（三）大学教授，应由中央根据全国大学教育的数量，有计划的训练。

（四）社会教育，特种教育的师资，也须由各该管地方教育军政最高当局有计划的训练。

（五）训练的步骤，应先训练各级师范学校的师资。以便分发各地方，大批的办理各级学校师资训练班。

（六）此项训练，可分区抽调，轮流训练，尽先把原有的教育人材，在短期内加以战时教育的师资训练。

（七）训练的原则，如课程、作业、修业时间……等问题，应由教育部根据各级学校战时教育的需要订定，以资统一。

（八）教材应由教育部聘请专家编纂，通令全国采用，但有属于地方性的，地方可编补充教材。

（九）训练师资最重要的是教授法问题，务使各级学校的师资能运用最合理的教授方法。

（十）各县地方普遍的设立函授学校、战时教育研究会，用各种通讯研究的方法，集体的解决各地方教育的困难问题及改进的方法。

（十一）暑假寒假等师资训练班，应有计划的普遍实施。

（十二）各级师范人材，应有生活的保障，限制改业。

（十三）各级师资人材，应参加各地方实际的抗战工作，务使他们把一切理论都透过实践，能成一个抗战工作的指导者，根本打破为饭碗而教书的“教书匠”的观念。

第五，怎样办干部训练学校

短期的干部训练学校，在原则上，应该本着：（一）不需要长时间的筹备，（二）不需要很多的教职员，（三）不需要大量的经费，（四）速成实用的干部人材。因为这样，所以它的办法：

（一）确定几个主要负责人——关于事务上事情，可组织学生自己处理，一则可以减少办事人员，再则可以使他们练习办事，同时，他们有参加学校行政管理的机会，一切改良更能得到切实的进行，免去学校与学生中间的隔膜。

（二）计划学生的来源——无论招考或在团体挑选，或用人介绍，主要的不要太偏重形式主义（如像片证明文件等），只用一比较详细的表，当面给他自己填，同时加以口试，他的学识、品性、能力，就可以得到相当的判断。

（三）确定正式上课时间——如果学校一切计划尚未布置完全，可暂缓正式上课，以免他们第一次印象的不满意，但又必须正式公布正式上课时间，以免怀疑。

（四）确定整个教育计划——这教育计划应该包括：

（甲）教育宗旨——说明教育的目的。

（乙）实施方针——说明施教的几点原则。

（丙）计算教育时间基准——即全期中除去星期纪念日等外可以上课若干小时。

（丁）预定课程种类及时间——即全期有些什么课，每种课若干小时，须按时间基准分配。

（戊）预定全期教育每周课程——即列一表，每周某种学课几小时，如第一周学课几小时，术课几小时，技术课几小时，此须按每周时间数及全期课程时间数之多寡分别编配。

（己）每周课程分表——如每周课程时间表，军事教育预定进度表等，均须按全期总表编列，始能按时将课程结束，教授亦方能按时预备教材。

（庚）各课讲授大纲——须将各课拟一大纲，以免有关系之课程彼此重复，冲突，而且有衔接，但详细讲授提纲，则由教授自行拟定。

（辛）教育方式与方法——确定教育方式与方法的原则，如讲演式、讨论式、实习参观等。

（壬）教育配备与教育阶段——如政治学科占全期学程几分之几，军事学科，术科，各占几分之几。第一阶段某月某日至某月某日注重某种教育，第二阶段某月某日至某月某日应注重某种教育，须将全期分做几阶段，以便注意力集中，同时教育也有步骤。

（五）加强小组领导——集体生活的自我教育，是一切干部训练最主要的教授法。小组是集体的细胞，是组织的基本单位。有人说：组织是我们的武器，这也可以说：小组是组织的武器，而自我批评，又是组织中武器的武器，所以加强小组领导，这是最基础的工作。而且也只有在小组中，师生生活才能打成一片，集体研究才能活泼，组织才能严密，才能养成大公无私，不畏牺牲，而富于战斗性，具有最高警惕性的干部。

第六，教育机关与视察指导

我们过去的教育机关，以纵的关系说：中央有教育部，省有教育厅，县有教育局（或科）。此外在县有教育行政委员会之设。而直接负监督指导之责者，尚有县督学和教育委员。同时还有与教育委员相对称的中心小学区制。此系教育行政机关的一般情形。现在这种组织是否应当改革，暂不研究，我认为目前要注意的，是真实的视察与指导。如果没有真实的视察与指导，纵然订了许多的计划和办法，仍属“纸上谈兵”，究竟实行与否，不得而知，有时在报告上看起来，虽条条有理，但在实际上却一蹋糊涂，这种瞒上欺下的官僚积习，普遍均是，今后应该彻底纠正。

视察与指导，是相连的。没有视察，不知应改进之点，没有指导，不能使设施改善。用消极的方法去严密视察，用积极的方法去详细指导。今后的教育机关,应健全各级视察与指导的工作。这种工作,除了视察和指导各级学校的设施外,还要视察和指导各县教育机关,教育机关的层层节制和监督,也是需要的。但这不是仅用一些报告的官样文章,而是确实用客观的态度,科学的方法,热忱的同情,作建设的批评、诱掖、鼓励、奖惩。而且视察要真确,指导要深入,才能解决实际的问题。

第七,教育与一般行政之配合

一切教育的目的是为"做",一切做的目的是为"用",我们过去的教育,大多数是忽略了这两点。要补救这两点:(一)教育政治化,(二)教育经济化,(三)教育建设化。就是说:现在的教育,须在教育的过程中来作政治的经济的建设。这种教育的实施,当然须与一般行政打成一片。如技术教育,就要与技术行政打成一片;师范教育就要与教育行政打成一片,其他各类政治经济法律莫不皆然。以一般情形说:各地方的学校应该协助军警调查户口,整理交通,维持治安,以安定后方秩序,如童子军,就有这种服务精神。同时,各地方的小学教员,应兼理地方自治的行政事务,如民众团体、农村合作,都须与当地的教育行政配合起来,务使教育行政与地方自治行政,有机的溶合为一。这样,教育才能深切的担负起改造旧社会建设新社会的任务。在这种场合中训练出来的学生,才能适应环境,改造环境,不致与社会的实际生活脱节。于此,也就可以知道,小学教员在全部教育过程中,尤其在抗战时期动员民众的过程中,是占有非常重要的地位。教育不应象在暖室里培植花草,而毫不能经霜雪,更不能把学生教成呆板的"死人"而摧残了他们的创造性,尤其不应把学生的一切活动精神都浪费在“玩”的当中,对社会毫无帮助。现在我们要把数十年所不能建设的事业,在一二年中建设起来。现在我们要把我们祖宗所不能担负的责任,交与幼小的儿童青年担任起来。所以我们不容一分力量一分财物的浪费,不容一个人一分钟的工作与抗战无关。我们一切的教育都要担负着推进一切行政事务的责任。

## 四、机关、团体、家庭战时自我教育的建立

在这里,我还要提出一个普遍实施战时教育的问题,这就是现在所有的各种机关各种团体以及任何一个家庭,都应该建立起战时的自我教育。俗语所谓:“做到老学到老”,这就是说,教育是无止境的。而且学校的教育,不过如接生婆一样,栽花人一样,世界上没有一个接生婆,能够在没有怀孕的女人身上要她产生出一个孩子,也没有一个栽花人,不要种籽能够把花草培植起来。同样的,社会上没有一个教育家,能够把自己不肯学的学生教好,甚至有人说:“教师的勤是促成学生的懒”,这就是说,一切的教育,都是要靠“自我”,仅依赖教师是不会有成就的。而且我这里所说的自我教育,不仅是自己教育自己,更要教育别人,其实教育别人,也正是在教育自己。现在的自我教育,是需要集体的互相教育。我们过去的机关,高级长官是不肯向他老练的有经验的下级职员去学习,也没有很好的去训练他新来的下级干部,大家的错误没有机会相互纠正,这就是所谓官僚政治。许多的团体没有进步,就是因为没有在工作的过程中训练干部与教

育自己。中国一般的家庭,尤其大家庭,意见分歧,冲突时起,过去所谓“清官难断家务事”,这也就是因为家长不能调和他们的意见,不能在这些意见中给予互相批评,互相教育的机会。现在要改掉这些缺点,只有开展普遍的自我教育。其办法:(一)各种座谈会;(二)工作检讨会;(三)小组讨论;(四)各种补习班;要在各机关各团体,各家庭一律的建立起来。同时这些会议,都须很活泼而又很严肃很诚恳的去讨论一切问题,纠正彼此间的错误,不分上下,不分老幼男女,充分运用民主集权,平等相爱,互助互励的精神,彻底打破那些不合理的虚伪的官僚积习与旧礼教,确定集体所在的地方,就是教育所在的地方。我相信没有一个忠实的部属,愿意他的官长去犯法,也没有一个孝顺的子女,愿意他的父母做错事,但是在过去那种阶级森严的情形下,却始终没有陈述意见的机会。我们今后应该把“公”和“私”分开,在执行命令的时候,当然下级服从上级,小辈服从尊长,在讨论问题的时候,就绝对要不分阶层,受任何的拘束。其实,在这种场合,才是真正只有“公”,没有“私”。我相信我们能够在各机关、各团体、各家庭建立起这种自我教育的时候,就是我们新政治、新社会、新教育建立起来的时候,也就是我们抗战最后胜利的时候。我们虽不是象杀人的魔王希特勒所说:“要拿战争来训练德国的人民”,但我们却不要在这最悲惨而又是最壮烈最伟大的民族革命战争中,忽略了教育整个人民的绝好机会。“亡羊补牢,尚不为晚”,“失之东隅,收之桑榆”,我们是不应该一误再误的。

## 五、战时教育与文化事业的调整

最后我再提出一个与实施战时教育关系非常重要的问题——文化事业的调整。我们过去一切的书馆，报馆，印刷馆，文具店……都集中在几个都市里，到现在还是从这一个都市迁到另一个都市，把全国占绝大面积与抗战最重要的农村忘记了。因为文化事业在农村太落后，所以又影响文化人不愿到农村去。因为我们农村的文化事业没有人去开展，所以农村文化到现在还保持十八世纪的状态。现在那些都市的繁华，都被日本强盗的大炮轰得烟消云散，诗人们的憧憬，变成了断垣颓壁，瓦砾遍地，享乐主义人们的背后，展开了凄惨流离，血肉横飞的景象。我们在这时，不能不被这寄情于那广大幽静天真纯洁的农村了。每一个农村中，无论男女老幼，都蕴藏着人类最伟大的真挚的热情，更使我们感到那无边的原野，才有真实的爱与美丽，比较都市中的那些浮华虚伪的习气，不禁使我们感慨流涕。这些事实，都映照着农村文化事业开展的前途，都吸引着一般知识分子，逐渐地要从都市走向农村。中华民族解放事业的基础，的确是要建筑在这广大的农村上。因为这样，所以我们文化事业的调整，诚属刻不容缓。现在的书馆、报馆、印刷馆、文具店……都应该由政府有计划的分布在各地。尤其农村书报供应所、印刷所或文化合作社，更应按区乡镇等单位，筹集地方资金，普遍的由政府的力量建立起来。同时，纸张文具，也应由政府迅速设法制造，不能什么东西都靠泊来品。自然，一般办文化事业者，政府固然可以奖励他们本着开展文化的前提去农村办文化事业,但在物质上、在精神上都要给予他们实际的援助。全国文化界的知识分子,也需要用政治力量,有组织有计划的去分配他们到各地的农村去。我们只有这样,才能实施战时教育,我们也只有这样,才能争取抗战的最后胜利。

三月十二日于西安

# 我们在抗战中怎样教育自己

## 第一部分:人是自己教育好的

自然,我们不否认教师的作用,但我们绝不相信一个人自己不去学,教师可以把他教得好。这就等于吃饭一样,没有一个人能够代替另外一个人吃饭,如果这个人口味不好,消化不良,医生还可以替他配点药调剂一下,开开胃,但是这个人必须还是一个活人,不能说这个人已经死了,医生还有这样大的本事。所以整个的教育过程,在形式上说,固然有教师,有学生;在实际上说,没有一种教育不是自己去学的。有人把教师比喻作产婆,说产婆对胎儿实在是增加不了些什么,只是起个助产作用。又有人把教师比喻作花匠,说花匠对花草实在也是增加不了些什么,只是起个保养作用。我记得有一个教师去问一位名教育家的教育方法,那位名教育家说:你不要把学生看得太低能了,以为他什么都不会;你更不要把学生都教了"象你"。因为你的学生如果都只能象你,那末这社会就不会进化了;最后你还要注意,你的学生,是个人,不是个机械,因为人是活的,活的人有思考,能自动,那怕他就是一个小孩也是一样。这位名教育家的话,道破了现在教育的一般通病,更指出了现代教育最基本的原则,同时,也证明了教育是要靠自己的。假如我们自己不承认是个机械,更不承认是个死人,则我们随时随地都应该注意怎样教育自己。

## 第二部分:教育自己是为了增强力量打击敌人

我们人其所以叫做高等动物的,就是因为我们生在社会上,不仅是为个人的衣食住行,同时还要求得整个人类衣食住行的充裕,负担起改造社会,创造文化的使命。现在是个什么时代?现在的时代给予我们的使命是什么?我们看!那些杀人的魔鬼,正在张牙舞爪地、残酷凄惨地摧毁人类的幸福,同时,我们广大的人群,也正在拿血和肉去抵抗,而且将不顾一切牺牲地去把那些杀人的魔鬼彻底消灭。所以现在的时代,一方面是最黑暗的,一方面又是最光明的,时代给予我们的使命,就是要把光明的一面尽量的延长和扩大,把黑暗的一面彻底予以消除,然而这不是喊几句口号,唱几句高调所能得到的。必须运用我们最坚强的意志,发挥我们最大的力量,才有希望。在这样的情形下,怎样教育自己的问题,更是显得重要了。

## 第三部分：环境逼着我们自己教育自己

日本强盗侵略我们最毒辣的手段，就是摧毁我们的文化事业。我们近几十年来培植的文化事业，现在还有些什么，这自然是够我们伤心的。但是在另一方面说，我们已在坚决抗战的炮火声中建立起新的文化事业了。我们过去是在学校读死书，现在我们能够在战场上读活书了，过去我们是在学校做死人，现在我们能够到战场上做活人了。我们要在炮火中生长起来，我们的知识能力，也要象炮火一样的能够打击敌人和消灭敌人。在这个时候，我们的学校，我们的教师，都不象过去那样了。那惊天动地的战场，都是我们的学校，那热血沸腾的人群，都是我们的教师，实际担任教师的就是我们自己。老实说：我们今后再也不要想在那宫殿式的洋房中去优游自在的读书了，更不要想毫不负责地可以倒在教师的怀里说我什么都不懂。我们要睁开眼向远处看一看，太行山的游击区里，许多十四五岁的“小鬼”，都在山头放哨，都在路上传达消息，都在前线拿起枪杆打击敌人，我们所处的环境并不比他们好，只是五十步与百步之差而已。所以我们处在这大动乱大变革的时代中，我们要真正的做一个高等动物的人。为了要早日完成时代给予我们的使命，我们要把握着每一分钟的时间来教育我们自己，来充实我们自己的抗战力量。谁能在教育自己的工作上多用一分，谁的抗战力量就会增加一分，谁能在抗战的力量上多尽一分，谁就能得到大众的敬爱与拥护，谁就是中华民族的英雄。我们不要只想当民族英雄,却不肯在抗战工作上多尽一分力量,甚至还要妬忌别人,妨碍别人,这样,在主观上纵然是在做救亡工作,客观上恰恰是在做破坏救亡的工作,这就成了中华民族的罪人。所以我们在抗战中怎样教育自己的问题,是我们每一个不愿作亡国奴的同胞,一分一秒钟的时间都不能忽略的。

## 第四部分:我们应该学些什么

我们认定了在抗战中怎样教育自己的问题,是非常重要的,但我们究竟应该学些什么?这是解决第一个问题的先决问题。本来这个问题是很广泛的,究竟应该学些什么,是须按各人的能力、环境、志愿来决定,不能在这里机械的去规定。不过,我们也可以指出一个原则,作为一般教育自己的总目标。在前面已经说过,我们教育自己,是为了争取中华民族的解放,不是为个人的升官发财,所以什么是抗战所需要的,什么就是我们应该学习的,我们是在抗战中来教育自己,不是跑出抗战外来教育自己。陶行知先生说过:“生活即教育”——好的生活,是好的教育,坏的生活,就是坏的教育。现在我们是过的抗战生活,我们所需要的也是抗战生活,所以,我们应该学些什么的问题,就完全要以我们现时的抗战生活为依据。

以整个教育过程来说,教育不外三种:(一)基础教育:如小学校、中学及民众学校;(二)专业教育:如各种专科及职业学校;(三)高等教育:如大学及研究院。以整个教育的内容来说,教育不外三种:(一)认识教育,如一般政治、经济、哲学以及其他的社会科学与自然科学；（二）技术教育，如农业、商业、工程、医药以及各种生产技能与战斗技能；（三）组织教育，如各种集会结社以及一切社会活动。在每一教育过程的阶段上，在每一教育内容的含义上，都包括有德育、智育、体育，而且无论外延到何境地，这些含义都须有机的配合在一起。教师教育我们，固然是要这样，我们自己教育自己，也当然还是要这样。

比较具体的说，我们现在应该学，可以分为：

（一）属于认识方面的

①中国政治问题

②国际政治问题

③战时财政问题

④战时经济问题

⑤战时教育问题

⑥肃清汉奸问题

⑦民众运动问题

⑧抗日民族统一战线问题

⑨每一阶段的抗战形势问题

⑩全民抗战的总动员问题

⑪社会科学概论

⑫其他与抗战有关的问题

（二）属于技术方面的

①防空防毒

②救护医药

③情报谍报

④军用工程

⑤游击战术

⑥军事学术

⑦兵器使用

⑧交通运输

⑨简易测绘

⑩救亡乐歌

⑪其他与抗战有关的技术

(三)属于组织方面的

①宣传方法

②组织方法

③训练方法

④行动领导

⑤集体生活的锻炼

⑥活动能力的修养

⑦其他关于组织的知识与技能

上列项目,都是我们所应该学习的,自然,不是说一下子都要学好,也不是说除此外就没有可学的了,不过我们是可以循着这样的目标去选择,由此也就可见一斑而已。

## 第五部分:教育自己的方法怎样

我们教育自己的方法,是运用各种各样的方式,把握着各种各样的机会,使每一个地方,都成为教育的场所。确定我们生活所在的地方就是我们教育自己所在的地方，尤其是要确定集体所在的地方，就是我们最好教育自己所在的地方。在前面曾经说过，我们是在抗战中来教育自己，所以我们教育自己的方法，既不是闭户读书，也不是抛弃了一切工作，专门去找要好的朋友来研究讨论，或住了这个训练班又去入那个训练班，更不是都要上前线，到战场。只要我们真能利用各种环境，凡是我们耳目手足所接触的事务，都是我们活生生的教科书。我们了解了这种原则，然后可以依着下列方法去运用。

（一）属于个人活动的

这不过是就形式上说，实际上我们教育自己，是不能离开团体的。

1. 工作修养

我们一个人不是生来就是好的，也不是生来就是坏的，我们生来的时候，等于一张白纸，我们在那白纸上画个什么东西，它就象个什么东西，我们要向好的方面去学，我们就会成一个好人，要向坏的方面去学，我们就会成一个坏人，决定的作用，是在我们自己。但是我们人有一种惰性，坏的容易学，好的不容易学，而且坏的学会了还不容易改，只要能够改，仍不失其为好人，所以古人说："人谁无过，过而能改，善莫大焉"。人谁都喜欢吃好的，穿好的，住好的，这就是我们的惰性，假若我们只是为自己个人打算，这就成为一个"小人"，如果我们在某种环境下，能够把个人忘记，去为整个人类谋幸福，希望大家都能一样的吃好的，穿好的，住好的，这种"小我"，就变成了"大我"，这就成为一个"大人"。一个人的事业成功与否，就是看他能不能克服个人的惰性。当然,我们在工作上的修养,首先必须认识怎样才是好的。在这里我仅拿廖庶谦先生的话(见《全民周刊》第一卷第十一期《宣传与组织训练纲目》)作为一个标准:

(甲)工作者的态度:

①要平凡——个人的生活要和当时当地群众的生活一致。

②要严肃——切忌浪漫的私生活。

③要勇敢——放胆做事,不被恐吓的手段和无稽的传言所动摇。

④要耐苦——不怕做极麻烦的事情,多方面的事情,件件都愿意做,并且把每件要做的工作都做得很好。

⑤要坦白——每件事情都公开,不在背后放暗箭,或在背后批评,面子上却又要好。要没有私人恩怨,要忘记一切宿嫌。

⑥要谦虚——不要妄自夸大,要肯当众承认自己的错误,不要意气用事,不要有个人英雄主义,要在工作中随时细心地学习。

⑦要机警——随时要提防敌人的造谣中伤和陷害,但又不要狐疑。要有细心分析事实的习惯,要从一件微小的重要的事实,看出它所包含的意义和它发展的前途。

⑧要周密——分析要仔细,布置要周密。要把每件事情做得很具体,不要死板板地应用公式或只注重形式,不注重当前的事实。

⑨要伟大——要把救亡的工作,看做自己分内的事业,自觉地自动地去完成它。并且要长期不断地努力工作。

(乙)工作:

①要主动工作——(1)不要等待别人或团体分配工作,要自

己自动地认定工作。(2)不要站在旁边说风凉话,自己却不动手工作。

②工作要从本岗位上做起——(1)上前线去打仗,固然是十二分地要紧;但是,救亡的工作不限于上前线。我们是全面抗战,所以在每一个角落里都有救亡的工作要做。(2)当教员的应该从教育的工作做起,做生意的应该从商人中间的工作做起。我们不要离开自己的生活去做救亡工作,不要放弃自己的职业去做救亡工作。没有职业或不在群众中间生活的人,更应该找到职业,或走到群众生活当中去做救亡工作。只有在特殊的场合,很少数的人,为了工作上的必要,在不得已的时候,才可以抛弃自己的职业,去专门做救亡工作。

③工作要和救亡的理论相配合——(1)工作是要动手的,但必须依据救亡的理论,并且还随时追求更深入的理论。(2)工作和计划是缺一不可的,但是"工作"是主要的东西,"计划"是次要的东西。如果没有工作,计划便是纸上的空东西。"计划"可以调整"工作",但"工作"可以促成"计划"的转变。

④工作不能够和群众分开——(1)有群众的地方就有工作(比方学校、工厂、农村、兵营、商店、戏场、茶馆、庙会等等),一切工作的本身,又必须能够号召广大的群众。(2)工作要适合群众的要求,或群众所属团体的性质。比方,对工人提倡减租,在农民团体里面研究教育,都是不大适合的。(3)所有的工作应该普遍地分配给全部的群众,尤其不要忘记分配工作给落后的群众。

上面这些问题,的确是我们在工作修养上所应遵守的一个标准。同时我们还要注意下列几点:

①工作要有中心——无论怎样繁杂的工作,我们须抓着几件主要的中心工作,不然的话,就会成为纷乱无头绪的事务工作者,就会表现不出工作的成绩与进度。

②工作要有布置——每天晚上应该把第二天的工作想一想,随即记在工作日程上,那怕就是一个人的工作,也应该有每月的每日的工作日程表。能够这样,我们的工作才不会有时间上的冲突,才能够养成在某一个时候,就做某一个时候的事,而不分心到第二件事的习惯。要使繁杂的工作单纯化。

③工作要有检讨——每天晚上也应该把当天的工作检查一下,完成了的与没有完成的,满意的与不满意的,都有一个详细的检讨。当每一件事做完了之后也是一样。要这样,我们才能接受教训,增加经验,这是教育自己的基本方法。

2. 阅读书报杂志

我们只反对读死书、死读书,却不否认阅读书报杂志的重要,而且我们还以为阅读书报杂志应当同我们吃饭一样的重要。有人说书报是我们的文化"食粮",这是非常对的,不过"食粮"是要消化的,假如我们吃了"食粮"不消化,不但没有滋养,而且还要生病,阅读书报杂志也是一样。同时,我们阅读书报杂志,是为了了解时事,补充知识,以增加我们抗战的认识与能力,不是如象有些人所说:"为兴趣而读书"、"为读书而读书"。我们应该怎样去阅读书报杂志呢?这个问题,在许多青年修养与训练的书籍内都讨论过,我在这里仅作一个简单的说明:

①怎样读书——有人以为读书都必须列上一个书目,从总论起,读到政治、经济、教育、社会问题、历史和哲学等,或反过来

从哲学起读到总论等。自然,在平时,而且还要个人的环境许可,照这样有系统的去研究,当然是对的,但是到现在,尤其许多青年,就是在平时,自己既买不起书也借不到书,同时,整天的工作压在身上,他们的环境那里容许这样去研究呢! 所以我们倒不必这样机械地去看。不过,我们读书,第一步要求精而不求多,本来书就有我们应该精读的,快览的,摘读的几种。以研究社会科学来说,我们如果能够首先精读两三本社会科学的名著,或概论,建立起社会科学的基础知识,以后就是随便看书,也无问题,因为已有批评的眼光了。我们现在无论读那一种的书,都须要选择与我们抗战生活有关的,不要浪费精力。至于一般的方法,我们须注意下列几点:

(1)怎样选择书:每本书都有他的时间性空间性以及著作人的思想背景,所以我们选择一本书,应该注意它是什么时候和什么地点出版,什么人著作。如果不知道著作人的立场,我们就先看它的序文和结论。

(2)从那里看起:普通几万字的小册子,自然没有问题,若果拿了一本几十几百万言的巨著,我们又没有长时间的研究,那么,就会感到困难了。这种书,我们可以在看了目录和序文以后即看结论,以求得对这本书大概内容的了解,然后再选择重要的几章先看,就是把它的目录颠倒穿插过来也不要紧。

(3)怎样记忆:每本书看完了后,都须再看一次目录,作一个有系统的回忆。同时,精读的书,我们须在里面画线和记注。而且画线还要以红绿铅笔或用曲折线直线等分出重要的次要的,对看不懂的或有疑问的地方,也在上面记下一个疑问号。最好读书能够做纲要的札记，看完了这本书后，应将札记全部看一遍，以后还要时常复习并加以讨论和写作。

(4)此外，读书要聚精会神。第一，要排除种种足以扰乱注意力的外界事务。第二，要以置若罔闻的态度去应付扰乱的环境。第三，要极力减少疲劳，可用两种书交换的读。过久了必须稍为运动休息。第四，要防止注意力的转移。第五，要养成读书的兴趣。

②怎样看报——这种报纸是个什么背景，这是我们看报第一个应该了解的问题，假若我们无从知道，我们就须在他的社评及消息的来源以及标题的语气上去推断。至于国际新闻，更须注意通讯社的背景，如同盟社、电通社、国联社，是日本的，海通社是德国的，路透社是英国的，合众社是美国的，哈瓦斯社是法国的，塔斯社是苏联的，因为各有各的立场，所以那怕同是一件新闻，各通讯社的标题、措词都不同。再其次，我们就须注意下列几点：

(1)从那里看起：一份报纸，不是都要看完，我们应该先看一次标题，看有没有特别重要的新闻，然后再从国内新闻看到国际新闻，有社评的就要细看社评，因为有许多问题，在社评上分析得很清楚，而且有时没有发表的消息，也流露在社评的字里行间。其次我们对一般社会新闻也须留意，就是广告，我们也得快览一下。最后，我们再看副刊或专论。同时，我们看的时候，最好也能先将应该细看的问题划上一个符号，看过了就划去，应该剪存的也划上一个符号，注明月日及报纸名称，以便看完了以后剪贴时不再去找了。

（2）什么时候看报：有很多人好似整天忙得连看报纸的时间都没有，其实，没有这样忙的人。我相信，一个人无论怎样忙，入厕、吃饭的时间，是不能少的，然而这入厕吃饭就是看报最好的时间，何况一般人在睡觉以前总有几十分钟的休息，这也是看报最好的时间。这自然是要自己订报才能这样，但我认为无论怎样穷，报纸是应该设法订一份的。至于那些没有报纸的地方，那是又当别论了。若果在一个团体生活中，报纸太少，看的人太多，那我们就应该依照集团看报的方法，如推定人每天轮流报告时事，或定一个小组讨论时间，这也不能说就无法看报了。

（3）看报须看地图：我们看报，尤其我们要看前方的战况，地图一本，是不可少的。同时，对地理应该相当的熟悉，最低限度，我们必须能够把我们各省的位置与各处的铁路线、河流以及前方的关隘、山脉、战斗地带弄清楚。就是看国际新闻，如果我们不明了各个国家之间的相互关系和各国的位置和交通路线，那还是等于白看了。

（4）剪报：我们要养成剪报的习惯，当然，我们必须选择有留存价值的东西剪。贴报的方法很多，以我们一般人来说，最好是用看过的而且也有留存价值的杂志做贴报簿，贴的时候只粘贴尖端，杂志上的材料仍可看出。分类也不必过多，仅分国际、国内、日本三类也未尝不可，如有价值的专论社评，则须另贴一本。

③怎样看杂志：看杂志也同看书报一样，要注意它的背景，若果不知道它的背景，就看它写文章的是些什么人，如果那些写文章的人也不熟悉，那就要分析它的主张了。杂志有三日刊、周刊、旬刊、半月刊、月刊、季刊等等，我们最好能各选订一种，否则

以周刊为最宜,因为能够调剂看的时间。一本杂志,也不一定全看,须先看重要的几篇,这所谓重要,当然要以我们自己所需要的东西来决定,不是大家都一样,自然,也有大家都认为重要而带有共同性的。同时,杂志的内容,有属于综合性的,有属于专门性的,细分起来,有政治、经济、教育、哲学、文艺和法律,还有属于自然科学的。我们普通的人,当然不需要全看。我们选择的标准,第一,须以本身职业有关系的,这是带有专门性的。第二,须以能补充我们一般应知的常识,这是带有综合性的。无论看书看报看杂志,我们都要选择几种主要的读物,以报纸来说,假如我们以《新华日报》为主要读物,我们对《新华日报》就应当细看,其他的报纸仅作参考。以杂志来说,假如我们以《抗战》三日刊为主要读物,我们对《抗战》就应当细看,其他的杂志则择要的看或快览。因为我们的时间有限,而且有些不正确的东西,如果我们不加选择,还会把我们弄得头昏眼花,不知所从。所以如果我们的认识尚不彻底,不正确的东西还是不看的好。此外,书报杂志还有分全国性的,地方性的,我们看的时候,除了全国性的以外,我们所在地的地方性的读物,也须注意。本来书报杂志,都是供我们间接取得知识。书是有系统的,杂志是注重对某一问题的分析,报纸则注重每天日常生活的片段的新闻,但是这都为我们教育自己所不可少的。

3. 分析时事

无论做工作,看书报杂志,我们都须把握着每一阶段的时事问题,但时事问题,非常复杂,大而及于国际和国内的政治经济的形势,小而及于个人有关国家民族利害的一言一行,假若我们不能正确的去分析，就会犯严重的不可原恕的错误。分析的方法，我们必须把握着几个最根本的动向，比如以现阶段来说，民族统一战线，是我们抗战最基本的力量，巩固和扩大民族统一战线，是我们每个不愿作亡国奴的人所应共同努力的。因为我们的抗战是用全民的抗战来作持久的抗战，然而要真正发动全民抗战，就必须彻底开放民众运动。要真正彻底开放民众运动，就必须巩固和扩大民族统一战线，所以凡是破坏民族统一战线的，无论它是对共产党的攻击也好，对国民党的攻击也好，或对各阶层联合的攻击也好，我们站在一个抗战高于一切的立场，都认为它是汉奸论调，那怕它主观上不是想做汉奸，但它客观上却是汉奸，我们其所以反对托派的，也正是为此，因为托派的论调，完全与日本强盗说的话一样，这不是汉奸是什么。我们反汉奸就应当反托派。托派和汉奸是一个东西。有人把反托派认为是共产党的事，那是大错特错的。而且我们不是对人是对事，只要他的论调是托派汉奸论调，我们就应该予以严厉的打击，无论他怎样声明他不是托派汉奸。如果他取消了汉奸路线的论调，诚恳地走向抗日民族统一战线上来，我们对个人仍应该是毫无恩怨的欢迎他，这是我们分析时事第一个应该把握住的。其次，我们的抗战既然是长期抗战，所以中途绝对不能妥协。过去我们说："抗日则生，不抗日则死"；现在我们可以说："抗战到底则生，中途妥协则死"。凡是到现在还希望同日本强盗讲和平的人们，都是等于汉奸或准汉奸，我们也应该予以无情的打击。再其次，我们要注意事实的全面与相互间的关联，矛盾的统一与发展，绝对不能"公式化"的去分析时事。对国际方面，虽说全世界的国家各因政治经济的背景不同,结成了一个错综复杂的网,然而最主要的利害关系上已形成了两个显明的阵线——和平阵线与侵略阵线,我们既然是在反侵略,当然是反对侵略阵线。法西斯是侵略阵线的代名词,所以,我们也反对法西斯。但这种形势,随时也会有各种各样的或属于量的或属于质的变化。我们也不能永远这么机械地去论断。如果我们能够把握这几点,我们是不会有什么动摇的。而且也不会有根本上的错误。

(二)属于团体活动的

我们人离不开团体,就等于鱼不能离开水一样。我们要教育自己,也须在团体的活动中来实行,就是前面所说的个人活动,也不过是说在团体中属于个人的形式而已,绝不是说我们可以离开团体来个人活动。假如不明了这一点,那怕你"两耳不闻窗外事,一心只读古人书",或效法董子垂帏读书,三年目不视园,结果,不但你所知道的仍属有限,而且亡国奴的惨痛,立刻就会要你去亲领尝受,这种书呆子,不是现代社会里,尤其不是我们这抗战时期里所需要的。但我们在团体活动中来教育自己,首先必须注意团体活动的方法。本来这也是一个很广泛的问题,现在我仍拿廖庶谦先生的话(见《全民周刊》第一卷第十一、十二两期《宣传与组织训练纲目》)来作大家的一个参考。

1. 抗日民族统一战线的运用

①国民中除汉奸外,不分党派、信仰、种族、地位、地域、性别和年龄等等,在抗日一致,抗日第一上大联合。

②不让不愿意做亡国奴的同胞徘徊在阵线之外。

(1)不仅只不要关门,并且还要大大地打开门,让大家加入救亡团体。在许多场合，还要更进一步，去欢迎大家加入到救亡团体里面来。

(2)不仅只要做下层工作，同时还应该好好地去做上层工作，使党、政、军、警、学、商、工，农各界完全打成一片。

③解决同胞们相互间的磨擦问题。

(1)要使大家把民族利益列为第一，抗日高于一切，个人利益包括在民族利益以内，个人利益列为次要。

(2)消灭阻碍联合的事情，解决互相摩擦的问题。

④在抗战过程中，随时注意同胞们互相对立和错综的状态。并且，还要随时注意他们的变动，发展从这一观念走向另一观念的转变。

(1)抗日战线一天一天加强和扩大，同时，汉奸们却一天一天露出他们的真面目来。

(2)我们的阵线永远代表着同胞们最大多数的意见。

2. 个别宣传和说服

①要从对方的实际生活说起。

(1)首先要分析对方的生活，了解对方实际上的要求。要随时说到对方本身上的事情，供给对方日前本身上的需要。使他们心悦诚服，亲近你，信赖你，向你请教。

(2)不要表示自己所懂得的比对方多，要时时和对方采取商量研究的态度。

②要有耐心。

(1)一次说不完，二次再说，一次成绩不好，二次再来。

(2)不要性急，不要采用教训腔，使人厌倦。甚至发生反感，他以后不愿或不敢和你接近。

③要说到对方自动地参加工作。

(1)救亡不只是一个理论，主要的是一个艰苦伟大的行动。

(2)被动地做着工作的人，命令一停止，便没有工作了。

④对于持反对理论的朋友，讨论时不要首先提出自己底主见，或严重的责备。因为要从多方面去说服，并且要避免人家恼羞成怒。

⑤以退为进的说服法。

(1)对于对方错误的主张，首先姑且承认它是对的，不过，接着要由对方所承认的主张，从事实的发展上再推进一步，使他自己发现自己底主张是错误的。比方，假如目前有人主张我们和日本讲和，这时候，我们可以姑且承认它是对的。不过，我们接着要问他：假如要讲和，讲和的条件怎么样呢？对于我们被人抢去的领土主权怎么样呢？国内的团结是不是又会发生裂痕呢？……从这样推论下去，中国不是不打自亡了吗？——用这样方法，引起他自己去发现错误。

(2)用这种方法，第一，不会随便抹煞别人的意见；第二，不怕别人回避主题；第三，别人不容易诡辩。

⑥要有谦虚、诚恳、坦白、热情和友爱的态度。

3. 对群众的口头宣传

①宣传的对象——首先要认清对象(听众)才能开口；不然，会说些不切题的话。

②宣传的材料——

(1)要现实，具体，要有兴味，要有刺激性，最好用眼前的事情做例子。

(2)要不离开中心题目。一般地说,我们不要离开救亡的纲领说话。特殊地说,在每次的讲演当中,只应该准备达到一个主要的目的。

(3)要注意民族的感情。比方:地方的故事,爱乡土的感情,乡贤的光荣历史,中国的语言文字等等。

③宣传的纲领——

(1)我们的主张要正是大众的要求。不过,有时候,因为一时候落后的群众太多,不肯完全接受我们的主张,或者因为我们自己的主张确实有不正确的地方:——那时候,我们应该暂时放弃自己的主张,接受群众的要求。

(2)不要在词句中间暗示一些或左或右的话,因为那是违背了抗日救国的纲领。并且,若是偏左,那就容易吓退群众,引起敌人借口,便利了敌人的宣传,减低了我们的政治影响。若是偏右,那也是在客观上帮助了敌人。

④宣传的词句——最好平铺直叙,少讲理论,多举事实,尤其要少用学术上的名词。讽刺的词句,无益有害,最好不用。必要的中心问题,可以重复地讲,使大家注意。最好能够说普通话,又能够说当地的土语,使大家容易懂,又容易发生兴味。

⑤宣传的余兴——在讲演的过程当中,或在起头,或在末尾,可以唱一些救亡的歌曲,或吹口琴,或弹月弦等提起大家的兴趣。

4. 宣传品

一、政纲——抗日救国的整个目标(比方:告国民书等)。

二、策略——实现政纲的方法。

三、宣言，传单。

①要扼住当前的一个中心问题，并且要把它向前推进一步。

②词句要肯定，明白，庄重，老练，诚恳。不要含糊，纤细，空洞，油滑。

四、标语，口号。

①要把一般的口号和当前特殊的口号相配合。

②要把全民族一致要求的口号和当前一部分群众要求的口号相配合。

③要把政治要求的口号和经济要求的口号相配合。

④词句要简单明显——全部的口号要统一，内容要切合当前的事实，又要很扼要，尤其要有实现的可能性。

⑤口号比标语尤其要在喊出的时候顺口而且有力。

五、壁报。

①内容要有趣味——可编些故事、小唱进去。

②文字要通俗。

③编排要明朗。

④必须要插进一些漫画、象片、地图、连环画等。

六、通讯——把握住当地救亡工作的情况，抓住当时当地的中心问题，向各处报纸或杂志写通讯。

七、书报——救亡的书籍报纸，要设法尽量地流通到农村中间去。比方，书报贩卖团，流通图书馆，巡回读书会等，应该设法在乡村普遍地建立起来。

5. 开会

①一般的开会方法，应该阅读《民权初步》。

②群众集会一次，必须要得到更加团结的效果，才算是不白开会一次。因此，在每次集会中间要随时抓住大众的共同要求，同时，还要使大众明了每一次会议的意义。当会议主席的人，态度要客观，要民主，自己要很少表示意见，要引起多数人大家发言讨论，尤其要不轻视相反的意见。随时要好好地分析，好好地作出结论来，提交表决，达到满足共同要求的目的。

③随时要注意时间。开会要按时，讨论的时间，事前要支配好，少数人的集会，主席不一定要介绍发言人的语句，讨论的过程当中，要把时间看得十分地要紧。

④会场的秩序要注意维持，一来要防止会众情绪的低落，二来要防备汉奸的捣乱。

6. 组织的过程

①宣传是初步的组织

(1)群众要有组织才能够表现力量，对付敌人，但是，必须要有很好的宣传，群众才会有很好的组织。

(2)在群众还不十分要求组织的时候，可以暂时不组织——那时候，便要加紧宣传。

②组织要建立核心

(1)有组织的群众(比方：党、团、会、社等)，是散漫群众的核心；先进分子(比方：觉悟高知识分子和工人)是落后群众的核心。

(2)如果单只有核心，没有群众，那只算是一种光杆的组织，算不得真正有群众力量的组织。

③用工作发展组织，强固组织

（1）一种合于群众要求的工作，最容易号召群众，聚集群众，组织群众。

（2）在不断的工作当中，把汉奸发现出来，排除出去，同时又分清了敌友，团结更加巩固起来。

④发展各种各样的群众组织

（1）有一群人，就有一群人的共同要求，那时候就可以引起他们自动地组织起来。

（2）社会上一切旧有的团体，就算是一种封建性的团体（比方：同乡会，同学会等）也好，只要那里有群众，都可以利用它，把救亡的工作尽可能地加到里面去。

7. 民主集中制

①民主和集中缺一不可

（1）如果是绝对“民主”，没有核心，没有领导，那种群众组织，就很容易被落后的主张所支配。

（2）如果是只有“集中”，不要民主，那就只看见命令、传达，看不见群众的意见。那时候的领袖，也变成了光杆的领袖，团体的本身也没有真正的力量。

②民主是主要的东西

（1）要有民主，那团体才能够被群众所信任，得到群众的支持和拥护。同时，那团体才有力量，“集中”才有基础。

（2）每一件工作，固然要从上而下地去领导，但是，最要紧的还是要从下而上地去推动。

（3）每一件工作，首先必须要向群众解释，经过大家的讨论，然后才会有秩序，领导者才能够发命令，才能够执行纪律。

③民主和集中的原则性和灵活性

(1)公开的工作，要尽可能地多民主一些。秘密的工作有时候好象变成了“独裁”制，比方在被敌人占领的区域，开会很不容易，有时候只好由少数领导者决定布置大家的工作。

(2)平常的工作要尽可能地多民主一些。但是，到了紧急的时候（比方：来不及开会的时候，或是在火线上等），又只好由少数领导者或个人处理了。

8. 培养干部

①不兼职

(1)如果兼职，那就会弄得忙的太忙，闲的太闲。

(2)如果兼职，那做工作的人就没有法子把工作详细地计划；结果，人家还要批评你包办。

(3)最好把全部工作拿出来，由大家共同分配后去做。

②每个人要有一件中心工作

(1)对于任何一位群众，如果不分配给他一件工作，那固然不好，但是，如果只分配给他一些零星琐碎的工作，那也不能够养成他独立创造的能力，自动工作的习惯。我们应该信任每一位群众，对于每一个人都给他一件有独立性的中心工作。

(2)所谓有独立性的中心工作，却不一定是一件比较大的工作。我们应该衡量每一位工作者当时的能力，好好地分配工作给他。因为就算是一件很小的事情，只要是恰合那个工作者当时的能力，那件工作的本身又是有独立性的，那就具有养成坚强干部的可能性。

③日常工作的检讨

(1)团体对于每一个干部,都要随时注意他,爱护他,训练他,使他不仅不消沉下去,并且一天天更加努力起来。

(2)每一次工作后的检讨,以及工作干部的自我批评,是培养干部,提高干部工作能力的最好方法。

④每一位工作者要自觉地把自己养成一位更好的干部。

9. 行动

①抓紧一个机会——比方:元旦、总理诞辰、“一·二八”等,自觉地有计划地去组织行动。

②估计主观和客观

(1)要认识当前群众的情绪和要求;不要把少数人的或是“前进”分子的要求,错认做大众的要求。

(2)要计算能够发动多少群众。

(3)要估计到行动发展过程当中的一切变化。要预计到在行动以后,在大众所受到的影响上可能得到多少胜利。

③布置

(1)要有统一、扼要、简单、明白和具体的口号,刺激当前群众的心理,集中或改变当前群众的意识。

(2)要有宣言或传单,表示这次行动的意义和群众的要求。

(3)要共同分配全部的工作,使全体工作者共同了解全部行动的意义。

(4)要有临时性的集权的指挥组织,还要附设交通队等。

(5)要有组织,要有坚强灵活的纠察队,防止汉奸的捣乱。

(6)要发动同情这次行动的团体或个人参加。

④做到恰好的时候停止

(1)达到了相当目的的时候，就要坚决地结束，不要因为还有少数群众的临时要求，再做一些不曾预计到的事情。

(2)如果预计的目的还不曾完全达到，群众已经感到疲乏，就应该想法子提起群众的精神(比方:喊口号，唱救亡歌曲等)。万一群众的精神始终提不起来，那就应该马上结束。

(3)如果受到敌人的压迫(比方:在被敌人占据的区域)，我们有失败可能的时候，就算那时候刚刚只得到一点点胜利，也应该很快地结束。因为每一次失败之后，很容易增加群众的恐怖心理，团体也容易涣散，甚至瓦解，工作也因此停止。

⑤检讨——一个行动以后，无论工作怎样地忙，总必须很快地召集全部工作干部，对于刚刚过去的整个行动，来一次细致的检讨。并且，最好还把检讨的结论，印发给全部参加工作的人员。

10. 对付汉奸

①在客观上，汉奸是一群，他们不仅是和日本帝国主义互相结纳，并且，他们还是代表中国社会里面极其腐朽的那一部分。因此，我们对付汉奸的问题，并不是专门对付某些个人的问题。

②不要用关门主义去对付汉奸

(1)对于任何一个人，不要随便怀疑他是汉奸。

(2)就算是一个有汉奸嫌疑的人，他如果要求要来做救亡工作，也应该马上分配给他工作，让他同我们一道来工作。在工作中考验。

③用群众的力量去消灭汉奸

(1)加紧救亡工作，发展救亡组织，发挥群众的力量，使汉奸们在抗日的民族统一战线中间暴露出来,使他们不能够发挥汉奸的作用。

(2)在一般的大众面前(比方:在会议上,在报纸杂志上等),去和他们辩论,在救亡工作的过程当中去和他们比赛,让群众自己去认识他们,自动地脱离他们,使他们陷于孤立,在群众中间没有立足的余地。结果,他们如果不肯真实地明白地去当汉奸,那他们就只有反悟过来,同大家一道来真实地明白地做救亡工作。

此外,我们还要注意下列几点:

(1)要认识民主集中的重要——民主集中即民主集权。民主集权,以一般团体说起来,它具有三个要点:(一)一切执行机关都是由下而上地用选举的方法产生,同时每一下级机关必须受上级机关的指导或指挥。(二)在发表意见方面(在建议或提议或讨论时)尽量尊重个人的自由,使每一个人都能自由发表意见,但一经多数决议之后,就不管你同意不同意,都必须遵守决议,不能自由行动。(三)讨论与执行的机关合一,使其没有分立牵制的形式。代表会由大会产生,执行委员会由代表会产生,各级直接统属,讨论的是这一机关,执行的也是这一机关。讨论时有充分的发表机会,执行者有集中的权力。这样,不但执行迅速,且也强而有力。团体组织,采用这样的制度,一方面才能够把这个团体真正建立在整个团员身上,才能代表大家的利益和要求,同时又能够使执行机关有权力去执行一切,并能动员所有的群众去一致行动。这种制度的运用,若果偏重集权,就会陷入官僚主义,偏重民主,又会陷入自由主义,所以必须把它合理的、有机的统一起来，而且是以民主为主导作用。这样，才是有自觉性的最有力量的集权。由上而下的集权的指导，必须以由下而上的民主的组织和训练做基础，只有这样的指导，才能使群众自觉自动地来接受指导，发挥出群众的高度的援助性和伟大的创造力。这里，我们就可以看出，我们一个人在团体中的民主精神，应该是：(一)必须受上级的指导与指挥，(二)必须绝对遵守多数人通过的决议案，(三)必须绝对遵守团体的铁的纪律。所以民主集权，不仅是反专制，反独裁，同时它更是反个人主义，反自由主义，反浪漫主义，反无政府主义，以及一般青年最容易犯的个人英雄主义、风头主义、先锋主义、清谈主义、独断独行、自夸自大，看不起群众，不接受人批评和建议的不良习惯。这是我们对民主集权应该有的最基本的认识。

但是，到现在还有人不了解民主或故意曲解民主。例如说民主和集权不相容而否定民主集权；或者有意把民主和统一对立起来，说民主破坏统一；或者说中国民众的民主知识不够，不能实行民主等；更有利用左的口号，说民主政治已过时者。这些都是有意无意的破坏民主集中制的。对于这些歪曲真理的言行，各方面都已有深刻的批评，我在这里不必多说。不过，我们要根本认清，我们要取得抗战的胜利，必须动员全民抗战，要动员全民抗战，就必须接受全民的意见，就是说要使各党派、各阶层，不分在朝在野，不分军民上下，都有发表意见和参加抗战的机会。要这样，才能集思广益，才能真正代表全民的利益，发动全民抗战。然而这是不是要采用民主集权呢？老实说，不采用民主集权，就是少数人的包办，我们现在不是怕人包办，而是没有人包办得了。我们所说的民主集权，绝不象有些人所说的军队到了冲锋的时候还要开会的那样的不合理。其实军队的冲锋，正是民主精神的表现，因为冲锋是早就为一般战斗员所知道而认为是战斗过程中必采的决战手段，当时的冲锋命令，也就等于民主到执行时的集权作用而已。民主集权制是需要开会的，但绝不是什么事都开会，假若不把民主集权看成一部死的机械的话，更能认清民主精神的真义，了解民主集权制度是需要我们人去灵活运用的话，那怕就是军队，一样地也可以采行民主集权制。我们相信，只有真正的民主集权，才能建立真正自觉的铁的军风纪，才能使上下一心精诚团结，才能产生坚强的士气与奋勇的精神摧毁敌人。一个革命的军队，是需要使每一个士兵弟兄都能成一个英勇活泼的战士，坚决地为中华民族的解放而奋斗。要使他们成为一个活生生的人，不要把他们训练成一个死板板的机械一样。所以民主集权制，无论政治机关、民众团体甚至军队都是可以采用的。同时，我们更要理解现在还要反对民主的人，只有两种人：第一种人是不深刻了解民主，而又为那些不正确的理论所淆惑。这就如象怀疑民主是妨碍统一，妨碍集权，妨碍领袖，民众无知识，不能施行民主等等的人。甚至误把自由主义、无政府主义当作民主。为这种人，我们应该诚恳的说服解释，使他们能够彻底明了民主的真义以及运用的方法。第二种人，是官僚主义者，是贪官污吏，是汉奸。因为官僚主义者，尤其是贪官污吏，他们是害怕民主的，他们所做的事情，根本违反大众的利益，如果有了民主，他们的恶迹，便会立刻被群众揭发而暴露无遗。汉奸是要破坏我们民族统一战线的，是要阻碍我们民众起来参加抗战的。有了民主，政府与人民，人民与军队，以至各党派，各阶层，都能相见以诚，都能意志集中，群情一致，这样，汉奸就根本失掉挑拨离间的机会，无法起作用了。所以汉奸是绝对反对民主的。象这类无耻的阴谋，我们应该无情地揭露它们的真面目，彻底扫除与肃清。这也是我们对民主集中制所应该清楚了解的。

（2）不要忽略了每个人的头脑——在团体生活中，往往会使人感到没有书报杂志可看，甚至就是有了书报杂志，又感到不能安静地看，而且根本没有时间看。这是我们习惯于传统的教育了，以为求知识就只有读书写字，殊不知在一个团体中，每一个人的头脑里，都是一个小图书馆，全体集合起来，就是一个大图书馆，而且这些小图书馆的书都是活的。我们过去只晓得在死人堆里——古书里找知识，不晓得在团体活动中——活人堆里找知识，这是再笨也没有了。所以我们现在要教育自己，切不要忽略了每个人的头脑，我们不要以为某个人不行，须知他这样不行，他那样或许比我们行得多。交换各个人的生活经验和技能，是我们在团体活动中教育自己最重要的一点。

（3）绝对不要意气用事——在团体活动中，要把自己溶化在团体内去，绝对不许有偏狭的意气用事的行为。别人能做的事，我们不必去同人争，别人感觉困难或认为是很苦的事，我们可以站在人的先头去做，不同人有名利之争，我们不要以为自己都比别人聪明，比别人尊贵，我们不要在自己弟兄同志面前，一点亏也不肯吃。我相信只有肯在自己弟兄同志面前吃亏的人，才是不肯在敌人面前吃亏的人。其实，对自己人根本就无所谓吃亏。

我们要养成对个人无恩怨，对公事毫无私情的胸襟。而且我们还要充分理解群众心理，不要希望群众原谅我个人妨碍团体生活的错误，更不要以为批评我的人都是憎恶我的人，只有忠诚坦白，大公不私，能够任劳任怨的人，它的终结才一定会被群众爱护的。意气用事，不但破坏了团体，而且一定要为群众所鄙弃。对公对私，都会得不到善果。

(4)怎样开研究会——研究会是团体活动中教育自己所不可少的方式之一。研究会的种类很多，有时事研究会，政治研究会，文艺研究会，以及军事、教育、戏剧、乐歌等研究会，均可按各人的性情能力分别组织。组织的方法，须先征求一部分发起人，然后正式征求参加者，开成立大会。推定负责人，进行研究事项。如果要研究一个有系统的问题，须事先拟定一个研究大纲或讨论题目，并介绍参考材料。如须辩论者，还可以配置正反两个方面的人，加以深刻的辩论，这样，才富有兴趣。同时，还须聘请人或推定人指导，纠正各个人的语病、态度等等，或代做结论。至于讨论题目的拟定，试举一例如下：

**游击队动作讨论题目**

(一)游击队是怎样形成的?

(二)游击队在历史上起了什么作用? 举例说明。

(三)游击战争的基本原则和作战形式是什么? 为什么?

(四)在夜袭时基本原则是什么? 有何理由?

(五)袭击的目的是什么? 应选择什么条件? 条件不够时应如何促成之。

(六)袭击前应注意什么? 内容怎样?

（七）在袭击时应注意什么？以什么时间才好？

（八）在袭击计划时应注意什么？为什么？到达袭击目的地后应如何动作？

（九）冲锋时应当注意什么？袭击后应如何动作？

（十）对困守堡垒寨子之敌的袭击法如何？

（十一）游击队怎样钳制与扰乱敌人？

参考材料：

一、《游击队怎样动作》生活书店

二、《解放》廿八期《论抗日游击战争的基本战术》

三、《游击队基本动作教程》真理小丛书之二解放出版社版本题分三次讨论完毕：

第一次（一）——（四）

第二次（五）——（七）

第三次（八）——（十一）

时间：每星期六下午五时至八时

地点：本队教室

每次讨论，每人都可提出大纲，或约同几个人共同提出大纲，以便讨论时自己的意见能够有系统地充分发表。同时，讨论时须有记录，讨论完毕后，亦须综合各方面的意见，编成纲要。编拟纲要的方法，可以参考我在民大提出的《中国政治问题讨论大纲》和《半年来抗战形势讨论大纲》。

（5）怎样开小组会——小组会是团体活动中教育自己最主要的方式。小组会的组长，可以由本组推选，若果在第一次大家尚不认识的时候，也可以由上面暂时指定。小组会必须使每一个人都发言。当组长的人,不一定当主席,主席可轮流担任,以使大家都有练习做主席的机会。这小组会,可以列(一)政治(或时事)报告,(二)工作报告,(三)工作检讨,(四)问题讨论,(五)自我批评,等等程序,尤其第五项是小组会的特色。所以这小组会,不仅是布置工作检讨工作的基本组织,同时也是我们练习领导群众,陶养我们的民主精神,改革我们日常生活的不良习惯,增加我们对政治时事的认识,以及锻炼我们过集体生活的一个最基础最切实的学校。我们必须养成热烈参加小组会的习惯。

(6)怎样开群众大会——群众大会,也是锻炼我们领导群众的最好的场所。一个群众大会的主席或主席团,若果能善于运用群众心理,若果有熟练的技巧,它是可以左右一切问题的,不合理的决议和纷乱的行为都不会产生。这是一个领导的艺术问题,纯赖经验与随时注意群众行动的修养而得,不是简单几句话可以说得清楚的。不过,我们一般要注意的:(一)事前的布置:会场等于一个战场,不仅负主席责任的,事前对议案要有相当的认识和准备,纵然主席是临时选举,但哪些人有被选主席的可能,是事前可以预料的。同时,对当时的环境是否有汉奸捣乱,都须有严密的布置,如参加单位的划分,群众纠察的组织,提案人发言人的估计,对捣乱的提案如何反击,如何防御等等,都须有周密的计划。对临时发生的事件如何镇静的处置,对捣乱者事后如何密查其背景和作用,也不能丝毫的忽略。每次群众大会的成绩,都须有细密的检讨。这是我们对群众大会应该留心运用的几个原则。至于群众行动的领导,那更须有领导,有交通,有纠察,有标语口号,有唱歌等组织以及很细密的布置与计划。

## 第六部分:要随时注意锻炼自己的体力

最后,我还要提出一个问题,就是关于体力的训练。这个问题,尤其是须要自己重视,不是教师可以教好的。自然,我们所谓体育,不是如象一般青年想做一个运动家,能够出席省运、国运、世运会,能够夺到锦标。我们当然不反对中国有这样的人,不过,专门在这上面下工夫,把全民的体力训练忽略了,那就大错而特错。我记得苏联过去有这样一句话:我们只希望苏联有大批身体健全的工人,我们不希望苏联仅仅出几个惊人的运动家。在事实上,苏联对一般的运动选手,是不是忽略,一点也不忽略,不过他们认为只要运动能够普及,能够把握着以健强体力为主旨,那些选手自然会从千百万的群众中产生的,在普及中提高,在普遍的体育活动中再挑选。今后我们的体育,是要能够冒风雪寒暑,不怕吃苦劳动,驰驱疆场,虽百蹶亦不痿靡,跋山涉水,也不感觉困难。无论怎样辛苦的事情都可以做,虽说我们要有文明人的头脑,但也要有野蛮人一样的身体,这是中华民族解放战争中所需要这样钢筋铁骨的战斗员。我们的青年学生的身体能够学习航空的实在不很多,这是要特别注意的。我们锻炼身体的方法,除了经常的运动外,最好是多练习跑跳,或者打拳。这也不是说要象跑百米那样快,只要每天能够走许多路,而且要养成挺胸张臂勇往迈进的精神。没有山,没有路,在荒野草地,大街小巷也可以练习。如果有马有脚踏车,那当然更好,一方面既运动了,一方面还能学会必要的技术。过去有许多人以为运动必须有运动场,有运动器具和有运动服装才能运动。那种运动我不反对,但我们至少在现阶段还没有这些条件。不要说起运动就联想到那些设备,没有运动设备,还是可以运动。我们的两条腿两只手,是我们最好的两种运动工具,只要我们真有毅力去锻炼,什么时候什么地方都是可以运动的。同时,我们锻炼体力,除运动外,还不要忽略保养,如乱吃乱喝,烟酒都来,甚至还有许多不良的嗜好,以及毁丧身体的行为。若果这样,每天就是跑百个圈子,爬几座山也没有用,所以,我希望一般的青年朋友,必须要用理智去克服个人的弱点。为了个人的事业,为了国家,为了民族,都须珍重自己的身体。“健全的事业恒寓于健全身体之中”,我们若果不愿自甘暴弃,就应该深刻的记着这一句话,否则纵然就是“满腹经纶”,也是没有用的。

二十七年三月二十五日于西安

# 中国政治问题讨论大纲

## 一、民主问题

（一）民主政治：1. 民主不是无政府主义，更不是个人主义。2. 民主非独不违反铁的纪律，且更自觉的加强铁的纪律。3. 民主政治是反专制反官僚，大家在政治上一律平等的制度。4. 民主政治就是要不违反大家的意思来管理大家的事。

（二）民主集权：1. 民主集权是民主政治的一种运用方法。但民主和集权的分量，得因时地的关系而有所变动。2. 民主集权是既经决议的问题任何人均须绝对服从。3. 民主集权一方面是下级服从上级，一方面是各级均采用委员制，坚持集体领导。

（三）民主与独裁：1. 民主是人类进化的产物，也是促进进化的法则。2. 独裁是法西斯蒂违反人类进化的"反动"。

（四）民主与领袖：1. 只有真正的民主才能产生出真正的领袖。2. 只有真正的领袖才能保障民主精神。3. 只有真正实行民主，才能避免领袖脱离大众的恶果。4. 民主与领袖，相依而不相背，毫无冲突之点。

（五）民主在现阶段的重要性：1. 民主是发动全民抗战的主要条件。2. 民主是各民族各党派精诚团结的基本保障。3. 民主是集思广益增加政府力量的主要办法。4. 民主是抗战胜利后保证团结一致，共同建国的重要基础。5. 民主是贯彻三民主义政治的民权主义内容之一。

（六）在现阶段怎样施行民主：1. 政府机关接受民众的建议与批评。2. 各民众团体得选派代表组织民意机关。3. 各机关各团体各学校实施民主教育，培养民主精神与运用的能力。4. 运用选举和会议等方式训练民众的民主知识。

## 二、革新政治机构问题

（一）政治机构的现状：1. 整个政治组织不能配合军事的工作。2. 不能担负战区任务，以致前后方的秩序混乱，汉奸活跃。3. 官僚习气太重，无法争取人民的合作。

（二）革新政治机构的前提：1. 用人唯贤，就是要以人材为主，反对用人唯亲，要分党派，不分民族、不分地方、不问亲疏，坚决扫除“裙带风”。2. 中央同地方的权限须划分清楚，实行中央集权下的地方分权，以提高行政效率。3. 国策须统一，指挥须统一，职权须独立，务使职权一致，各专责守。

（三）革新行政机构的步骤与办法

①健全省府组织

（甲）省府的工作以指导和监察各县工作为主。（乙）省府的职权不得牵制县府独立性的工作。(丙)省与县仍以二级制为宜,现有专员只是派出机构,仅负督察的责任。

②健全县区乡镇组织

(甲)县府工作以发动全县各区乡镇民运工作为主,严格执行抗战时期的动员工作。(乙)县府的职权不得牵制区乡镇独立性的自治工作。(丙)区乡镇的工作,以推进抗战时期的地方自治为主。(丁)尽量运用民主方式,发动民众武装自卫。

③一般注意点

(甲)组织机构以单纯严密为主,如有临时或特殊工作,可设委员会办理之。(乙)县乡区镇工作人员须尽量选用曾受过训练或立即加以训练之青年担任。(丙)对各级公务人员之赏罚,均须酌量情形于事前或事后向民众大会报告,借以坚定民众对政府之信心,自动组织起来,帮助政府。(丁)各级机关每星期均须开政治讨论会一次,一则可以沟通上下的感情与意见,再则可作工作的检讨与布置。(戊)根本改革各县警察机关,训练民众警察,健全保卫组织,严密清察户口,安定后方秩序。

## 三、开展民众运动问题

(一)开展民众运动的重要性:1. 要开展民众运动才能巩固统一战线。2. 要开展民众运动才能有效的肃清贪污分子。3. 要开展民众运动才能使上下贯通,不为中间所蒙蔽。4. 要开展民众运动才能发动全民的持久抗战。5. 要开展民众运动才能永久制止内争。6. 政府的健全是民众组织健全的反映。7. 民众组织的健全不独是争取最后胜利的保障，也是将来革新政府，建设新中国的基础。

（二）民众运动的现状：1. 忽视民众组织的重要性，没有理解政府的力量是建筑在民众组织上。2. 缺乏整个计划与普遍的施行。3. 各处的民运机关都缺乏合作，四处发生互相牵制的现象。4. 官办的气味太重，减少民众参加的兴趣。

（三）组织民众的几个原则：1. 保障抗日的集会结社言论自由。2. 保障人民职业与最低限度生活。3. 各种组织均须配合着人民本身的利益。4. 设立健全的全国民运机关，确定发动全国乡村民运工作的步骤。5. 根本改革或取消原有的保甲民团等组织，尽量运用工农商学青年妇女儿童等全国性的以及地方性的团体，作为民运组织的基础。6. 军政工作与民运工作须打成一片，密切配合。

## 四、民族统一战线问题

（一）民族统一战线的产生和发展：1. 从“九一八”到“一·二九”。2. 从“一·二九”到全国救国会的运动，到西安事变的和平解决。3. 芦沟桥事变以后。

（二）国共两党的合作与其他政派：1. 国共两党与民族统一战线。2. 国共两党合作后“恐赤派”，“托派”的汉奸论调。3. 敌人离间国共合作的毒辣手段。

（三）民族统一战线的基本认识：1. 民族的利益高于一切党派的利益。2. 民族统一战线是平等协商，共同对敌，顾大局，识大体的团结战线。3. 民族统一战线不是某一党派消灭另一党派的政治阴谋,也不是某一党派统治另一党派的独裁专制。4. 民族统一战线的主要目的——对内和平,对外一致。

(四)民族统一战线成立后之政治反映:1. 消弭了二十余年来自相残杀的内战。2. 释放了全国政治犯。3. 恢复了北伐时代的伟大力量。4. 全国军政和平统一共赴国难。5. 不分朝野,上下各阶层一致团结抗战。6. 全国青年无不奋发欢呼,热烈拥护。7. 全世界爱好和平的国家和人士同声赞美。

(五)民族统一战线现在的弱点:1. 负责领导的人士团结还不彻底。2. 小团体的偏狭心理与意气用事未能完全消除。3. 偏袒自己的组织,苛责他人的组织。4. 上层对下层的控制力不够。5. 整个的组织力不坚强,敌人离间容易渗入。6. 缺乏开诚布公的检讨,发生猜疑误会摩擦的事仍多。

(六)怎样巩固民族统一战线:1. 彻底实行最高统帅部的抗敌方针。2. 正式公布合法党派的独立性,并宣布抗战工作的纲领。3. 建立互相检讨的工作讨论会,消除隔膜,一扫敌人离间的阴谋。4. 随时指示下级干部的工作方针,严防破坏统一战线的行动和言论。5. 在不违背统一战线的原则下,以互助互励的态度来作工作上的竞争。6. 各级军政机关尽量容纳优秀人材,不问有无党派。

二月一日于民大

# 半年来抗战形势讨论大纲

## 全面抗战以来的得失和教训

一、六个月前的抗战情形

(一)“七七”事件是局部抗战序幕

(二)“八一三”事件是全面抗战的序幕

(三)“七七”事件后我们在西北两战场的教训

1. 在妥协的动摇中失去平津

2. 在不统一的军事指挥下退出平绥路

3. 在被动挨打的战略中影响华北全线败退

(甲)津浦线的按兵不动

(乙)平汉线的反攻不坚强,撤退太迅速

(丙)敌军任意抽调集中毫无牵制

(丁)有给予敌人各个击破的机会

4. 在民众无组织训练中给予了敌人汉奸的便利

（甲）伪组织的出现
（乙）汉奸的活跃
（丙）青年被残杀蹂躏
（丁）财产被劫掠一空
5. 坚强抵抗与严明军纪稳定了华北的战局
（甲）平型关之役
（乙）崞县之役
（丙）原平之役
（丁）忻口之役
（戊）严惩作战不力的将领
（己）军事长官的调动
6. 民众运动的开展奠定了华北抗战的基础
（甲）牺盟会与公道团
（乙）总动员委员会
（丙）决死队的成立
（丁）平郊学生军与太行山游击战区的创立
（戊）其他各地的游击队与民众武装自卫队等
（四）“八一三”事件后我们在东战场的教训
1. 不能守而守加强抗战信心
2. 给敌人以重大损失
3. 提高国际地位
4. 后方工作赶不上前方工作
（甲）行政机关的无事做
（乙）民众动员不起来

(丙)前方同后方联络不够

5. 政治工作没有同军事配合

(甲)军队中的政治工作没有建立得好

(乙)青年没有机会到军队服务

(丙)军队找不到人民帮助

(丁)伤兵缺乏救护

(戊)难民缺乏有计划的救济办法

(己)各种抗敌团体缺乏联系与合作

6. 军队退下来的混乱状态

(甲)军队后退指挥更难统一

(乙)公务人员的各自逃命

(丙)民众无路可走

(丁)交通拥塞,交通工具更无计划分配

(戊)破坏工作不够,没有牵制敌人

(己)坚壁清野的计划无法实行

(庚)民众无组织无训练的现象与华北一样

7. 拉夫式的征兵办法阻碍了人民抗战情绪

8. 派捐式的救国公债增加了贫民负担

9. 地方机关乘机贪污者不少,更加深了军民不合作

## 二、抗战六月后的形势

(一)东战场有力的反攻

1. 收复广德、宜兴等失地直逼杭垣

2. 我已由被动转变为主动

3. 游击战的势力深入沪郊

4. 牵制敌人总攻北战场

(二)西战场胜利后的稳定

1. 收复张兰介修等县后,敌人已不敢轻向晋西南前进

2. 各地的游击队随时予敌以重大打击

3. 后方动员工作突飞猛进

(三)北战场的主力战

1. 敌军打通津浦路的企图遭到严重打击

2. 济宁的争夺战

3. 严惩擅自退却的高级将领与抗战形势的转变

4. 徐州一带的军事力量加强,敌军进犯不易。

**敌人目前的进攻路线**

(一)由津浦南北夹攻打通津浦路

(二)由陇海、平汉、同蒲总攻晋南与洛阳、潼关

(三)由平汉、淮南,浙赣进取武汉

(四)由厦门、潮汕及珠江口等处进窥广州

(五)陇海路的得失关系甚大

**我们对敌进攻的对策**

(一)利用地形加强运动战分散敌人兵力,延长敌人战线

(二)游击战配合强有力的正规军以谋各个击破敌人

(三)运用民众武装扰乱敌人后方

(四)战略上的防御,战术上的进攻,各线均须取得主动地位

(五)各线联络一致避免主力单纯的阵地消耗战

## 三、今后战局的展望

（一）我军日益顺利

1. 游击战的普遍发展可以牵制敌人后方

2. 作战经验增加，战区均予敌以坚强抵抗

3. 各线指挥统一已少有观望不前之事实

4. 各线渐近山地，我军利用掩护奇袭时多

（二）敌军日益困难

1. 战线延长，兵力不够分配，缺乏攻击力量

2. 后方随时遭遇破坏、袭击，穷于应付

3. 占据地方，兵力抽调不出，常得此失彼

4. 士兵畏惧深入内地，兼水土不服，病者颇多

5. 机械部队效力减少影响步兵的战斗力

## 四、我们在抗战中的收获

（一）在政治上

1. 全国空前的团结加强了民族统一阵线

2. 民众将得到普遍的训练，开始奠定了新中国的基础

3. 政治机构不良的暴露，打开了彻底改革之门

4. 一切不合理的事物都逐渐得到改良

（二）在军事上

1. 全国军人的觉悟，一致奔赴前线

2. 士兵弟兄的英勇抗战，开创了抗战的光荣历史

3. 从抗战经验中更深切地理解了内战的罪恶

4. 战略上的防御，战术上的进步补救了失败的损失

5. 逐渐加强军队中政治工作已减少了军民隔膜

（三）在经济上

1. 打破畸形发展的都市经济状况，国民经济逐渐走上独立建设的途径

2. 有钱出钱，大家出力

（四）在国际上　、

1. 爱好和平的国家和人民同情于我者与日俱增

2. 精神上物质上都能得到友邦的鼓励和帮助

## 五、敌人在侵略中的反响

（一）在政治上

1. “速战速决”的政策失败，财阀已感受到长期负担的痛苦

2. 人民生活痛苦，到处散布着反战运动的力量

3. 朝鲜、台湾都发生了活跃的反日运动

（二）在军事上

1. 正规军损失甚大，征兵完全是用压迫的连坐法

2. 士兵不愿离开本国，逐渐觉悟到国内军阀们的欺骗宣传

3. 素负盛名的板垣师团被我歼灭大半，暴露了军事上的弱点

4. 将来世界大战日本作战能力大成问题

（三）在经济上

1. 没有一个国家愿意借款

2. 生产工业变成了军事工业

3. 生产的人民变成了侵略的工具

4. 许多的市场变成了战场

5. 全世界爱好和平的人民都发动抵制日货

6. 生产缺乏,商业没落,国民经济日趋于崩溃

(四)在国际上

1. 英美法苏以及所有爱好和平的国家都反对侵略

2. 全世界爱好和平的革命大众(连日本也在内)都反对侵略,将以行动来打击敌人

3. 德国也因在远东经济上战略上的矛盾与同伙不能完全一致

## 怎样接受六个月血的教训

(一)彻底认识教训

1. 政治上的失败加深了军事上的失败

2. 民众动员不起来是因为没有彻底开展民众运动

3. 许多人无事做,许多事无人做,是证明了政治机构不健全

4. 汉奸和敌间无法肃清是证明后方治安机关与民众均无组织

5. 有钱出钱有力出力不能普遍施行是表现出民运工作不够

6. 敌人随时散布挑拨离间的空气是证明内部团结尚有缺陷

7. 一切工作都不能联系起来是证明缺乏整个的计划

(二)彻底接受教训

1. 关于政治的

（甲）巩固民族统一阵线

①公布抗战期中的政治纲领

②确定党派的合法性

③建立各党各派的政治会议，消除任何隔膜

④军政工作均须互信互助，不能互为防制

⑤根本认识民族利益高于一切

⑥严格制裁汉奸敌间的离间阴谋

⑦防止敌人利用我们过去的政治矛盾挑拨离间——如利用托派

（乙）团结国内各民族

①建立真正平等互助的民族政策

②运用各民族之优点共同驱逐敌人

（丙）彻底开放民众运动

①一切抗敌的集会、结社、言论出版，除监督指导外保证自由

②加强旧有组织，发动新的抗战团体

③普遍训练青年作为民运干部

④武装全国民众，自救救国

⑤建立农村情报网，实施民众防谍教育

（丁）革新政治机构

①任用全国方面的优秀人材，集中力量实行新政

②注重实际效能，节省人力物力

③肃清贪官污吏，一扫瞒上欺下的积弊

④在战争中同时计划新政建设，树立新中华民主共和国的政体

(戊)实施抗战教育

①训练军事政治人材

②训练军事技术人材

③各种教育战斗化、政治化

(己)集中战区青年分派实际工作

(庚)招抚全国散兵、游勇,责成地方机关安定后方秩序

(辛)建立所有失地抗日政权,委任最高军政代表

(壬)委编东北抗日联军,成立东北四省军政最高机关

(癸)设置育儿所,保育战区以及参战军政工作人员的儿童

2. 关于军事的

(甲)政治领导军事

(乙)建立军队政治部

(丙)建立现代化的坚强军队

(丁)提高官兵政治认识

(戊)改良士兵生活,优待军人家属

(己)建立军事工业

(庚)把敌人的后方变为前线

(辛)灵活运用游击战与运动战,各个歼灭敌人

(壬)抗日军队待遇统一,指挥统一

(癸)一切均须针对着军事而准备

3. 关于经济的

(甲)彻底执行有钱出钱

(乙)保障人民最低限度的生活

(丙)建立农村小工业

(丁)建立国防工业

(戊)普遍设立农村合作社

(己)策动农村加紧生产,以充民食并调剂农产品以足民用

4. 关于外交的

(甲)确定自主的革命外交

(乙)以自主的力量促成太平洋的集体安全

(丙)联合世界上以平等待我之民族与国家在精神上物质上制裁侵略者

(丁)团结全世界爱好和平的人士在精神上物质上制裁侵略保障和平

(戊)同情于我们抗战的友邦均须以最大的诚意加强友谊

5. 关于宣传的

(甲)国际的

①加强国际宣传机关

②扩大国际民众抵制日货运动

③发动国际各种政治经济以及道德上的制裁,打击侵略者

④援助台湾、朝鲜反日独立运动

⑤发表各种外国文通讯战报

⑥向世界各国呼吁保障世界和平

⑦在川省筹设国际广播电台

(乙)国内的

①建立农村书报供应所

②动员文化人分赴农村工作

③调整都市与农村的文化事业

④实施普及的抗战教育

⑤用飞机随时到农村散传单唤醒人民注意

⑥用歌咏戏剧图书等到农村宣传

⑦把新的内容仿效各种旧的歌谣戏剧等形式加强宣传力量

⑧军民联欢俱乐部普遍设置

## 总 结

争取最后胜利所应把握住的几个基本原则

一、加强民族统一战线的巩固团结是争取最后胜利的最大保障

二、发动全国民众组织起来、武装起来是真正全面的持久抗战的最大保障

三、开发农村经济保障人民最低限度的生活和建立国防工业是发动全民抗战的重要条件

四、革新政治机构加强政治领导军事的工作是我们全面的持久抗战的主要力量

五、发动全面的游击战配合现代化的正规战是我们克服敌人的主要武器

六、世界各国的革命大众必能结成反侵略的大同盟,敌人将处于更为孤立的地位

七、世界爱好和平的国家必能给予我们有力的援助,加强我们抗战的力量

八、日本国内的劳苦大众必能与我们携手共同推翻他们残

酷的军阀制度

九、日本国内经济的总崩溃必致日军的全线败退

十、我们的持久战加上国际的援助，再加上日本自己的崩溃等于我们最后的胜利。

二十七年二月一日于民大

# 致民大同学的公开信

亲爱的同学们：

抗日的洪流，掀天动地的不分东西南北的把我们冲积到一块儿来了，这是多么伟大的一个时代啊！我们应当怎样去珍惜与爱护它呢！

我相信，诸位同学，别离了甜蜜的家庭，拒绝了父母的慈爱，丢掉了原来的学校，抛弃了尊荣的职业，毅然地坚决地来参加这一个战区新创的学校，这绝不是为了好奇与凑热闹，而是深深地感觉中华民族已到了最后关头，我们再也不能徬徨，因循，苟且，偷安，只有迅速地捏紧拳头，咬紧牙关，学会了抗战的本领，向那占我土地，毁我房屋，劫掠我财产，屠杀我同胞，奴役我兄弟姊妹的恶魔——日本侵略者，冲锋！肉搏！

我更相信，诸位同学，为了挽救危急的中华民族，忘记了自己，忘记了个人的幸福，忘记了北地风寒的痛苦。这一种英勇奋发的气概，真可以使“顽夫立”、“懦夫强”，全国的同胞，都会风起云涌地循着我们民族抗战的大道迈进，这比几百万陆军，几百艘战舰，几千架飞机的力量还要伟大。可以说，没有什么力量可以比得上我们这种力量，更没有什么力量可以消灭我们这种力量。

但是，诸位同学，我们的学校，还是创办的初期，虽说他的创立纲领已正式公布了，各校的课程也开始讲授了，然而他光明的前途，还需要我们共同去开发，去扶持，去培养，去改进，一切艰苦的任务，都需要我们共同去承担。我虽然明知道多数同学比我认识得更清楚，更彻底，但恐怕有少数新来的以及将来继续来的同学，对民大的意义与环境，还不彻底明了。同时，我一种希望的热情，兴奋到不可抑制，所以仍站在研讨的立场，将我对民大的一些认识，为诸位同学告。

## 一、民族革命大学创立的意义

中国教育机构与教育方法之应根本改造，已不是自今日始。但直到芦沟桥事件的前夕，没有一个合乎我们理想的学校出现，甚至直到现在为止，大多数学校，仍还是停留在一个旧的阶段上面，这是使我们负教育之责的同人多么惭愧呢。

敌人加紧的侵略，一切不合乎环境需要的事物，无论政治经济教育，都必在不断的炮火声中要求改进，逐渐地建立起一个新的体系。这一个新的体系，就是我们血的代价与极宝贵的收获。自然，这是很惨痛的，很悲壮的。

山西，是整个华北抗战的支撑点与反攻敌人的根据地，其地位的重要，自不待言。过去数年来，曾有许多民众组织，如公道团，牺牲救国同盟会等，都呈现出一种极进步的现象。自芦沟桥事件后，晋察绥民族革命战争战地总动员委员会，山西省总动员设施委员会,以及青年抗战决死队,少年先锋队等,更以极新的姿态出现于吾人之前。这都说明了客观环境的要求,是要使一切新的合理的事物相继产生于持久抗战的过程中。

现在全国所有不愿作亡国奴的人们,都在一致团结加紧准备持久抗战的情况下,努力向改进的方面奋斗。于是抗战教育的呼声,也随着响遍了全国,无论如何安适与优美的生活,都不足以满足时代给予青年学生们前进的启示与鼓励,"民族革命大学",就在这样的一个剧烈转变的环境中应运而生了。它一方面是接受了各地青年学生的要求而树立抗战教育的楷模,一方面是奠定了新的教育机构及新的教育方法的基础。所以民大在这抗战的过程中,是肩负了最伟大同时也是最艰苦的使命。在现阶段,它不仅是抗敌救亡的生力军,而且还要号召着领导着我们四万万五千万的同胞以及全世界被压迫的民族与所有各国——连日本也在内——爱好和平反对侵略的革命大众,一致携起手来,向那最残酷的日本法西斯军阀的阵营,冲!杀!把它根本消灭!同时,在抗战胜利以后,它也是建设新中国最健壮的先锋,一切光明与幸福,都会在它英勇奋斗的前途上出现!

## 二、民族革命大学创立纲领的分析

在民族革命大学的创立纲领中,可以很清楚地认识到它的全貌,我们除深致无限的期望外,并表示十二万分的敬意,因为它:

第一,创立的旨趣,是为了"唤起民众,组织民众,训练民众,革新行政,改造军队,保障民族革命战争之最后胜利”(纲领一)。以此可以知道它造就人材,是为了中华民族的需要,是为了改革过去的行政与军队,是为了争取民族抗战的最后胜利,这与过去许多学校的内容与目的都是大不相同的。我们过去有不少的学校,完全脱离了现实,只是“陈陈相因”的在教室里兜圈子。学生毕业后,不知道自己能够做什么,不知道自己应该做什么,不知道自己在整个社会里所应负的使命,不知道有民众,不知道在广大的民众中自己所占的位置,只憧憬着学生时代不负责任的幸福,留恋着都市繁华的美景,把全部精神消耗于徘徊徬徨的十字街头,这可以说完全是教育机构不健全,教育方法不完善,教育目标不鲜明的结果。现在的民大,认定青年学生是民众的领导者,是新政新军的建设者,是民族革命战争最后胜利的保障者,更认定民族革命战争最后胜利的获得,是需要民众一致武装起来,是需要改革行政与改造军队。这不仅是把握住了抗战教育的方针,同时也把握住了争取民族革命战争最后胜利的办法。

第二,训练的目标,是“加强民族意识和社会意识,培养民族责任心和组织责任心,以期各个人能‘自己负责不容人不负责’,完成革命任务”(纲领二)。谁都知道,中国是一个地大物博人口众多的国家。然而现在为什么反被三岛小国的倭寇侵略,这就是因为我们广大的人民没有“民族意识和社会意识”,尤其是“各人自扫门前雪,不管他人瓦上霜”的传统观念,充满了每个中国人的脑筋,形成了中国如一盘散沙的普遍现象。造成这种现象的主要原因,就是中国数千年来的教育,只注意“家无读书子,官从何处来”的个人出路,不知道什么是“民族”,什么是“社会”。

虽然民国以来已有很多的改进，但在整个的教育体系上，仍缺乏坚强的“民族意识和社会意识”的训练，尤其没有使他们深刻地了解不仅“自己负责”同时“更不容人不负责”的“组织责任心”。我常常看到许多的法政学校，只在训练学生研究条文，研究公牍，如何模棱措词，如何规避责任，如何圆滑地应付环境，对“民族”和“社会”的利益，则很少提及。我更常常看到许多的大中小学校，把学生训练成一个驯良的羔羊，不许他们谈“民族”，谈“社会”。这都是我们过去在教育上不可否认的缺陷。现在“民大”是要根本废除这种“功利主义”的教育，是要站在“民族”和“社会”的基点上，训练出大公无私的负责任的民族革命的战斗员与新社会的创造者。

第三，训练的途径是“由组织到集体行动，同时实行集体生活的自我教育，执行自觉纪律以达训练之目的”（纲领三）。“集体生活的自我教育”，是肯定了集体生活所在的地方，就是教育所在的地方，这是训练青年在团体中能随时随地虚心领受教益的最好方法，尤其在一个有组织的集体行动下，是可以训练青年成为一个英勇活泼爱群互助的革命工作者，这是与过去注入式的和信条式的教育，绝对不同的。“纪律”，是维持团体生活不可少的要件，但纪律的真正执行要靠高度的“自觉”性，也只有使大家都知道“纪律”是团体的生命，是自己的命令，是自尊以尊人，才能维持一个团体的铁的纪律。同时，也只有充分实施“集体生活的自我教育”，培养每一个人民主主义的和集体主义的精神，才可以克服散漫、零乱、个人主义，独断主义的坏倾向，建立一个严肃的理性的战斗的有纪律的集团。所以坚决执行其有共守的自觉纪律,就是民大所采取的一个合理的管理办法。

第四,教育的方法,是"一反过去理论与实践之分离","实施'教学做用'合一的行动教育"(纲领四)。这可以说是指明了过去教育失败的症结。过去坐在教室里读死书死读书的教授法,不能使青年学生得到实际工作的指示,以致多数学生在毕业后找不到适当的工作,"毕业即失业",早为一般青年学生所慨叹而苦痛。可是这种情形,部分的还一直保持到现在,如许多学校由上海搬到杭州,到九江牯镇,到武汉,以及西安、长沙、四川、贵州,他们仍旧把学生幽禁在学校的樊篱中保持着教室教育的不二法门,以致许多的青年学生,厌恶着教室留声机似的说教,而自动的离开了学校,参加实际的救亡工作,这都很深刻的反映出过去教育制度的缺陷。我们不相信,一个学校,非有大规模的洋楼设备不可,也不相信,现在的学校,尤其是文法等科的学校,非安置在遥远的平静的后方不可,更不相信,现在的教育,是可以和实际的救亡工作分开的。本来在好几年以前,陶行知先生,即有"教学做"合一的教育的提倡,但是各方面仍没有具体的实施,更有许多人不了解"学"是为"做","教"是为"做",反以为"教"与"做"都是为"学",把"做"的大前提弄错,所以仍未能达到"用"的目的。因为陶先生的"做"被人误解了;所以民大特别加一"用"字。现在民大是本着"即学即教,即教即学,即用即做,即做即用"的方针,"实施'教学用做'合一的行动教育",以之造成灵活的实际的"用"的干部人材。这不仅现在的抗战教育应该这样,就是平时的教育也应该这样。理论固然是实践的指针,然而理论如不透过实践,就成空话。所以最好的教育,是实践的"行动教育”，教育的标的，是帮助行动，行动的本身，即是真实的教育，这才是真正的“用”的教育，这是教育方针上的一个问题。

第五，教育的内容，是“分为认识教育，组织教育，技术教育，三大种类”（纲领五）。这也是开中国教育的新面目。中国过去的教育，只有“认识教育，技术教育”，严格的说起来，我们过去的“认识教育”，并不彻底，因为各学校既没有注意社会科学的研究，更没有使学生与实际的社会接触，在教室里讲一点肤浅的课本，是不能使学生对社会事务有明透认识的，所以有许多人大学毕业后，对社会的政治动态，还是莫明其妙，初出学校的学生，是不懂社会情形的，这就足以充分证明过去的学校，连“认识教育”也没有做到。在“技术教育”上，更有一个最大的缺陷，不但这种教育，是非常缺乏与不普遍，而且就是有的，也完全是与社会上的技术行政分开。如学工程的，一出学校门，并不一定有工程给他做，我曾看到许多学工程的做小学教员及其他行政官吏。同时，许多的“技术教育”是名不符实，既没有给他实际练习的机会，更没有与社会实际的用途相配合。所以过去的“技术教育”，至少可以说是一个不健全的“技术教育”。至于“组织教育”，根本就没有人注意和提到过。我们的敌人——日本军阀们，曾说过“中国人缺乏组织力，所以在历史上随时被异族征服”。这话自然是日本军阀别有用意的挑拨侮辱，但我们也应该检查一下自己的弱点，我们一向忽略组织，对人民，对行政，都是任其散漫松懈。人民无组织，故没有自卫能力，行政无组织，故毫无工作效率。中国许多军政各界当局，并不全是学识不够，而是组织力不够，中国许多团体分化，不是分子的复杂，而是直接的领导者没有组织的素养，甚至一个家庭，一个商店，都表现出无组织的弱点。现当动员全民抗战的时候，这种弱点更暴露无遗，前方同后方，缺乏有组织的联络；军队同人民，缺乏有组织的合作，各处的地方机关，对军事的供给不够，是因为无组织。我们广大的民众，被敌人残杀，我们许多的地方，被敌人占领，我们不能各个击破敌人，各处牵制敌人，反之，我们倒被敌人各个击破，各处牵制，这当然也是因为无组织。所以我们对敌抗战极应补救的，也可以说是极应加紧学习的就是组织，因为组织，就是我们的武器。而且“组织教育，技术教育，认识教育”三者，是不能分开的。没有认识，当然不能担负组织的任务，否则就会有组织维持会的危险。没有认识，仅有技术，也说不定就会将这种技术供用于敌人，当了汉奸。同样的，没有组织，认识是不透彻的，技术是无效用的。没有技术，则组织和认识，都将失去了发挥的工具。三者的相互关系，就如一座建筑物，认识是基础，组织是墙壁，技术是门户窗阁，天楼地板，及一切的装饰设备。然而我们过去的教育也是没有做到的，我曾看到一个学机械工程的，不知道街上站的警察是在做什么，把东三省当作广东、山东、江东。这不是我说得过分，实在有这种情形，因为他们认为学技术的就没有注意社会问题的必要，象这样，他们作了亡国奴，或许也会不知其所以然。现在民大能将这三种教育内容，“有机的配合于民族革命之需要，灵活的运用于抗日战争，同时自始至终务求此种教育目的达到战斗化”。这所谓“战斗化”，是有深刻意义的，如土木工程，是我们所需要的“技术”，然而雕花也是“技术”，则为我们现在所不需要。三种教育一致适用于战斗，就是要发挥抗战的作用，这才是“战斗化”。这可说是民大创立纲领最宝贵的特点，对中国新教育的贡献，是非常重大的。

第六，招生的资格，是兼收大中高小学生，入校后，是“按各部文化程度之高低及学科之不同，分别编队设班”（纲领六）。这可说是根本废除了过去资格的限制。在入校后的“编队设班”也不是以资格为标准，而是以实际文化程度，学科门类志愿，性情，年龄等为标准。这样，不但任何人都有参加学习和参加救亡工作的机会，而且能“因材施教”，尽量用其所长以发展各个人的天材。为便利教育，为能在短期内培养成民族革命战争中的各级干部，这是非常合理的。因为民大是一个抗战的学校，凡是中华民国的国民，都有参加抗战的义务，也就是都有学习抗战知识的权利，任何人不能剥夺，更不能把任何人摒弃于抗战阵线里的抗战教育以外。同时，在实际上，资格未必与程度相符，抗战的情绪更未必与资格相符，以资格限制入学，无论从那方面说，都是不对的。而且民大在组织上，也只有分校的划分，并没有大中小的等级，这不仅表现出民大的特点，同时也消除许多同学不应有的虚荣心。

第七，修业的期限，是“以三个月为一期，学员以修满一期为最低标准”（纲领七）。本来学校规定一定的毕业时间，即足有阻碍天资特别聪敏者的进度之弊，是以研究教育的学者早就提出了“学分制”的办法。现在民大的修业期限，是以各个学员的学能是否成熟为原则，虽为了教育计划的阶段定三个月为一期的最低标准，但其中既可以“一期修满之学员，得自愿或因校方命令继续修业第二期”（余类推），也可以“在修业期间，校方得因工作的需要,选拔优秀学员,分派实际工作”(纲领八)。所以民大在实际上,是没有毕业期的,这的的确确是以“用”为目的的教育。

第八,学员同校方的关系,是“基于‘教学做用’统一之教育原则和方法,每届修业一期之学员,不论内勤外务,仍得受校方之指挥与调度”(纲领八)。过去许多学校,把学生好的当作商品,学生毕业,就等于这件商品造成了,学生去到社会,就等于这件商品已经出售了,到了这时,学生是否有办法,就等于商品既已出售,无论买得者如何处置,置了高阁也可,置了垃圾堆里也可,用也可,毁灭也可,均不加顾问。这种只管“教”不管“用”的“商品化”的教育制度,实造成了青年学生最大的苦闷。现在民大对学员出校后,仍如在校时一样的加以注意和培植,这不仅可以纠正学员为社会服务时的缺陷,更不致使学员离开学校后即徬徨于歧途,这是与“商品化”的教育完全不同的。

第九,学员同社会的关系,是“与本战区各级政府军队及团体取得密切联络,并相机协助之”(纲领九)。我们要使学的人将来能为社会服务,最要紧的就是要使他们不与实际的社会膈膜。过去许多大学毕业生,一出校门,到处碰壁,因为他们既不认识一个社会上的工作人员,更不明了社会上的人情世故,这何尝不是教育制度把学校和社会完全截然分开了所造成的恶果。现在民大不仅可以避免这些病态,更可以利用学的人,“切实加紧实施总动员抗战工作”。这可说是民大“即做即用”,一举而两得的真精神。

第十,教育的实验,是“设行政及总动员实验区,在该区内统筹并举办一切抗敌救亡事宜”(纲领十)。过去许多人说,学生在学校时,的确都是热烈勇敢,诚实忠直的,然而一出学校到社会后,他的性格,就会改变了。这是因为学生在学校时,完全不知道实际的社会病态,出学校后,就如素丝投到染房里,如果他所见的,多是些可怕的黑暗的现象,他当然就会随着社会环境而变色。现在民大能设一实验区,一方面既可以建设新政给学员一种很正确的观摩与认识,一方面更可以借实验区救亡工作的开展,树立全战区军政民运的模范,以奠定抗敌力量的基础。这是民大在实施“教学做用”统一教育的立场上,彻底执行改良政治机构,发动全民抗战,以完成创立旨趣的一种最好的与必要的方法。

从民大创立的十大纲领分析起来,虽然不能说是尽善尽美,但大体上是颇合于我们理想中的抗战教育以及将来新教育方针的。如果我们大家一致坚决的去执行,中国险峻的前途,必化为自由幸福的乐园,日本帝国主义,必在他的面前发抖以至于最后的崩溃。

## 三、我们对民大应有的认识和态度

无论从那方面看起来,民大都有他的特别之点,如:开始筹划还不到二月的时间,学生已超过五千人,许多教职员,是有了学生后才去聘请或就在学生中征求而来。他的地点,是在一个冰天雪地或灰沙漭漫的北方战区。他的校址,是临时借用的学校或民房。他许多的事务,大都是由学生自己去负担。水汀、地毯，铜床、洋楼以及许许多多的设备，都不能在这个大学内看到。如以一个清华、中央、武汉、中山等大学的眼光看起来，或许要不禁的喊出“这个也叫做大学，未免有点荒唐”，然而我们知道，这正是民大的伟大处，也正是抗战教育的真实典型。他不仅在外表上有他的特别之处，就在他的内容上，也更有他的特别之点。他好似一个烈火熊熊的熔铁炉，在他里面要锻炼出钢铁般的中华民族革命战争中的基本干部，融化社会上一切不合理的事物。我敢武断的说，民大的同学，在本质上都是中华民族的优秀儿女，虽说学校的外表是非常简陋，然而它的内部却有的是热烈、勇敢、活泼、真诚、幸福、自由和平等，人类社会一切的爱与美都在这里面孕育、发芽、滋长。但是诸位同学，我们不能这样就算认识了民大，了解了民大，我们更不能这样就认为满足了。我们要具体的认识民大，真正的了解民大，就是说要我们每一个同学自己认识自己，自己了解自己，因为我们都是民大的细胞，民大的健全与否，就是要看我们每一个细胞如何，这不仅是校长、主任、教授几个人的责任，而是大家的责任。如果外面的人不满意民大，就等于对我们大家不满意，这是大家的耻辱，如果我们自己对民大不满意，就等于自己不满意自己，这就是我们自己的耻辱。但并不是说，我们自以为是，不接受人的批评，不随时去求改进，相反的，民大在它发展的过程中，一定会发生许多的缺陷与困难，不过这些缺陷，是要我们每一个同学平心静气的去谋补救，这些困难，是要我们共同在艰苦的奋斗中去克服。再具体的说，如民大招考问题，教授问题，生活问题，学校行政问题，教育设备问题，以及一切一切的问题，在规划的初期，都有引起许多同学的不满与怀疑的可能,甚至或许有既为问题而进又为问题而出的。然而我们要知道,创立一个学校,平时已非容易,在这战时更是十二万分的艰难,在这短短的时间中,学校许多的地方没有上轨道,那是无容否认的。但我们更要知道,民大的当局,对学校现状的不满意,是甚过所有的同学。而且我们回想一想,过去许多学校,经过许多年的筹备,但结果我们所认为满意的也并不算多。这到不是因为这样就掩饰了我们的缺点,相反的我们要深刻的来认识这些缺点,要彻底的去弥补这些缺点,我们要随时的去贡献意见,随时的去计划改善,同时,无论任何事,都要与学校负责者取得密切的合作,那怕就是开一个会,也得通知学校负责者,以表现出我们行政系统的清楚,组织的严密。当然,我更希望学校当局尽量采纳同学们的意见,尽力担负起学校各项业务的推进与改良。至于同学们相互间,更须站在互助互信互励的立场,毫不虚伪的互相监督,互相批评,使不好的变成好的,好的变成更好的,不许一个人发生错误。我们要牢牢的记着,一个人好,表现不出成绩来,一个人坏,立刻就会影响到全体,我们必须使大家都好,这是我对民大当局与同学最诚挚的愿望。

## 四、我们今后应注意的几个问题

民大是一个"社会化""革命化""大众化""战斗化"的学校,应该注意的问题,当然很多,不过我认为下列几点,特别重要。

(一)政治认识。因为政治是行动的指针,如对我们抗战的意义与目前抗战的形势不了解，就会在言论上行动上发生极大的错误。然而政治不是高深得不可理解的，就是比较复杂的事物也必须把它通俗化，如果我们能够站在一个坚决抗敌救亡的立场（如抗日则生不抗日则死，彻底抗战则生，中途妥协则死，民族国家的利益高于一切党派的利益等）把握着几个最基本的动向（如我们国内的民族统一战线及国际间的和平阵线与侵略阵线等）从经济的背景中去分析（政治同经济是有紧密结合错综复杂的依存关系，不能机械的分开，而且经济是基础，但政治又是经济的集中反映）从矛盾统一的发展中去研究（一切政治现象和社会机构都是包含着矛盾，而且这些矛盾，又是在不断的发展或统一或对立，所以要辩证的认识，绝对不能公式化的去论断），从全面和互相关联中去认识（一切政治形势都不是孤立的，比如一国发生政治变化，便会影响到其他的国家，一件事发生变化会影响到其他事件）就不难对每一时期的政治形势得出一个比较正确的结论。同时，政治的学习，必须在日常生活组织中，尤其在集团生活的组织事务中来实行，我们必须把政治融合于个人与集体的饮食起居，喜怒哀乐，谈话交友的一动一静的种种问题里面，而且要在这里面把握着政治的关键，培养我们认识政治的判断力及精敏灵活的组织力，我们不要仅作一个空谈理论的政治家，必须作一个有实践活动的革命家。

（二）修养问题。没有修养，学问能力亦将成为作恶的工具，尤其在团体生活中，个人修养不够，立刻就会影响到整个团体的工作，纵然在主观上是在做救亡工作，但在客观上正是在做破坏救亡的工作。要解决这问题，是要经常的举行小组讨论会，自我批评,生活检讨,虚心接受团体生活的自我教育。同时,不仅要有接受人批评的素养,还要有立志改进的勇气,所有误把民主当作自由散漫,不守纪律秩序的无政府主义,以及一切放任自流,骄傲浮躁,独断专行,不顾公益的个人主义,须要严格的克服,确实把个人溶化于团体中,只知道有团体利益,不知有个人私利,也只有这样,才能担负起这一个民族革命的重大任务。在另一方面,我们不能因为某一个人的态度不好或妨碍了我们的工作,就认为整个团体无办法甚至于就表示消极怠工,相反的,我们必须以严密的组织,积极的工作,去教育,去感化,去说服,必须用团体的力量去制裁。消极怠工是绝对不许有的,因为我们是为中华民族的解放而工作,我们能够向谁消极怠工呢。假如我们认为学校有了不好的分子,组织就无法健全,工作就无法积极,那就等于承认中国有了汉奸,民众就无法训练,中国就无法挽救,这种缺乏斗争精神鄙弃群众的悲观论,也正是我们民族革命工作人员修养不够的表现。自然,这里面是包含了严密的组织作用与严格的淘汰作用。我们还要注意,我们不仅要锻炼成一个服从集体的战士,同时,我们还要在集体下不失我们每一个人的自觉性、独立性、创造性,只有这样,才能保证我们集体是一个有血有肉的活生生的巨人,不是一架死板板的机器。要做到这一点,也只有加强我们民主精神的修养与民主集权的运用,我们随时随地都不要忘记了自己的任务与使命。对自己人绝对不可有意气之争,不要怨人不了解你,只怕你不了解人;对敌人又绝对不可有丝毫的容忍,对敌人的宽恕,就是对同志的残酷。应当容忍的时候,虽唾面亦可让其自干,不当容忍的时候,虽刀枪架于身亦不屈服。一个民族革命的战士,是应该这样的。

(三)技术训练。我认为我们每一个同学,都须学会一种技术,无论电气、工程、驾驶、医药、军事和防空等。自然,这是学校当局应该切实施行的,尤其希望学校当局彻底执行实验区的具体工作,以便诸位同学有更多学习技术的机会。同时,所谓技术,不仅包括生产与战术技术,就是组织、宣传、训练,也是一种技术,如怎样领导讨论,怎样提出问题,怎样布置工作,怎样领导群众,怎样培养干部等,都是诸位将来做民运工作或军队政治工作以及任何一种救亡工作所必需的技术。以批评人来说,我们也必须有主张坚决,态度和平的技术,才能使人虚怀若谷的接受,否则那怕你是一片好意,仍会引起人的反感。而且既然叫做技术,就必须不断的学习,才能熟练,如学校许多研究会讨论会,虽说目的是在求得某一种知识,然其中也就寓有学习组织宣传训练各种技术的意义,诸位同学是不应该忽略的。

诸位同学:我们在这时代转变的激流中,虽说日本帝国主义的血手,已经伸进了我们的腹地,虽说汉奸走狗亲日派的毒液,还隐藏在许多地方的角落里,然而我们已经有了最大的决心,把它摧毁!粉碎!洗涤!肃清!我们现在已是共同走上这一个艰巨的征程,我们要如何地挽紧手大踏步地向那民族自由解放的前途迈进呢!我第一个希望,就是民大同学,无论与教职员间,与同学相互间,甚至于与校役工友间,在民族革命的大前提下,不能有任何的隔膜与裂痕,任何的问题,都可以诚恳的提出研究讨论,任何的痛苦,都可以坚毅的忍受,我们以这种精神共同建设民大,更以这种精神来共同改造世界,把日本强盗赶出去,建设新中国！我第一个希望是这样，第二个希望也是这样，第三个希望还是这样！

诸位同学！我们在这崎岖的途程中，在这腐朽的废墟上建立起新的力量吧！我们把个人一切的一切都忘记吧！我们要以集体的力量，最大的决心来贯彻民大的创立十大纲领！我们要不负民大，不负山西，不负全国父老兄弟姊妹的热切期望！最后我以十二万分的热忱，要求大家一致的举起手来高呼：

（一）彻底改革全国教育机构，实施抗战教育！

（二）坚决执行民大创立十大纲领！

（三）同学一致团结起来，巩固民大，建设民大！

（四）军民一致联合起来，驱逐日本强盗出中国！

（五）打倒日本帝国主义！

（六）民族革命大学万岁！

（七）民族革命战争胜利万岁！

二十七年二月一日山西临汾民族革命大学

# 告关心民族革命大学者

韬奋兄：

近接各方友好来信，知道武汉友人，一月以来对弟之近况与民大移校事均甚关心，诸友爱护朋友与青年之热忱，在弟除感激外，别无什么话可说。民大为抗战中刚在试验期中之新型学校，民大同学均系全国进步男女青年，此次晋南我军阵地变化，一时倾校迁移，道途险阻，已不能不引起全国人士之关心与焦虑，此无论就爱护青年与学校任何方面，都系必然之事实。弟虽非学校负责之人，然一月以来亦曾为此数千青年与学校，同在担心与焦虑中。到西安后，为了学校善后与同学之安插，多方奔走，虽尽力甚微，但其关心与爱护，固与全国各方诸友同一心理也。今迁移已告一段落，学校已照常恢复上课，学生于五月初即将毕业，学校已在进行改善与第二期筹备招生。迁校过程中之一切损失，大体已明，为了答谢远方朋友的关心，现在且就弟可能报告的消息奉告大家，以释彼此的关念。

民大迁校时一切的遭遇，其险阻艰难，原非不可想像之事。民大乃初创之学校，其学校性质又非普通大学可比，就弟个人所知，当该校在汉招生之际，原有一定之范围及计划，不料招生消息传达各省后，各地青年纷纷来晋。该校就抗战意义言，无理由推却不纳，因此学校膨胀，学校人数大超预定额数之外，一切物质与人力均感困难，自是意中之事。内部之组织尚未就绪，而敌人威胁即来，倾校迁移于敌兵压境时我们于想像中诚不免要浮现"不堪设想"之感。客观困难既如此，主观力量又如彼，这一撤退中，将生出如何之结果，在迁校时，不但学生各怀惧心，即在学校当局之心理上亦未尝不如此。一般离开队伍个别取道回家之师生，谁也不能明白同伴的情况，即民大本身之弱点，撤退时之纷乱，道途之险阻，流言，无不构成可畏之虚影，与绝望之臆测，因此辗转流传，谣诼丛生，造成民大学生几十几百甚至千人死难之虚报。其中有谓女生数百被俘，若干人渡黄河时断手断脚，儿童团全船覆没之恐怖传说，此种误传，即身在西安，一时亦难于作有力之反证。然而远道传闻，未得全般事实之报告，即信以为真，转相传说，于是给挑拨离间者以最好之阴谋材料。因此，最近不免有心怀异志之人与刊物，乘此机会作夸大之宣传，借作攻击个人与新教育制度之张本，这决不是偶然之事。故吾人感觉今日每下一判断，必须依据真确之全般事实与其发展之过程，否则真相不明，易为好人造一捣乱之机会，虽说经过若干时日，真相可以自明，然而在短的时间以内，对于工作上不无多少妨害，此吾人必须警觉者也。

但是，事实总是事实，迟早是要明白的。弟为明白真相计，亲赴陕北、宜川民大新校访问其负责人，并慰问留校同学及集会三原之儿童团。根据各方调查，民大此次迁移，在物质方面之损失固属不小，但学员人数之伤亡，则并不如外传之甚。确实被难同学仅有：临汾车站被敌机炸毙一人，古城路上炸毙一人，小船窝因泅水渡河溺毙四人，乡宁途中，有一女生病毙，至于该校学生人数，截至现在止，在校者共有二千五百余人，离临汾之前已分派工作者约四百余人，转学西安陕北者五六百人，折回徐州汉口者亦七八百人，自动走散回家无消息者亦当不乏其人。至于儿童团均全数安然渡河，无一伤亡者。

这是我在这次访问调查中出我意外的欣慰，也是我唯一可以告慰你们及一般关心民大的友人的。

在这里我要告诉你，我个人对于这次迁校的感想：

这一次我们得了不少的教训，我虽非该校负责的人，但我是该校的一个教授，我也不能完全不负一点责任的，同时我是一个对抗战教育有兴趣的人，对于这次民大的尝试，不能不极客观的给以公正的批评。为了抗战教育的前途，更不能不就这一试验之得失，这一试验之经验，作出结论，以奉告一切热心抗战教育的朋友们。

民大之组织动机，立校原则，我都认为无可非议。这次的挫折，我完全不认为这是教育的失败，学校过去内部不善，组织不严密，教授的人太少，课程尚不充实，学校的设备不周，学生生活缺乏组织等等，这都是事实，但这一切虽然系因主观努力不够，民大当局教授学生，都要分担责任，这一切决不是不可克服，民大的理想不是不能实现的，我对今后的民大仍甚乐观。

其次，我们从这次实验中，对于青年的认识，可以说更深了一层。有一部分青年甚或对于某一个个人所抱的希望超过事实所能满足的限度，因此一受打击，马上失望悲观起来。这本来是一般青年的一种特点，原不足怪。这次许多不满足民大的同学，起初责备民大备至，但脱离民大转入他处后，确又怀念起民大来。我在西安亲自碰见过去不满民大的同学说："还是民大好！"这一次痛苦的经验，却在认识方面纠正了青年不少的毛病，也增加了主持教育的人对青年的理解。

在西安我曾碰到许多朋友，谈到训练青年问题，我说可惜民大为时甚短试验还太不够，我们能看出的缺点，还不深刻，但就是这一段短短的时间，这一段经历也还是宝贵的。譬如以上举出民大弱点中最大的一点就是还没有彻底改去学校因袭的习惯，没有把学生视为主体，将学校一切行政、教育、管理、活动，全部公开，让学生参加，或交给学生自己负责，因此民大立校的教育原则没有造成学生一种新的观念，他们看了民大不满意，就把眼睛再望着别的地方，不想自己动手把民大弄好。脱离了民大，到了别的学校，立时又感到"到处乌鸦一样黑"。能觉悟过来的人，固然也有，但因此消极下去的也不在少数，这确是民大过去的总的失败（如果可说失败的话），这是一个宝贵的教训。

至于我个人这几月来的工作，说来也甚歉然。在民大虽担任了一点功课，也曾对教务时进片言，但我因为同时还任有其他工作之故，致未能多参与同学们的课外生活，这是一件憾事。在学校打算迁移中，适值胡宗南先生电约，故在同学离临汾的第二日晨乘车赴西安，未得与同学们共尝徒步走荒郊的艰苦，不独于心耿耿，也深惜失了一个体验的机会。

最后我要向你报告，我的行踪，还未十分确定，是否需要回

汉一转,亦还未定,不过我是决定留在西北战区工作的,也许不久先到甘宁一带去走一转。此致

敬礼!

弟李公朴于西安。四月十四日。

# 关于民族革命大学

在全国一致团结坚决地准备持久抗战的情况下，山西省的“民族革命大学”以一个簇新的姿态而出现了！还没有到半个月的时间，踊跃参加的青年学生，已逾二千余人。在元月十七日，更正式公布了该校的创立纲领。这是每一个中国人，尤其是文化界负教育之责者所应深切注意的一件事。

从“民族革命大学”的意义看起来，它不是训练一部分青年学生的普通教育机关，而是代表全国的一个伟大的抗战教育机关。它的容量之大，不仅是中华民族的四万万五千万人，而是全世界所有的弱小民族及被帝国主义压迫的殖民地的人，它之所以为“大学”的，应该作如是解。

在该校的创立纲领中，可以使我们很清楚的了解，该校不仅是树立了现在抗战教育的楷模，而且是奠定了将来新教育机构与教育方法的基础。因为它：

一、创立的旨趣，是认定了青年学生是民众的教育者，组织者，是新社会的建设的参加人，是民族革命的战士。更认定了民族革命战争最后的胜利，是靠着民众一致武装起来，进行全民族全面的战争。所以在纲领上明白的定出,是"唤起民众,组织民众,武装民众,革新行政,改造军队,保障民族革命战争之最后胜利。"这不只是把握着了抗战教育的方针,同时也把握着了争取抗战最后胜利的办法。

二、教育的方法,是"一反过去理论与实践之分离,实施'教学做用'合一的行动教育"。这是明白的指出过去教育失败的症结。静坐在教室里读死书的教授法,毕竟为时代所否定。在好几年以前,陶行知先生即有"教学做"合一的教育的提倡,但是各方面仍没有具体的实施,更有许多人不了解"学"是为"做","教"也是为"做",反以为"教"与"做"都是为"学",把"做"的前提弄错,所以仍不能达到"用"的目的。因为陶先生的"做",被人误解,所以该校特别加一"用",现在该校是本着"即学即教,即教即学,即用即做,即做即用"的方针,"实施'教学做用'合一的行动教育",以之造成灵活的实际的"用"的干部人材。同时训练的途径,是"由组织到集体行动","实行集体生活的自我教育,执行自觉的纪律以达训练之目的。"这是与过去注入式的信条式的教育完全不同的。

三、教育的内容,除了确实施以"认识教育"和"技术教育"外,更有从来没有人注意和提到的"组织教育"。同时是把三者"有机的配合于民族革命之需要,灵活的运用于抗日战争,"且"自始至终务求三种教育的一致战斗化。"这可以说是该校创立纲领最宝贵的发现,对中国战争教育以及将来新的教育机构的贡献,是非常大的。

四、学校的区分,是"据各部程度之高低及学科之不同,分别编队设班，”这是等于废除过去资格之限制。在事实上，资格未必与程度相符，抗战的热情，更未必与资格相符，只有“有教无类”的“因材施教”，使其“各尽所能”以发展其天才，才是合理的学级区分。

五、修业的期限，虽然为了教育计划的阶段，定“三个月为一期”，并以之为“最低标准”，但“一期修满之学员”，均“得自愿或因校方之命令继续修业第二期”或再延长。同时“在修业期间，校方得选拔优秀学员，分派实际工作”，这是完全以学员之学习是否成熟为原则，的的确确是以“用”为目的的教育。

六、学员每届修业一期，“不论内勤外务，仍得受校方之指挥与调度”。就是在学校的时候，也得“与本战区各县政府，军队及团体取得密切联络，并相机协助”。这是与过去只会“教”，不管“用”的“商品化”的教育制度绝对不同的。同时也是与过去把学校和社会截然分开的教育制度绝对不同的。

七、该校创立纲领，除了上述原则外，并设实验区。一方面建设新政，给学员一种很正确的认识，一方面借实验区抗敌救亡工作的开展，树立全战区军政民运的模范。这是该校在实施“教学做用”统一教育的立场上，彻底执行改革政治机构，发动全民抗敌，以完成创立旨趣的一种最好的与必要的方法。

再从它现有学生的成分看起来，更值得我们欣慰的，不仅全国大中以上的青年男女学生，一致奔临，就是各地的小孩，也自动趋赴。听说在各地招考的时候，还发生许多极令人兴奋到发狂的事：陕西有一个十二三岁的小孩，一定要加入这学校，但到了临走的时候，在数百人的队伍中突然遇着了他的母亲哭哭啼啼地追来,拉着不准去。然而这小孩很从容地告诉他的母亲说:“妈!你不要这样吧!日本人快打到我们家里来了。如果我不去学本领打日本人,你及你的儿,都要被日本人杀掉了的,我到学校去,就是准备保护你,我是喜欢你,我是舍不得你被日本人残杀的!”说完了,竟自“一二三”地随着队伍去了。他的母亲也只有啼笑皆非地望着他的背影消逝下去。当时使许多人都流下泪来。在临汾也是只有十三四岁的一个小孩,因为初中高小的学校是设在运城的,所以那天把他们编成队伍上车站到运城。殊不知这小孩的母亲和父亲都只准许他在临汾,听说他要开到运城,一齐追上队伍拉着他不准去。然而他更是很悲壮的告诉他的母亲和父亲说:“我是什么地方都要去的!谁不去的就是汉奸!”当时也使许多人非常的感动。这两件事的英勇气概,真可以使“懦夫强”,“顽夫立!”这是什么力量可以使中国的青年男女这样英勇,别离了甜蜜的家庭,忘记了地北风寒的痛苦,忘记了自己是小孩,疯狂地奔赴前线!这又是什么力量可以摧毁这种热烈悲壮澎湃怒号的民族革命的伟大的洪流!

自然,该校在这创办之初,许多不可避免的缺陷与困难,或者也可能的会使理想与事实相离甚远的。但我们相信一切的缺陷,却是更可能的在进行中改善,一切的困难,都必能为他们坚强的意志所克服。我相信该校只要本着创立纲领坚决的去执行,它的前途一定是很光明的!中国这座“反动的冰山”,将赖之而融解成一个平坦的乐园!日本帝国主义,必在它伟大雄姿的面前发抖以至于最后的崩溃!

一月二十日于山西临汾

# 组织流动教学团的一个建议

在这抗战九个多月的过程中，使我感到急需解决的问题，是广大的民众需要教育，无数的青年干部需要学习，然而因为各方面的人力有限，物力有限，尤其因为战事的紧张，大家的注意力都集中到了前方，对这一个教与学的问题，就不免忽略了，以致一直到现在，大多数的民众，仍然还是不了解抗战的意义，以及参加抗战工作必需的一切技能，因而无法动员起来或是虽则动员而并不能积极参加抗战工作。同时，无数的青年干部，大多数也仍还是没有抗战工作的经验，不懂得做抗战工作的方法，也缺乏必要的学习机会，结果是大批的青年找不着工作做，在许多的工作上，又有不少青年工作能力差，进步不够快，这是我们在抗战支持机构上的一个重大的缺点。

不能否认的，许多的宣传队服务团以及类似此种的团体，对这种缺点当然也很想有所补救，但是因为被他们的性质所限，大都偏重于宣传，而且仅是自己几个人宣传，多没有与当地工作人员合作，所以虽说他们对唤起民众是有了很大的努力，然而民众兴奋的情绪，常常是随着他们的来而来，但又随着他们的去而去了。这是因为没有切实的教育与组织,仅仅靠着单纯的鼓动,是不会持久的,更不容易表现出行动来。而且这种缺乏继续性的工作,很容易形成以自己的工作,代替了人家的工作,这又不能不说是宣传队的同志们客观上的一个缺点。

还有,现在接近前方的区域虽说开办了许多的训练班,但是这不仅容纳的人数有限,而且有许多青年由后方赶到前方又由前方派回后方,对于人力物力都是一种浪费。这也是抗战教育不普遍实施的缺点。

为了补救这些缺点,为了加强宣传的效力,为了要以最少的人力物力到各地去普遍的就近教育广大的民众,为了在流动中建立起继续性的工作,为了不仅是自己工作,而且还要能发动他人起来工作,为了在实际工作中锻炼出机警灵活的青年干部,我想了一个流动教育团的组织方案,作为弥补上述缺憾的办法。这自然还需要通过实践,才能证明它的正确性,但作者在过去是从事民众教育的,并打算今后仍从事于民众教育,对于这个流动教学团的工作,将准备作一个实际的试验,因此提出这个建议,就正于关心抗战教育的同志们,以及各方从事民众宣传的工作者,更希望大家交换工作的经验,将来在工作上取得密切的联络。同时,这个教学团的名称,我拟定为"抗战建国教学团",如有同志愿意发起这类团体者,不妨同名,不过在番号上我们可用第一团、第二团等别之而已。

这一个流动教学团的组织大纲大概如下:

一、定名　本团定名为某某流动教学团。

二、宗旨　本团以宣扬民族抗战意义,教育民众抗战知识,学习抗战工作,推进抗战教育为宗旨。

三、团员　凡能刻苦耐劳,具有适合本团工作之技能,愿牺牲个人利益,忠实于抗战事业,服从本团公约,经过入团手续者,均得参加本团为团员。

四、组织　本团之组织系统如下:

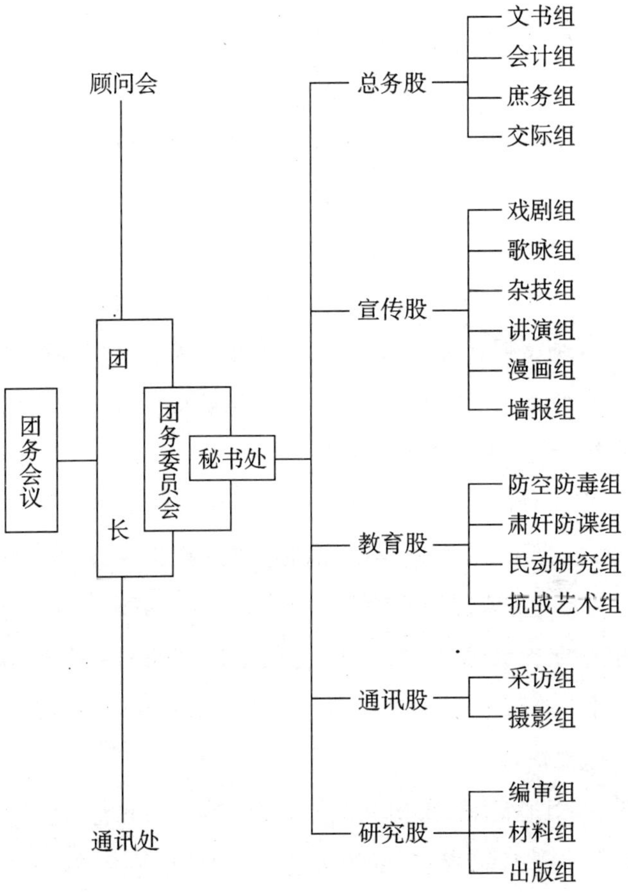

五、经费　本团之开办费，均向各方赞助本团之人士及机关团体募集之。

六、工作区域　本团采取流动性，战区及各内地均为目的地，其详细路线另订之。

七、附则

（一）本团公约经费预算及工作纲领、工作计划另订之。

（二）本大纲如有未尽事宜得随时经团员三人以上之提议，交团务委员会召集全体大会修改之。

根据上面的组织，可以大约订出它的工作纲领：

一、本团每到一地，必须由总务股于事前通知当地最高政府机关。到达后，更须与当地党政军警各机关接洽，然后开始工作。

二、本团所有一切工作，均须与当地党政军警各机关取得密切联络，并须根据当地的需要，以定工作范围。宣传、教育两股，非必要时，自己不单独直接工作，尽可能策动当地机关团体或热心工作之人士起来主持办理。

三、本团宣传股，每至一地，均须策动当地的机关团体张贴墙报、漫画、标语，及举行戏剧、歌咏、杂技等公演与讲演等宣传工作。必要时更印制传单散发之。

四、本团教育股，每到一地，均须设法策动当地之机关团体开办各种短期训练班，以便普遍培植抗战教育的干部，建立抗战教育的基础。

五、本团通讯股，每到一地，即须将当地的政治、经济、民运等情形作一深切的调查，以为教育民众的实际资料，并加以研讨，以便向当地主管机关建议，尽量将各种优点写成通讯发表。

同时，在各地设立通讯处，布置通讯网，以沟通各地救亡情报和与各地党政军各机关、各团体交流工作经验。

六、本团研究股随时将各地所搜集的材料，以及在工作中所得的经验，集体研究的成绩，编辑成册，或有系统的编纂抗战建国小丛书发售，以便供给各方参考。可能时发行不定期刊物一种。

七、本团以教育为工作的中心，以宣传为教育的手段，以通讯建立流动中的固定工作与继续性的工作，而且三者须有机地灵活运用，以达教育之目的。

八、本团一切工作，均须注意团员自己的学习，加强小组会议，研究会等集体的自我教育，以便在工作中培养优秀的干部，随时可以分派团员到其他地方工作，以期工作展开，收效宏大。如有问题，可函请顾问解答，必要时，顾问可随团指导。

九、本团在每地之工作时间，至少半月，至多一月，如有特殊情形及沿路经过小有停留之地，当不在此限。

十、本团经济，绝对公开，其经费来源，得向各地方赞助本团的人士及机关团体募集，并得请求当地党政军警各机关帮助及予以各方面之便利，以期继续工作，不致中断。

象这样组织一个流动教学团，不需要很多的人（二十人至三十人），不要很多的经费（每人每月约十二元）。而且人才方面，可以在各地的训练班中征求挑选，经费方面，除少数的基本金外，可以就地设法，向赞助我们的人士及机关团体募集。我相信，只要我们工作努力，赞助我们的人士、机关、团体是不会少的。它的效用，可以很快地把抗战教育的种子散布到全国，它是一个传播文化的交通队,一个开辟文化的先锋队,实际上它是一个抗战建国的推动机。它到一个地方,就可以训练一批基本的干部,它走后,这些干部仍能继续它的工作,而且还可以切实的联络,随时在通讯上督促和鼓励,解答他们的疑难。它到的地方愈多,它的工作愈多,它的效用愈大,它可以把全国抗战建国的工作,在教与学的基础上,织成一个紧密联接不断的网。如果全国有十个、二十个象这样的流动团,如果每省都能成立几个到各县,每县都能成立几个到各乡镇,它对抗战建国工作的推动,必会发生伟大的力量。但是对于工作人选方面,是要特别注意的,尤其要善于运用各地方的客观环境,避免一切无意识的阻碍。

# 西北青年救国联合会怎样办战时青年训练班

——一个战时教育的参考

如果我们不否认战时青年训练的重要性,那么西北青年救国联合会所办的"战时青年训练班",就不应该为我们所忽略,因为它是在一个最艰苦的过程中建立起来的,而现在又为一般热血青年万分踊跃地参加。

最近曾因便去青训班参观一次,虽说我住的时间只有两天,但它的大概情形,已得相当的了解,在许多青年训练班中,我还认为比较的满意。

现正当全国青年迫切要求实施战时教育的呼声下,我特将该班办理的情形,略述梗概,以供留心战时教育者的参考。

## 一、创办过程

青训班创办的原因,据该班的主持人冯文彬与乔木两先生告诉我,是在去年十月,见着各地的青年争往陕北,但因陕北的抗大与陕公容纳人数有限,以致大批的青年流落在西安,于是西北青年救国联合会,乃在泾阳斗口镇商借于右任先生的农场开办这样一个训练班,那时本来是公费的,只打算暂时收容一般穷苦的青年学生,时间也只有两星期,人数只有一百余名。然而西北青救会的经费实属有限,青年又日益加多,不得已乃将该班迁至云阳镇的城隍庙,自己搭上席篷作班址,且又感觉两星期的时间太短,人数也太少,不能满足青年的要求,乃由二星期起将时间改为三星期,人数也增至三百余名,到三期已是到七百余名,但膳费则多数由学生自理了。到了二三期毕业时,搭的席篷却被风吹倒,同时青年来的更形增加,于是才选定安吴堡这个地方。从第四期起,时间已增至一月,人数已增至一千余人。到第五期,已有二月班了,以备能够进一步研究一点比较专门的知识,但因为来的青年太多,无法拒绝,又有很多是实在困难的青年,故仍有半月班的设立。现在第五期亦将毕业了,规模设备,逐渐扩充,参加的青年,亦愈踊跃,但它的基础,仍还是奠定在学生们自己的身上。如以经费来说,除每月伙食费六元仍由学生缴纳外,其他许多杂支,亦常由学生们自动捐助。最近,大家还发起节约的竞赛运动。

由此,我们可以看出青训班是在怎样困难的环境中创办起来的。它的训练期间是由两星期增至两月,训练人数,是由一百余人增至一千余人,地址已经迁过三次,其进展的过程是由小及大,由暂及久,这是非常合理的。而且我相信青训班现在还是飞跃的向前发扬光大,它的前途是很有希望的。

## 二、组织特点

青训班现在的组织，可分两方面来说，一是属于平时的行政组织，一是属于非常时的军事组织，兹列两表，说明（见另附）。

青训班的组织形式，大概如下表。但它组织的特点，还不在形式上，自然，我们也不否认组织系统的重要，形式必须与内容统一起来，才能算名符其实。青训班组织的特点，我可以提出下列几点：

（一）生活一致——在青训班里只有工作职务的不同，没有生活的不同，上至主任、处长，他们在私生活上都不用勤务，虽说也有几个勤务员，但他们是用来传达命令、找人和送公事的，绝对不是为他们个人倒茶取烟折被……的。在生活上大家都是一样的吃，一样的穿，一样的住，没有丝毫的不同。他们上下都没有薪俸，只有一块钱的津贴，由主任到勤务员都是一样。唯一优待的，只有炊事员，因为他们的工作苦，所以每月有两块钱的津贴。他们无论对什么人都叫“同志”，就是主任与勤务员，学生与主任，也是一样。象他们这样把精神与生活都融合在一起，办起事来，那里会有不同心协力的道理呢！

**青年训练班组织系统一览表**

1. 平时的行政组织

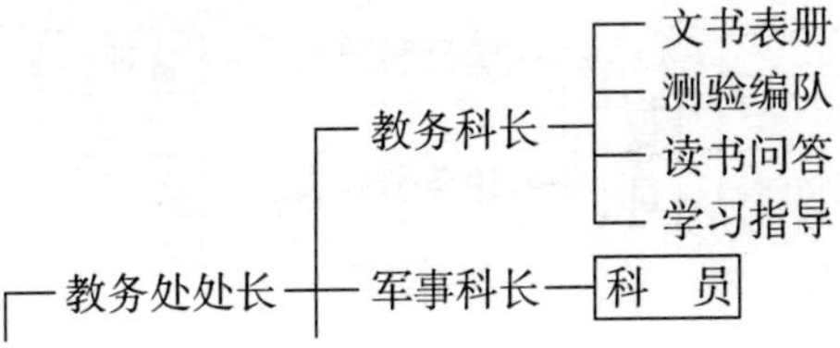

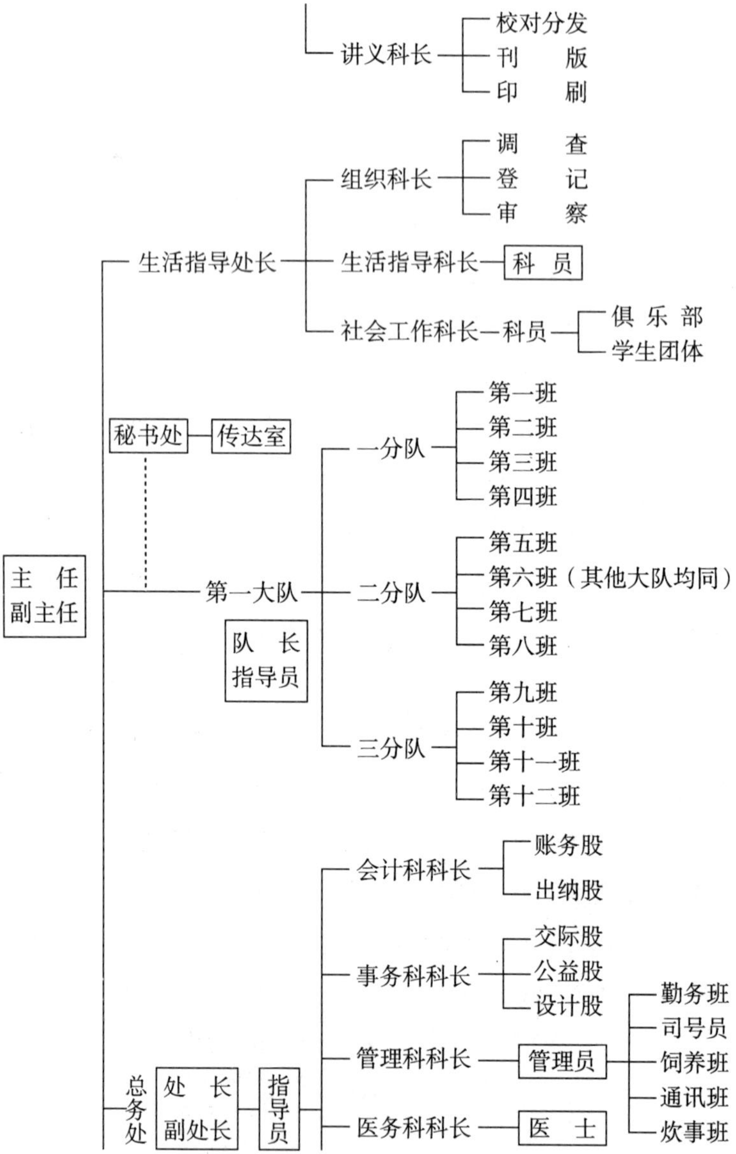
主　任
副主任
讲义科长
校对分发
刊　版
印　刷
生活指导处长
组织科长
调　查
登　记
审　察
生活指导科长
科　员
社会工作科长
科员
俱乐部
学生团体
秘书处
传达室
第一大队
队　长
指导员
一分队
第一班
第二班
第三班
第四班
二分队
第五班
第六班（其他大队均同）
第七班
第八班
三分队
第九班
第十班
第十一班
第十二班
总务处
处　长
副处长
指导员
会计科科长
账务股
出纳股
事务科科长
交际股
公益股
设计股
管理科科长
管理员
勤务班
司号员
饲养班
通讯班
炊事班
医务科科长
医　士

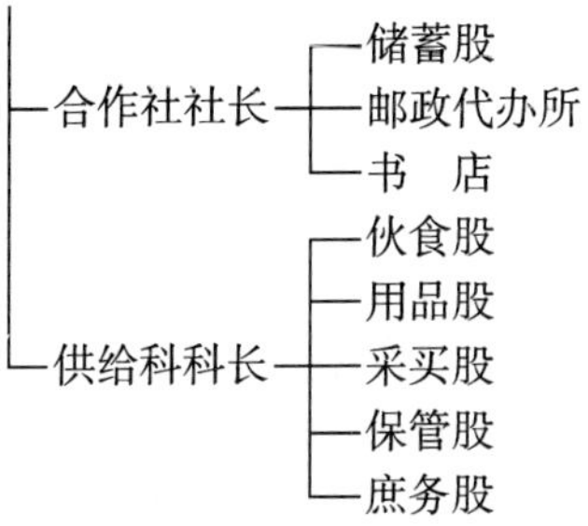
合作社社长
储蓄股
邮政代办所
书　店
供给科科长
伙食股
用品股
采买股
保管股
庶务股

2. 非常时期的军事组织

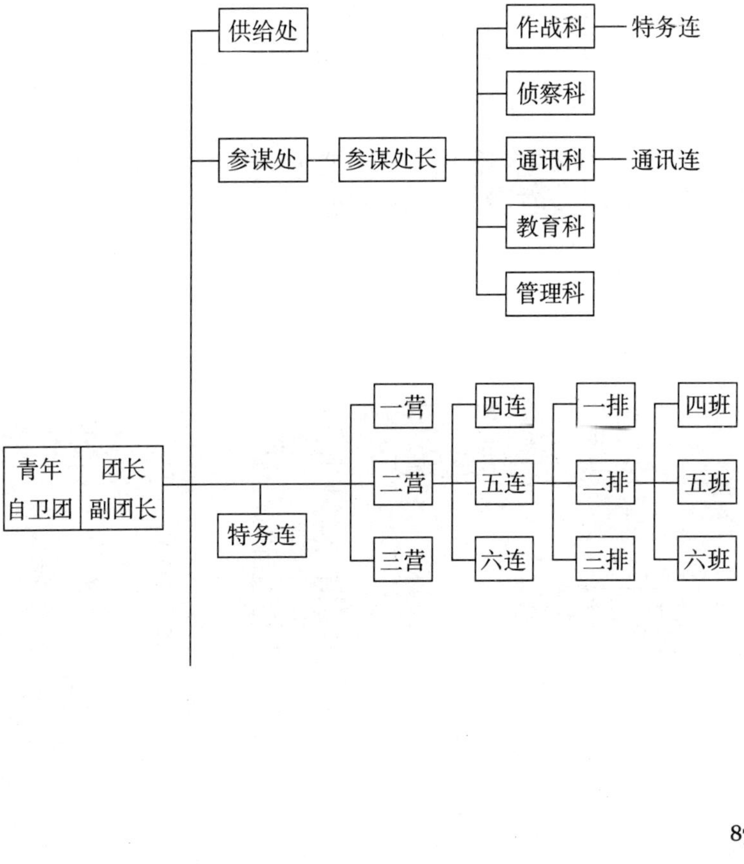
青年自卫团
团长
副团长
供给处
参谋处
参谋处长
作战科
特务连
侦察科
通讯科
通讯连
教育科
管理科
特务连
一营
二营
三营
四连
五连
六连
一排
二排
三排
四班
五班
六班

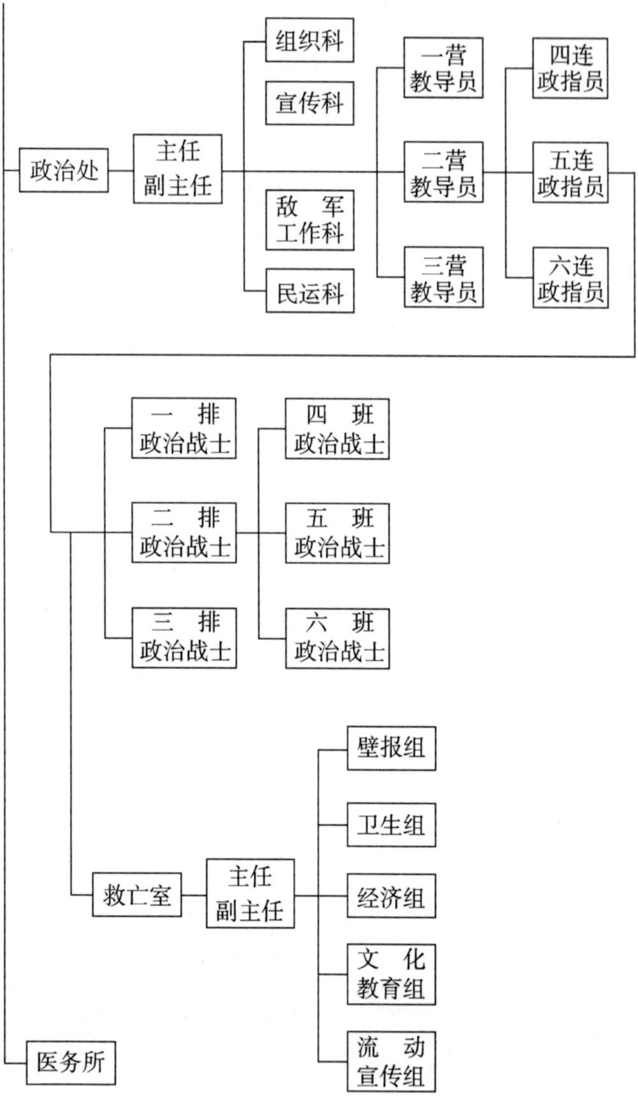
政治处
主任
副主任
组织科
宣传科
敌 军
工作科
民运科
一营
教导员
二营
教导员
三营
教导员
四连
政指员
五连
政指员
六连
政指员
一 排
政治战士
二 排
政治战士
三 排
政治战士
四 班
政治战士
五 班
政治战士
六 班
政治战士
救亡室
主任
副主任
壁报组
卫生组
经济组
文 化
教育组
流 动
宣传组
医务所

（二）会报制度——他们各部分的工作，事前既有布置，事后更有检讨，每一星期各部分的工作员，都须集合在一块，互相报告、检讨、批评和改进。任何事都是互相帮助，互相鼓励，同时他们还同学生一样的举行竞赛，以提高工作兴趣，提早完成工作计划。

（三）事务工作政治化——他们把一切工作都当作学习，一切的学习，都须求得工作的实用。因此他们各部的工作员，对研究，讨论，差不多同学生一样。小组会，更是他们规定的同吃饭一样的重要。过去一般人认为事务工作的总务处，在他们也完全政治化了。他们各部分的工作，都笼罩在学习与求进步的空气中，所以他们无论对个人的学识经验，对整个的工作效率，都是在日进不已的。

## 三、课程种类

青训班的课程，是以政治为主，但他们对军事亦不忽略。以种类来说，可以把他分成三部门：

（一）政治课——主要的分：

1. 抗日民族统一战线

2. 抗日民众运动

3. 政治常识（包括社会发展史、资本主义、帝国主义、社会主义、三民主义、日本帝国主义侵略中国史等）

（二）军事课——主要的分：

1. 武器研究

2. 夜间教育

3. 游击战术

（三）日常问题的讨论

## 四、教育方法

青训的教育方法，是以实际的演习为主。但因为时间有限，许多重要问题，仍须先讲，能够在演习时注意得到的问题，就留在演习时再讲，绝对避免空泛重复。至于比较专门一点的问题，则分别研究，或指定参考书由学生们自己去研究。他们是在少中求精，在普通的问题中抽出重要的问题，同时还不忽略一般的常识。因此，他们的教育方法，是需要灵活的运用各种各样的方式与机会，不能机械地去执行。综括起来说，可以把它分成：

（一）讲演方法——这是由教员编提纲讲演，学生笔记。为了经济时间，平常都是把所有的学生都集合在一起围坐成一个大团，教员则站在一个比较高的台上。讲的内容，是要深入浅出，尤其注意实际的例子。因为他们讲的问题切实而有兴趣，学生的求知欲也很旺盛，意志集中，所以常常一连讲三四小时，中间仅休息几分钟，大家都不感觉疲倦。

（二）讨论方法——这是用小组方式进行的。他们在小组上不仅有政治报告，问题讨论，而且还有生活检讨，自我批评。他们的活动基础，就是建筑在小组上的。小组组长是由他们自己推选，每星期还有一次组长联席会议。各组的指导员以及各部的工作员与教员等，都常以组员一分子参加讨论。同时，学校负责人，对加强小组的领导，是认为不能丝毫忽略的。

（三）研究方法——许多重要问题在课程上不能讲到的，都可以提出研究大纲交他们自己去研究。同时，许多课外组织，如政治研究会，学术研究会，群众工作研究会，军事研究会，武术研究会，以及新文学研究会……等，也可以由他们各人的性情能力去发展所长，以提高他们的自发性，创造性。当然，学校当局，也不忽略他们研究的指导责任。

（四）演习方法——许多课程，不是在讲堂上讲或讨论研究所能深刻了解和运用的，所以演习成了他们最重要的教育方法之一。他们演习，常是把许多工作同时实施。如演习游击战，他们有时到八九十里路以外的地方去演习五六天，民运工作和军队政治工作也同时演习，甚至还到那地方去召开军民联欢大会，举行各种游艺节目。这样活生生的教育，不仅可以使他们得到真实的知识与经验，同时也可以提高他们的学习兴趣。他们在演习时，也就采用了非常时的军事组织，完全与军队一样。

（五）竞赛方法——青训班同学们最有兴趣的生活是竞赛，同时，学校最巧妙的教育方法也是竞赛，他们竞赛的节目，不仅在工作上，如“墙报”、“救亡室的活动”、“读书”、“爬山”、“技能学习”等，同时在生活上，如“不吃零食”、“不进馆子”、“不抽香烟”、“不搽雪花膏”、“不在室内犹豫”、“不在室外徘徊”以及一般的“清洁”、“纪律”等。他们多以队为单位，所以也就没有一个人敢违背公约影响他本队的竞赛成绩。“飞机”、“火车”、“汽车”、“马车”、“牛车”、“乌龟”，为他们工作竞赛成绩好坏的称号，但他们谁也不肯当“牛车”与“乌龟”，所以各种竞赛的成绩都非常的好。这样一来,他们学习的兴趣是意外的提高了,一切教育的进度,也就非常的迅速。同时,学校随时加以鼓动批评,他们也很少有锦标主义的坏倾向。

(六)个别指导的方法——学校各部的工作员,尤其是各队的指导员,对每个人的性情、能力、优点和缺点,都非常注意,随时与他们个别谈话,鼓励其优点,纠正其缺点。同时,就他们日常生活中所发现的不好的事实,加以诚恳的说服。

## 五、管理方法

青训班的军事管理,表面看起来是很松懈的,然而从他们起居作息的遵守时间、动作迅速与团结一致看去,则又知道他们的纪律是非常的严格。不过他们的纪律是确实建筑在自觉的基础上,绝对没有高压痛骂等事实。同时,他们在自觉的遵守革命纪律的意识下,下级服从上级,个人服从团体,都表现得非常合理,这是学校当局能够正确运用民主集权,能够加强核心领导与模范作用的结果。

以他们管理方法的原则来说,是本着"忠诚、团结、活泼、紧张"几个字去做的。所以在青训班,从早到晚,不是学课,就是术课,不是上课,就是开会,或是自习,不在室内,就在野外。而且在睡觉前,起床后,上课前,下课后,饭前饭后,都可以听到雄壮激昂的救亡歌声。同时,他们还随时有劳作,如建筑马路,种植菜果,打扫街道。而且晚上亦须轮流放哨。他们相互间,彻底执行互相批评,互相鼓励,互相帮助。就是以男女同学的关系来说，在精神上生活上也能融合在一起而毫无隔膜，虽说间或也有恋爱的事实发生，但他们是绝对要遵守：（一）要以思想结合，（二）双方愿意，（三）不妨碍工作的三大原则。实际上，他们相处惯了，彼此间都能很尊重谨细地保持合理的状态。

## 六、困难情形

青训班既然是在那样困难的环境中创造起来的，它的困难当然也是很多。以经济情况来说，虽说同学们的伙食还是自理，但内外部的办公费、演习用费，仍感无法维持，就连印刷讲授提纲的纸张，也感到非常困难。但他们并不因这些困难就消极了，相反的，他们都了解这种困难，都要设法克服。"节约运动"也成为他们各部工作的竞赛项目。同时，学生也是一样，如过去洗脸是用热水，现在是用冷水，过去是吃大米，现在是吃小米，而且这都是由同学们自动的提出来的。同时，同学们也愿意在节约运动中捐助学校，他们总务处一个标准钟，就是由同学每人捐二分钱购置的。他们工作人员本来每月有一块钱的津贴，然而在这样困难的情形下，也只好有就发，没有就算了，大家绝不丧气。于此也就可见他们苦干的精神了。但他们的财政是绝对公开的。

其次，他们感到困难的是工作人员的缺乏，尤其是专门技能的。现在，他们有不少的工作员是在每期毕业的同学中挑选的。因为他们既然完全是在苦干，外面的人，纵然愿意担任他们某种特殊技能的工作，但是能不能过他们那样的生活，则成问题，于是这个问题也成他们的困难之一。但他们每期均有特出的人材，愿意留校工作，一期一期的下去，我相信这个困难也会逐渐减少。

再其次，是学生的程度不齐。因为他们每一期学生中，留学的大中高小的学生都有，同时也有曾在社会做过很多事的。因此，各门课程，有的感觉太浅，有的又感觉太深。但他们讲的课程，大都是为一般学校中所不注意的，同时，讲的方法，也是尽量使大家都懂，程度高的也不致完全感觉没趣。另一方面是用研究的方式要求他们程度较高的进一步了解更深的问题，而且还要他们去教程度特别低的同学。所以这个问题，虽说也是教育上的困难问题之一，但并不如何的严重。

另外在学生方面还有一般的缺点不容易克服，如没有过惯组织生活的同学，就常发生个人主义自由主义的坏倾向，甚至以为讲民主就可以任何事都不受拘束。有的同学精神意志都非常热烈坚决，但身体受不了这样劳苦生活，所以到现在还是有吃不惯小米的。同时，还有一部分同学，专为读书，以为这里毕业了，可以到陕公，再可以到抗大，再可以到莫斯科，永远读书下去，不愿在工作中去学习。因为同学们有这些缺点，所以他们的小组会，也随时提出这些问题来检讨批评，学校当局也诚恳的加以说服和纠正。

最后，他们所感困难的，也可以说是他们的缺点，就是同学毕业后的联络问题。本来一种教育，尤其是这短期训练的教育，不应该仅在学校负责任，一离校门就不管。自然，一切工作，还须同学们自己去努力，但他们在社会上所感到的困难，一方面是应该以他的学校为咨询所，一方面也应该告诉学校作为教材的实例参考。青训班关于这个问题,并不是没有注意到,不过因为许多毕业同学是自己谋工作,学校不能为他们一一介绍工作,所以在外的联络,也就只有任凭同学们自己去做,学校无法主持。同时,还因为许多环境上的关系,不愿意在形式上有类似组织的情形,所以学校对毕业的同学,除了期望他们能够本着青训班的精神去做事外,别无其他具体督励的办法。但青训班的同学,大多数是富有坚强革命性的,这个问题,我相信也会慢慢地得到解决。

青训班的一切办法,大概已如上述。自然,它有它的优点,同时也不能说它完全没有缺点,不过,以他们那样苦干的精神,它的缺点是不足以掩蔽它的优点的,这是我对青训班的一句总评。

# 我与《读书生活》

《学习生活》的编者，要我写一篇我与《读书生活》。这篇文章写起来是很拉杂的，因为要写我与读书生活就不能不从我主持申报流通图书馆创立读书指导部与申报上的读书问答栏谈起，而说到这些，则又不能不简略的说一说我在主持申报流通图书馆以前的生活情形——也就是我所以要办流通图书馆的基本原因——因为它与读书生活是有母子关系的。

## 一、读书生活创办之经过

我幼年的时候，曾在镇江京广货店合兴盛中学过生意，做过整日忙到晚的小学徒。从那时候起，就深深的感觉到幼年失学的痛苦——这痛苦对于我是很深刻的，而且是没法解决的。在当时的商店中做学徒的，不用说整日的找不出适当的学习时间，就是稍有一些时候让我去学习，也是找不到最合乎学徒们生活的书籍，杂志或报纸，帮助我解决知识上、精神上的苦闷。

然而当我上了中学，读了大学，中途因政治工作脱离了学校以后，总算是受过高等教育的人了。可是一踏入社会担负起实际的工作，立刻就到处碰壁，才知道所谓学校的教育是冠冕堂皇的悬在空中不着实际的教育，受教育的人是所学非所用。因此我的第一种痛苦——是幼年失学，我的第二种痛苦——是所学非所用。

由于只有生活——而没有并且不能有生活中的学习，因此生活是枯燥无味的，是不充实的，是没有前途的生活。我就有了第一种痛苦，痛苦的根源是不能读书。

由于只有学习——关在各种学校的大门里埋头读死书，将学到的东西拿到社会上实际工作中去应用，结果是毫无所用，我就有了第二种痛苦，所以痛苦的根源，是学非所用。

**申报流通图书馆** “一·二八”事变后是我从美国回来第二年。那时中华民族已遭遇着空前的恶运，东北四省已被日本帝国主义强占了。而国内的形势还是四分五裂的状态。“团结全国各党各派的力量，为中华民族的彻底解放而斗争”，我虽有着这样的一个薄弱的概念，但还不是一个事实，而是一个新启蒙运动的开始。

我当时看到了广大生活在上海的学徒、店员、工人、职员，于是就联想到当我做小学徒时侯所感觉到的痛苦——只有生活而没有学习。在上海广大的学徒、店员、工人、职员中恐怕有大部分是不能够例外的。

同时我也看到了千万的关在全国学校大门里读死书的学生，我就不能不联想到当我由学校走入社会时所感觉的痛苦——所学非所用。在全国读书的青年学生也是不能够例外的。

所以我当时一有了新启蒙运动的概念，而且预备做一点启蒙工作的时候——团结全国各党各派的力量，共赴国难，为中华民族的彻底解放而奋斗到底——也就以解决与自己有同样痛苦的学徒店员、工人、职员的痛苦——只有生活没有学习。青年学生的痛苦——只有学习，脱离生活的责任，为自己工作的主要目标之一了。

在许多的朋友互相研究帮忙之下，我们就创办了申报流通图书馆。

**申报读书指导部**　申报流通图书馆的成立，虽然在形式上与其他国内公私立的图书馆没有什么差别，然而在其组织上、内容上、性质上是有着她的特点的。首先就是我们办这图书馆的立场，是站在社会教育的立场上，是站在新教育的观点上，我们要使图书馆"教育化"。

第二，由于以我们的立场与观点来办图书馆，所以我们的图书馆，就不象学校中的图书馆，或其他图书馆那样，仅仅成为研究和读书的工具与场所，是附属性的。而我们所办的图书馆，是这样的图书馆——是图书馆的学校化，图书馆的本身就是一个实施社会教育的学校。

第三，由于我们的图书馆，本身是"学校化"了的图书馆，是实行社会教育的图书馆。不是附属性质的研究读书的工具场所，而是实行新教育方法特殊式样的学校。所以我们的图书馆就不仅做了像旁的图书馆同样借书给人看的工作，而且做了旁的图书馆没有做的工作，就是指导人读书，帮助人读书，告诉人在那空前的国难时代，应该读些什么书，必须要读些什么书。

在图书馆内，我们附设了读书指导部，专门负责解释读书人的种种疑问，答复旁人写信给我们提出读书生活的问题。我们每日接到的信，平均约有四五十封，来信中有长至万言者，我们的回信亦常常有四五千言以上者。当时负责回答问题，现在已被大家所知道的有艾思奇、廖庶谦、夏征农、柳提诸先生。

**申报读书问答**　申报读书问答，可以说是我后来创办读书生活杂志的前身。而申报读书问答，就是将申报读书指导部每日接到读者的来函中，所提出的许多的相同问题，在申报上每日辟出一块地方作公开的总的答复。

我们知道自从读书问答在申报披露后，对于当时申报的刊行，对于申报在社会上的影响是很大的。有很多的店员、工人、职员、学生，他们为了解决自己生活上或学习上的苦闷，他们就买了一份申报，在读书问答上，找到了解决他们当时苦闷的方法，并指导了他们当时的行动。至于对申报销路上的影响怎样，我们虽没有一个正确的估价，也不可能有正确的统计数字。但当民国二十三年的下半年，由于种种方面的限制，我们不能再在申报上办读书问答了。我们为了继续我们的工作，就创办了读书生活半月刊。创刊号即发行八千份之多，开了硬性杂志最初发行的新纪元。

**读书生活**　读书生活在当时虽是一个新出现的综合性的杂志，由于申报读书问答的原故，所以她有着很广泛的读者基础。这一个在形式上是新杂志，而在性质上却是申报读书问答的化身，在内容上更接受了申报读书问答的丰富的经验教训，将申报读书问答所具备的优点，所担负的工作使命，更向前发展了，充实了。所以当读书生活一发行的时候，虽是第一期，但给广大读者的印象是很熟悉的。她的立刻得到千万的小店员、工人、职员和学生的热诚帮助与爱护并不是偶然的。

**读书生活杂志的特点** 第一，读书生活的读者主要的是一般小店员、工人、职员、学生及各方面的青年。故此读书生活上讨论的问题，都不是空想的，而是带着实践性的问题。读书生活不仅负起了替旁人解释他自己发生苦闷的社会原因，而且指导他解决他苦闷的方法，与他应该怎样行动的方向。所以读书生活杂志，不是编者而且不应该是编者的杂志。她是读者而且她一定是广大读者的杂志。

第二，读书生活杂志的本身，就是一个理论与实践联系很密切的学校。读书生活的任何一篇文章里面的论点，都是强调着学习与生活的统一。认为只有生活中的学习，才是真正的带着实践性的学习；也只有学习中的生活，才是真正的具备着战斗性的生活。所以读书生活创办了生活记述，公布了当时全国各地的工人、农民、小店员、小职员、学生和各方面的青年的各种各样的实际环境中的生活情形，同时也就告诉了他们在各种各样的实际环境生活中的学习方法。这种学习方法，不但不脱离他们的实际生活，而且帮助他们，改造了他们在生活上的痛苦。

第三，读书生活既是理论与实践联系密切的学校，这“学校化”了的杂志，也就创造了杂志的“书报化”“讲义化”的新教育方法。我们在读书生活上，实现了广大的社会教育，在读书生活上开始登载了几个前期杂志所未有的各种问题讲座。如艾思奇的哲学讲话，夏征农的文学讲话，曹伯韩的算学讲话，高士其的科学讲话，以及本社同人共同担负的读书写作问答，都是得到了广大的读者的拥护与欢迎的。

第四，由于读书生活的主要读者对象既是一些文化程度不高的店员、工人、职员、中学生，而且她又负着播种一些新文化的种子到广大群众中去的责任，所以读书生活就特别注意到“通俗化”的问题，将非常硬性的、使人看了感觉头痛的哲学、社会科学、政治经济学……我们大胆的作了“中国文字味道”的“通俗化”的初步尝试。固然，这种把硬性科学通俗化的实践，是一个摸索着的前所未有的实践，但是实践的结果，我们是得到一些初步的成绩，开辟了硬性的社会科学“通俗化”的道路。

第五，读书生活不仅帮助了大批的失学青年解决了读书问题，而且在实际上更帮助了许多的被关在学校大门内读死书的学生，有了很好的读活书的机会，读活的书的蓝本，使他们知道仅仅的埋头学校中，脱离了现实的社会生活，就是读烂了学校内的所有课本讲义，到社会上实际工作时，依旧的是学无所用。而且不能用。

## 二、读书生活与读书生活出版社

读书生活出版社，是在读书生活半月刊的不断的壮大过程中，生长起来的。所以说有了读书生活半月刊，才能够产生读书生活出版社。

读书生活出版社组织成功后，首先即出版了读书生活半月刊已经累积了的许多材料，象读书生活丛书。

第二，读书生活出版社出版了很多有着深刻意识的小册子，但又不是象其他书局的教科书，而是一种新形式新内容的通俗读本。如社会科学常识读本、帝国主义读本、妇女问题，读报常识读本等等。

第三，读书生活出版社出版的书籍，不仅是合乎实际的社会生活，而且是大量的散播了一些新文化的种子，到了广大的群众中间。因此读书生活出版社的书籍，在销路上是很发达的。但由于当时的经营不善，而一般负责人实际上又都是商业中的外行，故有一两本新书出版，在未发行以前，而在书本的定价上，已经是赔本了。这更是营业性质的书店中的趣闻。

## 三、读书生活与我

我在前面已经说过了，我曾有过很难解决也没有办法解决的两种痛苦：第一种是当不能读书的时候是失学；第二种是入了学校读书，一接触社会是所学非所用。故我由美国回来的时候，就有许多的朋友问我到了一趟外国，究竟学习了什么？我很坦白的回答了两句话：

“我在美国学习了劳动习惯与怎样读书。”

故此，我办读书生活：第一，由于这种工作是理论与实践联系很密切的工作。作这种工作，就直接间接的帮助了不少的小店员、工人、职员、青年、失学学生的读书，指导了他们的社会实践。

第二，在长期的工作实践中，确实的能够发觉自己的学识浅薄。故当受到旁人批判的时候，自己是丝毫没有感觉到难堪，反而在人家正确的批判下，诚恳的接受了批判，而且改正了自己的错误。读书生活杂志的本身，就是一个批判，辩证，发展的杂志。由于她的不断的发展与壮大，也就不能不促进我的认识，使我的认识渐渐的清楚起来。

第三，由我来主编读书生活——这一个研究读书，使读书与生活统一起来的杂志。在我个人讲来，不仅是我的实践中的学习的开始，而且就是我过去两种痛苦——生活没有学习，或学习没有生活——发生根源的统一，理论——实践的统一。也就是我生活中的读书，读书中的生活。

# 新青年修养问题的研究

## 一、新青年修养问题的提法

第一，青年修养问题就是指导青年学习、生活的问题。明白点说，就是青年人应该怎样学习，怎样生活与怎样使学习与生活联系密切的问题。

第二，青年生活，就是青年实际参加社会工作的缩影。因此，克服青年人在工作中最容易犯而且常常犯的虚无主义、自由主义夸大狂、不安于工作环境的问题，就是谈青年修养问题的核心。

第三，青年是推动时代巨轮前进的主要力量。所以指导青年参加社会上的实际斗争工作，与怎样让青年走上正确的道路，就是谈青年修养问题的最大目的。

## 二、新青年修养问题的特点

第一,过去谈青年修养,假若是由主观的观念论的观点出发,谈的是教条式的修养方法。那现在谈青年修养,首先就得站在客观的科学的基础上,谈的是由科学分析的方法了。比方说,我们让青年参加抗日的民族革命战争的艰苦工作,那么就得告诉他,让他参加这种工作的根据在哪里,理由在哪里。

第二,过去谈青年修养,总是板着一个庄严的面孔,让青年人保守,做一个行将腐朽的老年人,现在谈青年修养,就得让青年人去参加革命、斗争,做一个时代的先锋员。比方说,社会中一切新生的力量,都是不可战胜的力量。而时代的青年,就是时代前进的生力军。我们要使行将腐朽的社会前进,首先就得让青年前进。

第三,过去谈青年修养,总是以青年人的个人修养放为前提,不仅没有顾计到青年修养问题,是社会问题的一部分,而且不知道青年修养问题,就是千千万万青年的集体生活。比方说,过去让青年人闭户读书,足不出户,谓之修,将历史上,已经失去时代作用的古圣先贤的道德、行为作为自己平日生活的遵守不逾的成规,谓之养。现在的青年,并不是闭户读书,足不出户,而是要学有所用,生活中的学习,才能谓之学。既要用批判的态度学习古圣先贤的道德行动,又要学习现代圣人贤人的道德行动,尤其要到实际的工作环境中,集体的生活中,去学习辩证的行动,才能谓之养。

## 三、新青年修养问题的方法运用

第一,青年修养方法:不是永恒不变的死公式,而是随时随地的配合着环境的需要,定出自己学习生活的路线与目的。所以修养的方法是“现实”的。

第二,青年修养方法不是悬于空际的幻想,而是帮助青年的学习生活,在特定的历史阶段中,不断进步的武器。即没有超阶段的学习生活,所以修养的方法是“现阶段的”。

第三,青年修养的方法,不仅是扬弃的接受着古人的经验积累,而且是充实了古人方法的内容,向前发展了古人的宝贵成绩。

## 四、新青年修养问题的范围、深度

第一,青年的修养范围是指着青年人的学习生活的、横的方面——就是青年人要学习什么与了解什么的问题。

a. 青年人不仅要学习,而且要生活。所以今日的青年学习问题,就不仅埋头读死书的问题,更不是将所读的书的一切原理、结论、公式背得烂熟的问题,而是学习和生活的一致,为生活而学习的问题了。

b. 学习和生活既然是一致的,所以我们主张学校社会化,使青年人的学习与社会的前途巨轮一致。

c. 因此,新青年要学习的问题,不是读死书、背原理,而是:

(一)读活的书,首先读指导自己正确生活的书。

（二）学习复杂社会中的待人接物问题——就是应付各种各样的人事问题。

（三）学习半封建半殖民地的革命工作方法。

（四）学习自己独立工作的方法与习惯，在任何的恶劣环境中，都能够遇胜不骄，遇败不馁，保持着自己一贯的严肃态度。

第二，青年修养的深度是指着青年人的学习生活的纵的方面——就是青年人要怎样发展自己，使自己追随时代前进的问题。

a. 青年人的时代，是人生最容易度过的黄金时代，所以青年人的学习生活，就是整个人生的基础。

b. 青年人的学习生活，是人生的基础。古人说"少壮不努力，老大徒伤悲"，青年人的一分一秒都得有自己的学习方针，行动目标，而不能稍存鬼混的心理。

c. 因此，新青年在纵的方面的修养是由两个前提出发，达到两个目的。

（一）随时随地的把握着正确的政治方面——达到自己能够不被时代所遗弃的目的。

（二）将大众的利益，始终的放在自己的利益之上——达到自己能够坚定不移的献身于人类解放的伟大事业。

## 五、新青年修养问题中，最难解除的几个问题

第一，青年人最怕和自己的错误斗争，因此就常常容忍自己的错误，使之发展，以至于"养痈成患"。

第二，青年人勇气最大，最容易受刺激，所以稍一不慎，就误入迷途。

第三，青年人幻想最多，故容易忽略现实，而犯左倾幼稚病。

第四，青年人怕强烈的打击，而失掉自己行动的方针，以致于乱撞。

第五，青年人最容易犯“老子天下第一”的毛病，常常想到自己的光荣史，稍为旁人指摘时，就会悲观失望。

第六，青年人很容易犯“知之为知之，不知也知之”的英雄病，结果常使自己陷在自高自大的泥淖中，而不能拔足。

第七，青年人总是容易看见旁人的缺点与错误，而时常的忽略着自己。

第八，青年人最容易使自己的理论脱离自己的实际行动。

第九，青年人因生活经验不足，又好摆好看的面孔，因此，自己不能回答的问题也不愿去求教旁人，或找一个好老师。

## 六、新青年修养问题的先决条件

第一，青年的修养问题，不是空洞的理论探讨，而是实际的青年生活，所以我们谈青年修养，首先就得注意青年生活上的实例，做我们理论的证实。

第二，谈青年修养问题，不能过左，也不能过右，是两条线上的斗争。

第三，对青年谈修养问题，至少青年人本身，也要懂一点科学的世界观。所以首先就得灌输青年人的科学观念。

第四，对青年人谈修养问题，并不是几句话就能够使青年人相信我们的话，而且照着我们的话行动，所以我们要特别的注意：

a. 青年人的工作环境使我们的理论与他的切身的环境配合起来。

b. 要特别强调客观环境对于青年人的影响，使青年人特别注意他的工作环境、学习环境的好坏，是很重要的一件事。

c. 保证青年人的修养——就是使青年人的学习生活能够统一，能够达到科学的理想。让青年人到工作中去，到集体的生活中去。

这一篇关于青年修养问题的研究，内容与修辞须待改正与充实的地方极多，兹为不误学习生活的出版期起见，先拿出来塞责。我已决定择一时间与大家共同讨论一下再正式定稿，不，还只可说是正式草稿，在讨论后写出来的，方能算数。

这可说是一篇我们青年同志理论与实际生活亲切体验的一个讨论提纲，希望大家很冷静的、客观的把它加以科学的分析，以便讨论时发挥高见。

于易家庄

# 在教学团检讨会上的发言

## 我的感想

第一:组织教学团,是经过我自己很多的周密考虑和朋友们很详细的研究而成立的。开始工作到现在,我们所获得的成绩与所遭遇的困难,都是在事前不能够想象到的,但是在总的方面,幸而我们尚能把握得住,因此,所遇到的困难,都被我们克服了。同时还得到一些成绩。

第二:我们团的工作,也可以说是我们团的工作成绩,不论在抗战教育方面,统一战线方面,由于我们的能力限制,做到的不多,可是凡我们在事前所计划到的,都因为我们共同的勉励而完成了。尤其是我个人在工作经验上收获很大,所以教学团的这一段工作,实在是我工作阶段中的最重要的一段。

第三:在我们的工作过程中,我们看见了中华民族在斗争中的不断进步,我们也看到了许多破坏统一战线的反动势力,随着日寇的政治进攻而猖獗起来。

第四：由于我自己的能力很薄弱，理论与实践的统一，还有很多不能把握的地方，因此使团的工作，有很多地方不能够达到我们的理想。所以我很难过，但这种难过没有丝毫是为了个人，或家庭的，纯粹是由于想到我们今后工作的整个前途。诸位同志在半年来的工作中，虽有了很多的进步，但还存在许多的缺点，至少我应负一部分责任！

第五：这几天来前思后想，"百感交集"，想到今后统一战线工作的艰难，革命长途上许多阻碍。此时我们若不能加倍努力，就会使大多数的中国民众，尝受更多不必要的痛苦。所以今天在这个地方，这个时候，举行我们团里的真诚坦白的自我批判，其意义不仅是为了我们过去的半年工作，而是为了我们将来一生的工作，因此，我们今天并不是消极的忏悔，而是积极的为新中国奋斗到底的前途。革命的团体与个人，不能够革自己的命是不能够参加革命工作的。故对错误的检讨，是关系他后来的工作前途。我愿意站在我与诸位的工作关系上，革命的立场上，校正我们大家的错误，使得我们大家共同进步，共同发展。

## 自我批判

第一：在工作上我对同志们个人的爱护有余，对于整个的领导则不足。一直到今天我对于团里的十一位同志，还不能够有着普遍的深刻的了解。这是我应该首先提出而感到是最惭愧的一件事。同时也使我更知道了解人之不易，以后对于批评人，更应知所注意。

第二:我的实际经验,是超过我的理论的。近年来虽时刻的注意到理论的探讨与研究,但当运用到实际的工作中,则仍是常常觉到浅薄不够。

第三:待人接物的态度方面,尤其是与诸位的日常相处的态度方面,由于性情急躁,常常的使许多恶劣的习惯暴露出来,在工作上是很不适宜的。

第四:说话太多,在修辞用字、语气上,常常是有着毛病的,虽然努力的改正着,但是努力的还不够。

第五:在实践的工作中,时间上,常常的把握的不经济。这固然由于自己的地位关系,可以暂时的不受到旁人指谪、但无论如何,我自己是时刻的深切感觉到的。

第六:同志们都拿我当先生,向我学习,可是由于我自己的修养不够,使我时常觉得在帮助诸位同志的进步上,未免太少了,同时也更使我觉得有负诸位的地方。

## 我对同志们的今后希望

第一:了解人要深刻,不要随便的乱批判,更不要感情太过,对人下断言。我过去就有着这种毛病,常常因为"交浅言深"的原故,而影响到应得的工作效果。

第二:我们只有能够克服我们的缺点,才能够担任起革命的工作。在兴县的检讨会上,我就说过:同志们的自尊心都很强,但是要表达我们的自尊心,首先就得尊重人。孟子说"敬人者人恒敬之"。同志们到现在,相处了半年,还存在中国的一般知识份子的恶习,互相轻视。我希望从今天起,在同志中间,能够将互相轻视的态度变为互相尊重的态度,因为互相轻视的态度,会妨碍我们的工作,互相尊重的态度,却会有利我们的工作。

第三:同志们个性都很强,我在今天倒不是希望同志们将个性变得软一点,相反的我希望同志们的个性强,在改正自己的错误上要坚强,在工作的努力上要坚强,在克服困难上要坚强。可是把错误不改正,工作不努力,困难不克服,对人存成见,说成是由于自己的个性强,就不对了。我看与其说是个性强,倒不如说是我们借着个性强这个名辞来掩盖自己的不能勇于改过的一个很大弱点!

第四:“待人接物”的举止行动,同志们都还需要特别的学习。同志们应该知道,讲到学习并不只是读书、写文章、研究问题而已。一切日常生活问题都是我们要学习的。看一看我们现在的做事,不是太迂缓,就是轻浮不沉重。我自己过去是这样,所以对于同志们也就特别的看得清楚。

第五:我要特别的告诉诸位,克服自己的错误,是一件非常难的事,佛教里有降龙伏虎罗汉,其意义就是指出“错误”之强,比之如龙似虎。我们要打算克服我们的错误,就得有伏龙降虎的勇气,方能够将我们的短处征服。佛教里克服如龙虎之强的错误方法,是用消极的超脱个人的“佛法”,我们则用革命的认识,正确的人生观与组织的力量做武器。这绝不是我今天夸大了改正错误的难处,而事实上我们犯错误的根源,远一点说是由于我们二千年来的封建遗毒,近一点也可以说是与我们二十余年来的家庭环境,学校教育与社会恶习有关的。所以我们不能将某人犯错误,只看成他自己个人的事,其实与社会根源分不开。更何况改正错误,有如戒大烟瘾的人一样,如果在天气上稍有变化,他就会觉到异常的难过。因此,愿意今后与诸位共相勉励的,就是要坚强的改正错误,加强我们的学习。不仅注意到一般的研究,而且要特别注意到专门问题的探讨,保证自己的正确认识,健全我们的组织生活。

最后,我今天向大家所坦白谈出的许多缺点,无论是个人的或是团体的,我们都不仅要在今天说出,而且要把它整理记录,希望能够很快的造成我们自觉的纪律。

# 青年人怎样锻炼自己

## 我们处在一个空前的大时代

今天，我们可以骄傲地宣称：生于这时代的人是幸福的。从阴云密布的慕尼黑会议（一九三八年）到天朗气爽的莫斯科——开罗——德黑兰会议，从暗淡无光的绥靖政策到光明齐放的四强宣言，短短的五年间，人类走了较之欧战后二十年间远为漫长的道路。不仅如此，有史以来，从没有一个时期象今天这般，在这么短的时期，有了这么丰富的经验与教训。我们有了斯大林格勒歼灭战，北非大捷，西欧、南法和菲律宾的登陆，有了中美英印联军在缅北、滇西的胜利，学会了在战场上战胜人类的死敌。我们有了中国游击队在敌人残酷扫荡下以及南斯拉夫解放军在国内外敌人“钳形攻势”下成长的历史。它告诉我们人民的力量是向来无敌的。我们有了苏波的纠纷，希腊的问题，它告诉我们并不是同盟国每一成员都忠实于同盟国的胜利事业，它教训我们不但要在战场上击退法西斯的军事攻势，而且要在同盟国内部粉碎法西斯的政治攻势。最后,我们有了莫斯科——开罗——德黑兰——克里米亚会议,懂得团结就是战胜法西斯最好的政治武器。有史以来,从不会象今天这般,我们为了人类的解放事业,付出这么高的代价。

现在,我们是处在这样的一个时代,一个空前启后的时代。以往的人不如我们,他们也许曾为人类的解放事业播过种子,也许还灌溉过。然而,他们看不到开花,更看不到结实。后一代的人能看到开花,但他们看不到这朵花——果实是如何长成的,如何在天然的痛苦,人为的迫害下发芽壮大起来。从二十世纪二十年代起,我们看到了“人类的一大希望”,如今,这“一大希望”已在某些地方开了花,结了实,有些地方正开着花,而在有些地方却还全属荒野。我们庆幸,我们有了这么一个空前启后的时代,从播种至开花到结实,我们都眼见这人类解放过程的每一阶段,而且我们可能亲自参加这人类解放的全部过程。然而,我们更能体会这朵花,这果实得来之不易,更能感到这朵花的美丽,这果实的可贵。

认识时代,认识这时代的伟大之处,不是因此让我们自满自足,坐待新世界的到来,相反地,它使我们千百倍的警惕起来,认清我们的重大责任,加紧努力,以加速全人类的解放。

## 人生就是战斗

总的说来,虽然人类的前途已经了如观火,虽然新世界将必然地到来,然而,我们的努力与否无疑地却将起着决定的作用。

说这是决定的，并不是说，我们可决定或改变人类的发展方向，而是说我们的努力是将加速或延迟人类发展的决定力量。假如大家全不努力，那么新世界的理想将决不能实现。

从个人说，人生就是战斗，人生没有战斗就等于没有生命。尽管活到一百岁，假如毕生无所事事，也就跟没有活过差不多。相反地，寿命虽短，但如能努力奋斗，较之前者不晓得要好得多少。耶稣出来传教，只有三年，寿命也不过三十三岁，但他的影响却是最为久远的。直到今天，多少人还在敬仰他那伟大的人格！我们不是传教，我们提起耶稣，敬仰耶稣，是因为在那统治者万能的时代，在那阶级壁垒分明的时代，他敢于正面咀咒统治者，鄙视统治者（法利赛人），袒护老百姓，敢于提出在上帝之前，人人平等；而他自己，还因此而"从容就义"！就是这种崇高的解放人类的理想，就是这种视死如归的战斗精神，值得我们效法，值得我们敬仰，也就说明奋斗对人生的重大意义。

再说，古往今来，多少科学家在辛勤地探索宇宙的秘密，多少战士为了人类文化而献出他们的生命。今天，千千万万个中国的以及盟国的将士为了打退法西斯绝灭人类文化的企图而苦战，而牺牲生命；据苏联官方统计，苏德战争爆发以来，苏联损失士兵达五百三十万人（中国虽无正确统计，数目当更大于此），眼见这悲壮的史诗，扪心自问，谁还能忍心袖手旁观，坐待胜利！

# 追求正确的方向

不能说,只要努力,只要不怕牺牲,或者,只要自认为自己在为人类解放而努力,而牺牲,就有助于人类的解放事业。汉奸,奸商何尝不在努力?何尝不在冒着牺牲生命财产的危险?千百万法西斯将士何尝不自以为在进行“解放战争”——所谓把全人类从“布尔希维克恐怖”威胁下“拯救”出来的解放战争?何尝不在为所谓“新世界”,所谓“欧洲新秩序”而努力,而牺牲?

可见,牺牲与努力不就等于有意义有价值的事情。只有为正确的方向正确的目标而努力,而牺牲,才有意义,才有价值。正因为如此,我们一方面鄙视法西斯及其帮凶者的死,另一方面却对八百壮士,斯大林格勒保卫战,马德里保卫战,衡阳保卫战,西欧敌前登陆,以及其他为反法西斯保卫民生而努力而牺牲的英雄们深表无限的敬仰。“死有重于泰山,有轻于鸿毛”,同样是死,却有不同的评价,原因即在于此。

那么,什么是我们的方向,正确的方向?

我们的方向很简单:让新世界快点建立,让旧世界快点死亡。具体点说,在全世界一切角落里肃清法西斯细菌,扫清一切阻碍进步势力发展的障碍、消灭战争的根源,实现民生的四大自由,让和平、自由、幸福的光明日子早日到来。

# 未死方生的中国

“大处着眼，小处着手”，看的要远，做的要近。我们的目标在全世界，我们的努力却在中国。中国不先解放，即不能成为促进人类解放的强有力的队伍。

目前全世界正经历着一种新陈代谢的过程，中国也正经历着一种未死方生的苦斗。世界有了苏、波、英、希之间的微妙关系，中国也显示了一种扑朔迷离的局势。我们的政治不是民生的，我们的经济有如欧战后的德、奥，我们的军事有如今天的南斯拉夫。惟其如此，许多“只见树木，不见森林”的人便悲观失望起来。这些人，他们只看到所居住的小圈子，看不见中国的其他广大的天地；只见腐朽势力的猖獗，看不见新生力量的所在；只见黑暗势力的可怕，却看不见光明力量的无敌。这些人，他们不知道，旧势力尽管凶猛，总是垂死的挣扎，它们来得越凶，越显出它们的日暮途穷；新生力量尽管没有在表面上取得支配地位，却是无敌的力量。就正是在行将毁灭的腐朽势力的躯壳里生长壮大。

诚然，我们不是悲观生义者，在困难面前发抖；我们更不是幻想家，只见光明，不见黑暗。我们看到明天，也看到今天，看准人类的未来，也忘不了脚踏的实地。我们承认客观环境确是空前的困难了，但我们更认定从没有象今天这么光明的时候。欧洲战场东西南三方面的向柏林挺进，太平洋上美军的迫临东京，广大沦陷区到处飘扬着我们胜利的国旗，敌后部队牵制在华日军的百分之五十以上及伪军的百分之九十五。最近在大后方所掀起的汹涌澎湃的争民生的浪潮，教授学生对于时局的沉痛的呼声，都是抗战几年来所没有的，都是民族精神的最高表现，也就是我们所以认定今天是中国最有希望的时候的根据。但是，我们也晓得，等因奉此，贪赃枉法，就是我们的政治；土地集中，物价高涨，工厂关门，就是我们的战时经济；通货膨胀就是我们的战时财政，“死守”“硬攻”就是我们的战略战术……这是中国的阴暗面，是抗战胜利，中国解放的死敌。从世界大势看中国，我们觉得毫无悲观的理由，但从今天大后方的政治经济财政危机，从前线的军事危机说，我们又不能太乐观。但这都不是问题，问题是：光明面与黑暗面在今天的力量对比如何？困难有没有办法克服？如何克服？

## 需要百炼成钢的勇士

要战胜敌人，先要战胜自己。战胜自己，战胜主观的困难，然后才能战胜敌人，战胜客观的困难，成为解放中国，解放人类的一员战士。好的钢既硬且韧，好的战士亦是如此，要硬，才能时时站得住脚跟，时时为所服膺的信念奋斗，要韧，才能跌倒了又爬起来，才能作防守的进攻。

“百炼成钢”，从来就没有天生的钢，也从来没有天生的钢铁般的人。钢不经千锤百炼，便是废铁，人不经艰苦锻炼，便是庸人。钢是现代战争的利器，为近代产业文明所不可缺；百折不挠的战士，是解放人类的伟大事业的决定因素，是创造时势的英雄。其所以然，不是别的，完全是因为他们都是经过千锤百炼的钢铁战士。

我们正在缔建一个全新的真正民生的世界，不同于旧的假民主的世界，我们正从事一种空前的伟大事业——彻底解放全人类的事业，不同于以前的解放部分人类的事业。惟其如此，这事业就分外艰险，分外需要新的人物。旧的政治机构已不能适应新时代的需要，旧头脑的人决不能成为新事业的动力，我们决不能信任认为男女是天生的不平等的人来争取妇女解放。同样，我们也决不能相信把旧世界认为合适的人来担负创造新世界的任务。因此，例如我们要成为建立新世界的英雄，我们首先就必须建立一种全新的世界观，人生观。这可从两方面说，一是认识——思想的问题，一是实践——行动的问题。

## 思想与认识的锻炼

在认识——思想方面，主要是吸收和观察的问题。前者属于过去，后者属于现在。所以认识的问题也可概括地说就是认识历史的问题。因而，我们的认识绝不能脱离历史，要建立正确的历史观点。

从正确的历史观点看来，人类历史的发展都是有规律的，都是必然的。但必然是通过偶然而出现的，比如这次抗战，大家晓得它迟早要爆发，这就是必然的问题，但什么时候爆发，为什么会在一九三七年，为什么会在七月七日，这就是偶然的问题了。但抗战的必然性却要等到一九三七年七月七日芦沟桥事件，这一偶然现象才出现,才证实。因为历史的发展是有规律性的,必然的,从前便有其一般性,因为必然通过偶然而出现,所以又有其特殊性。我们要晓得世界历史发展的一般性,又要晓得中国历史发展的特殊性。比如中国与世界各国都同样有过封建时代,我们就是要晓得它们的一般的相同点在哪里,中国的独特的地方又在那里,为什么会有这些不同?

然而,光了解历史的本身是没有意义的。了解历史,是为了吸收前人的经验与教训,吸收前人如何艰苦建立今日的世界,特别是各国革命尤其中国革命的经验与教训,作为我们改造世界,解放人类的借鉴。

## 在现实生活中思考

为了现在,我们要了解过去;为了现在,我们更要了解今天。如果在了解过去时,我们主要靠吸收,那么在了解今天时,就不能不靠我们的观察分析能力。这一方面固然是因为现在的事情较之过去更纷无伦次,一方面也是新的事情不断出现,需要我们自己去观察分析。我们试想想,每天每天,在我们的周围有多少新的事物出现,有多少复杂错综的问题产生?比方说,今年是民国三十三年了,为什么到现在还颁布保障人民身体自由法案?为什么法案颁布了,人民仍得不到身体自由?最近,守法运动唱的震天价响,为什么官吏违法贪污的事还是层出不穷?我们看了巴顿中将因为打了一个士兵的嘴巴,便差点被革职查办。我们呢?一个保长就可以随便打死一个壮丁!我们看了人家用

“护航制”来保护战时海上交通，我们呢？我们没有海军，却有“护航制”，那是用来保护通过考大学这一森严壁垒的。再说，我们不是在实行三民主义吗？我们究竟实现了多少？我们不是在天天喊收复失地吗？我们的努力究竟够不够？为什么最近几月来，竟至于失地数千里？再说，我们考试之多真可独步世界，从初中至进大学，有月考、期考、两次毕业考试、两次会考、三次入学考试，考的结果怎样？会考的卷子常常发生弊端，入学考试也有所谓“护航制”，“抢替”、“顶替”，甚至还产生卖试卷的怪现象。我们的教育统制也是独步世界的，各大中小学的设立要统制（立案），课程要统制（规定课程），甚至自治会的设立也要统制（自治会组织法），结果又怎么样？程度提高没有？再说，对逃兵的惩罚那么严厉，但逃兵却到处都有，为什么？从湖南到昆明，新兵到处死者垒垒，死不了的到昆明也是瘦骨稜稜，又为什么？象“小招弟案”之类无法无天的罪行，实在到处可见，却不见如小招弟的引起法院的公诉，又为什么？再说，一切的偶然都来自必然，一切的现象都来自本质，无风决不会起浪，有果必有因，这些问题，仔细想起来，都有其客观的存在根据。但如何才能了解这些问题的根源，一方面就是前面所提过的，要有历史科学的知识。了解这时代如何形成，一方面也需要社会科学的知识，晓得现社会的一般情形及其本质，然后根据这两方面的认识才能解决再发生的新问题。

懂得历史发展的趋势，我们才能把握人类的明天；懂得现在，懂得现时代的弊端在哪里，才能把握人类的明天该是什么样子。然而决定自己的努力的方向，建立全新的人生观，世界观。

## 认识与实践的矛盾

“新思想飘浮在脑际,旧社会的幽灵盘据在心中。”一般地说来,技术的改变易,思想的改变难。我们可以请柏拉图放弃他那时代的原始的耕作方法而从事大机器生产(假若可能的话),却绝不能请他放弃他那套阶级统治的阶级政治哲学而为民主政治服务。更深刻地说来,改变思想易,改变行动难,改变世界观易,改变人生观难。今天,谁不接受民主政治的思想?但有几个人能建立起民主的生活行动——人生观?我们且不说得太远,就在家庭生活中,我们教训小孩子的几句口头禅:“小孩子,你懂得什么?”或者,“小孩子,不听话”,或者“小孩子,有耳无嘴”,想想看,“你懂什么”?“你只配听,不配说”,不是“老子天下第一”的思想是什么?至于说到中国(东方)哲学优于西方哲学,中国的政治思想是世界上最好的,中国的伦理思想亦是世界上最完美的……诸如此类只见自己,抹煞别人的中国至上的中国第一的主张,也全是反民主的。但在这些人当中,你要说他们反对民主,虽然不定要来个“全武行”,但一场辩论总是免不了的。再说,谁会否认科学方法是观察事物的唯一可靠的方法?可是,谁又能在观察事物时不带点感情的成份,不,偏见的成份?时至今日,我们的一些有名的学者却认为中国从来就是民主的国度,或者,有民主的精神,无民主的制度!他们不过根据古书上几个书生的话,便毅然下了这样大胆的结论。照这样说来,中国岂非在开倒车,因为大家都认定今天中国是不民主的。

何以如此？客观地说来，固然是跟我们所处的时代有关，但，更重要的，还是主观的问题；认识与实践，世界观与人生观，思想与行动脱节的问题，认识能否指导实践，实践能否作为证明认识，充实认识，坚定信念之用的问题。认识脱离实践，就象离枝之叶，飘浮空际，实践脱离认识，就象水上浮萍，随波逐流。假如认识自认识，实践自实践，无论自己的理论多么漂亮堂皇，认识多么清楚正确，决不能从自己的心中把"旧社会的幽灵"驱逐出去，甚或环境一变，暴风一来，连这"飘浮在头际"的东西都要"随风而去"了！

## 以自我批评锻炼自我

克服认识与实践，思想与行动之间的脱节的办法很简单，就是所谓"自我批评"。"自我批评"包括别人对自己的批评，和自己对自己的批评。曾子说："吾日三省吾身"，我们虽然不"日必三省"，但也应该"日必一省"或"数日一省"。批评的时候，主要应看自己的行为与生活是否有背于认识与思想，如不符合，原因在那里？错误的是思想还是行为？或者是表面看来似乎背道而驰，实际却一致的？然而，"旁观者清"，所以要听听别人的批评，发现自己所没有发现的错误。这办法说来简单，看来容易，做起来却很难，所谓"江山易改，本性难移"，就是这个意思。要做得好而有效，诚然一方面要有承认错误的精神，另一方面更需要有克服错误的勇气。在这里，子路"闻过则喜"的美德无疑地值得我们学习的。

# 以新战士建设新世界

只有正确的思想，只有与思想相符合的正确的行动，才能成为钢铁般的战士，才能成为建设新世界的有力的力量。

钢是无机物，只要它成为钢，便永远坚强，永远是钢；人却不然。人是有机物，时刻变化着，不是向前，便要退后。所以我们要时刻锻炼自己，加强自己的认识与实践。

但是，我们的认识——思想，我们的实践——工作，都不是没有原则的。一方面，我们的认识实践都在不断的扩大。无论广度和深度都是这样。另一方面，客观的，主观的因素都在限制我们，从而便产生一种“心有余而力不足”的感觉，甚至灰心失望起来。其实这是大可不必的。我们固然不否认困难的存在，但困难不是没法克服的，主要还在自己。假如我们能收拾起自己的一种好高骛远的心理，克服它是完全不成问题的。既然我们不好高骛远，我们就不会急于速成，平心静气地把客观环境，主观能力，时代需要三大因素思考思考，再有计划地不断提高我们认识实践的广度深度。惟其有计划，才不致扑空，惟其基于主客观因素的认识，计划才能切实，也才能顺利地进行。

此外，在锻炼自己的过程中，我们的最大敌人便是生活学习的散漫，不紧张。假如我们不能克服它，无论有多好的计划，无论计划怎么切实，都准会落了空的。

新的时代，决不需要只有脑筋没有手脚的理论家，也不需要只有手足，没有脑筋的莽大汉。新的时代，要求有新的人，手脑并用的人，既是理论家又是行动家，既是行动家，又是理论家。

新的人，一定有足够的理论修养，可以辨明“糖衣的毒药”的理论的真面目；新的人，一定又是百折不挠的战士，能够毕生地为解放全人类的民主的四大自由而奋斗。

这样，我们在客观上有了建立新世界的充足的物质基础，在主观上又有了能真正为新世界的到来而苦斗的人，那末，困难还会不被克服？黑暗势力还会不被消灭？自由幸福的光明日子还会老滞留在人类的脑筋中吗？

一九四五年十二月于昆明校正

# 青年怎样对付战争

## 对云南青年的紧急号召

自从桂柳失陷，整个大西南都在动荡中。前些时候，云南的形势，曾经一度地非常紧张，有钱有力量的人都在准备逃难，青年们感到惶惶不安，其中有许多坚强分子，已经决心参加部队或准备打游击。近来这些时候，敌人的攻势停顿了一下，人们紧张的心弦又松弛下来了。发国难财的人照样囤积居奇，物价以可怕的速度向上涨，中印公路打通了，商人和官僚们又在打他们的怪主意；而青年们也照样回到他们那一套平静单调的老生活中去，继续保持着他们的牢骚或麻木，紧张或闲散，再也听不到什么对付紧急局势的准备了。

今天西南的危机并没有解除，敌人经过一个时期的布置之后，尤其当他的南洋兵力作战略的撤退逐渐向华南集结的时候，还是有可能向我们大后方来一次突然袭击的。这决不是我们故意危言耸听，龙先生最近就几次地大声疾呼，警告我们不要苟且偷安，指出危机还是非常严重。他并且号召云南人民，加紧武装准备，号召全国各界，加强民主运动。这种提醒，无疑地是非常重要。云南并不是安乐窝，除非把敌人彻底赶出中国去，他总是不会放下吞食西南的野心的。欧洲的大捷和太平洋的胜利，也不足以遏止敌人的这种野心，相反，敌人在迫近崩溃的焦虑之下，也会在中国战场上再来一次报复。假使敌人再来一次新的攻势，我们鉴于桂柳撤退时惨重的牺牲，鉴于前次云南一度紧张时青年的激动与忙乱，鉴于今天整个大后方社会机构的腐败与麻木，心中实在说不出的忧虑。

在今天，用不着隐讳，当前的军事危机，政治危机和社会危机，都非常严重；而这严重的军事危机，政治危机和社会危机，又紧密地交织在一起，搅成一团，这就更增加了问题的复杂性与严重性。西南的知识青年，面对着这个军事政治及社会的危机，大家都有无限的悲愤。我们的神圣抗日战争，打了七年多，本来一切都有把握、有办法的，现在，因为战争脱离了人民，政治上犯了严重的错误，影响到军事上的节节失利，山河破碎，国土日少。现在连大西南最后的抗战根据地，也竟陷于严重的威胁之下！善良的西南人民，几年以来，已经苦不堪言了，挑不尽的兵役重担，爬不完的物价高山，他们已经献出了他们的一切。至于从华北和东南各省流亡到西南来的忠义之民，经过长期的逃亡，今天也的确是无可再逃了，但感触最深，愤怒最深的，还是西南的知识青年，如果有正确的策略和正确的领导，他们甘愿牺牲自己的一切，贡献给国家。但在这危急存亡的重要关头，他们却感到献身无路报国无门的悲痛！在阴湿的气压之下，甚至生活与学习的自由都受到严重的妨碍！我们要说，这是最不公平的现象，这是最令人痛心的现象！

中国知识青年以往在革命事业中所起的伟大作用，是尽人皆知的。他们过去在抗战事业中的伟大贡献，也是尽人皆知的。现在情形不同了，人们动辄骂青年人志气消沉，我们也承认，大后方的青年的确没有抗战初期那种如火如荼的热情了，但光是责备，光是骂，是不行的，应该追究所以造成这种消沉的原因。这原因还需要我们多费唇舌吗？这年头，青年的苦闷，真如“哑子吃黄连，有苦说不出”，但大家心里是很明白的。现在值得焦虑的是，怎样打破这消沉的局面，怎样把那封锁的旺盛的热情，被压抑的愤怒的火焰，在这胜利与毁灭的最后关头，重新点燃起来，汇合起来，照明前面艰苦而危险的道路。

## 一个问题苦恼了他们

我们住在云南，就谈谈云南的现状：云南，无论就哪方面说，都可算抗战的最后堡垒了。今天云南所存在的危险，是不能掩饰，也无须掩饰的。敌人的疯狂企图，已经非常明显，不管是为了割断我们国际供应的路线，还是为了抢夺我们强大的空军根据地；不管是为了巩固印度支那半岛和南洋群岛的占领，还是为了摧毁我们抗战的最后堡垒；不管是为了军事的目的，还是政治或经济的企图，敌人都不会放弃他侵占云南的野心。目前云南有庞大的国军的力量，盟友的力量，而地方当局，也有发动民力，保卫云南的决心，我们对这一切的努力，都表示最高的崇敬。但大家都知道,中国今天一切的问题,都汇集在一个总的焦点上:那就是严重的政治问题。我们很怕,由于日趋严重的腐朽的政治危机,脱离民众,脱离青年甚至害怕民众,害怕青年的错误的政策,事实上成为一种釜底抽薪的力量,将要抵消了上述一切庄严的努力:到了那个时候,云南的局面是很值得忧虑的。

散居在云南各地的知识青年,和辗转流徙到云南来的青年知识分子,可以成为抗战的宝贵力量的,何止数十万!即以昆明一地而论,在校和在业的青年知识分子,数目也极可观。平时不要他们多管闲事,他们只好在自己的小圈子里“埋头苦干”,他们“埋”得够久了,“苦”得也够受了。但云南万一发生事变,国家不见得能把适当的战斗岗位分配给他们。他们将反而失掉了目下可怜的生活与学习的凭借!我们深知,除了少数苟且偷安的分子以外,他们却准备迎接苦痛,接受锻炼,但在今天复杂的罪恶的环境下,他们竟找不出一条可走的路!一个共同的问题苦恼了他们:“怎么办吧?”谁也不能给他们一个负责的满意的解答。于是他们苦痛,他们烦躁,无心做事也无心念书。云南青年在普遍的浮动中。

## 在复杂的罪恶的条件下

我们愿竭诚为青年友人进一言:从以往的惨痛教训中,青年们应该知道,没有人管你的,没有人替你们打算的,青年人应该自己想办法。在今天,靠谁?可靠的只有青年人自己。

在昆明一度紧张的时候,我们听到,许多青年朋友都下了决心，如果敌人来了，便去打游击。是的，目前实在是退无可退，逃无可逃了；只有战斗才是活路。我们对这些青年友人的英勇打算，十分赞佩和感动。我们也认为不管就云南的地形地利，还是就云南人民的战斗性和反抗性来说，云南都具备了一切展开游击战争的优越条件。我们也相信，有着长久的战斗传统的山国儿女们，将不乏英雄豪杰之士，在必要时候挺身而出，起来组织这个战斗和进行这个战斗。但是毫无问题的，作为发动云南游击战争，必要的准备——政治条件和社会条件还没有成熟，一些别有用心的人们，惯于把人民基于纯正的动机而发动的抗日武装力量，加以种种不相干的罪名。汉奸和匪徒的罪恶活动，正准备把将要生长的人民力量加以摧毁，正准备对今后可能发展的人民力量进行摩擦，使英勇有为之士，在时机没有成熟的时候，谁也不敢进行作发动人民的任何准备。由于这些复杂的罪恶的因素，将使未来的西南敌后游击战争的发展，较之过去其他敌后地区的发展，更为艰苦。这情形，青年们应该看到的。

但是，亲爱的青年朋友们！千万不要被这破落的古庙中的牛鬼蛇神的狰狞面孔所吓倒了！那些泥塑木雕的鬼怪的作威作福的日子已经不久了，我们的工作，是在这破庙的基础上，重建一个民主的花园，历史将决定谁是这块土地上的最后的主人翁！

## 充实自己与武装自己

所以为今之计，要求青年朋友们不要太莽撞，太天真，不要空喊乱叫，因而把自己袒露给敌人。我们建议：在变动没有到来之前,要紧张的充实自己,武装自己,在变动到来之日,要小心地保存力量,发挥力量。

怎样充实自己,武装自己呢?我们以为:第一是虚心地接受战时知识,武装人民。组织人民学习游击战争的知识,防空与救护的知识,在最艰苦的环境中克服经济上,物质上的困难的种种知识。没有这些实际知识,没有某一方面的专门技能,一切将成为空谈,将来不管到农村中去,到部队中去,不但不能成为别人的帮手,反而成为别人的拖累。而这些知识:是可以从书报杂志上,从有经验的朋友的口头上,从全国各抗日游击根据地的经验教训的报道上获得的。用小组讨论的方式,用设想与某一特殊环境(自己可能去工作的地区)配合的方式,用分工合作的集体学习的方式,将使进步迅速而愉快。

第二是加强研究云南了解云南的工作。如云南的自然条件,云南农村生活,云南民族问题等等。这种研究工作,越是和某一设想的特定环境配合起来,也越是精密而切于实用。应该培养这种调查研究的习惯,培养现实主义的作用,更重要的,要善于搜集材料,鉴别材料,立体的(不是平面的)和有机的(不是死板的)看问题,这就需要一种科学的方法和正确的态度。

第三要扩大自己的朋友圈子。要得到活知识,实际的知识,老在自己现成的小圈子里打转是不行的。云南的青年们,应该放弃自己知识分子的优越感,在可能触到的广大社会中去找朋友,用孔夫子"入太庙,每事问"的精神,以加强自己对现实生活的了解。寄居在云南的外省青年们,应该放弃自己偏狭的乡土观念,努力和云南青年打成一片,从云南青年的生活上和口头上去了解云南。消极的说,至少将来在逃难的时候说不定会得到他们宝贵的帮助。

第四,同时也是最重要的,是抛弃自己贪恋都市的坏习惯,学习应付紧张的艰苦的生活环境。不管你是想逃难还是想打游击,反正你得准备相当长的时期生活在偏远与落后的农村中。那儿大概是没有电影院,没有图书馆,没有一切都市的便利与享受的所在。你得准备与老百姓共甘苦,而老百姓大概是无法供给你家乡风味的菜肴;他们大概是讨厌你在吃他们的粗米饭时皱眉头的,如果你要做民运工作,穿着漂亮的西服和花花绿绿的旗袍对老百姓宣讲,大概也很难取得他们的信任;如果你要爬山,皮鞋还是比不上粗布鞋舒服,如果你是有工作责任感的,在乡下的落后环境中,男女相处的场合,大概也不得不被迫拘束一些,检点一些。总之一句话,你得准备迎接一个艰苦的物质生活环境,甚而是精神生活环境。这就非逼着你抛掉知识分子的某些习惯和都市生活的老套。“天之将降大任于斯人”,就是要这样折磨你,锻炼你的。而这种锻炼,就应该从今天开始。

## 保存力量与发挥力量

怎样在变动到来之日,小心地保存力量,发挥力量呢?

我们很怕,在大的变动猝然到来之时,由于整个政治机构与社会机构的腐败和麻木,很难避免随之而来的混乱。在混乱的场合,青年人不但无法施展英勇的身手,而且也很难找到身心的寄托;在慌张忙乱之际,说不定就卷入了那混乱的漩涡,徒然造成无谓的牺牲。我们不是取消主义者,我们相信云南的光明前途,最后决定于云南青年和云南军民。但我们为了爱护新生一代的宝贵力量,主张在紧急动乱的场合,除了能找到适当的岗位者以外,青年人第一步还是有计划的疏散。

但这疏散,和老百姓的逃难,在实质上毫无共同之点。我们坚信,青年人的力量是伟大的。这力量在一定的期间,既得不到发挥应用的机会,为了避免损失,就该把这力量疏散出去,储存起来。我们主张,青年疏散的地区,不限于将来可能的后方,也一样可以疏散到可能的敌后地带。我们知道,后方并不绝对安全,敌后并不绝对危险。我们并不反对青年们随着亲戚朋友疏散到迤西北安全地带,只要他们不是消极的逃跑,只要他们在那儿找到适当的社会关系和工作岗位,只要他们能预见到可能随之而去的混乱的波动,物价的波动,和其他的波动。我们也不反对青年们回到迤南的家乡去,虽然万一敌人攻入滇境,那儿沦陷的可能性最大。但偏远的乡村与崇山茂林之间,其安全程度并不减于迤西北,发展的可能性也许更大。回到迤东北的偏远地带也好,回到滇西的怒江前线去也好。总之不论东西南北,不论后方前线或敌后,只要能找到适当的社会关系,只要有群众可以接触,如鱼可以得水一样;只要是相对的安全地带,可以得到足够的食物和阳光,都可以是暂时安身的地方。

至于寄居在云南的外省青年们,不愿意离开云南的,也可随着他的云南朋友或云南同学,疏散到适当的安全地带去。这是青年们发扬互助美德的时候。云南的青年们,只要是有办法的,必定会乐意帮助三两个外省朋友或同学疏散。为了朋友间的道义或是为了替保卫家乡的工作找帮手。总之,凡是优秀的青年,除了有特殊的任务,一定要离开城市。不要把宝贵的青春力量,留给敌人去使用。

回到乡村之后怎么办呢?首先是了解当地的环境,适应当地的环境,很快的和当地人民结合起来。如果那地方是可能沦陷的,就该利用你在故乡的人事关系,利用你小学教师的地位,知识分子的地位,运用正确的统一战线的作风,提出“保卫家乡”的口号。你不要慌慌张张的马上就提出“组织游击队”“出击敌人”的过高口号,免得吓倒了地方的士绅。在乡下,在落后的封建关系中,士绅的威望是不可忽视的,你要小心地和他们建立统一战线,你要收拾起自己的英雄主义和“左稚病”的马脚。你要以各种方式,把当地的小学教员,和比较明白事理的读书人,争取在自己的一边。你要收拾起都市青年的放浪气息,不要过分刺激了当地的封建环境。你要尽力克制自己知识分子的丑态,说话和做事都力求平易而朴素。这样,才能和老百姓打得拢,才能在人民中建立威信。这时候,你要把团体人民武装,创立小规模的安全区(还谈不上什么游击根据地),实现较为长远的生产计划,培养青年伙伴,组训人民。你还要准备随时对付敌人的侵犯,并随时小规模地出袭敌人,如破坏公路,偷剪电线,强夺辎重粮草,打击敌人的零散部队。你的开头几次的出击,必须有胜利的充分把握,你自己的英勇性和坚决性,也一定不要落于群众之后。这样,在胜利的鼓舞中,才能高度的激发群众斗争的热情,才能开辟未来发展的道路。

如果那地方是一时不致沦陷的地方,你也要虚心地了解地方情况,团结志同道合的朋友,以民主团结的作风和合法的方式,以种种手段进行唤起民众,教育民众的工作。传播战时知识,扩大救亡运动。激发群众救国的热情,做好保卫家乡的一切准备。应该注意:这一切都要在民主运动与民主作风的基础上进行。而这一切也就是民主运动最具体的实践。

这就是我们对于云南青年们的紧急建议,主张在事变到来之日,立即作有计划的疏散。我们希望青年们利用平时的集体组合,如班会、级会、学生自治会、同乡会、文艺社团、读书会和讨论会等等,设法在事先布置。使大家分散后还能保持一定的联系。我们希望青年们到农村去,到可能去的敌后。倘使情况极不顺利,最低限度也要保存自己的力量,储蓄自己的力量,留以有待。倘使情形较为顺利,就谨慎地运用自己的力量,发挥自己的力量,在各个地区传播民主的种子。团结与组织人民,完成保卫家乡的准备。让这些零散的力量,在各个不同的地带,普遍地生长起来,等到时机成熟的时候,自然很容易汇合成一个总的力量,一个如火如荼的人民抗日武装斗争。然后才谈得上配合政府,配合正规军作战,把敌人驱逐出去。

## 民主运动的真实基础

亲爱的青年朋友们!时间已非常紧迫,是发挥青年伟大力量的时候了。这时代,一方面是青年们受难的时代,一方面也是青年们发挥其无限的创造力的时代。挽救危机,扭转时局的锁钥,掌握在你们手里!

青年们必须大澈大悟。青年的力量，只有在和人民的力量结合起来的时候，才是伟大的。过低的估计了青年的作用，自然是错误，但过高的估计了青年的作用，以为全靠青年的热情，便可以旋转乾坤，创造新世界，那也是不正确的看法。中国革命的前途，依赖于广大的中国人民。保卫云南的斗争，也必然的依赖于云南人民的力量。无庸讳言，今天中国的人民，尤其是百分之八十以上的农民，由于长久的黑暗的封建统治，解除了他们的智慧的武装，使他们无法发挥其伟大的创造性。知识青年的伟大作用，便在于启发他们，教育他们，组织他们，甚而领导他们，发挥他们伟大的潜在力量，以完成抗战建国的大业。这就需要青年们切实改造自己的思想，改造自己的生活，以自我牺牲的精神，切实与人民结为一体。救亡运动与民主运动的真实基础，便在于此。

亲爱的青年朋友们：斗争是艰苦的，现在不是空喊乱叫的时代，不是在革命、抗战、打游击的严肃工作中发泄知识分子的浪漫热情的时代。我们国家的出路只有一条，就是民主抗战。不民主则无以抗战，不抗战则民主无由实现。我们希望青年作民主的战士，尤希望青年做抗战的先锋，新的民主的中国，是在抗日反法西斯的浴血斗争中创造出来的。——青年们！是理论与实践密切配合的时候了！

作者附志：这篇文章，是在一个多月前云南形势相当紧张的期间所写的。其中对于紧急局势的估计和见解，都是配合着当时的情形和地方当局的紧急号召而下笔的，现在局势虽不若过去那样严重，但文中提示的几点，不但在云南还没有完全失掉意义，而且对于其他战区在类似的战斗环境下，甚至在将来大反攻的时候，也还有参考的价值，故仍发表于此，望读者亮詧！

一九四五年一月二十日

# 写给贤明的家长和教师

每一个贤明的家长,对于自己的孩子的学习和进步,一定非常关心。今天大后方的学校教育,是有着许多缺点的,那些内容单调的课本和贫乏的学校生活,不但无法诱发孩子们的学习兴趣,而且有时还会束缚孩子们个性的发展。每一个贤明的学校教师,也大都能看到这缺点,同时也都在设法补救。补救的办法,不外加强孩子们的课外活动和注意孩子们的课外阅读,使孩子们在优良的课外读物中发现课本以外的新天地。

但是,大家都知道,今天大后方的出版事业,和教育事业一样,都在异常艰苦地挣扎着。出版家在叫苦,作家也在叫苦,大家实在没多余的精力注意到孩子们的精神食粮,这就是近年来优良的儿童读物的产量所以日渐稀少的原因。我们不能单替孩子们抱不平,因为无数的成人读者和广大的知识青年,在今天都同样感受到精神食粮的恐慌啊!

没有人替孩子们打算,孩子们只好自己想办法。旧书摊上大批的武侠小说和连环图画便暂时担当了指导儿童思想的任务。孩子们装满了一脑袋的济公话佛,七侠五义、荒江女侠,火烧红莲寺……这些荒唐的故事、怪诞的思想和封建的毒素，遇到现实生活的问题，便要引用这些封建的观念作解答！这些有害的读物在孩子们天真纯洁的头脑中起了怎样的作用，大概每一个贤明的家长和教师都会言之痛心的罢！

就为了这个缘故，北门出版社邀请了几位对儿童文学有兴趣，有经验，而且不失其赤子之心的朋友，编辑了这一套别开生面的儿童读物《孩子们》，目前是月出一集，以后还打算改为正式的期刊。这套读物适合于高小和初中程度的孩子们阅读。选稿的标准和编辑的方针，除了力求生动活泼，适合孩子们的胃口以外，尤其注意内容的多样性，进步性，现实性和健康性，用以增进孩子们的生活知识，提高孩子们的文化水准。在出版条件十分差的情况下，我们谨以此菲薄的礼物，献给每一个贤明的家长，贤明的教师和热爱进步的少年孩子们。

希望这工作不致落空，希望《孩子们》在贤明的家长和教师的爱护与扶持之下，在编者与读者的密切合作之下，一天天地充实壮大起来！

# 改善士兵生活

## （一）当前的严重问题

从整个世界的反法西斯战争的形势来看，胜利是的确在望了！若从中国今日这一角的战争形势来看，则敌寇对我们加以最后的侵略——河南、湖南、广西——一转眼且将要威胁到贵州、四川和云南的安全。这种对比的发展和悬殊的形势是怎样造成的呢？决不是日本鬼子的法力无边，也决不是中国人民的抗战不力，而是在我们的抗战阵营中间存在着许多严重的问题。这些问题一天不解决，胜利便一天不会来到，即使世界的反法西斯战争已得到确定的胜利了，中国人民受苦受难的日子还不会同时终结。这的确是今天全国人民所最焦虑的问题。

在许多严重的问题中，士兵生活与待遇的问题便是其中最重要的一个。这问题全国上下呼吁了很久，到今天还未见切实改善。结果影响到最近湘桂前线的军事失利，战争已被带到了黔边。我们于焦虑忧愤之余，不得不更紧张的注意这个问题，研究这个问题，并谋取解决之道。

## (二)抗战中谁的牺牲最大?

抗战以来，在我国同胞中间，谁的牺牲最大? 谁的贡献最大? 这个问题，也许会有各式各样不同的答案。每个人为了他个人的利害打算，也许都会说自己在抗战中的牺牲和贡献是无法估计的。自然，战争的扩大和持久，改变了每一个人日常生活的面貌，就连达官贵吏和发国难财的商人，也会感觉他们的享受不及抗战以前的方便和舒服罢！但是无论如何，在抗战中牺牲最大贡献最多的，决不是这些投机取巧以榨取人民血汗的人。

知识分子、青年学生、公务员和学校教师，抗战以来所受的精神上和物质上的痛苦，的确非常之大，但是比起更大多数的吃苦受难的人民，我们还没有可以骄傲和抱怨的理由。工人们在后方埋头生产，对国家的贡献不谓不大，他们受着各种黑暗的剥削和压迫，这是抗战中的一个严重问题。不过后方和前方究竟形势上不同，流汗和流血也究竟有程度上的差别。说到抗战以来牺牲最大贡献最多的，我们还是不得不把最高的荣誉归之于在前线上拼头颅流鲜血的抗战士兵！

最大的牺牲莫过于牺牲自己的头颅，最大的贡献莫过于贡献自己的生命，牺牲最大贡献最大的莫过于我们前线的士兵！

甚么叫做“圣人”? 用古人的话说，就是“杀身成仁”“舍身取义”的人，用今天的话说，就是愿牺牲自己的头颅以保存众人的头颅，愿牺牲自己的生命以保存众人的生命的人。在抗战中间，我们看到了千千万万的这样的圣人：那不是别的人，那就是在前线拼命的士兵！

或许有人说，目前的士兵，政治教育太差，他们被迫到前线去，糊糊涂涂地送死，他们死了，还不知道是为甚么死的。此话初听很对，细想却不然，用之于过去很对，用之于现在却不然。过去内战时期，士兵确实弄不清楚打仗的目的，确实是糊糊涂涂地替军阀当炮灰；但是今天，谁还能说，谁还敢说，谁还忍心说一个士兵在前线拼命的时候，竟然还不知道自己是在打日本鬼子吗？“打日本鬼子”，这是一句简单的真理，然而的确是真理。我们的士兵是懂得这句真理的，而且比我们一般人懂得的更具体，体验得更深切，我们的士兵战死了，那是为真理而战死的，只是他们死得有些不甘心罢了！

或许还有人说，我们的士兵纪律很坏，不能和老百姓合作。我也承认这一个事实。但是士兵纪律之坏和军队扰民的现象，是结果，不是原因。原因在那里？第一是他们的政治教育不够，第二是他们吃不饱肚皮，古人说“衣食足而后知荣辱”，现在我们的士兵，衣不蔽体，食不果腹，变成了叫化子，变成了囚犯，变成了病鬼，再加上平时教育不够，训练不够和领导无方，教他怎么不扰民呢？所以说，如果士兵犯了扰民的罪，其罪不在士兵。罪在何人？这在今天是不言可喻的。

士兵是无罪的，士兵为国家牺牲得最大，贡献得最多，最大的功劳属于士兵，最高的荣誉属于士兵——士兵是圣人。

## (三)一幅惨绝人寰的图画

现在我们回过头来看看，这些牺牲最大，贡献最大，功劳最大的圣人——士兵们，目前正在受着怎样非人的待遇。

士兵受虐待——士兵吃不饱早已是人所周知的事实。对于这令人痛心的事实，在上的过去总是用“扰乱治安，妨害军心”之类的大帽子压着人，使人们想说也不敢说。这次第四届国民参政会，参政员们看到这问题的确已经影响到“治安”，影响到“军心”，这才非说不可了。我曾读过褚辅成老先生等多人所提出的改革士兵生活的提案，提案中有这样沉痛惊心的话：

……军粮规定每人每日二十六两，本可够食，因自军需局至特务长，层层克扣，量已不足，犹复故意掺石，并缩短吃饭时间，限制吃饭碗数，使其咸有饥而不得果腹食而不能下咽之苦。甚有因先盛一次，或多吃一碗，竟被官长调至公开场所，任意打骂，侮辱不堪。饭既如此，菜尤恶劣，经常无油，有时盐亦缺乏，而以辣椒粉和白水代之。士兵衣服大多破烂露体，污垢满衣，甚有冬着夏衣，夏穿棉服，其住宿也多在湿地，不但无床，且有无毯者，每至夜深气冷，辄互相抱睡，借以御寒……如此生活较囚犯已有过之，何怪其面黄若土，骨瘦如柴，又何怪其常闹胃病，多患肺疾，后方医院虽已林立，每遇病兵或伤兵，则以满员或无药为借口，若切实调查，医院仍多空房，药品早成商货。所以士兵生病，只有活活等死，决无诊治之机会。甚有尚未绝气，即剥去其军服，后弃于荒郊，而任其日晒夜露，乌啄狗食，血肉淋漓，肢体离异的现象。据昆明青年会军人服务部调查，昆明西车站附近，四月份上半月曾发见士兵尸体一百七十余具，多未掩埋……

够了够了！这难道不是一幅惨绝人寰的图画吗？或许有人说参政员的话未免夸大，那么我们最好请领率士兵和统率士兵的最高机关——国民政府军事委员会出来说话罢。

四月十六日昆明中央日报上，刊载了军委会为改正新兵征补弊端所颁发的指示要点。这个要点的第一部分，是针对着征调的弊端而言的；第二部分，却揭发了新兵管理的种种弊端，其中有许多可和参政员们的话互相印证互相补充，兹摘录在下面：

……（三）侵吞教育医药草鞋行军各费。（四）侵吞（限制）（渗杂克扣）军粮，不顾士兵饱饿，任令由饥致病。（五）迟发薪饷挪款经商。（六）兵无被服，（盗卖）（掉换）欠发不顾士兵寒暖，任令由冷致病。（七）侵蚀医药费，不医不药，不顾士兵疾病卫生，任令由病致死。（八）忽视营舍，简易健康设备，不顾士兵睡眠。（九）借故没收售卖入营新兵财物，不顾士兵利益。（十）侵蚀士兵教育经费，不随收随训，即训即育。……（十三）奴役新兵抬轿及背挑规定以外之物品。（十四）强迫士兵行军，鞭笞虐待。（十五）遗弃病兵，脱光衣服，甚或未死枪杀及活埋……

够了够了！这难道不是一幅惨绝人寰的图画吗？

在抗战中间牺牲最大贡献最多的士兵，肩负着保卫国家生存和保卫同胞生命的重任的士兵，竟然受到这种惨绝人寰的非人待遇，这是公平的吗？这是合理的吗？

## （四）我们不要做忘恩负义之徒

政府对不住士兵，部队长官对不住士兵，我们老百姓也对不住士兵。老百姓通常有一个错误的心理——轻视士兵的心理。看见一个士兵或伤兵来了，肮脏而且褴褛，就赶快掩鼻绉眉，避之惟恐不及，就象遇见了化子和囚犯一样。一点也没有想到就是这个肮脏褴褛得如同叫化子、囚犯一样的士兵或伤兵，就是为了替我们保守身家性命而流了血汗的人。士兵在部队里受虐待，在社会上受轻视，物质上的痛苦加上精神上的痛苦，他们简直是只有死路一条了。

天下的事情，往往是互为因果的。因为政府和部队长官把士兵不当人看，因为士兵被虐待得不象人样子，所以老百姓也就敢于不把士兵当人看待。反过来说，正因为一般老百姓都把士兵不当人看，所以政府人员和部队长官才敢于毫无顾忌地欺压士兵，才敢于大胆的把士兵虐待得不成人样子。同时，天下的事情恶因往往发生恶果。老百姓看不起士兵，士兵也就看不起老百姓。加上训练和管驭的种种弊端，影响到军令军纪的废弛，士兵扰民的恶果便随之而生了。但还有更大的恶果。古语说“养兵千日用兵一时”。孔夫子说“以不教民战是为弃之”。今养之不得其道，教之不得其方，到了用之的时候，自然就发生了大问题。中原战役以来一连串的溃败现象，直到今天的黔、川、滇的最后防线受威胁，种种惨痛的教训，恰好说明了这一个真理。

我们的士兵十九来自田间。我们轻视士兵，实际反映了我们一向轻视农民的一种卑劣的心理。今天的中国农民一方面承受了历史传统所遗留下来的层层苦难的重负，一方面长期抗战的负担，也主要地加在他们的肩上。谁都看得见目前农村中的壮年男子，差不多被抽光了，他们的家属——抗战军人家属，同时沦落到十分悲惨的境遇。贪官污吏，土豪劣绅，无法无天的乡镇保甲人员和役政人员以及囤积居奇的商人，层层的剥削，种种的强取豪夺，都无非是从他们的身上抽筋剥皮。然而我们却轻视他们，连带地轻视从他们家庭里强征出来替我们拼命的子弟，这是公平的吗，这是合理的吗。

今天要谈到改善士兵生活的问题，一方面要政府下大决心，作大改革，一方面也要我们老百姓彻底革除轻视士兵的心理。大家必须认识清楚，由于我国政府兵役制度的不合理，把当兵责任和养兵的责任一齐推到农民身上去了。现在受苦受难的士兵同志，一方面替我们和我们的子弟做了替死鬼，一方面又以他们的身家性命的牺牲保全了我们的身家性命。他们不但是圣人，而且是我们大众的救命恩人。他们虽然没有要求我们报恩，但我们却不能做了忘恩负义之徒。

目前我们的恩人——士兵们还没有得到说话的权利，我们还不知道他们将对我们提出怎样的要求。但是我想我们报恩的方法也非常简单，用不着三跪九叩礼，也用不着其他形式上的细节。只要我们首先改正轻视他们的心理，认真地把他们当人看待，然后以同胞的立场，督促政府下大决心，作大改革，把他们和他们的家属从非人的待遇中拯救出来。

改善士兵生活的问题，仍然不得不是一个政治问题。枝枝节节的改革是无济于事的。良好的方案通过腐烂的政治机构和层层贪污的官员，事实上比不做更坏。根本的方法还是改组目前的政府（注意：是“改组”不是“推翻”，是加强不是破坏。凡是愿使政府走向民主之路的党政人，对于这个名词请不要害怕，不要曲解）。实行民主政治，给士兵以说话的权利和合法的保障，彻底改善目前黑暗的不合理的征调方法，管驭方法，训练方法，和领导方法，而代之以进步的民主的和合理的方法。这是一个大问题，也是一个大运动，必须全国上下努力推进，才能争取这个目的的实现。在这个光明与黑暗的奋斗中，也许免不了牺牲。但是，我们的农民和士兵，已经为了保全我们的身家性命，不知流了多少血，掷了多少头颅，他们已经牺牲得够多了，而且今后还在继续地牺牲下去，难道我们为了替他们说几句正义的话，还不是绝对应该的吗？

最近大家正热烈的提倡着知识青年的从军运动，我愿意借这个机会替没有知识的从军青年做一番呼吁如上。

# 不要教胜利冲昏头脑

**编者按:**一九四五年九月二日,西南联大“新诗社”举行朗诵晚会,主题是:“为胜利,团结与民主而歌”。公朴先生应邀参加。当时他感慨万端,即席朗诵了这一诗篇。

不要狂欢,且慢骄傲,
胜利、团结与民主并没有真正得到。
它还要靠咱们大家努力,
抓紧时机共同创造。

八年来团结成了个空口号,
中国的命运几乎不能保。
现在“胜利”总算被“等”到,
胜利的果实不能白白地送掉。

今天为胜利、团结与民主而歌,
却不要教胜利冲昏了头脑。

团结的障碍多得很，
民主的暗礁更不少。

我们要抓紧时机打定主意，
把民主、和平高唱入云霄。
把反民主的将军、老爷、汉奸、
　　走狗、摩擦专家、顽固分子，
一齐都打倒！打倒！！真打倒！！！

# 民主教育篇

(一九四六年)

# 新教育的开始

看完了诸位同学所编的《社会大学》之后，使我最感到满意的一点，就是这里面报导的都很真实，很少有夸大和虚伪的叙述。你们编这本小册子的目的，为的是使各地朋友们对“社会大学”进一步的了解，但是这里面的内容，无论哪一篇都不能包括整个“社大”的全貌，换句话说，要使朋友们在理论上，在事实上了解“社大”，就要请朋友们有耐心的从每一篇文章去把握。从这一点上说来，也可以说是美中不足的地方。

《社会大学》这本小册子，是三个半月的写实，是理论与实践的总结，完全根据事实报告，有的就是“有”，没有的就是“没有”，并不是一般学校的官样文章。当然，正象孙茗勋先生所批评的，“我们的缺点还很多”，但是我们不怕，因为只有发现缺点才能克服缺点。同时我们也愿意把自己所有的，自己所没有的，赤裸裸地呈献在朋友们的面前，已经有的可以作为朋友们的参考，没有的，则尚待朋友们一起来创造。假如它能产生抛砖引玉的功效，这也是我们殷切期望的。

以往，一般人对于工作和学习，总是分开来看的。学习的时候，呆板板的学习，工作的时候象机器一样地工作，结果在学习的时候理论与实践脱节，工作的时候养成事务主义的作风。可庆幸的，在这一点上同学们已逐渐的克服了这种错误。比如这一次的学习进度考查中，尤其是同学们集体的评定自己的成绩，一方面工作，一方面复习。再如这一次你们编这本小册子不也是一方面工作，一方面学习么？至于从开学起，经过学习小组组织，直到同学会的组成，更说明了工作和学习的相辅相成。我们要牢记着两句话："在工作中学习，是实践的学习方法；在学习中工作，是革命的工作态度"。

有人说"人生就是斗争"。那么，我们说："教育也是斗争"，记得以前我在游击区的时候做过一首诗："学校就是战场，战场也是课堂，是抗战的教育，是建国的营房。"今天，我们不妨改一改："学校就是战场，战场也就是课堂，是民主的教育，是建国的营房。"我们今日不仅是与传统的教育制度斗争，而且还要与自己斗争。我们这个学校的教学方式，一不同于欧美传统的教育，二不同于中国的正统教育，甚至连我们自己有时也因为历史的因袭而并不太习惯于这种新的学习生活，在这里，我们到处都要战斗。所谓学习的开始，也就是战斗的开始！

**编者注：**此文是公朴先生为《社会大学》小册子写的序。

# 怎样办社会大学

讲怎样办社会大学，第一点先要说明的是为什么要办社会大学？

我们看到在今天的中国，要使教育普遍地展开，要使人人都有机会去读书，我们就不能不先想到那些想读书而没有机会读书的人。

讲普及教育，要使工人农民以及其他一切没有机会读书的人都有书读，要使教育普遍，要创造新的中国，要使人人都知道民主是什么？怎样实行民主？世界大势怎样？……先就要有知识，工人农民过去根本就没有机会念书，一群群的青年也因故失学，我们要使这些想读书而没有机会读书的人有书读，所以办社会大学。这是一。

中国对日抗战胜利地结束了。一个空前的需要——民主建设和普及教育的使命摆在我们的眼前。我们为了要训练一班参加创造新中国的分子，所以办社会大学。这是二。

基于上面所说的两点，可以说，我们的社会大学就是人民的大学。

其次，我们再来讲怎样办社会大学。

在学习上，我们要同学们有一个正确的目标，要为着这个目标而读书。千百年来，中国人是重视读书的，如俗话所说："万般皆下品，唯有读书高"，但他们重视读书是为个人名利，读书的人才有做官的机会，做了官自然就名利双收了。直到今天为止，这种只有读书人才能得到荣誉的情况还是没有改变，比如这次参加政协的代表，除国共两党外，还有无党无派的社会贤达，什么是社会贤达呢？就是在社会上享有荣誉和被尊敬的读书人，这是不正常的现象，在别的国家——象苏联吧，一个种田种得很好的农人，或养鸡养得法的妇女，都可被选为劳动英雄，其荣誉是与学校校长或者部长院长一样的，能得到大家的尊敬。

真所谓三百六十行，行行出状元。在社会大学里，我们就要充分的发挥这种精神，改变现有的风气。要使每个人都愿意站在自己的岗位上努力。比如拿我们的新闻系为例来说，我们就要学习怎样正确的来报导新闻，每个人站在一个角落里都这样做，使其成为一个新的新闻系统，向人民传播真理，传播正确的消息，使"无冕之王"的新闻记者，能够名符其实，不会再有非做官不可的想头。

我们这所学校，和一般学校要学生来迁就学校的原则完全相反，我们是要做到怎样使同学便利，怎样在不妨害他本身事业之下，使他们有学习的机会，所以，我们有下列四项计划！

我们为着有志读书而没有机会读书的白天有职业、有工作的青年能读书，所以先办社会大学的夜校；因为有些人住得太远，不能来上夜大学，所以还要办函授学校。因为我们科学仪器和其他工具等的缺乏,我们将要放映各种科学教育的电影,让人民从欣赏电影中去了解科学知识,如鸡蛋怎样变小鸡,五谷怎样生长,飞机汽车怎样制造等?我们将来还要计划利用广播的方法作教授工具,准备成立电波学校。又因为要补救函授学校和电播教育之不能直接回答与解决问题的缺陷,我们将计划办一种流动学校。它将流到全国的穷乡僻壤的地方去和老百姓见面,去和老百姓交换知识经验,并解决函授与电波学校所不能解决的种种问题。这是我们社会大学为什么要办的原因和怎样办的总目标。

社会大学的内容和方法:

第一,我们的教育内容是知识教育,技术教育,组织教育,人格教育四者并重。这也是开中国教育的新面目。中国过去的教育,只有"知识教育和技术教育"。严格说起来,我们过去的"知识教育"并不彻底,因为各学校既没有注意社会科学的研究,更没有使学生与实际的社会接触。在教室里讲一点呆板的课本,是不能使学生对社会事物有透彻认识的,所以有许多大学毕业后,对社会的政治动态还莫明其妙,都感到学校所学的东西,不能搬到社会上来。这就足以证明过去的学校,连"知识教育",也没做到。在"技术教育"上,更有一个最大的缺陷,不但这种教育,是非常缺乏与不普遍,而且就是有也完全是与社会上的技术行政分开的,如学工程的,出学校门之后并不一定有工程给他做,我曾看到许多学工程的人去做小学教员及其他行政官吏。同时,许多的"技术教育"是名不符实,既没有给他实际练习的机会,更没有与社会实际的用途相配合,至少可以说是一个不健全的“技术教育”。至于“组织教育”,根本就没有人注意和提到过。我们的敌人日本军阀,曾说过“中国人缺乏组织力”。我们也应该检查一下自己的弱点,我们一向忽略组织,对人民,对行政,都是任其散漫松懈。人民无组织,故没有自卫能力;行政无组织,故毫无工作效率。中国军、政、商各界的许多负责人,并不全是学识不够,而是组织力不够;中国许多团体分化,不是分子的复杂,而是直接的领导者有没有组织的素养;甚至一个家庭,一个商店,都现出无组织的弱点。我们要每个同学有革命的民主的人生观,我们要培养每一个同学有一种不以知识作夺取私利的工具,不是把自己的幸福建筑在他人的痛苦上面的人格。如果这种人生观不在学校里得到培养并确立,那是一件很危险的事情,因为不知人生究竟是为了什么,则具有了知识、组织、技术等各种能力,可能不但没有用处,相反的还会生出害处来。

第二,我们教育的方法,是提倡真正的自觉纪律。要使每个同学能做到自动,自学,自问的境界,我们以为要自动,学习兴趣才能持久而坚强,要自学才可以学到踏实而需要的学问,要自问,才能真正考试出学习的进展。

第三,社会大学也有训育,我们的训育方针就是发扬民主精神。我们训育方式不是人训,而是自训、自治、自审、自我批评和互相检讨,我们的态度是从一个人到一群人。

社会大学是中国历史上向来没有的学校,并不象中国其他的学校,高高在上,使人民大众可望而不可及。她是和老百姓最亲近的学校,正如陶行知先生所说:“大学之道,在明民德,在新民,在止于人民之幸福。”

最后，我们要说明的，这当然是一个尝试，不是从没有路中去找路，是有路可循的。因为从中国古代到现在的欧美，以至新兴的苏联，已经给了我们很多的启示，指出了很多可供参考的路径，可是我们没有象美国那样优良的物质条件，更没有苏联那样进步的政治、经济和社会环境，而且我们今天的中国，连人民的基本生活条件，都还没有得到，所以我仍不能不说是一个新的尝试。由于世界民主势力的胜利。中国国内和平的可能实现，人民的力量一天天的强大的客观条件的形成，使我们有把握相信，这所学校是一定有前途的，一定可以成长壮大起来的。但是我们绝不能忘掉了我们同学、教授和教育行政负责人三方面的热心努力，是一个基本的决定因素。

任何一方面疏忽松懈，都可以拖延我们学校成功的路程的。当然，我们更不能不重视着广大社会人士的同情和群众的援助，只要这四方面能够不断的努力，它将更能使我们这所人民的学校更快地加速发展起来。但是，最值得注意的是我们全校师生充分合作所表现出来的成绩，又是我们取得社会援助的主要条件，一定要我们齐心努力，使我们所要取得的广大群众的援助，才能无限的增长起来！我们也只有靠着这样的学校，方能达到提高文化水准和普及教育的目的。

三十五年一月二十八日灯下

# 民主军歌

D：2/4
雄壮

洗星海救国军歌谱
李公朴　改　词

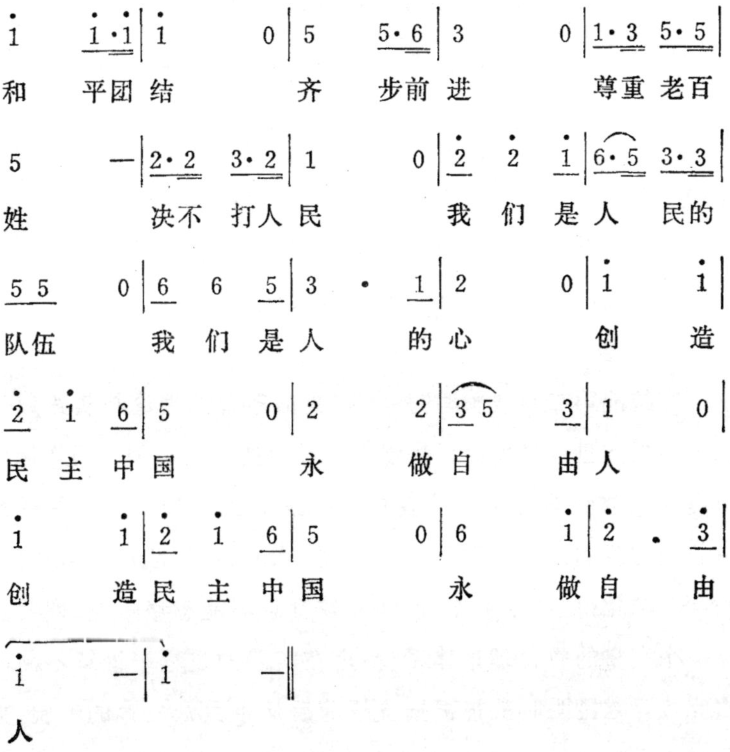

# 民主教育的初步实践

## ——两月来社会大学教学总结

### 一、我们的教育方针

在抗战第二年我曾写过一本《抗战教育的理论与实践》，里面曾经提到过战时教育只是建立新教育的一个过程。两年后游击区也注意到训练班式的教育必须进展到一种新的正规的教育。当时我们提出了民主的、科学的、大众的、正规的教育原则。我深刻的觉得，古今中外，谈到办教育总不能忽略一点，即要建立一个完整的教育理论体系，一定在实践的过程中继续不断的去完成。在昆明时就想根据抗战前后从事大众教育的经验，搜集各方资料，写一篇新中国教育的理论东西，终以没有实证各种教育的机会，牵延到现在。不意这次来到重庆，恰巧碰到一群职业青年发起组织社会大学，请我来主持教务，使我得到一个机会。所以在社大开学时即与陶行知先生商讨，决定暂以人格教育、知识教育、组织教育、技术教育做我们的教育方针。在人格教育方面，须完成革命的人生观和正确的宇宙观的建立。而人格教育更是我们整个教育方针的重心。在知识教育方面，须要完成政治经济科学的基本知识的学习。在组织教育方面，须要培植并发展每个人的组织才能。在技术教育方面，须要以自动的，集体的，随时随地的学习方法，完成技术的学习。（请参看《民主教育》第四期《怎样办社会大学》一文）不过上述四者决不是各自孤立，而是相互有机配合的。任何一种方针的实践，都必须也是必然的在其余三项的联系中完成。我们很高兴，社大同学们在这两个月的短短时间内，虽不能说个个都已经建立了革命的人生观和正确的宇宙观，但已有一个共同的概念。同时大家也认识到要迅速而准确的接受新的知识必须用有组织有技术的方法。但是开学一个月后，发觉到同学们仅有主观的愿望是不成的，譬如他们所能作的，在自治会方面，仍是一般学校的老套；在听课方面固然因为时间的不够和参考材料的缺乏限制了他们深入的讨论，同时却又不知道怎样进行讨论，这都是由于没有把握住技术教育的方针。二月底，我集合各系同学代表并邀请教职员针对这一问题举行了一个扩大检讨会，同学方面提出了理论和实践统一的问题，教务方面也据以提出许多意见。三月五日举行第二次周会时，我乃将讨论的结果，向同学们作了一个系统的报告，经同学会全体通过实行。报告分两部分，一是“我们的学习方法”，一是关于教务会议的决定，这里提出了解决许多实际问题上的具体办法，而以第六“建立学习小组”与第七“学习进度考察办法”两项最重要。

## 二、我们的学习方法

在人格教育，知识教育，组织教育，技术教育的联系实践中，我们要提出主动的，实践的，集体的，正规的四个基本学习方法。

第一，主动的学习。过去总以为人是被教好的，但实际上缺乏了主动性，任何漂亮的教育计划也不能完成，任何容易学习的事物，也不能学得。不过知识上的主动的学习还比较容易，譬如一个学地理的，因为他主观爱好地理就不难学好。但人格上的自动的学习，就不容易了。一个人长期的在一种环境下生活的结果，已养成习惯，习惯是和我们血肉相连的，要改革它就痛苦了，这先要我们建立一革命的人生观，其次要进行自我改革。有人以为革命是对人的，是不好的事，其实对自己也要革命，是一种进步的美事，不过习惯上我们将对自己的革命叫做锻炼，锻炼是要准备受痛苦的事，仅有主观的愿望是不够的，还要靠有组织的集体改革，和朋友的鼓励。

第二，实践的学习。在四大方针下，不仅在理论上要了解，还要实践，尤其在知识教育方面更为重要。因为学到的理论，尽管都是些真理，也不过是过去的经验的总结。过去的事物有当时的时间性和空间性，是不能一成不变的用来解决现在的实际问题，否则知识教育的结果，一定是学工的做秘书，学政治的当经理，所学非所用。就更谈不到对于所学有新的贡献了。

第三，集体的学习。旧的教育是不注意集体学习的，这与过去的整个教育方针及制度有关。虽然他们有时也想到了“集思广益”,但只是一个概念,离题还远。有人以为集体学习会限制个性发展,其实集体教育的真谛他们是不了解的,实际上只有集体教育才可能帮助个性的发展,个人的特殊兴趣也只有通过了集体,才会光采焕发。集体教育的方法的实施,一方面发挥了优良的个性一方面增加了群众的智慧。我们要建立新中国,当然愈快愈好,那么无论那方面的工作都得要有效的实行集体教育的方法,才能“集思广益”、“众志成城”。

第四,正规的学习。不论是自我教育,学校教育,以及我们社大这种新型的教育,如果要完成上述的四项方针,就必须实行正规的学习。我们所谓正规的学习,就是有步骤,有系统和持之以恒的学习。没有这一点,那么我们的计划,我们的方针,就仅只是白纸上的黑字,即使实践也得不到圆满完成的。

## 三、学习小组与考试办法

关于教务会的报告,一共包括七点。第一,我们决定每星期有一次周会,如无特殊事故,并定在每星期六举行。这件事现在已经在实行,我想同学们不致有别的意见,所以以后我们要继续执行下去,凡是关于全校的,全体同学的事情,都可以自由的提出来报告和讨论。

第二,关于教授缺课问题。教授的缺课和同学的流动这两件事早在我们意料之中,不过照现在的情形看来,同学的流动倒并不太严重,教授却因为身体或工作关系,缺课问题多一点。在教务会议上我们商定了三个补救办法:一、教授因为身体或工作，不能继续执教，教务处应设法另请教授代替。二、加强学习小组的组织领导。如教授因临时有其他任务不能来上课，请假缺课，同学们可以召开学习小组会学习。照现在的课程时间，学习小组的时间只会嫌少，不会嫌多。三、有的教授愿意将所缺课程另定时间补足，希望同学和教授商定时间。总之以上三种办法，固然一方面应由学校和教授来负责，但主要的还是希望同学把握时间，不使一分一秒钟浪费。

第三，关于同学缺席考查办法。关于同学的上课，我跟陶校长向来主张自由的，不过同学方面为了健全组织，所以才有这个提议。同学的缺席，因为大部分同学是职业青年，所以是免不了的事。可是这里也发生两种情形，一方面有许多的同学因为环境和时间的种种限制，想来而不能来；另一方面我们这些已经来的同学却随随便便，爱来不来。今天就有3个同学跟我说，家庭不放心他们，所以不许他们再来。由此看来，我们这些环境好一点的同学，就应当更努力，更发奋才对得起自己。由此，我们商定从明天（三月六日）起各系自己排定坐位，每天由自治会考查一次，如果本星期三至本星期六均无故缺课，那么希望由接近的同学，或者由教务处通知，假如通知一星期后，依然无故缺席，那么就作为自动休学。

第四，学校决定五月十五日作为这一学期的结束，在下星期我们预备和教授们开一个会，讨论一下课程的进展，并请每一位教授拟一个“教学纲领”，以便同学们事先预备。

第五，关于我们对外的一般态度问题，需要妥善谨慎。譬如介绍我们新的学习方法，介绍我们自由民主的学习精神吧，主要的也是为了把这种方法这种精神推广开去,以便它得到发扬,修改或充实。我们应当采取一种求教的态度,向每一位前辈,每一位热心我们事业的先生们,请求批评,请求指导。因此我们也更应当用一种负责的态度向外发言。我们的学校的一切,就是我们每个人的事业的一部分。

第六,同学在学校的活动,当然以学习为中心,所以我们要积极的推动学习小组的建立。在组织方面,我建议以十人一小组为原则,在这个原则下也可以根据具体情形有一点增减的活动性,但是也希望人数不要太少。另外,在特殊情形下,如果因为缺席太多,我们还可以二三个小组合并讨论(这种情形当然希望愈少愈好)。在学习讨论方面,一方面我们以有关课程作为学习中心,对每一课程或者提出疑问,或者提出不同的意见,或者提出补充。假如商得教授同意,还可以请教授帮忙指导。并且任何一小组有困难,可以书面或当面向我提出,我愿以总组长的资格,介绍到另一小组“留学”。总之,小组分配要均匀,学习计划要现实。

在另一方面,我们在学习小组里,要把我们的四个教育方针融会贯通,我们要改正过去的学习态度,我们要建立新的学习方法。在这里我们不但要学习怎样做主席,我们还要学习做组员。在这里面我们不但要学习怎样综合,怎样讨论大家的提议,我们还要学习怎样有系统的发表意见,怎样没有偏见的吸取别人的意见从中获得启示。我们要认识做主席和做组员同样的是件不容易的事情。我们尤其要养成一种勇于批评的精神,和接受批评的素养。我们知道在今日一般集会中,不但“讲话”的人没有足够的能力,就是“听话”的人也犯着种种毛病。因此,我们要针对这种情形,本着组织教育技术教育的方针,把这新的教育制度作为一个新的武器,并运用这新武器充分的完成我们的教育计划。

同时我们还要了解,上面所讲的一切,也要在不断的,不厌烦琐的,有耐心的改正过程中实施正规的教育方法才能完成。在这一个过程中,一定会有许多困难。譬如往往会因为同学的彼此不了解,或者由于了解的不够全面,以致减少学习的兴趣。所以希望在小组里面一些水准比较高的同学不要以为其余同学的水准低而认为吃亏,相反的应相加倍的帮助他们,提高他们的水准。因为假如说这种帮助是吃亏的话,那么那些教授们,差不多是义务的,来回的奔跑,费力的讲解,不是更吃亏了吗?我们要记住一句名言:“教学相长”,帮助别人,也就是帮助自己,帮助别人,不仅是学习的复习,甚至是学习的创造。

除了学习小组和全校性的周会,同学自治会外,我们还希望来一个小型的谈话会,由本人主持,每遇课余我们召集一二十个同学谈谈,每个同学至少有一次比较详细的谈话,以期得到更深的了解。

第七,我们商定废除一般学校的考试制度,但是我们要建立一个新的学习进度考查办法。这个考查办法,我们现在商定为五个部分:一、对于本学期每一课程的“教学做”的精华写出心得,就是说到底学了些什么,做了些什么,教了别人什么,做一个报告。学校根据你的报告,一方面知道你学得怎么样,一方面也可以知道教授教得怎么样。二、问题的回答。这种问题当然不象小学里划正号负号那样简单，但也不会太难，用不着“护航”，也用不着“开夜车”。每个问题的解答可以去翻书，可以去问人，并且还有一个足够的时间给你去思考。三、每一学习小组在学期终了时，要做一个总的学习报告。我们的教育方法，并不是要造出一两个杰出的人材，而是希望同学们都有一定发展，所以要考查每一个小组的集体报告。四、集体专题研究。除了集体的学习报告以外，我们还要同学三人至七人的专题研究报告，这个研究从现在起就可以开始搜集材料，到时候整理一下，就可以成为一篇专题研究的论文。五、我们还要每个同学写一点学习上与生活上的自我检讨。本来我们还希望有一种互相批评互相检讨的工作，因为大多数的同学互相了解的程度还太浅，所以我们第一步单定了一个自我检讨的办法，从这一个检讨中也可以看出教育方针实践的程度。

考查办法现在暂时规定上面这五条，余外我们还想在生活，行动、作风、谈话、批判能力等等方面来一个考查。就是看我们的生活、学习、工作同我们的教育理论配合了没有？不过详细办法现在还没有决定。

上面所说的考查办法，是一般学校所没有的，非但考查方法要经你们通过，就考不考也是由你们决定。同时这许多考查，也不是来给你打分数，六十分及格，或者五十九分不及格；这考查的结果至多只是评定一个等级，只是在给你们自己一个信念，说明你们的学习进度而已。另外我们对于牺牲自己，尽力帮助别的同学或者集体研究成绩特别好的小组都要加以奖励，作为我们的示范，

## 四、两周末的实践

现在,我们还要谈一谈这两个星期以来进展的情形。

三月五日以来,各系都分头进行学习小组的组织工作,有的系在以前只有一些在自治会组织下的研究小组,而且这些小组还都是有名无实的,因此,也有全盘重新组织的。总之,三月五日,象一声春雷,惊醒了每一个同学,使同学重新意识到:“我们是来学习的,但是我们决不做被动的学习,学习的钥匙把握在每一个同学自己的手里……”同学们在主观上有着足够的热情,但在客观的环境里,早已养成了一种惰性,历史所给我们穿上的肮脏的内衣,一时还没有法子脱下来。

是的,旧的内衣终于要剥掉的,或许它会带下来一两个疮疤,或许新的内衣还没有旧的舒适,但是终于要剥下来的。看吧,政治经济系原来以地域组织的小组加强充实了;文学系在一次自我批评以后有四个小组成立了,连带着自治会也重新改组了,教育系,新闻系的小组也成立了。一种新的气象在每个教室里飘荡,这一个角落,那一个角落,这一个小组,那一个小组,到处在计划,到处在讨论,为着自己的新生,为着学校的新生。

政经系的小组主要的有四个组,他们是以地域来划分的。人数或者八九个,或者十一二个一组。在学习上有的以封建社会作为专题讨论,以配合经济学和中国通史两门课程,有的以哲学问题作为研究对象。在每一个小组里选出正副组长各一人,这两个同学对内负着领导小组的责任,同时对外也就是系自治会的干事。小组的工作除了本身的学习外，每一组还要负担一两门课程的笔记，和轮流主编壁报的工作。教育系成立了两个组，新闻系有三个组。文学系已有四个组，每组人数也是十一二人，所不同于政治系的，就是他们每组的组长并不负系自治会的责任，系自治会是另由全体同学普选产生的。他们研究的题目有的是哲学问题，有的是文学上现实主义问题，除了这一种学习小组，在自治会组织下还有读书研究组，笔记组，时事研究组，戏剧研究小组，音乐小组。

两个星期以来，有了这许多成绩，这是值得我们庆幸的。但是我们也不能不看看薄弱的一面，譬如有些小组还不够坚强，开了第一次小组会以后，就陷入无政府的状态，小组长时常缺席，没有人召集。希望那些不能负起责任来的组长打起精神来努力负责，以学习的态度完成小组长的任务，以免趋于散漫。还有一些小组提了很多计划，今天有一个计划，明天又有一个计划，单是商讨计划的时间就去了好几天，结果呢，计划是计划，实行起来又是另一回事了。我们希望同学不要好高骛远，在我们能力之内不能实现的计划，宁可抛弃。我们不能没有计划的盲目工作，但我们不能只开空头支票。其次在一些系里还有少数“流亡者”，他们找不到他们的小组，自治会方面也不知道他究竟愿意加入那一组，这种情形我们也要改进，在我们这种学校里，一切都是以互助为前提，所以同学间更应象兄弟姊妹一样互策互励。除了这些，我们还感到有些小组不能把握时间。我们都是职业青年，时间对我们特别重要，假如不能尽量利用，可以说是对不起自己。这一些缺点我相信每一位同学都懂得，但是光懂得是不够的,因此希望同学们有则改之,无则加勉。

总之,这两星期来的情形并不能使我们太满意,但是我们知道在改革途中,这些困难是不可免的。

## 五、一个预约

关于新中国民主教育的理论体系,我们正在研究中,不久亦将公诸大家共同商讨。

# 我们的教学经验

各位先生,各位同学:今天这个会是我们社会大学第一学期的教学总结会议。记得在开学的时候,我们还仅只有一个教学原则,在不断的进展中,才一步步的充实了我们的教学计划。这一个总结会议是在三月底才决定的。

在二至三这一个月中间,我们曾做了一个初步的总结,在《民主教育》第六期上发表过。在这个初步总结里,我们特别提出了两点新的学习方式,其一就是学习小组,本来学习小组说起来也不是一个新的东西,在解放区早就实行了这种学习方式。不过在大后方、无论如何还是一个新的办法。在抗战开始的时候,仅有集体学习理论的提出,但就是这也曾发生过很大争执,有些人以为集体的学习是会妨碍个性的发展,我们的意见与此相反,集体学习不但不会妨碍个性,相反的,它还能够帮助个性的正确发展。在今日我们可以告诉他们:"我们学习小组却不是你们的集中营,只有你们的集中营式教育才是思想的桎梏。"另外一个新的方式就是学习进度考查办法,很早以前我们就反对一般学校的考试制度,这在民国二十三、四年韬奋先生就和朱经农先生打了很长时期的笔墨官司。但是后来考试非但没有改进,甚至愈来愈严格,愈来愈失去了考试的本意。抗战前更增加了所谓会考,这才是真正的显露了限制个性统一思想的反民主的真面目。我们主张考试的目的是为了复习,明了同学什么已经知道,什么还没有知道,而对于同学所不知道的地方则应当加以辅导。我们反对过去偏重在不相干的一时一地的问答,我们也反对专重分数的评定,因为这些都是引起同学作弊的主要原因。严格说来,我们的学习进度考查办法只是一种讨论和记录,不是考试,在小组里我们反复讨论,在最后的评定里,我们也相信这办法是行得通的。在这个办法下面,我们分成五个部分:第一是个人的"教、学、做"的心得和批评。第二是集体小组的"教、学、做"的心得和批评。这两种办法的内容又分成三项,一是每一学科的讲要,二是心得,三是对教材和教授的批评。这些在三月底我们已经实行了,等一会我们就要请五位同学代表四个系来把各科总的心得向各位报告。第三个办法是个人的学习和生活自述,第四就是集体的专题研究报告。这两种我们也已经实行,有些同学已经交来。还有第五部分,我们原想请教授们提出一些问题由同学们回答,可是这一部分却没有做到,原因是时间匆促。以上五个办法,我们实行了四个,在大体上我们相当的满意。尤其是在这些报告的评定工作中,我们发现这更是一个复习的好方法,十几位同学为了评定报告,又不断复习了好几遍。遗憾的是没有来得及给教授们批阅,这是我们需要补正的。

再,关于我们的教育方针在前一次的初步总结里已约略的谈到一点,现在趁此机会再加以补充和说明,希望各位先生指正。社会大学开始时,我们决定暂以人格教育,知识教育,组织教育,技术教育四项作为我们的教育方针,而其中则以人格教育为中心。行知先生的“大学之道在明民德,在新民,在止于人民之幸福”,可以说也包括在这一个方针下面。至于知识教育,组织教育,技术教育,则是我们教育的具体内容。而且我们认为这四个方针,本身也必需互相配合着的,不能孤立起来看,譬如现在社会上有些人,说起来都是好先生,人正直,不苟且,“非礼勿视,非礼勿听”,但是却都陷在消极方面,毫无组织力量,毫无进步知识,因此这种人充其量只能起一点帮助作用。我们的人格教育却不是这样孤立的,我们要完成革命的人生观和正确的宇宙观的教育。在“明民德”,在“新民”,在“止于人民之幸福”里,就已经包含着知识教育,组织教育,和技术教育。至于如何去明民德,如何去新民,如何去造新人民之幸福,则更在需要这四种教育方针的相互发挥。因此,我们今天特别指出来,希望同学们能深深的了解,贯彻到我们的行动里去!同时,希望各位来宾,给我们更多的指教!

# 新宪法上的教育问题

## ——确定民主教育的原则

中国自从逊清废科举建学堂以来，一直到今天，除了解放区内及非解放区的个别进步的教育家个人的点滴成就而外，可以说是一无成果。在一些不适合国情的各种搬自英、美的教育制度的思想指导下，连学而优则仕，封建帝王式的教育都没有了，还谈什么人民教育！抗战以后，在反动者策划之下，坚决实行了统治教育，特务教育，洋八股教育，除了戕贼青年，断丧人性而外，更是一无所获。如果有，那只是个别青年在学校内党团活动的严密监视下，偷偷摸摸自行学习的结果，而这种破产的教育倒是与五五宪草教育一章无何抵触，甚至可以五五宪草做为根据的。

五五宪草，基本上是中央集权的，不适合民主的要求的。五五宪草的产生是在各党派还没得到合法地位，国民党“以宪治国”专政的时候，其不能适合今日的需要，可想而知，是无庸多说。关于教育一章，各方面批评也很多，如广西建设研究会所发表的四点意见，我是大致同意的。尤其第一点，就谈到教育宗旨一条，不能表现三民主义特色，更值得自称是三民主义的信徒们仔仔细细的想一想。严格的说，教育这一章岂只是没有表现三民主义的特色，就是中国的特色，又何尝有。当然这并不是那些起草诸公们没有常识，而是由于在当时集权制度下的有意的糊涂。

关于五五宪草教育部分的批评，各方面意见几乎一致。第一，就是教育宗旨，不够表现三民主义，因为在这八条里面仅仅提到了发扬民族精神，民权、民主则差不多没有提。就是民族精神，也是空空洞洞，不但不能表现三民主义，尤其缺乏民主精神。实际上则完全是大汉族主义的一件外衣。假如把中华民国四个字去掉，法西斯国家也可以照用。第二，就是大家认为一国的教育宗旨大可不必在宪法上规定，因为国家是不断改革的，若是规定得不完备反为不美。所以我主张宪法上只应当规定一些较为基本的正确的原则。第三，就是所谓教育机会一律平等，学龄儿童基本教育，成年补习教育，免纳学费，这一点不但是一句空话，事实上也等于一种欺骗。比如今日那一个学不是开着门收学生，该说机会平等啦，为什么还有这么多失学儿童和失学青年呢？实际上今天教育不是一个口头机会或者免学费的问题，面对着一群饿着肚子贴着脊背，冬天穿不上一件棉衣的劳苦大众，仅仅免一点学费就想普及教育吗？不仅成人方面推行困难，就是儿童方面，也毫无办法。这三点，是比较重要的。总之五五宪草的教育一章，不仅今日不合国家人民的需要，就是当时也不适合国家人民的要求；不仅今日不能发扬三民主义，就是当时也不能表现三民主义。因此我们主张五五宪草的教育部分，不仅具体条文要修改,就是原则也得重新厘订。

消极方面的批评,大致如上所述,各方意见也都很一致。不过,我认为与其在消极方面多加批评,还不如在积极方面提出一些原则的意见来得切实。下面是我对于新宪法里应该包含的几点新教育原则,希望能供将来起草新宪法的诸公们作一参考。

新宪法里面,我觉得最低限度应当遵照政治协商会议协议的原则(这应该是不必再说的)。今日的教育应该是植基于改组后的政府所实施的民主政治,因此今天的教育目的,是教导民众实行民主,教导民众使用民权。虽然我们不能有一个苏联社会主义式的教育原则,但是也一定要给这教育以一个民主自由的光明前途,好让它在这一发展的途径上,完成新中国建设的实践的任务。

根据民族主义所谓发扬民族精神,首先须从实现各民族一律真正平等做起,在各民族自治的原则下,给他们以教育自由,发扬各民族固有的优良文化,增强民主的科学教育。在这里面,传播沟通各民族间的文化也是重要的。其次,根据民生主义,我们要注意到国民生活的实际情形,若不能使国民走上丰衣足食的大路,就没有办法谈到普及教育。新宪法中的新教育,应该规定各校一律免费,并且不收任何费用。学令儿童,固然要免纳学费,并须供给一切必要的生活需要,成人补习教育,尤其应该使个人及眷属生活上不因受教而发生任何困难。另一方面,还要注意到扶助失学职业青年。在国营机关和工厂内,应严格实行三八制,鼓励工读;在民营事业内,也应促其采用这种办法。今天我们不仅要注意到经济上的补助,而且还要注意到时间上的补助。再次,我们要注意民权方面的民主教育。我们不能不承认过去教育上的无政府状态,和抗战以后的严厉统制政策,使得教育脱离实际,学校变成了堂皇的奢侈品,学非所用,用非所学。对于现实政治上、经济上一切现象,则讳莫如深。二十年的训政,训得一塌糊涂。今天我们在新宪法上至少要确定保障人民有教育权,有受教育权,有办教育权,有把教育办成为人民自己除痛苦造幸福的教育权!决不允许学校再是官僚养成所,而来贻害人民。其实政府人员既然是推选出来为人民服务的,老百姓就应该自己有自己的教育权,把教育权还给老百姓。老百姓会故意教坏自己的儿女吗?所以当我们大声疾呼保障学术研究自由的时候,我们尤其要高呼把教育权归还人民,鼓励并奖助人民兴学。孙中山先生曾经说过:"军事外交宜统一不宜分歧,此权之宜属于中央者也。教育卫生随地方情况而异,此权之宜属于地方者也。更分析以言,同一军事也,国防固宜属之中央,然警备队之设施,岂中央所能代劳,是又宜属之地方矣。同一教育也,滨海之区宜侧重水产,山谷之地,宜侧重矿业、或林业,是固宜予地方以措置之自由,然则学制及义务教育年限,中央不能不为画一范围,是中央亦不能不过问教育事业矣,是则同一事业,犹当于某程度以上属之中央,某程度以下属之地方。"根据这一段遗教,我们更确信除了有关教育制度等等事项,由中央管理外,其余均应由地方自理。这一点尤其希望在新宪法上明确的规定,不能再给少数人利用文字曲解来统制人民的思想。

在现在世界各国看来,除了法西斯残余的西班牙和阿根廷外,都渐渐的趋向教学自由。法国本来属于大陆派的,现在这种中央集权整齐画一的范围，也在日趋缩小。至于英、美，则本来侧重自由发挥，教育权力大部分在地方自治政府。苏联则更不用说是在社会主义之下实行一种更民主的教育。如果真心想造福人民，造福国家，那末首先就应当根据三民主义的原则，来制定宪法，建立民主教育的体系，实行民主的普及教育。

五五宪草，应当送进历史博物馆了！今天我们不必再讨论五五宪草，现在的问题应当是怎样来制定新宪法，怎样来制定新宪法中的教育方针，确定民主教育的原则。

三十五年三月三十日

# 民主生活讲话*

## 建立民主作风

中华民国已经有了三十五年的历史，民主本不应该到今天才来谈，然而就是在今天来谈，无论是在程度上范围上还是受着限制的。上海、南京、北平、广州等收复区，到现在还实行着不合理的审查制度；就是在重庆，我们能否畅所欲谈，也是大家周知的事。可见，直到现在，就是表面的民主，我们都没有得到。今天政府虽然承认了各政党的合法地位，但是否能真的实行，以及将来实行的程度如何，还需我们继续的争取。即使政府今天真的还政于民了，而我们能否运用，以及运用的程度和效果究竟怎样，也不是没有问题的。实在说来，民主不仅仅是谈谈就了的

---

* 注：本文原分为五讲，于一九四六年一月十八日——三月二日之间先后成稿，分别发表于《民主生活》第三期至第八期。写作经过见《公朴日记》。

事，主要的是怎样从个人与一群人的生活上逐渐来实践的问题。因此，在今天我们来谈民主生活，不能说不是一个重要而切实的课题。

在民国初年，我们曾有过国会、省议会、县议会等；在北伐成功以后，也曾有政府机关下的各种委员会和党部领导下的各种人民团体；直到现在，人们或多或少的获得了一部分开会的知识与经验，可是这仅是形式的，表面的。就拿历来若干次由于人民对国事及政治的不满而发生的各种运动的开会来说，实际上也只是为了讨论和解决问题，拿开会作为工具而已，并没有尽了推进民主的任务。直到现在，从我们的政治制度到我们的社会生活，并没有一点民主的气味，所以反映到表面上来的，上自政府下迄人民社团，也仅是徒具形式而已。

在抗战开始的时候，我们就主张要在抗战过程中建立民主制度的基础，要发挥人民组织的力量，借以打倒法西斯日本，建立富强民主的新中国。谁知道国民党在汉口时期自己通过的抗战建国纲领也没有能够实现，而政治反向更不民主的方向走，致使人民遭受更多不必要的损失。假如，华北晋察冀与太行山游击区要是象这样的话，不要说在敌人的扫荡围攻中获得存在为绝不可能之事，且一开始游击区就根本建立不起来，不要说还使它发展和扩大了。这是我亲眼看见的事实。

全世界是不能分割的，中国是全世界中的一部分；战后的世界已走上了民主的路，中国就不能单独的遗落在后边。中国在目前，虽然有些地区已开始走上了民主的道路，可是全国大部分地区还存在着腐败、贪污、专横、强暴，不但是军事政治如此，就连人们认为清高的教育界以及与政治无关的工商界，到现在都没有法子独善其身了。这里的根本原因，就在于没有民主。也就是说，是否能让教师学生们有学术研究的自由？这一切，都是我们走向民主路上的障碍，都有待我们的争取。因此，在今天要想完成我们的建国大业，就一定得继续以前没有完成的“为民主而斗争”。

我个人，站在民主教育工作者的岗位上很愿意为民主运动而努力。至于谈到民主的生活，当然，在个人生活、家庭生活、社会生活以及民主运动的经验与认识上，我是没有资格来说人家的。但我很愿意以此自勉自励，并愿意和朋友们共策共进。

无疑的，从我们出生以来一直到现在，在家庭也好，在学校也好，在社会中也好，无论是所受的教育以及所过的生活，都不是民主的。我们都不自觉的一方面压迫着人，一面又被人压迫着。到今天，大家都感到迫切的需要民主了，我们就应当向民主的道路上走，来过真正的民主生活。现在的民主国家，从年轻的苏联到衰老的大英帝国都是经过了几十年乃至几百年的培养和训练，才有了今天他们的民主生活方式。就拿我们的友邦美国来说，他们的民主生活，也莫不是从个人生活到社会生活不断地改善和进步，才有今天的形式的。从我们个人来说，我们是从不民主的道路上走来的，而今天要想过民主的生活，非先改变过去不民主的作风，建立起民主的作风来不可。作者，做事也；风者，风度也（从个人来说，从社会上来说）。从老年朋友到青年朋友，没有不了解的。至于所谓民主作风，从我们多少年来，无论是个人生活以至社会生活，都没有民主生活的内容与实际的经验；所以民主作风,也就无从谈起了。现在,为了体验、认识、纠正和充实我们的民主生活,因而建立民主作风的事就成了必要的先决条件了。

就拿民主生活中最初步的开会来说,在开会中怎样发言,怎样听取别人的意见,为什么少数服从多数,为什么少数服从多数并非压迫。站在少数方面的在会场中的态度应该怎样,在会场外对于执行决议的态度应当怎样,对于多数方面者的态度应当怎样;站在多数方面者在会场中的态度应当怎样,在会场外对于少数者的态度应该怎样,主席应当怎样做……这一切问题,我很愿意提出来和大家讨论、研究和学习。

以上,是些实际问题,至于文字上的,从最早的民权初步,以至抗战初期出版的开会的方法,其中所谈的也相当丰富,足见这些人并不是不理解这些问题,而是实际上做到这种地步却相当的困难。为了克服这些困难,所以就必须先建立民主作风。由于民主作风的确立,才能切实的体验、认识民主生活的意义和充实民主生活的内容。

因此,在《民主生活讲话》中,我们先提出“建立民主作风”这一个问题来同读者讨论。

## 民主集中的理论与实践

民主集中即民主集权。以一般的团体说起来,它具有三个要点:(一)一切执行机关都是由下而上地用选举的方法产生,同时每一下级机关必须受上级机关的指导或指挥。(二)在发表意见方面（在建议或提议或讨论时），尽量尊重个人的自由，使每一个人都能自由发表意见；但一经多数决议之后，就不管你同意不同意，都必须遵从决议，不能自由行动。（三）讨论与执行的机关合一，使其没有分立牵制的形式。代表会由大会产生，执行委员会由代表会产生，各级直接统属，讨论的是这一机关，执行的也是这一机关。讨论时有充分的发表机会，执行者有集中的权力，不但执行迅速，且也强而有力。团体组织，采用这种制度，能够把这个团体真正建立在整个团员身上，能够代表大家的利益和要求，同时又能够使执行机关有权力去执行一切，并能动员所有的群众去一致行动。这种制度的运用，如果偏重集权，就会陷入官僚主义；偏重民主，又会陷入自由主义，所以必须把它合理的有机的统一起来，而且是以民主为主导作用。这样，才是自觉性的最有力量的集权。由上而下的集权的指导，必须以由下而上的民主的组织和训练做基础。只有这样的指导，才能使群众自觉自动地起来接受指导，发挥出群众的高度的积极性和伟大的创造力。这里，我们就可看出，我们一个人在团体中的民主精神，应该是：（一）必须受上级的指导与指挥；（二）必须服从多数人通过的决议案；（三）必须遵守团体的纪律。所以民主集权，不仅是反专制，反独裁，同时它更是反个人主义，反自由主义，反浪漫主义，反无政府主义；同时可以矫正一般青年最容易犯的英雄主义，风头主义，清谈主义，独断专行，自夸自大，看不起群众，不接受人批评和建议等不良习惯，这是我们对民主集权应该有的最基本的认识。

但是，到现在还有人不了解民主或故意曲解民主，例如说民主和集权不相容而否定民主集权,或者有意把民主和统一或和领导对立起来,说民主破坏统一和领导,或者说中国民众的民主知识不够,不能实行民主等等。更有利用左的口号,说民主政治已经过时了。这些都是有意无意的破坏民主集中制。对于这些歪曲的言行,各方面都已有深刻的批评,我在这里不必多说。不过,我们要根本认清,我们要建立一个真正的民主中国,必须尽量发动人民来参加。要鼓励人民来参加,就必须接受人民的意见,就是说,要使各党派,各阶层,不分在朝在野,不分军民上下,都有发表意见和参加建国的机会。这样,才能集思广益,才可能代表大多数人的利益,发动大家来参加建国的工作。然而这是不是要采用民主集权呢?老实说,不采用民主集权,就是少数人的包办。我们现在不是怕人包办,而是没有人包办得了。

我们更要了解现在还要反对民主的只有两种人:第一种人是不深刻了解民主,而又为那些不正确的理论所淆惑,就如象认为民主会妨碍统一、妨碍集权、妨碍领导,民众知识不够,不能施行民主等等的人,甚至误把自由主义,无政府主义当作民主。这种人我们应该诚恳的说服解释,使他们能够彻底明了民主的真义以及运用的方法。第二种人,是官僚主义者,是贪官污吏,是法西斯残余分子。因为官僚主义者,尤其是贪官污吏,他们是害怕民主的,他们所做的事,根本违反大家的利益,如果有了民主,他们的恶行劣迹,便会立刻暴露无遗。法西斯残余分子是要破坏我们和平团结的民主战线的,是要阻碍我们民众起来参加建国工作的。有了民主,政府与人民,人民与军队,以至各党派,各阶层,都能相见以诚,都能意志集中,群情一致,这样,法西斯残余分子就根本失掉挑拨离间的机会，无法起作用了。所以法西斯残余分子是绝对反对民主的。象这类无耻的阴谋分子，我们应该无情地暴露他们的真面目，彻底扫除与肃清，这也是我们对民主集中制所应该清楚了解的。

所以我的结论是：

（一）如果是绝对“民主”，没有核心，没有领导；那种群众组织，就很容易被落后的主张所支配。

（二）如果是只有“集中”，不要民主，那就只看见命令传达，看不见群众的意见。那时候的领导，也变成了光杆的领导，没有真正的力量。

（三）要有了民主，那团体才能够被群众所信任，得到群众的支持和拥护。同时，那团体才有力量，“集中”才有基础。

（四）每一件工作，固然要从上而下地去领导；但是，最要紧的还是要从下而上地推动。

## “民主”就在生活里

最近有许多男女青年朋友对于“民主”一词的纷沓复杂的解释，反弄得丈八和尚摸不着头脑。他们跑来问我，有的甚至把民主这字眼弄得象玄学一样的东西，因此我觉得关于民主的基本知识应首先弄个一清二楚，我们才能继续讨论其他具体问题。其实民主就在我们日常生活之中，我们是时时刻刻在亲近他或者拒绝他，生活在其中或者被摈斥在他的温暖之外。

人类一开始经营群的生活的时候，就是陶镕在原始的民主之中，而一部人类历史，简括的说就是为民主而斗争的历史。这在中国历史中最为显然，尤其是近百年史中，几乎无一件不是直接间接与民主有关。五四时代公开把“德先生”和“赛先生”提了出来，直至今天政治协商会议初步成功之后，“民主”小姐不是才被大家从深闺密锁中千呼万唤出来准备跟咱们中国人民结婚吗！

民主是什么？简单一句：人民大众共同意志的实现，就是民主。能够理解与实现人民大众意志的人，就是为万众所爱拥戴的人；能够本着人民大众的意志去做事的人，就是民主的战士；能以人民大众的意志为意志，而贯彻于全部生活行为之中。这种精神的不同方式的表现，就是民主作风。

但是民主并不是一成不变的，因为人民要求进步和平幸福的意志是日有进展的。民主的形式也并非只此一家，苏联有苏联的民主，欧美有欧美的民主，咱们中国也有咱们中国的民主。这一如英美人吃西餐，说 ABCD，咱们却在吃红苕，有的红苕都吃不到，而偏还非写这份害人的方块字不可。然而各式的民主，最后终必向民主看齐。到那时候，就是中山先生所理想的“世界大同”的日子。希特勒的办法，世界永远大同不了的。因为它不但不民主，简直连人味儿都没有了。

谁都知道，我们目前所得到的这一点民主，是全国上下进步人士人民大众用血用肉，用头颅争取来的，如果单单懂得民主的理论，即使可以在大学校里开民主讲座，也还是不顶用。民主之难能可贵在于民主理论与民主实践之间的关系的密切，没有实践即等于取消了民主。民主之与实践之不可分，不仅在政治、经济、文化、教育、军事等等大题目上，就是日常生活上的锁屑节目，那怕是一言一语，一举手，一投足都须时刻注意养成民主的习惯和民主的作风。

我们过去是生活在不民主的传统之中，惰性是有的，因此就最容易发生要求别人民主，自己不民主，表面上民主，骨子里不民主的情形。这是不消怕的，怕的是自己回避甚至掩饰自己这些阿Q式的癞痢头的毛病，而不去改正。我说不消怕，是因为一块很肮脏的布，一次总是洗不干净的，可是洗了一次，再洗一次，用肥皂不成，再用去污药水，结果总会干净起来。而我们人呢，自又不同，尤其是争取到手的民主政治环境就是去污去垢的大池子。不见收复区的老百姓吗？如今已比我们这“大后方”的知识分子还更会使用民主，享受民主呢。

目前在大的方面，我们要不断的争取全国性的更进一步的民主；在个人方面，我们首先必须养成民主习惯，民主作风，在家里如此，在团体里如此，在社会上如此，就是在教育方面也应如此。

譬如过去的教育方式，那些填鸭子式的，考试第一式的，注意“天才”式的，都是不民主的教育方式。这种教育的结果，大家已经看到了。我们要因人而施教育，在灌输普通基本科学知识而外，要注意到学者的特殊才能，而设法培植、发展、保育这种才能。如所周知，这种“人材教育”结出来的果是丰硕的，也只有这种民主的教育方式才能培植出建国人才。而不民主的教育方式，除了断丧人们的才能而外，只能制造一些奴才和狗才！

教育如是，其他各部门莫不如是，民主是一块试金石，是进步与退步，光明与黑暗，庄严与无耻的一块试金石。民主是人类进化的产物,也是人类进步的测量器,而我们却须时刻从自身做起。因为民主就在生活里。

## 会议中的民主

我已经说过民主就在生活里。每一个民主人士应该民主的支配生活,应该从生活中吸收民主的滋养。

就拿开会来说吧,会议本身就是要求民主集中的实现,主张独裁的人们是不喜欢开会的,因为起码他们就最讨厌多数人的意见。如果开个什么会,也不过做做形式。徒有开会之名,而具独裁之实。试看某些机关的开会,就是如此。但是能够开会算是满不错的。有的甚至连一个会的形式也没有,可是宣言发出来了,说是会议通过的,主张提出来了,说是与会人士举手赞成的。如今更进一步,许多特殊人物竟然从偷偷摸摸的强奸民意变成公开的劫夺会场了。

我已说过,会议本身,就是民主的产物。正因为一个人的意见容或有不周到的地方,容或有不正确的地方,为了集思广益起见,为了得到公平合理而有效的处理办法,为了意志集中,力量集中,于是会议这个民主的产儿就出世了。

一个会议,不管他是什么性质的,一定有一个或几个问题,而主持这个会场的人,现在我们通称做“主席”。

做一个主席,说来容易,可是离开了民主,就又难乎其难!

凡在一个会议之中,开始总不会大家是同一的意见,如果意见一致,也就不必开会了。有的人意见偏左,有的意见偏右,有的意见偏激，有的意见偏缓，主席这个人也许是双方面主张之一，也许还有他自己独特的见地，并不偏于那一方或属于那一方的。但是一当了主席，就不许他看到左而不看到右，就不许他看到有权有势的一面，而看不到没权没势的一面，他应该在主席的名分上抛开他一切的成见，做一个综合事实和论断的客观的领导人。

但是这并不是说做主席应该没有思想没有头脑。相反的，一个好主席应该是有着正确思想和头脑的人。我们不是说他没有党派或集团成见，而是说他必须具备着综合共同意见的能力，他应使这一个意见为与会全体或是大多数人的共同意见，而为全体或大多数人共同努力的目标！这是做主席不容易的地方。

为什么不容易呢？主观见解是每个人都有的，而且是不容易更改甚至或是修正的。而主观的成见，更为难于祛除。做一个会议的主席也一如做了一个国家元首差不多。高于一切的权势和地位是规定了的，在日常生活之中成见都尚难以祛除，何况做了一个有权势有地位的主席呢？这就是做主席之所以为难了！

既云开会，自然不是一个人。既云开会，就不会是对单一问题或多个问题大家同一意见。如是，就不必开会了。既然不是一个人，既然不是一个意见，为什么要开会呢？道理很简单。常言说的好，“双桥好走，独木难行”，又道是“独木不成林”！人是群的，是有社会性的，就从中国传统的家本位来说吧，单有老爷一个，只是光棍一条，不成其为家，还得有太太，少爷小姐，既然加上这些尊号又得有听差、丫头、老妈子，这算一个“阔气”的家。其实，一说到家，起码就得是两口子，反正不会是一个人，既做老爷,又当太太,再做儿子,又做女儿吧!从现在来讲,蒋主席即使三头六臂,一个人抗不了战,斯大林就是八臂哪吒也实行不了五年计划。即使加上托塔李天王来也还是白白的瞪眼,计划是计划,等于做梦。所以开会者,就是要容纳不同的意见,集思而广益。做主席的呢,就须设法使与会的人舍其个别之异,而趋于大家之同,是谓求大同存小异。能得到这个大同的,而又能鼓励,推动各异的趋之于大同的,就是好主席。政治协商会获得初步成功,就是这个道理。至于较场口事件,是暴徒们的暴行,与暴徒讲理,一如对牛弹琴,不能归入会议之类。而我与熟识与不相识的朋友们的被打,是由于暴徒们总不想大同,只想各异,就是,独裁其实。独裁者的前途,希特勒、墨索里尼和日本军阀已是前车之鉴。而大同之理想,却是国父中山先生的理想呢!

我们应该学习怎么做一个好主席。

## 参加会议应注意六点
## ——再谈会议中的民主

严格的讲一句:会议的本身就是民主集中。

只有民主而不集中,就会议不成,即使开了会,也得不到会议的结果。会场上一定是公说公有理,婆说婆有理,那一定是一家七八口,有的要吃面,有的要吃粥,结果无人做饭,大家都吃不成。

所以民主的产儿——会议,首先要一定有一个程序,尤其是在群众性的大会上,这个事先拟定的程序,更是少不了的。这一个程序就是一副骨骼，没有骨骼，只有血肉，也是烂泥一滩，血肉模糊。但是这并不是说，这事先拟定的程序，不可更易，只要大家同意，全部推翻重来一套，也未尝不可。较场口开会，刘野樵吴人初等为什么大打出手，凶殴与会群众呢？理由就是他想更易大会原来的程序，甚至想篡夺大会，假大会之名，行反对政协之实。但是他明知他们的阴谋计划得不到与会人士的同意，所以就殴打主席团，殴散与会群众了。他们为什么要打人？原因就在这里！

对于不民主的人，他们认为民主就是他们的死敌！

至于参与一个会议的人，起码需要有民主集中的认识，在许多会议中，我曾经看到一个人一个人的滔滔不绝，在先还是说的本题，后来越扯越远，甚至上天下地，上下五千年，纵横五大洲了，别人才一示意，马上就更为愤慨激昂，主席才一表示，马上脱口而出："我们要民主，这是我的自由"云云。

其实这是不民主的，他说话不仅忘了主题，而且忽略了别人发言的权力，这只能算是"自由"、"个主"而非民主，这种情形说明了在他的血液里只有"独裁"。

还有一些人在会议上，象是很能倾听别人的意见的，别人发言他不做声，轮到自己的时候，却把别人一概抹煞，不是用大帽子压别人，就是强拉活扯的打击别人而"自以为是"，甚至用一些情感的语句吓住别人，顶住别人。显而易见，这是不民主的另一手法，打击民主的别一手段。别人的意见一百个中有九十九个错，有一个对，那这个对，就得算是对；自己的意见有九十九个对，只有一个错，那个错，也得算是错。有理由的不怕别人批驳，没有理由的,靠强辞夺理总不能成功,就算是表面上压服了别人,骨子里人家还是不心服。

另外有一些人,象是讨厌开会,别人主张甲是甲,他点头称是,另外有人主张甲非甲是乙,他也不摇头反对,好象是什么都好,什么都不好,好与不好中间可以划等号。这是没有民主的训练和认识的结果。如果说是真没有意见,也不见得,这种表现就是说明了他忽视了自己,无视一个正确的力量。所谓墙头草,两边倒是也。这一种骑墙派是不懂民主,也不会民主的,因为奴隶劣根性还潜伏在他的身中。

在会议中,还有一部分人,以和事老的姿态出现,如果一边是红的,一边是白的,他就不说红的对或是白的对,而实行中庸之道调和成粉红色的。如果有的主张善,有的主张恶,他就来一个既不善也不恶。表面上这好象很民主,可是大谬不然!

如果双方意见完全对立,会是很难开成的,甚至完全开不成,只要开得成会,就是说双方意见虽异,但总有相同之点。开会就是各舍其异,共择其同,和事老或能和事于一时,但是解决不了问题,因为这只是混合而不是从矛盾中求其统一。譬如说用和事老的办法解决国共问题,那该是共产党占的地方共产党搞去,国民党占的地方国民党继续其训政吧!但是实行前者,国民党答应吗?实行后者,后方的老百姓干吗?虽然国共两方面打了十八年,如今总算让人念阿弥陀佛了。这一个新的合作,乃是在中山先生的三民主义的最高原则之下,获得了的统一。

就是从小的地方说,有的人讲较场口血案是双方争夺主席,可是事实上刘野樵他们要参加大会,并且必须要做主席团,筹备会不是不答应，相反的是一一照办。可是这种调合的结果如何呢？是主席团被殴，与会人士被殴。你想民主与反民主如果在表面上调和一下，即使暂时同床而异梦，到了将来终有一天会撕破了脸皮的，较场口就是最显明的例子。这种和事老的态度，就是民主精神不够的表现。就是只看到了皮肉没有看到骨头的说明。

所以凡是每一个参与会议的都必须注意到：

一、牺牲主观，获得问题正确解决的客观。

二、要从问题的中心发展议论，而一切议论要归结于问题的中心。

三、随时接受别人的意见，随时修改自己的意见。

四、注意发言的表面，更须透视其发言的本质，注意问题的中心形式，更须把握问题的内容。

五、争吵不是办法，说理才见功夫。

六、顾全大体，为了大家不妨牺牲自己。

我想每一个参加会议的人，有了这六个注意，有了这种精神，就不愁会议不成功，就不愁会议没有结果，力量不能集中了。

# 大众来创造

G 2/4　　　　李公朴词

（稍快）　　　　星　海曲

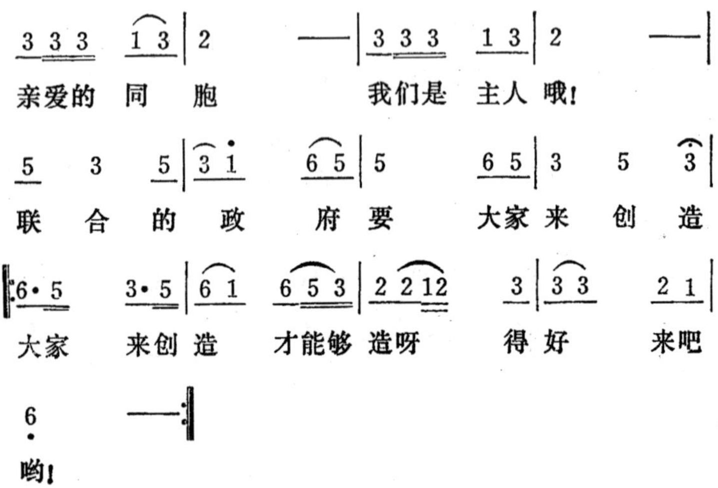

# 民主运动中妇女的新方向

在过去谈妇女问题时,不外是婚姻问题,家庭问题,妇女从业问题,妇女参政问题,经济独立问题之类;而在今天来谈妇女问题,以上那类枝节的问题,就可不谈了——虽然那些问题也是切身的问题。不过,更迫切的是推进民主运动。中国先要是一个民主自由的国家,那些枝节问题方能得到解决。我们先承认今天的妇女问题,民主运动中妇女问题的话,首先就得注意三个新的方向;倘使这三个新的方向能切实把握住了,以上那些枝节的个人的切身问题就会自然地得到解决。而且有些也只能摆在根本问题当中,同时得到解决的。

## 正确的思想和人生观

第一,在中国的今天来讨论妇女在民主运动中的方向问题,首先要妇女建立起正确的思想和正确的人生观。什么是正确的思想和正确的人生观,不在今天我讲话的范围之内来讨论。我所提出来第一要建立正确的思想和人生观,不是正面的谈思想人生观的问题,而是说,承认民主理论是对的,承认民主运动中的妇女问题,不是那些婚姻家庭等枝节问题的话是对的;那么我说,就不应当有相反的思想,就把那些把婚姻家庭等等的枝节问题看作是妇女解放的主要问题的思想,加以扫除。

有许多人说妇女主内呀,男子主外呀,妇女受着生理自然的缺陷,工作大受限制呀,这些许许多多的说法,过去是有意无意的造成限制妇女参加工作的口实,这等于用枷锁来限制妇女。枷锁是没有人愿意背起来的,但是上面那些有意说妇女有种种缺陷的话,比枷锁还要利害,使许多妇女在未曾负担起工作任务之前,首先自己就有一肚子的怯弱心理,形成除了依靠男子之外,自己没有独立的性格。这种心理的表现,就说明了许多女子,仍是甘愿把枷锁枷在自己的头上,它同时也成了民主运动中妇女的枷锁。所以我们首先要提出打开这枷锁的思想问题。

## 生活决定意识

第二,要谈思想与生活配合的问题。这个问题,不仅是妇女们要做到思想与生活配合,就是男子也应当要做到思想与生活配合,言行要做到一致。不过特别是今天的妇女,受到这个思想与生活不配合的侵害特别厉害。譬如在重庆大后方的妇女,一些家庭经济好的妇女,很多都是受过了新的教育的甚至许多在社会上取得了相当地位的妇女,但是她们还敌不过物质生活的引诱,常常被目前的利害所屈服,甚至受生活的引诱。所以过去虽然受过新教育的洗礼,但一有生活享受的机会,她们的生活就变了样，而不能同所受过新教育的思想配合。就以她们的行动来说，最初也许是被动的，但从被动却变成主动。有些固然受家庭的束缚，而大多数的却是甘心情愿放弃了一个新妇女的任务，使自己的生活与进步的思想背道而驰。由于生活的享受，而影响到生活一天天与思想游离。一个哲人有一句名言："生活决定人的意识。"你想许多受过新教育，有思想意识的妇女，尚且会被生活的引诱所改变，何况那些意识不清楚的妇女，将更易受不健康的生活的影响和改变，使她们糊里糊涂。所以在有了正确的思想人生观之后，更要战战兢兢地注意自己的生活。若是不注意生活，让生活向着不健康的路上发展，那么在新教育里面所得到的一点进步思想，由于生活不能和它（思想）配合，就会慢慢地把这些进步的思想置之高阁的！

## 站起来工作

第三，民主的妇女问题，简单地说起来，一方面锻炼了正确的思想人生观，一方面就要工作，站起来工作，切切实实的站起来工作。这个问题讲起来，是一步比一步难。今天思想不清楚，可以找几本思想正确的书来看，朝着正确的方向进行，还容易建立起思想的系统来。今天旧的生活要改变，但不是机械地要每个（各阶层）妇女的生活，都同时改变得和劳苦的人民一样。这是很难做到的，这比改变她们的思想要难。但是最低的限度，在生活上不必要的奢侈是可以改变的。虽然有许多奢侈的装饰，只是属于个人的生活范围之内，改变较容易，但是要谈到工作就不同了。工作的范围是要和社会有关系的。过去的妇女想工作,但是她们不敢挺起身来工作。她们在工作中表现得轻弱与羞涩,带着消遣的玩票式的态度。今天的妇女运动,便是一种革命,如果忸忸怩怩,羞羞答答地或带着逢场作戏的态度起来革命,那还象话吗！这次战争中,有这许多国家,除了苏联、英、美、法等国家的妇女的积极活动之外,也可在中国敌人沦陷的地区找出许多妇女站起来的事迹。今天,已有先驱者给我们踏出了一条血路,因此我们不是孤立的。过去的妇女,不能说她们没有工作,主要的她们的工作态度不积极,今天我们要工作的话,在生活和思想方面都要采取积极态度,要挺起胸来切实地主动的站起来工作。

(《现代妇女》七卷一期)

# 人民世纪与妇女解放

## 什么是“人民世纪”

我们说今天是人民的世纪，有些人觉得奇怪，他们说：“今天是人民世纪，难道说以前的世纪就没有人民吗？若说世纪人民所表现重要精神是民主政治的话，那么在英美，不是老早就实行民主政治了吗？那么以前为什么不说人民世纪，而在第二次世界大战爆发以后，才提出人民世纪这个口号来呢？”这个疑问，是由于他们不了解在第二次世界大战以前，英美所实行的民主政治，是资产阶级的代议政治，二次世界大战爆发以后，全世界被侵略被奴役的人民大众，都直接起来参加反法西斯的战争，参加民主的联合政府，这是由于人民的力量，在新的历史发展当中，在新的斗争里面，被组织起来了，我们才可以称今天的世纪，是人民的世纪。

“人民”世纪这个名词的来源，是威尔基到苏联时，看到苏联的人民，不分男女老少，都积极地参加到反法西斯的爱国战争里，发挥出无比的力量。所以威尔基说苏联反法西斯的爱国战争是人民的战争。但是威尔基为什么当时不说英美参加这次第二次世界大战的战争是人民的战争呢？这由于当时英美人民对于这次反法西斯的战争的意识，远不如苏联人民这般地，在每个人，每个场合，在每个生活的角落里都渗透了反法西斯爱国战争的意识的缘故。所以人民世纪，是由人民战争这个强大的意义演绎出来的。也是有了人民的强大的力量存在，才能有人民世纪的真实的内容。

## 一个很好的测验

现在让我们来谈谈人民世纪的妇女问题，首先要看到今天的妇女，受着双重的压迫。她们除了在政治经济上，和男子们一样，受着法西斯和封建统治对所有的人民压迫而外，妇女还要受到男性中心社会的压迫，所以要求妇女的解放，就觉得它的任务更加沉重而迫切。

但是我们睁开眼睛来看，凡是人民已经抬起头来的地方，我们要特别注意，那里也是妇女最活跃的地方。若是假借民主的名义，而实行独裁专制的地方，一定是妇女的活动不够，或是妇女不能活动的地方。

因此，人民要得到解放，妇女也要担负起一部分的责任。从妇女的活动情形去看，就可以测验出人民是否得到解放，和得到解放的程度。

# 一些光荣的模范

我过去在中国游击区里工作的时候，亲眼看到许多妇女站起来担任抗战动员和生产的工作，她们的英勇和坚决，是我们在大后方的人们想象不到的。从外国报纸上，我们看到五年以来，苏联的妇女，和英美的妇女的活动情形，就可以看到在人民世纪中的妇女运动的新姿态，尤其是解放后的法国妇女，在法国的新民主政权中已得到了选举和被选举权，而且在法国二千五百万的选民当中，妇女占一千四百万人的多数。法国妇女在今天法国的新民主政权中所获得的选举权利，正是他们在法国沦陷于纳粹侵略之下，在地下英勇地从事反法西斯的工作，发挥了很大的力量，而且她们工作起来，比男子还要进行得顺利，因为她们比男子更容易得到掩护，成为地下反纳粹运动最坚强的队伍。同样的，在南斯拉夫、意大利、挪威、波兰，妇女们从事地下的反纳粹运动，有着更丰富的，可歌可泣的英勇斗争，将来会被写在欧洲人民反法西斯的解放斗争的史诗里。在一部表现挪威人民反法西斯的斗争影片《天快亮了》里面，我们也可以看到，妇女的活动，跟男子占着同样的重要的地位，甚至发挥出更多的力量。这许多事实，把过去由于许多社会制度和经济剥夺下造成的轻视妇女的传统观念，给了有力的说服了。

我们今天，从妇女的英勇斗争史实来解释人民世纪这个富有深刻的历史意义的口号的产生，就觉得它不是偶然的了。

所以人民世纪，跟任何世纪的意义都不同。在讲到人民世纪中的妇女问题时，妇女本身在研究人民世纪这个口号时，就要看出妇女在这个世纪中所占有的重要地位。了解这个特征。同时我们也可以从过去许多历史的变革运动上，看出凡是没有妇女参加的变革运动，都是不容易成功的。过去有许多学者研究妇女问题，但都不能解决妇女问题，只有妇女自身站起来，才能使妇女问题得到解决。

# 从世界看到中国

**编者按**:本文系作者在人民救国会会员大会上的政治报告。因限于篇幅,未能刊载全文,仅将提纲的一部分略加补充,发表于此。希读者能加以引伸的研究和讨论。

战争又将人类的政治经济制度,大大的推进了一步。由于广大人民的觉醒,第三次大战,大有推迟的可能了。因为在今天世界越发成为一个互相关联的整体,“国际”的距离是更加缩短了,任何国家的问题都不是孤立的。中国的事情与世界大势更有着直接的关联,它和当前国际局势有着不可分割的关系。

若说第一次世界大战的收获是产生了一个社会主义的苏联,成了世界人类解放的灯塔,那么规模更大,时间更长的第二次世界大战,又有了一些什么收获呢? 历史家尚不愿轻予估计,但以下几点可说已经是很明显的事实了。

第一,在政治上,形成了以联合政府为主要形式的新欧洲。这是人民大众的民主主义的成长,这和二次大战前一般所见的英法式的联合内阁有着本质上的不同。因为它不单是资产阶级各政党的联合,而是以人民大众的代表为其主导力量的。试看今天的欧洲,已经有十七个国家的联合政府,是有着工农政党的参加,这就说明联合的基础,是建立在非常广大的人民力量之上的。

第二,在经济上,由于原子工业的加速发展而促成原子能的实际运用,它将使整个工业发生基本的变化,它将改变整个的生产力,形成生产上空前的变革,进而促进政治上的变革。全世界范围的新型民主政治,也将因而受到更广泛的推进。

第三,许多人忧虑着,第三次世界大战是否可以避免呢?我们以为只要英美苏中及各国民主人士努力制止战争,只要全世界民主人士坚持和平,无情地铲除法西斯的思想,消灭法西斯的残余势力,第三次世界大战是可以推迟的。

所以,不管国际局势如何动荡,我们已经可以找到它的发展的规律。在广大的民主力量前面,它必然要在混乱中稳定下来。自然,由于法西斯残余势力的挣扎,难免要经过许多迂回曲折的道路,但战后世界的前途,一定要走向和平民主的大道。我们认清了这一个总的方向,便会坚定信心,以乐观的情绪去争取光明前途的实现。

谈到中国问题,不能否认的,苏美的对华政策,对于中国是有着很大的影响的。

苏联对华政策有一个总的原则:她不希望在中苏边境,西起新疆东至朝鲜这样一个绵长的地区,有反苏势力的存在,但她是无意于干涉中国内政的。基于这一原则,她和中国订立了中苏条约。这一个条约,将保证中苏邦交的友好和远东的安全。这种政策,不独是无违于国父的遗教及政府的愿望,也可以得到全国人民的谅解与欢迎。

美国的对华政策,从战后的态度上,可以看出以下三个原则:

(一)她要扶植国民政府。

(二)由于对苏联的某些戒惧,她将利用在华的一切条件防止苏联势力的膨胀。(看最近莫斯科外长会议所表现的美苏友好精神,这种误解和疑虑当然可慢慢的消除了。)

(三)由于经济的利益,美国需要一个安定而民主的中国。

但这三个原则是有着矛盾的。很明显的,过分的扶植不民主的力量,已经助长了中国的内战,而又绝对达不到安定中国的目的。正相反,还会加重了中国的不安定。偏于防苏的态度,必然会为中国的某种力量所利用,它与中国的安定和民主也是背道而驰的。第三个原则,自为国人所欢迎,因为不民主也一定不能得到安定的目的。

关于目前中国的内政问题,大家的注意都集中到政治协商会议上。这一会议是否能如国人所期望而得到圆满的结果,现在还不能下判断,要看它对于以下几个当前重要问题能否顺利解决而定。

第一,停止内战问题:各地武装冲突,如果不能立即停止,一切问题便无从谈起;一定要先停战,所有问题都经由协商解决。幻想消灭异己,希望在三月半年或一年之内,以武力统一中国的迷梦,是永远也不能实现的。我们希望全国人民要用一切的力量起来制止它,我们更希望国民党政府要注意美国务卿贝尔纳斯在元旦夜向中国发出的警告:"一国因内讧分裂,将不能在联合国中占有适当地位,以履行其国际责任。”万不要自绝于国人,自绝于友邦。我们深信,只要政治能够真正民主,政令自然可以统一,党派武力,也自然可以国家化了。

第二,联合政府问题。成立过渡期间的联合政府,已为各党各派和无党无派人士公认为走到民主的桥梁,而这座桥梁,大体上将是这样建造起来的:

(一)联合政府一定要由各党各派及无党无派的人去共同组成;

(二)在联合政府中,中国国民党当然为第一大党。

第三,共同纲领问题。最重要的问题,不单是产生联合政府,还得有一个共同纲领。这一纲领一定要能符合全国民意,真正代表人民的利益。而这个纲领一定是要具体的,又要是可能真正见诸实行的,不能像抗战救国纲领那样的成为具文。没有共同纲领,单单是一个联合政府,只不过是换汤不换药,离开真正的民主政治还有十万八千里哩!

第四,五五宪草与国民大会问题。宪法应该是全国人民所同意的宪法,国民大会的代表,也应该是真正代表民意的代表,因而五五宪草必须修改,国大代表必须重选,已成为各方面人士的共同要求。十年前所选的代表,断不能代表今天的民意;五五宪草是一党专政的政治基础上草拟的,更应重行修订。我们的新宪法,需要吸取英美苏法宪法的优良精神而加以中国化,才能适合今天的要求。

政治协商会议,如能对上述诸问题取得协议,而且立即见诸实行,政治才可以走上轨道。每一个民主进步的人士,都应力争取这一目标而努力。

总之，世界和中国都在动荡混乱中有着光明的远景，世界局势的安定和进步，中国和平团结民主统一的前途，都需要全世界和全中国进步人士一点一滴的努力，继续不断的争取。只看到动荡混乱，而不能透过黑影预见远景的人，会恐惧会失望，同样只看到光明的远景而过分乐观的，天真的等待主义者，也会失望的。民主的途程本来是艰难曲折的，只有团结和组织人民大众的力量，把握住整个世界的动向，配合全国人民的民主浪潮，不断的努力和奋斗，才能够辟成人民大众的光明的大道啊！

一九四六年一月四日

# 人民才是原子弹

在抗战中间,人民说——

一面是庄严的工作!

一面是荒淫与无耻!

这是两条线!

在这中间,我到过陕北,我亲自见到一个新生的政党在怎样成长,我也亲眼见到,质朴的人民在抗日的神圣战争里怎样打掉几千年传统的束缚,“人无分老幼,无分南北”的教育自己,教育别人,打击敌伪,实行民主,如今全中国将近一万万人民走上了丰衣足食的大路。然而另外的地方我也亲眼看到“朱门酒肉臭,路有冻死骨”的现象;我也见到战士如囚犯,学校如牢狱的现象;甚至我还见到报纸上刊载过投敌者荣归,降敌者为将的消息!

抗战胜利,有“收复区”,也有“解放区”。我尚未到“收复区”复员,也还不会到“解放区”去参观,但是我听到见到蒋主席亲自颁下了四项诺言。停战协定发布,政协协议签字,整军方案完成;但是如今,广东打了,中原饿,东北更是箭已离弦,全国释放了两个政治犯，北平又已逮捕皖南事变尚未失去自由的钱俊瑞。至于其他"失足落水"，还不在话下。另外，一方面复员，一方面继续抽丁，巧立名目继续征粮，试问：民何以堪，民何以堪？

如今又是两条线！……

过去有人脚踏两只船，而今路子只有一条！不要民主就是反民主，可是反民主恐怕拿不到金元！

否则，一意孤行，前车有鉴！小心人民才是原子弹！而且是专门消灭法西斯蒂的原子弹！

（《联合三日刊》创刊号）

# 从世界看“一二·一”惨案

## （一）

我曾经说过，昆明“一二·一”惨案，决不是一个地方，与一部分学生的事件，也决不是一二个负责人处理失当的事件。

它是什么事件呢？

它不仅是中国的事件，同时是与整个世界的反民主力量有着难解难分底关系的。

为要说明这一点，我们得把过去国际间法西斯力量与反法西斯力量的斗争和今天国际间民主力量和反民主力量的矛盾，及其反映在中国的民主力量和反民主力量间的关系，加以分析。

前天我在胜利大厦看到英美大使馆所放映的可译做《团结的力量》的一个影片。这个片子是从英美加联军在诺曼第半岛登陆开辟第二战场一直到美苏军会师易北河的一幅英勇壮烈的实地报导。当这部片子一开映，首先出现在银幕上的，便是艾森豪威尔的一篇开场白。他说：如果没有英美苏底政治上的团结，那么便不能赢得军事上的胜利。因为希特勒的政治阴谋,是那样千方百计地企图拆散英美苏的联盟。从艾森豪威尔将军这几句简单的开场白,我们便可以回想到当一九四〇年德国侵犯波兰的前夜,英法没有接受苏联所提出的保障欧洲和平的办法,而使英法苏谈判终于失败。这就是希特勒破坏反法西斯团结的成功。德国在一九四一年进攻苏联之前,大家总还记得纳粹副首领赫斯突然光临英国,就是想把英国从国际反法西斯力量中拖出来,使英国做德国进攻苏联的侧翼。这就说明了反法西斯集团在与法西斯集团斗争中,是有着多少暗礁。而那些暗礁又随时会撞破那只反法西斯的巨船。

但不管怎样,以希特勒德国为首的法西斯,千方百计破坏和分裂国际反法西斯团结的阴谋,终于没有成功,却被苏联强大的人民力量和邱吉尔特别是罗斯福对英美的贤明领导所粉碎了。

我们再可以回想一下,当抗战初起的时候,尽管当前的大敌是日本帝国主义,而那时国内反人民反民主的力量在短时期的雌伏后,便不断地想结束我们的神圣战争,重行打起他们反共的旗帜。他们始终不愿也不准发动民众,组织民众,真正来一个人民战争。相反的,越来越处处压制人民站起来,处处打击人民的抗敌力量。

反人民的力量就是这样一脉相承地紧跟在人民的背后,一直到今天。

## （二）

胜利了，全世界都狂欢过胜利了。但是我们如果放开眼睛再看一看这个大千世界，便不能不更加提高我们的警惕。

很显然的，在西方，希特勒虽然死了，戈林等辈虽然正受着审判，而德国英美军占领区，或则有不少纳粹武装力量，或则纳粹余孽还明目张胆地在活跃。在东方，近卫虽然死了，东条之流虽然正坐在大森战犯囚牢里，等候审判，而麦克阿瑟元帅的“宽大”，实际就保存着一个原封不动的日本法西斯体系。

不论在西方或在方东，法西斯的残余力量还不小。法西斯的思想，还潜伏在这个角落，那个角落，还若隐若现的在这儿那儿闪光。你看，在伊朗，在土耳其，在希腊，在印度，在阿根廷与西班牙，在一切可以滋生法西斯细菌的土地上，那些法西斯游魂，还公然在得意洋洋地在舞动着。

为什么会这样子呢？是谁使得它这样子呢？我们倒要把我们的眼睛再看看这个大千世界。

首先，要看看美国。

美国今天最要紧的事情，是要把它的战时生产转为平时生产，而当它一扭转身子，大批工人失业的黑影就紧跟着它。于是它为了使这个已在转变或正在转变的平时生产，能够找到它的安定条件，便四出抓取新的市场，和巩固扩大已得的市场。在这些市场上要站得牢，要能够不仅可以销出商品，还可以源源不断的获得原料，他们便把一些部队派去做岗哨。

美国的孤立派看到普遍全世界的人民力量是那样的成长起来，雄壮起来，自己便也害怕起来。一方面撕破喉咙大嚷原子弹了不得，要“手执钢鞭将你打”。一方面把经济的要求，配合了军事的要求，把自己的触须伸到太平洋上、大西洋上的各个弱小民族的土地上，伸到伊朗，伸到华北，还想伸到东北，挟着经济上的制霸形势，挟着庞大的军事力量，想从此支配世界，一家天下了。

美国想一家天下，无落日的英国，始终就没有忘记他的那一份殖民地大家当。它在大西洋宪章上签了字，它曾经陪唱过民族自决。而今天它的做法呢，早把那一套诺言撕得干干净净了。

在整个英国殖民地上，还没有见开出自由的花朵。从苏伊士运河到香港，从香港到澳洲到非洲，米字旗仍旧迎风招展。而什么西欧集团呀，更闹得响声传遍了欧洲大陆。

她不仅要巩固她的殖民地，加强在那些殖民地上的枷锁，还抖擞精神跑到荷属印度尼西亚再用血洗一次手！站在亚塞尔拜然的像边，想摸一回夜螺蛳。

胜利后的英美就是那样。胜利后的中国又怎样呢？

在政治上，不承认在八年抗战中，人民所建立起来的民主政权，坚持要用十年前的一党包办的国民大会代表，来召开国民大会，玩一套还政于“民”而实则是还政于党的把戏。在军事上，则在受降的面幕下，一面靠着美军，一面靠着敌伪军去消灭在八年抗战中成长起来的人民武装力量。一再违背宣布过的用政治方法解决国内问题的诺言，想凭借美军、敌伪军来完成武力统一的迷梦。武力是不是能统一呢？袁世凯、吴佩孚等“英雄”惨败的业绩，早已昭昭在人耳目的为我们解答了这个问题了。

屠杀人民的人还嫌用美机扫射人民不够彻底，正天天想借几颗原子弹来华北大陆上“牛刀小试”一番。而一些无耻的论客则唯恐天上不乱，大声喊叫“第三次世界大战刻在形成中”，手摇鹅毛扇，装腔作势念念有词的说：“战迟则胜少而祸大，战速则胜多而祸小”。

这一切，说明了什么呢？说明了全世界反法西斯的人民在狂欢胜利之后，冷眼一看，原来法西斯的暗影，依旧鬼影憧憧地在某些角落徘徊着、活动着。

## (三)

法西斯的暗影徘徊在世界上。这样，谁能说“一二·一”只是一个地方事件与一部分学生的事件，它正是围绕在目前这种国际形势下，这种魔掌到处伸舞的局面下，必然会出现的民主与反民主的一个血的场面。

今天，明明白白摆在我们面前的是：除掉已有人民政权的地方，到处都是一块黑压压的世界，到处都没有得到真正的自由。

表面上图书审查制度废除了，代之而起的却是书摊被没收，被虐打，被恐吓，被钉梢。新闻检查取消了，而独占的新闻通讯，却可以一手遮天，硬派出一个不知何许人也的姜凯来给别人栽瓜。人民可以集会结社自由了，而十一月二十四日昆明党政军当局就下命令不准开会；当其既开也，便用机枪迫击炮示威，恐吓，镇压。有人还大肆咆哮的说："学生有开会的自由，我就有开枪的自由"。

人民应该有身体自由了，而这些"自由"的人身，却在马路上被抓，被打，被杀；在学校里被手榴弹打死；打不死，受了重伤的，还在送医院的中途，加上几刺刀，请你毕命。

这些就是今天中国的真象，也就是"一二·一"惨案所以发生的原因。而这些原因，如果我们只把它当作一个地方事件去看，是很危险的，只把它当作中国的事件看，也是很危险的。在昆明发生的"一二·一"惨案，在本质上与印度尼西亚人民反抗英军的英勇战斗，同一性质的。而它的出现，毫无疑问，也正是在全世界民主与反民主的斗争中的一个必然的结果。这种结果的前途，近百年来人类的历史，已经为我们写照得很清楚了。反人民的人，一定会在人民的面前倒下去；用武力压迫人民的人，一定为人民自己的力量所推倒。人民的事业是有绝对的前途的，是一定会胜利的。

从国际到国内问题的相互关系是很明显的，我们要把握住它总的方向与发展，从而来看个别的事件，要有了这种正确的认识，才可以加强我们主观上行动的坚定性。所以我们中国青年不仅要争取人民的自由，不仅要争取民主，求得民主的胜利，我们还得与全世界被压迫的人，手携着手肩并着肩的去争取全世界人民的自由，争取全世界人民的民主，求得全世界的民主的胜利。

一九四五·一二·一六·深夜·重庆·

(《知识青年》一卷五期)

# 你的光辉永远不灭

——纪念郑一斋先生

f　(♭A) 3/4

慢、沉痛

男低音独唱

公朴　曼均

未然　赵飒

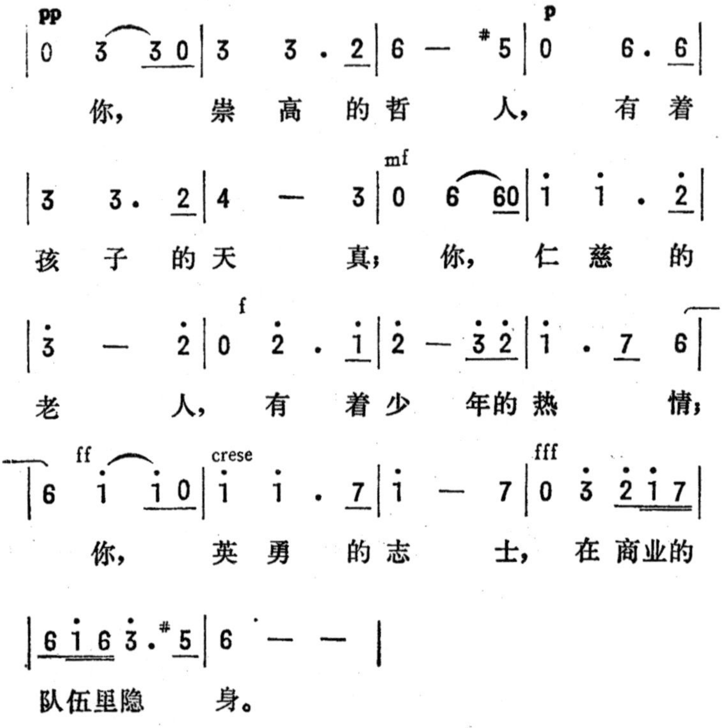

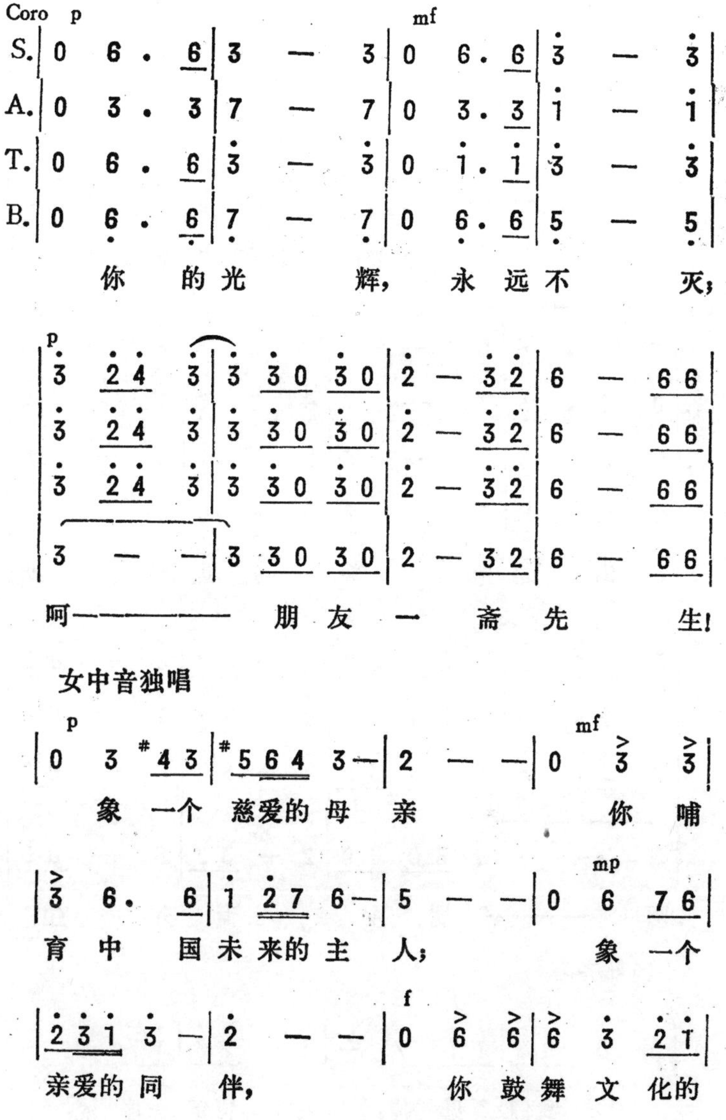
Coro
S.
A.
T.
B.
你的光辉，永远不灭；
啊——朋友一斋先生！
女中音独唱
象一个慈爱的母亲
你哺育中国未来的主人；
象一个亲爱的同伴，
你鼓舞文化的

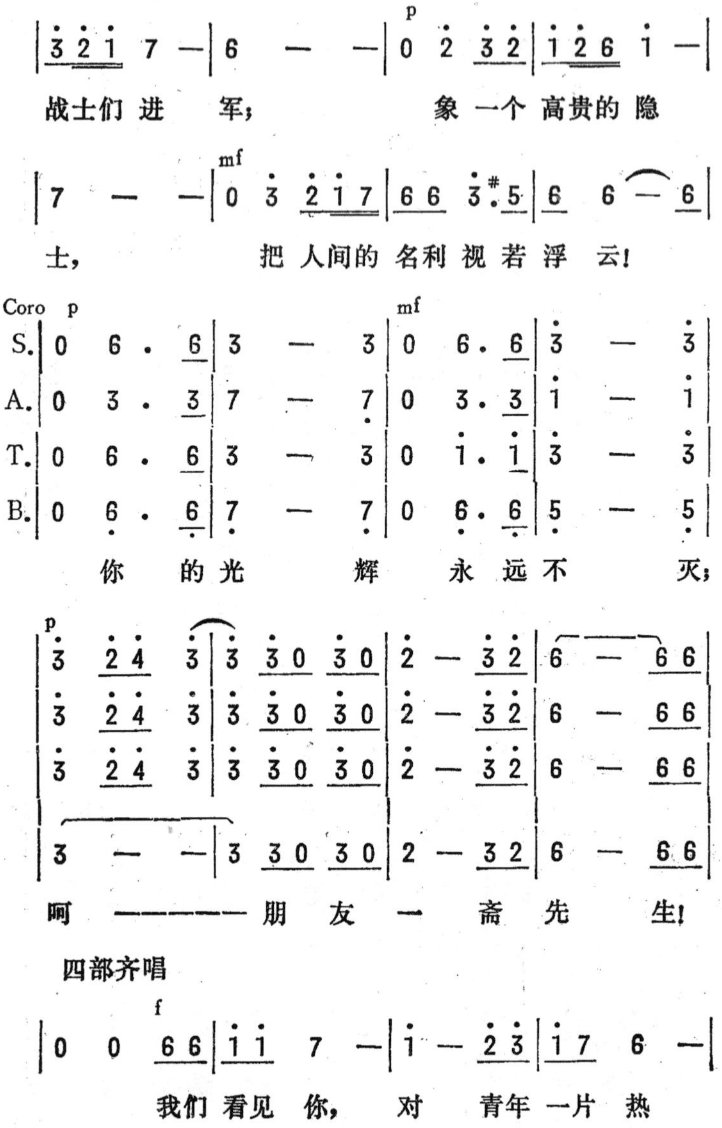
p
战士们进 军；象一个高贵的隐
mf
士，把人间的名利视若浮 云！
Coro p
S.
A.
T.
B.
mf
你 的光 辉 永远不 灭；
p
啊 ——————朋 友 一 斋 先 生！
四部齐唱
f
我们看见你，对 青年一片 热

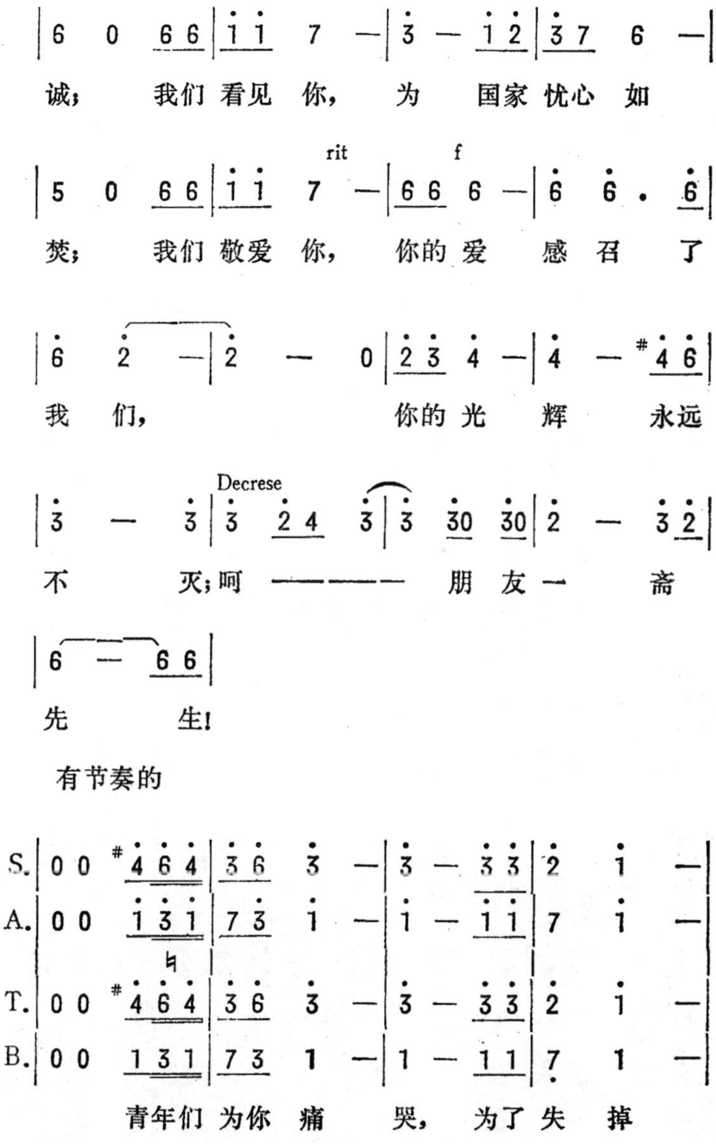
诚；我们看见你，为国家忧心如
rit
f
焚；我们敬爱你，你的爱感召了
我们，你的光辉永远
Decrese
不灭；呵———朋友一斋
先生！
有节奏的
S.
A.
T.
B.
青年们为你痛哭，为了失掉

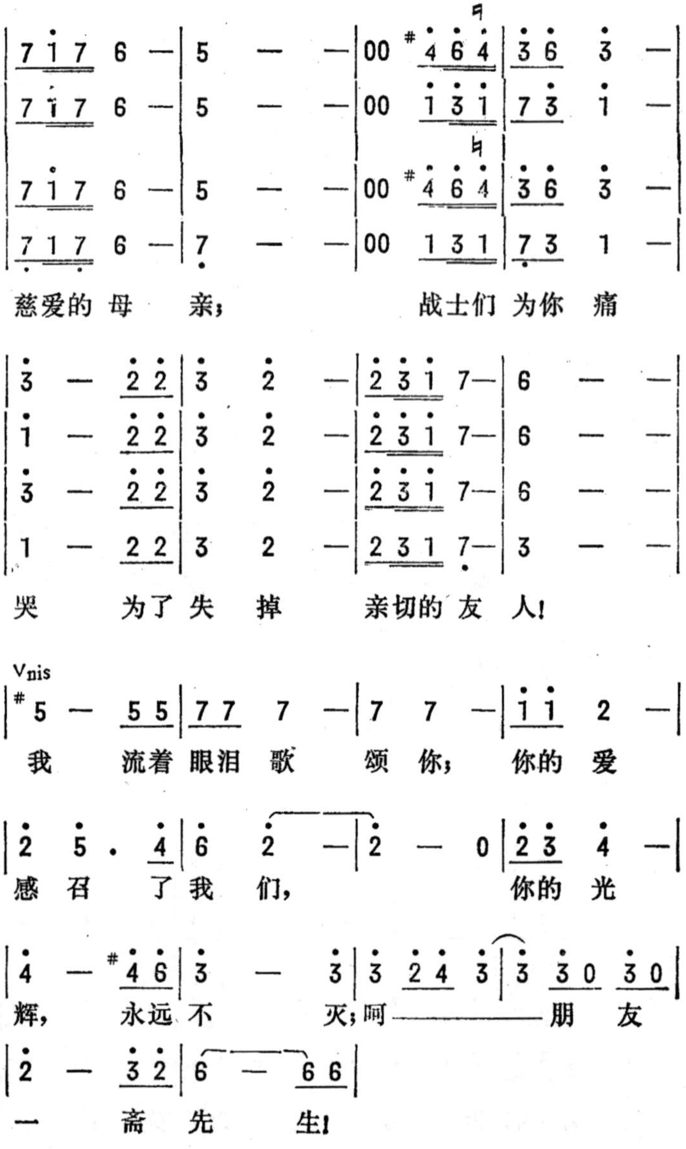
慈爱的母 亲；
战士们为你 痛
哭 为了失 掉 亲切的友 人！
Unis
我 流着眼泪歌 颂 你；你的 爱
感 召 了我 们，
你的 光
辉， 永远不 灭；呵——朋 友
一 斋先 生！

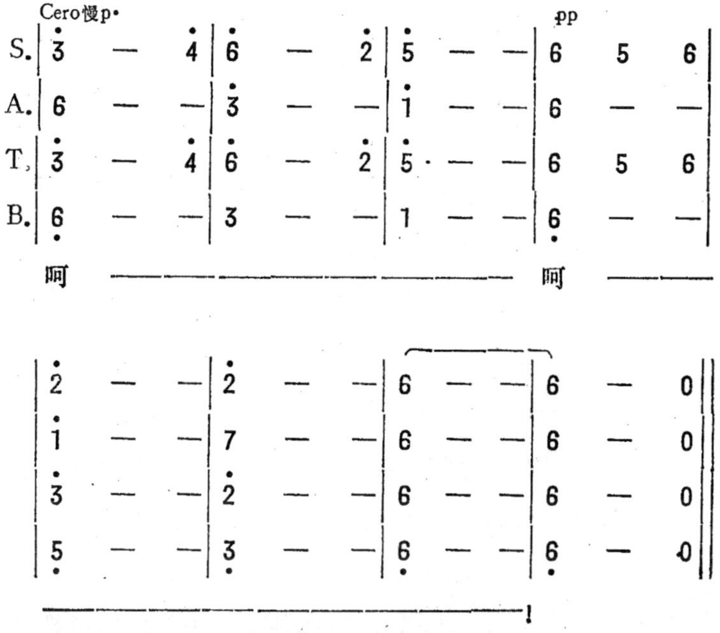
Cero慢p
pp
S.
A.
T.
B.
啊
啊

# 我们为什么纪念他

## ——写在歌后

鲁迅先生曾经在他的遗嘱中写道:“忘掉我,管自己生活。”但人们却无法忘掉他。而且人们正是为了自己生活的向上发展,要永远地永远地纪念他。

死者并不需要我们去纪念他,尤其是对于生前已经把名利视若浮云的人。纪念的意义,为的使高贵的典型永垂不朽,为的使死者的人格变成活的模范,为的让死者的精神感召活着的人,让他们踏着死者未完成的道路前进。

如今我们纪念郑一斋先生,也正是这个意思。一斋先生在偏远的云南,终身以最大的热情,努力文化教育的拓荒事业。生前不求人知,但他的名字却自然而然地在文化界传颂。死后不需人纪念,但我们却要借着我们的颂声,借着我们的哀辞,借着各式各样有效的方式,把他遗留给我们的善良种子,播送在活着的一切善良的人们的心田中。

能够深深了解一斋先生的精神的他的亲友!受到他的感召最多的他的后代和全云南的青年们!全国文化界的战士们!在

四面八方，在各个偏僻的角落象一斋先生一样地为文化教育事业而埋头苦干的朋友们！请从我们诚挚的歌声中得到鼓励！请学习这位活的模范！请把这善良的种子传播得更深和更广吧！

抗战第六年国父逝世纪念日于昆明

# 从冬天战到春天

我们处在这寒冷的日子，一方面要应付目前的冰雪与恐怖，一方面要想到和暖的春天即将来临。

当前的中国情势确是非常严重，忧时之士都为之愤慨不安。而另一方面，许多人因为耐不住长期艰苦的日子，看到前面还有一大段艰苦的路程，于是失掉了奋斗的勇气，精神上的痛苦加上物质上的痛苦，使他们表现出挣扎不下去的样子。这种悲观失望的情绪，比当前严重的形势更严重。

诗人们把今天这一段艰苦的过程比做冬天，这实在是非常恰当的譬喻。空气是十分地寒冷，冰雪掩盖着大地，在严冬无情的统治下，一切生物都失掉了生机；人们也只好象田鼠一样地躲藏起来，恐怕冻掉了鼻子，冻掉了耳朵，甚至冻僵了他的脉搏，事实上也的确有些人一不小心，竟然被无情的冰雪掩盖了他活跃的生命。

在冬天，一切生物，觅食照例是非常艰难的。今天大后方的人民觅食求生的困难，也说明了我们是处在一个严寒的冬天。

但是我却记起了另外一个诗人的譬喻。英国的诗人雪莱就有过这样的名言:“冬天来了,春天还会远吗?”我们必须知道,一切的时间都是过程。用李白的话来说,就是:“光阴者,百代之过客。”因为春天的一切是冬天孕育成功的,而严冬却是达到和暖的春天的一个必经的阶段。所以我们处在这寒冷的日子,一方面要应付目前的冰雪与冰怖,一方面就要想到和暖的春天即将到来。

我们最好把眼光看得远些,看到中国战场以外的战场,欧洲和太平洋都打得很好。在盟军和苏联红军两面夹击之下,在美国优势的海空军压力之下,希特勒和日本法西斯也在过冬天了。他们也在感到恐怖不安了。今天冬天,欧洲大陆上正在进行着一个大决战,这战争将首先决定希特勒的命运。眼看春回大地的时候,希特勒一定倒台,而日寇也同时将成为待决之囚了。我认为这预言有充分事实做根据,那和暖的春天离我们并不太远。

全世界的春天,也决定中国的春天。当民主在欧洲大陆上获得胜利的时候,也必然要在亚洲大陆上获得胜利。而且,这次战争的目的在于彻底消灭法西斯的思想,我们要争取民主与自由的彻底的胜利。民主,对于敌人是冰雪,对于我们是太阳。我们一定可以看到,当大地回春,太阳高照,冰雪消融的时候,一切明目张胆的法西斯,或者躲躲闪闪的暗藏着的法西斯魅魑魍魉,都要在阳光下显出原形,都要被扫除于我们的国家和我们的世界之外。

不过,在春天还没有到来之前,我们却先要学着过冬天。今天许多知识分子苦闷烦躁的表现,都由于他们还没有学会怎样过冬天。我以为,第一要顶得住。我们正在进行着一种对于严冬的战争,必须先要保存自己,才能战败敌人。如果在敌人的威力之下低头,便无法进行这个战争。因此,我们便应该保护自己而且锻炼自己。一个在冰雪下面赤身露体地暴露自己的人,免不了遭受冰雪的迫害。我们需要穿适度的衣服,随时当心冻掉了鼻子和耳朵。但却不是躲藏,而是在风雷中迈步前进,在风雪中锻炼自己战士一般的体魄。

在冬天,孩子们御寒的方法,是集体的运动和游戏。很多小宝贝在一块堆雪人,掷雪球,打雪仗,兴高采烈,毫不感到周围的寒冷。我看这很值得我们学习和参考。我们应该集体过冬天,在冬天过集体生活,作集体的斗争。一个人躲在房子里,只会感到环境的阴森和恐怖。那怕是围炉取暖吧,许多人在一块谈谈笑笑,自然比一个人独拨寒灰好。

既然冬天是走向春天的必经的桥梁,苦闷、恐怖、悲观、失望又有什么用?春天一定会来的,但春天不会自己来,要我们一步一步地走近它,而且是一步一步地在浴着冰雪的战斗中走近它。

# 挽“一二·一”烈士

要独裁，残杀学生之政府从来
没有好结果
反内战，代表人民的公意不久
一定会成功

李公朴挽“一二·一”烈士

# 你们的死，叫我格外不怕死！

## ——献给若飞、博古、邓发、希夷与黄齐生先生等烈士

你们的死，
超过了晴天霹雳，
震撼着每个爱好和平民主的人们的心灵！
我从来没有过这样的悲痛，
这几天来的脑子，似乎已经失去了作用！
象我这样渺小的人，
还有什么值得生存。

你们的死，使我没有什么话说，
只有格外叫我不怕死！

你们的死，叫我没有什么能说，
只有格外多做事，以便准备随时死！

你们的死，叫我没有什么可说，

只有增加我的责任与勇气，在未死之前要尽力打击法西斯蒂！

你们的死掀起了广大人民的愤怒与悲痛，我们将更坚强的联合起来，把反动的顽固分子一起都向坟墓里送！

你们的死，叫全国受伤的，都不再呻吟，
你们为了挽救人民而牺牲，
中华民族永生之花已经开放在黑茶山上！

你们的死，只有格外叫我们要坚持政协决议与宪章原则，
若是做不到，宁死不屈辱！

你们的死，超过了晴天霹雳，
震撼着每个爱好和平、民主的人们的心灵！
我们将要更广大的团结起来，
在你们的红光照耀之下，
努力坚持，誓死争取三大协议百分之一百的实现。

三十五年四月十六日

（《新华日报》四月十九日）

# 贺新华日报

## (一)

大家爱的新华小朋友！
今天是你八岁的生日，
看不出你这小小的年纪，
居然一飞冲天的出人头地。
有人说:这是因为你有一个年富力强的妈妈；
又有人说:不对！
还有些孩子们的妈妈比你的有钱有地位！
为什么不能象你这样，
这证明你不是靠妈妈。
实际上你的衣食住行都比别人差得远，
你却能苦干实干,土纸也能打纸板；
你的左手与右手一样好，
你的头能想腿也能站。

你要别的孩子同你学，
他们也愿象你这样干；
怎奈何他们是被重重束缚着，
说一句就要看一看妈妈的脸蛋。

## （二）

孩子们自然要有妈妈的支持与帮忙
妈妈却万不要把孩子们当机器养；
要叫孩子们有自治而诚实的精神，
切不要教孩子依赖和随便说谎。
这种孩子长大了，最好的，
也只能三天说鬼话一天说人话，
骨子里说人话还是为了说鬼话。
若说报纸是孩子，妈妈是政党，
那么妈妈教子定要有义方；
如果一味的教孩子骗人说谎，
妈妈的前途一定毫无希望。

## （三）

小朋友！我诚心的祝福你，
寿比南山，爱人自爱；
长寿要康健，

爱人有人爱。
你应知你的环境很坏，
最坏的是没有孩子同你竞赛；
没有竞赛，
进步就不快。
你要眼光放远，
努力帮助别的孩子们起来；
要虚心学习，
更要多忍多耐。
你应知你的妈妈是地神，
站在地上谁也打你不败！
小朋友！你要笑这假老头子门外汉，
有时也能唱两句给你看。

新华日报万岁！

三十五年一月十一日于重庆

（新华日报）

# 起床以后

二月十日到今天整整的十天了,今天算正式的离开床榻下来走走,心脏的跳动也还有些令人感到烦扰,但是我始终是清醒的,只感到时间过得太慢！十天的功夫,已使我有十个月的感觉！

记得二月十日九时前,我就到了较场口,主席台的左右已经站满了人,我也不知道是谁请来的军乐队。这时刘野樵就来和我谈大会主席的问题,原来刘野樵他们早就到了,经过介绍后我才认识他们。我觉得这不是我个人所可决定的事情,就婉言对他讲,等主席团(成员)到齐之后,大家共同商量。刘野樵好象是急不可耐的样子,过了不久又跑来谈这个问题,我告诉他:我一个人是无权决定大会事项的。不久,章乃器先生来了,许多主席团的朋友也来了。刘野樵因为九号找过章乃器,就又跟章先生去谈,谈着谈着,刘野樵身旁就钻出来一个身着长衫歪戴礼帽的家伙,嘴里叫着:“你是什么东西,那个委的你当主席?”说着一拳就打了上去,幸亏当场许多朋友拦住,这一幕丑剧的序幕,算是暂告结束。

在大会主席团同人正与刘野樵商量的时候,他们所领导的暴徒，已包围了主席台上下，于是马上强占了播音器，利用了我们绝不会跟他们打架的这个弱点，就听见有一个人高喊我们推代表百分之八十五，一致选刘野樵先生当主席。刘即宣布开会，举行"肃立、奏乐、唱党歌"等仪式。在仪式完毕后，这时正立在台口的施复亮先生，实在忍无可忍了，就大声向台下观众喊出："请大会总指挥李公朴先生讲话！"我才走上前去，刚准备有所说明时，就被暴徒们拦住，遂即包围痛打，从台上一直打到台下，后来我为青年们救出重围，才知道头被打破，血流不止，于是送进了市民医院。

自九一八以来，我尽我所有的力量，从事抗战与民主的教育工作，奔走于国内党派之间做团结工作。如今抗战胜利了，可是在我们庆祝这一胜利的大会的时候，反动分子，竟然如此无耻蛮横，我怀疑到孙哲生先生所说："和平革命"一辞中的"和平"两个字眼了！

中国是四千多年来封建力量盘据蕃殖的大窝巢，我从来都坚信中国革命是一个长期的艰苦的血肉斗争。其实一谈到革命是没有不流血的，要说有一个什么和平革命，我想不是在这革命之前流了许多血，就是以后还有明明暗暗的依然要流不少血，我流的血不过几百 CC，只是血海中的几滴而已，这算得了什么呢？为了民主的胜利，为了中国的前途，只要能够团结起更多的人来为民主中国而奋斗，死又何足惜！

我想了又想，为什么这一次的庆祝大会被暴徒破坏，给全国人民心上压上一块重重的铅石呢？为什么给堂堂国民党领导之下的国民政府，带来国际的羞辱呢？这有许多地方该怨我们吧！

怨我们估计的太不够了。我们也曾想过，民主的敌人们，顶多也不过象沧白堂那样抛掷些石头块子吧，然而他们不但大打出手，而且迄今都还仗着他们的“特”权，“特”势，颠倒是非，混淆黑白，企图一手掩盖天下人耳目，还竟然倒打一拨地说我领导特务，育才学校的学生和受伤最重的劳动协会会员来打他们了。最为令人伤透脑筋的，是这些消息，却又多是当今政府一手包办的中央社的报道！

我是被打了，而且负伤流了血，但我与打手及指使者平日绝无恩怨可言，我只感到这些人以及他们的指使者，愚蠢无知与卑鄙的可怜相！我认为这是暴徒及其主使者所加于民族的耻辱，这是政府业已允诺的民主考验，可是一直到现在，政府象是还没有交卷！我想不会闹一个罢考吧，须知考试人，是全国的民众，是全世界进步的民主力量呵！

躺在床上这几天，我抚摩着伤痕，看到想到过去为民主而牺牲的一些朋友，一些学生，一些相识的青年血淋淋的影子，他们不断的展开在眼前呵！还想到那死于特务狱中的羊枣，还有那些除了廖承志而外的成千成万在劳役酷刑中被磨折着的民族的优秀生命的政治犯！

读了相识的和更多未见过面的朋友的慰劳信、电报，看到那还滴着泪水的慰劳品，看到或是听到那些纷至沓来的国内的国外的各地各界的声援，我感到了惭愧，除了今后益为奋勉而外，还有什么话好说呢？

我现在已离开床，能够在屋里走来走去了。

（《民主生活》8 期）

# 跋

在《民盟历史文献》丛书付梓之际，掩卷回首，民盟先贤们的音容笑貌挥之不去，不绝如缕，久久难忘。在编辑此丛书的过程中，我们每每被他们为信仰、为理想奋斗的坚定精神所感召和感动。

人不能没有理想和信仰，一个民族也不能没有自己的理想和信仰。我们的先辈们，正是怀揣民族富强、人民福祉的赤诚之心，身先士卒、鞠躬尽瘁；凭借自身高尚的人文品格和社会良知，与中国共产党团结合作，为中国社会的前途和命运探索了一条新的宪政之路；和平、民主是人类社会的两大主题，也是中国共产党人和各民主党派所共同追求的理想。

如今，面对着他们的拳拳之心和丰功伟绩，我们感叹！赞叹！怀念！更要继承！

《民盟历史文献》在整个创作和出版过程中，得到了来自社会各界人士的关注和厚爱。我们要特别感谢为此丛书孜孜不倦地考证、核实、梳理、完善的各位专家、学者,是他们的认真严谨,才使此丛书能够客观地展现历史的真貌;更要特别感谢中共中央统战部与民盟中央给予我们的鼎力支持和重视,没有他们的指导和帮助,我们不可能完成如此厚重的出版工作任务;还要感谢各省、市、地区的民盟组织,为搜集、挖掘、抢救民盟的历史文献资料做出的不懈努力和贡献;感谢每一本书的作者,是他们的辛勤笔耕和一点一滴的忠实记录,才集成了民盟历史的全貌;感谢为此丛书付出辛劳的编辑以及所有工作人员,感谢你们辛勤的劳动和无私的奉献。

谨以此丛书献给所有伟大的民主革命先驱者;献给为共和国诞生抛洒了智慧和热血的先贤们;献给那一段筚路蓝缕、以启山林的峥嵘岁月。

《民盟历史文献》编委会

**图书在版编目(CIP)数据**

李公朴文集:全2册/李公朴研究会编.—北京:群言出版社,2012.11

(民盟历史文献)

ISBN 978-7-80256-364-3

Ⅰ.①李… Ⅱ.①李… Ⅲ.①李公朴(1902~1946)—文集 Ⅳ.①C52

中国版本图书馆CIP数据核字(2012)第210944号

出版人 范 芳
责任编辑 盛利君 张天放
特约编辑 赵玉泉
装帧设计 群言艺术设计中心
出版发行 群言出版社(Qunyan Press)
地 址 北京东城区东厂胡同北巷1号
邮政编码 100006
网 站 **www.qypublish.com**
电子信箱 qunyancbs@126.com
总编办 010-65265404 65138815
编辑部 010-65276609 65262436
发行部 010-65263345 65220236
经 销 全国新华书店
读者服务 010-65220236 65265404 65263345
法律顾问 中济律师事务所
印 刷 北京画中画印刷有限公司
版 次 2012年11月第1版 2012年11月第1次印刷
开 本 880×1230mm 1/32
印 张 33.25
字 数 685千字
书 号 ISBN 978-7-80256-364-3
定 价 88.00元(上下册)